Jörg Kurt Grütter

Ästhetik der Architektur

Jörg Kurt Grütter

Ästhetik der Architektur

Grundlagen der Architektur-Wahrnehmung

Verlag W. Kohlhammer
Stuttgart Berlin Köln Mainz

CIP – Kurztitelaufnahme der Deutschen Bibliothek

Grütter, Jörg Kurt:
Ästhetik der Architektur : Grundlagen d.
Architektur-Wahrnehmung / Jörg Kurt Grütter. –
Stuttgart ; Berlin ; Köln ; Mainz : Kohlhammer, 1987.
(Architektur)
ISBN 3-17-009394-0

Verlagsort: Stuttgart
Gesamtherstellung: W. Kohlhammer
Druckerei GmbH + Co. Stuttgart
Printed in Germany

Inhaltsverzeichnis

für Katharina

Vorwort

Architektur ist heute sowohl eine exakte Wissenschaft als auch eine Kunst. Die eher rationalen Bereiche, wie Ökonomie, Statik und Bauphysik, sind genau definierbar und quantifizierbar, ihre Probleme sind heute meist logisch lösbar. Die mehr irrationalen, emotionalen Aspekte des Bauens, die den Bereich der Ästhetik betreffen, sind weder genau definierbar noch meßbar.

Dies ist sicher einer der Hauptgründe, warum heute über den ästhetischen Bereich des Bauens eine solch große Unsicherheit herrscht. Werden Leute gefragt, was sie über ein bestimmtes Gebäude denken, fallen die Antworten meist vage und subjektiv aus. Fragt man umgekehrt Architekten, warum sie Häuser so bauen, so verbergen sich oft hinter einem fachspezifischen Vokabular eher zufällige Gründe.

Das Erleben von Architektur, ihre Wahrnehmung, ist nur sehr beschränkt quantifizierbar, die subjektive Komponente ist immer größer als der objektiv meßbare Bereich. Architektur als Objekt ist meß- und bestimmbar, sie läßt sich in Zahlen ausdrücken. Der Betrachter hingegen, der Mensch als Subjekt, kann als Typ nicht generalisiert werden. Der Prozeß der Wahrnehmung ist heute zwar größtenteils erklärbar; viele der physikalischen, chemischen und biologischen Vorgänge sind sogar meßbar. Auch sind die auf die Wahrnehmung einwirkenden Randerscheinungen des Menschen wie physischer Zustand, Vorkenntnisse, Erfahrung etc. heute bekannt. Diese Komponenten sind aber von Mensch zu Mensch so verschieden, daß eine Verallgemeinerung des Wahrnehmungsprozesses, bezogen auf alle möglichen Arten von Zuständen während der Rezeption, praktisch unmöglich ist. Als dritter Faktor, neben dem Gebäude als Objekt und dem Menschen als Subjekt, sind die äußeren Umstände zu berücksichtigen; Gegebenheiten, die weder vom zu Betrachtenden noch vom Betrachter abhängen, die aber einen wesentlichen Einfluß auf den Wahrnehmungsprozeß haben.

Das Entwickeln einer integralen Theorie über die Ästhetik der Architektur ist aus obengenannten Gründen nicht möglich. Auch eine Prognose, wie geplant und gebaut werden muß, um »gute« Architektur zu erhalten, kann nicht gestellt werden.

Das vorliegende Buch will keine Rezepte vermitteln, die Absicht ist vielmehr, den äußerst komplexen Prozeß der Architektur-Wahrnehmung etwas transparenter zu machen und damit vielleicht Einzelentscheide zu vereinfachen. Das Buch richtet sich deshalb nicht nur an Fachleute, sondern auch an all jene Personen, die am Ausdruck und der Gestaltung unserer gebauten Umwelt generell interessiert sind.

In der Einleitung werden kurz die allgemeinen Grundlagen der Wahrnehmung besprochen, welche dann zum Erklären vieler Eigenschaften der Architektur-Ästhetik dienen. Die Behandlung dieser Aspekte nimmt den größten Teil des Buches ein. Trotzdem sind sie teilweise fragmentarisch; oft werden bestimmte Vorgänge vereinfacht, um das Wesentliche besser hervorheben zu können. Die vorliegende Arbeit erhebt deshalb auch keinen Anspruch auf Vollständigkeit. Die aufgeführten Beispiele stammen aus verschiedenen Epochen und aus verschiedenen Kulturen. Damit soll unterstrichen werden, daß bestimmte architektonische Grundsätze unabhängig von Zeit, Klima, Kultur und Ideologie ihre Gültigkeit haben. Mit den Zitaten sollen die gewichtigsten Exponenten einer bestimmten Meinung direkt zu Wort kommen.

Mein Dank gilt all jenen, die mir beim Verwirklichen dieser Arbeit mit Rat und Tat zur Seite standen: dem Verlag W. Kohlhammer GmbH, vorab den Herren Dr. Detlef Brauner und Peter Merk für ihr Verständnis und ihr Entgegenkommen, Daniel Herren für seine unermüdliche Beratung und Lektorenarbeit, schließlich all jenen, die mir freundlicherweise ihr Fotomaterial zur Verfügung stellten. Am meisten Dank schulde ich aber meiner Frau für ihre Geduld; ihr sei dieses Buch deshalb auch gewidmet.

Im März 1987 J. K. G.

0. Einleitung: Grundlagen der Wahrnehmung

0.1 Das Prinzip der Nachrichtenübermittlung

Der Mensch ist nicht lebensfähig ohne jede Art von Kommunikation. Aus seiner Umgebung empfängt das Individuum Nachrichten, die es über seine Sinnesorgane aufnimmt und im Gehirn verarbeitet. Das Nachrichten ausstrahlende Objekt bezeichnen wir als Sender, den Menschen, der die Nachrichten aufnimmt, als Empfänger.

Abb. 1: Sender und Empfänger

Die Nachrichtenübermittlung kann auf verschiedene Arten geschehen, sie läuft über verschiedene Kanäle ab. Je nach Art der Nachricht, eignen sich gewisse Kanäle besser als andere. Die verschiedenen Kanäle der menschlichen Wahrnehmung korrespondieren mit den verschiedenen Sinnesorganen. Bei der direkten Perzeption über diese Organe sprechen wir von natürlichen Kanälen, im Gegensatz zu den künstlichen Kanälen, die für die Nachrichtenübermittlung auf ein technisches Gerät wie zum Beispiel einen Radioempfänger angewiesen sind.

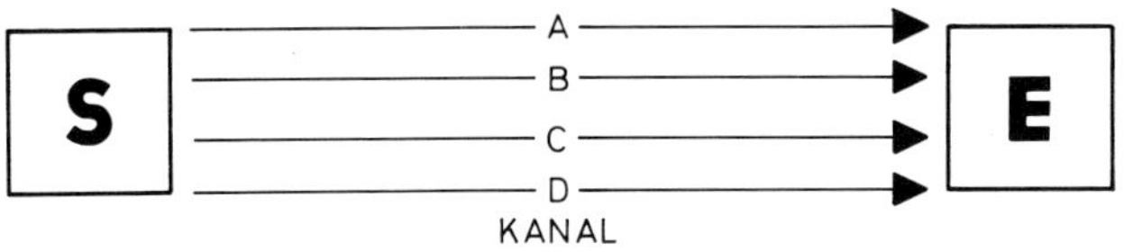

Abb. 2: Verschiedene Arten von Kanälen

Ein Sender kann verschiedene Arten von Nachrichten senden: zum Beispiel Größe des Hauses, seine Farbe, Oberflächenbeschaffenheit der Wände, Geruch des Rauches etc. Jede Nachricht enthält eine gewisse Menge an Informationen.

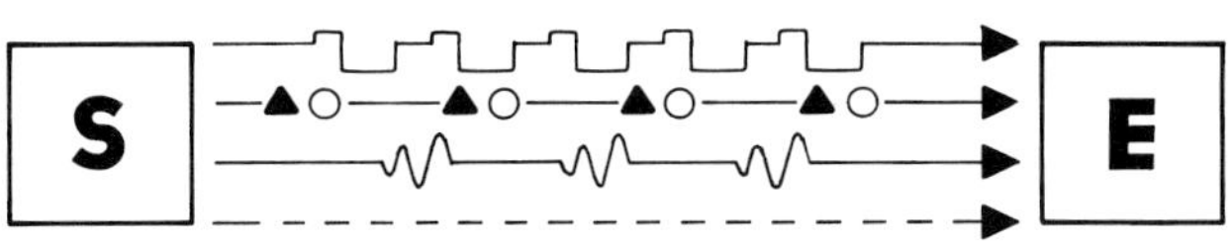

Abb. 3.: Verschiedene Arten von Nachrichten

Der Mensch als Empfänger nimmt die Nachrichten über die Sinnesorgane auf und verarbeitet sie im Gehirn. Bei dieser Verarbeitung spielen die sozio-psychologischen Aspekte, wie Charakter und Erfahrung, eine entscheidende Rolle.

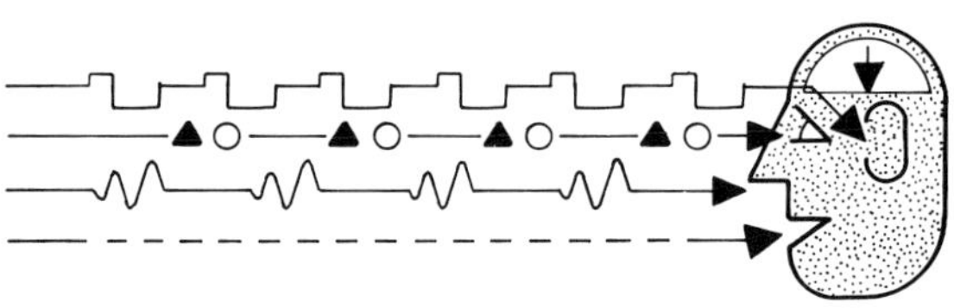

Abb. 4: Aufnahme der Nachrichten über die verschiedenen Sinnesorgane

Der ganze Übermittlungsprozeß wird oft durch Störungen behindert. Diese Störungen haben verschiedene Ursachen, stammen aber weder vom Sender noch vom Empfänger.

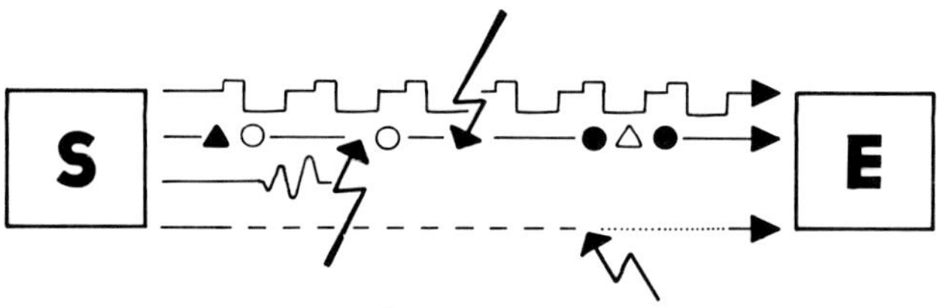

Abb. 5: Störungen im Übermittlungsprozeß

Der menschliche Wahrnehmungsprozeß ist gut mit einer technischen Übermittlungsanlage vergleichbar, der erste dieser Prozesse läuft über natürliche Kanäle, der zweite über künstliche. Ein Radiosender sendet über verschiedene Frequenzen (Kanäle) Musik, Werbung, Neuigkeiten usw. (verschiedene Nachrichten). Je nach Zuhörer (Empfänger) hat die Musik, Werbung oder Neuigkeit verschiedenen Informationsgehalt. Das Empfangsgerät (Sinnesorgane) empfängt Musik, Werbung und Neuigkeiten (Nachricht), verarbeitet sie und gibt sie weiter an den Zuhörer (Gehirn). Witterungseinflüsse (Störungen) können die Übermittlung beeinträchtigen.

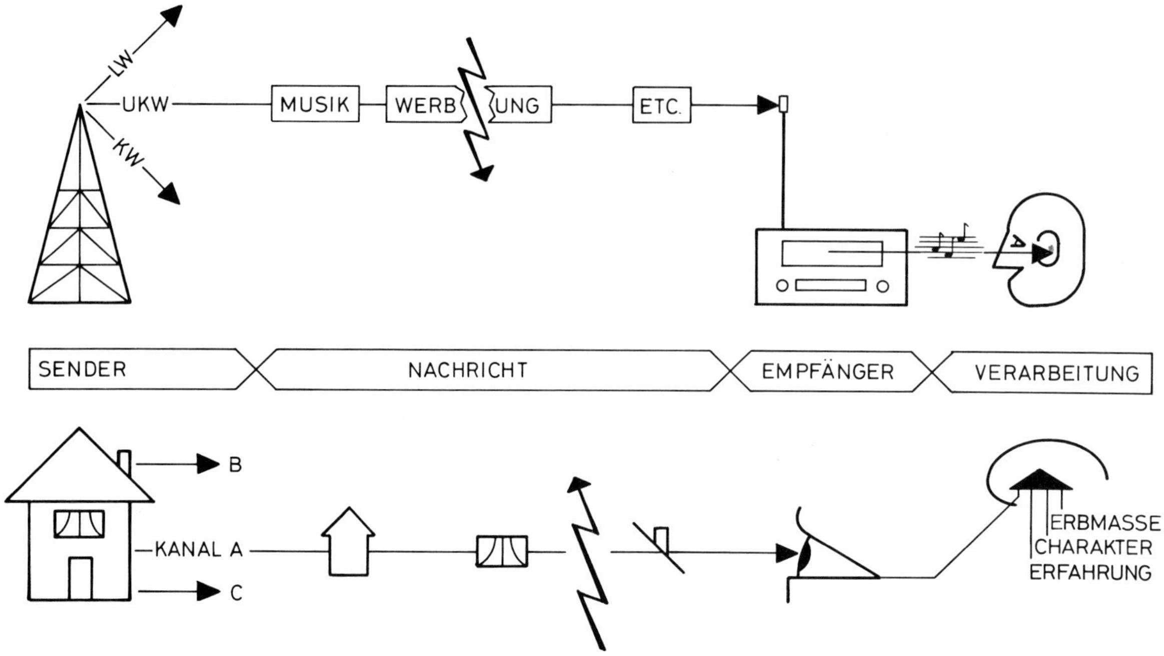

Abb. 6: Technische (oben) und menschliche (unten) Nachrichtenübermittlung

0.2 Die Nachricht

0.2.1 Strukturierung der Nachricht

Was geschieht, wenn wir einen Moment durchs Fenster schauen? Wir nehmen eine Unmenge von Nachrichten auf. Die hellblaue Fassade des Gebäudes auf der anderen Straßenseite, deren Farbe abbröckelt und die heute noch zusätzlich naß ist, da es geregnet hat. Die Bäume, die sich im Winde bewegen. In einem Zimmer im zweiten Stock geht das Licht an, und eine Person in einem roten Morgenrock öffnet das Fenster. Auf der Straße fährt ein Auto vor, Marke Ford, Jahrgang 1982. Wir hören das Quietschen der Bremsen, es riecht nach Frühling, und in der Ferne hören wir die Geräusche eines Zuges.

Um zu verstehen, was in diesem Moment alles geschieht, müssen wir versuchen, die auf uns einströmenden Nachrichten zu ordnen. Jedes Wahrnehmungsfeld muß elementar strukturiert sein, wobei jede Form oder Gestalt bereits eine Art Struktur bedeutet. Eine Nachricht besteht aus Wahrnehmungselementen, sogenannten Signalen oder Zeichen, die in einer Struktur zusammengefaßt sind.

Auf einem defekten Fernsehempfänger sehen wir graues Flimmern, wir sehen »nichts«. Diese Nachricht hat für uns nur einen sehr geringen Informationsgehalt, nämlich den, daß das Gerät nicht richtig funktioniert. Sobald aber eine Form oder auch nur eine Kontur erscheint, beginnen wir »etwas« zu sehen. Das Flimmern könnte für uns aber auch interessant sein, nämlich dann, wenn es zum Beispiel eine kodierte Nachricht enthält. Eine solche Nachricht ist aber nur dann interessant, wenn wir im Stande sind, sie zu entziffern, das heißt, die Nachricht zu organisieren. Informationstheoretisch bedeutet dies, daß diese Nachricht einen zu großen Informationsgehalt hat, ihr Originalitätsgrad ist zu hoch. Solche Nachrichten können nur mit speziellen Kenntnissen verstanden oder entziffert werden. Ohne dieses Wissen sehen wir nur ein Flimmern, die Nachricht hat für uns keine Struktur, sie ist nicht organisiert.

Der Mensch ist darauf angewiesen, in seiner Umge-

bung Regelmäßigkeiten zu finden, damit er die auf ihn zukommende Nachricht strukturieren kann (1). Regelmäßigkeiten erlauben ihm gewisse Nachrichten zusammenzufassen. Er bildet sogenannte Superzeichen, die das Wahrnehmen der Umwelt erleichtern.

Gehen wir zurück zu unserem Blick aus dem Fenster: die Fassade des Hauses interessiert uns in diesem Augenblick nicht, das ankommende Auto und die Person die das Fenster öffnet sind jetzt wichtiger. In einem anderen Zusammenhang interessiert uns aber vielleicht diese Fassade als geometrisches Muster, oder wir sind am Kontrast zwischen den beiden Blautönen von Himmel und Fassade interessiert. Auch als bauphysikalischer Schadensfall kann uns die Fassade interessieren oder als räumlicher Abschluß des Straßenraumes. Ein und dieselbe Fassade interessiert uns je nach Zusammenhang auf ganz verschiedene Arten. Aus dem Angebot wird ein bestimmtes Nachrichtenspektrum ausgewählt. Jeder Wahrnehmungsebene entspricht eine andere Art von Nachricht (2) und jede dieser Wahrnehmungsebenen hat ein eigenes Zeichenrepertoire, das sich von denen der anderen Ebenen unterscheidet. Beim Bilden von Superzeichen wechseln wir die Wahrnehmungsebene: Sobald wir die Wandöffnung nicht mehr als Einzelfenster sehen, sondern als gelochte Fassade, haben wir ein Superzeichen gebildet. Die Nachrichten der Einzelfenster wurden zusammengefaßt zum Begriff der Lochfassade, womit wir auch die Wahrnehmungsebene gewechselt haben.

Im Augenblick interessiert uns das Ereignis des ankommenden Autos: wir sehen das Fahrzeug, wie es seine Geschwindigkeit verringert und schließlich anhält. Gleichzeitig hören wir das Quietschen der Bremsen und vielleicht wird der Geruch des Frühlings noch überstimmt von einer Abgasschwade. Das Ereignis des ankommenden Autos nehmen wir über verschiedene Kanäle wahr: wir sehen, hören und riechen. Die Wahrnehmung dieser Nachrichten geschieht gleichzeitig über mehrere Kanäle, wir nennen sie deshalb multiple Nachricht (3). Bei multiplen Nachrichten können wir unsere Aufmerksamkeit auf alle Kanäle verteilen oder auf die Nachricht eines Kanals konzentrieren. Bei einem Theaterstück, einer Oper oder einem Film können wir uns mehr auf das Sehen oder Hören konzentrieren, zum Verständnis des Ganzen dürfen wir aber keines ganz ausschließen. Auch beim Wahrnehmen von Architektur sind wir teilweise auf multiple Nachrichten angewiesen.

0.2.2 Aktive und passive Nachrichten

Prinzipiell können wir zwei Arten von Nachrichten unterscheiden: aktive und passive. Das ankommende Auto und die Person die das Fenster öffnet, interessieren uns, wir möchten mehr über sie wissen. Die Nachrichten, die uns im Zusammenhang mit diesem Ereignis erreichen, bezeichnen wir als aktive Nachrichten. Die Fassade des Nebengebäudes und das Geräusch des Zuges kennen wir, sie interessieren uns im Augenblick nicht, trotzdem nehmen wir sie wahr. Sie sind passive Nachrichten.

Im Zusammenhang mit aktiven und passiven Nachrichten ist ein anderer Begriff wichtig: die Empfindung. E.G. Boring stellte fest, daß die Empfindung, obwohl sie durch den Eindruck auf ein Sinnesorgan bewirkt wird, nichts Leibliches, sondern etwas Seelisches ist (4). Empfindung beruht auf aktiven und passiven Wahrnehmungen, ist aber nicht genau definierbar. Beim Wahrnehmen des anhaltenden Autos empfinden wir vielleicht Angst oder Freude, ohne genau zu wissen warum. Empfindungen sind Bruchteile von Wahrnehmungen, sie ergeben kein ganzheitliches Bild.

0.2.3 Informationsgehalt einer Nachricht

Das Meßbare einer Nachricht ist ihre Information, wobei dabei nur die syntaktische Stufe der Nachricht informationstheoretisch erfaßt werden kann. Ein Telegramm mit fünfzig Wörtern enthält warscheinlich mehr Informationen als eines mit zehn Wörtern. Der Informationsgehalt einer Nachricht ist aber nicht immer proportional zu ihrer Länge. Gleichzeitig mit der Informationsmenge einer Nachricht stellt sich die Frage ihres Informationswertes. Wollen wir durch eine Tür eintreten, nützt uns die Information über ihr Material und ihre Farbe nicht viel. In dieser Situation ist allein die Information wertvoll, die uns Auskunft über das Öffnen der Tür gibt. Wenn also eine Nachricht dazu dient, unser Verhalten zu beeinflussen, ist ihr Informationswert umso größer, je mehr sie unser Verhalten beeinflußt. Der Einfluß einer Nachricht auf unser Verhalten ist umso größer, je mehr Neues sie enthält. Enthält sie nichts Neues, so wird sie unser Verhalten auch nicht beeinflussen, sie ist somit für uns wertlos. Der Informationsgehalt einer Nachricht hängt also sehr eng mit dem Unerwarteten, dem Originellen zusammen. Je unerwarteter eine Nachricht, desto origineller ist sie und desto mehr Wert hat sie für uns, wobei das Unerwartete immer noch einen gewissen Zusammenhang mit dem Vorhergegangenen haben muß. Ist dem nicht so, empfinden wir ein Chaos. »Totale Originalität« ist also genauso unerwünscht wie keine Originalität. Entscheidend für den Wert einer Nachricht ist also nicht ihre Länge, sondern ihre Originalität. Ein Telegramm mit fünfzig Wörtern nützt uns wenig, wenn es für uns nichts Neues enthält. Umfaßt es nur zehn Wörter, dafür einen hohen Originalitätsgehalt, ist sein Informationsgehalt größer. Die Originalität einer Nachricht kann mit Hilfe der Wahrscheinlichkeit berechnet werden, sie ist eine Funktion ihrer Unwahrscheinlichkeit. Abraham Moles entwickelte dazu folgende Formel (5):

$$\text{Originalität} = -M \sum_{i=1}^{n} P_i \log_2 P_i$$

Wobei M die Gesamtzahl der Elemente der Nachricht und P_i ihre Wahrscheinlichkeit ist.

Originalität ist und war nicht immer etwas Erstrebenswertes. So hatte zum Beispiel in der Architektur des Mittelalters Originalität einen sehr geringen Stellenwert. Im 13. Jahrhundert war man überzeugt, daß Sinn und Ursprung aller Schöpfung allein in Gott zu finden sei. So war dem mittelalterlichen Menschen das Suchen nach Neuem weitgehend fremd. Die Autorität,das Vorbild war maßgebend. Der mittelalterliche Baumeister verließ sich meist auf sein Musterbuch: auf Skizzen, die er während seiner Lehr- und Wanderzeit überall anhand von ausgeführten Bauten angefertigt hatte. Nicht nur im Mittelalter, auch in der Neuzeit ist Originalität nicht generell etwas Erstrebenswertes. So äußerte sich zum Beispiel Philip Johnson: »Ich habe nie an Originalität geglaubt. Mies hatte recht. Lieber gut als originell« (6).

Theodor W. Adorno stellte den Begriff der Originalität als einen der wichtigsten Faktoren der Kunst neben den der Genialität: »Geniales ist ein dialektischer Knoten: das Schablonenlose, nicht Repetierte, Freie, das zugleich das Gefühl des Notwendigen mit sich führt, das paradoxe Kunststück der Kunst und eines ihrer verläßlichsten Kriterien« (7). Oder Charles Jencks: »Geist hat einmal jemand als ›die ungewöhnliche Paarung von Ideen‹ definiert, und je ungewöhnlicher, aber erfolgreicher die Vereinigung, desto stärker beeindruckt sie den Betrachter und bleibt in seiner Erinnerung haften. Ein geistreiches Gebäude ist eins, das uns ausgefallene, aber überzeugende Assoziationen gestattet« (8). Auch hier: je ungewöhnlicher, je unvorhergesehener desto origineller.

0.2.4 Ästhetische und semantische Information

Betrachten wir den Inhalt einer Information, so drängt sich eine weitere Unterscheidung auf. Die sich im Winde bewegenden Bäume sind für uns nichts Neues, trotzdem können wir uns an ihrem Anblick erfreuen: an den sanften Bewegungen der Blätter, am Aufleuchten der verschiedenen Grüntöne. Diese Nachricht hat einen ästhetischen Informationswert, wir nennen sie deshalb ästhetische Information. Beim Gegenstück, der semantischen Information, sind wir am Inhalt der Nachricht interessiert. Warum öffnet die Person das Fenster? Wie bröckelt die Farbe an der Fassade ab?

Die ästhetische Information spricht unsere Gefühle an, sie weckt gewisse Emotionen. Sie wird von sozio-psychologischen Aspekten beeinflußt und hängt sehr stark vom Empfänger ab. Sie ist kanalspezifisch und somit schwer übersetzbar. Das Gefühl, das wir beim Anblick der sich im Winde bewegenden Blätter empfinden, können wir nur schwer übersetzen, das heißt zum Beispiel beschreiben oder zeichnen. Diese Art von Information hat keinen direkten Nutzen.

Im Gegensatz dazu die semantische Information: sie hat keinen ästhetischen Wert, sie übermittelt aber eine Bedeutung, sie lehrt uns etwas. Aus diesen Nachrichten ziehen wir bestimmte Schlüsse und steuern danach letztlich unser Verhalten. Sie ist zweckgebunden, logisch und nachvollziehbar.

Die Bezeichnungen »semantische« und »ästhetische« Informationen stammen von Abraham Moles (9) und sind eher unglücklich, da die Bedeutung des »Semantischen« hier nicht identisch ist mit dem Begriff der Semantik. Die Unterscheidung zwischen Wahrnehmungen, die eher den Verstand oder eher das Gefühl ansprechen existierte schon lange vor der Begründung der Informationstheorie. Anstelle von ästhetischer oder semantischer Information sprach man früher von »malerisch« und »streng«, oder von »romantisch« und »klassisch«.

Eine Nachricht kann uns gleichzeitig ästhetische und semantische Informationen vermitteln. Zum Beispiel eine Eingangstür: die semantische Information sagt uns wie sie geöffnet wird, wie groß sie ist und ob wir beim Öffnen stoßen oder ziehen müssen. Ihre Form, Proportion und Farbe vermitteln ästhetische Informationen. Um die Tür öffnen zu können, brauchen wir nur die semantische Information. Die ästhetische Information ist aber deshalb keinesfalls nutzlos.

Nachrichten mit nur ästhetischer oder nur semantischer Information sind Ausnahmen. In einem bestimmten Mischverhältnis enthält eine Nachricht immer beide Arten von Informationen. Während die semantische Information leicht bestimmbar und meßbar ist, hängt der Wert der ästhetischen Information stark vom Empfänger und von den äußeren Umständen ab (vgl. Kapitel 0.4). Das Messen dieser Art von Information ist schwieriger und nur beschränkt möglich. Das Übermitteln der semantischen Information ist problemlos. Der gezeichnete Plan des Architekten kann sämtliche Informationen über das Funktionieren der Tür enthalten, sie werden aus Erfahrungswerten und technischen Gegebenheiten abgeleitet. Die ästhetische Information ist aber genauso wichtig. Sie beeinflußt stark unser Wohlbefinden und unser Verhalten. Die umgekehrte Frage, wie muß eine Tür beschaffen sein, damit sie eine optimale ästhetische Information vermittelt, ist eine Frage, die nicht endgültig beantwortet werden kann, die aber primäre Bedeutung hat. Gerade dieser Antwort ein bißchen näher zu kommen, ist eine Absicht dieses Buches.

0.2.5 Informationsmenge

Der Mensch braucht ein gewisses Maß an Information. Experimente haben gezeigt, daß jegliches Fehlen von Informationen zu Halluzinationen und starken Angstzuständen führen kann (10). Andererseits ist der Mensch auch nicht fähig, beliebig viele Informationen aufzunehmen. Beim Blick aus dem Fenster eines fahrenden Schnellzuges sind wir nicht mehr fähig, alle auf uns zukommenden Informationen aufzunehmen. Sind wir zu lange dieser Situation ausgesetzt, so fühlen wir uns bald unwohl. Wie groß muß nun die optimale Informationsmenge sein? Die Informationsübermittlung geschieht über verschiedene Kanäle. Jeder dieser Kanäle hat eine gewisse Maximalkapazität und kann in einer bestimmten Zeiteinheit nur eine begrenzte Menge an Informationen aufnehmen. Die Informationen aller Kanäle zusammen werden im Gehirn verarbeitet. Die Empfangskapazität des Gehirns werden wir später besprechen.

So wie die Aufnahmekapazität ist auch der Informationsgehalt einer Nachricht beschränkt. Beim Mithören eines Gespräches, das in einer Sprache geführt wird, die wir nicht verstehen, erhalten wir eine Nachricht, indem wir das Gespräch akustisch vernehmen. Der Informationsgehalt dieser Nachricht ist aber sehr gering, da wir den Inhalt des Gespräches nicht verstehen.

Der Informationswert kann gemessen werden. Die Maßeinheit ist das »bit« (binary digit = Zweierschritt). Die bit-Zahl gibt an, wieviele Entscheidungen vom Typ »Ja/Nein«, sogenannte Binärentscheide, für die Übermittlung einer Information notwendig sind. Der Informationswert jeder Nachricht kann daher mit einer bit-Zahl ausgedrückt werden. Sechs bit reichen aus, um ein bestimmtes Feld des Schachbrettes zu kennzeichnen. Jedes Feld ist informationstheoretisch gesehen ein Zeichen. Das ganze Brett hat 64 Zeichen und das ganze Schachbrett hat somit einen Informationsgehalt von sechs bit (Abbildung 7).

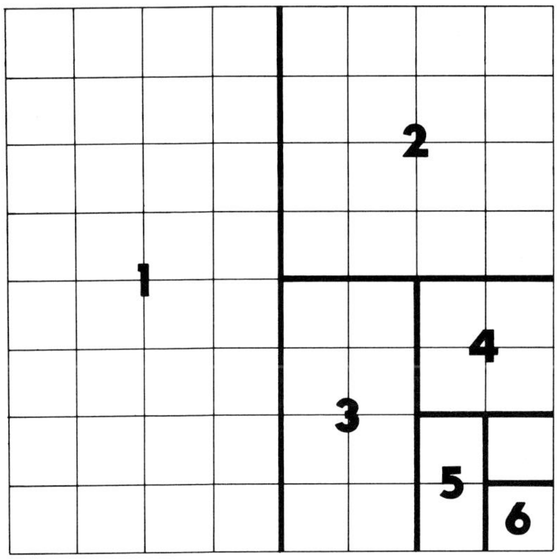

Abb. 7: Sechs Binärentscheide genügen, um jedes beliebige Feld eines Schachbrettes zu bezeichnen

Diese Art von Informationsbestimmung ist auch die Grundlage jeder Computertechnik. Zum Festlegen des Informationsgehaltes muß zuerst die Anzahl der Zeichen bestimmt werden und dann der Wert jedes Zeichens.

Wir haben schon gesehen, daß der Informationsgehalt einer Nachricht nicht proportional zu ihrer Länge ist. Die Antwort auf eine Frage, die mit ja oder nein beantwortet werden kann, besteht aus einem Wort. Dieses Wort enthält trotz seiner Kürze sehr viel Information. Ein Gespräch, das in einer uns nicht bekannten Sprache geführt wird, enthält für uns wenig bis keine Information, auch wenn es noch so lange dauert. Jede Nachricht wird mit Hilfe von Zeichen, sogenannten Wahrnehmungselementen, übermittelt. Die relative »Verschwendung« von Zeichen bei der Übermittlung einer Information kann gemessen werden. Sie wird als Redundanz bezeichnet (11). Ihr Wert liegt zwischen 0, keine Verschwendung, und 1 oder 100%, maximale Verschwendung und somit keine Information. Der Informationsgehalt einer Nachricht hängt mit der Originalität ihrer Zeichen zusammen und die wiederum ist indirekt proportional zur Wahrscheinlichkeit des Erscheinens eines Zeichens. Je origineller eine Nachricht, desto kleiner ihre Redundanz. So ist zum Beispiel in der französischen Sprache der Buchstabe W 40mal weniger wahrscheinlich als der Buchstabe E (12). Die Redundanz von W ist also kleiner als die von E. Mit der Redundanz kann die Effizienz einer Nachricht gemessen werden. Versuche haben ergeben, daß die Redundanz der französischen Sprache 0,55 oder 55% beträgt (13). Beim Schreiben eines Textes ist also ungefähr die Hälfte der Zeichen durch die Struktur der Sprache bedingt, die andere Hälfte ist individuell wählbar. Die Redundanz von 55% macht die französische Sprache nicht langweilig. Die Originalität kann noch weiter abnehmen: bei genügend Komplexität kann eine Nachricht sogar 70–80% Redundanz haben und immer noch interessant sein (14). Redundanz und Originalität sind indirekt proportional. Durch Erlernen kann die Originalität gesenkt werden, die Redundanz wiederum steigert.

Eng verbunden mit dem Begriff der Redundanz ist die sogenannte Vorhersehbarkeit. Eine Nachricht kann so strukturiert sein, daß aufgrund der schon gesendeten Zeichen die noch nicht gesendeten vorhersehbar sind und das noch Fehlende rekonstruiert werden kann.

Abb. 8: Vorhersehbarkeit: Die Segmente werden zu einem Kreis ergänzt (vgl. Abbildung 24, 25)

In Abbildung 8 nehmen wir an, daß es sich um einen Streifen handelt, der über einem Kreis liegt. Die beiden Kreissegmente werden in unserer Wahrnehmung automatisch zu einem Ganzen ergänzt. Die Form des Kreises hat eine gewisse Redundanz, das heißt, ein Teil der Zeichen die uns seine Form erkennen lassen sind unnötig und damit verschwendet. Ein Teil dieser Zeichen kann weggelassen werden und wir erkennen immer noch eine Kreisform, die fehlenden Teile sind vorhersehbar. Je regelmäßiger eine Form ist, desto größer ist ihre Vorhersehbarkeit, da die Regelmäßigkeit Erwartungen auslöst.

Abbildung 9 zeigt zwei Linien, die durch ein Rechteck teilweise abgedeckt sind. Die obere Schlangenlinie hat eine so regelmäßige Form, daß ihr Verlauf vorhersehbar ist und wir das abgedeckte Stück leicht rekonstruieren können. Bei der unteren Linie können wir keine Regelmäßigkeit feststellen, ihre Form ist nicht vorhersehbar und deshalb auch nicht rekonstruierbar. Schon bei drei- bis vierfacher Wiederholung einer Form entsteht eine Erwartung nach weiterer Wiederholung, nach Periodizität (15). Auch hier gilt: je regelmäßiger eine Nachricht, desto eher sind ihre Zeichen vorhersehbar, desto weniger originell wird sie, desto mehr nimmt ihr Informationsgehalt ab und desto größer ist ihre Redundanz.

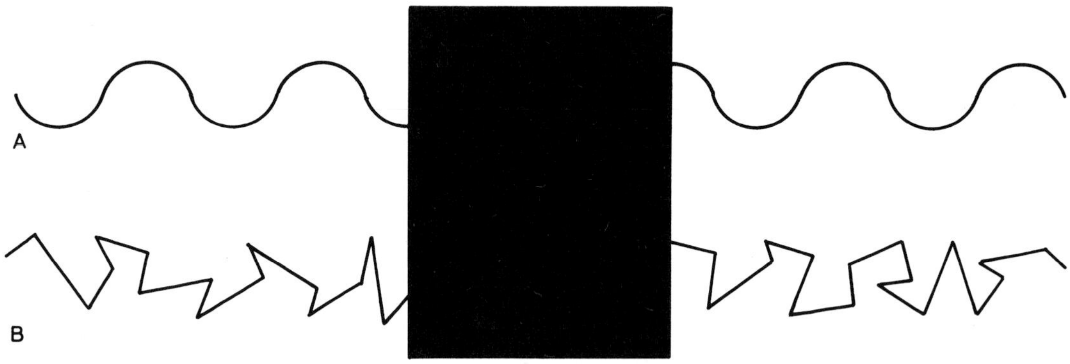

Abb. 9: Je regelmäßiger eine Nachricht, desto eher vorhersehbar sind ihre Zeichen

0.2.6 Art der Information und Repertoire

Jede Nachricht besteht aus Zeichen, die wiederum einem Repertoire angehören. Ein Beispiel: Ein Buch mit chinesischen Schriftzeichen enthält Informationen, die aber nur für jemanden verständlich sind, der die Schriftzeichen versteht, der sie interpretieren kann. Die vom Sender ausgestrahlte Nachricht kann nur dann vom Empfänger verstanden werden, wenn die Zeichen der Nachricht auch dem Repertoire des Empfängers angehören. Ein Informationsfluß findet nur dann statt, wenn die Zeichen der Information sowohl dem Repertoire des Senders wie auch dem des Empfängers angehören.

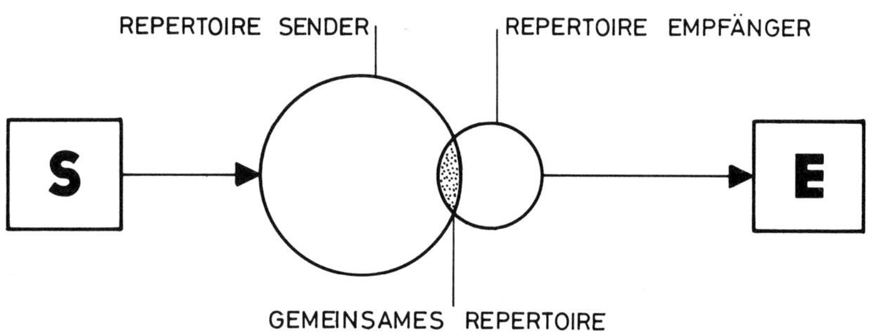

Abb. 10: Die effektiv übermittelte Information muß sowohl dem Senderrepertoire wie auch dem Empfängerrepertoire angehören

Die übermittelte Information darf nur aus Zeichen bestehen, die dem gemeinsamen Repertoire angehören. Mit Hilfe der Vorhersehbarkeit, der Intelligenz und dem statistischen Auffassungsvermögen ist der Mensch fähig, sein Repertoire langsam zu erweitern (16). Dieser Lernprozeß kann schließlich zur Identität der beiden Repertoires von Sender und Empfänger führen.

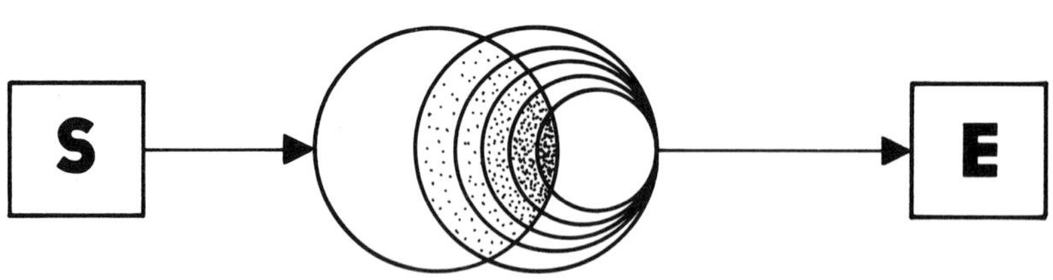

Abb. 11: Der Lernprozeß: Anpassen des Empfängerrepertoires an das Senderrepertoire

Ein Fremdwort verstehen wir nicht. Durch das wiederholte Lesen dieses Wortes in einem gewissen Zusammenhang und mit Hilfe von Intelligenz und Erfahrung sind wir letztlich fähig, das Wort zu interpretieren und zu verstehen. Unser Repertoire hat sich durch einen Lernprozeß dem des Senders angepaßt. Die Zeichen dieses Wortes gehören nun beiden Repertoires an. Wie wir aber schon gesehen haben, ist es gerade für das Verstehen eines Textes nicht notwendig, daß alle Zeichen dieses Textes dem Repertoire des Lesers angehören. Da beim Übermitteln einer Nachricht meistens eine Redundanz besteht, also ein Teil der verwendeten Zeichen »Verschwendung« ist, sind wir beim Verständnis der Nachricht nicht auf alle Zeichen angewiesen.

0.2.7 Störung und Täuschung der Nachricht

Bis jetzt haben wir angenommen, daß die Nachricht den Empfänger genau so erreicht wie sie gesendet wurde. Dem ist aber nicht immer so. Jede Störung dieser Nachrichtenübermittlung wird als »Geräusch« bezeichnet, gleichgültig, ob es sich um eine akustische oder um eine andere Art von Störung handelt. Ist zum Beispiel bei einem Stahl-Glas-Haus von Ludwig Mies van der Rohe eine Scheibe zerbrochen, so stört dies die Nachricht: wahrnehmungstechnisch ist sie ein Geräusch. Die zerbrochene Scheibe empfinden wir als Störung. Nicht immer ist aber das Geräusch so einfach von der Nachricht zu unterscheiden. Beim Betrachten eines modernen Bildes ist manchmal unklar, welcher Strich oder Punkt gewollt zum Gemälde gehört und was nur ein unbeabsichtigter Flecken, also ein Geräusch ist. Wie kann das Geräusch von der eigentlichen Nachricht unterschieden werden? – Zwischen Geräusch und Nachricht besteht kein absoluter Strukturunterschied (17). Das einzige stichhaltige Unterscheidungskriterium ist die Absicht des Senders. Nur der Maler des Bildes kann mit Sicherheit entscheiden, ob es sich um einen Bestandteil des Kunstwerkes handelt oder um einen ungewollten Flecken, ein Geräusch. Wir haben aber nicht immer die Möglichkeit, den Künstler über seine Absicht zu befragen. Bei den meisten Wahrnehmungen gibt es gar keinen Künstler. Zum Beispiel: auf einem schönen Waldweg liegt ein abgebrochener Ast. Bildet nun dieser Ast ein Geräusch in der Wahrnehmung des Waldweges? Diese Frage kann nur der Empfänger beantworten. Das bedeutet: Ein Geräusch ist ein Teil einer Nachricht, die man nicht empfangen möchte. Was als Geräusch empfunden wird und deshalb störend wirkt, kann wahrnehmungstheoretisch nicht bestimmt werden, hier spielen psychologische und soziologische Aspekte eine entscheidende Rolle. Oft haben die zur Nachricht gehörenden Signale einen höheren Ordnungsgrad als die der Geräusche. Der Ast paßt nicht in das vertikale System der hohen Bäume, er bildet optisch ein Element der Unterordnung. Eine andere Person kann die ganze Szene anders interpretieren: für sie ist der Ast ein Zeichen der Vergänglichkeit, des ewigen Naturzyklus und so nichts Störendes.

Der menschliche Organismus besitzt mehrere Mechanismen zum Ausgleichen der Geräusche (18). Einer sind die sogenannten Reflexe: so kneifen wir »automatisch« die Augen zu, wenn wir geblendet werden. Eine andere Möglichkeit besteht darin, daß der Organismus versucht, bei Störungen auf anderem Wege äquivalente Informationen einzuholen und dann nur die Information berücksichtigt, die eher eine Ungestörtheit garantiert (19).

Neben den Geräuschen besteht noch ein zweites Phänomen, das verhindert, daß eine Nachricht so empfangen wird, wie sie gesendet wurde: die Täuschung (20). Durch verschiedene Einflüsse kann unsere Wahrnehmung getäuscht werden. Grundsätzlich entstehen Wahrnehmungstäuschungen unter drei verschiedenen Bedingungen (21):

a) Widersprüchliche Reizinformation:

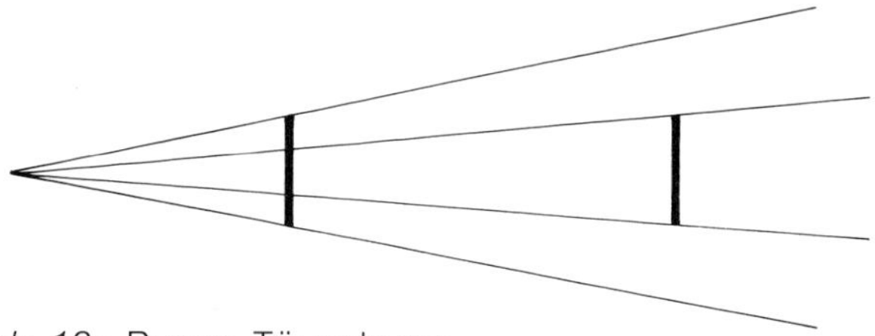

Abb. 12: Ponzo-Täuschung

Die beiden auseinanderlaufenden Linienpaare in Abbildung 12 suggerieren Tiefe. Nach dem Größenkonstanzgesetz (Kapitel 0.3.4) sollten die beiden vertikalen Stäbe bei gleicher reeller Größe verschieden groß gezeichnet werden. Da dem nicht so ist, nehmen wir den linken Stab größer wahr als den rechten, trotzdem beide gleich groß gezeichnet sind. Die meisten sogenannten geometrisch-optischen Täuschungen beruhen auf dem Prinzip der widersprüchlichen Reizinformation (22).

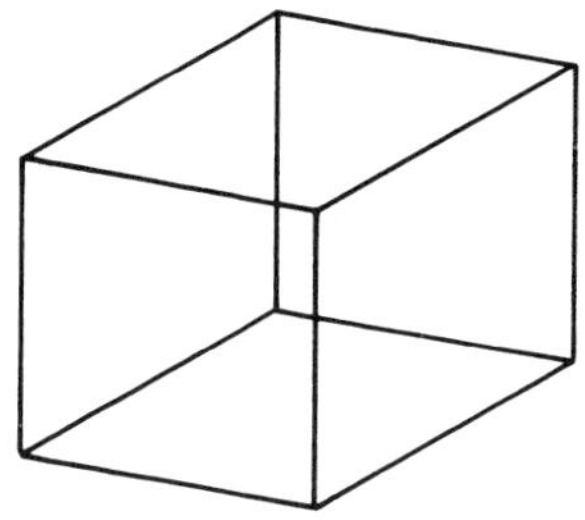

Abb. 13: Necker-Würfel

Der sogenannte Necker-Würfel (Abbildung 13) erlaubt keine stabile Wahrnehmung. Wir sehen abwechselnd die Auf- und die Untersicht des Würfels. Da beide Interpreta-

Abb. 14: Trickbild nach F. Bartlett

tionen gleichwertig sind, kann keine Entscheidung fallen und das Bild wechselt alle paar Sekunden. Solche Figuren werden deshalb auch Kippfiguren genannt. Dieser Effekt wird oft in der Kunst ausgenutzt. Abbildung 14 zeigt entweder eine alte Frau die nach links vorne schaut oder eine junge Frau die nach links hinten schaut.

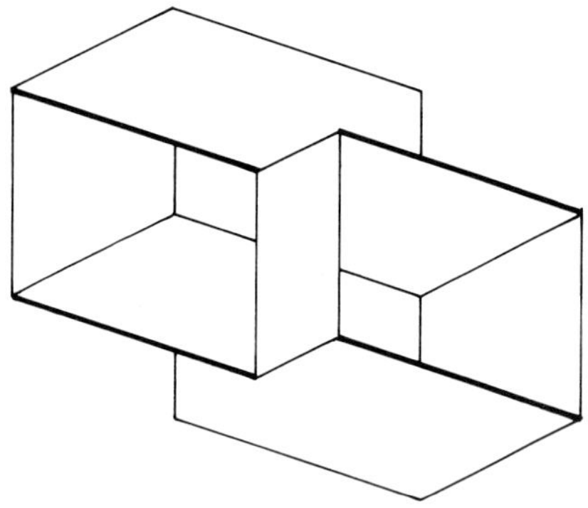

Abb. 15: Josef Albers: »Structural constellations«

Abb. 16: Bridget Riley: »Schauder«, 1964

Der Künstler Josef Albers nutzt diese Täuschung in vielen seiner Bilder konsequent aus (Abbildung 15).

b) Die zweite Bedingung, unter der Täuschungen der Wahrnehmung auftreten, ist die Überlastung des Wahrnehmungssystems. Sie entstehen dann, wenn die Reizkonfiguration gleichförmig und doch komplex ist. Viele Bilder von Bridget Riley beruhen auf diesem Prinzip. Sie bestehen oft aus ganz wenigen Elementen, wie zum Beispiel einem Dreieck mit konstanter Grundlinienlänge und konstanter Höhe. Durch das Verschieben des Scheitelpunktes entstehen Variationen dieser Grundform. Der Hell-dunkel-Wechsel und der Richtungswechsel erschweren eine Orientierung und reizen gleichzeitig alle Rezeptoren, was zu Störungen in der Wahrnehmung führt (Abbildung 16).

c) Der dritte Aspekt, der zur Täuschung führen kann, ist die Unterbelastung des Wahrnehmungssystemes. Der Mensch ist auf Wahrnehmungsreize angewiesen. Wir haben bereits darauf hingewiesen, daß das Ausbleiben dieser Wahrnehmungsreize für längere Zeit zu Halluzinationen und anderen Störungen führen kann. Wichtig ist nicht die Intensität, sondern die Komplexität der Reize. Nicht die Schwäche, sondern die Eintönigkeit führt zur Täuschung. Das Phänomen der Fata Morgana ist teilweise auf diesen Effekt zurückzuführen.

0.3 Der Empfänger

Der Nachrichtenempfänger, in unserem Falle der Mensch, muß für den Empfang von Nachrichten speziell ausgerüstet sein. Die für den Empfang speziell ausgerüsteten Teile, die Sinnesorgane, setzen die physikalischen, chemischen und mechanischen Bewegungsformen der Materie in biochemisches und biotechnisches Potential um (23). Eine weitere Umwandlung findet statt beim Übergang der Nachricht durch den Rezeptor, der eigentlichen »Empfangsantenne«, zum Nervenstrang: hier wird die Nachricht in Impulse umgewandelt, ähnlich dem Binärsystem eines Computers.

0.3.1 Die Sinnesorgane

Aristoteles klassifizierte als erster die menschlichen Sinnesorgane und unterschied: Gesichtssinn (Sehen), Gehör-, Geruch-, Geschmack- und Tastsinn (24). Heute unterscheidet man noch eine Reihe anderer Sinne, so zum Beispiel Temperatursinn und Schmerzsinn. Sie können als Unterkategorien der fünf Hauptsinne betrachtet werden. Die Sinne können in zwei Hauptgruppen unterteilt werden; in diejenigen, die auf Distanz funktionieren, wie sehen, hören und riechen, und in jene, die direkten Kontakt erfordern, wie der Tastsinn und die kinästhetische Wahrnehmung.

Jedes Sinnesorgan nimmt nur die Reize auf, für dessen Empfang es gebaut ist (Gesetz der spezifischen Sinnesenergie, von Johannes Müller, 1926). Das Ohr nimmt die Schallwellen auf, das Auge die elektromagnetischen Schwingungen usw. Trotz der Spezialisierung der einzelnen Organe wirken sie schon bei der geringsten Wahrnehmung sehr eng zusammen (25). Die verschiedenen Sinnesorgane werden nicht immer gleich eingesetzt. Die Art der Wahrnehmung ist auch kulturbedingt. So findet zum Beispiel ein Eskimo seinen Weg in seiner Umgebung ganz anders als ein Mitteleuropäer. Eine hauptsächlich auf das Auge abgestützte Orientierung würde in der Eiswüste der Arktis nicht weit führen. Deshalb hat der Eskimo gelernt, sich vor allem auf Geruch- und Tastsinn zu verlassen. Die verschiedenen Windarten kann er riechen, und sowohl ihre Stärke wie auch ihre Richtung fühlt er. Mit den Füßen ertastet er die Beschaffenheit von Schnee und Eis. Die so gewonnenen Informationen sind für ihn wichtiger als die der visuellen Wahrnehmung, und er kann sich genau nach ihnen orientieren (26). Die Impulse der einzelnen Sinnesorgane werden auf dem Weg zum Zentralnervensystem auf vielfältige Art miteinander verknüpft. Das ankommende Auto erleben wir nicht nur als optisches Ereignis, das Quietschen der Bremsen und eventuell der Geruch der Abgase sprechen gleichzeitig auch die anderen Sinnesorgane an. Auch das Erleben eines architektonischen Raumes besteht oft nicht nur aus einer optischen Wahrnehmung: in einer gotischen Kathedrale beeinflussen der Chorgesang und die spezifischen Gerüche unseren Gesamteindruck. Gesichtssinn, Gehörsinn und Tastsinn sind für die Wahrnehmung von Architektur besonders wichtig, sie sollen im folgenden behandelt werden.

Der Gesichtssinn, das Sehen, ist für das Erleben von Architektur sicher die wichtigste Wahrnehmungsart, nicht aber die einzige. Zuerst ist zu betonen, daß die menschlich-optische Wahrnehmung keine fotografische Abbildung der Umwelt ist (27). Die aufgenommene Nachricht wird verarbeitet und umgesetzt. Das Auge kann eher mit einer Datenverarbeitungsanlage verglichen werden. Wir unterscheiden zwischen dem Blickfeld und dem Gesichtsfeld (28). Das Blickfeld bezeichnet jenen Bereich, der bei fixiertem Kopf aber mit bewegten Augen überblickbar ist. Das Gesichtsfeld umfaßt den Bereich, den man bei fixiertem Kopf und fixiertem Auge kontrollieren kann (ca. 180°).

Die Lichtstrahlen, die in Form von elektromagnetischen Wellen aufs Auge treffen, werden so gesammelt, daß auf der Netzhaut ein umgekehrtes und verkleinertes, lichtstarkes Bild entsteht (29) (Abbildung 17).

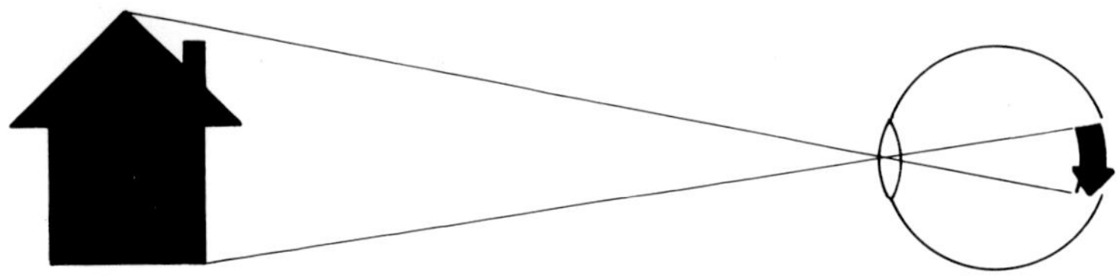

Abb. 17: Umgekehrte Projektion auf der Netzhaut

Auf der Netzhaut befinden sich die »Fotozellen« des Auges, die sogenannten Rezeptorzellen, die Impulse abgegeben, wenn Licht auf sie trifft. Von den Rezeptorzellen führen Nervenbahnen zum Sehstrang, der die Nachricht direkt an das Gehirn weitergibt. Die einzelnen Zellen funktionieren nicht unabhängig voneinander, sie sind gegenseitig verbunden. Fließt nun durch eine Nervenbahn ein Impuls, so wird an die Bahnen der benachbarten Rezeptoren ein negativer Impuls abgegeben, das heißt, die benachbarten Bahnen werden »gehemmt«. Eine Nervenbahn, die inmitten eines Helligkeitsfeldes liegt, erhält von ihren beiden Nachbarbahnen negative Impulse und wird dadurch fast neutralisiert. Eine Nervenbahn am Rande des Helligkeitsfeldes erhält nur von einer Seite negative Ströme und ist so immer noch imstande, Nachrichten weiterzugeben. Dadurch treten an den Grenzen einer Helligkeitsreizung ungehemmt hohe, das heißt positive Ströme auf. Innerhalb des Feldes der Helligkeitsreizung werden die positiven Ströme fast neutralisiert, so daß von dort keine Nachricht weitergeht (30) (Abbildung 18).

Die Verbindung der Nervenbahnen bewirkt einerseits eine bessere Wahrnehmung der Kontraste eines Bildes (Helligkeitsdifferenz) und andererseits eine Abschwächung der Nachricht innerhalb eines Helligkeitsfeldes.

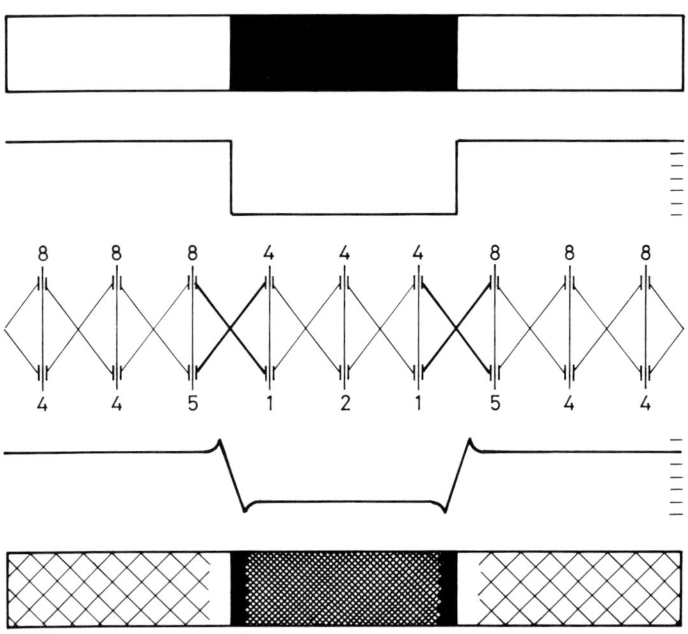

Abb. 18: Helligkeitssehen

Das heißt, die Kontraste eines Bildes werden intensiver als in Wirklichkeit wahrgenommen. Bei den Rezeptorzellen unterscheiden wir zwei Arten; die sogenannten Stäbchen und die Zapfen (31). Das Verhältnis beträgt 18 zu 1 zugunsten der Stäbchen. Die Stäbchen sind für das Hell-Dunkelsehen verantwortlich, die Zapfen für das Farbsehen. Stäbchen und Zapfen sind nicht gleichmäßig über die Netzhaut verteilt. Die Randteile der Netzhaut enthalten nur Stäbchen, die sehr viel lichtempfindlicher sind als die Zapfen und deshalb vor allem für das Dämmerungssehen zuständig sind. Entsprechend der unregelmäßigen Verteilung von Stäbchen und Zapfen ist die Sehschärfe bei Tag- und bei Dämmerlicht verschieden (32). Bei Dämmerlicht ist sie an der Peripherie des Gesichtsfeldes gleichmäßig hoch, im zentralen Bereich eher schlecht. Bei Tageslicht ist es umgekehrt: im mittleren Bereich des Gesichtsfeldes ist die Sehschärfe am größten.

Der für uns interessanteste Ausschnitt des Gesichtsfeldes ist der Blickpunkt. Wir richten unser Auge so auf ihn, daß seine Projektion auf die empfindlichste Stelle der Netzhaut fällt (Fovea). In diesem relativ kleinen Bereich der Netzhaut, er umfaßt nur etwa 2–5 Grad des Sehwinkels, findet die differenzierte Wahrnehmung statt (33).

Beim Erleben von Architektur spielt das Gehör eine wichtigere Rolle als dies gemeinhin angenommen wird. Mit dem Gehör können Richtung und Entfernung von Schallquelle wahrgenommen werden. Die Richtung einer Schallquelle wird durch den Vergleich der Reize beider Ohren festgestellt (34). Ein von links kommendes Geräusch erreicht zuerst das linke, dann das rechte Ohr. Der geringe Zeitunterschied genügt, um die Richtung der Schallquelle feststellen zu können. Der Mensch kann zwei Schallquellen, deren Winkelabstand weniger als zehn Grad beträgt, einzeln feststellen (35). Das Erkennen der Entfernung einer Schallquelle beruht auf Erfahrung (36). Dabei spielt offenbar das Frequenzspektrum eine Rolle. Neben Richtung und Entfernung kann auch die Bewegung einer Schallquelle wahrgenommen werden (z. B. ein vorbeifahrendes Auto). Bei der Bewegung handelt es sich um eine Kombination von Richtung und Entfernung.

Mit dem Gehör können auch Informationen über den architektonischen Raum gewonnen werden: Oberflächen- und Materialeigenschaften, Größe des Raumes, ob der Raum leer oder möbliert ist etc.

Im Gegensatz zum Sehen und Hören sind wir beim Tastsinn auf eine Bewegung, das heißt auf die Aktivität des Körpers und seiner Glieder, angewiesen. Das haptische Erfassen einer Form mit Hilfe des Tastsinns geschieht deshalb meistens sukzessiv, entsprechend dem Ablauf der Bewegung. Im Kleinkindalter ist der Tastsinn wichtiger als die visuelle Wahrnehmung. Beim Erwachsenen dient der Tastsinn vor allem zur Wahrnehmung von Oberflächenstrukturen und erst dann zum Erfassen von Formen.

0.3.2 Empfangskapazität und Speicher

Die Sinnesorgane wandeln die Wahrnehmungsreize in Impulse um. Diese gelangen dann ins Zentralnervensystem im Gehirn. Ähnlich wie der Computer besitzt auch das Gehirn eine gewisse maximale Aufnahmekapazität, das heißt es kann pro Zeiteinheit nur ein bestimmtes Höchstmaß an Information aufnehmen. Wenn dem nicht so wäre, müßte ein Mensch im Stande sein, zum Beispiel eine ganze Landkarte in einem Augenblick vollständig zu verstehen und aufzunehmen. Wir sahen zuvor, daß der Informationswert einer Nachricht sehr eng mit dem Unerwarteten, dem Originellen, zusammenhängt. Die Aufnahmekapazität bezieht sich auf die Originalitätsmenge, auf den Teil der Nachricht, die für uns unerwartet und deshalb interessant ist, also auf die Information. Das Angebot an optischen, akustischen und haptischen Signalen ist sehr viel größer als die maximale Aufnahmekapazität. Wir verwerten nur einen geringen Bruchteil der an uns gelangenden Zeichen. Aus der Vielzahl der uns angebotenen Signale wählen wir die aus, die uns jederzeit erlauben, unsere Umwelt zu kontrollieren. Abraham Moles: »Wahrnehmen heißt auswählen, und die Welt begreifen heißt, die Regeln begreifen, denen die ausgewählte Wahrnehmung gehorcht« (37). Nur ganz selten wird das Nachrichtenangebot so klein, daß der Mensch in seiner Wahrnehmung verunsichert wird (vgl. Kapitel 0.2.7). Auch der umgekehrte Fall, bei dem der Mensch um seine Umwelt kontrollieren zu können so viele Nachrichten aufnehmen muß, daß er an die Grenze der Aufnahmekapazität gelangt, ist selten.

Mit verschiedenen Experimenten wurde nachgewiesen, daß die maximale Aufnahmekapazität bei 16 bit pro Sekunde liegt (38). Die kleinste für das menschliche Auge erfaßbare Zeiteinheit liegt bei $^1/_{16}$ Sekunde. Diese Tatsache wird beim Film ausgenutzt: pro Sekunde können 16 verschiedene optische Signale empfangen werden. Sind es mehr, so erleben wir die Signale nicht mehr als einzelne Einheiten sondern als ein sich »bewegendes« Bild. Die Aufnahmekapazität von 16 bit pro Sekunde wurde mit Experimenten auch auf akustischem Gebiet bestätigt (39).

Wir nehmen so viele der uns gebotenen Signale in unser Bewußtsein auf, daß wir damit unsere Umwelt kontrollieren können. Wie groß die Zahl der aufgenommenen Signale nun effektiv ist, hängt auch von den Kenntnissen des Empfängers über die Nachrichtenstruktur ab, die ihrerseits durch sein sozio-psychologisches Milieu bedingt ist. Zum Beispiel: stehen wir an einer Straßenkreuzung vor einer Lichtampel, so brauchen wir nur die Information »grün«. Dies genügt uns, um unsere Umwelt in diesem Augenblick zu kontrollieren. Kennen wir die Bedeutung der Lichtampel aber nicht, so brauchen wir für die augenblickliche Kontrolle der Umwelt sehr viel mehr Information: bevor wir uns fortbewegen können, müssen wir schauen, daß aus keiner Richtung ein Auto auf uns zukommt.

Sowohl ein Unter- wie ein Überangebot an Nachrichten schafft Probleme. Die menschliche Wahrnehmung ist kein passiver Vorgang. Durch Organisation kann die angebotene Reizmenge zusammengefaßt und verringert werden. Dieser Vorgang wird »Bilden von Superzeichen« genannt (40). Tritt in einer Abfolge von Reizen Regelmäßigkeit auf, so kann mit ihrer Hilfe die Nachrichtenmenge verringert werden. Liegen zum Beispiel mehrere Punkte auf einer geraden Linie und ist ihr Abstand immer gleich, so genügt es, wenn wir den genauen Abstand der Punkte voneinander und die Lage der Linie kennen. Da das Angebot an Signalen aus der Umwelt groß ist, sind wir immer wieder gezwungen, nach Regelmäßigkeiten zu suchen, um durch das Bilden von Superzeichen die Nachrichtenmenge zu reduzieren. Dadurch wird der Speicheraufwand verkleinert, und wir können unsere Umwelt besser wahrnehmen. Die Superzeichenbildung erfolgt nicht immer automatisch; manchmal werden dafür gewisse Kenntnisse vorausgesetzt. Ein oft gelesenes Wort wie »Haus« erkennen wir mit einem Blick. Eine einzelne Wahrnehmung der vier Buchstaben und eine Kombination dieser Zeichen zu einem Wort ist nicht mehr notwendig, da wir das Wort »Haus« als Superzeichen erkennen. Dies ist aber nur möglich, weil wir die vier Buchstaben in dieser Reihenfolge schon oft gesehen haben und gelernt haben, was sie zusammen bedeuten. Die Zeichen werden zu einem Superzeichen zusammengefaßt, das auf dem Niveau der unmittelbar übergeordneten Wahrnehmungsebene wieder ein Zeichen unter anderen Zeichen ist und mit ihnen wieder zu einem Superzeichen zusammengefaßt werden kann. Im Prinzip ist das Bilden von Superzeichen nichts anderes als Schematisieren; Regelmäßigkeiten werden zusammengefaßt, und das Wesentliche wird hervorgehoben (Abbildung 19).

Die aufgenommene Nachricht gelangt ins Gehirn, wo sie ausgewertet und gespeichert wird. Man unterscheidet zwei verschiedene Arten von Speicher: Das Kurzzeitgedächtnis und das Langzeitgedächtnis (41). Im Kurzzeitgedächtnis können maximal 16 bit pro Sekunde aufgenommen werden. Diese Informationseinheiten können aber nur relativ kurz, ungefähr zehn Sekunden, gespeichert werden. Anschließend wird die Nachricht an das Langzeitgedächtnis weitergegeben oder fallengelassen, das heißt vergessen (42). Der Anteil der ans Langzeitgedächtnis weitergegebenen Einheiten ist relativ gering, er beträgt im Durchschnitt ein bit pro Sekunde (43). Eine Nummer, die man im Telefonbuch nachschaut, wird bis zum unmittelbar darauf folgenden Einstellen am Apparat im Kurzzeitgedächtnis gespeichert und nachher wieder vergessen. Die maximale Speicherkapazität des Kurzzeitgedächtnisses beträgt 160 bit, nämlich zehn Sekunden lang je 16 bit. Diese Kapazität ist altersbedingt und kann variieren. Ihren günstigsten Wert erreicht sie, wenn der Mensch ungefähr 20 Jahre alt ist (44). Die maximale Speicherkapazität wird nur selten ausgenutzt, je nach Größe der Redundanz ist die gespeicherte Informationsmenge im Kurzzeitgedächtnis kleiner. Bei 40–60 bit Information dürfte das Bewußtsein schon weitgehend ausgelastet sein (45), das heißt, die Nachricht wird schon als interessant empfunden. Das Bilden von Superzeichen ist als ein Redundanzprozeß nicht nur eine Notlösung zur Überwindung des großen Informationsangebotes, sondern auch eine wesentliche Voraussetzung für das Empfinden von Schönheit. Jede Wahrnehmung sollte deshalb auf mindestens zwei Wahrnehmungsebenen stattfinden können (vgl. Kapitel 2.3). Die Superzeichenbildung hängt vom Repertoire ab und kann auf verschiedene Arten geschehen (vgl. Kapitel 0.3.3).

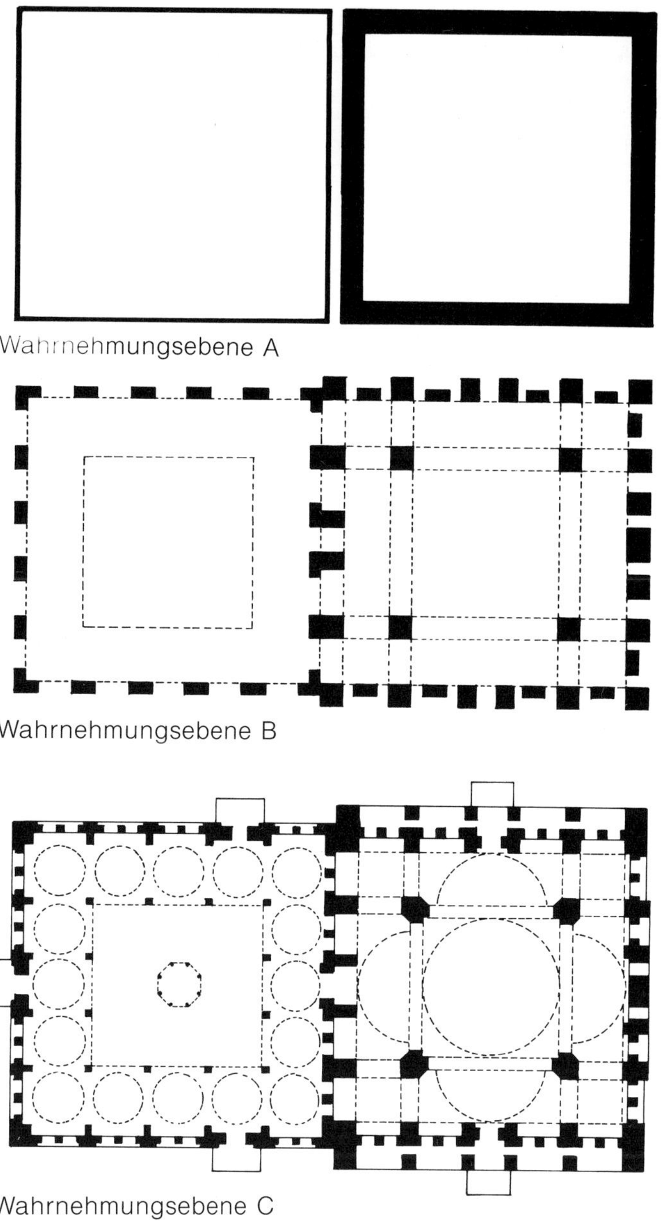

Abb. 19: Bilden von Superzeichen oder Schematisieren (Shezade Moschee in Istanbul, 16. Jh.). Vgl. auch Abbildung 72 bis 74

0.3.3 Abtast- und Gestalttheorie

Bei der optischen Wahrnehmung bestehen zwei grundsätzliche Möglichkeiten der Nachrichtenaufnahme (46). Beim sogenannten Abtasten entsteht der Gesamteindruck aus vielen kleinen Teilinformationen, das Ganze entsteht aus Einzelteilen. Das Abtasten wird am besten mit dem Fernsehen verglichen: Das wahrzunehmende Objekt wird in Elemente aufgeteilt und die Strukturen der einzelnen Elemente registriert. Die Abtasttheorie ist von der Psychophysiologie entwickelt worden. Die Tatsache, daß das Feld unserer größten Sehschärfe (Blickpunkt) relativ klein ist, nämlich 2–5 Grad, scheint die Theorie zu unterstützen.

Die Gestalttheorie geht umgekehrt vom Ganzen aus: zuerst wird ein Gesamteindruck gewonnen, dann werden Einzelheiten registriert.

Auf den ersten Blick entsteht der Eindruck, daß sich diese beiden Methoden gegenseitig ausschließen. Dem ist aber nicht so; Abtast- und Gestalttheorie ergänzen sich, und je nach Fall scheint eine der beiden Wahrnehmungsarten den Vorrang zu haben (47). Der menschliche Empfänger ist fähig, innerhalb einer Zeiteinheit nur ein bestimmtes Maximum an Informationseinheiten in ganzheitlicher Weise, als Gestalt, aufzunehmen. Wenn die Nachricht eine größere Anzahl solcher Einheiten enthält, läßt der Empfänger sie unberücksichtigt oder tastet sie ab. Beim Lesen folgen wir mit dem Auge den Zeilen, wir tasten die Buchseite ab. Unser Blick, mit der stärksten Sehschärfe, ist jeweils auf das zu lesende Wort gerichtet. Ein Haus erkennen wir zuerst an seinen Umrissen, an seiner Gestalt. In einem weiteren Wahrnehmungsschritt werden vielleicht offene und geschlossene Elemente registriert. Je weiter wir zum Detail vordringen, desto wahrscheinlicher schalten wir auch hier zur Abtastmethode um, nämlich dann, wenn wir erschöpfend und einprägsam erkennen wollen. Beim Wahrnehmen von Architektur spielt die Gestalttheorie eine entscheidende Rolle, weshalb wir hier näher auf sie eingehen wollen.

Bevor die Gestalttheorie entwickelt werden konnte, mußte der Gegensatz von Gestalt und Grund untersucht werden. Zweidimensionale Bilder gibt es wahrnehmungstechnisch nicht, auch wenn man zum Beispiel die aufgetragene Farbschicht als dimensionslos betrachtet. Jede Figur oder Gestalt hat einen Hintergrund: das eine liegt vorne, das andere hinten.

Abb. 20: Rubinscher Becher (nach Rubin, 1921)

Das bekannteste Beispiel zur Verdeutlichung dieser Tatsache ist wohl der Rubinsche Becher (Abbildung 20). Je nachdem, ob die weiße oder die schwarze Figur den Grund bildet, sehen wir einen Becher oder zwei menschliche Profile. Rubin fand zu diesem Phänomen mehrere Regeln (48): Die geschlossenen Flächen wirken meistens als Figur, die unbegrenzten als Grund. Wenn wir zum Beispiel in den nächtlichen Sternenhimmel blicken, sehen wir die hellen Sterne als Figur und den dunklen Himmel als Grund. Aus dieser ersten Regel folgt die zweite: Die verhältnismäßig kleineren Flächen werden als Figur gesehen. Die zur Grundfläche gehörenden Teile streben danach, Teile eines zusammenhängenden Hintergrundes zu werden (Abbildung 21).

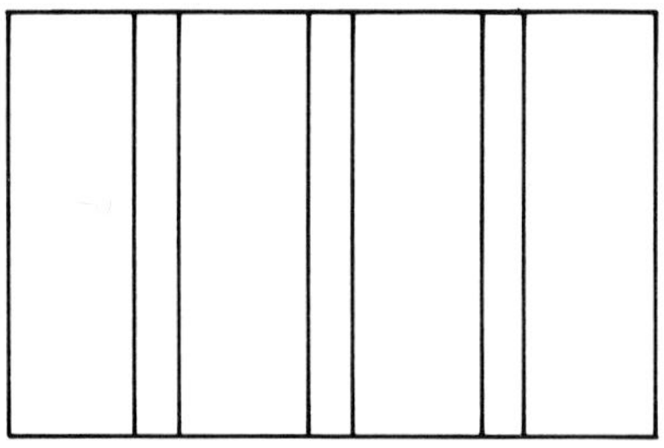

Abb. 21: Relativ kleinere Flächen wirken als Figur

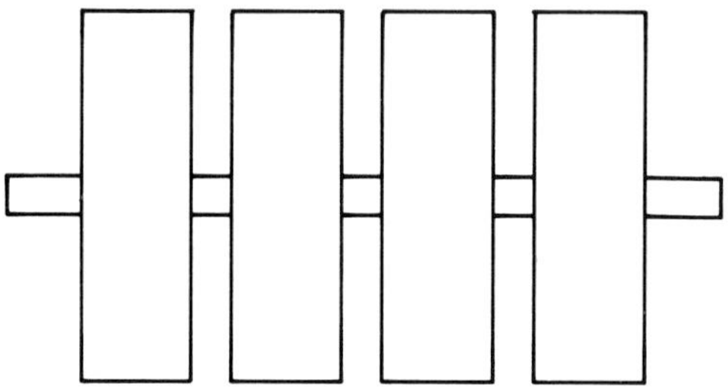

Abb. 22: Figur hebt sich durch ihre Organisation vom Grund ab

Stellen wir den kleinen Balken in Abbildung 21 quer, so wirkt er als Grund (Abbildung 22). Der Organisationsgrad der größeren Felder ist größer als der der kleinen Felder, die Figur hebt sich durch ihre Organisation vom nicht organisierten Grund ab.

Abbildung 23 zeigt, daß ein Zeichen nicht nur aus Figur und Grund bestehen muß. Je nach Interpretation können verschiedene Figuren in verschiedenen Ebenen liegen.

Max Wertheimer, einer der Begründer der Gestalttheorie, sagte: »Es gibt Zusammenhänge, bei denen nicht, was im Ganzen geschieht, sich daraus herleitet, wie die einzelnen Stücke sind und sich zusammensetzen, sondern umgekehrt, wo — im prägnanten Falle — sich das, was in einem Teil dieses Ganzen geschieht, bestimmt wird von inneren Strukturgesetzen dieses seines Ganzen« (49). Mit anderen Worten: das Ganze ist mehr als die Summe seiner Teile. Die durch die Gestalttheorie entwickelten Gesetzmäßigkeiten bei der Wahrnehmung wurden in den sogenannten Gestaltgesetzen festgehalten. Diese Gesetze basieren auf der Tatsache, daß jedes Reizmuster so gesehen werden will, daß die sich ergebende Struktur möglichst einfach ist (50). Die wichtigsten dieser Gesetze seien hier kurz besprochen.

a) Prägnanzgesetz oder Gesetz der guten Gestalt (51): bei unvollständigen Formen oder Formsegmenten besteht die Tendenz, diese bei der Wahrnehmung zu Formen mit guter Gestalt zu ergänzen. Tendenz zu guter

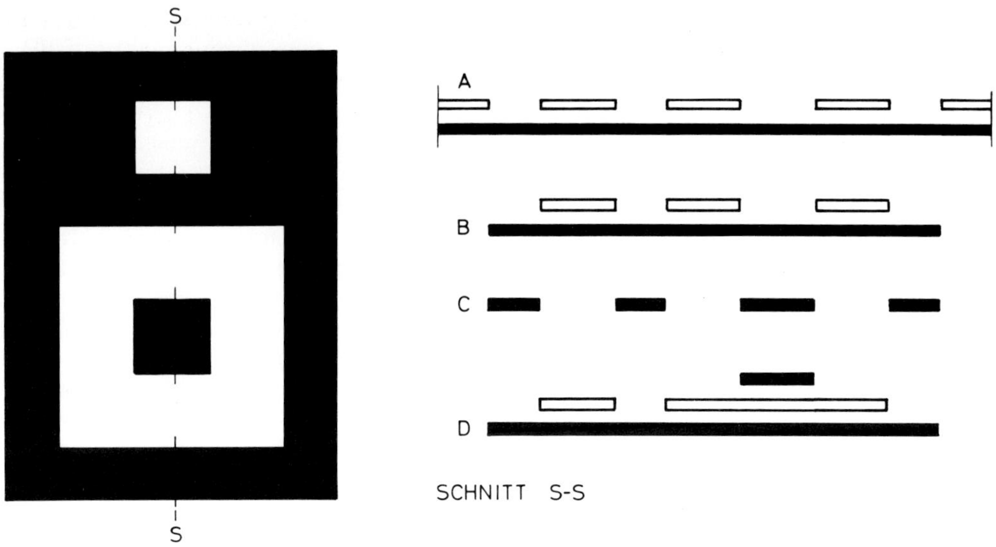

Abb. 23: Verschiedene Interpretationsmöglichkeiten von Figur-Grund Beziehungen

Gestalt heißt: Unvollständigkeiten werden ergänzt, es wird eine möglichst große Regelmäßigkeit (Symmetrie, rechter Winkel etc.) angestrebt, die Form wird bereits bekannten Formen angepaßt (vgl. Redundanz und Vorhersehbarkeit). Bei ganz kurzen Betrachtungszeiten wird das Unvollständige gar nicht mehr wahrgenommen. Betrachten wir einen unterbrochenen Kreis nur einen kurzen Augenblick, so nehmen wir die Unterbrechungen nicht mehr wahr, wir sehen einen geschlossenen Kreis (Abbildung 24). In Abbildung 25 »sehen« wir Linien, die nicht existieren, und so wird die Figur zu einem Kreuz vervollständigt. Das heißt, das Gezeichnete wird in der Wahrnehmung zu einer einfacheren Figur mit mehr Regelmäßigkeit ergänzt.

Gesetz der guten Gestalt:

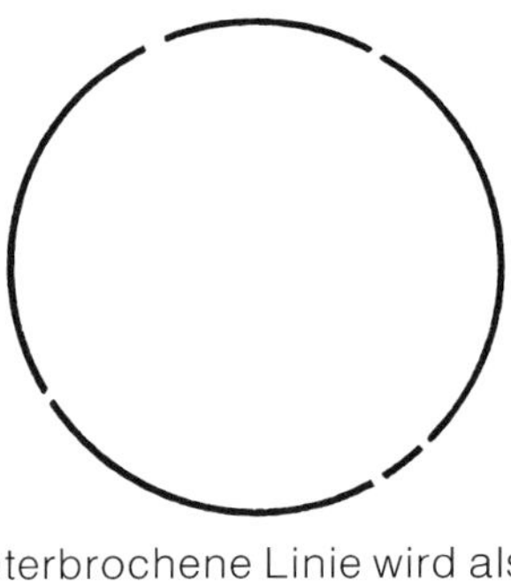

Abb. 24: Die unterbrochene Linie wird als geschlossener Kreis gesehen

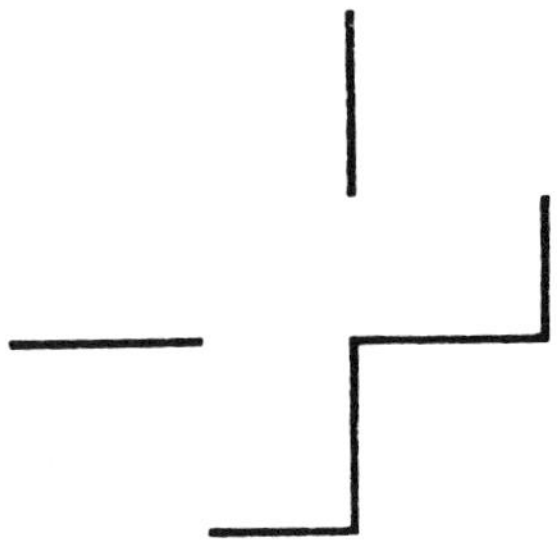

Abb. 25: Kreuz (nach Metzger, 1952)

b) Gesetz der Nähe (52): müssen Punkte oder Linien verbunden werden, so verbinden sich nahe Punkte oder Linien besser als entferntere. In Abbildung 26 sehen wir eher schmale Streifen mit breitem Zwischenraum als umgekehrt.

c) Gesetz der Umschlossenheit: Umschlossene Dinge bilden leichter eine Figur als offene. Beim Gesetz der Nähe sahen wir, daß sich nahestehende Linien eher zu einer Figur verbinden als entferntere. Verbinden wir aber in Abbildung 26 die entfernteren Linien zu einem geschlossenen Rechteck, so sehen wir dieses Rechteck als Figur und die schmalen Streifen als Zwischenraum (Abbildung 27).

Gesetz der Nähe:

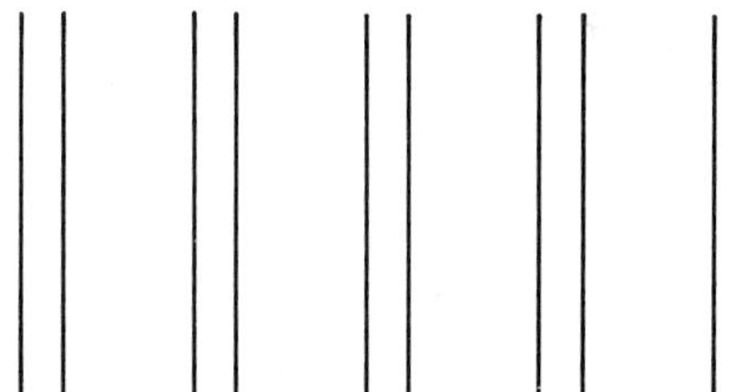

Abb. 26: Zwei naheliegende Linien werden als Streifen gesehen

Gesetz der Umschlossenheit:

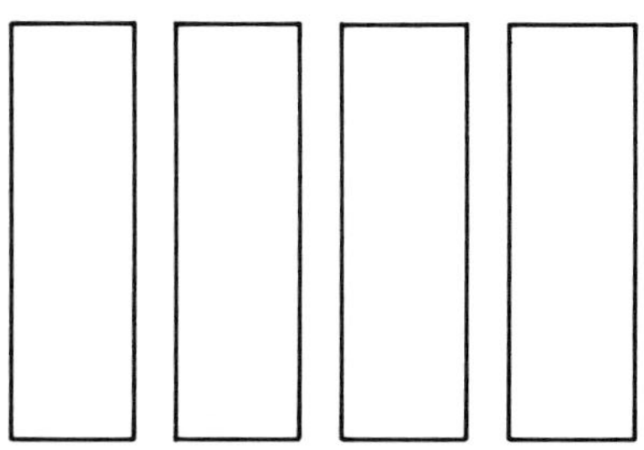

Abb. 27: Umschlossene Elemente bilden eine Figur

d) Gesetz der Ähnlichkeit: Ähnliche Elemente werden zu einer Figur zusammengefaßt. In Abbildung 28 sehen wir im Feld der runden Elemente ein auf der Spitze stehendes Quadrat, gebildet durch die viereckigen Elemente.

Gesetz der Ähnlichkeit:

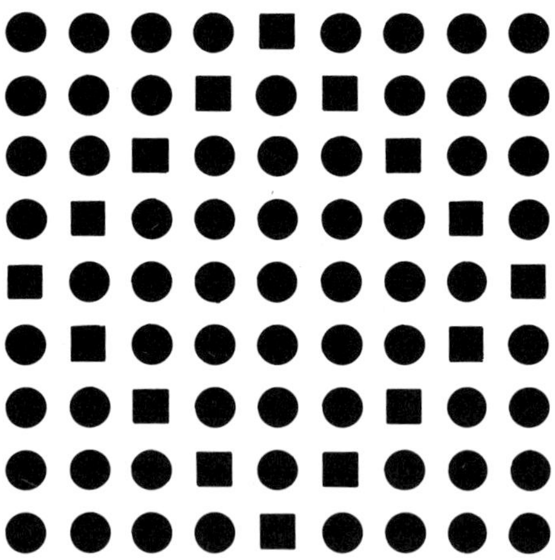

Abb. 28: Die Vierecke bilden ein auf der Spitze stehendes Quadrat

e) Gesetz der Erfahrung: In zufällige Formen werden bekannte Figuren hineinprojiziert. So sehen wir oft in den Bildern der Wolken am Himmel Gesichter oder Tiere. Abbildung 29 zeigt das Flugbild zweier sich verfolgender Fliegen. Die Punkte liegen jeweils 20 ms auseinander. Mit etwas Phantasie können wir in dieser Abbildung verschiedene Figuren sehen.

Gesetz der Erfahrung:

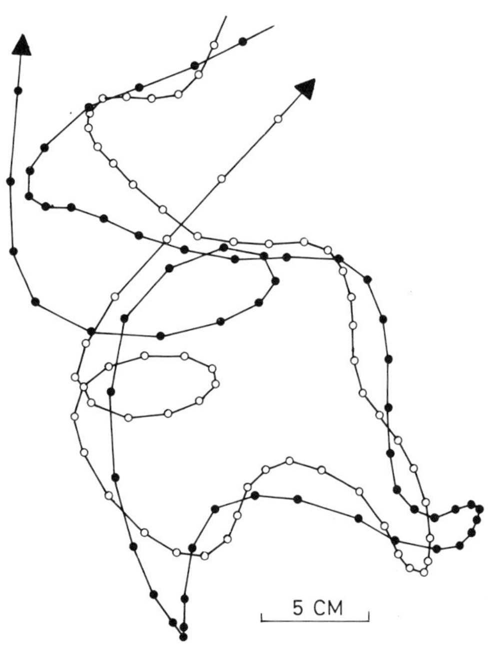

Abb. 29: Flugbahn zweier sich verfolgenden Fliegen (nach Wehner und Land)

Nach Auffassung der Gestalttheorie gliedert der Wahrnehmungsmechanismus nicht nur die auf der Netzhaut auftretenden Reizstrukturen, sondern ordnet sie auch so, daß ein einfaches Erkennen der Objekte möglich wird (53). Dabei werden unvollständige Reizmuster vervollständigt. Am augenfälligsten ist diese Ergänzung beim sogenannten »blinden Fleck«: die Stelle der Netzhaut, an der die Nervenstränge ins Gehirn führen. Dort gibt es keine Rezeptoren, so daß wir beim Sehen an dieser Stelle einen schwarzen Fleck sehen müßten. Unsere Wahrnehmung wird aber dort sinnvoll ergänzt. Jede Nachricht hat auch eine Redundanz, das heißt, zum Verstehen einer Nachricht brauchen wir nicht alle ihr angehörenden Zeichen. So erkennen wir auch noch in einer relativ losen Ansammlung von schwarzen Flecken ein Bild (Abbildung 30).

Abb. 30: Schwarze Flecken werden zu einem Bild ergänzt. Sitzender, gescheckter Hund (nach Street, 1931)

James J. Gibson entdeckte unabhängig von der Gestalttheorie gewisse Regelmäßigkeiten in der visuellen Wahrnehmung (54). Er stellte fest, daß die Reizmannigfaltigkeiten, zum Beispiel beim Betrachten einer Landschaft, von vorneherein geordnet und nicht eine Anzahl von unabhängigen Einzelelementen sind. Der Mensch lernt in seiner frühen Kindheit bei der Umgebungswahrnehmung solche Regelmäßigkeiten,– Gibson nennt sie Texturgradienten –, einzubeziehen. In Abbildung 31 wird ein Knick

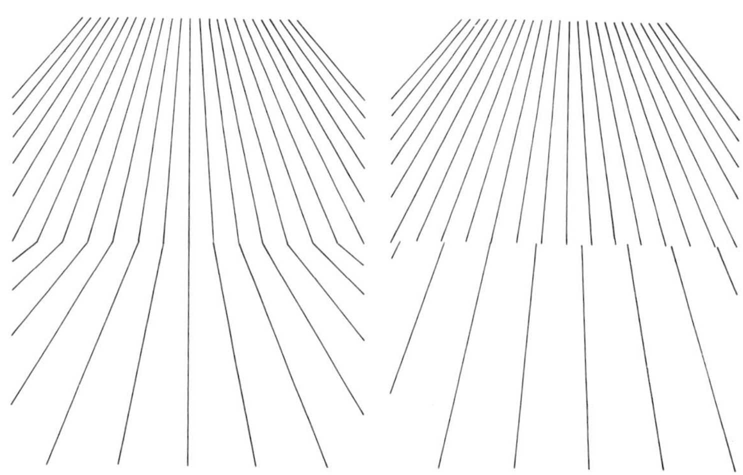

Abb. 31: Texturgradienten (nach Gibson, 1950)

oder ein Unterbruch in den Texturgradienten als Steigungswechsel oder Niveauunterschied interpretiert. Die Reizmuster, in diesem Fall die Texturgradienten, werden so gesehen, daß die sich daraus ergebende Struktur möglichst einfach ist.

0.3.4 Konstanz

Die sogenannte Konstanzvariabilität ist eines der wichtigsten Organisationsprinzipien der visuellen Wahrnehmung (55). Die Übereinstimmung zwischen Realität und Wahrnehmung ist relativ groß, dies trotz der großen Differenz zwischen reellem Objekt und seiner zweidimensionalen Projektion auf der Netzhaut.

Warum wissen wir, daß das schattenwerfende Objekt eines ovalen Schattens ein kreisförmiger Gegenstand ist? Warum erkennen wir ein Haus aus tausend Meter Entfernung als ein richtiges Haus und nicht als ein kleines Spielzeughaus? Ein Mensch, den wir weit entfernt sehen, erscheint uns nur einige Zentimeter groß; warum wissen wir, daß er in Wirklichkeit beinahe zwei Meter groß ist? Ein Würfel hat aus verschiedenen Richtungen gesehen ganz verschiedene Projektionen, und trotzdem nehmen wir ihn jederzeit als einen Würfel wahr.

Was, wenn dem nicht so wäre? – Dann würde uns jedes Haus, jeder Gegenstand, ja unsere ganze Umgebung bei jeder Bewegung, die wir ausführen als sich bewegendes Ungetüm erscheinen. Je kleiner der Abstand, desto größer würde der Gegenstand, mit jeder Bewegung des Betrachters würde sich die Form des Objekts wahrnehmungsmäßig verändern. Der Gang durch eine belebte Straße würde zu einem Horrortrip.

Das Wahrnehmungsbild, das nach der Netzhautprojektion entsteht, läßt uns den Gegenstand so erscheinen, wie er in Wirklichkeit ist. Experimente haben gezeigt, daß schon Kleinkinder im Alter von einigen Wochen Gegenstände richtig erkennen können (56). Daraus ist zu schließen, daß das Konstanzsehen nicht nur eine angelernte Leistung ist. Auch die Annahme, die Korrektur des Reizmusters erfolge automatisch mittels eines angeborenen Mechanismus, ist falsch. Die Korrektur funktioniert nicht in jedem Falle und ist oft der Grund für sogenannte optische Täuschungen. Ob die Korrektur stattfindet oder nicht hängt offenbar von der Situation ab. Die Hauptrolle bei der Konstanzwahrnehmung spielen die Reize der Umgebung des gesehenen Gegenstandes. Sie wirken als Maßstab, als Vergleichswerte; an ihnen wird die Wahrnehmung relativiert. Die sogenannte »Mondtäuschung« ist ein bekanntes Beispiel dafür: ist der Mond knapp über dem Horizont, so erscheint er uns größer, als wenn er im Zenit steht. Liegt er am Horizont, dann haben wir den Vergleichsmaßstab der Umgebung, der uns im anderen Falle fehlt (Kaufmann und Rock, 1962). In der Abbildung 32 A sehen wir zwei gleichgroße Rechtecke. Stellen wir die beiden in eine Umgebung (Abbildung 32 B), so vergleichen wir sie mit den Reizen dieses Umfeldes, mit den Texturgradienten: Nun erscheint uns das eine Rechteck größer als das andere. Das Reizangebot der Umgebung führt in diesem Falle zu einer optischen Täuschung.

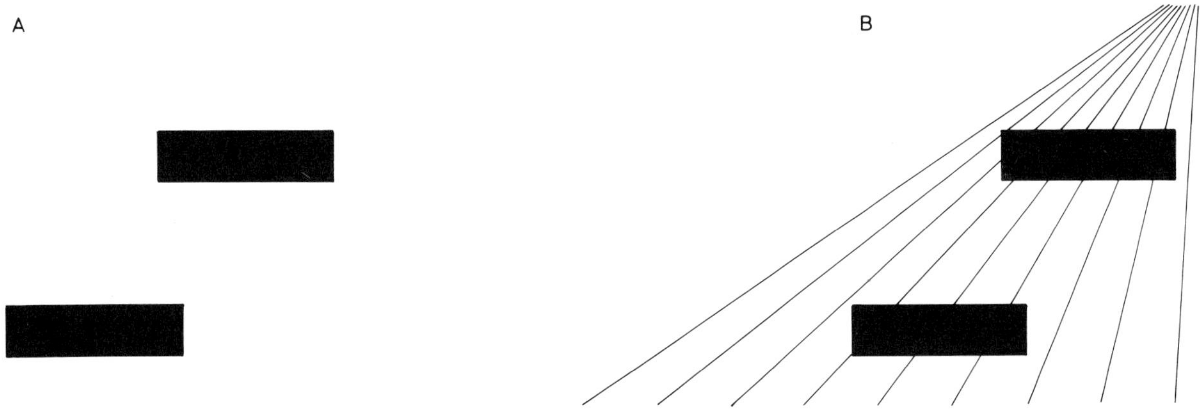

Abb. 32: Zwei gleichgroße Rechtecke ohne (A) und mit (B) Texturgradienten

Die wichtigsten Konstanzleistungen der visuellen Wahrnehmung sind folgende (57):

a) Größenkonstanz. Je nach Entfernung eines Gegenstandes wird seine wahrgenommene Größe korrigiert, das heißt, wir nehmen einen Gegenstand immer gleich groß wahr, unabhängig von seiner Entfernung. Die Reize seiner Umgebung geben uns Auskunft über die Entfernung des Gegenstandes, und die wiederum erlaubt uns, die Größe richtig wahrzunehmen. In gewissen Fällen führt das Gesetz der Größenkonstanz zu einer »Überkonstanz« (58). In Abbildung 32 B täuschen die perspektivischen Linien eine Tiefe vor; das hintere Rechteck sollte kleiner gezeichnet sein, damit beide gleich groß wahrgenommen werden. Die »Überkonstanz« führt dazu, daß das hintere Rechteck größer eingeschätzt wird als das vordere.

b) Formkonstanz. Einen runden Teller sehen wir rund, trotzdem seine Projektion meistens oval ist. Die runde Form bleibt in unserer Wahrnehmung konstant. Die Ecke eines Tisches wird als rechter Winkel gesehen, obwohl wir sie nur bei einer Frontalprojektion als solchen auf unserer Netzhaut registrieren.

c) Aus Größen- und Formkonstanz läßt sich das Gesetz der Invariantenbildung ableiten. Bei der Wahrnehmung von verschiedenen Gegenständen bleiben nicht nur Größe und Form konstant, sondern auch ihre Lage zueinander und zum Betrachter. Trotz Körper- und Augenbewegung des Betrachters bleiben die Objekte an ihrem Ort stehen und behalten Größe und Form bei.

d) Farb- und Helligkeitskonstanz. Innerhalb gewisser Grenzen ist die Farb- und Helligkeitswahrnehmung konstant. Ein rotes Auto hat, bedingt durch Form und Beleuchtung, Farbtöne von hellrot bis praktisch schwarz. Trotzdem wir diese Farbtöne wahrnehmen, ist für uns immer klar, daß das Auto nur einen Farbton hat. Die Unregelmäßigkeiten werden vom Auge nicht registriert, daß heißt, ein Durchschnittswert bildet das Bezugssystem für alle Bereiche des Objektes.

0.3.5 Tiefensehen

Bei Größen- und Formkonstanz, aber auch generell bei der optischen Wahrnehmung, spielt die Tiefe, die Entfernung oder Distanz zwischen Betrachter und Objekt und zwischen den Gegenständen untereinander, eine entscheidende Rolle. Der dreidimensionale euklidische Raum wird auf die beiden konkav gewölbten Flächen der Netzhaut beider Augen projiziert und muß von dort wieder in einen dreidimensionalen Wahrnehmungsraum transferiert werden. Dabei spielt die dritte Dimension, die Tiefe, die Schlüsselrolle.

Wie wird Entfernung wahrgenommen? Wichtige Anhaltspunkte erhalten wir aus der Umgebung. Sie sind aber nicht die einzigen. Das Auge – als mechanischer Apparat betrachtet – gibt weitere Aufschlüsse.

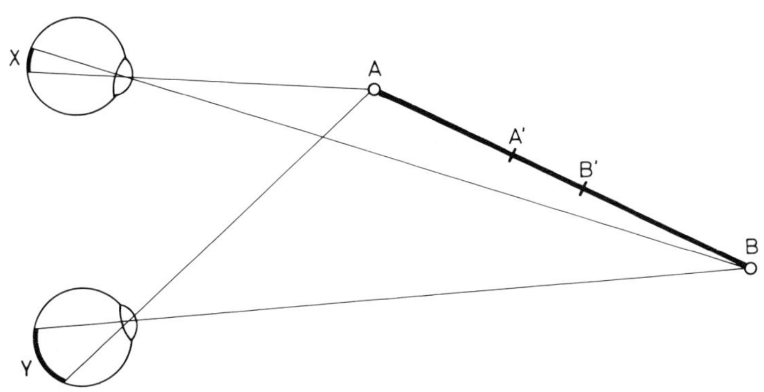

Abb. 33: Unterschiedliche Netzhautabbildung eines Gegenstandes auf beiden Augen

Die eigentliche Grundlage des Tiefensehens ist der Unterschied der perspektivischen Abbildung eines sich in der Breite ausdehnenden Objektes (in Abbildung 33 begrenzt durch die Punkte A und B). Die Netzhautprojektion der Länge $\overline{AB}$ ist nicht in beiden Augen gleich groß (x,y). Die Tiefenschärfe des Auges ist beschränkt. Dadurch ist es nicht mehr ohne weiteres möglich, die ganze Länge $\overline{AB}$ scharf zu sehen (A liegt zu weit vorne, B zu weit hinten). Im Bereich einer geringeren Breitenabweichung (zum Beispiel $\overline{A'B'}$) bewirkt die geringe Differenz in der Netzhautprojektion den Eindruck klarer Tiefenverhältnisse. Wie diese Breitenabweichung genau in Tiefenunterschied umgesetzt wird, ist heute noch nicht bekannt. Dieser Mechanismus arbeitet aber so genau, daß Längendifferenzen in der Netzhautprojektion von nur einer Sehzelle (= $^1/_{600}$ Millimeter) schon als Tiefenunterschied registriert werden (59). Mit dieser Meßmethode erhalten wir allerdings keine absoluten Tiefenwerte, wie zum Beispiel den Abstand von Punkt A zum Auge, sondern nur relative Werte, wie die Tiefendifferenz von A′ zu B′. Dies hat aber den Vorteil, daß nicht jeder Punkt für sich gemessen werden muß, sondern erlaubt, die Tiefenverteilung sehr komplexer Formen gleichzeitig wahrzunehmen. Zur Tiefenwahrnehmung ist eine gewisse Breite notwendig. So ist zum Beispiel die Entfernung einer senkrechten Linie ohne einen Bezugspunkt in der Umgebung nur sehr schwer bestimmbar.

Für gewisse Arten von Tiefenwahrnehmung sind aber nicht unbedingt beide Augen erforderlich. Wir sahen, daß jede Gestalt einen Grund hat, absolut zweidimensionale Wahrnehmungen gibt es nicht. Gewisse Konstellationen führen auch beim Sehen mit einem Auge zu Tiefe, sie seien hier kurz aufgeführt:

a) Schichtung. Bilder, bei denen der Eindruck entsteht, daß mehrere Formen geschichtet übereinander liegen. Welcher Teil vorne und welcher hinten liegt ist ersichtlich, der Abstand der beiden Schichten bleibt aber unklar.

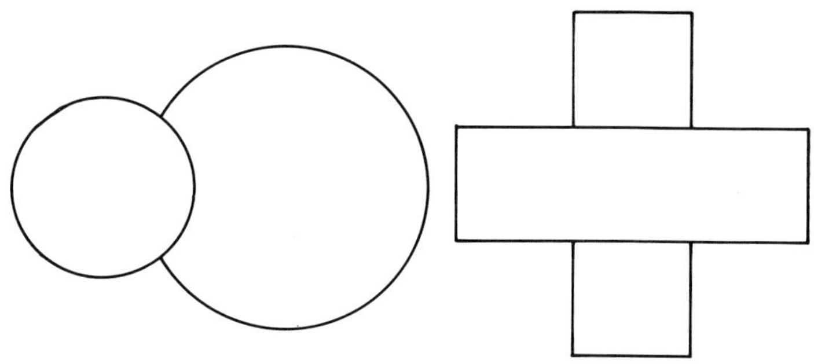

Abb. 34: Tiefensehen durch Schichtung

b) Größenunterschied. Bei ähnlichen Objekten mit verschiedenen Größen erscheinen die großen näher, die kleinen weiter entfernt. Beim Blick in den Sternenhimmel haben wir automatisch den Eindruck, daß die kleinen, schwachen Sterne weiter entfernt liegen als die großen, hellen. Die perspektivische Größenwahrnehmung beruht auch auf diesem Prinzip: durch die Texturgradienten wissen wir, daß in Abbildung 35 die drei Öffnungen gleich

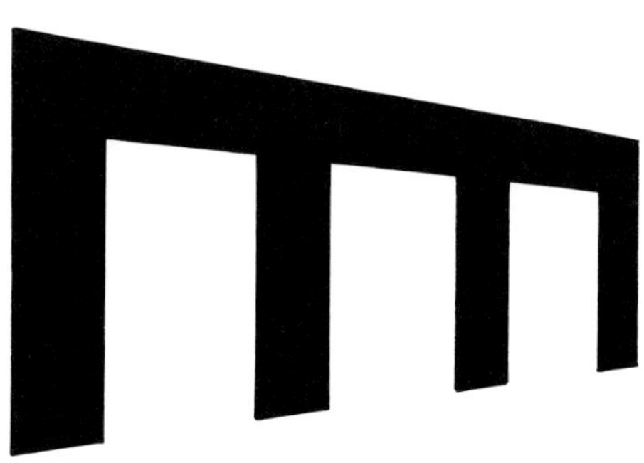

Abb. 35: Tiefensehen durch Größenunterschied

groß sind. Da sie aber verschieden abgebildet sind, wissen wir auch, daß sie nicht gleich weit entfernt sind und eine Tiefe andeuten.

c) Höhenlage. Bei mehreren gleichen Objekten wird dasjenige als das entferntere angesehen, welches innerhalb einer Bezugsstruktur höher liegt.

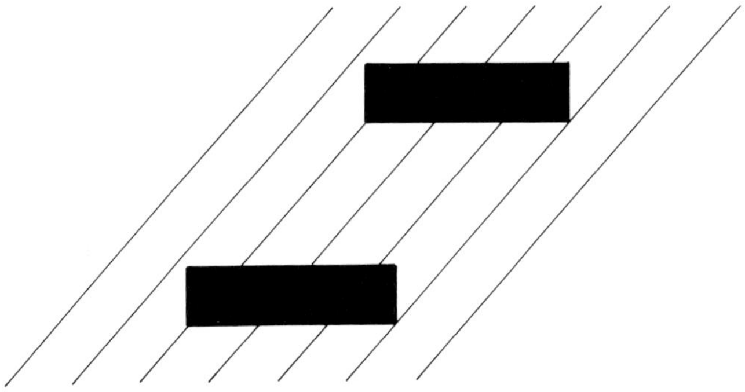

Abb. 36: Tiefensehen durch Höhenunterschied

d) Farbunterschied. Gelbe und rote Objekte scheinen unter gleichen Bedingungen näher zu liegen als blaue und grüne. Diese Unterschiede können bei der Wahrnehmung von Innenräumen eine Rolle spielen. So kann zum Beispiel die Tiefe eines Raumes mit der Farbgebung gesteigert oder gemindert werden.

e) Helligkeitsunterschied. Figuren, bei denen der Helligkeitsunterschied zum Hintergrund größer ist, erscheinen weiter vorn. In Abbildung 37 erscheint der dunkle,

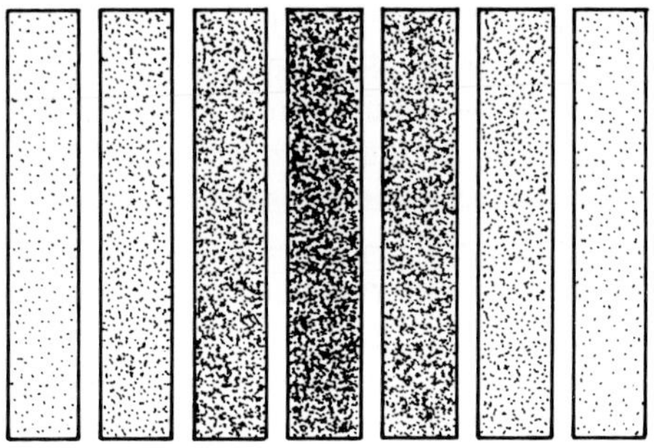

Abb. 37: Tiefensehen durch Helligkeitsunterschied

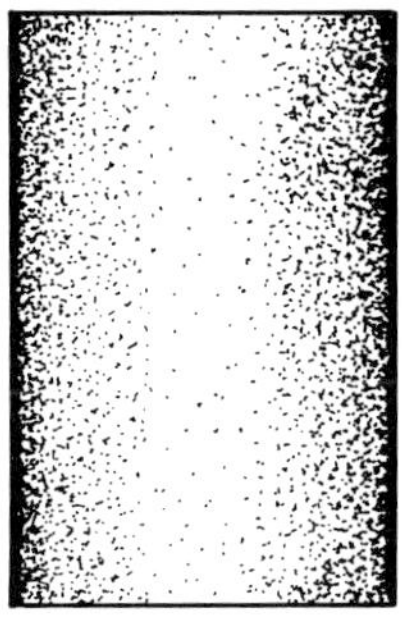

Abb. 38: Zylinder, dargestellt durch Helligkeitsunterschiede

mittlere Streifen vorn, die seitlichen weiter hinten. Mit diesem Effekt kann auch die Form eines Zylinders in einer normalen Projektionszeichnung dargestellt werden (Abbildung 38).

0.4 Sozio-psychologische Aspekte

Bis jetzt wurden nur die informationstheoretischen und technischen Aspekte der menschlichen Wahrnehmung angesprochen. Oft funktionieren diese Mechanismen ähnlich wie Maschinen, Radioapparate oder Computer. Dabei kann der Eindruck entstehen, daß auch die menschliche Wahrnehmung vollkommen quantifizierbar und nachvollziehbar sei. Wie wir am nachfolgenden Beispiel aber sehen werden, ist dem nicht so. Eine Kirche erleben wir bei einer Hochzeit anders als bei einer Begräbnisfeier. Unsere Wahrnehmung wird nicht nur durch die Reize der Sinnesorgane beeinflußt, wichtig sind noch drei andere Einflußgrößen:

a) Die momentane psychische Verfassung und die Umgebung, in der sich der Mensch während der Wahrnehmung befindet. Zum Beispiel Hochzeit oder Begräbnis.

b) Die »Persönlichkeit«, die durch verschiedene Erfahrungen und Gegebenheiten in der Vergangenheit geformt wurde. Darunter fällt auch der »geistige Horizont«, Intelligenz und Erlerntes.

c) Die Erbanlagen und der sozio-kulturelle Hintergrund, Eigenschaften, die weder erlernt noch durch Erfahrung angeeignet wurden. Zusammen mit der »Persönlichkeit« bilden sie den Charakter.

Bei der Wahrnehmung und Verarbeitung von komplexeren Sachverhalten spielen nebst den Reizen der Sinnesorgane die momentane psychische Verfassung, die »Persönlichkeit« und die Erbanlagen eine entscheidende Rolle. Wie früher dargelegt, wird aus der großen Menge von angebotenen Zeichen eine Auswahl getroffen, es werden Superzeichen gebildet. Die Superzeichenbildung hängt vom Repertoire ab und dieses wiederum von den sozio-psychologischen Aspekten. Auch die Entscheidung, welche Information vom Kurzzeitgedächtnis an das Langzeitgedächtnis weitergegeben wird und welche wieder vergessen wird, wird auf Grund der drei obengenannten Einflußgrößen gefällt. Da diese Faktoren niemals bei zwei oder mehreren Menschen identisch sind, ist eine identische Wahrnehmung desselben Ereignisses durch zwei oder mehrere Personen unmöglich (60). Jedes Individuum besitzt ein einzigartiges Repertoire. Dies ist der Grund, warum selten zwei Personen genau den gleichen Eindruck über das Aussehen eines Hauses oder über den Inhalt eines Filmes haben. Deshalb haben auch die meisten Psychologen den Versuch aufgegeben, Theorien zu entwickeln, die direkt von den Umweltreizen zur menschlichen Reaktion führen. Bruner und Goodman haben nachgewiesen, daß auch einfache Wahrnehmungen von andern Aspekten als den sinnlichen Reizen beeinflußt werden (61). Sie ließen von Kindern die Größe verschiedener Münzen und gleichgroßer Pappscheiben schätzen. Dabei zeigte sich, daß die Größe der Münzen, im Gegensatz zu denen der Pappscheiben, zu groß eingeschätzt wurde. Bruner und Goodman interpretierten das Ergebnis so : »Münzen, sozial wertvolle Objekte, werden als größer beurteilt als graue Scheiben. Zweitens: Je größer der Wert einer Münze, desto größer ist die Abweichung der wahrgenommenen Größe von der tatsächlichen Größe« (62). In einem weiteren Versuch mußten zwei Gruppen von Kindern die Größen der Münzen schätzen. Die Kinder der ersten Gruppe stammten aus sozial ärmeren Verhältnissen, die anderen aus reicheren. Die Gruppe der armen Kinder überschätzte die Größe der Münzen weit mehr als die der reichen Kinder. Die visuelle Wahrnehmung der Kinder, vermischt mit dem sozialen Hintergrund, führte zu verschiedenen Ergebnissen.

Beim Schätzen von Distanzen innerhalb einer Stadt fallen die Ergebnisse verschieden aus, je nachdem, ob der geschätzte Weg stadteinwärts oder stadtauswärts führt (63). Bei Experimenten zeigte sich, daß in fast allen Fällen die Länge des Weges stadtauswärts weitaus stärker überschätzt wird als die stadteinwärts. Dies hängt offenbar damit zusammen, daß der Weg gegen das Zentrum komplexer, und somit interessanter ist, als der Weg stadtauswärts. Edward Hall weist in seinem Buch »Die Sprache des Raumes« nach, daß die Wahrnehmung auch stark kulturbedingt ist, ja daß die Kultur eine der Haupteinflußgrößen jeder Perzeption ist. Leute verschiedener Kulturen setzen ihre Sinne verschieden ein und leben so in verschiedenen Sinneswelten, was wiederum bedeutet, daß sie ihre Umwelt verschieden wahrnehmen (64) (vgl. Kapitel 0.3.1).

Quellenverzeichnis Kapitel »Grundlagen der Wahrnehmung«

(Jahrzahl in Klammer: Datum der Erstveröffentlichung)

(1) *Schuster, Martin* und *Beisl, Horst:* Kunstpsychologie – wodurch Kunstwerke wirken, Köln, 1978, S. 50
(2) *Moles, Abraham A.:* Informationstheorie und ästhetische Wahrnehmung, Köln, 1971 (1958), S. 59
(3) siehe (2) S. 234
(4) *Boring, E. G.:* Sensation and Perseption in the History of experimental Psychology, New York, 1942, S. 13
(5) siehe (1) S. 57
(6) *Klotz, Heinrich* und *Cook, John W.:* Architektur im Widerspruch, Zürich, 1974, S. 31 (Originaltitel: Conversations with Architects, New York, 1973)
(7) *Adorno, Theodor W.:* Ästhetische Theorie, Frankfurt am Main, 1974 (1970), S. 256
(8) *Jencks, Charles:* Die Sprache der Postmodernen Architektur, Stuttgart, 1978, S. 44 (Originaltitel: The Language of Post-Modern Architecture, London, 1978)
(9) siehe (2) S. 165
(10) siehe (1) S. 47
(11) siehe (2) S. 63
(12) siehe (2) S. 63
(13) siehe (2) S. 70
(14) *Kiemle, Manfred:* Ästhetische Probleme der Architektur unter dem Aspekt der Informationsästhetik, Quickborn, 1967, S. 109
(15) siehe (2) S. 103
(16) siehe (2) S. 22
(17) siehe (2) S. 115
(18) *Stadler, Michael* mit *Seeger, Falk* und *Raeithel, Arne:* Psychologie der Wahrnehmung, München, 1975, S. 187
(19) siehe (18) S. 133
(20) siehe (18) S. 136
(21) siehe (18) S. 136
(22) siehe (18) S. 139
(23) siehe (18) S. 76
(24) siehe (18) S. 79
(25) siehe (18) S. 86
(26) *Hall, Edward T.:* Die Sprache des Raumes, Düsseldorf, 1976, S. 88 (Originaltitel: The Hidden Dimension, 1966)
(27) siehe (1) S. 19
(28) siehe (18) S. 88
(29) *Linder, Hermann:* Biologie, Stuttgart, 1967 (1948), S. 180
(30) siehe (1) S. 21
(31) siehe (29) S. 182
(32) siehe (18) S. 90
(33) siehe (18) S. 90
(34) siehe (29) S. 189
(35) siehe (29) S. 189
(35) siehe (29) S. 189
(37) siehe (2) S. 89
(38) *Gunzenhäuser, Rul:* Maß und Information als ästhetische Kategorien, Baden-Baden, 1975 (1962), S. 107
(39) siehe (1) S. 48
(40) siehe (1) S. 49
(41) siehe (1) S. 48
(42) siehe (38) S. 108
(43) siehe (1) S. 48
(44) siehe (38) S. 108
(45) siehe (14) S. 109
(46) siehe (2) S. 21
(47) siehe (2) S. 110
(48) *Arnheim, Rudolf:* Kunst und Sehen, Berlin, 1978, S. 223 (Originaltitel: Art and Visual Perseption, Berkeley, 1954)
(49) Zitiert in: (38) S. 89
(50) siehe (48) S. 57
(51) siehe (18) S. 168
(52) *Metzger, Wolfgang:* Gesetze des Sehens, Frankfurt am Main, 1975 (1936), S. 38
(53) siehe (18) S. 117
(54) *Gibson, James J.:* The Perseption of the Visual World, Boston, 1950
(55) siehe (18) S. 131
(56) *Bower, T. G. R.:* The visual world of infants (in: Scientific America, 12/1966, S. 80–92)
(57) siehe (18) S. 131
(58) siehe (52) S. 132
(59) siehe (52) S. 349
(60) siehe (2) S. 15
(61) *Bruner, J. S.* und *Goodman, C. C.:* Value and need as organizing factors in perseption (in: Social Psychology, 42/1947, S. 33–44)
(62) siehe (61) S. 38
(63) *Lee, Terence R.:* Brauchen wir eine Theorie?, in: Architekturpsychologie, Düsseldorf, 1973, S. 55 (Originaltitel: Architectural Psychology, London, 1970)
(64) siehe (26) S. 16

1. Kultur und Stil

»Alle großen Stile sind,
wenn man sie von innen betrachtet,
geistige Schatzkammern.
Verpflanzt man sie als bloße Stile,
werden sie nur Grabkammern eines Lebens,
das bereits gelebt und vorüber ist«
Frank Lloyd Wright (1)

1.1 Architektur als Kulturträger

Jede Gesellschaft, welcher Organisationsform und ideologischen Färbung sie auch immer sei, hat bestimmte Ideale und Ziele. Die übergeordnete Aufgabe einer Kultur besteht darin, diese abstrakten Ideen mit konkreten Formen zu verdeutlichen. In diesem Umwandlungsprozeß spielt die Architektur eine primäre Rolle. So schreibt Hermann Muthesius, einer der ersten Programmatiker des Deutschen Werkbundes, 1911: »Denn die architektonische Kultur ist und bleibt der eigentliche Gradmesser für die Kultur eines Volkes überhaupt. Wenn ein Volk zwar gute Möbel und gute Beleuchtungskörper erzeugt, aber täglich die schlechtesten Architekturgebilde hinsetzt, so kann es sich nur um heterogene, ungeklärte Zustände handeln, um Zustände, die eben gerade in ihrer Gemischtheit den Mangel an Disziplin und Organisation beweisen« (2).

Jedes Gebäude, als Teil einer architektonischen Kultur, hat die Aufgabe, eine abstrakte Idee in eine konkrete Form umzuwandeln und ist somit ein Gradmesser für diese Kultur. Aus diesen Zusammenhängen heraus ist auch Hans Holleins Definition von Architektur verständlich: »Architektur ist eine geistige Ordnung, verwirklicht durch Bauen« (3). Oft wird versucht, sich dieser Verantwortung zu entziehen, indem ein Gebäude als »Zweckbau« bezeichnet wird. Dabei wird vergessen, daß jedes Bauwerk einen Zweck hat; Architektur um ihrer selbst willen existiert nicht. Somit ist auch jedes Gebäude Zeuge einer Kultur, sowohl im guten wie im schlechten Sinne.

Sigmund Freud bezeichnete Kultur als »die ganze Summe der Leistungen und Einrichtungen in denen sich unser Leben von dem unserer tierischen Ahnen entfernt und die zwei Zwecken dienen: dem Schutz des Menschen gegen die Natur und der Regelung der Beziehungen der Menschen untereinander« (4). Zu den ersten kulturellen Taten zählt Freud, nebst dem Gebrauch von Werkzeugen und der Zähmung des Feuers, den Bau von Wohnstätten (5). Kultur ist aber nicht nur auf Nutzen bedacht, wie zum Beispiel das Streben nach Schönheit zeigt. Mit der Entwicklung von Kultur entstand eine Ordnung, die versucht, einen Ausgleich zwischen den individuellen Ansprüchen und denen der Allgemeinheit zu finden. Diese Ordnung basiert nach Freud auf einem Triebverzicht und schränkt somit gezwungenermaßen die Freiheit jedes Einzelnen ein. Die Sublimierung dieser unterdrückten Triebe ist einer der wichtigsten Aspekte der Kulturentwicklung. Sie ist auch der Auslöser für jede religiös-ideologische, wissenschaftliche und künstlerische Tätigkeit. Diese drei Faktoren standen lange Zeit in einem Gleichgewicht und sorgten für eine gewisse Harmonie. Religion und Ideologie bilden die Struktur des allumfassenden Ordnungssystems; Wissenschaft und Technik sprechen mehr den Verstand an, Kunst eher das Emotionale.

Diese Ordnung, welche die Beziehung zwischen den Menschen regelt und die Kultur prägt, basiert auf bestimmten Wertsystemen, welche sich im Verlaufe der Zeit verändern. Das, was wir gemeinhin als architektonischen Stil bezeichnen, ist der bauliche Ausdruck dieser Ordnung und somit des vorherrschenden Wertsystems. Durch das Verändern des Verhältnisses zwischen Ideologie, Wissenschaft und Kunst verändert sich auch der Stil. Otto Wagner schrieb dazu im Jahre 1875: »Jeder neue Stil ist allmählich aus dem Früheren dadurch entstanden, daß neue Konstruktionen, neue Materialien, neue menschliche Aufgaben und Anschauungen eine Änderung oder Neubildung der bestehenden Formen erforderten« (6).

Das 19. Jahrhundert war das Zeitalter der Industrialisierung. Der Glaube an die Technik führte dazu, daß das rationale Denken die Welt der Gefühle verdrängte. Dies hatte auch Auswirkungen auf die Architektur: neben einigen technologischen Ausnahmen war das 19. Jahrhundert vor allem das Zeitalter der Neo-Stile, man griff zurück auf Altbewährtes. Dazu Siegfried Giedion: »Die

Künste wurden in ein isoliertes, eigenes Reich verbannt, das von der täglichen Realität völlig abgeschlossen war. Die Folge war: das Leben verlor seine Einheit und sein inneres Gleichgewicht. Wissenschaft und Industrie gingen stetig voran, aber im nunmehr isolierten Reich des Gefühls vollzog sich ein Schwanken von einem Extrem zum andern« (7). Im Gegensatz zur Malerei ist die Architektur keine reine Kunst, sie ist eine Mischung aus Wissenschaft und Kunst und ist deshalb auch immer zwischen den beiden Polen Denken und Fühlen hin- und hergerissen. Je nach vorherrschender Ideologie schwenkt das Pendel auf eine Seite und verändert somit auch den architektonischen Stil. Geprägt und beeindruckt von den technischen Vorzügen und der ästhetischen Qualität der Auto- und Schiffsindustrie der zwanziger Jahre setzte sich Le Corbusier für einen neuen Architekturstil ein: »Die Architektur erstickt am alten Zopf« (8). »Einen einzigen Beruf gibt es, für den der Fortschritt nicht zwingend ist, in dem Trägheit herrscht, in dem man sich auf das Gestern beruft: die Architektur« (9). »Alle Autos sind im wesentlichen gleich angelegt. Durch den rastlosen Konkurrenzkampf der unzähligen Autofirmen ist jede einzelne von ihnen verpflichtet, den Wettbewerb gewinnen zu wollen. So ist zur bestehenden Standardlösung das Streben nach Perfektion, nach einer über den rohen praktischen Gesichtspunkt hinausgehenden Harmonie getreten, was nicht nur Perfektion und Harmonie, sondern Schönheit bewirkt hat. Daraus entsteht Stil, das heißt jene einstimmig anerkannte Errungenschaft einer einstimmig empfundenen Vollendung« (10). Und schließlich gegen die damals vorherrschenden Stile: »Baukunst hat nichts mit ›Stilen‹ zu schaffen. Die Stile Ludwigs XIV., XV., XVI. oder der gotische Stil sind für die Architektur das, was eine Feder im Haar einer Frau ist; manchmal sehr hübsch, aber nicht immer, und mehr nicht« (11). Die Abkehr von der Technik und vom Glauben an die Wissenschaft erfolgte im großen Maßstab in den sechziger Jahren. Die Unruhen am Ende dieses Jahrzehnts waren auch ein Protest gegen die Übermacht des Rationalen und gegen die Unterdrückung des Gefühls. Leitsprüche wie »flower-power« und »make love not war« setzen den Inhalt dieser ganzen Bewegung auf einen einfachen Nenner: der Wunsch nach Aufwertung des Irrationalen und Symbolischen. Mit dem Umbruch des ideologischen Wertsystems folgte auch ein Umbruch im Architekturstil: die Moderne wurde abgelöst von der Postmodernen. Ein weiteres Indiz, das auf ein wachsendes Interesse am Emotionalen hinweist, ist die Tatsache, daß der Bau von Kunstmuseen auf der ganzen Welt zur Zeit eine Hochblüte erlebt.

Die Kultur prägt einerseits die Architektur, die Ausdruck des vorherrschenden Wertsystemes ist, andererseits ist die Kultur aber indirekt auch einer der Hauptfaktoren der menschlichen Perzeption, sie bestimmt mit, wie die gebaute Umwelt wahrgenommen wird. Der zweite Teil dieser Aussage wird gemeinhin unterschätzt. Ein gutes Beispiel dafür ist das Verhältnis der Menschen zum städtischen Lebensraum in England einerseits und in den arabischen Ländern andererseits. Der englische Mittelstand lebt in einem Einfamilienhaus mit Vorgarten; für ihn wäre ein Leben in einem Durchschnittsquartier von Kairo oder Damaskus, mit hoher Bevölkerungsdichte, undenkbar. Die Bedürfnisse an notwendigem Lebensraum gehen hier weit auseinander. Die unterschiedliche Einschätzung ist kulturell bedingt und hängt mit den verschiedenen Auffassungen über das Verhältnis von Körper und Ego zusammen (12). Das Ego des Engländers reicht über seinen Körper hinaus. Die nähere Umgebung des Körpers gehört noch zum Ego, eine Berührung gilt bereits als intim. Beim Araber ist das Ego im Körper, eine Berührung betrifft noch nicht das Ego und ist somit auch nicht intim. Das Zusammenleben auf engem Raum, wie es in den meisten arabischen Städten der Fall ist, bedeutet hier noch keine Einschränkung der Persönlichkeit.

Die Differenzierung kann noch viel weiter gehen: einzelne Sinnesorgane werden in verschiedenen Kulturen verschieden eingesetzt und erwirken so spezifische Eindrücke. Der Geruchsinn ist in der westlichen Welt durch die verschiedenen Deodorants und anderen Manipulationen weitgehend neutralisiert. Wie viel anders ist dies aber zum Beispiel in einem orientalischen Bazar, hier wird die Wahrnehmung noch weitgehend vom Geruch mitbestimmt.

Sprachwissenschaftler haben herausgefunden, daß sogar die Sprache einen entscheidenden Einfluß auf die Wahrnehmung haben kann. So meint Edward Hall, gestützt auf Benjamin Lee Whorf: »Darüber hinaus ist die Wahrnehmung des Menschen hinsichtlich seiner Umwelt, um ein Bild unserer Tage zu gebrauchen, durch die von ihm gesprochene Sprache programmiert, genauso wie ein Computer programmiert ist. Dem Computer ähnlich, wird der Verstand des Menschen die äußere Wirklichkeit nur in Übereinstimmung mit dem Programm registrieren und strukturieren« (13). So kennt zum Beispiel die Sprache der Hopi-Indianer in Arizona kein Wort für den Begriff »Zeit« (14). Bezogen auf den Raum bedeutet das, daß für sie der Raum keine Zeitdimension hat. Sie erleben ihn nur in der Gegenwart und kennen so keinen abstrakten Raum.

1.2 Ursprung von Kultur

Jede Kultur spiegelt das Wertsystem einer bestimmten Gesellschaftsordnung wider. Dies geschieht am weitesten Sinne durch Kunst und Wissenschaft. Während die Wissenschaft streng rational arbeitet und vor allem die Verstandesseite des Menschen anspricht, ist die Kunst emotional und spricht das Gefühl und das Irrationale an. Mit Hilfe der Wissenschaft versucht der Mensch seine Position im Kampf gegen die Naturkräfte zu verbessern: das Feuer wird zum Schutze gegen die Kälte und zur besseren Nahrungsaufbereitung genutzt, das Rad wird zum Mittel der besseren Fortbewegung usw. All diese Vorgänge sind klar und nachvollziehbar.

Heute, das heißt seit knapp einem Jahrhundert, stimmt dies nicht mehr, da die wissenschaftlichen Vorgänge zu kompliziert sind, um noch von jedermann verstanden zu werden. Die andere Seite der Kultur, die Seite des Irrationalen, die des Gefühls, ist genauso alt wie die der »Wissenschaft«. Da es sich hier aber um abstrakte Prozesse handelt, die weder meßbar noch leicht zu beschreiben sind, ist ihr Werdegang nicht so einfach nachvollziehbar. Die Entwicklung von Kunst und Wissenschaft verlief lange Zeit gemeinsam. Siegfried Giedion wies nach, daß bis in die Barockzeit selbst abstrakte und mathematische wissenschaftliche Entdeckungen auch im Bereich des Emotionalen ihre Parallelerscheinungen hatten und in Kunst umgesetzt wurden: »Im 19. Jahrhundert trennten sich die Wege der Wissenschaft und der Kunst; die Verbindung zwischen Methoden des Denkens und Methoden des Fühlens war unterbrochen« (15). Die heutige Kluft zwischen Architekt und Ingenieur ist auch auf diese Entwicklung zurückzuführen. Giedion beschwört die Rolle des Gefühls, die heute all zu oft unterschätzt wird: »Die Stärke und der Einfluß der Gefühle sind viel größer, als man gewöhnlich meint. Gefühle durchdringen alle Tätigkeiten. Überlegungen sind niemals vollständig ›rein‹, so wie Handlungen niemals rein praktisch sind. Natürlich sind wir dem Gefühl ausgeliefert und haben keine freie Wahl. Weite Gebiete unseres Gefühlslebens werden durch Umstände bestimmt, über die wir keine Kontrolle haben, da wir Menschen sind von dieser und jener Art, die in dieser oder jener Zeit leben. Eine wirklich integrale Kultur zeitigt eine bestimmte Einheit des Fühlens« (16).

Den Werdegang der Wissenschaft können wir heute relativ genau zurückverfolgen. Erfindungen wie die des Rades oder Gutenbergs Drucktechnik sind für jedermann nachvollziehbar.

Wo liegt nun der Ursprung der Kunst als zweiter Kulturträger? – Die ersten Organisationsformen der Menschheit manifestierten sich in verschiedenen Ritualen. Wahrscheinlich wurden diese magischen Rituale allmählich verdrängt durch Gegenstände, die den Inhalt dieser Rituale symbolisieren (17). Die Handlung wurde abgelöst von einer anderen Erfahrungsweise. Diese Gegenstände bildeten den Ursprung der Kunst, sie waren stellvertretend für etwas und bildeten somit eine Art Sprache. Theodor W. Adorno: »Kunst möchte mit menschlichen Mitteln das Sprechen des nicht Menschlichen realisieren« (18). Louis I. Kahn meint sogar, daß Kunst »des Menschen einzig wahre Sprache ist, denn sie ist bestrebt, in einer Weise zu kommunizieren, die das Menschenhafte erkennen läßt« (19). Die allerersten kreativen Überlieferungen die wir kennen sind also nicht Kunst im heutigen Sinne. Auch die paläolithischen Höhlenmalereien sind sicher Stufen eines Prozesses, der schon lange vorher begonnen hatte (20). Für den damaligen Menschen war die Natur etwas Unverständliches, Bedrohliches. Die dargestellten Jagdszenen waren ein erster Versuch, die Natur und damit die Umwelt zu beherrschen, wenigstens im Bild. Die Darstellungen hatten keine schmückende Funktion, sie waren Ersatz für nicht erreichte Wunschvorstellungen (21). So betrachten wir heute manches als Kunst, was früher vor allem Kultgegenstand war. Die Objekte der sogenannten primitiven Kulturen, die heute unsere Museen füllen, wurden nicht als Kunstwerke in

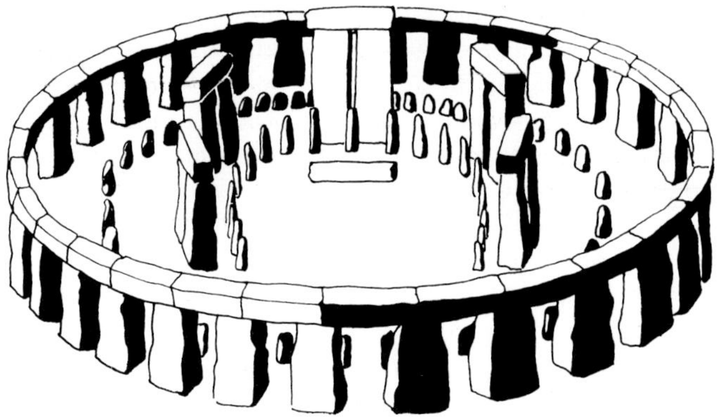

Abb. 39: Sonnenheiligtum, 17. Jahrhundert v. Chr., Stonehenge, Großbritannien (Rekonstruktion)

unserem Sinne geschaffen, sie waren Kultgegenstände, die eine Handlung ersetzten. So waren wohl auch die ersten architektonischen Gebilde, die nicht ausschließlich dem menschlichen Schutz dienten, Kultstätten, deren Struktur und Form vor allem durch ihren kultischen Inhalt geprägt waren (vgl. Abbildung 39).

Hans Hollein meint, daß das Bauen auch heute noch etwas Kultisches sei: »Bauen ist ein Grundbedürfnis der Menschen. Es manifestiert sich nicht zuerst im Aufstellen schützender Dächer, sondern in der Errichtung sakraler Gebilde, in der Markierung von Brennpunkten menschlicher Aktivität – Beginn der Stadt. Alles Bauen ist kultisch« (22).

Das Ablösen einer Handlung durch eine Ersatzerfahrung, Ernst Kris nennt sie »ästhetische Illusion«, ist auch, wie bereits beschrieben, für Sigmund Freud der Ursprung von Kultur. So war Kunst ursprünglich, und in einem gewissen Sinne ist sie es noch heute, eine Sublimation für kultische Handlungen mit symbolischem Gehalt. Kunst war nichts Eigenständiges, sie war eng mit der sozialmoralischen Struktur verknüpft, ja sie war Teil von ihr. Dazu Theodor W. Adorno: »Vor der Emanzipation des Subjekts war fraglos Kunst, in gewissem Sinn, unmittelbarer ein Soziales als danach. Ihre Autonomie, Verselbständigung der Gesellschaft gegenüber, war Funktion des seinerseits wieder mit der Sozialstruktur zusammengewachsenen bürgerlichen Freiheitsbewußtseins« (23). Solange Kunst ausschließlich kultischen Zwecken diente, blieben ihre Erschaffer anonym. Erst als die künstlerische Produktion einen gewissen Eigenwert erlangte und eine unabhängige Tätigkeit wurde, tritt der Künstler als solcher auf. Das Loslösen des Kunstgegenstandes von seinem kultischen Inhalt geschieht mehr oder weniger stark und schrittweise. In der abendländischen Kultur geschah dies zweimal: erst in der griechischen Kultur vor unserer Zeitrechnung und später seit der Renaissance. Vereinzelt kennen wir auch die Namen der Erbauer der alten ägyptischen Bauwerke, hingegen sind die Schöpfer der mittelalterlichen Meisterwerke anonym geblieben (24).

Kunst ist heute etwas anderes als das, was sie ursprünglich war: viele Kunstwerke stehen heute degradiert zu Kapitalanlagen in Archiven, oder sie dienen als Alibi für soziales Ansehen. Doch ihren ursprünglichen

Sinn haben sie nicht verloren, können sie nicht verlieren, da sie sonst nicht mehr Kunst sind. Dazu noch einmal Adorno: »Kunstwerke sind Dinge, welche tendenziell die eigene Dinghaftigkeit abstreifen. Nicht jedoch liegt in Kunstwerken Ästhetisches und Dinghaftes schichtweise übereinander, so daß über einer gediegenen Basis ihr Geist aufginge. Den Kunstwerken ist wesentlich, daß ihr dinghaftes Gefüge vermöge seiner Beschaffenheit zu einem nicht Dinghaften sie macht; ihre Dinglichkeit ist das Medium ihrer eigenen Aufhebung. Beides ist in sich vermittelt: der Geist der Kunstwerke stellt in ihrer Dinghaftigkeit sich her, und ihre Dinghaftigkeit, das Dasein der Werke, entspringt in ihrem Geist« (25).

1.3 Was ist Stil?

In der Einleitung unterscheiden wir zwischen ästhetischer und semantischer Information. Während der Verstand und somit die Wissenschaft, vor allem auf semantischer Information aufbaut, spielt beim Gefühl und somit in der Kunst, die ästhetische Information eine primäre Rolle.

Weiter sahen wir, daß ein Austausch von Information nur dann stattfinden kann, wenn die Zeichen dieser Information sowohl dem Repertoire des Senders wie auch dem des Empfängers angehören. Das Repertoire semantischer Informationen besteht aus Zeichen mit konkretem Inhalt. So kann zum Beispiel die Erklärung über den Ablauf eines chemischen Vorganges mit Hilfe einer Formel erfolgen. Der Inhalt dieser Formel ist eine genau definierte Information, die keine persönliche Interpretation zuläßt. Das Repertoire ästhetischer Information besteht aus Zeichen, die über ihren konkreten Inhalt hinaus auch eine symbolische Aussage haben können und somit Freiraum für eine persönliche Interpretation offen lassen.

Jede Information besteht aus Zeichen. Je größer die Wahrscheinlichkeit ist, daß ein bestimmtes Zeichen oder eine bestimmte Zeichenkombination in einer bestimmten Nachricht auftritt, desto kleiner ist die Originalität dieser Nachricht und desto mehr entspricht die Nachricht der gängigen Norm, die wir gemeinhin als Stil bezeichnen. Dies würde aber bedeuten, daß ein Kunstwerk, soll es einem Stil entsprechen, möglichst wenig Originelles enthalten darf. Stiltreue Kunst wäre nichts anderes als eine gute Kopie des Originals. Über Jahrhunderte entsprach dies der gängigen Kunstauffassung, Originalität war nicht gefragt. Dies bedeutete, daß die semantische Information verschiedener Kunstwerke, die sich in der optisch wahrnehmbaren Kunst vor allem in formalen Aspekten ausdrückt, übereinstimmte. Dadurch war der Spielraum für ästhetische Information erheblich eingeschränkt. Dazu kam die Tatsache, daß Kunst und somit auch Architektur, während Jahrhunderten und teilweise auch heute noch, vor allem Ausdrucksmittel einer bestimmten religiösen, sozialen oder politischen Ideologie war und persönliche Interpretationen gar nicht erwünscht waren.

Ein Kunstwerk, das einem Stil entspricht, muß aber nicht einfach eine Kopie eines Originals sein, sonst würden wir es heute nicht mehr ohne weiteres als Kunst bezeichnen. Seine semantische Information wird etwa der Norm und somit dem Stil entsprechen. Die ästhetische Information dieses Kunstwerkes kann aber so sein, daß sie durch ihren Symbolgehalt eine persönliche Interpretation zuläßt und damit dem Werk, trotz seiner Stiltreue, einen individuellen Charakter gibt und es damit erst zum Kunstwerk macht. Informationstheoretisch bedeutet die Zugehörigkeit zu einem Stil eine gewisse Redundanz und somit eine Minderung der Originalität. Redundanz als Nachrichtenverschwendung oder Wiederholung ermöglicht das Erkennen gewisser stilspezifischer Merkmale. Gleichzeitig bewirkt die Redundanz auch einen Verlust an ästhetischer Information und somit weniger Spielraum für individuelle Interpretationen.

Die Anteile semantischer und ästhetischer Information innerhalb einer Nachricht sind nicht gleich groß. Ihr Verhältnis schwankt im Verlauf der Stilepochen hin und her und kann auch innerhalb eines solchen Zeitabschnittes unterschiedlich sein. So sind zum Beispiel die optical-art Bilder von Victor Vasarely und Bridget Riley (Abbildung 16, 42, 72) rein optische Bilder mit einem großen Anteil an semantischer Information: Anzahl, Form, Anordnung und Farbe verschiedener Teile. Diese Bilder haben über ihre rein visuelle Botschaft hinaus keine direkte weitere Aussage. Ihr geringer Anteil an ästhetischer Information läßt keinen großen Spielraum für Interpretationen. Trotzdem sind diese Bilder nicht einfach nur »wissenschaftliche« Nachrichten. Die erzeugten optischen Täuschungen lassen den Betrachter im Ungewissen und zwingen ihn mit dem großen Nachrichtenangebot, Superzeichen zu bilden. Dadurch offenbaren diese Bilder auch nach mehrmaligem Betrachten immer wieder Neues, das heißt nicht vorhersehbare Information und damit Originalität.

Ganz anders liegt der Sachverhalt zum Beispiel im Bild »Guernica« von Pablo Picasso (Abbildung 43). Hier ist die semantische Information beschränkt. Die Ausdruckskraft des Bildes liegt in seinem Symbolgehalt: eine Anklage gegen den spanischen Bürgerkrieg und gegen die Gewalt allgemein.

Auch in der Architektur finden wir diese Unterteilung in semantische und ästhetische Information der Nachricht, das heißt, indirekt in der Aussagekraft eines Gebäudes. Während die sogenannte Moderne streng nach dem Leitspruch Sullivans »die Form folgt der Funktion« widerspruchsfreie, »saubere« und funktionelle Architektur schaffen wollte, erhält in der Postmoderne die Zweideutigkeit wieder ihren Platz. Die Moderne liefert vor allem semantische Information, die wenig Raum für Interpretationen offen läßt und durch ihre Klarheit besticht. Die ersten Werke der Moderne stellten, bezogen auf das Repertoire der gesamten gebauten Umwelt, etwas Neues dar, sie waren originell und hatten eine kleine Redundanz. Absolut gesehen war ihr Informationsangebot aber gering und wurde durch die zunehmende Verbreitung des Stils noch kleiner. Dadurch wurde auch die Möglichkeit Superzeichen zu bilden immer kleiner. Zusätzlich bestand das Informationsangebot vor allem aus syntaktischen Zeichen, ließ deshalb wenig Spielraum für persönliche Interpretationen und vernachlässigte weitgehend die emotionalen Bedürfnisse. Die Postmoderne schafft bewußt wieder Zweideutigkeiten, läßt Fragen offen und schafft so einen größeren Spielraum für persönliche Reflexionen. Die Moderne appelliert mehr an den Verstand, die Postmoderne eher an das Gefühl.

Im Verlauf der Geschichte hat sich der gültige Architekturstil oft verändert. Die Auffassung, was richtig ist, hat sich manchmal so stark verändert, daß uns heute die Zeugen vergangener Stilepochen wie sich widersprechende Extreme erscheinen. Heute finden wir sogar mehrere Stile nebeneinander. So hat zum Beispiel die strenge Architektur Ludwig Mies van der Rohes auf den ersten Blick gar nichts mit einem postmodernen Bau von Robert Venturi zu tun. Trotzdem haben sie Gemeinsames: beide bestehen aus Elementen, die nach einem bestimmten System geordnet sind. Die Art der Elemente ist verschieden, wie auch der Grad ihrer Ordnung oder ihrer Komplexität. Dabei ist zu beachten, daß die Art der Elemente, das heißt ihr Material, ihre Form usw. auf ihre Ordnung einen Einfluß haben. Zwischen Größe der Komplexität und Symbolgehalt besteht ein direkter Zusammenhang: je komplexer eine Ordnung, desto größer kann auch ihr Symbolgehalt und damit der Interpretationsspielraum sein. Ein Gebäude von Mies van der Rohe hat durch seine Ordnung eine klare Aussage. Die Komplexität und damit die Zweideutigkeit der Architektur Venturis läßt Fragen offen, die jeder Betrachter selber beantworten kann. Vielleicht sind gerade diese beiden Stile Extreme, die zwei gegensätzliche Pole bilden: der eine hat eine klare Aussage, steht dem Betrachter gegenüber, verlangt von ihm wenig »Mitarbeit« und zwingt ihm seine Aussage oder seinen Inhalt auf. Der andere Stil verlangt umgekehrt durch seine Zweideutigkeit gerade diese »Mitarbeit« des Betrachters.

Das Ändern eines Stils, der Wechsel zu einem neuen Stil besteht im Verändern der Ordnungssysteme und im Gebrauch neuer oder veränderter Elemente, wobei sich die beiden Faktoren gegenseitig beeinflussen. Die Frage, was zuerst war, Architektur oder Stil, erübrigt sich, da Architektur als gebaute Umwelt schon immer auch Ausdruck einer geistigen Ordnung war und damit Stil hatte. Louis I. Kahn: »Des Menschen Geist schuf die Architektur, deren Wunder sich in den großen Stilen kristallisieren« (26). Der Stil ergibt sich beim Suchen der Form, die am besten dem vorherrschenden Wertsystem entspricht. Frank Lloyd Wright: «Der ›Stil‹ wird also, wenn man Schritt für Schritt konsequent und künstlerisch die Bedingungen beachtet, aus sich selbst heraus für sich selber sorgen. Dagegen ist jede Arbeit in einem vorher benannten ›Stil‹, die über die natürliche Vorliebe für gewisse Formen hinausgeht, für den Urheber eines jeden wahrhaftigen Gebäudes, das den Namen Architektur verdient, ganz undenkbar« (27). Oft wird »Stil« auch mißverstanden, was zu einem bloßen Kopieren und so gezwungenermaßen zu kläglichen Resultaten führt. Wright sagte dazu: »Stil hat nichts zu tun mit ›den Stilen‹, den großen Stilen, wie wir sie nennen. Stile wurden zerfetzt, zerrissen und in alle vier Himmelsrichtungen verstreut. In der Tat: Je weniger ›Stil‹ desto mehr Stil« (28). Stil ist ein Hilfsmittel, keine Bürde. Philip Johnson: »Ein Stil ist nicht eine Reihe von Regeln oder Einschränkungen, wie manche meiner Kollegen zu denken scheinen. Ein Stil ist ein Klima, in dem man operieren kann, ein Sprungbrett, um sich weiter nach oben abzustoßen. Die Last, jedesmal einen neuen Stil zu entwerfen, wenn man ein neues Gebäude entwirft, ist schwerlich Freiheit; sie ist eine zu schwere Belastung für jeden mit Ausnahme der Größten wie Michelangelo und Wright. Weder behinderte strikte Stildisziplin die Erbauer des Parthenons, noch beschränkte der Spitzbogen die Schöpfer der Kathedrale von Amiens. – Ein Stil ist auch keine Reihe von Regeln, die von Kritikern angewandt werden können. Er ist vielmehr die Gesamtheit von allen eingehaltener, visueller ästhetischer Maßstäbe, von denen einige sogar von Laien und Kritikern verbal ausgedrückt werden können« (29).

1.4 Ordnung

Architektur besteht aus verschiedenen Elementen. Die Beziehung dieser Elemente untereinander ist geregelt, das heißt, sie sind alle Teile eines Ordnungssystems. Dieses kann sehr einfach und klar, aber auch sehr komplex sein. Max Bense, einer der Begründer der Informationsästhetik, unterschied drei Stufen der Ordnung: Chaos, Struktur und Gestalt. Totales Chaos liegt vor, wenn bei der Beziehung der Elemente untereinander keine ordnenden Regeln feststellbar sind. Die Vorhersehbarkeit ist gleich Null und die Originalität maximal. Die Struktur entspricht einer »regulären« Ordnung. Das Strukturgerüst spielt eine wichtige Rolle beim Erkennen von regelmäßigen Formen. Wie wir noch sehen werden, sind bei gleicher Struktur mehrere Formen möglich (vgl. Kapitel 5.3). Als dritte Art der Ordnung bezeichnet Bense die »irreguläre« Ordnung. Sie liegt vor, »wenn die Menge materieller Elemente eine beliebig ›gestaltete‹ Verteilung besitzt und als System von Entscheidungen aufgefaßt wird, das als singulär bezeichnet werden kann« (30). Die Anordnung der Elemente unterliegt also einer einzigen Hauptregel. Je mehr der Grad der Ordnung zunimmt, je komplexer sie wird, desto mehr nimmt der Informationsgehalt ab. Ein hoher Komplexitätsgrad bedeutet aber noch nicht automatisch Unordnung im herkömmlichen Sinne. Die Ordnung ist nicht mehr ohne weiteres erkennbar und enthält vielleicht sogar Zweideutigkeiten. Der Gewinn an Ordnung bedeutet einen Verlust an Originalität. Beim totalen Chaos ist die Wahrscheinlichkeit des

Auftretens aller Elemente gleich groß, die Redundanz gleich Null und damit die Möglichkeit für neue Kombinationen, oder Innovationen, maximal.

Die Kontinuität des Stils ist auf Ordnung und Redundanz, nicht auf Originalität angewiesen. Die verschiedenen Stile unterscheiden sich durch verschiedene Elemente und verschiedene Ordnungssysteme. Dadurch sind sie mehr oder weniger komplex und stehen damit in einer bestimmten Beziehung zu ihrem Betrachter und Benutzer. So haben zum Beispiel die indischen Hindu-Tempel ein Ordnungssystem, das auf den ersten Blick nicht erkennbar ist, da die Elemente relativ komplex sind (vgl. Abbildung 40, 41).

Abb. 40: Lingaraja Tempel ca. 1050. Bhubaneswar, Indien

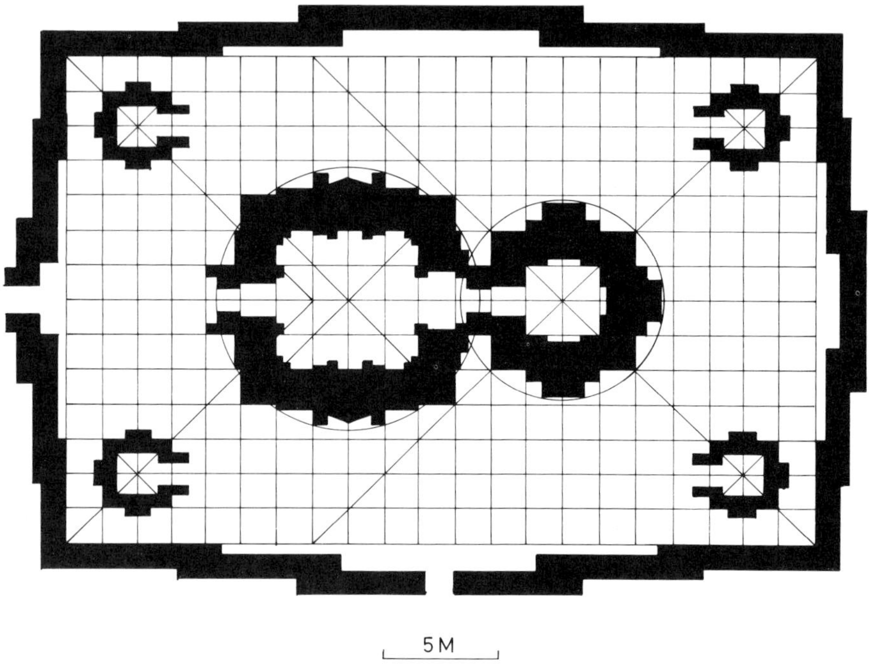

Abb. 41: Ordnungssystem des Brahmeshvara Tempels, 1075, Bhubaneswar, Indien

Ein Ordnungssystem bedeutet automatischen Zwang. Je größer und strenger diese Ordnung, desto kleiner der Spielraum für Variationen und desto mehr müssen die einzelnen Teile dem übergeordneten System unterworfen werden, eventuell so weit, daß sie ihre Funktion gar nicht mehr richtig erfüllen können. Umgekehrt erlaubt ein komplexes Ordnungssystem relativ große Freiheit, der Spielraum für die einzelnen Elemente ist viel größer und Zweideutigkeiten sind möglich. Sowohl die strenge wie auch die komplexe Ordnung lassen Ausnahmen zu; dabei ist aber wichtig, daß die strukturimmanenten Teile des Systems nicht verändert werden (vgl. Kapitel 10.1.3).

Bauten mit sehr strengen Ordnungssystemen haben einen geringen Freiheitsgrad; das heißt, Veränderungen innerhalb des Systems sind nur sehr schwer vorzunehmen. Dafür ist ihre Aussage klar und Interpretationen sind nur in sehr geringem Maße möglich. Oft kann solchen Bauten das Monumentale nicht abgesprochen werden.

Anders die Bauten mit komplexeren Ordnungssystemen: hier ist der Spielraum viel größer, Zweideutigkeiten und persönliche Interpretationen sind möglich. Ein solcher Bau verlangt Aktivität, seine Ordnung muß ergründet, sein System erforscht werden. Ein solches Gebäude kann mit Picasso's Bild »Guernica« verglichen werden: auch dort ist der Betrachter, der das Bild verstehen will, gezwungen, die Ordnung und die Hintergründe zu erforschen (vgl. Abbildung 42, 43, 44, 45).

Die Architekturstile von Mies van der Rohe und Venturi sind zwei Pole eines großen Spektrums. Ihre Gegensätzlichkeit reicht bis zur Wahl der Materialien. Welches ist nun der »bessere« oder der »schönere« Stil? Eine objektive Antwort auf diese Frage ist nicht möglich. Wie wir noch sehen werden, kann der ästhetische Wert eines Gegenstandes gemessen werden: er ist der Quotient aus Ordnung und Komplexität. Je komplexer ein Bau, desto

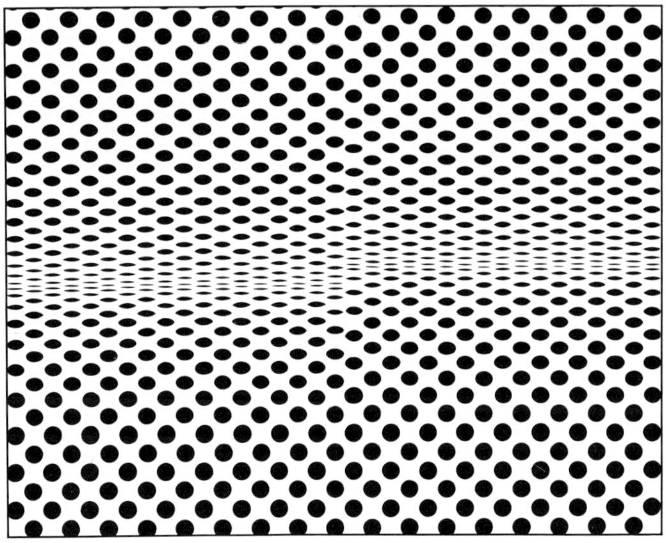

Abb. 42: Bridget Riley, »Aufspaltung«, 1963 (Ausschnitt)

Abb. 43: Pablo Picasso, »Guernica«, 1937 (Ausschnitt)

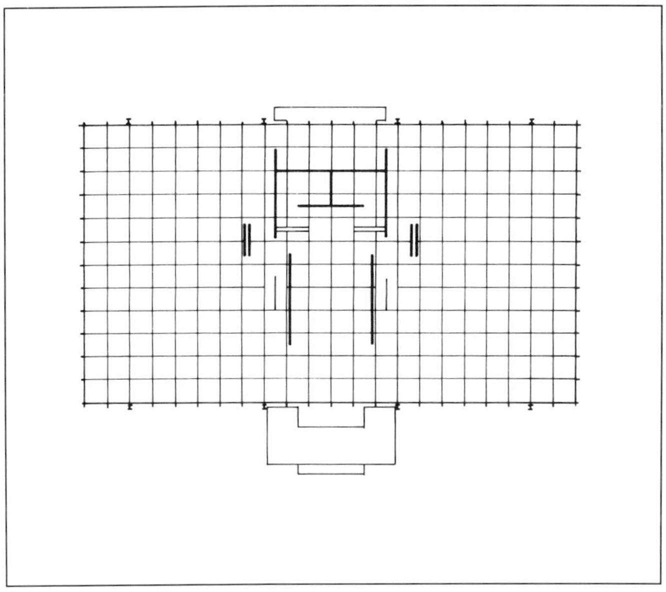

Abb. 44: Ludwig Mies van der Rohe, Crown Hall, 1956, Chicago, USA

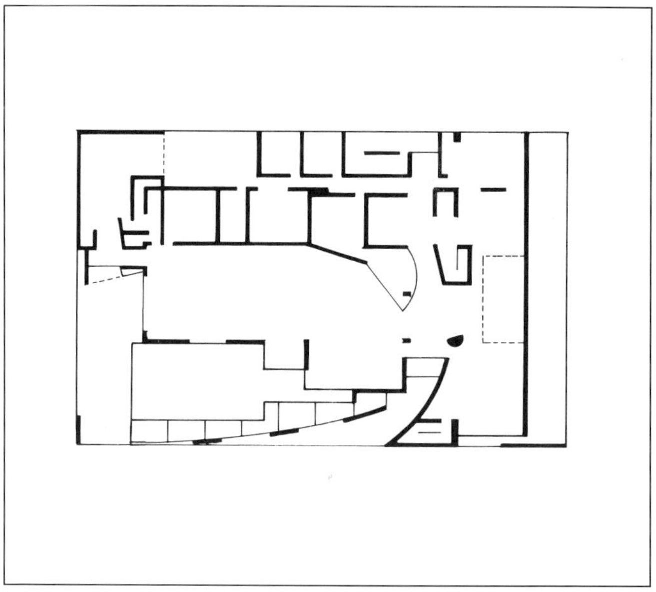

Abb. 45: Robert Venturi, Bibliothek (Projekt), 1965, North Canton, USA

vielseitiger und offener muß auch sein Ordnungssystem sein, damit wir auf ein bestimmtes ästhetisches Maß kommen (vgl. Kapitel 2.6). Bauten mit einer sehr strengen Ordnung, wie die meisten Werke von Mies van der Rohe, erlauben keine große Komplexität, oder sie werden zu einem Chaos. Andererseits verlangt das offene Ordnungssystem bei Venturi eine gewisse Komplexität, um nicht banal zu wirken.

Wichtig ist, daß bei jedem Stil die Komplexität mit dem jeweiligen Ordnungssystem übereinstimmt. Ist diese Regel eingehalten, ist eine Wertung der verschiedenen Stile nicht möglich: kein bestimmter Stil kann zum absoluten Höhepunkt der Architektur werden.

Was oder wer bestimmt nun, wie die jeweilig vorherrschende Ordnung sein soll: einfach oder komplex? T. Munro nimmt an, daß die Komplexität eines Ordnungssystems in der Kunst ständig zunimmt, bis zu einem Punkt, wo die Orientierung zu schwierig wird und deshalb ein Rückfall zu einem einfacheren Ordnungssystem erfolgt (31). Diese von Munro festgestellte Entwicklung kann auch mit der Informationstheorie bestätigt werden. Die Redundanz jedes Erscheinungsbildes wird mit der Häufigkeit ihrer Wahrnehmung größer. Das heißt, je öfter wir ein Gebäude sehen, je mehr wir mit seinem Stil konfrontiert werden, desto mehr nimmt die Redundanz zu und die Originalität ab. Wie wir noch sehen werden, ist eine der wichtigsten Voraussetzungen für das Empfinden von Schönheit die Möglichkeit zur Bildung von Superzeichen. Durch die Zunahme der Redundanz wird aber gerade diese Möglichkeit verringert: es dauert länger bis die 160 bit Information erreicht sind bzw. wir genötigt sind, die Zeichen zu einem Superzeichen zusammenzufassen. Um diesem Trend entgegenzuwirken wird das Zeichenangebot mit einer größeren Formenvielfalt erhöht. Diese

Steigerung der Komplexität des Erscheinungsbildes verlangt auch ein komplexeres Ordnungssystem. Peter F. Smith weist nach, daß im Verlauf der architektonischen Kulturgeschichte tatsächlich ein dreistufiger Zyklus feststellbar ist, der sich mehrmals wiederholt: »Der Kreislauf beginnt von neuem, sobald das Prinzip der Rationalität gegen die Widersprüchlichkeit und Unsicherheit des polymorphen Wertsystems revoltiert« (32) (Abbildung 46). In der ersten Stufe herrscht eine klare, strenge Ordnung, Einfachheit und Harmonie dominieren. Die Baukunst der Griechen, aber auch jene der Renaissance gehören zu dieser Kategorie. Die zweite Stufe zeichnet sich durch Spannung aus. Michelangelos Vorraum für die Biblioteca Laurenziana in Florenz (Abbildung 153), deren Stil wir zum Manierismus zählen, bezeichnet Smith als Meisterwerk dieser Phase. Unklarheit und Täuschung sind die Merkmale der dritten Stufe, die mit allen Arten des Barocks gleichzusetzen ist. Die Ordnung ist hier so komplex, daß wir an der Grenze des Aufnahmevermögens angelangt sind. Die Grenzen zu Malerei und Bildhauerei sind hier oft verwischt.

Die Einteilung in Abbildung 46 ist sehr vereinfacht und gilt höchstens bis in die Mitte des 19. Jahrhunderts, da die Architektur der westlichen Kulturen seither keinen umfassenden Zusammenhang mehr hat. Die Zyklen sind nicht genaue Wiederholungen des Vorangegangenen. Innerhalb ein und derselben Stufe sind zeitverschoben verschiedene Variationen möglich: so herrschte zum Beispiel im altgriechischen Stil eine ganz andere Raumauffassung vor, als in der Renaissance (vgl. Kapitel 4.1). Innerhalb der einzelnen Epochen sind verschiedene Unterzyklen zu unterscheiden: so war das Ordnungssystem innerhalb der Moderne am Anfang der Epoche viel strenger als gegen deren Ende. Zu Beginn diktierte die Funktion die Form, Mathematik war die Grundlage dieser Ästhetik. Ludwig Mies van der Rohe gilt als Hauptexponent dieser Richtung (vgl. Abbildung 47). Philip

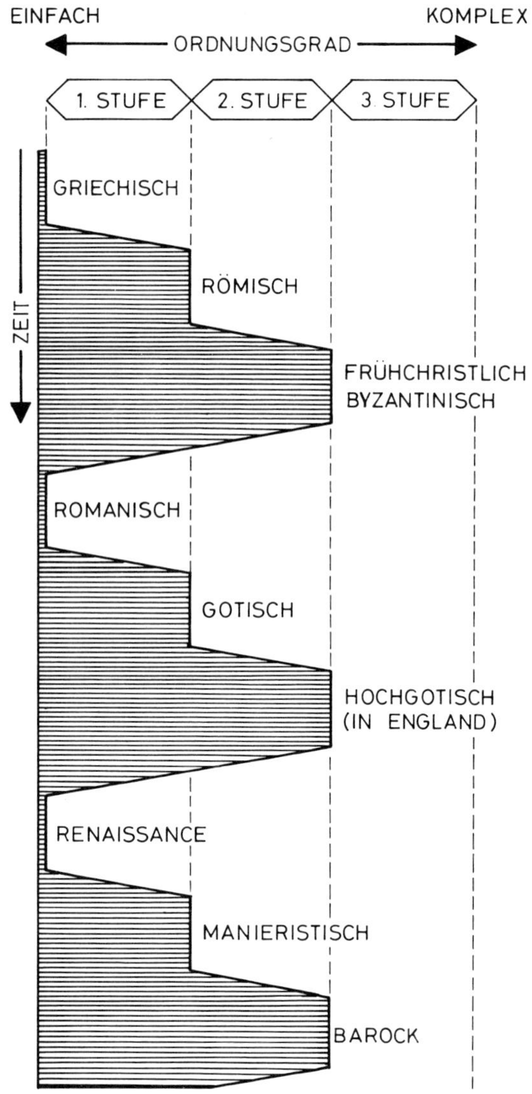

Abb. 46: Dreistufiger Zyklus in der Stilentwicklung

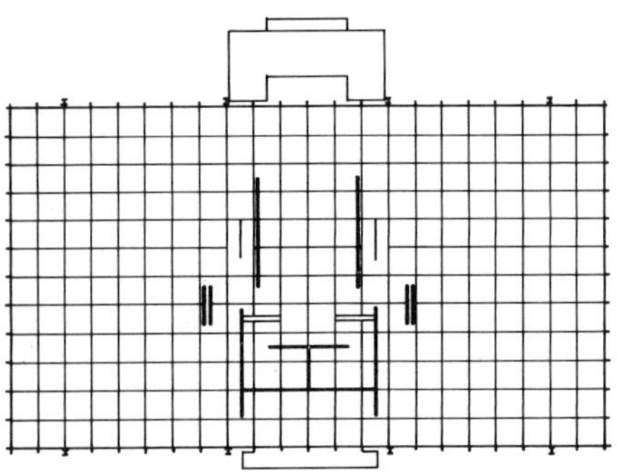

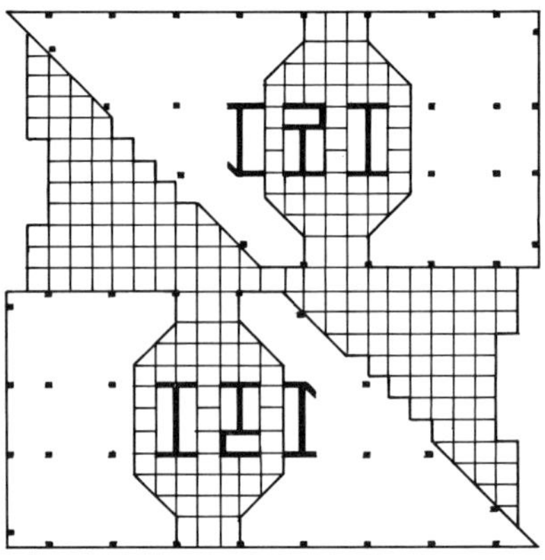

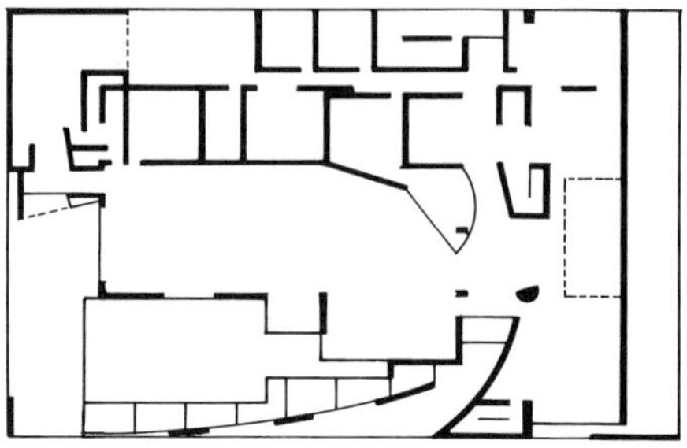

Verschiedene Komplexitätsgrade in der Moderne:

Abb. 47: (links) Ludwig Mies van der Rohe, Crown Hall, 1956, Chicago, USA
Abb. 48: (Mitte) Philip Johnson, Penzoil Plaza, 1978, Houston, USA
Abb. 49: (rechts) Robert Venturi, Bibliothek (Projekt), 1965, North Canton, USA

Johnson's Penzoil Gebäude in Houston gehört zur zweiten Stufe innerhalb der Moderne: das Gebäude besteht immer noch aus streng geometrischen Formen, die verschiedenen abgeschrägten Flächen erzeugen aber eine Spannung, die nicht mehr nur rational erklärbar ist (Abbildung 48). Robert Venturi gehört zur dritten Stufe: seine Formensprache neigt einer Übersättigung zu und könnte als Barock des 20. Jahrhunderts bezeichnet werden (vgl. Abbildung 49).

Zwischen Ordnungsgrad und Aufteilung von semantischer und ästhetischer Information besteht ein direkter Zusammenhang: je klarer die Ordnung, desto größer der Anteil an semantischer Information und desto größer der Einfluß von Verstand über Gefühl. Umgekehrt herrscht bei einem großen Anteil an ästhetischer Information, also bei einer sehr komplexen Ordnung, das Gefühl über den Verstand. Auch die Persönlichkeitsstruktur hat einen Einfluß auf die Wertung der drei Stufen des Kulturzyklusses: ein introvertierter Mensch, der eher verstandesmäßig reagiert, zieht klare Ordnungen vor und wird deshalb einen Architekturstil der ersten Stufe bevorzugen. Der extrovertierte Mensch reagiert eher gefühlsmäßig, was einer komplexeren Ordnung und somit einer Architektur der dritten Stufe entspricht (33) (vgl. Abbildung 50).

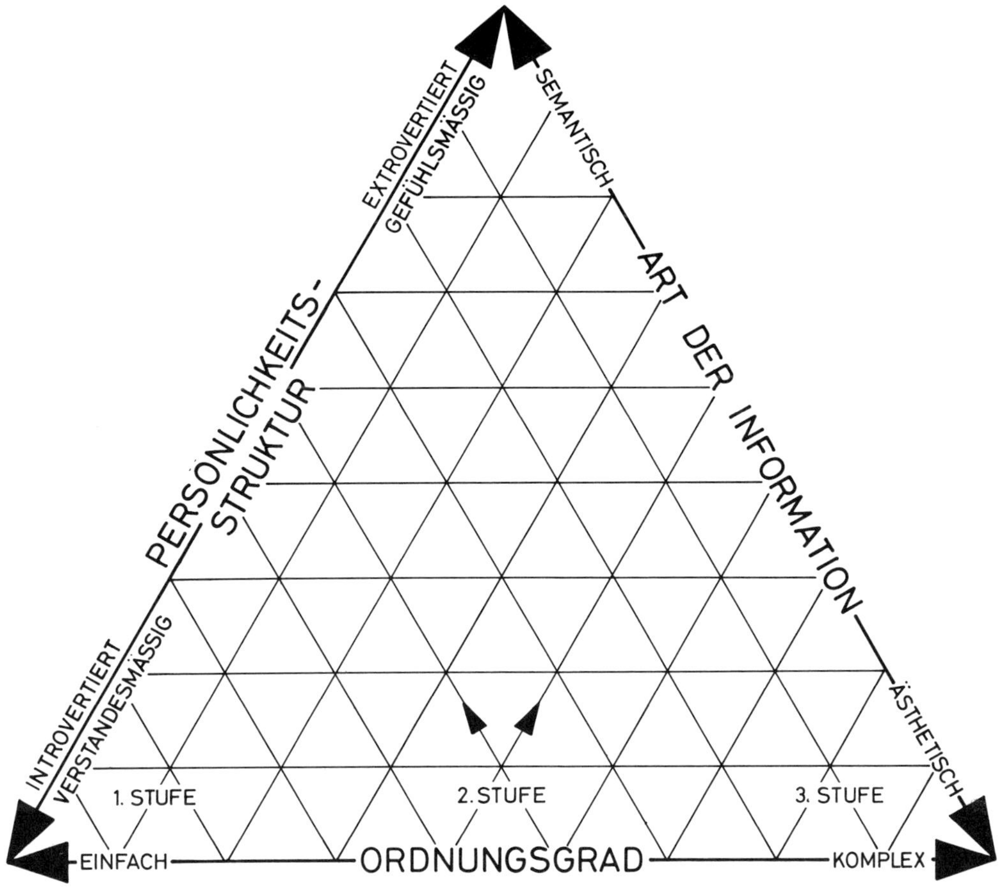

Abb. 50: Zusammenhang von Persönlichkeitsstruktur, Art der Information und Ordnungsgrad

1.5 Wandel im Stil

Die Art des vorherrschenden Stils hat sich in der abendländischen Kultur periodisch verändert. Das Ordnungssystem entwickelte sich jeweils vom Einfachen zum Komplexen, um nach einer Übersättigung wieder zur Einfachheit zurückzukehren. So häufige Wechsel im vorherrschenden Stil, von teilweise extremer Art, sind nur im abendländischen Kulturbereich zu finden. In China und Japan änderte sich der Stil viel langsamer. In der japanischen Architektur finden wir zwar auch Extreme, ihre Pole liegen aber nicht so weit auseinander wie etwa in der europäischen Architektur. Erstaunlicherweise stehen sie nicht am Anfang und am Ende einer langen Entwicklung, sondern sind teilweise zur selben Zeit nebeneinander zu finden. Gute Beispiele dafür sind der Tosho-Gu Schrein in Nikko, nördlich vom heutigen Tokyo, und die Villa Katsura bei Kyoto.

Beide Gebäude wurden zu Beginn des 17. Jahrhunderts gebaut; der erste Bau als Mausoleum für Ieyasu, den ersten Schogun der Tokugawa Dynastie, der zweite Bau als Palast für einen Prinzen der kaiserlichen Familie. In Nikko finden wir eine mit Ornamenten und Dekorationen überladene Architektur, deren Farbpalette von gold über rot, grün, blau und schwarz bis zu weiß reicht und die deshalb oft als japanischer Barock bezeichnet wird. Die Tragstruktur, ja selbst die konstruktiven Details der Anlage entsprechen aber durchaus einem buddhisti-

Abb. 51: Tor des Tosho-Gu Schreins, 17. Jh., Nikko, Japan

Abb. 52: Villa Katsura, 17. Jh., Kyoto, Japan (vgl. Abbildung 209)

schen Tempel jener Zeit und enthalten weder formal noch konstruktiv etwas grundsätzlich Neues.

Die Villa Katsura liegt inmitten einer großen Gartenanlage und ist im damals üblichen Shoin-Stil erbaut. Jegliche Art von Dekoration fehlt und die ganze Anlage besticht durch Einfachheit und Harmonie. Die strenge Geometrie der hölzernen Tragstruktur hebt sich gegen die weißen Flächen der Schiebewände aus Papier ab.

Beide Bauten sind in einem damals üblichen Stil errichtet; der eine als Grabstätte und Tempel, der andere als Residenz. Der große Unterschied besteht in ihrem äußeren Ausdruck; der eine pompös und überladen, der andere schlicht und einfach. Um diesen Unterschied zu verstehen, müssen wir die damalige politische Situation kennen: der Kaiser, als Staatsoberhaupt und oberster Shinto-Priester, residierte in Kyoto und hatte keine Regierungsgewalt mehr; Prinz Toshihito, der Bauherr von Katsura, eine der einflußreichsten Persönlichkeiten am kaiserlichen Hof, war ein bekannter Poet und Meister der Teezeremonie. Die Führung des religiösen und kulturellen Lebens lag in den Händen der Kaiserfamilie in Kyoto, während der Schogun im 500 Kilometer entfernten Tokyo die weltliche Macht innehatte. Diese Dualität in der Machtverteilung ist der Grund der beiden so verschiedenen Ausdrucksarten von Nikko und Katsura. Während der Schogun seine Macht mit viel Glanz und Farbe demonstrieren wollte, ist die Villa Katsura in die Natur eingebettet und harmoniert mit ihr. Der Kaiserhof und seine Mitglieder hatten nichts zu repräsentieren und widmeten sich den geistig-kulturellen Angelegenheiten.

Der eine Bau ist repräsentativ, auf Machtdemonstration ausgerichtet und will deshalb mit viel ästhetischer Information vor allem das Gefühl ansprechen und damit manipulieren. Die Villa Katsura demonstriert mit ihrer klaren Ordnung Einfachheit und Harmonie, ist naturverbunden und introvertiert. Die beiden Stile haben verschiedene Aussagen, sie repräsentieren zwei geistige Grundhaltungen, die im 17. Jahrhundert in Japan gleichzeitig nebeneinander existierten.

Bekanntlich reagiert ein Mensch in einer Streßsituation eher gefühls- als verstandesmäßig. Dementsprechend ist er mit gefühlsbetonten Argumenten eher zu manipulieren als mit verstandesmäßigen. Nach diesem Prinzip funktioniert die sogenannte Gehirnwäsche: ein Opfer wird solange in einer Streßsituation gehalten, bis sein Entscheidungsmechanismus nur noch auf Grund emotionaler Argumente funktioniert.

Daß Stilentwicklungen direkt von politisch-wirtschaftlichen Abläufen beeinflußt werden können, und daß sich beim Wiederholen dieser Einflüsse auch die Entwicklung des Architekturstils wiederholt, hat Adolf Max Vogt nachgewiesen: so überdecken sich die Stilentwicklungen vor, während und nach den Revolutionen in Frankreich (1789) und Rußland (1917) beinahe. Vor dem Umsturz ist eine Tendenz hin zur geometrischen, konstruktivistischen Architektur festzustellen, die sich während oder in Rußland kurz nach der Revolution zu einem eher klassischen Stil wandelte (34).

Erstaunlich ist auf den ersten Blick die Tatsache, daß die architektonische Stilentwicklung offenbar genau umgekehrt verlief wie die politische; nämlich von einem eher revolutionären zu einem konservativen Stil hin. Vogt bezeichnete die revolutionäre Richtung mit den Adjektiven »kalt«, »hart« und »leicht«, die klassische mit »warm«, »weich« und »schwer« (35). Die revolutionäre Architektur, so zum Beispiel das eher spät entstandene Projekt für ein Lenin-Institut in Moskau (Abbildung 55), wird als leicht bezeichnet, da die Kugel zu schweben scheint und die Berührungsflächen im Verhältnis zum Volumen relativ klein sind. Die nachrevolutionäre Architektur, so zum Beispiel ein Wohnhaus von Sholtowski im klassischen Stil (Abbildung 56), steht auf dem Boden und hat »Gewicht«. Nachdem sich die neue politische Macht nach der Revolution konsolidiert hatte, brauchte sie auch visuelle Zeichen dieser Etablierung. Dies konnte nur mit einem architektonischen Stil geschehen, der »Gewicht« hatte und dessen Bauten nicht zu schweben schienen. Mit dem klassischen Stil konnte der Anschein erweckt werden, als wäre nie etwas anderes gewesen. Die vorrevolutionären Bauten wurden größtenteils weder in Frankreich noch in Rußland ausgeführt, sie blieben, im Gegensatz zu den klassizistischen Bauten, Projekte.

Verglichen mit den vorher besprochenen Bauten aus Japan können wir Parallelen feststellen: auch dort be-

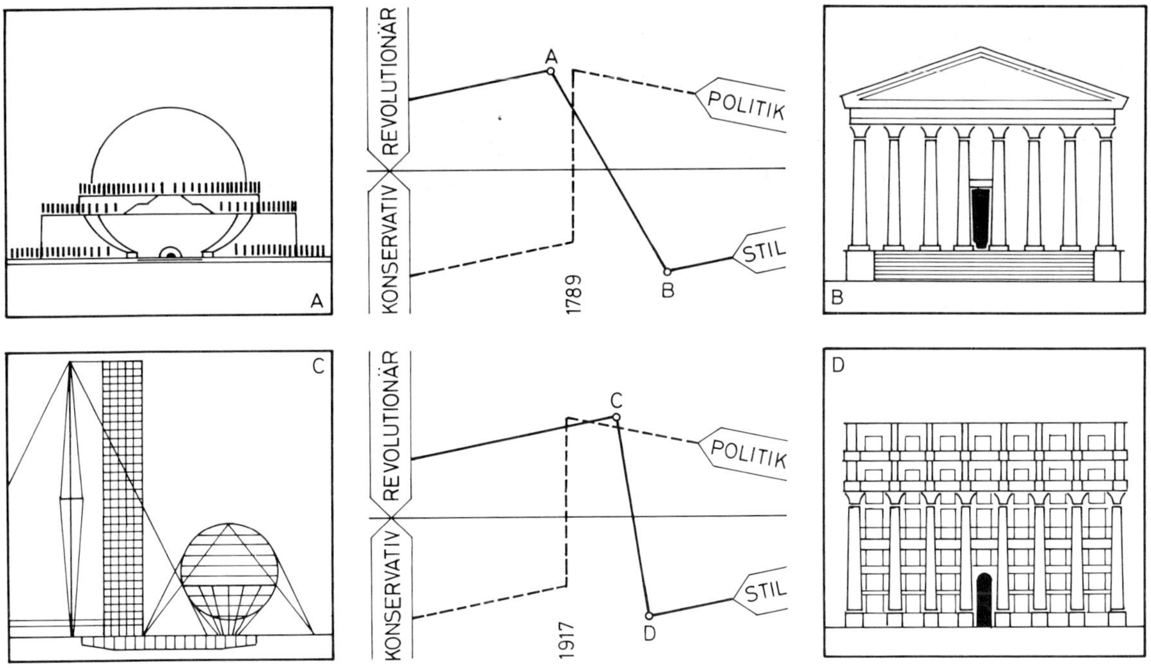

Die Stilentwicklung vor (links) und nach (rechts) den Revolutionen in Frankreich (oben) und Rußland (unten) (nach A. M. Vogt)

Abb. 53: (oben, links) Etienne-Louis Boullée, Newton Denkmal (Projekt), 1784
Abb. 54: (oben, rechts) Pierre Vignon, Kirche St. Madeleine, 1807, Paris, Frankreich
Abb. 55: (unten, links) Iwan Iljitsch Leonidow, Lenin-Institut (Projekt), 1927, Moskau, UdSSR
Abb. 56: (unten, rechts) I. Sholtowski, Wohnhaus, 1933, Moskau UdSSR

stand eine Diskrepanz zwischen der Art der Information, die das Gebäude vermittelt, und der Funktion seiner Benutzer. Die Tätigkeit des Schoguns ist eine Sache des Verstandes, sein Gebäude spricht eher das Gefühl an. Der Prinz beschäftigte sich mit Religion und Kunst, mit geistigen, irrationalen Themen, seine Villa vermittelt aber vor allem semantische Information.

Die meisten Architekturstile manifestieren sich an wenigen Bauten, während das Gros der Neubauten nicht in dem zur Zeit üblichen Baustil ausgeführt wird. Wenn ein Stil die zur Zeit vorherrschende Ordnung spiegeln soll, warum wird er dann nicht auch angewendet und von der breiten Öffentlichkeit akzeptiert? – Auf diese Frage gibt es verschiedene Antworten.

Zu den bekanntesten Beispielen solcher »Fehlinterpretationen« zählt die Arbeitersiedlung in Pessac von Le Corbusier aus dem Jahre 1925 und einige seiner älteren Einfamilienhäuser. Die Bauten wurden streng nach den Regeln der Moderne entworfen und mit der damals neuesten Technik erbaut. Bald zeigte sich aber, daß die Bewohner mit dieser Art Häuser nicht einverstanden waren und sie begannen, ihre Behausungen abzuändern (Abbildung 57).

Am meisten Schwierigkeiten machte dabei die Dachform. Die Diskussion, ob Flach- oder Steildach, ist bis heute nicht abgebrochen, sie ist hauptsächlich eine emotionale Frage. Die ersten »Häuser« bestanden hauptsächlich aus einem Dach und hatten eine reine Schutzfunktion. Die Wohnstätte, als Etappenort zwischen Geburt und Tod, hatte immer eine spezielle symbolische Bedeutung, und das Dach spielte dabei eine primäre Rolle (36) (vgl. Abbildung 58). Die vereinfachte Form des Giebeldaches ist in verschiedenen chinesischen und japanischen Schriftzeichen enthalten. Das Ideogramm für »Hütte« (Abbildung 59) ist von einem dachförmigen Winkel geprägt, der über einem viereckigen Raum liegt.

Abb. 57: Le Corbusier, Einfamilienhaus in Lége, Frankreich. Links nach der Fertigstellung, rechts nach dem Umbau

Abb. 58: Bauernhaus, 1797, Kanton Bern, Schweiz (heute Freiluftmuseum Ballenberg)

Abb. 59: (links) Japanisches Ideogramm für »Hütte« (sha)
Abb. 60: (rechts) Japanisches Ideogramm für »Leute treffen« (au)

Das Zeichen für »Leute treffen«, also der geschützte Treffpunkt, sieht sehr ähnlich aus (Abbildung 60). Die Begriffe Wohnen, Schutz, Geborgenheit, Kontinuität waren hier so eng mit dem Giebeldach verbunden, daß diese Form symbolische Bedeutung erlangte. Die Form des Steildaches war konstruktiv und funktional bedingt: als Schutz vor Witterungseinflüssen mußte die Dachfläche schräg sein, damit das Wasser abfließen konnte. Später diente der Raum unter dem Dach zusätzlich als Lagerraum. So wurde das Steildach im Laufe der Zeit zu einem Symbol für Schutz schlechthin. Es hatte sowohl eine praktische Aufgabe, seine Schutz- und Lagerraumfunktion, wie auch einen symbolischen Inhalt. Das Steildach lieferte sowohl semantische wie auch ästhetische Information, sprach also Verstand und Gefühl gleichermaßen an.

Mit der räumlichen Trennung von Arbeiten und Wohnen im 19. Jahrhundert wurde der Dachraum als Lagerraum überflüssig. Neue Baumaterialien und Techniken ermöglichten Flachdachkonstruktionen, die die Schutzfunktion auch übernehmen konnten. Konsequenterweise wurde die Dachform abgeändert, und die Architekten der Moderne begannen für das Flachdach zu plädieren. Le Corbusier setzte sich 1926 mit seinen »fünf Punkten zu einer neuen Architektur« für das Flachdach und die dadurch neu gewonnene Fläche ein: »Das flache Dach erfordert zunächst konsequente Ausnutzung zu Wohnzwecken: Dachterrasse, Dachgarten«. »Die Dachgärten weisen üppigste Vegetation auf, es können Sträucher, sogar kleine Bäume bis zu 3 bis 4 Meter Höhe ohne weiteres gepflanzt werden. Auf diese Weise wird der Dachgarten zum bevorzugtesten Ort des Hauses. Allgemein bedeuten die Dachgärten für eine Stadt die Wiedergewinnung der gesamten verbauten Fläche« (37) (vgl. Abbildung 61).

Mit der scheinbar logischen Änderung der Dachform entsprachen die Architekten wohl den neuesten technischen Möglichkeiten und rangen ihr sogar noch funktionale Vorteile ab, machten aber die Rechnung ohne den Wirt, das heißt, ohne den Benutzer. Verstandesmäßig konnte das Flachdach wohl akzeptiert werden, durch den Wechsel der Form verlor das Dach aber seine Bedeutung als symbolisches Zeichen. Der geistige Inhalt, den man dem Dach zuschrieb, konnte durch seine neue Form nicht mehr ausgedrückt werden.

Viele Formen haben, über ihren eventuellen funktiona-

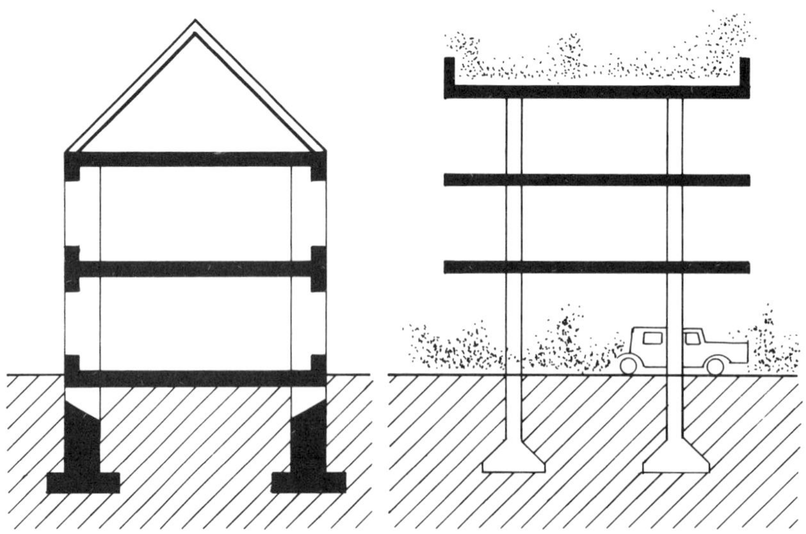

Abb. 61: Flächenvergleich eines konventionellen Hauses (links) und eines auf Stützen gestellten Hauses mit Flachdach und freier Erdgeschoßfläche (rechts) (nach Le Corbusier, 1929)

len Wert hinaus, eine kulturelle Bedeutung und dienen so als symbolisches Zeichen. Der Ausdruck dieser Zeichen insgesamt bildet eine Art Sprache. Das Ändern eines Stils kann sich deshalb nicht nur auf das Verändern der Formen beschränken. Auch die Sprache ihrer Zeichen, die damit mitverändert wird, muß neu verstanden werden. Gerade dies geschah aber in der Moderne nicht. Die Architektur wurde wohl den neuen Technologien angepaßt, diese Anpassung konnte aber nicht mehr emotional verarbeitet werden; damit wurden Verstand- und Gefühlsleben getrennt. Die primäre Aufgabe der Zeichensprache wurde verkannt. Viele gebräuchliche Formen wurden in der Moderne nicht mehr verwendet, in der Annahme, ihre Anwendung bedeute ein Mangel an Kreativität. Da die neue Sprache nicht mehr verstanden wurde, veränderten die Bewohner ihre neuen Behausungen und versuchten mit formalen Anpassungen den symbolischen Inhalt wieder zu erreichen.

Damit ein neuer Stil auf breiterer Basis akzeptiert wird, muß seine Sprache, das heißt der kultur-symbolische Inhalt seiner Zeichen, verstanden werden. Früher waren die Baustile während Jahrhunderten gültig. Das langsame Verstehen der neuen Sprache verlief parallel mit dem Verändern der Formen. Im 20. Jahrhundert erlebten wir eine ganze Reihe neuer Stile. Die jeweilige Ablösung erfolgte in so kurzen Zeitabständen, daß ein gleichzeitiges Gewöhnen an die neue Sprache nicht mehr möglich war.

Die Trennung von Gefühl und Verstand fand in der Moderne ihren Höhepunkt. Die Wunder der Technik übten zu Beginn des Jahrhunderts eine solche Faszination aus, daß die emotionale Seite komplett vernachlässigt wurde. Das Verschwinden der meisten mystischen, religiösen und symbolischen Netzwerke in der westlichen Kultur in den letzten hundert Jahren wirkte sich auf die Kunst allgemein, aber auch auf die Architektur im besonderen, verhängnisvoll aus: »wenn Dinge nichts anderes sind als Dinge, dann sind Formen, Farben und Töne nichts anderes als Formen, Farben und Töne, und aus der Kunst wird eine Technik zur Unterhaltung der Sinne« (38). Dem kultur-symbolischen Inhalt der Zeichen wurde in der Moderne keine Bedeutung mehr zugemessen, ja es wurde nach Möglichkeit auf die gefühlsmäßige Aussage der Form verzichtet. Damit war die Moderne ohne Sprache.

Der postmoderne Stil benutzte wieder Zeichen und griff dabei zurück auf die alte Sprache: Säulen und Steildächer werden wieder akzeptiert. Insofern ist die Postmoderne ein Schritt zurück: sie ist eine Wiederanpassung an die alte Sprache. Das bekannteste Beispiel dafür ist wohl Philip Johnson's AT&T Gebäude in New York: der mehr als hundert Meter hohe Wolkenkratzer hat wieder ein Giebeldach, das aber gleichzeitig mit seinem riesigen Loch ad absurdum geführt wird (Abbildung 62).

Auch die heutige Einstellung zum Wohnen kann als Festhalten an einer alten Sprache oder als Nichtverstehen einer neuen Sprache gesehen werden. Der Spruch »my home is my castle« gilt auch heute noch. Für viele geht der Traum des Wohnens erst mit dem Erwerb eines Eigenheimes in Erfüllung: ein eigenes freistehendes Haus, sei es auch noch so klein, mit einem eigenen

Abb. 62: Philip Johnson, AT&T Gebäude, 1982, New York, USA

Garten, sei er auch noch so klein. Mit dem ständigen Ansteigen der Boden- und Baupreise geht dieser Traum für immer weniger Leute in Erfüllung, und sowohl Wohn- wie auch Gartenflächen müssen ständig weiter reduziert werden.

Bis zur Industrialisierung im 19. Jahrhundert lebte der Mensch in Großfamilien. Das Haus diente allen zusammen als Wohn- und Arbeitsstätte (vgl. Abbildung 58). Die Industriealisierung bewirkte einerseits eine geografische Trennung von Wohnen und Arbeiten, andererseits den Zerfall der Großfamilie. Dadurch wurde der Bedarf an Wohnungen – auch abgesehen vom absoluten Bevölkerungswachstum – größer. Mit der Zentralisierung der Industrie und mit dem damit verbundenen Transportproblem zwischen Wohnort und Arbeitsort drängten sich immer mehr Menschen auf immer weniger Raum: der Boden wurde knapp und somit teuer. Dem Baulandmangel versuchte man mittels großer Wohnblocks zu begegnen. Dadurch wurde das Wohnen zum anonymen Massenkonsumgut, das in Extremfällen psychische Schäden verursachte.

Am Traum des eigenen Einfamilienhauses wird heute weiterhin festgehalten. Die Wohnflächen werden zwar stetig kleiner und der sogenannte »Garten« schrumpft zum Vorplatz. Das Ziel: großzügiges, individuelles Wohnen, umgeben von genügend Freiraum für private und gemeinsame Aktivitäten ist heute nur noch selten realisierbar. Das Bedürfnis nach individueller Geborgenheit

Abb. 63: Der »Traum« vom Eigenheim, Straße mit Haus, bei Bern, Schweiz

Abb. 64: Atelier 5, Siedlung Thalmatt, 1972, bei Bern, Schweiz

wird oftmals von Spekulanten ausgenutzt. An Stelle der gewünschten Vorteile tritt eine Reihe von Nachteilen: die zum Gesamtvolumen relativ große Außenfläche verlangt einen großen Heiz- und Unterhaltsaufwand, der »Garten« hat nichts mehr zu bieten, muß aber gepflegt werden (vgl. Abbildung 63).

Mit der kompakten Wohnsiedlung, einem Mittelweg zwischen anonymem Wohnblock und individuellem Einfamilienhaus, wird heute vereinzelt versucht, das Wohnen besser den veränderten Umständen anzupassen (vgl. Abbildung 64). Unter Berücksichtigung menschlicher Grundbedürfnisse wird damit folgendes erreicht: eine bessere Ausnutzung der rar gewordenen Bodenfläche, eine bauliche Vereinfachung durch teilweise Standardisierung, Einsparungen durch das Zusammenlegen gemeinsamer Nutzungen und eine ausgewogenere Verteilung privater, halbprivater und öffentlicher Bereiche.

Trotz der klaren Vorteile setzt sich diese Wohnform nur sehr schwer durch, da ihre Sprache noch nicht verstanden wird. Die Meinung, daß optimales Wohnen nur in einem Einfamilienhaus möglich sei, läßt sich nur sehr langsam ändern.

Quellenverzeichnis Kapitel »Kultur und Stil«

(Jahrzahl in Klammer: Datum der Erstveröffentlichung)

1) *Wright, Frank Lloyd:* in einem Ausstellungskatalog, Florenz, 1951 (in: Humane Architektur, Berlin, 1969, S. 73)
2) *Muthesius, Hermann:* Werkbundziele, 1911 (in: Programme und Manifeste zur Architektur des 20. Jahrhunderts, Braunschweig, 1981, S. 24)
3) *Hollein, Hans:* Absolute Architektur, 1962 (in: Programme und Manifeste zur Architektur des 20. Jahrhunderts, Braunschweig, 1981, S. 174)
4) *Freud, Sigmund:* Das Unbehagen in der Kultur, Frankfurt, 1970 (1930), S. 85
5) siehe 4) S. 86
6) *Wagner, Otto:* Die Baukunst unserer Zeit, Wien, 1979 (1895), S. 31
7) *Giedion, Siegfried:* »Raum, Zeit, Architektur«, Zürich, 1978, S. 278 (Originaltitel: Space, Time and Architecture, Cambridge, Mass., 1941)
8) *Le Corbusier:* Ausblick auf eine Architektur, Berlin, 1969, S. 76 (Originaltitel: Vers une architecture, Paris, 1923)
9) siehe 8) S. 89
10) siehe 8) S. 108
11) siehe 8) S. 37
12) *Hall, Edward T.:* Die Sprache des Raumes, Düsseldorf, 1976, S. 159 (Originaltitel: The Hidden Dimension, 1966)
13) siehe 12) S. 15
14) siehe 12) S. 99
15) siehe 7) S. 139
16) siehe 7) S. 278
17) *Kris, Ernst:* Die ästhetische Illusion – Phänomene der Kunst in der Sicht der Psychoanalyse, Frankfurt am Main, 1977, S. 42 (Originaltitel: Psychoanalytic Explorations in Art, New York, 1952)
18) *Adorno, Theodor W.:* Ästhetische Theorie, Frankfurt am Main, 1974 (1970) S. 121
19) *Giurgola, Romaldo:* Louis I. Kahn, Zürich, 1979, S. 34
20) siehe 18) S. 480
21) siehe 12) S. 90
22) siehe 3) S. 174
23) siehe 18) S. 334
24) siehe 17) S. 54
25) siehe 18) S. 412
26) *Klotz, Heinrich* und *Cook, John W.:* Architektur im Widerspruch, Zürich, 1974, S. 219 (Originaltitel: Conversations with Architects, New York, 1973)
27) siehe 1) S. 77
28) *Wright, Frank Lloyd:* Style in Industry, Vorlesungen in Princeton, 1930 (in: The Future of Architecture, New York, 1970 (1953), S. 107) (Übersetzung: J. Grütter)
29) *Johnson, Philip:* Texte zur Architektur, Stuttgart, 1982, S. 46 (Originaltitel: Philip Johnson Writings, Oxford, 1979)
30) *Bense, Max:* Einführung in die informationstheoretische Ästhetik, Hamburg, 1969, S. 36
31) *Munro, T.:* Evolution in the Arts and other Theories of Cultural History, Cleveland, 1963
32) *Smith, Peter F.:* Architektur und Ästhetik, Stuttgart, 1981, S. 257 (Originaltitel: Architecture and the Human Dimension, London, 1979)
33) *Eysenck, H. J.:* Dimensions of Personality, London, 1947
34) *Vogt, Adolf Max:* Revolutions-Architektur, Köln, 1974, S. 100
35) siehe 34) S. 104
36) *Rykwert, Joseph:* Ornament ist kein Verbrechen, Köln, 1983, S. 149 (Originaltitel: The Necessity of Artifice, London, 1982)
37) *Le Corbusier:* Fünf Punkte zu einer neuen Architektur, 1926 (in: Programme und Manifeste zur Architektur des 20. Jahrhunderts, Braunschweig, 1981, S. 94)
38) *Arnheim, Rudolf:* Die Form und der Konsument, College Art Journal, 19/1959, S. 2–9 (in: Zur Psychologie der Kunst, Frankfurt am Main, 1980, S. 19)

2. Ästhetik und Schönheit

»Ästhetische Verhaltensweise ist die Fähigkeit, mehr an den Dingen wahrzunehmen, als sie sind; der Blick, unter dem, was ist, in Bild sich verwandelt«.

Theodor W. Adorno (1)

2.1 Der Begriff der Ästhetik in der Architektur

Ein Maler kann seine Bilder zu Hause in seinem Atelier malen. Die Freiheit, was gemalt werden soll, wird höchstens durch die Größe der Leinwand eingeschränkt. Anschließend wird das Bild zum Verkauf angeboten, wie jede andere Ware auch. Gekauft wird von jemandem, dem das Bild gefällt und der mit dem Kaufpreis einverstanden ist.

Anders bei der Architektur: verschiedene Faktoren wie Nutzung, Konstruktion, Statik, Ökonomie und Baugesetze schränken die Freiheit ein. Im Gegensatz zur Malerei ist in der Architektur die Ästhetik nicht der einzige Aspekt der zu berücksichtigen ist, trotzdem spielt sie eine Hauptrolle. Sämtliche Beeinflussungsfaktoren müssen gegeneinander abgewogen werden und das Resultat wird ein Kompromiß sein. Oder mit den Worten Romaldo Giurgolas: »In der Tat führt eine rein ästhetische Annäherung an die Architektur, wie alle andern sozialen oder moralischen Annäherungen, meistens zu einem Engpaß« (2). Architektur entsteht nicht im stillen Kämmerlein, geplant wird im Auftrag eines Bauherrn, unter Beizug verschiedener Spezialisten und unter Berücksichtigung rechtlicher und physikalischer Gesetze. Oft wird deshalb die Klage laut, vor lauter Einschränkungen sei »gutes« Bauen heute nur noch schwer möglich. Sicher können wir aber der Auffassung Piere Luigi Nervis beipflichten, daß trotz all dieser Zwänge »immer so viel Freiheit bleiben wird, daß die Persönlichkeit dessen, der den Bau geschaffen hat, durchscheint und daß seine Schöpfung, falls er ein Künstler ist, bei allen technischen Zwängen zu einem wirklichen und echten Kunstwerk werden kann« (3). Ob aus jedem Bauwerk ein Kunstwerk werden soll, sei dahingestellt. Sicher ist aber die Absicht jedes »guten« Architekten, auch »gute« Architektur zu schaffen. Unter »gut« verstehen wir einerseits das Einhalten aller Regeln von Bauphysik, Ökonomie, Nutzung, usw., anderseits eine befriedigende ästhetische Gestaltung. Es bestehen viele Einschränkungen, und der Spielraum liegt häufig nur noch in der Interpretation von Vorschriften. Die Freiheit des Architekten ist begrenzt: ihm fällt noch die ästhetische Gestaltung zu. Dabei besteht für ihn die Absicht, etwas »Schönes«, das heißt gute, ästhetisch anspruchsvolle Architektur zu schaffen.

Das Wort Ästhetik stammt aus dem Griechischen und bedeutet Wahrnehmung. Die Ästhetik untersucht, im weitesten Sinne, die Art und Weise, wie die Umwelt empfunden wird und die Stellung des Individuums innerhalb der Umwelt.

Im 18. Jahrhundert wurde der Begriff der Schönheit mehr und mehr subjektiviert. Schönheit wurde verbunden mit Wahrnehmung, und der Betrachter wurde in diesen Prozeß einbezogen. Alexander Gottlieb Baumgartner (1714–1762) führte den Begriff der »Ästhetik« als Parallelbegriff von »Ethik« und »Logik« ein. Was Vernunft in der Ethik bedeutet, wird Geschmack in der Ästhetik, Geschmack, Gefühl und Empfindung wurden neu in die Lehre der Schönheit miteinbezogen. So wurde Ästhetik im 20. Jahrhundert zur Philosophie und Wissenschaft aller Erscheinungsformen des Schönen (4).

Peter F. Smith unterscheidet drei verschiedene Ebenen der ästhetischen Werte: »Die Entwicklung der Ästhetik besitzt eine besondere Struktur, die dem Kräftespiel der Ozeane gleicht. An der Oberfläche gibt es Wellen mit recht hoher Frequenz und kleinen Amplituden, die von wesentlich längeren und tieferen Wellen getragen werden. Unterhalb dieser Oberflächenbewegung liegen dann die tiefen Strömungen der großen Wassermassen, die kaum davon berührt werden, was oben vor sich geht. Die kleinen Wellen veranschaulichen die Änderungen der Mode, während die großen Wellen, von denen ihre Existenz abhängt, den Stil einer bestimmten Kulturepoche darstellen. Unter diesen beiden Wellenbewegungen fließen die tiefen Ströme der fundamentalen ästhetischen Werte« (5) (vgl. Abbildung 65). Die größten Veränderungen finden in der Ebene der Mode statt. Diese Verände-

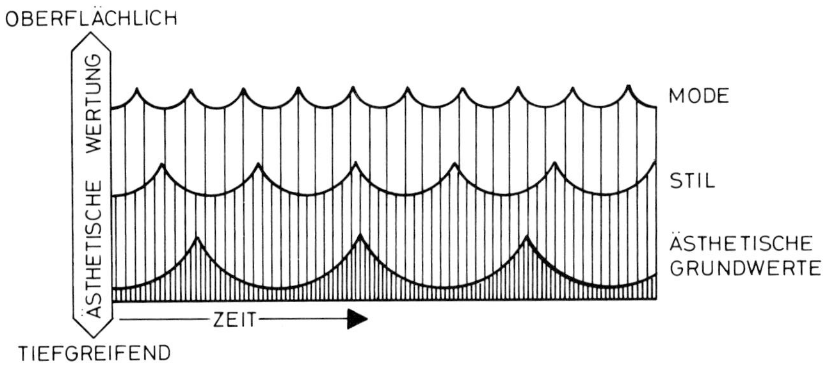

Abb. 65: Die drei Ebenen der ästhetischen Werte

rungen lösen sich in kurzen Zeitintervallen ab und verändern auch den Geschmack.

Die Tatsache, daß die Arbeit der Ingenieure lange Zeit nichts mit Kunst zu tun hatte und somit nicht dem Geschmack, sondern nur den reinen Nutzungsansprüchen genügen mußte, ist sicher mit ein Grund, weshalb um und nach der Jahrhundertwende so viele herausragende Leistungen im Schiffs-, Flugzeug-, Auto-, Brücken- und Hallenbau zu verzeichnen waren. Sie unterlagen nicht kurzfristigen Modeströmungen (vgl. Abbildung 66).

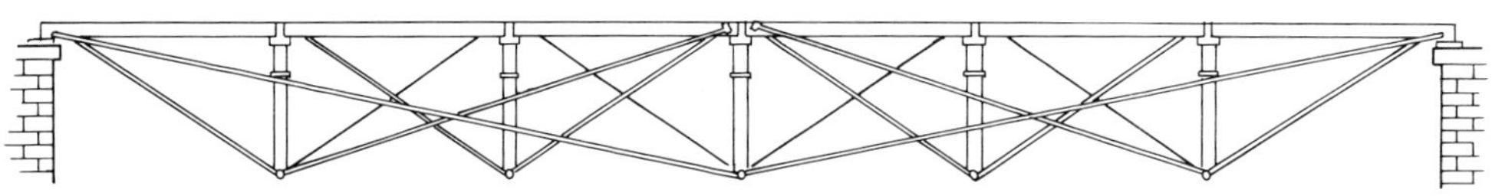
Abb. 66: Ing. Fink, Eisenbahnbrücke in den USA (Projekt), um 1850

2.2 Was ist Schönheit?

In der Einleitung wurde dargelegt, daß die sogenannten sozio-psychologischen Aspekte einen wesentlichen Einfluß auf die Wahrnehmung ausüben und somit auch mitbestimmen, was subjektiv als schön empfunden wird. Wir werden sehen, daß das Schönheitsempfinden noch von weiteren Einflußgrößen abhängt.

Die Informationstheorie versuchte rein objektiv, auf mathematischem Wege, festzulegen, was schön sei. Die semantische Information macht eine Nachricht interessant, die ästhetische Information ist zum Gefallen bestimmt, das heißt, sie ist für die Schönheit einer Nachricht verantwortlich. Damit wir eine Nachricht als schön empfinden können, muß sie soviel Redundanz haben, daß ihre Originalitätsmenge, das heißt ihr Gehalt an ästhetischer Information, immer knapp über dem Wert der maximalen Aufnahmekapazität von 16 bit pro Sekunde liegt. Dadurch wird der Empfänger gezwungen, Superzeichen zu bilden und seinen Empfang auf die nächst höhere Wahrnehmungsebene zu verlegen. Die Originalitätsmenge muß auf jeder Ebene die Empfangskapazität um ein geringes Maß überschreiten. Eine ästhetische Befriedigung besteht also teilweise darin, daß in einer zunächst als ungeordnet oder chaotisch empfundenen Reizkonfiguration Ordnungsrelationen entdeckt werden (6). Die Wahrnehmung verschiebt sich so lange auf hierarchisch höhere Ebenen, wie der Empfänger dank seiner Mentalität und seiner kulturellen Strukturierung fähig ist, weitere Superzeichen zu bilden. Dieser Mechanismus erklärt auch, warum wir in einem Bild immer wieder Neues entdecken, warum sich die Reaktion auf ein Objekt verändern kann und warum verschiedene Personen den ästhetischen Wert eines Objektes verschieden bewerten. Die Erfahrung, das Wissen und die sozio-psychologischen Aspekte spielen bei der ästhetischen Wertschätzung eine wichtige Rolle. Ist der Betrachter mit dem jeweiligen Stil oder der Mode des betrachteten Gegenstandes vertraut, fällt die Bildung von Superzeichen leichter.

Schönheitsempfinden und Originalität hängen zusammen; letztere wiederum mit der Unvorhersehbarkeit. Dies bewirkt, daß nach dem ersten starken Eindruck die Originalität abnimmt und somit die ästhetische Wirkung nachlassen kann. Andererseits kann eine wiederholte Erfahrung zu einem Lernprozeß führen, der zu einem besseren Verständnis und somit zu einem intensiveren ästhetischen Erlebnis führt.

2.3 Sinn des Schönen

Warum Schönes? Was sind die Gründe beim Suchen nach Schönheit? – Um diese Frage zu beantworten bestehen zwei grundsätzliche Ansatzpunkte: der psychophilosophische und der informationstheoretische.

Sigmund Freud versuchte in seiner Schrift »Das Unbehagen in der Kultur« 1930 den Sinn des Schönen wie folgt zu erklären: »Das Leben, wie es uns auferlegt ist, ist zu schwer für uns, es bringt uns zuviel Schmerzen, Enttäuschungen, unlösbare Aufgaben. Um es zu ertragen, können wir Linderungsmittel nicht entbehren« (7). Leid und Unbehagen stammen vor allem von einer Nichtbefriedigung der Triebe. Ein Weg, ein Ausweg zur Linderung besteht nach Freud darin, sich von der Welt unabhängig zu machen, Befriedigung in inneren psychischen Vorgängen zu suchen. Dadurch werden die Triebziele so verschoben, daß ihre Erfüllung von der Außenwelt unabhängig wird. Der Genuß von Kunstwerken als Träger ästhetischer Werte wird als eine Möglichkeit der Phantasiebefriedigung bezeichnet: »Befriedigung wird aus Illusionen gewonnen, die man als solche erkennt, ohne sich durch deren Abweichung von der Wirklichkeit im Genuß stören zu lassen« (8). Die Befriedigung beim Genuß von Kunst wird von Freud aber als viel schwächer als die direkte Triebbefriedigung bezeichnet: »Doch vermag die milde Narkose, in die uns die Kunst versetzt, nicht mehr als eine flüchtige Entrückung aus den Nöten des Lebens herbeizuführen« (9).

Kunst ist immer auch mit Schönheit verbunden. Schönheit wird so indirekt von Freud als ein Linderungsmittel gesehen. Schönheit ist, als Bestandteil der Kultur, für den Menschen unabdingbar. Dies zeigt auch die Tatsache, daß der Mensch von seinem Anfang an versuchte, sich und seine Umwelt zu verschönern.

Der informationstheoretische Ansatz zur Begründung des Schönen liegt bei der Bildung von Superzeichen. Dadurch wird die Wahrnehmung geordnet. Entspricht die Menge der ästhetischen Information einer Nachricht einem Optimum, so empfinden wir das Objekt, von dem die Nachricht ausgeht, als schön. Unter optimal verstehen wir gerade soviel Information, daß der Empfänger gezwungen wird, Superzeichen zu bilden und somit seine Wahrnehmung auf eine höhere Ebene zu verschieben. So erlauben uns umgekehrt »schöne« Objekte eine optimale Wahrnehmung, sie wirken befriedigend, oder mit den Worten Sigmund Freuds: sie sind ein Linderungsmittel.

Helmar Frank, einer der Väter der Informationsästhetik, stellte vier Kriterien auf, die für ein Schönheitsempfinden notwendig, nicht aber unbedingt hinreichend sind. Die Erscheinung eines Bauwerkes muß mindestens einmal die Möglichkeit bieten, Superzeichen zu bilden. Ein Gebäude muß also mindestens zwei Wahrnehmungsebenen ansprechen (vgl. Abbildung 19), wobei die eine mehr, die andere weniger Informationseinheiten haben muß, als die maximale Aufnahmekapazität beträgt. Zweitens darf das Auftreten der verschiedenen angebotenen Zeichenkombinationen statistisch nicht gleich wahrscheinlich sein, da sonst ein Bilden von Superzeichen nicht mehr möglich ist. Drittens darf die höchste Wahrnehmungsebene, das höchste Superzeichen, nicht mehr als 160 bit Information enthalten, da sonst das Ganze nicht als Einheit wahrgenommen wird. Viertens müssen bei der Bildung von Superzeichen verschiedene Möglichkeiten bestehen. Ist dem nicht so, wäre die Redundanz gleich eins und die Originalität gleich null. Damit enthält die Nachricht keine Information mehr und kann deshalb auch nicht mehr als schön empfunden werden (10).

2.4 Der Begriff der Schönheit im Wandel der Zeit

Seit über zweitausend Jahren existieren Aufzeichnungen über den Begriff des Schönen. Von Anfang an wurden zwei Arten von Schönheit unterschieden. Diese Dualität besteht als roter Faden bis in die Gegenwart.

Platon (427–347 v. Chr.) unterschied zwei Arten von Schönheit: Jene der Natur und der Lebewesen einerseits, die der Geometrie, gerade Linie und Kreis, andererseits. Die Schönheit der Natur hielt er für relativ. Die Schönheit der Geometrie, das heißt jene durch den Menschen geschaffenen Objekte, als absolut.

Aristoteles (384–322 v. Chr.) subjektivierte die Schönheit. Im Hellenismus tritt das individuell Schöpferische in den Vordergrund. Architektur ist Ausdruck mathematischer Schönheit, aufgebaut auf Harmonie, Symmetrie und Ordnung (11).

Vitruv (1. Jahrhundert v. Chr.): Bauten müssen so sein, daß »auf Festigkeit, Zweckmäßigkeit und Anmut Rücksicht genommen wird«. Schönheit ist, gemeinsam mit Konstruktion und Nutzung, eine der drei bestimmenden Faktoren der Architektur. Schönheit wird erreicht, wenn: »Das Bauwerk ein angenehmes und gefälliges Aussehen hat und die Symmetrie der Glieder die richtigen Berechnungen der Symmetrien hat« (12). Vitruv verwendete den Begriff der Symmetrie im Sinne der heutigen Proportion. Ein Bauwerk war dann schön, wenn seine Proportionen gewissen Regeln entsprachen. Als ästhetische Grundfaktoren der Baukunst bezeichnet Vitruv sechs Punkte:

a) Das Größenverhältnis der Einzelteile untereinander und zum Ganzen.
b) Die Beziehung der Teile untereinander und ihre Anordnung innerhalb des Ganzen.
c) Das anmutige Aussehen der Einzelteile und des Ganzen.
d) Das modulare Verhältnis der Einzelteile untereinander und zum Ganzen. Eine Grundeinheit, die überall am Bau anzutreffen ist.

e) Die Ausstattung, die sich der Nutzung anpassen muß.
f) Die Angemessenheit von Materialien und Kosten, je nach Art der Nutzung (13).

Plotin (205–270 n. Chr.): das Wesen der Schönheit besteht nicht in der Übereinstimmung mehrerer Teile, da sie sonst nur in Zusammensetzung zu finden wären. Die Schönheit ist, im Gegensatz zur Meinung von Platon, sinnlich erlebbar, ihre Quelle ist die Seele.

Augustinus (354–430) setzte Schönheit gleich Zahl. Das heißt, sie ist in der durch die Zahl bestimmte Form erkennbar und ist so praktisch identisch mit Platons Schönheit der Geometrie (14).

Leon Battista Alberti (1404–1472): Schönheit besteht aus: »gesetzmäßiger Übereinstimmung aller Teile, ... daß man weder etwas hinzufügen noch hinwegnehmen oder verändern könnte, ohne sie weniger gefällig zu machen.« »Die Schönheit ist eine gewisse Übereinstimmung und ein Zusammenklang der Teile zu einem Ganzen gemäß einer bestimmten Zahl, Proportion und Ordnung, so wie es die concinnitas, das heißt das absolute und oberste Naturgesetz fordert« (15).

Andrea Palladio (1508–1580) bezeichnete, gestützt auf Vitruv, Schönheit zusammen mit Nutzung und Konstruktion, als eines der drei Elemente, die bewirken, daß »ein Gebäude Lob verdient« (16). Diesen Schönheitsbegriff übernahm Palladio von Alberti: »Schönheit entspringt der schönen Form und der Entsprechung des Ganzen mit den Einzelteilen, wie der Entsprechung der Teile untereinander und dieser wieder zum Ganzen, so daß das Gebäude wie ein einheitlicher und vollkommener Körper erscheint« (17). Für Palladio war Schönheit kein abstrakter Begriff und nur konkret im Zusammenhang mit Architektur erlebbar.

Im 18. Jahrhundert wurde, wie bereits erwähnt, der Begriff des Schönen wieder mehr subjektiviert. Bezeichnungen wie »Gefühl«, »Geschmack« und »Empfindung« wurden in den Zusammenhang mit Schönheit gebracht.

Imanuel Kant (1724–1802) war der Überzeugung, daß der Geschmack allein über schön und nicht schön entscheidet. Schön ist allgemein das, was die Wahrnehmung insgesammt in einen harmonischen Zustand versetzt. Die Schönheit einer Form soll unabhängig von einer Denkleistung wahrgenommen werden (18).

Georg Friedrich Wilhelm Hegel (1770–1831) unterschied, in Anlehnung an Plato und Kant, zwei Arten von Schönheit: das Naturschöne und das Kunstschöne, wobei er das zweite über das erste stellte, »denn die Kunstschönheit ist die aus dem Geiste geborene und wiedergeborene Schönheit« (19). Nach Hegel ist das Wahrnehmen von Kunstschönheit keine angeborene Sache, kein Instinkt, es muß erlernt werden. Der gebildete Schönheitssinn ist der Geschmack. Adorno kritisierte diese Trennung von Natur- und Kunstschönem bei Hegel mit der Begründung, Kunst und Natur seien nicht zu trennen (20).

Bernard Bolzano (1781–1848), ein Zeitgenosse Hegels, widersetzte sich dessen Lehre in der Meinung, das Erkennen von Schönheit erfordere keine Denkarbeit: »Schön ist ein Gegenstand zu nennen, wenn er durch seine bloße Betrachtung uns zu vergnügen vermag, und dies zwar durch eine Betrachtung, die wir mit solcher Leichtigkeit verrichten, daß wir uns nicht einmal der einzelnen in ihr vorkommenden Gedanken deutlich bewußt zu werden brauchen« (21). Jede Vermehrung unserer Kraft wird als Lust, jede Verminderung als Schmerz empfunden. Das Erkennen von Schönheit geschieht ohne viel Aufwand und vermehrt unsere Kraft.

Gustav Fechner (1801–1887) versuchte 1860 die Beziehung zwischen einem Reiz als Nachricht und seiner Verarbeitung durch den Empfänger gesetzmäßig zu fassen und zu qualifizieren. Damit wurde die Wahrnehmung zu einer wissenschaftlichen Disziplin (22).

Wie bereits gesagt, unterschied Platon zwei Arten von Schönheit, jene der Natur und die der Geometrie. Diese Zweiteiligkeit des Schönheitsbegriffes wurde seit Platon nicht mehr aufgegeben. Auch Hegels Philosophie der Ästhetik basiert auf der Dualität von Naturschönem und Kunstschönem. Die Begriffe haben sich geändert, so wurde Platons »Schönheit der Geometrie« zum »Kunstschönen« bei Hegel und zur »Ingenieur-Ästhetik« bei Le Corbusier, ihre Bedeutung oder ihr Inhalt bleiben aber grundsätzlich gleich.

Diese Gegensätzlichkeit spiegelt den Kampf des Menschen mit seinen Mitteln, heute nennen wir sie Technik, gegen die Kräfte der Natur wider. Bezeichnenderweise ist diese Denkart eine rein westliche: in den östlichen Philosophien werden die beiden Pole dieser Dualität nicht im Kampf gegeneinander, sondern als Ergänzung miteinander gesehen. So ist zum Beispiel ein Hauptanliegen des Zen-Buddhismus die Überbrückung dieses dualistischen Denkens. Das Künstliche, das vom Menschen Gebaute oder die Technik, und die Natur sind nicht zwei Gegensätze, sondern eine Einheit. Dieser Grundsatz wurde auch eines der Hauptanliegen der japanischen Metabolisten, die versuchten, einen architektonischen Beitrag zum Konflikt Technik–Natur zu leisten.

In der modernen Architektur werden die beiden Schönheitsideale am ehesten bei den verschiedenen Auffassungen über Schönheit bei Frank Lloyd Wright und dem frühen Le Corbusier sichtbar: der erste leitet den Schönheitsbegriff seiner organischen Architektur aus der Natur ab, der zweite, als Verfechter der modernen Technik, aus den Formen moderner Ingenieurprodukte.

Frank Lloyd Wright spricht über Schönheit im Zusammenhang mit Blumen, die er beschreibt: »Die Struktur schreitet vom Allgmeinen zum Besonderen fort, um die Blüte zu erreichen, die uns anzieht und in ihren Linien und in ihrer Form die Natur jener Struktur verkündet, die sie gebar. Wir haben hier ein organisches Ding. Gesetz und Ordnung sind die Grundlagen vollendeter Anmut und Schönheit. Schönheit ist der Ausdruck grundlegender Verhältnisse in Linie, Form und Farbe, der diesen Verhältnissen wahrhaft entspricht und anscheinend nur dazu da ist, sie einem überlegten ursprünglichen Entwurf gemäß zu erfüllen« (23). Frank Lloyd Wright bewunderte an der Natur nicht nur ihre sichtbare Form- und Farbenvielfalt. Naturschönheit beinhaltete für ihn vor allem auch Gesetzmäßigkeit und Ordnung, Ausgeglichenheit und Einheit, die ihre Erscheinung prägt. Weiter folgert er: »Wenn wir irgend etwas als schön empfinden, erkennen wir damit instinktiv die ›Richtigkeit‹ dieses Dinges an« (24). Das heißt, wir erkennen und akzeptieren auch ihre

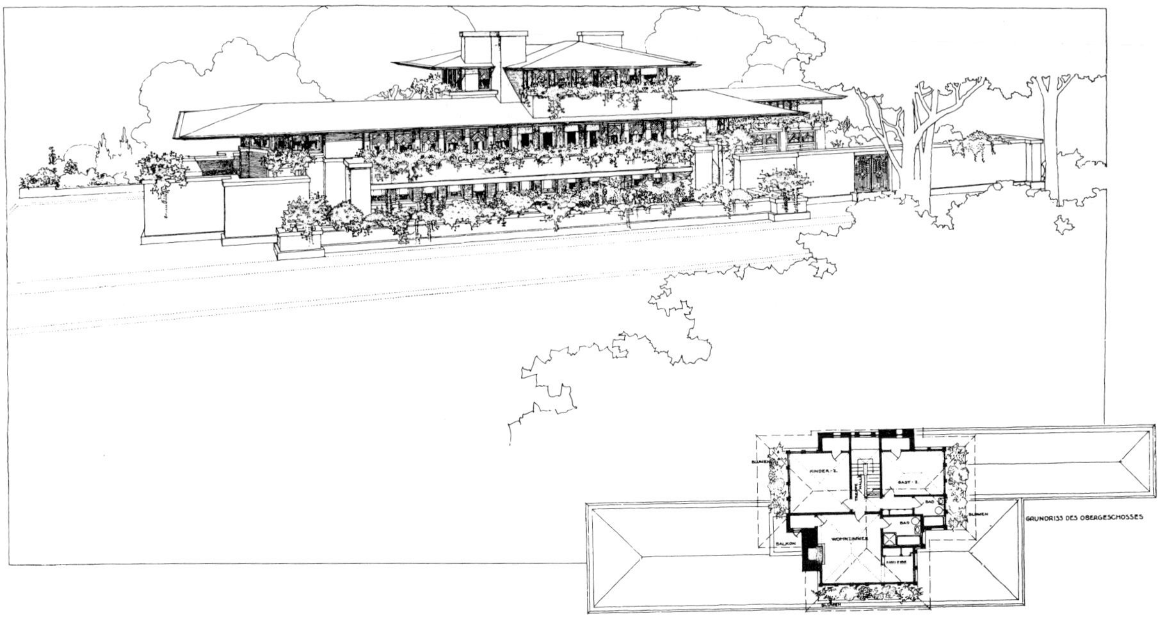

Abb. 67: Frank L. Wright, F.G. Robie Haus, 1909, Chicago, USA

Gesetzmäßigkeit und Ordnung. Oder mit den Worten Otto Wagners: »Etwas Unpraktisches kann nicht schön sein« (25). Adolf Loos äußerte sich ähnlich: »Unter schönheit verstehen wir die höchste vollkommenheit. Vollständig ausgeschlossen ist daher, daß etwas unpraktisches schön sein kann« (26). Loos betonte weiter: »Die schönheit nur in der form zu suchen und nicht vom ornament abhängig zu machen, ist das ziel, dem die ganze menschheit zustrebt« (27).

Le Corbusier verglich 1923 die Schönheit der Architektur mit der Ingenieur-Ästhetik: »Ingenieur-Ästhetik, Baukunst: beide im tiefsten Grunde dasselbe, eins aus dem andern folgend, das eine in voller Entfaltung, das andere in peinlicher Rückentwicklung. Der Ingenieur, beraten durch das Gesetz der Sparsamkeit und geleitet durch Berechnungen, versetzt uns in Einklang mit den Gesetzen des Universums. Er erreicht die Harmonie. Der Architekt verwirklicht durch seine Handhabung der Formen eine Ordnung, die reine Schöpfung seines Geistes ist: mittels der Formen rührt er intensiv an unsere Sinne und erweckt unser Gefühl für die Gestaltung; die Zusammenhänge, die er herstellt, rufen in uns tiefen Widerhall hervor, er

Abb. 68: Delage, 1921 (Aus »Vers une architecture«, 1923, von Le Corbusier)

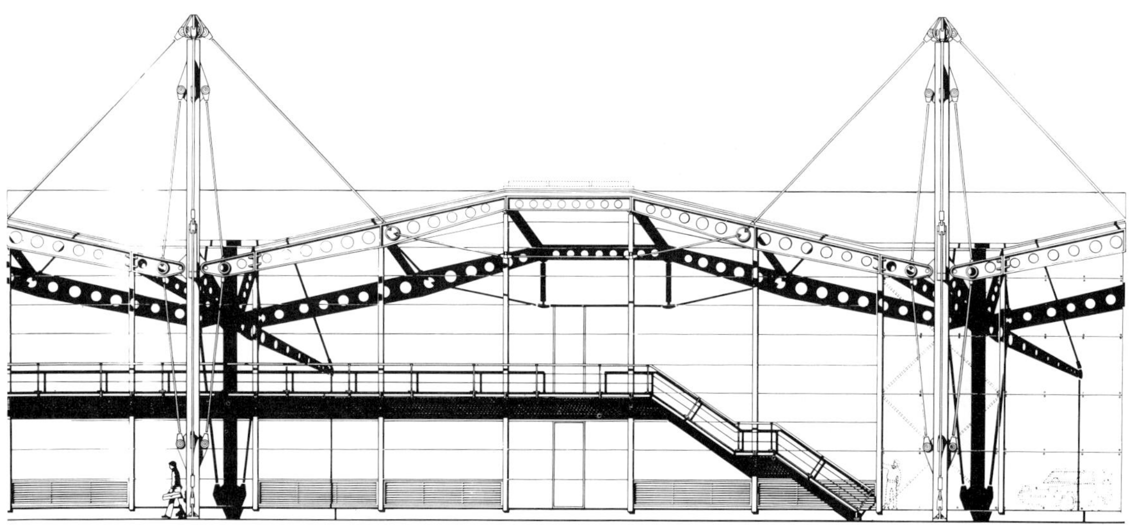

Abb. 69: Foster Associates, Renault Centre, 1984, Swindon, GB

Abb. 70: Wohnboot in Sausalito, San Francisco Bay, USA

zeigt uns den Maßstab für die Ordnung, die man als im Einklang mit der Weltordnung empfindet, er bestimmt mannigfache Bewegungen unseres Geistes und unseres Herzens: so wird die Schönheit uns Erlebnis« (28). Seine Bewunderung für große Schiffe, Autos und Flugzeuge brachten ihn zum Ausspruch: »Das Haus ist eine Maschine zum Wohnen« (29).

Der Kommentar von Le Corbusier zu Abbildung 68 lautet: »Würde das Problem des Wohnens und der Wohnung so gut durchstudiert wie das Fahrgestell eines Autos, dann erlebte man rasch eine Wandlung und Verbesserung unserer Häuser. Wenn die Häuser wie die Fahrgestelle serienmäßig von der Industrie hergestellt würden, dann sähe man sehr bald überraschende Formen, aber gesunde, vertretbare, auftauchen, und die entsprechende Ästhetik würde sich mit erstaunlicher Präzision ebenso bald formulieren« (30). Diese Zeilen wurden 1923 geschrieben. Zur Zeit der Verherrlichung der Ingenieur-Ästhetik begann Le Corbusier allerdings, seinen Glauben an das Maschinenzeitalter schon zu verlieren. Ein Grund dafür war sicher die wirtschaftliche Depression der Dreißigerjahre.

Natürlich spielten die beiden Auffassungen über Schönheit auch in der Malerei eine bedeutende Rolle. In seinem »Technischen Manifest« behauptete Boccionis 1910, daß ein Rennwagen schöner sei als die »Nike von Samothrake« (31). Geprägt durch den Kubismus malten Mondrian und Doesburg schon früh rein geometrische Bilder. Fernand Léger bezeichnete die Gesetze der Geometrie als Ursprung der Ästhetik: die Architektur von den Griechen bis zur Gegenwart sei nach geometrischen Gesetzen aufgebaut (32). Erstaunlicherweise spielte für Kasimir Malewitsch, der als einer der Begründer der abstrakten Malerei gilt, die Technik eine sekundäre Rolle: »Vergleichen wir Kunstwerke mit Erzeugnissen der gegenständlich-praktischen Technik aus verschiedenen Zeiten, so werden wir feststellen, daß Kunstwerke auch dann ihre Werte behalten, wenn sie der Vergangenheit angehören, die Werke der Technik aber ihren Wert verlieren, wenn sie veralten« (33).

In der Architektur schlägt heute das Pendel je nach Modeströmung auf die eine oder andere Seite aus. Die Seite der Technik, heute vertreten durch Leute wie Foster und Rogers, und die Seite der Natur mit den oft anonymen Architekten der sogenannten alternativen Architektur (vgl. Abbildung 69 und 70).

2.5 Empfinden von Schönheit

Peter F. Smith unterscheidet verschiedene Arten, wie Ästhetik empfunden werden kann (34), er unterscheidet drei ästhetische Ordnungen:

Erste ästhetische Ordnung: Die Ästhetik, die aus Ausgewogenheit und Harmonie besteht. Regelmäßigkeiten, Gleichgewicht und gute Proportionen werden vom Betrachter automatisch als solche wahrgenommen und als schön empfunden. Solche Nachrichten sind geordnet (vgl. Abbildung 71).

Zweite ästhetische Ordnung: Komplexe Nachrichten können nicht mehr direkt wahrgenommen werden. Bei ihnen beginnt ein Prozeß der Informationsreduktion, es werden Superzeichen gebildet. Dieser Vorgang bietet

Abb. 71: Kasimir Malewitsch, »schwarzes Quadrat«, 1916 (nachgezeichnet)

Bilden von Superzeichen (nach H. Frank):

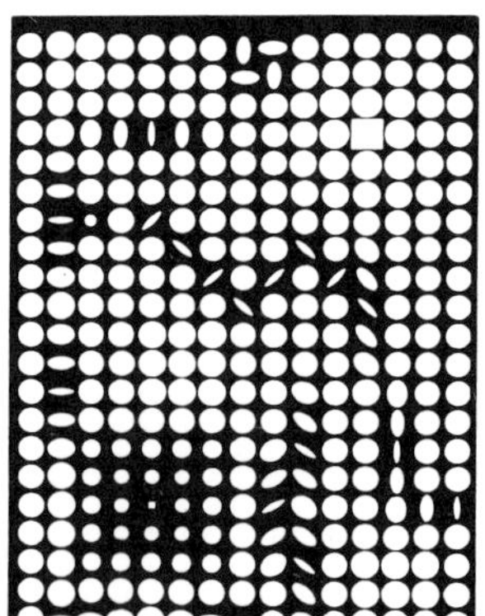

Abb. 72: Bild von Victor Vasarely mit 728 bit Informationsgehalt

Abb. 73: Dasselbe Bild, vereinfacht mit 235 bit
Abb. 74: Dasselbe Bild, weiter vereinfacht mit 135 bit

eine Befriedigung. Wie wir vorher sahen, stellte schon Frank fest, daß die Möglichkeit zur Superzeichenbildung eine der wichtigsten Voraussetzungen für das Empfinden von Schönheit ist.

Das Bild in Abbildung 72 besteht aus 315 Zeichen eines Repertoires von 18 verschiedenen Zeichen (Quadrate, Kreise und Ellipsen verschiedener Größen). Nach Frank (35) beträgt der ästhetische Informationsgehalt dieses Bildes 728 bit (gerundet), also weit mehr als die 160 bit, die gleichzeitig im Kurzzeitgedächtnis gespeichert werden können. Durch die Bildung von zwei Superzeichen, die Gruppe der flächenmäßig großen Zeichen und die Gruppe der flächenmäßig kleinen Zeichen (Abbildung 73), kann die Gesamtinformation auf 235 bit reduziert werden, immer noch mehr als 160 bit und damit zuviel. Bei einer weiteren Superzeichenbildung, es werden immer neun quadratisch angeordnete Zeichen (drei mal drei) zusammengefaßt (Abbildung 74), wird die Gesamtinformation auf 135 bit reduziert, womit die Aufnahme des ganzen Bildes ins Kurzzeitgedächtnis möglich wird.

Abb. 75: Upper Strip, Las Vegas, USA

Dritte ästhetische Ordnung: gewisse Teile des Gehirns können auf äußere Reize ohne Bezugnahme auf das Bewußtsein reagieren. Das Schönheitsempfinden entsteht aus der Betrachtung sehr vieler Einzelheiten, die sich auf Grund ihrer hektischen Komplexität einer verständnismäßigen Einordnung entziehen. Die Reklamenvielfalt in zahlreichen Großstadtstraßen, aber auch die Mannigfaltigkeit der Dekorationen in manchen Barockbauten, können zu solchen Wahrnehmungen führen (vgl. Abbildung 75, 76).

Im 18. Jahrhundert wurde der Schönheitsbegriff subjektiviert, das heißt, der Betrachter wird ein Teil des Wahrnehmungsprozesses und somit wird das Empfinden von Schönheit auch vom Empfänger und seinem Zustand mitgeprägt. Im Kapitel 0.4 haben wir die sozio-psychologischen Aspekte der Wahrnehmung allgemein besprochen. Hier sollen nun solche Einflußgrößen behandelt werden, die vor allem das Schönheitsempfinden beeinflußen:

a) Das Wissen um den historischen Hintergrund eines Bauwerkes kann auf unser Schönheitsempfinden einen Einfluß haben. So haben zum Beispiel berühmte Grabmäler, wie der Dom des Invalides in Paris, wo Napoleon begraben liegt, oder der Tadsch Mahal in Indien, den der

Abb. 76: Gebrüder Asam, Chor der Klosterkirche, 1721, Wettenburg, BRD

Abb. 77: Tadsch Mahal, um 1650, Agra, Indien

Fürst Schah Jahan für seine Lieblingsfrau errichten ließ, über das Formale hinaus eine besondere Wirkung auf den Betrachter. Das Wissen um die Tatsache, daß Schah Jahan auf der anderen Flußseite, direkt vis-à-vis des Tadsch Mahals, ein identisches Bauwerk in schwarzem Marmor als Grabmal für sich selbst errichten wollte und deshalb von seinem Sohn, der damit einen Staatsbankrott verhindern wollte, gestürzt wurde, gibt dem Gebäude noch eine besondere Note.

b) Viele ältere Gebäude, die vom Formalen her bestenfalls mittelmäßig sind und auch keinen historischen Bezugspunkt haben, wirken auf uns schön. Peter F. Smith begründet diese Tatsache so: »Konfrontiert mit seiner eigenen Sterblichkeit hat sich der Mensch immer wieder durch Kunstgegenstände beruhigt, die Dauerhaftigkeit symbolisieren und so einen annehmbaren Aspekt des Alterns deutlich machen« (36). Das Alter des Gebäudes, als Symbol des Unvergänglichen, kann somit einen positiven Einfluß auf unser Schönheitsempfinden haben.

c) Die Persönlichkeitsstruktur eines Menschen kann direkt Einfluß auf sein ästhetisches Empfinden haben. So behauptet H. J. Eysenck, gestützt auf C. G. Jung, daß der introvertierte Mensch eher seine Gefühle durch den Verstand kontrolliert als ein extrovertierter Mensch (37). Beim Introvertierten löst bereits eine geringe Informationsmenge Reaktionen aus, während sich der Extrovertierte schneller langweilt. Der erste nimmt Komplexität eher wahr als der zweite und ist deshalb auch schneller übersättigt. Er wird eine Architektur bevorzugen, bei der eine gewisse Ordnung und Ausgewogenheit vorherrscht. Cyril Burt unterscheidet zusätzlich zu introvertierten und extrovertierten Menschen den stabilen und den unstabilen Typ (38). Auch J. Cardinet versucht anhand der vier Typen verschiedene Wahrnehmungspräferenzen zu unterscheiden (39). Die zusammengefaßten Resultate von Burt und Cardinet lauten wie folgt:

Der stabile und introvertierte Typ bevorzugt eine sichtbare Ordnung und lehnt Bewegung und emotionellen Ausdruck eher ab. Er steht dem Objekt mit intellektueller Distanz gegenüber.

Der unstabile introvertierte Typ bevorzugt abstrakte Darstellungen, die eine gewisse Ordnung enthalten.

Der stabile extrovertierte Typ mag keine Abstraktion oder zu einfache Entwürfe. Funktionalität steht im Vordergrund.

Der unstabile Extrovertierte liebt Bewegung und Aggressivität. (vgl. Abbildung 50)

d) Einer der wichtigsten sozio-psychologischen Aspekte, die unser Schönheitsempfinden beeinflussen, ist das jeweils vorherrschende kulturelle Modell: die Mode oder der zur Zeit akzeptierte Stil. Oft haben wir Mühe, Kunst aus anderen Kulturkreisen als schön zu empfinden; denken wir nur an die alte indische Musik, die viele westliche Hörer als eintönig und langweilig empfinden. Der gotische Baustil, heute ein Eckpfeiler der europäischen Kulturgeschichte, wurde lange Zeit als barbarisch und unschön empfunden. Mitgeprägt wurde diese Meinung auch von Giorgio Vasari, einem bedeutenden Architekten des 16. Jahrhunderts: »Dieser verfluchten Gestaltungsweise folgen auch jene vielen kleinen Gehäuse, von denen die Gebäude nach allen Seiten und in jeder Partie über und über bedeckt sind«. ... »Erst recht in solcher Verschachtelung besitzen diese in sich selbst labil wirkenden Gehäuse keinerlei Standfestigkeit, und sie scheinen viel eher aus Papier, denn aus Stein oder Marmor gebildet« (40). Goethe war 1772 der erste, der sich beim Anblick des Straßburger Münsters wieder positiv über die Gotik äußerte: »Ein ganz großer Eindruck füllte meine Seele, den, weil er aus tausenden harmonisierenden Einzelteilen bestand, ich wohl schmecken und

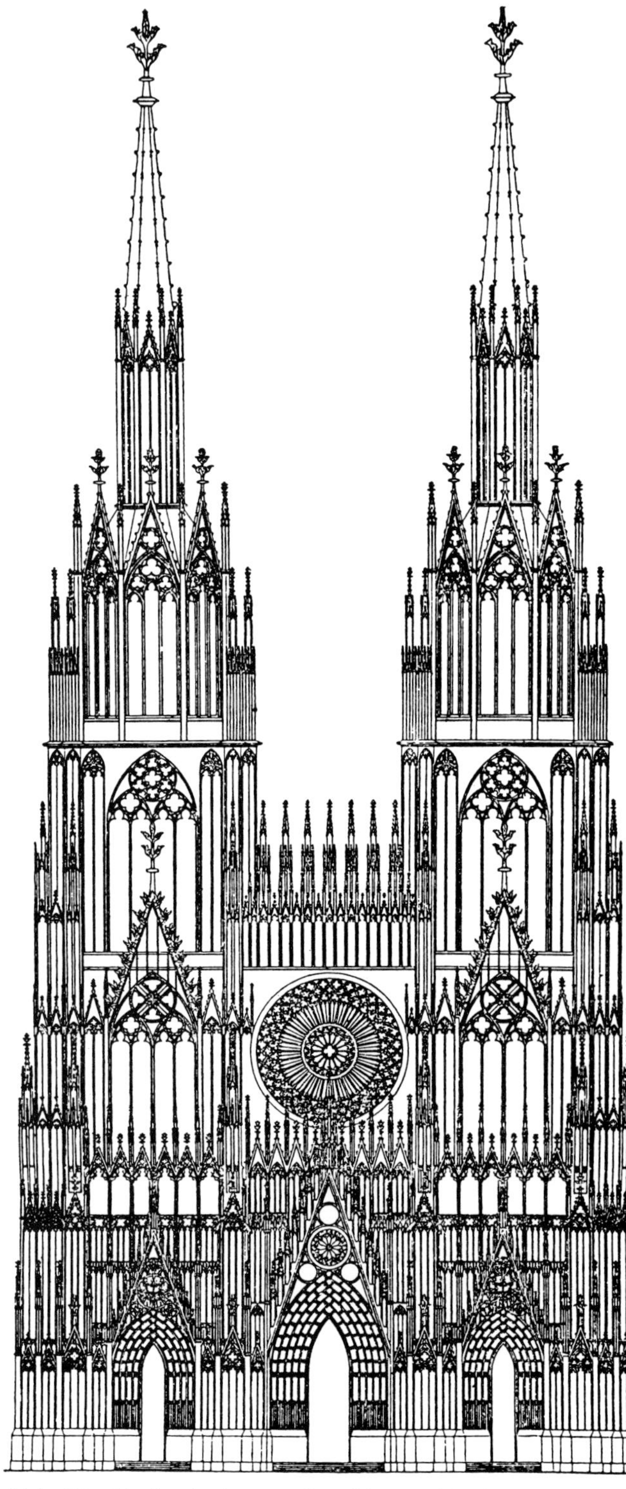

Abb. 78: Kathedrale von Straßburg, 13. Jahrhundert, Frankreich

genießen, keineswegs aber erkennen und erklären konnte.« ... »Wie oft bin ich zurückgekehrt, von allen Seiten, aus allen Entfernungen, in jedem Lichte des Tages zu schauen seine Würde und Herrlichkeit« (41).

Innerhalb einer Mode oder einer Stilrichtung bestehen gewisse Spielräume. Wird die Toleranzgrenze für Neuartiges überschritten, ist die Reaktion oft ablehnend bis feindselig. Da das Werk nicht mehr den Normen entspricht, kann es nicht mehr als schön empfunden werden. Denken wir nur an all die Maler, die heute, nach ihrem Tode, berühmt sind, während ihrer Lebzeit aber verstoßen und unbekannt waren. Schönheit ist, auf der Ebene der Mode, weniger auf der Ebene von Stil, bis zu einem gewissen Grad relativ, abhängig von gewissen subjektiven Faktoren. Auf der Ebene der Mode kann sich die Vorstellung von Schönheit kurzfristig verändern. Am augenscheinlichsten wird dies wohl bei der Kleidermode deutlich: dort kann sich die Meinung, was schön sei, innerhalb eines Jahres diametral verändern.

Vorher wurde schon gesagt, daß die Persönlichkeitsstruktur einen wesentlichen Einfluß auf das Schönheitsempfinden hat. Nebst den vier unterschiedenen Charaktertypen spielt ein weiterer Faktor eine entscheidende Rolle: der Geschmack. Hegel sagte dazu: »Da kann denn in Rücksicht auf die Auswahl der Gegenstände und ihren Unterschied der Schönheit und Häßlichkeit bei dem erwähnten Mangel an einem Kriterium für die unendlichen Formen der Natur nur der subjektive Geschmack das letzte sein, der sich keine Regel festsetzt, und nicht über sich disputieren lasse.« – »Denn unter den Menschen zum Beispiel ist es der Fall, daß, wenn auch nicht jeder Ehemann seine Frau, doch wenigstens jeder Bräutigam seine Braut – und zwar etwa sogar ausschließlich – schön findet und daß der subjektive Geschmack für diese Schönheit keine feste Regel hat« (42).

Schönheit wird nicht direkt sinnlich wahrgenommen, wie etwa Kälte oder Lärm. Hegel sagte dazu: »Hierbei zeigt sich bald, daß ein solcher Sinn kein durch die Natur fest bestimmter und blinder Instinkt sei, der schon an und für sich das Schöne unterscheidet, und so ward dann für diesen Sinn Bildung gefordert und der gebildete Schönheitssinn Geschmack genannt« (43). Was schön sei wird durch den Geschmack bestimmt, der wiederum angelernt ist. Dies bedeutet schließlich, daß Sinn für Schönheit gelernt und anerzogen werden kann. Dies würde auch die These unterstützen, daß ein Architekt nicht nach dem Geschmack des Bauherrn planen soll, sondern sein Entwurf von möglichst hohem ästhetischem Wert sein muß. Dazu Theodor W. Adorno: »Die stärkste Stütze subjektiver Ästhetik, der Begriff des ästhetischen Gefühls, folgt aus der Objektivität, nicht umgekehrt« (44).

Hier teilen sich allerdings die Ansichten. Joseph Addison (1672–1719) schrieb dazu: »Der Geschmack hat sich nicht nach der Kunst zu richten, sondern die Kunst nach dem Geschmack« (45).

Abb 79: Morris Lapidus, Hotel Fontainebleau, 1952, Miami Beach, USA

Einer der prominentesten Vertreter dieser Meinung ist heute Morris Lapidus. Den Vorwurf, daß seine Architektur Kitsch sei und den mittelmäßigen Geschmack fördere, akzeptiert er gerne. Für ihn ist es nicht Aufgabe des Architekten den Geschmack der Leute zu verbessern, sondern das zu bauen, was der Durchschnittsmensch gerne mag (46) (vgl. Abbildung 79).

Was ist nun Kitsch? Theodor W. Adorno: »In der Geschichte der Kunst saugt die Dialektik des Häßlichen auch die Kategorie des Schönen in sich hinein; Kitsch ist, unter diesem Aspekt, das Schöne als Häßliches, im Namen des gleichen Schönen tabuiert, das es einmal war und dem es nun wegen der Absenz seines Widerparts widerspricht« (47). Das Häßliche, dargestellt nach den Regeln des Schönen, ist Kitsch. Dadurch werden nicht vorhandene Gefühle vorgetäuscht. »Kitsch wäre die Kunst, die nicht ernst genommen werden kann oder will und die doch durch ihr Erscheinen ästhetischen Ernst postuliert« (48). Da sich aber die Regeln des Schönen ändern können, ist es möglich, daß Kitsch zu Kunst wird und umgekehrt. So wurde zum Beispiel die sogenannte naive Malerei lange Zeit als Kunst nicht akzeptiert und als Kitsch abgetan. Informationstheoretisch bedeutet die Verkitschung eine Reduktion der ästhetischen Information. Diese wiederum kann das Resultat allzu häufiger Wiederholung oder Imitation sein. Die Originalität wird so verbraucht, und die Erscheinung hat schließlich eine so große Redundanz, daß sie nicht mehr interessant ist.

2.6 Meßbarkeit von Schönheit

Der amerikanische Mathematiker George David Birkhoff entwickelte 1933 eine Methode zur Berechnung des ästhetischen Maßes. Dieses Maß ist nicht identisch mit Schönheit schlechthin, es ist aber der wichtigste meßbare Aspekt der empfundenen Schönheit. Jede Wahrnehmung bedarf einer Anstrengung, die je nach Komplexität des wahrgenommenen Objektes verschieden groß ist. Diese Komplexität ist eine numerisch bestimmbare Eigenschaft dieses Objektes und kann somit in einer Zahl C ausgedrückt werden. Jede Nachricht besteht aus Zeichen. Die Menge der Zeichen, aus der eine Nachricht besteht, ist proportional zur Zahl C.

Die Zeichen einer Nachricht stehen in einer Beziehung zueinander, es besteht eine bestimmte Ordnung. Nach Birkhoff ist das Erkennen dieser Ordnung eine Bedingung dafür, daß ein Gefühl des Gefallens auftritt. Diese Ordnung drückt sich in gewissen Eigenschaften aus, zum Beispiel Symmetrieeigenschaften, und läßt sich deshalb mit dem Wert O ausdrücken.

Das Gefühl des Gefallens entspricht einer Eigenschaft des Objekts, die mit einem ästhetischen Maß M gemessen werden kann, wobei M gleich dem Quotienten aus der Ordnung O und der Komplexität C sein soll (49).

$$M = \frac{O}{C}$$

Ein Objekt ist also dann am schönsten, wenn es bei möglichst wenig Zeichen möglichst viele Ordnungseigenschaften aufweist.

Dies bedeutet nun aber nicht: je mehr Ordnung desto besser. V. Cousin bemerkte schon 1953, daß Schönheit nicht allein durch Regelmäßigkeit und Gesetzmäßigkeit erreicht wird, sondern daß sie sich aus zwei entgegengesetzten, gleichermaßen notwendigen Eigenschaften zusammensetzt: Einheit und Vielfalt (50). Robert Venturi äußerte sich dazu 1966 wie folgt: »Ich ziehe eine vermurkste Lebendigkeit einer langweiligen Einheitlichkeit vor.« – »Ich stelle die Vielfalt der Meinungen höher als die Klarheit der Meinungen; die latenten Bedeutungen halte ich für ebenso wichtig wie die manifesten. Ich bevorzuge das ›Beide – zusammen‹ vor dem ›Entweder – oder‹, das ›Schwarz und Weiß und manchmal auch Grau‹ vor dem ›Schwarz – oder – Weiß‹. Gute Architektur spricht viele Bedeutungsebenen an und lenkt die Aufmerksamkeit auf eine Vielzahl von Zusammenhängen: ihr Raum und ihre Elemente sind auf mehrere Weisen gleichzeitig erfahrbar und benutzbar« (51).

Birkhoff erprobte seine Formel vor allem an musikalischen und lyrischen Beispielen, aber auch an Schmuckstücken und Vasen. Hier sei stellvertretend sein Versuch besprochen, das ästhetische Maß von Vasenformen zu bestimmen. Untersucht wurde nur die Umrißkurve rotationssymmetrischer Vasen. Dekoration und Oberflächenstruktur sowie etwaige Handgriffe wurden vernachlässigt (52).

Zur Bestimmung des Komplexitätsmaßes C bestimmte Birkhoff zunächst sogenannte charakteristische Punkte; Punkte der Umrißkurve, die die besondere Aufmerksamkeit eines Betrachters auf sich ziehen. Im wesentlichen sind dies:

a) Die vier den Umriß begrenzenden Punkte.
b) Die Punkte des Umrisses mit horizontaler und vertikaler Tangente.
c) Die Spitzenpunkte im Umriß.
d) Die Punkte des Umrisses, in denen die Krümmung verschwindet (Wendepunkte).
e) Diejenigen Punkte auf der Achse, durch die der längste, beziehungsweise der kürzeste horizontale Durchmesser des Umrisses geht.

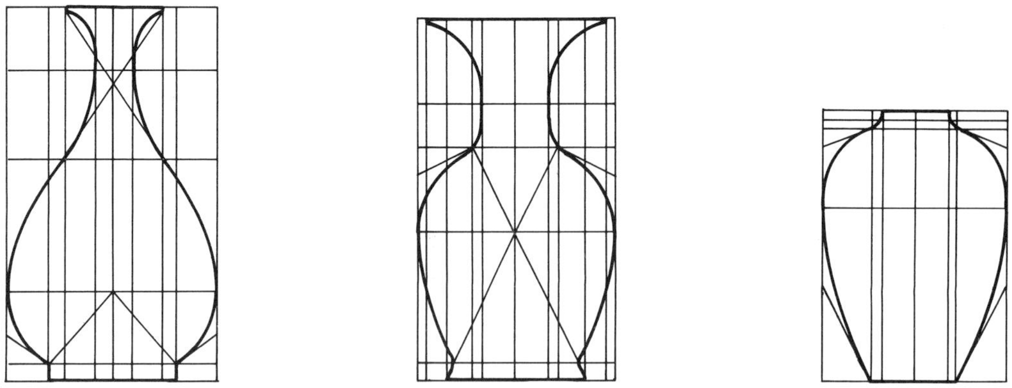

V = 1	V = 3	V = 2
H = 3	H = 2	H = 2
HV = 0	HV = 1	HV = 1
T = 3	T = 2	T = 2
C = 12 O = 7 M = 0,58	C = 12 O = 8 M = 0,67	C = 10 O = 7 M = 0,70

Abb. 80: Vasenformen nach ihrem ästhetischen Maß (nach Birkhoff)

Zur Bestimmung des Ordnungsmaßes O definierte Birkhoff vier Elemente. Dabei ging er von der Tatsache aus, daß horizontale und vertikale Linien, die gleich lang sind oder im Verhältnis 1:2 zueinander stehen, speziell wahrgenommen werden:

a) Anzahl solcher Verhältnisse bei den vertikalen Linien durch charakteristische Umrißpunkte (V).
b) Anzahl solcher Verhältnisse bei den horizontalen Linien durch charakteristische Umrißpunkte (H).
c) Anzahl solcher Verhältnisse in vertikaler und horizontaler Richtung, wobei die Verhältnisse die unter a) und b) schon gezählt wurden, nicht mehr berücksichtigt werden (HV).
d) Anzahl solcher Verhältnisse bei den Tangentenrichtungen durch charakteristische Umrißpunkte (T) (vgl. Abb. 80).

Das ästhetische Maß ergibt sich dann aus folgender Formel (53):

$$M = \frac{H + V + HV + T}{C}$$

Birkhoff versuchte dann umgekehrt, anhand von Zahlen, die das maximale ästhetische Maß $M = 1$ ergeben, eine schöne Vase zu konstruieren.

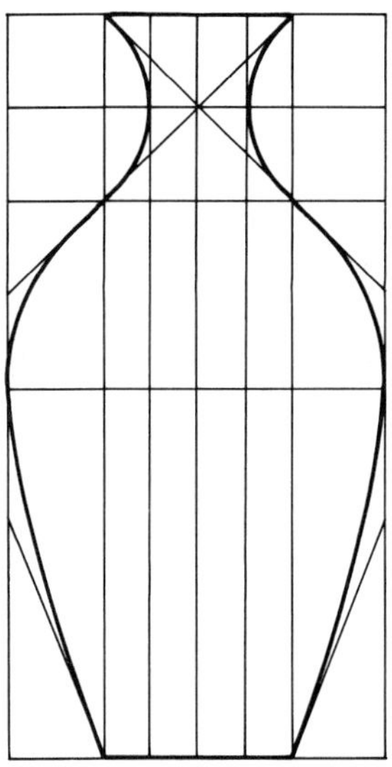

Abb. 81: Vasenform mit maximalem ästhetischem Maß M = 1 (nach Birkhoff)

Das Beispiel zeigt, wie schon beim Bestimmen der Werte für O und C verschiedene Interpretationen möglich sind. Auch Birkhoff räumte ein, daß die Bestimmung der Verhältnisse gewisse Toleranzen zuläßt und daß das Bestimmen des ästhetischen Maßes bereits bei so einfachen Vasenformen einige Erfahrung erfordert.

Soll nun, um das ästhetische Maß der ganzen Vase zu bestimmen, Oberflächenstruktur und Dekoration mit in die Berechnung einbezogen werden, so hängt die ganze Bestimmung bereits von so vielen interpretierbaren Faktoren ab, daß sie nicht mehr objektiv ist.

Die Formel ist nur in bestimmten Teilbereichen anwendbar, als Basis einer umfassenden Theorie der ästhetischen Wahrnehmung reicht sie aber nicht aus. So ist die Formel auf das Zeichentheoretische beschränkt und kann deshalb keinen umfassenden ästhetischen Wert ergeben. Der Betrachter mit seinen spezifischen Eigenschaften wird nicht in den Prozeß miteinbezogen (vgl. Kapitel 0.4). Birkhoff kann die Komposition eines Musikstückes bewerten, nicht aber dessen Interpretation durch einen Musiker und schon gar nicht das ästhetische Gefühl, das jeder einzelne Zuhörer empfindet.

Birkhoff war sich der Mängel seiner Theorie bewußt und ergänzte sie deshalb später mit weiteren Regeln, die er Fundamentalsätze nannte und die aus fünf Thesen bestehen (54):

a) Symbolgesetz: Besitzt ein Gegenstand für den Betrachter Symbolwert, so kann das ästhetische Maß nicht mehr mit der obigen Formel berechnet werden.
b) Wiederholungsgesetz: Besitzt ein Objekt ein Ordnungselement mehrmals, so darf es nicht mit seiner tatsächlichen Häufigkeit gewertet werden.
c) Unbestimmtheitsgesetz: Werden gewisse Ordnungselemente nur beinahe eingehalten (ist zum Beispiel ein Winkel 42° statt 45°), so stimmt der berechnete Wert M nicht mit dem Gefühl des Gefallens überein.
d) Schwerpunktgesetz: Jede Wahrnehmung braucht einen Höhepunkt, ein Zentrum oder einen Endpunkt, an dem sie abgeschlossen werden kann.
e) Komplexitätsgesetz: Werden zwei Gegenstände mit identischem O-Wert, aber verschiedenen C-Werten verglichen, so sind die in Wirklichkeit resultierenden M-Größen nicht mehr umgekehrt proportional zu den beiden C-Größen, wie es mathematisch errechnet wird.

Für die Bestimmung des ästhetischen Maßes von architektonischen Räumen ist die Formel von Birkhoff nicht brauchbar. Die Anzahl der den Raum bestimmenden Elemente ist zu groß, eine objektive Auswahl deshalb unmöglich. Elemente wie Licht und Bewegung sind nur sehr schwer in die Birkhoffsche Formel integrierbar. Auch ist, wie schon gesagt, der sozio-psychologische Hintergrund des Betrachters nicht berücksichtigt. Schönheit zu berechnen scheint nur in ganz begrenztem Rahmen möglich. Deshalb ist es umgekehrt auch aussichtslos, mathematische Prognosen zu stellen, wie ein Raum geplant werden soll, damit er allgemein als schön empfunden wird.

Dies bedeutet aber nicht, daß die Formel für Architekten oder allgemein kreativ schaffende Menschen unbrauchbar ist. Die Grundaussage, daß sich Schönheit proportional zum Verhältnis aus Ordnung und Informationsmenge verhält, hat ihre volle Gültigkeit und wurde später mit Hilfe der Informationstheorie auch bestätigt. Eine Nachricht muß, um interessant zu sein, auch originell sein. Das heißt, sie muß unvorhersehbare Informationen enthalten, die geordnet sein müssen, da sie sonst nicht mehr als solche wahrgenommen werden können. Louis I. Kahn schrieb dazu: »Ordnung bedeutet nicht unbedingt Schönheit, geformt auf Grund unterschiedlicher Verhältnisse. Die gleiche Ordnung erschuf den Zwerg und Adonis. Schönheit entsteht durch Auslese« (55). Kahn verglich seine Auffassung über Schönheit mit dem Schönheitsbegriff von Thomas von Aquin (56).

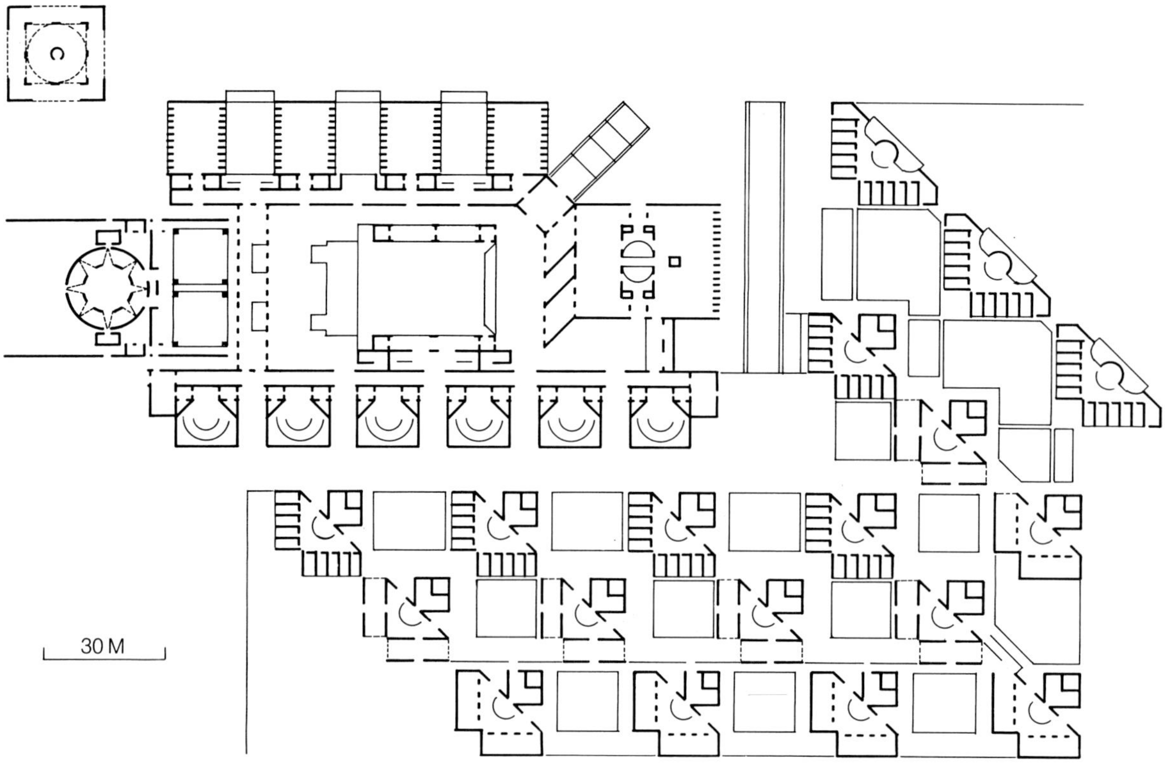

Abb. 82: Louis I. Kahn, Indian Institute of Management, Gesamtplan, 1963, Ahmedabad, Indien (vgl. Abbildung 196, 243, 244)

Dieser unterschied vier Kriterien der Schönheit: Einheit, Vollkommenheit, Proportion und Klarheit. Das Ganze besteht aus Einzelteilen und kann nicht sein ohne diese Teile. Umgekehrt können diese Teile nicht allein existieren, trotz ihrer Einzigartigkeit. Die Einzelteile sind die Zeichen der Nachricht. Die Ordnung der Einzelteile untereinander bewirkt ein abgeschlossenes Ganzes (vgl. Abbildung 82).

Quellenverzeichnis Kapitel »Ästhetik und Schönheit«
(Jahrzahl in Klammer: Datum der Erstveröffentlichung)

(1) *Adorno, Theodor W.:* Ästhetische Theorie, Frankfurt am Main, 1974 (1970), S. 488
(2) *Giurgola, Romaldo:* A propos de L. Kahn (in: L'architecture d'aujourd'hui 2/1969) (Übersetzung: J. Grütter)
(3) *Nervi, Piere Luigi:* Esthetics and technology in building, Cambridge, Mass., 1965, S. 187
(4) Brockhaus Enzyklopädie, Wiesbaden, 1967, Band 1, S. 811
(5) *Smith, Peter F.:* Architektur und Ästhetik, Stuttgart, 1981,S. 208 (Originaltitel: Architecture and the Human Dimension, London, 1979)
(6) *Dörner, D.* und *Vehrs, W.:* Ästhetische Befriedigung und Unbestimmtheitsreduktion (in: Psychological Revue, 37/1975, S. 321–334)
(7) *Freud, Sigmund:* Das Unbehagen in der Kultur, Frankfurt am Main, 1970 (1930), S. 73
(8) siehe (7) S. 78
(9) siehe (7) S. 78
(10) *Frank, H.:* Kybernetik und Ästhetik, Hamburg, 1964, S. 36
(11) *Naredi-Rainer, Paul von:* Architektur und Harmonie, Köln, 1982, S. 16
(12) *Vitruv:* 10 Bücher über Architektur, Darmstadt, 1981 (ca. 30 vor Chr.), S. 45
(13) siehe (12) S. 37
(14) siehe (11) S. 21
(15) zitiert aus (11) S. 23
(16) *Palladio, Andrea:* Die vier Bücher zur Architektur, Zürich, 1983 (1570), S. 20
(17) siehe (16) S. 20
(18) Brockhaus Enzyklopädie, Wiesbaden, 1973, Band 16, S. 806
(19) *Hegel, Georg F. W.:* Einleitung in die Ästhetik, München, 1967 (1835), S. 20
(20) siehe (1) S. 267
(21) *Bolzano, Bernard:* Untersuchungen zur Grundlegung der Ästhetik, Frankfurt am Main, 1972 (ca. 1830), S. 16
(22) *Fechner, Gustav:* Elemente der Psychophysik, Leipzig, 1860
(23) *Wright, Frank Lloyd:* in einem Ausstellungskatalog, Florenz, 1951, (in: Humane Architektur, Berlin, 1969, S. 65)
(24) siehe (23) S. 66
(25) *Wagner, Otto:* Die Baukunst unserer Zeit, Wien, 1979 (1895), S. 31
(26) *Loos, Adolf:* Ins Leere gesprochen, Wien, 1981 (1921), S. 82
(27) siehe (26) S. 97
(28) *Le Corbusier:* Ausblick auf eine Architektur, Berlin, 1969, S. 21 (Originaltitel: Vers une architecture, Paris, 1923)
(29) siehe (28) S. 80
(30) siehe (28) S. 105
(31) *Tavel, Hans Christoph von:* Die Sprache der Geometrie, Bern, 1984, S. 14
(32) *Léger, Fernand:* Fonctions de la peinture, Paris, 1970 (1965), S. 53 (Übersetzung: J. Grütter)
(33) siehe (31) S. 15
(34) siehe (5) S. 17
(35) *Frank, Helmar:* Kybernetische Analysen subjektiver Sachverhalte, Quickborn, 1964, S. 29
(36) siehe (5) S. 166
(37) *Eysenck, H. J.:* Dimensions of Personality, London, 1947
(38) *Schuster, Martin* und *Beisl, Horst:* Kunstpsychologie – wodurch Kunstwerke wirken, Köln, 1978, S. 165
(39) *Cardinet, J.:* Préferences estétiques et personalité, (in: Année Psychologique, 58/1958, S. 45–69)
(40) *Hofstätter, Hans H.:* Gotik, Fribourg, 1968, S. 43
(41) *Goethe:* Schriften zur Kultur, Zürich, 1965 (1772), S. 21
(42) siehe (19) S. 70
(43) siehe (19) S. 57
(44) siehe (1) S. 246
(45) *Germann, Georg:* Einführung in die Geschichte der Architektur, Darmstadt, 1980, S. 217
(46) *Klotz, Heinrich* und *Cook, John W.:* Architektur im Widerspruch, Zürich, 1974, S. 202, (Originaltitel: Conversations with Architects, New York, 1973)
(47) siehe (1) S. 77
(48) siehe (1) S. 466
(49) *Gunzenhäuser, Rul:* Maß und Information als ästhetische Kategorien, Baden-Baden, 1975 (1962), S. 25
(50) *Cousin, V.:* Du vrais, du beau et du bien, Paris, 1853, S. 169
(51) *Venturi, Robert:* Komplexität und Widerspruch in der Architektur, Braunschweig, 1978, S. 24, (Originaltitel: Complexity and Contradiction in Architecture, New York, 1966)
(52) siehe (49) S. 39
(53) siehe (49) S. 40
(54) siehe (49) S. 67
(55) *Kahn, Louis I.:* Ordnung ist, 1960 (in: Programme und Manifeste zur Architektur des 20. Jahrhunderts, Braunschweig, 1981, S. 163)
(56) *Giurgola, Romaldo:* Louis I. Kahn, Zürich, 1979, S. 154

3. Umgebung und Ort

»Der wichtigste Vorgang in der Architektur ist, den ›Ruf‹ des Ortes zu verstehen«
Christian Norberg-Schulz (1)

3.1 Einfluß der Umgebung

Zwischen jedem Individuum und seiner Umwelt bestehen mannigfaltige Beziehungen, von denen bei der Geburt erst einige wenige geregelt sind. Die meisten Beziehungen sind angelernt, nur in wenigen Ausnahmefällen reagiert der Mensch instinktiv. Das heißt, er muß in der Beziehung zu seiner Umwelt lernen, was die verschiedenen Gegenstände bedeuten, wo sie sich genau befinden und wie er sich ihnen gegenüber verhalten muß. Mit zunehmender Erfahrung bildet sich ein ganzes Netz von gespeicherten Informationen, und wir sind schließlich fähig, einzelne Objekte und somit unsere Umwelt auch dann zu kontrollieren, wenn sie nicht direkt wahrnehmbar sind.

Bis ins 17. Jahrhundert wurden Gemälde und Skulpturen vorwiegend für feste, vorbestimmte Standorte gemacht. Die Idee, ein Bild umzuhängen, ist relativ neu (2). In unserer Vorstellung sind Gegenstände immer mit einer bestimmten Umgebung verbunden. So erscheint uns zum Beispiel ein Buch auf unserem inneren »Bildschirm der Erinnerungen« auf einem Büchergestell oder auf einem Tisch, nicht aber in einer gefüllten Badewanne oder im Kühlschrank. Bei Gebäuden, die nicht mobil sind und somit immer denselben Standort haben, ist dieser Zusammenhang noch viel stärker: den Eiffelturm »sehen« wir immer an der Seine in Paris, nicht auf dem Matterhorn oder in einem Suppenteller. Architektur erscheint uns nicht nur in der Realität eng verbunden mit ihrer Umwelt, selbst in unserer Erinnerung ist beides unzertrennlich.

Aus diesen Zusammenhängen wird deutlich, welchen immanenten Einfluß die Umwelt auf die Wahrnehmung von Architektur hat, und wie wichtig deshalb das Einbeziehen der Umgebung in die Planung ist. Mario Botta beschreibt die Beziehung zwischen Gebautem und Umgebung folgendermaßen: »Jedes architektonische Werk hat seine spezifische Umgebung. Diese kann zur Vereinfachung als sein Territorium bezeichnet werden. Zwischen der Architektur und ihrem Territorium besteht eine Beziehung, geprägt durch gegenseitige Abhängigkeit« – »Man kann sagen, daß das Territorium mit seiner Architektur in ständigem Dialog steht, wie die Evolution von Zeit und Geschichte« (3).

Eine Forschungsgruppe der Universität Stuttgart unter der Leitung von Jürgen Joedicke versuchte den Einfluß der Umgebung auf das wahrnehmungsmäßige Erleben eines Gebäudes wissenschaftlich zu analysieren und gelangte dabei zu folgenden Ergebnissen (4):

a) Die Umgebung hat einen bedeutenden Einfluß auf das Erleben eines Gebäudes. Zwei identische Bauten in verschiedenem Kontext werden verschieden wahrgenommen. Daraus folgt, daß das Erleben eines Gebäudes sich nicht ausschließlich auf den Bau selbst beschränken darf, sondern seine Umgebung miteinbeziehen muß.
b) Je konventioneller ein Gebäude, desto geringer der Einfluß der Umgebung auf die Wahrnehmung und umgekehrt. Konventionell heißt hier angepaßt. Unkonventionell heißt unerwartet, originell; das heißt, der Kontrast zwischen Bau und Umwelt ist größer und dadurch wird auch der Einfluß der Umgebung auf das Wahrgenommene größer.

Informationstheoretisch bedeutet das: der Informationsfluß bei originellen Nachrichten ist so groß, daß Superzeichen gebildet werden oder daß, um den Originalitätsanteil zu senken, die konventionelle Umgebung mehr in die Wahrnehmung einbezogen wird.

Es wäre falsch, die Umgebung, die die Wahrnehmung eines Gebäudes mitbeeinflußt, nur gerade auf das zu beschränken, was optisch im jeweiligen Blickfeld aufgenommen wird. So war zum Beispiel für Richard Neutra die Umgebung nicht nur der visuelle Rahmen eines Gebäudes. Er war überzeugt, daß sie eine direkte positive Wirkung auf die Psyche des Menschen haben kann. Neutra war 1927 einer der ersten, der versuchte, mit seinem »Gesundheitshaus« für Dr. Lovell in Los Angeles,

Der Ort: *Abb. 83:* Klöster von Meteora, Griechenland

Abb. 84: Am Canale di San Marco, Venedig, Italien

Abb. 85: Agra, Indien

Abb. 86: Inka Siedlung bei Pisak, Peru

Die Umgebung: *Abb. 87:* Beduinengräber, Wüste Sinai, Ägypten

Abb. 88: Victoria, Insel Gozo, Malta

Abb. 89: Urubambatal, Peru

Abb. 90: In den Alpen, Schweiz

ein biologisch richtiges Wohnen zu ermöglichen. Das »biologisch« bezog sich nicht wie heute auf Baumaterialien und Heizsysteme, sondern hauptsächlich auf das Einbeziehen der Umgebung, von deren heilsamen Wirkung auf das Nervensystem er überzeugt war.

Wie bereits zuvor gesagt, beeinflussen auch die soziopsychologischen Aspekte die Wahrnehmung wesentlich. Sie werden vom menschlichen Kontext oder der weiteren Nachbarschaft mitgeprägt. Bei der Beurteilung eines Gebäudes sind somit nicht nur die angrenzenden Häuser wichtig, sondern die weitere Umgebung, das ganze Quartier. Terence R. Lee hat experimentell nachgewiesen, daß die wahrnehmungsmäßige Nachbarschaft sehr subjektiv ist und von Mensch zu Mensch variiert (5). Der internationale Verband für Wohnungswesen stellte in einer Studie 1974 fest, daß die engere Wohnumwelt im allgemeinen nicht über einen Radius von 400 Meter oder fünf Gehminuten hinausgeht (6). Verhaltensforscher sprechen bei Tieren von Territorialität und verschiedenen Distanzen. Unsichtbare Grenzen bilden verschiedene Gebiete, die für das Verhalten der Tiere entscheidend sind. Die Distanzen bezeichnen Abstände, die bei den Tieren verschiedene Reaktionen hervorrufen. So bezeichnet zum Beispiel die Fluchtdistanz die Entfernung, bis zu welcher sich ein anderes Wesen dem Tier nähern kann, bevor dieses flieht. Solche Territorien und Distanzen kennen wir auch beim Menschen. Ihre Größe ist kulturbedingt und kann variieren (vgl. Kapitel 4.2.3).

Gerade beim Wohnungsbau hängt die Wertung der Wohnung nicht nur von formalen, materialtechnischen und farblichen Faktoren ab, sondern auch sehr stark von deren Umgebung. Ein Bewohner muß die nähere Umwelt als seine eigene erfahren können, das heißt, er muß sich mit ihr identifizieren können. Dies verlangt einerseits eine gewisse Vielfältigkeit des Raumes, die wiederum eine Erlebnisvielfalt ermöglicht, andererseits eine wohldosierte Mischung von privaten, halbprivaten und gemeinsamen Räumen. Der größte Teil psychischer Schäden ist auf das Fehlen unaufgezwungener Kontaktmöglichkeiten oder umgekehrt auf unvermeidbare Kontakte und somit Streß zurückzuführen. Solche Schäden entstehen oft direkt aus falschen baulichen Maßnahmen: viele Menschen fühlen sich zum Beispiel in zu engen Aufzügen oder Korridoren in ihrer Intimsphäre verletzt und sind deshalb zu keiner Kommunikation mehr bereit (7). Andere Personen sind in das persönliche »Territorium« eingedrungen, die »Fluchtdistanz« ist unterschritten, aber es besteht keine Möglichkeit zum Flüchten.

Verschiedentlich wurde versucht, diese Zusammenhänge wissenschaftlich nachzuweisen. Befragungen von Testpersonen scheiterten oft an der Tatsache, daß diese ihre Gefühle verbal nicht differenziert genug ausdrücken konnten und von verschiedenen Kriterien wie Erinnerung usw. beeinflußt wurden. Ifan Payne versuchte die Gefühlsreaktion von Menschen auf verschiedene Gebäude direkt zu messen (8). Dabei stützte er sich zunächst unter anderem auf Blutdruck und Herzfrequenz, da diese, ohne daß die Testperson es will, Auskunft über deren emotionalen Zustand geben. Darwin erwähnte 1872 in »The expression of the emotions in man and animals«, daß die Pupillen bei Katzen, die sich in einer Angstsituation befinden, auch bei starkem Licht nicht kleiner werden, bis sich das Tier beruhigt hat. Anknüpfend an diese Beobachtung untersuchte Payne dann experimentell den Zusammenhang zwischen einer architektonischen Situation und der Pupillengröße der Beobachter. Dabei kam er zum folgenden Ergebnis (9): Testpersonen verschiedener Kulturen reagieren auch verschieden auf bestimmte Formen. Das heißt: gewisse Formen rufen in verschiedenen Kulturen verschiedene Gefühlsreaktionen hervor. Interessant ist dabei die Feststellung, daß die Pupillenveränderung und damit die Gefühlsreaktion bei Architekten größer ist als bei den übrigen Versuchspersonen. Dies resultiert wohl aus der Tatsache, daß das Auge eines Architekten durch seine Erfahrung sensibilisierter ist als das anderer Menschen. Damit ist nur bewiesen, daß die Art unserer Umgebung, also die Architektur und ihr Kontext, verschiedene Gefühle hervorrufen kann und somit unsere Handlungsweise beeinflußt. Welche Art von Umwelt welche Art von Gefühlen hervorruft, ist damit noch nicht bestimmt; aber gerade die Art dieser Zusammenhänge hat für den Architekten eine primäre Bedeutung.

3.2 Ort

Jeder Gegenstand hat einen Standort, jede Handlung findet an einem Ort statt. Ort ist aber mehr als nur ein abstrakter Begriff und beinhaltet mehr als die bloße Lage. Verschiedene Gegenstände, verschiedene Handlungen brauchen verschiedene Orte. Der Ort ist ein speziell gekennzeichneter Platz oder Raumabschnitt, charakterisiert durch die ihn definierenden Elemente. Raum kann verpflanzt werden, Ort nicht. Ein Gegenstand befindet sich an einem Ort und beansprucht Raum. Ort muß nicht besetzt sein, muß nicht durch einen Gegenstand markiert sein, er kann auch durch Kontraste gekennzeichnet werden. Bauen heißt, einen künstlichen Ort schaffen. Die vom Menschen geschaffenen Orte haben die Aufgabe, eine bestimmte Stelle herauszuheben. Die natürlichen Strukturen des Ortes werden betont, die besonderen Merkmale, die der Mensch zu erkennen glaubt, werden sichtbar gemacht. Christian Norberg-Schulz sagt dazu: »Der existentielle Zweck des Bauens ist es deshalb, aus einer Stelle einen Ort zu machen, das heißt, den potentiell in einer gegebenen Umwelt vorhandenen Sinn abzudecken« (10).

Der Charakter eines Ortes kann durch verschiedene Einflußgrößen gekennzeichnet werden. Die wichtigste Rolle dabei spielt der Kontrast zur Umgebung: Gegensätze der Topologie, der Form, des Materials oder der Farbe. Ein Ort kann aber auch durch ein spezielles Ereignis eine besondere Bedeutung erlangen. Viele Denkmäler und Wallfahrtskirchen bezeichnen solche Orte. Der Ort kann so über seine erinnernde Funktion hinaus eine symbolische Bedeutung erlangen, nämlich dann, wenn er über seinen Inhalt hinaus eine spezielle Aussage hat. So wurde zum Beispiel die Rütliwiese in der Innerschweiz zum Symbol der Freiheit. Hier schworen sich die Vertreter der drei Urkantone 1291 bei Nacht und Nebel Treue und Beistand gegen ihren gemeinsamen Unterdrücker und legten damit den Grundstein für die Eidgenossenschaft. Hier erhielt ein Ort erst nachträglich eine symbolische Bedeutung. Umgekehrt kann aber ein Standort auch durch symbolische Kriterien bestimmt werden. So entstand im alten China zwischen dem 5. und 3. Jahrhundert v. Chr. die Lehre von »Wind und Wasser« (Fengshui), eine Reihe von Regeln, nach denen der Standort eines neuen Hauses bestimmt werden mußte (11). Diese Lehre hatte mehr als zwei Jahrtausende, bis ins 20. Jahrhundert, ihre Gültigkeit und wird teilweise heute noch angewandt. Fengshui basiert auf drei Lehren: die von Jin-Jang (die Lehre der Gegensätze), den Theorien der fünf Elemente und der Lehre von den Zusammenhängen von Mikro- und Makrokosmos. Standorte von Gebäuden, Möbelstücken usw. wurden auf Grund dieser Lehren bestimmt. So wurde zum Beispiel die Familie eines verheirateten Sohnes gerne im Osten der Baugruppe einer Großfamilie untergebracht. Im Osten geht die Sonne auf, sie ist die Seite des wachsenden Jang, des Frühlings, und deshalb verband man mit diesem Standort innerhalb der Baugruppe die Hoffnung auf zahlreiche Nachkommenschaft.

Einen Gegenstand verbinden wir in unserer Vorstellung mit einer Umgebung, oft mit einem ganz bestimmten Standort. Dieser Zusammenhang wird erst recht klar, wenn ein Objekt, das normalerweise an einem festen Standort steht, an einen anderen Ort versetzt wird. Rudolf Arnheim nennt dafür ein Beispiel: »Es hat in der Tat etwas beunruhigend Würdeloses, ja Bedrohliches an sich, wenn man Zeuge wird, wie eine Skulptur von ihrem Standort entfernt und zur Reinigung oder Renovierung irgendwohin befördert wird. Genauso irritiert einen der Anblick eines guten Hauses, das verschoben oder an anderem Ort wiederaufgebaut wird« (12).

Eine Besonderheit stellt der Ise Schrein in Japan dar. Er ist wahrscheinlich der älteste Schinto Schrein und zeichnet sich dadurch aus, daß er alle zwanzig Jahre alternierend an zwei Standorten, die nebeneinander liegen, neu aufgebaut wird. Sein Ursprung ist nicht genau geklärt, doch wird er schon in einer der ersten japanischen Chroniken (Nihon Shoki, 720 n. Chr.) erwähnt. Nach dieser Aufzeichnung wurde in Ise die Sonnengottheit Amatarasu Omikami schon seit Beginn unserer Zeitrechnung verehrt. Anfangs war der Ort der Verehrung nur durch einen flachen, abgegrenzten Platz markiert. Die heutigen Schreingebäude wurden erstmals in der

Abb. 91: Der innere Schrein in Ise, 7. Jh., im Vordergrund der leere Platz für die neue Anlage, Japan (vgl. Abbildung 124, 125 und 324)

zweiten Hälfte des 7. Jahrhunderts erstellt. Seither werden die Bauten regelmäßig, mit einer Ausnahme, im Zeitabstand von zwanzig Jahren alternierend auf einem der beiden Plätze neu aufgebaut (vgl. Abbildung 91).

Der Stil und die Anordnung hat sich in dieser Zeit nicht verändert. Die »Seele« der Schreinanlage ist ein kleiner eingegrabener Holzpfosten, der sogenannte Herzpfosten. Über ihm wird das Hauptgebäude des Schreins errichtet. Der Herzpfosten existiert auch in zweifacher Ausführung, pro Standort einmal, und wird im jeweils leeren Feld für zwanzig Jahre von einem kleinen, speziell dafür erbauten Holzbau geschützt (13). Die genauen Gründe dieses periodischen Standortwechsels sind nicht bekannt. Holz ist zwar nicht so beständig wie zum Beispiel Stein, andere Holzbauten in Japan sind jedoch auch über tausend Jahre alt. Der Standortwechsel, vor allem in so kurzen Zeitabständen, kann somit nicht nur materialtechnisch bedingt sein.

3.3 Art der Umgebung und Wahl des Ortes

Die wichtigsten Kriterien einer Umgebung sind ihre topologische Form und die formale Beschaffenheit ihrer Oberfläche: flach, hügelig, gebirgig, abfallend etc. Diese Oberflächeneigenschaften sind sowohl im urbanen Kontext wie auch in einer natürlichen Umgebung erkennbar und prägen unsere Wahrnehmung entscheidend mit.

Neben der Topologie der Umgebung spielt ihre strukturelle und materielle Beschaffenheit eine Rolle: befinden wir uns in einem Meer von Häusern, in einer Sandwüste oder auf einem gepflasterten Platz? So wie das Material der raumdefinierenden Elemente die Wahrnehmung des Raumes beeinflußt, hat das Material und die Struktur der Oberfläche unserer Umgebung einen Einfluß auf die Art, wie wir sie erkennen. Dort wo sich die Form, die Struktur oder das Material der Umgebung ändert, entstehen Kontraste: das Ufer, die Mündung, der Gipfel, die Talsohle etc. An solchen Kontrastpunkten oder -linien bilden sich Orte, Stellen, die sich von ihrer Umgebung abheben. Die Landschaft als weitere Umgebung hat auf die Wahl des Standortes und auf die Art des Gebauten einen großen Einfluß. Frank Lloyd Wright: »In jedem und allen Fällen ist der Charakter des Standortes der Anfang des Gebäudes, das zur Architektur wird. Dies ist immer der Fall, wie auch immer Standort oder Gebäude sind« (14).

Kontrastpunkte oder -linien in der Landschaft waren die bevorzugten Siedlungsplätze der Menschen: überhängende Felswände, Flußmündungen, Hügelkämme, Flußschleifen etc. Die Umgebung war prägend für das Gebaute.

Im alten Ägypten war die natürliche Umwelt nicht nur prägend für das Gebaute, sondern letztlich für die ganze Weltanschauung. Der Nil bildet eine Nord-Süd Achse, beidseitig umgeben von Wüste. Der Fluß, dessen Wasser einen schmalen Landstreifen entlang der Achse fruchtbar macht, ist die Lebensader der Bevölkerung und hat damit über die reine Bewässerungsfunktion hinaus eine symbolische Bedeutung als der Inbegriff des Lebens überhaupt. Die Sonne, als Spenderin des Lichtes, wurde in der Person des Gottes Re verehrt (15). Ihr Verlauf von Osten nach Westen bildet zusammen mit der Achse des Nils ein orthogonales Ordnungssystem, das auch in der Architektur seinen Ausdruck fand. Die Pyramiden liegen am linken Nilufer: auf der Seite der untergehenden Sonne wurden die toten Pharaonen begraben. Nachprüfungen ergaben, daß die Orientierung der Pyramiden nur einige Grad von den Haupthimmelsrichtungen abweichen (16). Die Tempel- und Grabanlagen Oberägyptens befinden sich am Fuße eines Geländesprunges, der das eigentliche Niltal gegen die Wüste abgrenzt. Auch ihre Achsen verlaufen senkrecht zum Fluß. Christian Norberg-Schulz ist sogar der Meinung, daß die Pyramiden Unterägyptens stellvertretend für die Berge in Oberägypten symbolisch den Übergang vom Fluß zur Wüste markieren (17) (vgl. Abbildung 92).

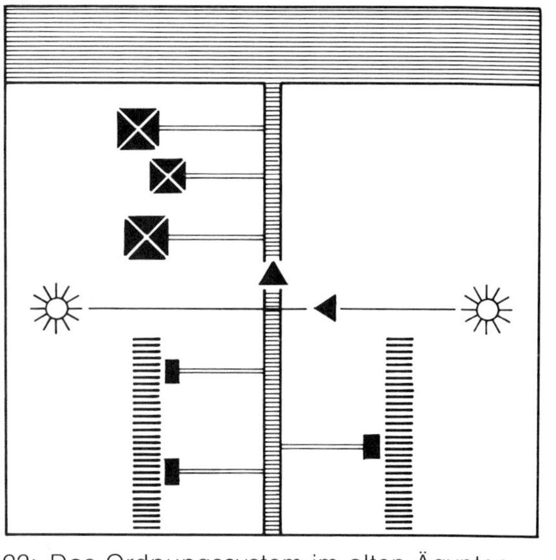

Abb. 92: Das Ordnungssystem im alten Ägypten

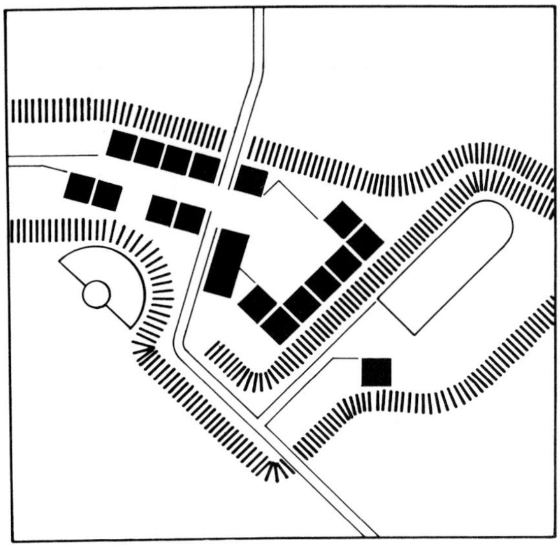

Abb. 93: Ordnungssystem der alten Griechen

Abb. 94: Akropolis von Pergamon, Ende 3. Jh. bis 2. Jh. v. Chr., beim heutigen Bergama, Türkei

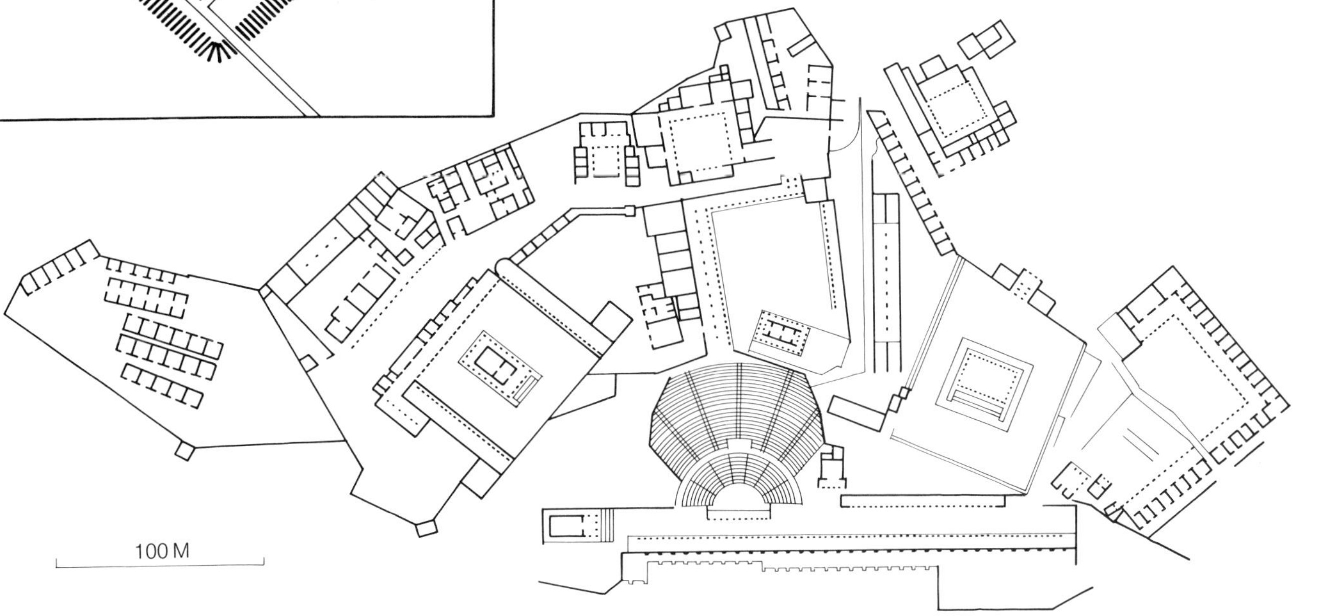

Die Landschaft Griechenlands unterscheidet sich grundlegend von der Ägyptens: der Nil teilt eine riesige Ebene in zwei Teile, während in Griechenland die Landschaft von Bergen durchzogen und von Meeresbuchten immer wieder unterbrochen wird. Dementsprechend bestehen verschiedene Arten von Umgebungen, in denen sich jeder Ort durch eine andere Charakteristik auszeichnet, auf die verschieden reagiert wurde. Den griechischen Gottheiten wurden spezielle Orte zugewiesen: Plätze, die eine ausgeprägte Harmonie ausstrahlten, waren Zeus gewidmet, Versammlungsorte an denen die Menschen zusammenkamen um eine Gemeinschaft zu bilden, der Göttin Athene (18). Die Anordnung der Gebäude wurde durch die Topologie bestimmt, die natürliche Ordnung dominierte über das Gebaute, das somit keiner rein geometrischen Ordnung unterliegen konnte. Die Grundrißpläne griechischer Gebäudegruppen wirken oft beinahe chaotisch, da die dritte Dimension, die topologische Form der Umgebung, die die Lage der Einzelgebäude und somit auch die Beziehung der Häuser zueinander betimmt, nicht ersichtlich ist (vgl. Abbildung 93, 94).

Die alte römische Architektur ist nicht so stark landschaftsbezogen wie die in Ägypten oder Griechenland. Dies hatte vor allem zwei Gründe. Bautechnische Erneuerungen ermöglichten eine größere Unabhängigkeit von der Topologie: so erlaubte zum Beispiel die neue Backstein-Mörtel Technik neue Stützkonstruktionen, andererseits hatte das römische Imperium, das sich aus einem Stadtstaat entwickelte, ein strenges Ordnungssystem, welches das ganze Reich in vier Teile unterteilte, mit der Hauptstadt Rom als Zentrum und Weltmittelpunkt (vgl. Abbildung 95). Dieses System regelte auch die Beziehungen innerhalb einer Stadt oder einer Gebäudegruppe. Die meisten römischen Städte hatten zwei Hauptachsen, die senkrecht zueinander standen. Oft finden wir diese Ordnung nicht als reine Form, da spätere Erweiterungen keine Rücksicht mehr auf die ursprüngliche Ordnung nahmen oder topologische Gegebenheiten eine strenge Anwendung verhinderten. Der Standort wurde in der römischen Architektur weniger durch die Landschaft bestimmt als vielmehr durch ein symbolisches Ordnungssystem, welches wiederum von einer machtpolitischen Weltanschauung geprägt wurde (vgl. Abbildung 96, 414, 415).

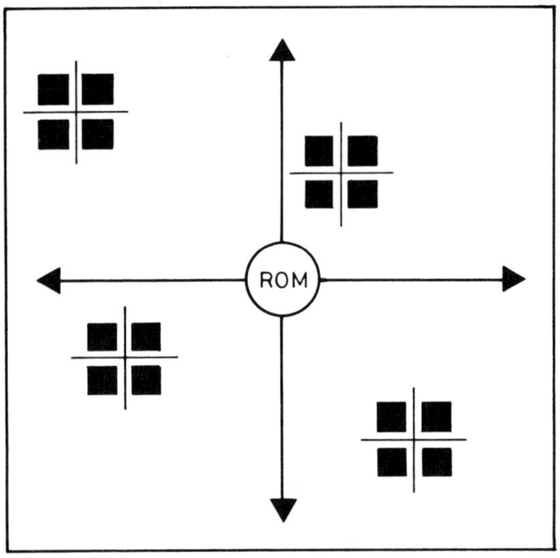

Abb. 95: Ordnungssystem der alten Römer

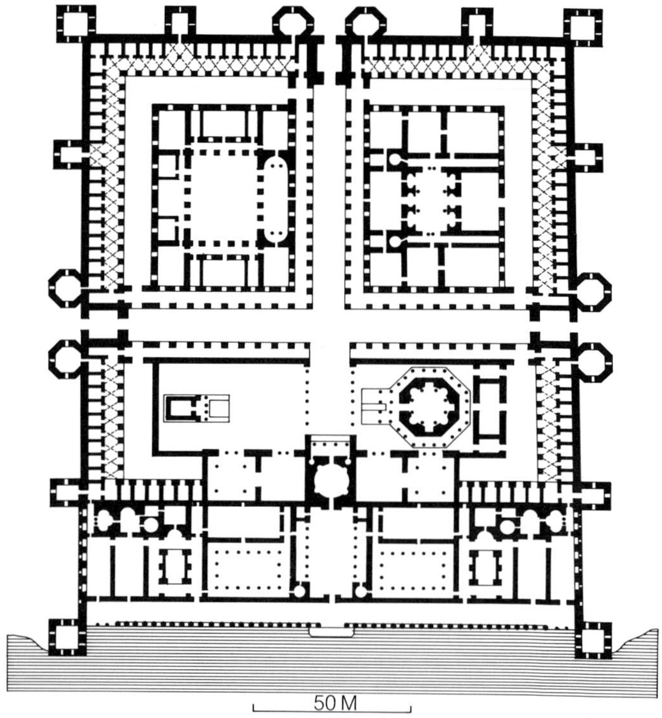

Abb. 96: Diokletianspalast, 300 n. Chr., Split, Jugoslawien (vgl. Abbildung 414, 415)

3.4 Die Beziehung Mensch – Natur

Um die Beziehung zwischen Gebautem und Umwelt verstehen zu können, muß zuerst die Einstellung des Menschen zu dieser Umwelt und somit zur Natur allgemein untersucht werden. Alles Bauen ist im Grunde genommen ein Eingriff in die Natur. Die Art des Eingriffs hängt aufs engste von der Einstellung des Menschen zur Natur ab. In vielen östlichen Kulturen bestand und besteht teilweise noch heute eine enge Verbindung zwischen Mensch und Natur. Der Mensch lebte als Teil der Natur und war so durch mannigfaltige Beziehungen mit ihr verbunden. Dies ermöglichte das Überleben beider, sowohl des Menschen wie der Natur. Diese Art von Beziehung bestand auch in der westlichen Welt, wurde dann aber durch die christliche Ideologie verdrängt. Das christliche Denken ersetzte die dualistische Verbindung von Mensch und Natur durch eine Dreierbeziehung: die Natur war von Gott geschaffen, und der Mensch sollte sie sich zum Untertan machen. Während das Göttliche, als das Übernatürliche, im östlichen Modell aufs engste mit der Natur verbunden ist, ja ein Teil von ihr ist und somit auch zusammen mit dem Menschen eine große Einheit bildet, entstand im westlichen Modell aus der Dreiteiligkeit heraus eine ganze Reihe neuer dualistischer Beziehungen wie Gott–Mensch, Gott–Natur, Natur–Mensch, Subjekt–Objekt, Körper–Seele etc. Bei all diesen Beziehungen wird immer einer der ursprünglichen drei Pole ausgeklammert.

Die Beziehung zwischen Göttlichem, Natur und Mensch

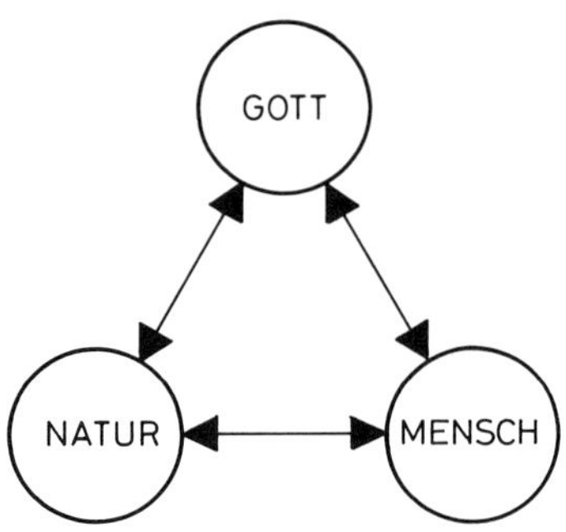

Abb. 97: westliches Modell

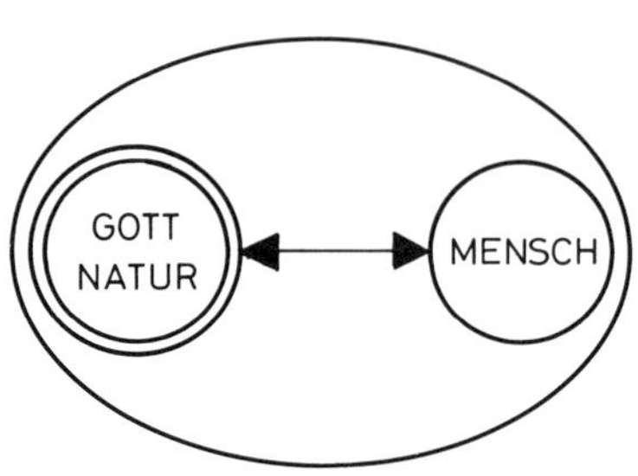

Abb. 98: östliches Modell

Der Mensch stand der Natur lange Zeit machtlos gegenüber. Da sie in der westlichen Denkart für ihn keine Verbindung zum Göttlichen hatte, bestand keine Möglichkeit sie als etwas Mystisches, Übernatürliches zu erklären und somit zu akzeptieren (19). Erst in der Renaissance wurde versucht, die Natur zu objektivieren, und der Mensch stellte sich ihr als gleichwertiger Partner gegenüber. Damit wurde das Übernatürliche und somit das Göttliche in der Beziehung Mensch–Natur immer mehr ausgeklammert, und damit begann eine Entwicklung, die uns bis heute an den Rand einer Katastrophe führte.

Der Mensch ist als organisches Wesen Teil der Natur, er lebt in ihr und ist somit auch auf sie angewiesen. Sowohl die Natur wie auch das vom Mensch Gebaute unterliegen denselben physikalischen Gesetzen. Daher scheint es selbstverständlich, daß die Natur dem Menschen bei vielem, auch beim Bauen, als Vorbild dient. Oft ist man der Meinung, das Optimale, rein Zweckgebundene, »Natürliche«, Funktionale, sei in der Natur bis zur Perfektion ausgebaut. Dem ist aber nicht so. Adolf Portmann: »Die schlichte reine Zweckform, die manche so sehr als das Naturgemäße rühmen, sie ist ein seltener Sonderfall – viel öfter begegnet uns gerade in der Tiergestalt das mit solchen Begriffen Unfaßbare«. »Wie oft meinen wir schweifende Phantasien am Werke zu sehen, wir denken eher an Launen, an kapriziöses freies Spielen schöpferischer Macht als an technische Notwendigkeit« (20). So zeigt ein Vergleich zwischen Schwan und Giraffe, beides extrem langhalsige Tiere, grundsätzliche konstruktive Unterschiede: beim Schwan wird, im Gegensatz zu anderen Vögeln, die große Halslänge mit einer größeren Anzahl von Halswirbeln aufgenommen, während bei der Giraffe nicht die Zahl, der bei Säugetieren üblichen sieben, sondern die Abmessung der Halswirbel vergrößert ist. Auch viele Zeichenmuster bei Tieren, so zum Beispiel bei verschiedenen Muscheln, haben keinen eigentlichen Zweck, sie dienen weder als Signal noch haben sie eine technische Funktion.

Die Natur kann dem Menschen als Vorbild dienen: man erzählt, daß Brunelleschi beim Bau der Domkuppel in Florenz ein Hühnerei als Vorbild hatte; Joseph Paxton soll beim Bau des Kristallpalastes von den Blättern der Victoria Regia, einer Riesenseerose, inspiriert worden sein. Trotzdem wäre die Annahme falsch, jede architektonische Konstruktion sei letztlich auf ein natürliches Vorbild zurückzuführen. Gegen die Behauptung, seine Seilkonstruktionen seien Kopien von Spinnennetzen, meint Frei Otto: »Als diese extremen Leichtbauten der Technik entworfen, konstruiert, statisch berechnet und geprüft wurden, waren den Urhebern die Netze der Spinnen nicht näher bekannt als jedem interessierten Laien. Als aber die neue Technik der Seilnetzdächer eine gewisse Entwicklungsstufe erreicht hatte, konnte man die Netze der Spinnen mit anderen, gründlich geschulten Augen sehen, konnte sie ›erkennen‹« (21).

Die Entwicklung der Beziehung des Menschen zur Natur läßt sich gut am Verhältnis des Gebauten zum Garten verfolgen. Entsprechend den verschiedenen Einstellungen zur Natur in der westlichen und östlichen Welt, war auch die Beziehung des Gebauten zum Garten, zur näheren natürlichen Umgebung, verschieden.

Ein Beitrag Frankreichs zur Architektur des Barocks war die Organisation des Außenraumes (22). Als absolutistischer Herrscher wollte Ludwig XIV. mit dem Bau von Versailles ein Zeichen setzen; er war auch Herr über die Natur, ja über den Kosmos. Das Schlafzimmer des Königs war gegen Osten orientiert, gegen die aufgehende Sonne, die in der Achse des Gartens im Westen wieder unterging. Dieser Zyklus wurde symbolisch nachvollzogen mit den Zeremonien des »lever« und »coucher« des Monarchen. Mit der riesigen Gartenanlage wurde die barocke Idee des unendlichen Raumes auch auf den Außenraum übertragen. Nikolaus Pevsner: »Die 600 Meter lange Gartenfront des Schlosses blickte auf Le Nôtres Park mit seinen weiten Blumenparterres, seinen Springbrunnen, seinem kreuzförmigen Mittelteich und seinen parallel oder strahlenförmig geführten Alleen und Wegen, welche zwischen hohen, kunstvoll verschnittenen Hecken in eine scheinbar endlose Ferne verlaufen: Natur von der Hand des Menschen bezwungen und von ihm umgeformt, um der Majestät des Königs zu huldigen, dessen Schlafzimmer sich genau im Mittelpunkt dieser gewaltigen Komposition aus Landschaft und Architektur befindet« (23). Das Gebaute steht im Kontakt mit der Natur, der Garten ist dem Bau gegenübergestellt und zusammen bilden sie eine große Einheit; die beiden sind aber keine gleichwertigen Partner. Die Umgebung ist nicht in ihrer Natürlichkeit belassen, ihr wurde die strenge Geometrie des Gebauten aufgezwungen (vgl. Abbildung 99).

In England entwickelte sich im 18. Jahrhundert, wohl teilweise unter dem Einfluß der Ideen von Jean Jacques Rousseau, der sogenannte Englische Garten: die Landschaft wurde nicht mehr einer künstlichen Geometrie unterworfen, sondern wurde weitgehend natürlich belassen. So standen sich die streng rationale Anlage des Gebauten und die pitoreske, natürliche Umgebung als zwei gleichwertige Teile gegenüber. Das Aufzwingen einer künstlichen Geometrie wurde als etwas Unnatürliches abgelehnt (24). Diese Einstellung bedeutete auch eine Kampfansage an die Hegemonie des Gebauten und somit eine neue Einstellung zur Natur. Der Staatsmann und Schriftsteller Joseph Addison formulierte diese Grundhaltung folgendermaßen: »Ich für mein Teil betrachte einen Baum lieber in dem Reichtum seiner Blätter und Zweige, als wenn er zu einer geometrischen Figur zurückgestutzt ist« (25) (vgl. Abbildung 99).

Die Idee, das Wohnen mehr mit der Natur zu verbinden, setzte sich immer stärker durch. War es zuerst nur die Residenz des Königs, so ging die Entwicklung weiter, über den Herrschaftssitz des Adels bis zum reichen Bürgertum. Diese Tendenz hatte im 19. Jahrhundert auch einen Einfluß auf den Städtebau. John Nash erhielt zu Beginn des 19. Jahrhunderts den Auftrag, in einem Park von London, der der Krone gehörte, Appartementhäuser zu planen. Das Ergebnis war der Regent's Park: ein größerer Gebäudekomplex, frei in die natürliche Umgebung gestellt. Am Ende des 19. Jahrhunderts entwickelte sich aus dieser Idee die Gartenstadt. Sie sollte ein Gegenpol zu den Industrieagglomeraten bilden und

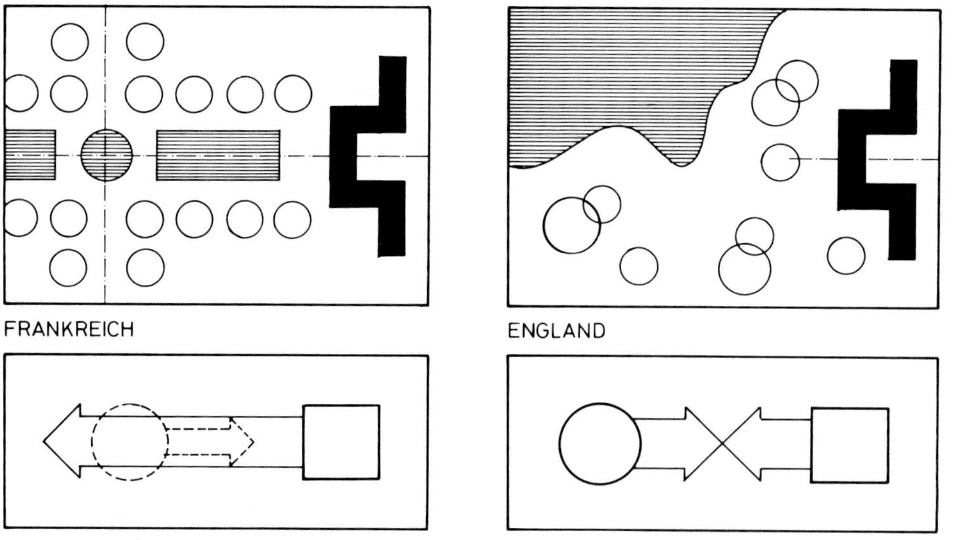

Abb. 99: Die Beziehung zwischen Garten und Gebautem in Frankreich und England

hatte, zumindest in den Anfängen, sozialen Charakter (26).

Die Idee, im städtischen Bereich Grünflächen anzulegen, ist eine alte: sie geht zurück bis ins 15. Jahrhundert (27). In London wurde schon im 17. Jahrhundert der größte königliche Garten, der Hyde Park, für das Publikum geöffnet. Zu dieser Zeit ließen mehrere Mitglieder des Hochadels ihre städtischen Gärten und Parks teilweise überbauen. Nach dem Vorbild des Barocks wurden die neuen Häuser nicht entlang von Straßen, sondern an neu geschaffenen Plätzen gebaut. Dadurch entstanden die ersten sogenannten Squares: öffentliche Grünanlagen die von einer Straße umgeben sind, an die wiederum eine geschlossene Hausreihe anschließt. Siegfried Giedion: »Die Squares des 17. und 18. Jahrhunderts sind von großer Bedeutung für den Städtebau. In ihnen wurde zum ersten Mal die Landschaft überbaut, ohne daß sie von einer Steinmasse und einem Straßennetz erdrückt wurde« (28).

Wie bereits beschrieben, ist die Beziehung des Menschen zur Natur in der westlichen Welt grundsätzlich verschieden von der im östlichen Raum. Im I-Ging, eines der ältesten schriftlichen Zeugnisse chinesischer Kultur (7. oder 8. Jahrhundert v. Chr.), wird das Gegensatzpaar Jin–Jang und ihr Zusammenwirken beschrieben (29). Alle natürlichen Phänomene enthalten oder bedingen ein gegensätzliches Element: zum Beispiel wird »groß« als solches nur im Vergleich mit »klein« erkannt. Diese Gegensatzpaare stehen nicht gegeneinander, sondern sie bedingen sich gegenseitig. Konflikte zwischen Gegensätzen werden zugunsten einer Ergänzung verhindert; nur dadurch kann Vollständigkeit entstehen. Diese Gedankengänge wurden zur Grundlage der meisten fernöstlichen Philosophien und sind auch der Schlüssel zur Frage nach der Beziehung von Gebautem zu seiner Umwelt. Natur und Architektur stehen sich nicht gegenüber, sie durchdringen und ergänzen sich. Da nicht jedes Haus allein in einem großen Garten stehen kann, beschränkt sich die Verbundenheit mit der Natur oft auf die Beziehung zwischen Innen- und Außenraum. Wichtig ist, daß beide Gegensatzpaare vorhanden sind, nur durch die Anwesenheit des einen kann das andere voll erkannt werden (vgl. Abbildung 100, 101).

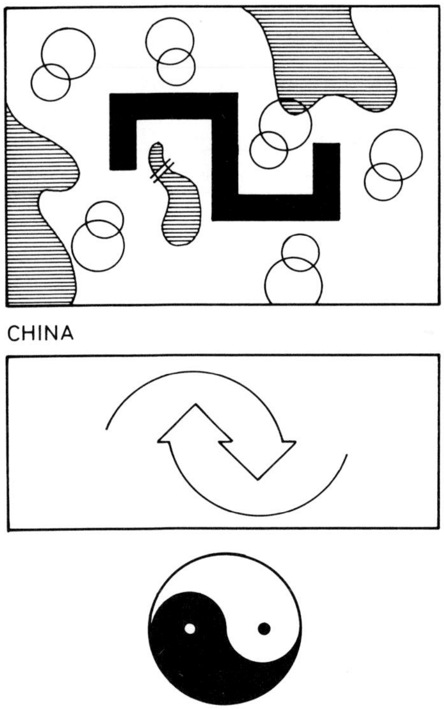

Abb. 100: Die Beziehung zwischen Garten und Gebautem in China

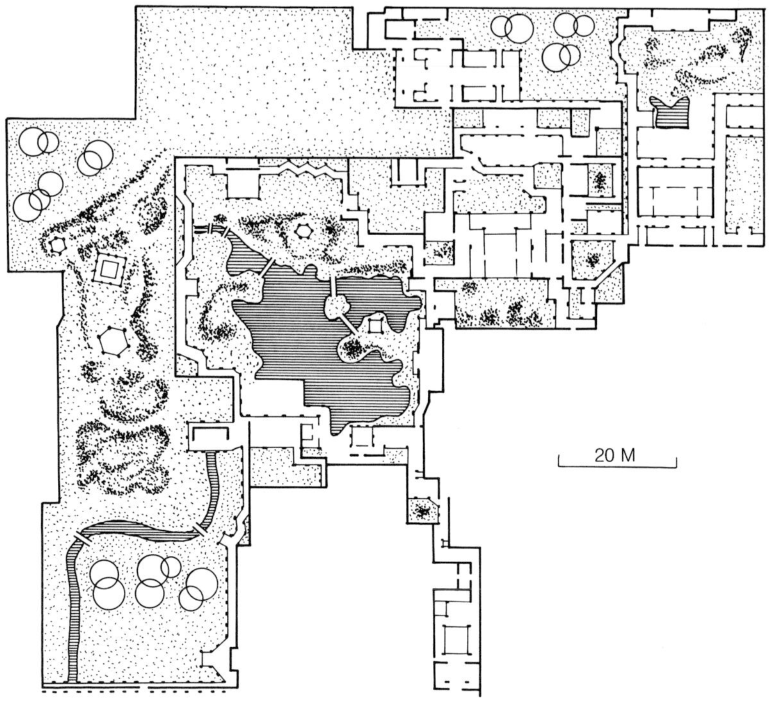

Abb. 101: Der Liu Garten, 1573–1620, Suchou, China

3.5 Die Beziehung des Gebauten zur Umwelt

3.5.1 Anpassung – Kontrast – Konfrontation

Wie gestaltet sich die Beziehung eines Gebäudes als etwas Künstlichem zu seiner Umwelt, zu seiner natürlichen Umwelt oder im städtischen Bereich zu seiner gebauten Umwelt? Grundsätzlich können wir drei verschiedene Arten unterscheiden. Die erste Möglichkeit ist das Anpassen: das neu zu Bauende übernimmt formal, materialtechnisch usw. die Sprache der bestehenden Umwelt. Das Gebaute kann aber auch einen Kontrast zur Umgebung bilden, sich bewußt absetzen als etwas Spezielles. Die dritte Möglichkeit ist die der Konfrontation: Gebautes und Umgebung stehen einander als Gegensätze gegenüber (vgl. Abbildung 102, 103, 104, 105).

Nicht alle drei Varianten sind überall möglich, und auch die Meinungen, was wo die richtige Verhaltensweise ist, gehen auseinander. Durch das Anpassen an die Umgebung kann einerseits Chaos vermieden werden, andererseits wird so echte Evolution verhindert. Strenge Baugesetze, wie vorgeschriebene Dachformen oder Farben und Materialien, wollen allzugroße Vielfältigkeit und somit mögliches Chaos verhindern, führen aber nicht zu besserer Architektur, sondern bestenfalls zu Eintönigkeit. Oft besteht in einer urbanen Umgebung schon ein derartiges Durcheinander, daß ein Anpassen gar nicht mehr möglich ist. Anpassung im Sinne von Nachahmung, zum Beispiel das Einfügen einer Berghütte in die natürliche Umgebung in einer Weise, daß Gebautes und Natürliches

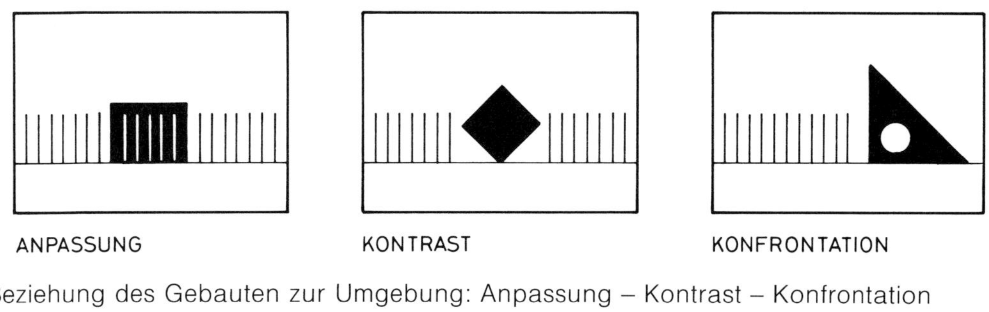

Abb. 102: Die Beziehung des Gebauten zur Umgebung: Anpassung – Kontrast – Konfrontation

nicht mehr zu unterscheiden sind, entspringt meistens einer unehrlichen Einstellung: man ist sich zwar bewußt, daß ein Eingriff in die Natur vorgenommen werden muß, hat aber nicht den nötigen Mut dazu und vergißt dabei, daß alles Gebaute etwas Künstliches und so nicht Teil der Natur ist. Luigi Snozzi schreibt: »Der Begriff der Landschaft als unseres Eingriffsfeldes wird verstanden als Moment eines langen Umwandlungsprozesses, in der der Mensch die Natur in Kultur überführt«. »Es handelt sich zum Beispiel nicht darum, einen Bau in die Landschaft einzufügen, sondern es geht darum, eine neue Landschaft zu bauen: es handelt sich nicht darum, sich in die geschichtliche Stadt einzufügen und sich ihr anzupassen. Es geht darum, die geschichtliche Stadt in eine Raumorganisation einzuschließen, das heißt in die neue Stadt« (30).

Die Beziehung des Gebauten zur Umgebung:

Abb. 103: Anpassung: Kaija und Heikki Siren, Fabrikanbau, 1959, Tampere, Finnland (Gebäude rechts: 1899)

Abb. 104: Kontrast: Louis I. Kahn, Kunstgalerie, 1953, New Haven, USA (vgl. Abbildung 277)

Abb. 105: Konfrontation: Arata Isozaki, Museum, 1974, Kitakyushu, Japan

Snozzi negiert die Natur nicht, er betrachtet sie aber als gleichwertigen Partner: das neu Geschaffene muß sich nicht der Natur anpassen, es muß sie aber in die Planung miteinbeziehen und mit ihr ein neues Ganzes schaffen.

Der Mensch als Teil der Natur wird nie ganz auf sie verzichten können, selbst wenn er dies wollte. Bauen bedeutet aber auch, und dies von Anfang an, Auflehnung gegen die Natur. Sibyl Moholy-Nagy: »Selbst in ihren abstraktesten Kalkulationen entspringt Wissenschaft den Naturgesetzen; Bauen jedoch entspringt dem menschlichen Willen, sich von den zyklischen Existenzbeschränkungen der Natur und den unzulänglichen Verteidigungsmöglichkeiten der Herde unabhängig zu machen. In der Formungsphase der gesellschaftlichen Entwicklung war die Entdeckung von künstlichen Mauern, Räumen, Wärme, Licht und Nahrungsspeicherung geomorphisch orientiert. Das Eigenschaftswort, aus geo – Erde und morphé – Form gebildet, weist darauf hin, daß menschliche Ansiedlungen der Landschaftsform und den klimatischen Bedingungen angepaßt waren. Aber es war stets eine freie Wahl der vorteilhaftesten Bedingungen zur Naturkontrolle« (31).

Die zweite Art der Beziehung, ein bewußtes Absetzen des Gebauten von der Umgebung, ist das Gegenteil von der ersten Auffassung. Das Gebaute bildet einen Kontrast zur Umgebung. Im urbanen Bereich kann ein bewußtes Absetzen von den Nebengebäuden verschiedene Gründe haben: die Nachbarschaft ist nicht nachahmenswert, oder das neue Gebäude soll aus Werbezwecken anders sein. Informationstheoretisch bedeutet »anders« unvorhergesehen, also originell. Wie anfangs schon gesagt, muß aber das Originelle einen minimalen Zusammenhang mit dem Vorhergegangenen haben, damit eine Nachricht noch verstanden wird. Das heißt, das Gebäude muß, auch wenn es sich bewußt von seiner Umgebung absetzen will und zu ihr einen Kontrast bildet, gewisse Elemente dieser Umgebung übernehmen.

Die dritte Art einer Beziehung zwischen Gebautem und Umwelt ist die der Konfrontation. Diese Möglichkeit könnte als Untergruppe der zweiten Bezugsart bezeichnet werden, unterscheidet sich aber von dieser in einem entscheidenden Punkt: während bei der zweiten Möglichkeit vor allem ein Kontrast zwischen neu Gebautem und Umgebung besteht, zeichnet sich die dritte Gruppe durch Konfrontation aus. Das Gebaute stellt sich bewußt gegen die Umgebung. Gebautes und Umwelt stehen im Dialog miteinander, sind aber nicht gleicher Meinung.

Bei allen drei Möglichkeiten besteht ein mehr oder weniger großer Einfluß des Gebauten auf seine Umgebung und umgekehrt, sowohl im urbanen wie im natürlichen Kontext. Jedes Objekt wird im Zusammenhang mit seiner Umgebung wahrgenommen, und somit beeinflußt diese Umgebung die Wahrnehmung. Der Grad der Beeinflussung ist um so größer, je mehr sich das neu Gebaute von seiner Umgebung abhebt. Bei der ersten Möglichkeit, der Anpassung, ist die Umgebung dominant über das neu Gebaute, das sich dem Bestehenden unterordnet, wobei unterordnen nicht einfach nachahmen heißt. Im zweiten Fall sind Umgebung und Gebautes verschieden, es besteht ein Kontrast. Beide stehen nebeneinander und keines dominiert über das andere. Im dritten Falle stehen Gebautes und Umgebung nicht nebeneinander, sie stehen einander gegenüber. Der Einfluß, den sie gegenseitig aufeinander ausüben, ist viel stärker als im zweiten Fall, oft dominiert das neu Gebaute über seine Umgebung. Umgekehrt hat diese aber auch einen viel größeren Einfluß auf die Wahrnehmung des Gebauten als im ersten oder zweiten Fall.

Diese drei generellen Möglichkeiten einer Beziehung zwischen Gebautem und Umwelt sind, stark vereinfacht, ähnlich mit den drei Arten von Beziehungen zwischen Gebautem und Garten, die wir vorher betrachteten (vgl. Abbildung 106).

Im chinesischen Garten ergänzen sich Natur und Gebautes. Die Umgebung, also der Garten, hat einen starken Einfluß auf das Gebaute, auch wenn er nicht unbedingt dominant ist. Im englischen Garten besteht ein Kontrast zwischen den freien Formen der Natur und der strengen Geometrie des Gebauten. Beim französischen Garten stimmt der Vergleich am wenigsten: das Gebaute dominiert über die Natur des Gartens, ein Gebäude, das sich seiner Umgebung entgegenstellt, muß diese aber nicht unbedingt dominieren.

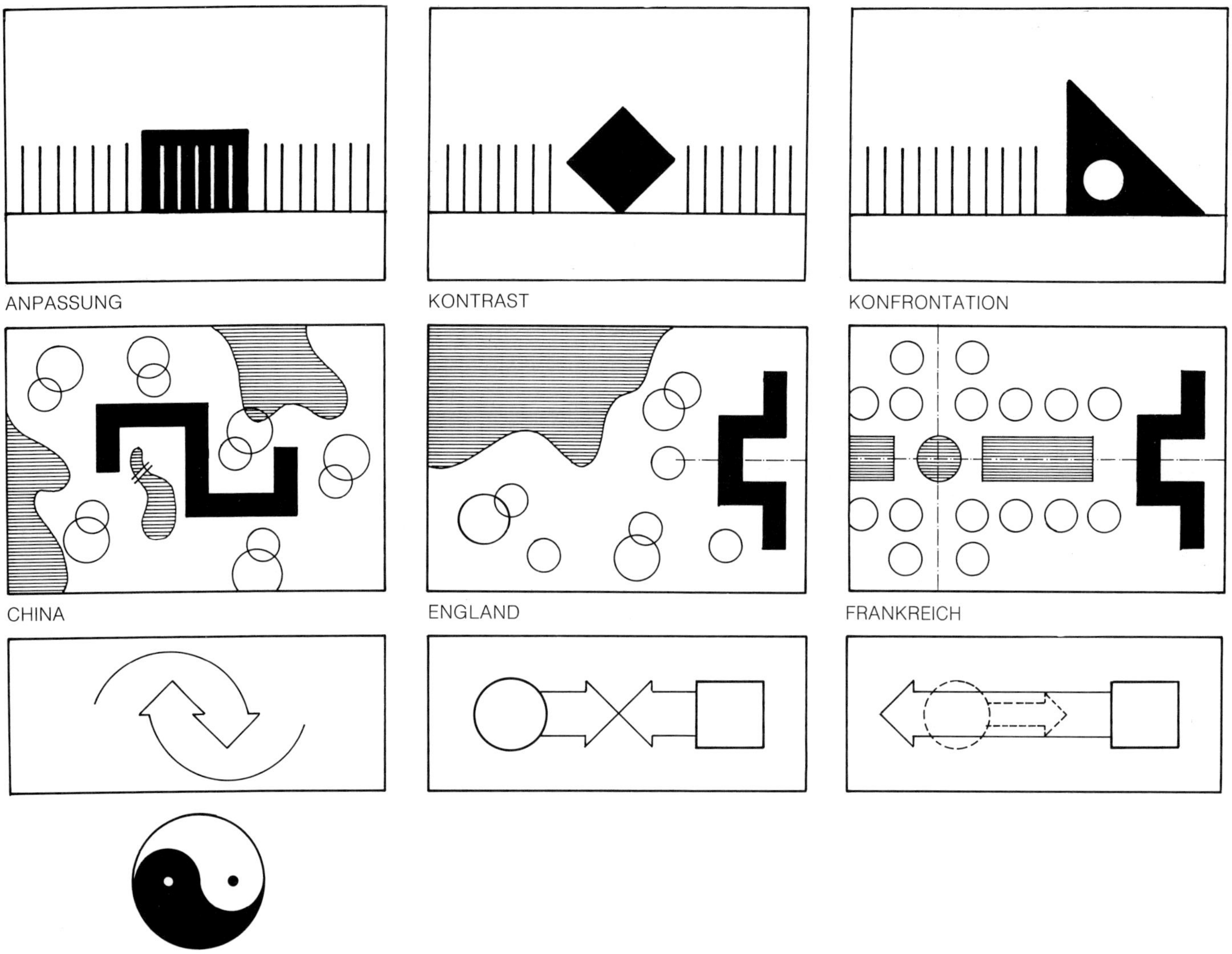

Abb. 106: Die drei Bezugsmöglichkeiten zwischen Gebautem und Umgebung (oben) und die drei korrespondierenden Bezugsmöglichkeiten zwischen Gebautem und Garten (unten)

Nach dieser generellen Betrachtung der Beziehung des Gebauten zur Umwelt sollen anschließend die "Kontaktflächen„, Boden und Außenwand, näher untersucht werden.

3.5.2 Die Beziehung zum Boden

Da normalerweise jedes Gebäude einen festen Standort hat, ist es auf eine bestimmte Art mit dem Grund, dem gewachsenen Boden, verbunden. Grundsätzlich können wir vier verschiedene Möglichkeiten unterscheiden (Abbildung 107):

a) Das Haus ist im Grund vergraben und bildet so eine Art von Höhle.
b) Der Gebäudeboden liegt ebenerdig, das heißt, es besteht kein Niveauunterschied zwischen Umgebung und Gebautem.
c) Das Gebaute steht auf einem Sockel, erhebt sich über das Erdniveau und erhält dadurch eine gewisse Eigenständigkeit.
d) Der Bau steht auf Stützen und ist somit vom Gelände abgehoben. Der Boden läuft kontinuierlich unter dem Haus weiter, Gebäude und Grund sind zwei autonome Einheiten.

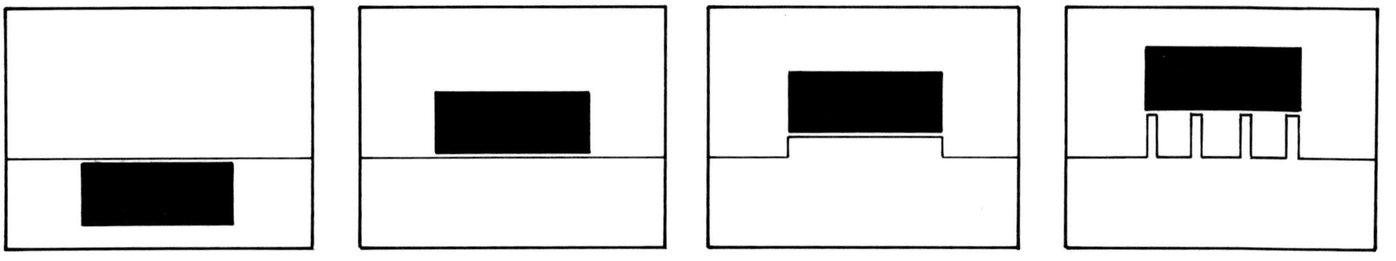

Abb. 107: Die vier Beziehungsmöglichkeiten zwischen Gebautem und Boden (vgl. Abbildung 108, 109, 110, 111)

Die natürliche Höhle diente dem Urmenschen als Schutz- und Wohnstätte und entstand ohne seine Beihilfe. Höhlenartige Räume entstehen nicht durch Zusammenfügen verschiedener Teile, sondern durch Entfernen von Material aus Bestehendem oder durch Nutzung von bestehenden Zwischenräumen. Die Beziehung des »Gebauten« zur Umgebung ist eine unterordnende, die Umgebung dominiert. Dieser Bautyp hat keine äußere Form, die Gestalt ist nur von innen erkennbar.

Der ebenerdige Gebäudeboden ermöglicht die intensivste Beziehung zwischen innen und außen. Dieser Typ entstand aus dem primären Bedürfnis, ein schützendes Dach zu bauen. Die horizontale Raumtrennung und somit die territoriale Abgrenzung war sekundär.

Der Sockel bedeutet eine klare Abgrenzung zum Boden. Um das Gebäude zu betreten, muß eine Stufe, eine Höhendifferenz, überwunden werden. Das Innere ist damit noch nicht vollständig vom Äußeren getrennt, zwischen den beiden Räumen besteht aber eine klare horizontale Abgrenzung. Sockel und Plattform finden wir in vielen alten Kulturen. Ihre Aufgabe bestand einerseits darin, ein Territorium abzugrenzen, andererseits wurden mit der Plattform mehrere Gebäude zu einer architektonischen Einheit zusammengefaßt. In der neueren Architektur ist das Opernhaus von Sydney von Jørn Utzon ein gutes Beispiel dafür: die einzelnen Schalen, die verschiedene Nutzungen überdachen, werden auf einen Sockel gestellt, der sie zu einer Einheit zusammenfaßt (Abbildung 110, 112, 251). Der Sockel kann gebaut sein oder aus der natürlichen Topologie entstehen. So wurde zum Beispiel bei der Akropolis in Athen (Abbildung 322) ein bestehender Hügel zu einem Sockel ausgebaut.

Die vierte Art einer Beziehung zwischen Gebäude und Boden ist der Bau auf Stützen. Das Haus steht autonom über dem Gelände und muß deshalb auch keine Rücksicht nehmen auf dessen Form: Das Gebäude kann über dem Wasser oder über einem schiefen Gelände liegen. Die horizontale Beziehung zwischen Innenraum und Umgebung ist sehr schwach, der Wechsel von innen nach außen bedeutet gleichzeitig auch eine vertikale Verschiebung.

Das wahrnehmungsmäßige »Gewicht« eines Gebäudes, ob wir einen Bau als schwer oder leicht empfinden, hängt zumindest teilweise von seiner Beziehung zum Boden ab. Das tatsächliche physikalische Gewicht, auch wenn es dem Betrachter bekannt wäre, stimmt nicht mit dem wahrgenommenen Gewicht überein (32). Dieses hängt, nebst der Beziehung des Gebauten zum Boden, von verschiedenen anderen Faktoren ab: Material, Art, und Anzahl der Öffnungen, Form etc. Ein Gebäude, das auf einem Sockel steht, wirkt schwerer als dasselbe Haus auf Stützen. Durch die größere Standfläche empfinden wir es eher als bodenständig und solide. Dies mag ein Grund sein, warum die meisten Monumente auf einem Sockel stehen: Dadurch erhält das Dargestellte zu seinem symbolischen Gewicht noch ein wahrnehmungsmäßiges Gewicht. Die Grabmale der alten Römer waren nach einem vorgegebenen Muster aufgebaut: der Sockel mit seinem wahrnehmungsmäßigen Gewicht diente als Grabkammer. Das darüberliegende Stockwerk zeigte die Verherrlichung des Toten, und das oberste Geschoß symbolisierte die himmlischen Gefilde, in denen der Tote für alle Zeiten weiterlebt (33).

Die Beziehung des Gebauten zum Boden:
Abb. 108: Timo Suomalainen, Kirche, 1969, Helsinki, Finnland
Abb. 110: Jørn Utzon, Opernhaus, 1973, Sydney, Australien (vgl. Abbildung 112, 251)

Abb. 109: Renzo Piano und Richard Rogers, Kulturzentrum, 1977, Paris, Frankreich
Abb. 111: Arata Isozaki, Museum, 1974, Takasaki, Japan

3.5.3 Die Beziehung zwischen innen und außen

Beim Bauen wird durch die raumdefinierenden Elemente ein Innenraum vom Um- oder Außenraum getrennt. Otto Friedrich Bollnow sagte dazu: »Diese Doppelheit von Innen- und Außenraum ist grundlegend für den weiteren Aufbau des gesamten erlebten Raumes, ja für das menschliche Leben überhaupt« (34). Und speziell auf das Wohnen bezogen: »Beide in polarer Spannung aufeinander bezogenen Seiten sind gleich notwendig, und auf dem Gleichgewicht der beiden Seiten, der Arbeit in dem Außenraum der Welt und der Ruhe in dem Innenraum des Hauses, beruht die innere Gesundheit des Menschen« (35). Der Mensch ist sowohl auf den Innen- wie auf den Außenraum angewiesen und muß sich auch zwischen ihnen bewegen können. Deshalb sind die beiden nie ganz getrennt, eine mehr oder weniger intensive Beziehung besteht immer. Die Art dieser Beziehung wird hauptsächlich bestimmt durch die Art der Öffnungen in den raumdefinierenden Elementen und durch die räumliche Beziehung dieser Elemente untereinander. Die Anordnung und Gestaltung dieser Verbindungen zwischen innen und außen ergibt sich aus dem Widerspruch, einerseits einen geschützten Raum von der Umwelt abzutrennen, andererseits aber zwischen den beiden Verbindungen zu schaffen, da sie beide zur lebensnotwendigen Umgebung des Menschen gehören. Dieser Widerspruch wird deutlich, wenn wir den Charakter von Innen- und Außenraum vergleichen: während der erste stets begrenzt und abgeschlossen ist, sei es auch nur durch eine transparente Scheibe, ist der andere unendlich groß. Diese Gegensätzlichkeit wird noch deutlicher, wenn wir uns einen einfachen Raum von innen und von außen vorstellen: zum Beispiel einen Würfel, gebildet aus sechs quadratischen Platten. Sowohl von innen wie von außen ist der Würfel als solcher erkennbar und trotzdem ist die Wahrnehmung völlig verschieden: im Inneren umhüllen uns die Wände, sie setzen klare Grenzen, von außen erleben wir den Würfel als abgeschlossenen Körper oder als Skulptur, als Gegenstand, der uns gegenübersteht.

Trotz dieser Gegensätzlichkeit bestehen Beziehungen zwischen innen und außen. Auch Christian Norberg-Schulz ist der Meinung, daß ihr Verhältnis das eigentliche Wesen der Architektur ausmacht (36). Meistens besteht die Trennung zwischen innen und außen aus einer Wand, das heißt, die innere Gestalt ist auch von außen ablesbar, sowohl die Form der Wand wie auch die der Öffnungen. Dem ist aber nicht immer so, und die oben besprochene Gegensätzlichkeit zwischen innen und außen macht dies verständlich. In vielen Barockkirchen stimmt die innere Gestalt bewußt nicht mit der äußeren überein. Dafür existieren aber auch neuere Beispiele: so wurde Jørn Utzon vorgeworfen, bei seinem Opernhaus in Sydney sei die Form des Auditoriums außen nicht mehr ablesbar, ja die beiden hätten sogar widersprüchliche Formen (Abbildung 112).

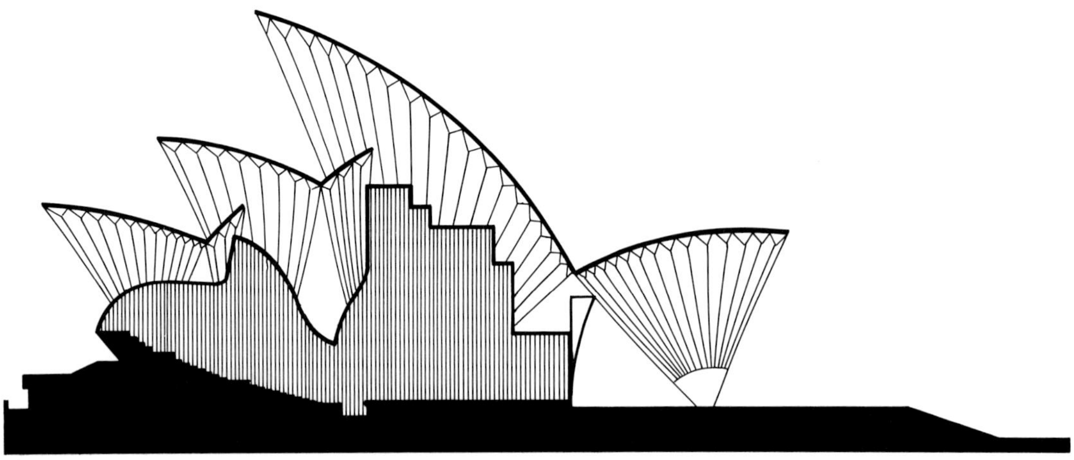

Abb. 112: Jørn Utzon, Opernhaus, 1973, Sydney, Australien, Längsschnitt durch das große Auditorium (vgl. Abbildung 110, 251)

Robert Venturi, einer der engagiertesten Vertreter von gerade solchen Widersprüchlichkeiten, sagt dazu: »Der Kontrast zwischen dem Inneren und dem Äußeren kann eine der wichtigsten Erscheinungsformen des Widersprüchlichen in der Architektur sein. Eine der selbstverständlichsten und verbreitetsten Orthodoxien des zwanzigsten Jahrhunderts war jedoch die Lehrmeinung, daß gerade hier kein Bruch zugelassen sei: Das Innere sollte durch das Äußere repräsentiert werden« (37).

Wie wir sahen, besteht immer ein wahrnehmungsmäßiger Gegensatz zwischen innen und außen. Deshalb ist nicht einzusehen, warum dieser Gegensatz nicht auch formal ausgedrückt werden soll. Ein Blick auf die Natur kann diese Ansicht bestätigen: die äußere Tiergestalt unterliegt ganz anderen Gesetzmäßigkeiten als die innere Organisation und zwischen innen und außen bestehen keine direkten gestalterischen Zusammenhänge. Die inneren Organe werden im Hinblick auf eine möglichst rationale Raumausnutzung organisiert. Adolf Portmann: »Bei Vögeln und Säugern ist uns das Bild der eng verpackten Eingeweide so vertraut, daß es uns wie selbstverständlich geworden ist. Wir werden uns kaum mehr bewußt, daß in dieser Innenstruktur der Bauplan des Äußeren ganz aufgegeben ist« (38). Das Äußere der Tiergestalt ist vielfältig und spricht unsere optische Wahrnehmung an: Symmetrie, geometrische Muster, vielfältige Formen und Farben. Das sichtbare Äußere unterliegt ganz anderen gestalterischen Gesetzen als das Innere und ist auch dementsprechend verschieden. Jedes Kind kann einen Löwen von einem Tiger unterscheiden. Eine Unterscheidung dieser Tiere nur auf Grund der Eingeweide oder des Skeletts ist aber selbst für einen Fachmann nicht ganz einfach (39).

Letztlich ist die Frage, ob das Äußere eines Gebäudes das Innere spiegeln soll, ob die Innenform außen ablesbar sein muß, eine Frage des Stils. Besteht eine direkte formale Beziehung zwischen innen und außen, so entspricht das einem klaren Ordnungssystem. Eine Lösung, bei der das Innere von außen nicht ablesbar ist, entspricht eher einer irrationalen Gestaltung, die mehr das Gefühl als den Verstand anspricht und somit eher einem Stil der dritten Stufe in der Ordnungsskala zwischen einfach und komplex entspricht (Abbildung 46 und 50).

Die Ähnlichkeit von innerer und äußerer Form hängt eng mit der Art der Öffnungen zusammen: je größer die Öffnungen, desto größer auch der Bezug zwischen innen und außen und desto kleiner die Divergenz zwischen innerer und äußerer Form.

Im Opernhaus von Sydney entspricht die Abschlußwand des Innenraumes nicht der von außen sichtbaren Schale, das heißt, die Trennung zwischen innen und außen besteht aus zwei Wänden, die einen Zwischenraum bilden (Abbildung 112).

Die Divergenz zwischen innen und außen kann aber auch anders erreicht werden: in einem Vorentwurf für die Unitarier Kirche in Rochester N. Y. von Louis I. Kahn ist die äußere Erscheinung des Gebäudes quadratisch, der zentrale Hauptraum hat aber eine runde Form. Hier wird der »Zwischenraum« der beiden Formen mit Nebenräumen gefüllt (Abbildung 113).

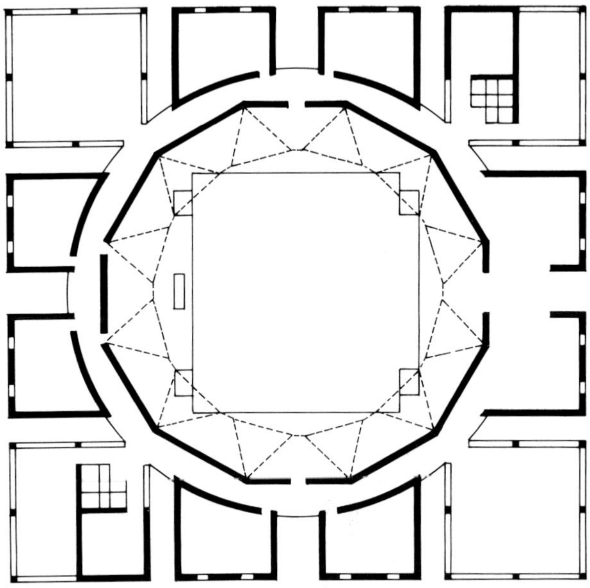

Abb. 113: Louis I. Kahn, Unitarier Kirche (Vorprojekt) 1959, Rochester, USA

Abb. 114: Gotische Kathedrale (Querschnitt), 13. Jh., Beauvais, Frankreich

Eine andere Art von Widerspruch zwischen innen und außen kann entstehen, wenn die Fassade eine Erwartung erweckt, die im Inneren nicht erfüllt wird: zum Beispiel eine streng symmetrische Außenwand vor einer unsymmetrischen inneren Raumorganisation.

Was kann der Grund solcher Widersprüche sein? Warum besteht ein Interesse, von außen eine Struktur zu suggerieren, die dem Innern nicht entspricht? Hierzu bestehen verschiedene Gründe. Der naheliegendste ist die Tatsache, daß die Außenform eines Gebäudes sich manchmal in die Umgebung einfügen muß, zum Beispiel in eine Baulücke, die Nutzung aber im Innern eine Form verlangt, die nicht mit ihr übereinstimmt. Der Gegensatz kann aber auch bewußt dazu benutzt werden, eine Idee zu unterstützen, eine geistige Aussage formal zu unterstreichen. Im Kirchenbau der Hochgotik besteht zwar nicht gerade ein Widerspruch zwischen der äußeren und der inneren Erscheinung, das Äußere läßt aber nicht ohne weiteres auf das Innere schließen und umgekehrt. Die ganze Tragstruktur befindet sich klar ablesbar auf der Außenseite. Dadurch wird der Innenraum entmaterialisiert und schafft so bewußt eine vergeistigte Atmosphäre, die zu einem Gegensatz und somit zu einer außerordentlichen Spannung zwischen innen und außen führt (Abbildung 114).

Oft wird behauptet, das Verlegen der Tragkonstruktion auf die Außenseite in der Gotik sei aus rein statisch-konstruktiven Gründen erfolgt. Dies stimmt sicher nicht, denn die Spannung ist gewollt, sie verkörpert die abendländisch-christliche Ideologie: das Äußere versinnbildlicht das klar Ablesbare, Rationale, Logische der weltlichen Sphäre, während im Innern das Irrationale, Vergeistigte dominiert.

Die Geschichte des Raumes kann vereinfacht in drei verschiedene Epochen mit drei verschiedenen Raumauffassungen aufgeteilt werden (vgl. Kapitel 4). In der ersten Epoche wurde Architektur als Skulptur verstanden, und der Innenraum wurde vernachlässigt. In der zweiten Epoche wurde der Innenraum zum zentralen Anliegen der Architektur. Es gab nur ein Innen oder ein Außen, ein »entweder/oder«. Die Beziehung zwischen innen und außen konzentrierte sich um die Frage, wieweit der Charakter des Innenraumes von außen ablesbar sei und umgekehrt. Die Funktion der Öffnungen in der Außenwand beschränkte sich auf Ein- und Ausgang sowie den notwendigen Lichteinlaß. Eine eigentliche Raumbeziehung zwischen innen und außen entstand in der dritten Epoche, zu Beginn des 20. Jahrhunderts. Die Grenze zwischen Innen- und Außenraum ist nicht mehr klar zu ziehen, sie ist diffus und komplex (Abbildung 115).

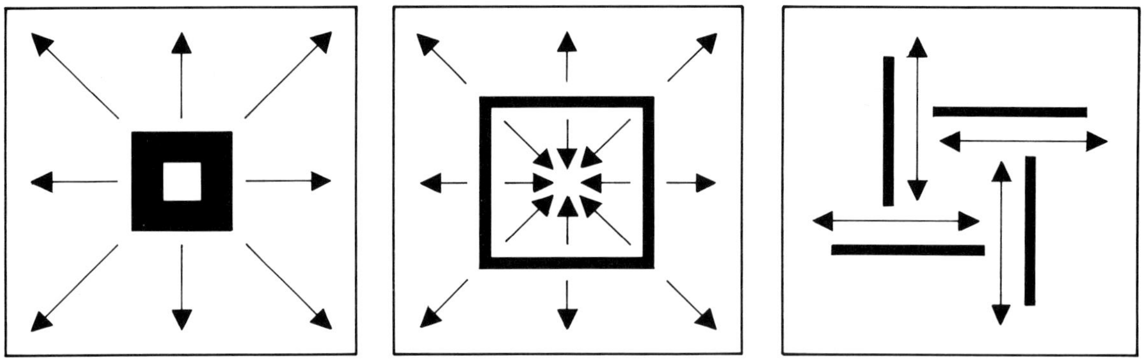

Abb. 115: Die Innen-Außen-Beziehung bei den drei Raumauffassungen

Der Weg für ein »sowohl als auch«, für eine fließende Verbindung zwischen innen und außen, wurde durch die Malerei geebnet. Sigfried Giedion: »Maler, die in ihren Ausdrucksweisen voneinander sehr verschieden waren, aber unabhängig vom Publikum arbeiteten, erschlossen langsam eine neue Raumkonzeption. Niemand kann die heutige Architektur wirklich verstehen und das Gefühl, das in ihr liegt, bevor er nicht den Geist begreift, der diese Malerei beseelte« (40). Die Kubisten brachen mit der seit der Renaissance gültigen Raumauffassung, mit dem Konzept der Perspektive: Gegenstände wurden gleichzeitig von mehreren Seiten gemalt, ein Gesicht konnte im selben Gemälde sowohl im Profil wie auch frontal gemalt werden (vgl. Abbildung 298). Picasso sagte dazu: »Ich male die Sache, wie ich sie denke, nicht wie ich sie sehe« (41). Verschiedene Architekten versuchten diese Ideen in die Architektur umzusetzen. Die De Stijl-Gruppe äußerte sich in ihrem Manifest V 1923 wie folgt: »Durch die Sprengung der Geschlossenheit (Mauern usw.) haben wir die Dualität zwischen Innen und Außen aufgehoben« (42). Ein Jahr später, 1924, schrieb Theo van Doesburg, ein Mitglied der De Stijl Gruppe: »Die neue Architektur hat die Wände geöffnet und so die Trennung von Innen und Außen aufgehoben« (43) (vgl. Abbildung 160). In seinem Projekt für ein Landhaus aus Backstein von 1923 läßt Mies van der Rohe innere und äußere Raumzonen ineinanderfließen und hebt damit die Grenze zwischen ihnen auf (Abbildung 116).

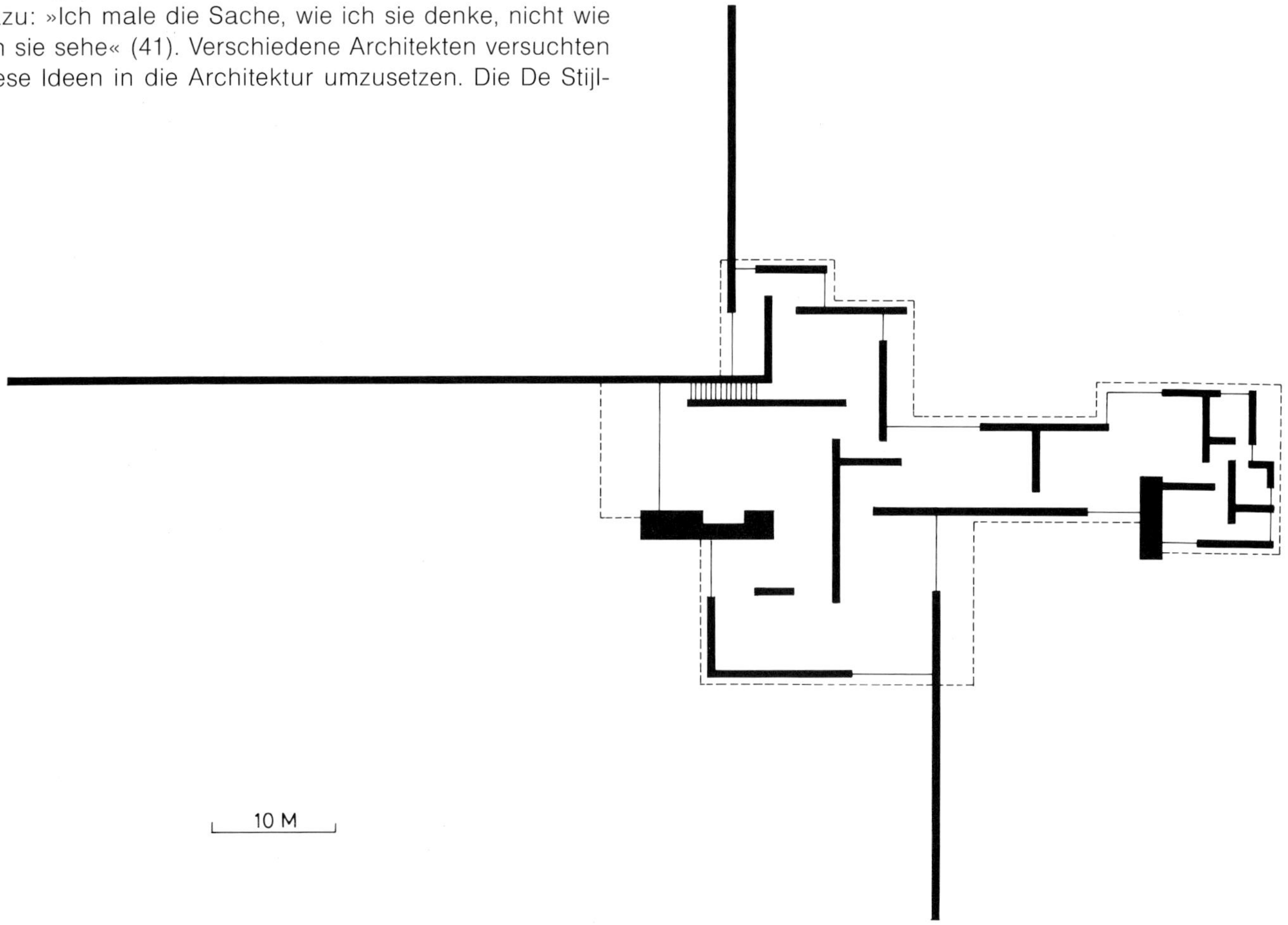

Abb. 116: Ludwig Mies van der Rohe, Landhaus aus Backstein, 1923 (Projekt)

Im Barcelona Pavillon, aus dem Jahre 1929 (Abbildung 159), wird der Innenraum optisch erweitert bis zur äußeren Umfassungsmauer. Dieses Prinzip der optischen Raumvergrößerung wird später oft angewendet und hatte in Japan, wie wir noch sehen werden, schon seit Jahrhunderten seine Gültigkeit. Dieses Hinausfließen des Innenraumes wird von Mies van der Rohe durch die Lage der Wand- und Deckenscheiben, die kontinuierlich in den Außenraum weitergeführt werden, noch betont.

Die räumliche Verbindung zwischen innen und außen wurde zum geistigen Allgemeingut der Moderne. In Finnland, eines der am dünnsten besiedelten Länder Europas, war der Mensch schon immer besonders auf die Natur angewiesen und hatte deshalb auch eine spezielle Beziehung zu ihr. Im Rathaus von Säynätsalo (Abbildung 284) von Alvar Aalto erfolgt der Übergang von innen nach außen über den intimen Innenhof. In der Villa Mairea, auch von Aalto, ist der große Wohn- und Eßraum nur durch eine Glaswand vom Garten getrennt, dieser wiederum, dreiseitig gefaßt von Wohnhaus, Sitzplatz und Sauna, ist mit der weiteren Umgebung verbunden (Abbildung 117).

Durch das Verwenden verschiedener natürlicher Materialien im Hausinnern läßt Aalto umgekehrt auch die Umwelt ins Innere vordringen. In der Kirche von Otaniemi bei Helsinki, vom Architektenpaar Kaija und Heikki Siren entworfen, geschieht das Einbeziehen der Umgebung auf eine ähnliche Weise wie beim Barcelona Pavillon von Mies van der Rohe; die Frontseite der Kirche ist komplett verglast. Die »Abschlußwand« des Innenraumes wird vom Wald gebildet, so daß das Innere optisch vergrößert wird bis zu den Tannen. Die Natur bildet hier das Bühnenbild, die Handlung findet optisch bereits in der Natur statt (Abbildung 118, 119).

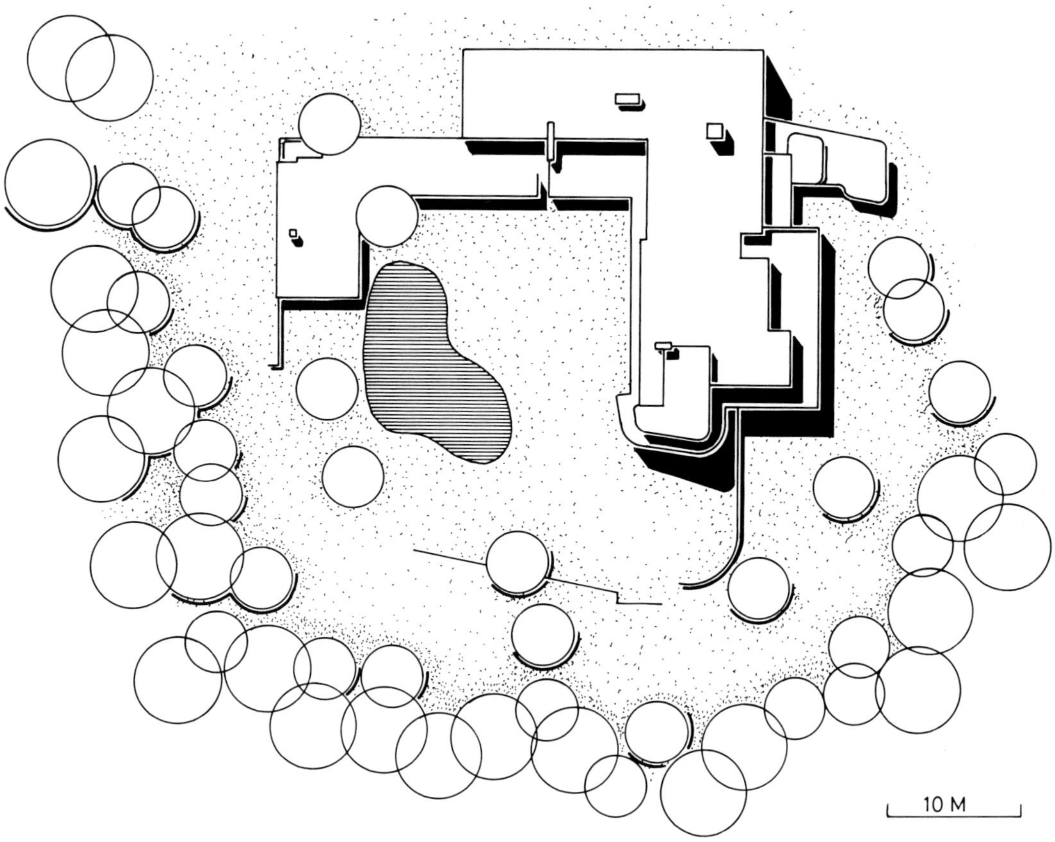

Abb. 117: Alvar Aalto, Villa Mairea, 1939, Noormarkku, Finnland

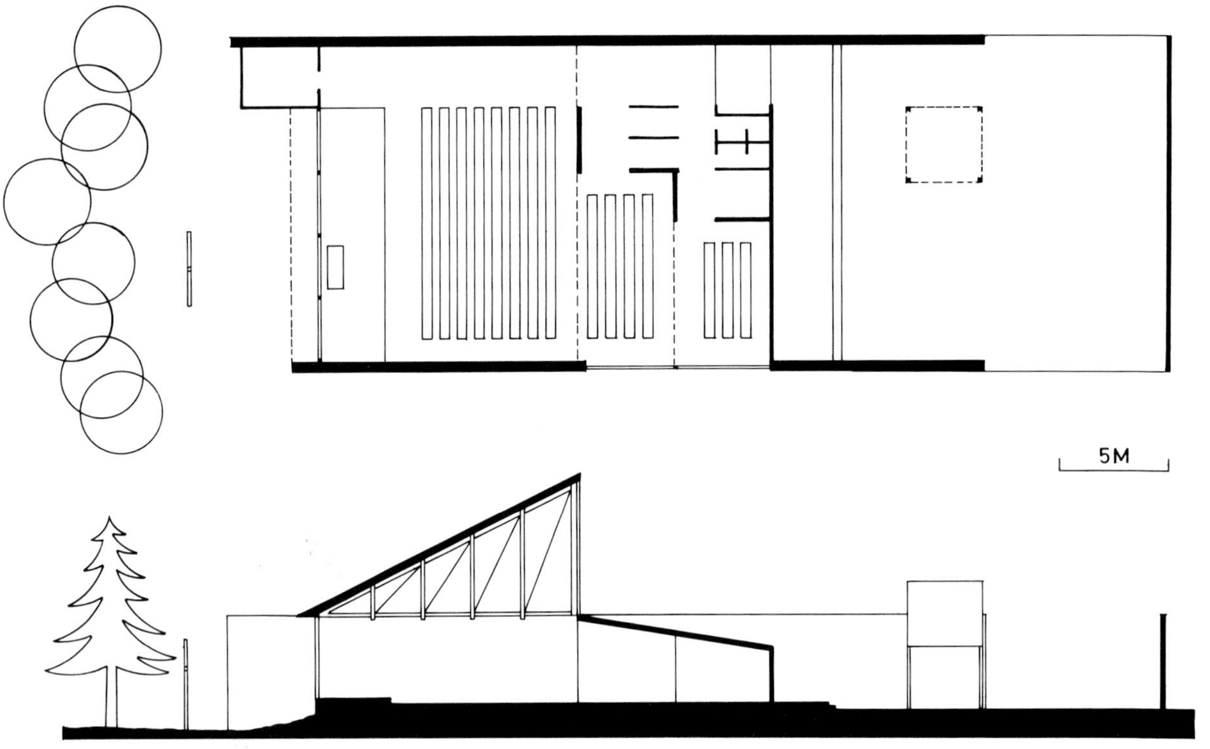

Abb. 118: Kaija und Heikki Siren, Kapelle, 1957, Otaniemi, Finnland, Grundriß und Schnitt

Abb. 119: Kaija und Heikki Siren, Kapelle, 1957, Otaniemi, Finnland, Ansicht auf den Altar mit Blick ins Freie

Abb. 120: Waldkirche in Mittelfinnland

Wie weit die Verbindung mit der Umgebung gehen kann, zeigt Abbildung 120, eine Waldkirche in Mittelfinnland. Der obere Raumabschluß wird hier von den Ästen der Tannen, die im Kirchenraum stehen, gebildet.

Unabhängig von der Entwicklung in Europa beschäftigte sich Frank Lloyd Wright mit einer ähnlichen Raumbeziehung zwischen innen und außen. In einer Fernsehsendung im Jahre 1953 antwortete Wright auf die Frage, ob er einige Dinge erklären könne, die grundsätzlich seine eigenen Neuerungen in der Architektur seien, unter anderem: »Das nächste war der offene Plan – statt daß ein Gebäude eine Reihe von Schachteln und Schachteln innerhalb von Schachteln war, wurde es immer offener, immer stärker des Raumes bewußt, das Außen kam allmählich immer mehr herein, und das Innen ging immer mehr nach außen. Das wurde immer stärker, bis wir schließlich einen neuen Grundriß hatten« (44). Seine Wohnhäuser sind eng mit der Umgebung verbunden, so daß der Eindruck entsteht, sie verschmelzen miteinander (Abbildung 121).

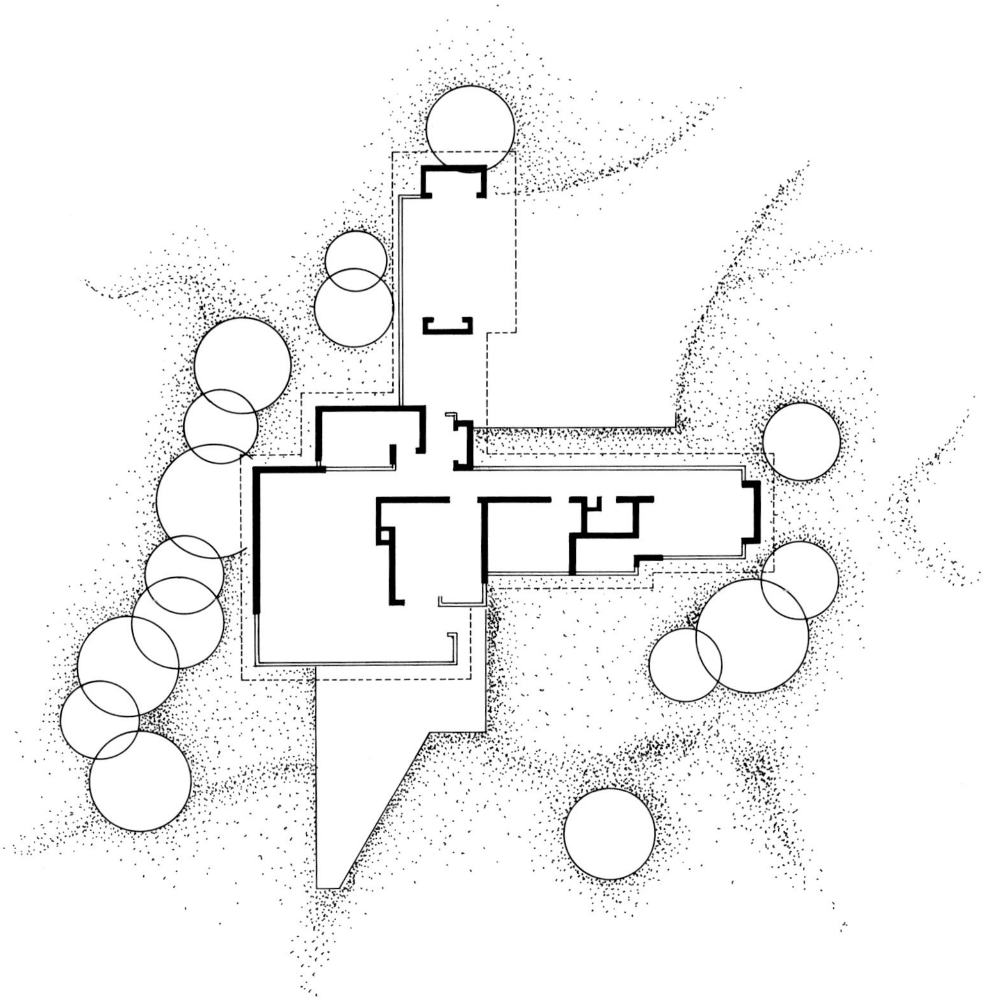

Abb. 121: Frank Lloyd Wright, T. H. Kalil Haus, 1955, Manchester, USA

Jedes Haus sollte nach Wright zusammen mit seiner Umgebung eine Einheit bilden. 1910 schrieb er: »In der organischen Architektur ist es völlig unmöglich, das Gebäude als eine Sache zu betrachten, die Einrichtung als eine andere und Standort und Umgebung als wieder eine andere. Der Geist, in dem diese Bauten konzipiert sind, sieht all dies gemeinsam als ein Ding« (45). Konsequenterweise waren die Baumaterialien alle natürlich: Holz, Granit, usw. Während seiner ganzen Chicago-Zeit verwendete er weder Stahlskelette noch Eisenbeton (46). Sein organisches Konzept, das eine besonders erdnahe Architektur verlangte, und seine Auffassung über das Wohnen allgemein, erlaubten es ihm nicht, wie zum Beispiel Mies van der Rohe, ganze Wände zu verglasen. Seine Innen-außen-Beziehungen waren viel subtilerer Art: »Dieses Gefühl für Geräumigkeit erzeugt das Bedürfnis, daß das Außen ins Gerede kommt und das Innen hinausgeht. Garten und Haus können jetzt eins sein. In jeder guten organischen Konstruktion ist es schwer zu sagen, wo das Haus beginnt oder endet und der Garten beginnt – und dies ist genau wie es sein soll, weil die organische Architektur erklärt, daß wir von Natur bodenliebende Geschöpfe sind« (47). Die Naturverbundenheit Wright's drückt sich nicht nur in der Art wie er die Beziehung innen-außen behandelt aus, sondern in seiner ganzen Einstellung zum Raum, deren Ergebnis er organische Architektur nannte. Sie beschränkt sich nicht nur auf Fragen des Raumes, sondern ebenso auf solche des Materials und der Form, was ihn schließlich dazu brachte zu sagen, die Natur sei ihm zur Bibel geworden (48).

Die Architektur Wright's und sein Ideengut kamen 1910 zum ersten Mal in Form einer Ausstellung nach Europa, wurden dort mit großem Interesse aufgenommen und beeinflußten seither die ganze europäische Architekturentwicklung maßgeblich.

Die offene Beziehung zwischen innen und außen ist in der westlichen Architektur relativ neu. In Japan war sie, vereinfacht gesehen, die einzige je gültige Raumauffassung, die im Verlauf der Jahrhunderte bis zu den kleinsten Einzelheiten weiterentwickelt wurde. Für diese Entwicklung gibt es zwei Hauptgründe: der eine ist die spezielle Beziehung des Japaners zur Natur, der zweite die Tatsache, daß in Japan der Skelettbau immer die vorherrschende Bauweise war. Wegen den vielen Erdbeben konnten Steinbauten nur vereinzelt für spezielle Zwecke gebaut werden. Da das Dach von Stützen getragen wird, ist die Funktion der Wände auf das Trennen reduziert, das heißt, sie können nach Belieben verschoben oder entfernt werden. Dies erlaubt, besonders in den heißfeuchten Sommermonaten, eine angenehme natürliche Belüftung aller Räume. Die noch heute gebräuchlichen Schiebewände, Holzrahmen mit Papier bespannt, entstanden im 14. Jahrhundert. Diese Schiebewände sind lichtdurchlässig, womit sich Fenster erübrigen. Die Veranda kann sowohl gegen die innenliegenden Wohnräume wie auch gegen den Außenbereich abgetrennt werden und dient so in den kalten Wintermonaten als Kältepuffer (vgl. Abbildung 128). Zwischen innen und außen besteht somit keine feste physische Trennung, ja innen und außen im westlichen Sinn existieren überhaupt nicht, die beiden sind vereint. Diese Einheit zwischen Architektur und Natur hat ihren Ursprung in einem wichtigen Aspekt der japanischen Denkart: während der westliche Mensch von innen und außen als zwei sich gegenüberstehenden Begriffen denkt, empfindet der Japaner sein Heim als eine Einheit von Wohnraum und Garten. Der Übergang von innen nach außen wird kontinuierlich gestaltet; er führt von der Tatamimatte des Innenraumes über den Holzboden der Veranda zu den Trittsteinen und dem Kies draußen im Garten, in die weitere Umgebung. Licht, Wind, Kälte, Wärme und Gerüche kommen aus dieser Umgebung und beeinflussen das Leben im Hause selbst. Das Dach überdeckt die Veranda und stößt in den Gartenbereich vor.

In vielen Fällen ist der Übergang zwischen innen und außen noch viel differenzierter. In der Katsura Villa in Kyoto hat die Mondbetrachtungsplattform (Abbildung 122, 209) dasselbe Niveau wie der Verandaboden und die Tatamimatten, das heißt, sie gehört zumindest der Höhe nach zum Innenbereich. Das Dach des Hauses überdeckt aber nur einen kleinen Teil der Plattform, was wiederum bedeutet, daß sie zum Außenbereich gehört. Auch in der Materialverarbeitung ist ein Wechsel festzustellen: der glatt geschliffene Verandaboden ist etwas Künstliches im Gegensatz zu den Bambusstäben der Plattform, die unbearbeitet sind und so der Natur des Außenraumes angehören. Die Lage der Plattform, an einem extremen Ende der Villa, dort wo der Grundriß wie ein Schiffsbug in den Garten vorstößt, läßt darauf schließen, daß es sich um einen in den Außenraum vordringenden Innenraum handelt.

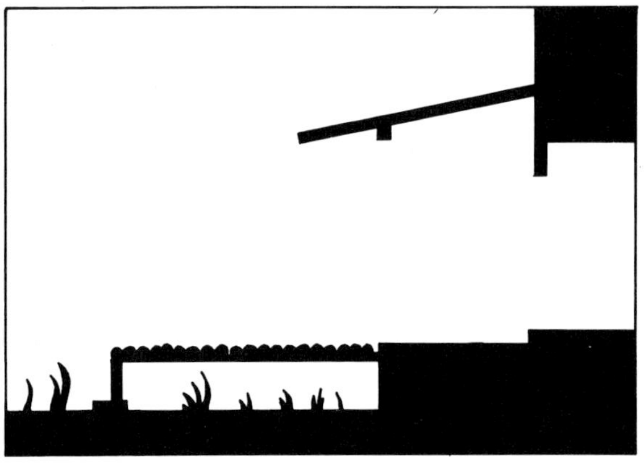

Abb. 122: Villa Katsura, Mondbetrachtungsplattform, 17. Jh., Kyoto, Japan (vgl. Abbildung 209) (oben: Schnitt, unten: Ansicht)

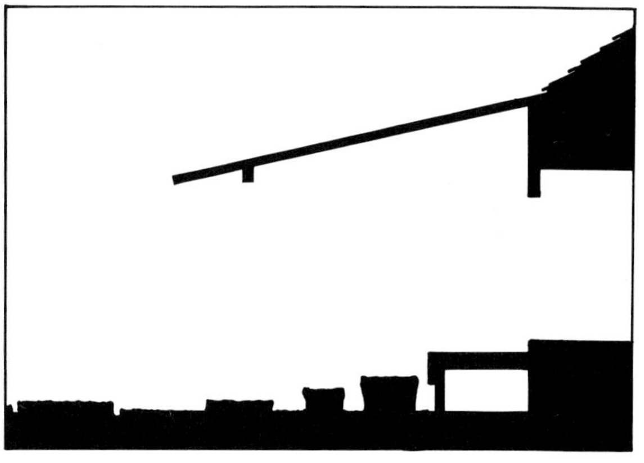

Abb. 123: Shoi-ken Teehaus, im Garten der Villa Katsura (oben: Schnitt, unten: Ansicht)

Das Umgekehrte, einen Außenraum, der in den Innenraum vordringt, finden wir in dem zur Villa gehörenden Shoi-ken Teehaus (Abbildung 123). Das Dach ragt hier über eine Zone, die dasselbe Niveau hat wie der Garten. Der Boden besteht aus gestampfter Erde und einer Reihe von Trittsteinen, deren Höhe gegen die Veranda zunimmt, bis sie das Niveau des Innenraumes erreichen. Die Unregelmäßigkeit der Natur, durch das Material und die scheinbar willkürliche Anordnung der Trittsteine charakterisiert, dringt in die strenge Geometrie des Innenraumes ein. Dieses Eindringen der Natur in den künstlich geschaffenen Innenraum finden wir auch beim Eckpfosten des Tokonomas, einer Bildernische, die das Zentrum jedes Wohnhauses bildet: er wird in natürlicher unbearbeiteter Form belassen und bildet einen optischen Kontrast zur strengen modularen Ordnung der Stützen und Schiebewände.

Während im Westen eine Abschrankung meistens eine physisch schwer überwindbare Trennung ist, kann in Japan eine Trennung auch mehr symbolischen Charakter haben. So werden Territorien bestimmter Naturgottheiten nur durch eine aufgespannte Schnur oder eine Reihe kleiner Steine angedeutet. Der sakrale »Innenraum«, der heilige Bezirk, wird symbolisch abgetrennt von der profanen Welt (Abbildung 180). In Ise ist das Hauptheiligtum von vier Holzzäunen umgeben, die vor allem eine optische und territoriale Abgrenzung bilden. Je weiter wir nach innen gelangen, desto kleiner wird der Pfostenabstand der einzelnen Zäune. Der innerste Zaun ist praktisch eine Holzwand, die keinen Blick ins Innere mehr erlaubt. (Abbildung 125). Auch die Zahl der Personen, die die Tore der verschiedenen Abschrankungen durchschreiten dürfen, wird nach innen immer kleiner: das äußerste Tor steht für alle Besucher offen, das innerste Tor darf nur vom Kaiser und den höchsten Shinto-Priestern durchschritten werden.

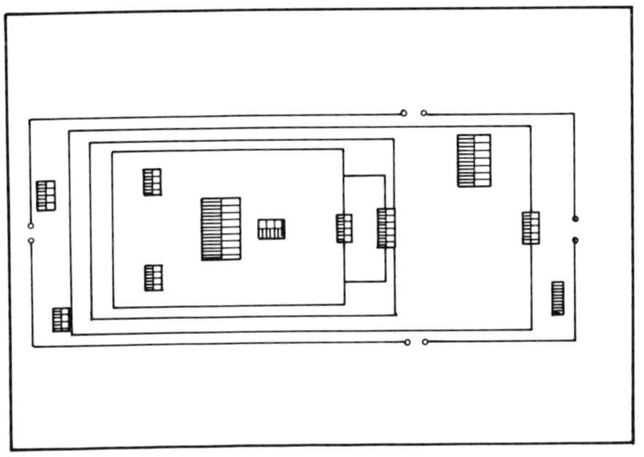

Abb. 124: Der innere Schrein in Ise, 7. Jh., Japan (vgl. Abbildung 91, 324)

Abb. 125: Die vier Zäune beim inneren Schrein von Ise

Da das japanische Haus keine feste Abschrankung zwischen innen und außen kennt, und da dieser Übergang möglichst kontinuierlich gestaltet wird, garantiert das Haus innerhalb seiner Grenzen nur begrenzte Privatheit. Dies ist, zusammen mit der Naturverbundenheit der Japaner, der Grund, weshalb dem Garten solch außerordentliche Wichtigkeit zukommt. Gebautes und Garten bilden zusammen eine Einheit. Diese Einheit wird bei kleinen Gärten, und japanische Gärten sind oft sehr klein, durch eine Mauer abgeschlossen. Sie ist eines der wichtigsten Entwurfselemente, bildet sie doch die »Leinwand«, auf der die ganze Szenerie des Gartens »aufgemalt« wird (Abbildung 126). Bei größeren Gärten muß diese Abgrenzung nicht unbedingt eine Mauer sein: eine bekannte Gartenentwurfsart, genannt shakkei oder »geliehene Szenerie«, bezieht die Landschaft der weiteren Umgebung in das Bild des eigentlichen Gartens mit ein (Abbildung 127) (49).

Abb. 126: Daisen-in, Daitoku-ji, 16. Jh., Kyoto, Japan

Abb. 127: Shugaku-in, 17. Jh., Kyoto, Japan

Bis jetzt untersuchten wir die Beziehung innen–außen in Japan im relativ engen Bereich des Überganges vom überdachten zum unüberdachten Raum. Die vorherigen Überlegungen über den Garten machen aber klar, daß wir diese Übergangszone weiter fassen müssen: der japanische Garten ist eine Erweiterung des Wohnraumes, er ist aber auch ein Abbild der Natur. Diese Dualität des Raumes haben wir schon, im kleineren Maßstab, bei der Veranda getroffen: sie ist eine Mittelzone zwischen Wohnraum und Garten, ein Zwischenbereich von künstlich Gebautem und natürlicher Umgebung. Im größeren Maßstab übernimmt der Garten dieselbe Funktion: er ist Bindeglied zwischen privatem Wohnbereich und öffentlicher Außenwelt. Oder nach dem chinesischen Jin-Jang-Prinzip: die beiden Gegensätze sind vereint zu einer Einheit (Abbildung 128).

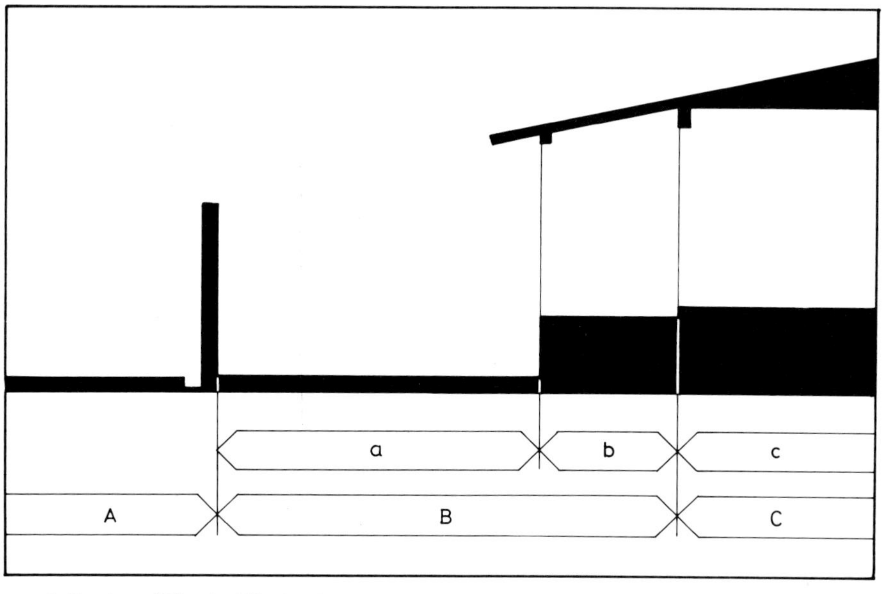

Abb. 128: Veranda (b) und Garten (B) als Bindeglieder zwischen innen und außen im japanischen Haus

Den verschiedenen Raumauffassungen entsprechend haben wir bis jetzt zwei verschiedene Arten von Beziehungen zwischen innen und außen untersucht: die Ablesbarkeit des Inneren auch im Außenbereich bis zur letzten Jahrhundertwende und das ineinanderfließen der inneren und äußeren Raumzonen in Japan und nach 1900 in Europa. Am Schluß soll nun noch eine dritte Möglichkeit besprochen werden, die als Mischform der beiden gelten kann: das Gebaute tritt durch seine Gesamtform in einen Dialog mit der Umgebung (vgl. Abbildung 129). Gute Beispiele dafür finden wir bei den Villen von Palladio. Nikolaus Pevsner: »Wenn man sich eine ganze Landhaus-Komposition Palladios vorstellen will, muß man zu einem derartigen Kernbau die geschwungenen Kolonnaden und die niedrigen Außenbauten hinzudenken, mit denen die Villa weit in das umliegende Land ausgreifen sollte. Diesem letzteren Motiv kommt in Anbetracht der künftigen Entwicklung der Baukunst eine hohe historische Bedeutung zu. In Palladios Landhäusern ist zum ersten Male die Architektur in ihrer engen Beziehung zur Landschaft verstanden und dementsprechend gestaltet worden« (50).

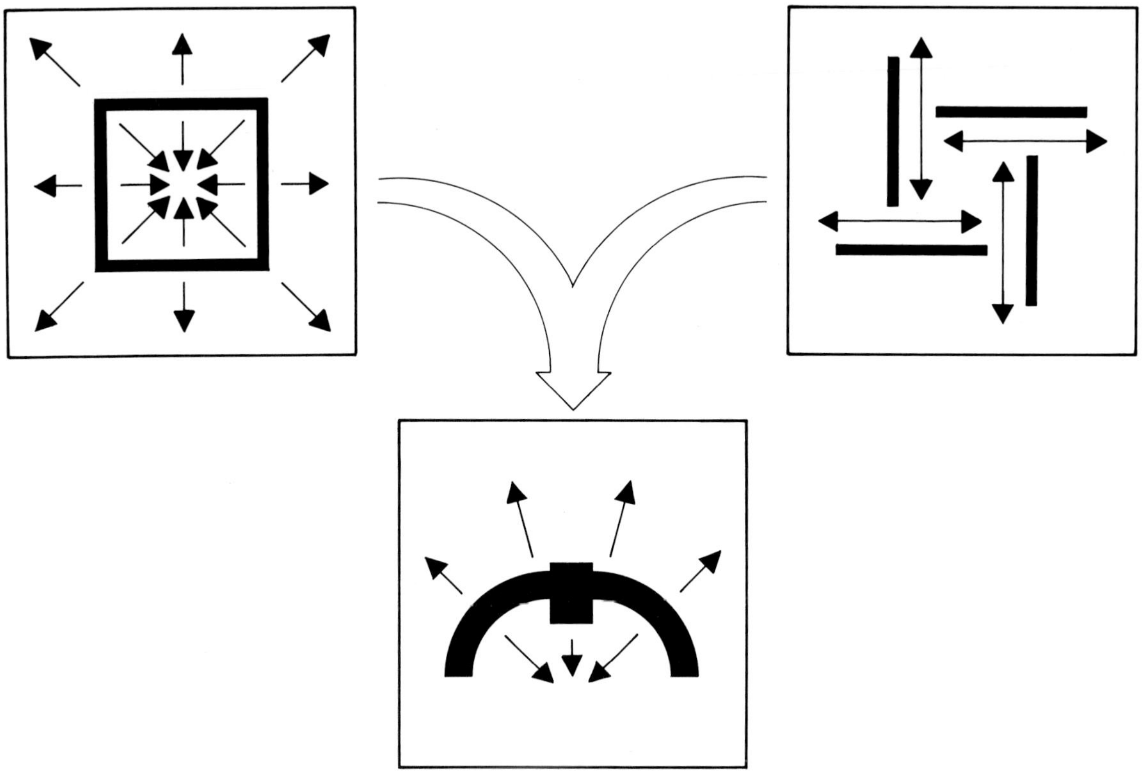

Abb. 129: Innen-Außen-Beziehung, ermöglicht durch die Gebäudeform

Die äußere Form der Villa Barbaro in Maser ist vielfältig und wird durch verschiedene Gartenbauten und Stützmauern in der näheren Umgebung unterstrichen (Abbildung 130). Dadurch entstehen verschiedene Raumzonen, die mehr oder weniger abgeschlossen sind: der Bereich unter den Arkaden, der rückwärtige Teil der Villa mit dem Nymphaeum, die durch verschiedene Niveaus voneinander getrennten Gartenbereiche usw. Der eigent-

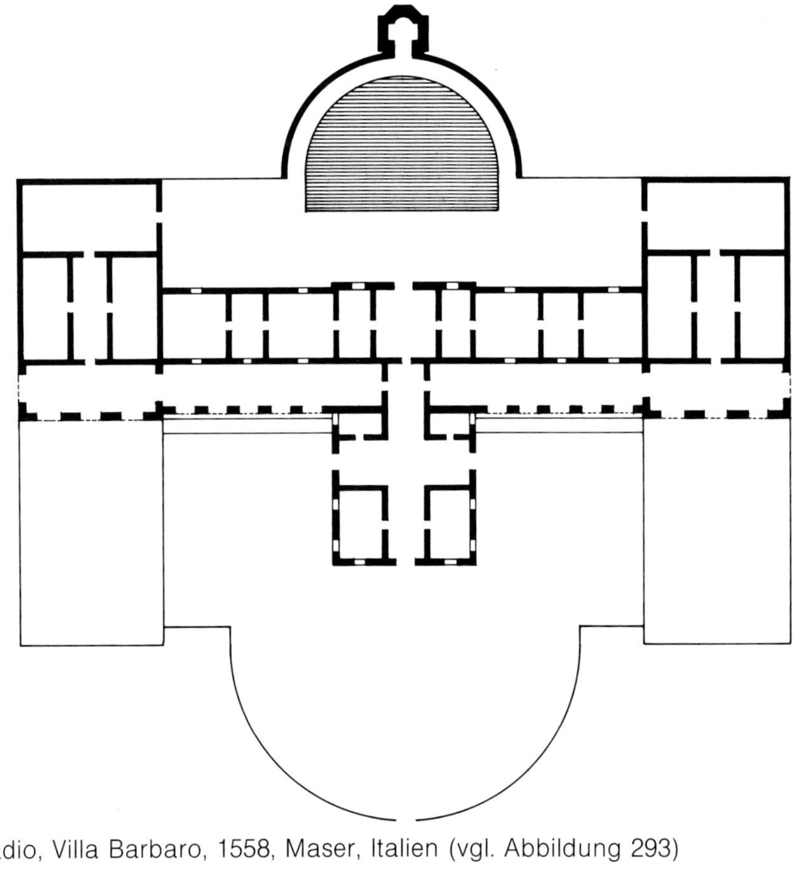

Abb. 130: Andrea Palladio, Villa Barbaro, 1558, Maser, Italien (vgl. Abbildung 293)

liche Wohntrakt in der Mitte der Anlage springt vor, so daß das Licht von drei Seiten ins Innere gelangt und andererseits ein vielseitiger Ausblick in die Umgebung möglich wird. Die Fresken im Innern der Villa sind teilweise so gemalt, daß der Eindruck entsteht, man blicke durch eine Wandöffnung in eine Landschaft hinaus. Damit hat Palladio ein wichtiges Motiv des Barocks vorweggenommen: mit künstlerischen Mitteln wird der Raum optisch in die Unendlichkeit der Umgebung erweitert.

Quellenverzeichnis Kapitel »Umgebung und Ort«
(Jahrzahl in Klammer: Datum der Erstveröffentlichung)

(1) *Norberg-Schulz, Christian:* Genius Loci, Stuttgart, 1982, S. 23, (Originaltitel: Genius-Loci, Milano, 1979)
(2) *Arnheim, Rudolf:* Die Dynamik der architektonischen Form, Köln, 1980, S. 74 (Originaltitel: The dynamics of architectural form, Los Angeles, 1977)
(3) *Botta, Mario:* La signification de l'environnement construit et naturel, Vortrag in La Sarraz, 1978 (in: Werk, Bauen und Wohnen, 1/1980, S. 36, Übersetzung: J. Grütter)
(4) *Joedicke, Jürgen:* Der Einfluß der Umgebung beim Erleben von Architektur (in: Bauen und Wohnen 9/1975, S. 372)
(5) *Lee, Terence R.:* Brauchen wir eine Theorie?, in: Architekturpsychologie, Düsseldorf, 1973, S. 51 (Originaltitel: Architectural Psychology, London, 1970)
(6) *Ladde, Ernst E.:* Die engere Umwelt der Wohnung (in: Bauen und Wohnen, 4/1974, S. 152)
(7) siehe (6) S. 154
(8) *Payne, Ifan:* Pupillenreaktion auf architektonische Reize, in: Architekturpsychologie, Düsseldorf, 1973, S. 76 (Originaltitel: Architectural Psychology, London, 1970)
(9) siehe (8) S. 76
(10) siehe (1) S. 18
(11) *Thilo, Thomas:* Klassische chinesische Baukunst, Zürich, 1978 (1977), S. 220
(12) siehe (2) S. 152
(13) *Watanabe, Yasutada:* Shinto Art: Ise and Izumo Shrines, New York, 1974, S. 28 (Ursprünglich auf Japanisch, Tokyo, 1964)
(14) *Wright, Frank Lloyd:* The Future of Architecture, New York, 1970 (1953), S. 322 (Übersetzung: J. Grütter)
(15) *Norberg-Schulz, Christian:* Meaning in western architecture, London, 1975, S. 10 (Originaltitel: Significato nell'architettura occidentale, Milano, 1974)
(16) *Canival, Jean-Louis de:* Aegypten, Fribourg, 1964, S.132
(17) siehe (16) S. 88
(18) siehe (15) S. 47
(19) *Grütter, Jörg:* Traditionelle japanische Architektur (in: Bauen und Wohnen, 12/1976, S. 465)
(20) *Portmann, Adolf:* Die Tiergestalt, Basel, 1960, S. 36
(21) *Otto, Frei:* Natürliche Konstruktionen, Stuttgart, 1982, S. 8
(22) *Giedion, Sigfried:* »Raum, Zeit, Architektur«, Zürich, 1979, S. 106 (Originaltitel: Space, Time and Architecture, Cambridge, Mass., 1941)
(23) *Pevsner, Nikolaus:* Europäische Architektur, München, 1967, S. 364
(24) *Frampton, Kenneth:* Die Architektur der Moderne, Stuttgart, 1983, S. 21 (Originaltitel: Modern architecture, London, 1980)
(25) siehe (23) S. 381
(26) siehe (24) S. 40
(27) siehe (22) S. 433
(28) siehe (22) S. 432
(29) Brockhaus Enzyklopädie, Wiesbaden, 1969, Band 8, S. 810
(30) *Snozzi, Luigi:* Architektur als Formproblem (in: Werk, Bauen und Wohnen, 12/1978, S. 494)
(31) *Moholy-Nagy, Sibyl:* Die Stadt als Schicksal, München, 1970, S. 19 (Originaltitel: Matrix of Man – An Illustrated History of Urban Environment, New York, 1968)
(32) siehe (2) S. 228
(33) *Picard, Gilbert:* Imperium Romanum, Fribourg, 1965, S. 179
(34) *Bollnow, Otto F.:* Mensch und Raum, Stuttgart, 1980 (1963), S. 130
(35) siehe (34) S. 138
(36) siehe (1) S. 63
(37) *Venturi, Robert:* Komplexität und Widerspruch in der Architektur, Braunschweig, 1978, S. 105 (Originaltitel: Complexity and Contradiction in Architecture, New York, 1966)
(38) siehe (20) S. 28
(39) siehe (20) S. 33
(40) siehe (22) S. 279
(41) *Pischel, Gina:* Große Kunstgeschichte der Welt, München, 1976, S. 650 (Ursprünglich auf Italienisch, Milano, 1966)
(42) *De Stijl – Manifest V:* 1923 (in: Programme und Manifeste zur Architektur des 20. Jahrhunderts, Braunschweig, 1981, S. 62)
(43) *Van Doesburg, Theo:* Auf dem Weg zu einer plastischen Architektur, 1924 (in: Programme und Manifeste zur Architektur des 20. Jahrhunderts, Braunschweig, 1981, S. 74)
(44) *Wright, Frank Lloyd:* in einer Fernsehsendung, NBC, 17.5.1953 (in: Humane Architektur, Berlin, 1969, S. 259)
(45) *Wright, Frank Lloyd:* Organische Architektur, 1910 (in: Programme und Manifeste zur Architektur des 20. Jahrhunderts, Braunschweig, 1981, S. 22)
(46) siehe (22) S. 269
(47) *Wright, Frank Lloyd:* Vortrag in London, 1939 (in: Humane Architektur, Berlin, 1969, S. 201)
(48) *Wright, Frank Lloyd:* Ein Testament, 1957 (in: Humane Architektur, Berlin, 1969, S. 17)
(49) *Hayakawa, Masao:* The Garden Art of Japan, New York, 1974, S. 140 (Ursprünglich auf Japanisch, Tokyo, 1967)
(50) siehe (23) S. 225

4. Raum

»Das Wesen des Raums spiegelt wider, was dieser sein will«

Louis I. Kahn (1)

4.1 Zur Geschichte des Raumes

Was ist Raum? Die naheliegendste Definition besteht darin, Raum als eine Leere zu bezeichnen, die etwas aufnimmt, die gefüllt werden kann. Raum ist nichts Konkretes und trotzdem messbar: »Es ist genügend Raum vorhanden«, ... »Der Raum ist ausgefüllt« .... Diese Auffassung entspricht der von Aristoteles, der sich in seinen Schriften als erster abendländischer Denker mit dem Raumbegriff ausführlich beschäftigte. Er verglich den Raum mit einem Gefäß, Raum als Hohlraum, der umschlossen sein muß, damit er existiert und somit auch immer endlich ist (2).

Giordano Bruno stellte im 16. Jahrhundert der Lehre von Aristoteles eine zweite Auffassung über den Raum gegenüber. Gestützt auf die kopernikanische Theorie, formte er die Idee des Unendlichen zu einem der Hauptpfeiler seiner Philosophie. Der Raum wird wahrnehmbar durch die Dinge, die sich in ihm befinden, er wird zum Umraum oder Zwischenraum. Raum ist ein System von Beziehungen zwischen den Dingen und muß nicht mehr, wie bei Aristoteles, umschlossen sein. Damit ist er auch nicht mehr unbedingt endlich (3).

Zwischen Betrachter und Raum besteht eine Beziehung, sie stehen in einem bestimmten Ordnungsverhältnis zueinander. Der Raum ist nichts Gegebenes oder Konstantes, er wird definiert durch Bezugspunkte und ist verschiedenartig erlebbar, je nach Standort des Betrach-

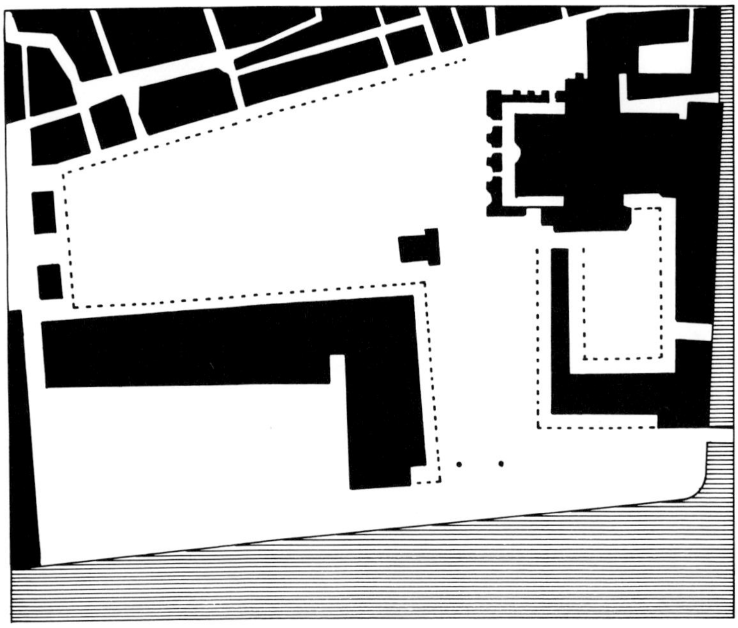

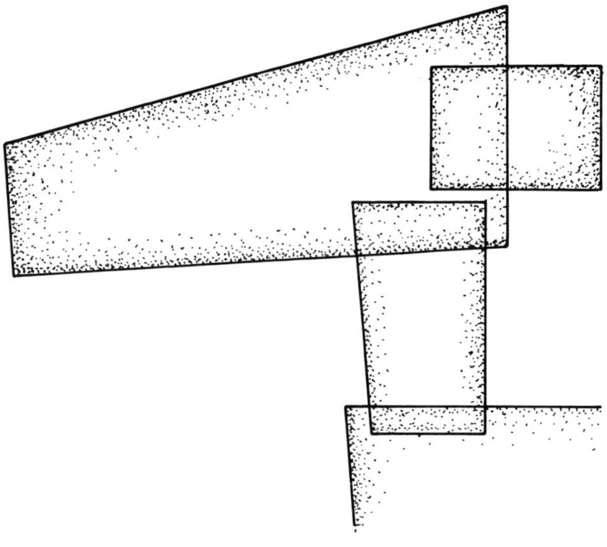

Abb. 131: Platz San Marco, Venedig, Italien, mit den Beziehungen der verschiedenen Raumzonen

ters. Die Umwelt, vor allem die durch den Menschen geschaffene architektonische Umwelt, besteht aus einer mehr oder weniger komplexen Beziehungskonfiguration verschiedener räumlicher Ordnungssysteme, die einander dominieren, überlagern, durchdringen, miteinander rivalisieren.

Solche Raumkonstellationen finden wir überall. Der Raum einer Stadt besteht aus einer Vielzahl solcher Raumverhältnisse: aus der Beziehung verschiedener Straßenräume untereinander, zu Plätzen, zu Gebäuden (Abbildung 131). Innerhalb eines Gebäudes können verschiedene Räume unterschieden werden, die Bezug zueinander und auch zum Gebäudeumraum haben. Schließlich wird jedes einzelne Zimmer durch die Möblierung in weitere Raumzonen unterteilt (Abbildung 132).

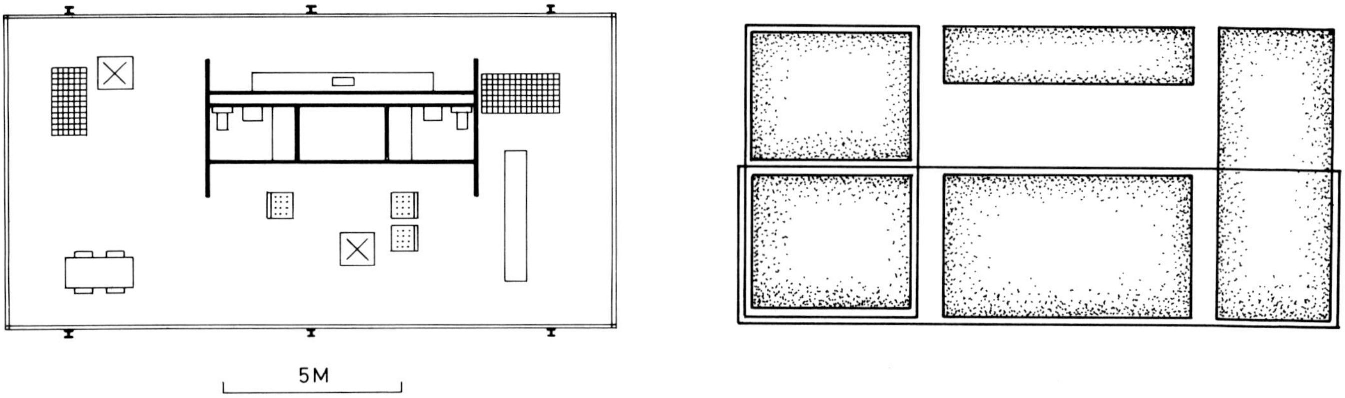

Abb. 132: Ludwig Mies van der Rohe, Farnsworth-Haus, 1950, Plano, USA, mit den Beziehungen der verschiedenen Raumzonen

Je geordneter diese Raumstrukturen sind, desto einfacher wird das Erfassen des Raumes als Ganzes. Bei komplexen Ordnungssystemen wird das Blickfeld abgetastet und versucht, Strukturen zu finden, Superzeichen werden gebildet.

Der Mensch hat ein Bedürfnis nach Raum, der ihn vor den Einflüssen der Umwelt schützt. Dieses Bedürfnis ist so alt wie die Menschheit selbst und hat sich bis heute kaum verändert. Der schutzbietende Raum war und ist etwas Besonderes: er ist Ausgangspunkt der menschlichen Orientierung, er ist das Zentrum, von wo aus der Mensch seine räumlichen Beziehungen aufbauen kann. Die Gestaltung dieses Raumes hängt von den technischen Möglichkeiten ab, ist aber ebenso, und das ist viel wichtiger, der Ausdruck einer bestimmten Geisteshaltung seiner Erbauer. Louis I. Kahn drückt das folgendermaßen aus: »Im Wesen des Raums lebt der Geist und der Wille zu einer bestimmten Art des Seins« (4). Die Art des Seins und somit der Geist der Raumgestaltung hat sich stetig verändert, er ist kulturabhängig.

In der abendländischen Kultur sind im Verlauf der Geschichte drei fundamental verschiedene Auffassungen über den Raum zu unterscheiden (Abbildung 133). Die erste fällt in die Epoche der Hochkulturen im Zweistromland, in Ägypten und in Griechenland. Architektur war in den unendlichen Raum ausstrahlende Skulptur, die eine Beziehung zum Kosmos herstellte. Der Innenraum spielte eine sekundäre Rolle, er wurde vernachlässigt.

Im Gegensatz zur plastischen Architektur der Griechen wird die römische oft als Raumarchitektur bezeichnet. Zum ersten Mal wurden, für verschiedene Nutzungen,

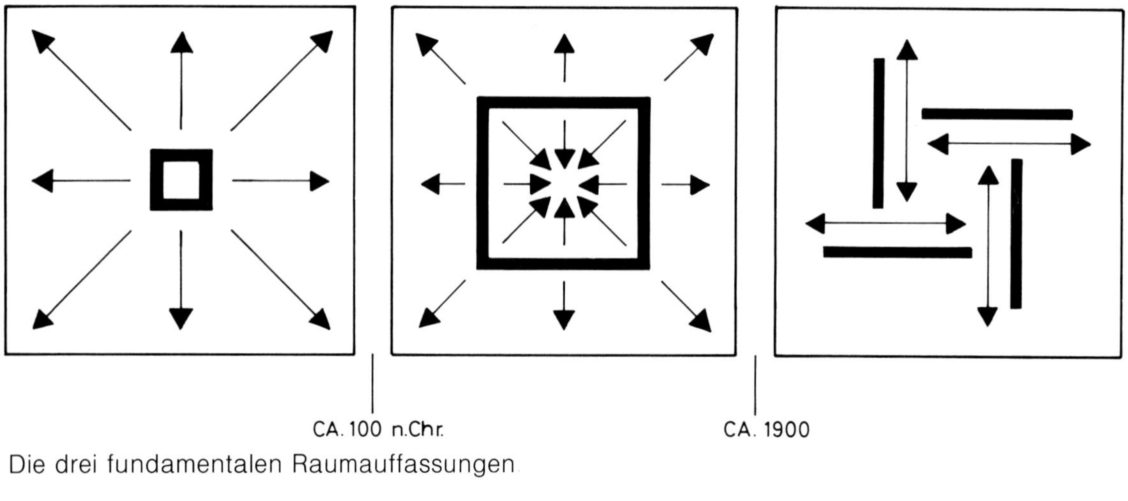

Abb. 133: Die drei fundamentalen Raumauffassungen

große Innenräume gebaut. Der Raum wurde modelliert und aktiviert, wurde zu einem primären Element der Architektur.

Um die letzte Jahrhundertwende begann die Epoche der dritten Raumauffassung. Der Raum ist nicht mehr ein abgeschlossener Behälter, sondern er wird zur Zone. Damit erfährt auch die Beziehung zwischen Innen- und Außenraum einen Wandel. Der offene Raum, zum Beispiel definiert durch Stützen, existierte auch schon bei den Griechen und Römern. Dort ist er aber nur zusammen mit einem geschlossenen Raum zu finden, als Verbindungsstück zwischen diesem und dem Außenraum und diesem auch immer untergeordnet. Der offene Raum, als primäres Element, als Zone, ist eine Erfindung der Moderne.

In der Architektur der alten Ägypter spielte der Innenraum eine sekundäre Rolle, Dies geschah nicht, wie oft behauptet, nur aus technischen Gründen (5). Die Ägypter benutzten das Rundbogengewölbe schon im 18. Jahrhundert v. Chr., allerdings nur dort, wo es räumlich nicht in Erscheinung trat: zur Befestigung von Fundament und Mauerwerk. Sicher wären sie imstande gewesen, das menschliche Maß zu sprengen und damit eigentlichen Innenraum zu schaffen. Dies war aber nicht ihre Absicht. Ihre Architektur hatte immer auch einen symbolischen Gehalt: sie entwickelte sich aus dem Wunsch, den Kosmos zu repräsentieren. Die Ägypter glaubten an das Leben nach dem Tode, und die Art, wie sie den Innenraum behandelten, spiegelt die Auffassung, daß der Mensch immer unterwegs sei und nie an ein Ende kommt. Jeder Innenraum war somit nur ein Schritt einer ewigen Wanderung und konnte deswegen auch keine spezielle Bedeutung haben (vgl. Kapitel 7.5).

In der altgriechischen Sprache existiert kein eigentliches Wort für Raum. Raum wurde als »das Dazwischen« bezeichnet, die raumdefinierenden Elemente waren wichtiger als der Raum selbst. Für Aristoteles war Raum der Inhalt eines Gefässes. Diese Auffassung schloß eine einheitliche Einstellung zum Raum aus. Raum war pluralistisch und hing von den ihn umgebenden Elementen und von seiner Funktion ab. Diese Einstellung zum Raum hing auch mit dem Wunsch nach Wiedervereinigung von Natur und Mensch zusammen. Diese beiden Faktoren bewirkten, daß der Innenraum in der griechischen Architektur keine primäre Bedeutung hatte.

Abb. 134: Artemision, 6. Jh. v. Chr., Ephesos, Griechenland

Die Epoche der zweiten Raumauffassung begann mit den großen Bauten der Römer und reichte bis ins 19. Jahrhundert. Raum war ausgehöhlter Innenraum und wurde so zum wichtigsten Element der Architektur. Im alten Rom fand diese Entwickung einen ersten Höhepunkt in den räumlichen Gebilden der Thermen (Abbildung 135). Ihre Konstruktion war nur dank entscheidender technischer Verbesserungen am Gewölbe möglich: Diese wurden nicht mehr aus großen behauenen Steinen zusammengesetzt, sondern mit Hilfe einer Mischung von spezieller Mörtelart und Backsteinen in einem Guß hergestellt (6). Dadurch wurde eine vorher nie gekannte Festigkeit erreicht, und das Gewicht der Konstruktion konnte beträchtlich verringert werden.

Auch der Außen- oder Umraum gewann an Bedeutung. Das römische Reich war aufgeteilt in vier Teile, die alle einer generellen Ordnung unterstanden, mit der Hauptstadt Rom als Mittelpunkt. Diese Ordnung galt auch für Städte und Gebäudegruppen und regelte deren Beziehung untereinander (vgl. Abbildung 95, 96, 414, 415).

Abb. 135: Diokletians Thermen, ca. 300 n. Chr., Rom (nach E. Paulin)

Innerhalb der neuen Raumauffassung entwickelten die Römer zwei grundlegend verschiedene Raumformen, die in der weiteren Entwicklung eine entscheidende Rolle spielen: den Zentralraum und den Longitudinalraum. Beide Formen existierten schon vorher, nie aber als ausgesprochene Innenräume.

Der reinste römische Zentralbau ist das im 2. Jahrhundert erbaute Pantheon: eine Halbkugel liegt auf einem Zylinder, dessen Höhe gleich dem Radius der Kugel ist, so daß dem Raum eine Kugel einbeschrieben werden kann (Abbildung 136). Die Vorhalle paßt formal nicht zum Hauptraum und wurde wahrscheinlich erst später hinzugefügt (7). Norberg-Schulz mißt diesem Vorbau aber eine besondere Bedeutung zu: die Achse des Eingangs führt durch den Zentralraum zu einer Apsis auf der dem Eingang gegenüberliegenden Seite. Im Zentralraum ist die Achse nicht mehr spürbar. Sie stellt den Weg der Geschichte dar, die sich im Rundbau mit der kosmischen Ordnung verbindet. Damit gibt sie dem Menschen das Gefühl des göttlich inspirierten Eroberers, der nach einem kosmischen Plan Geschichte macht (8).

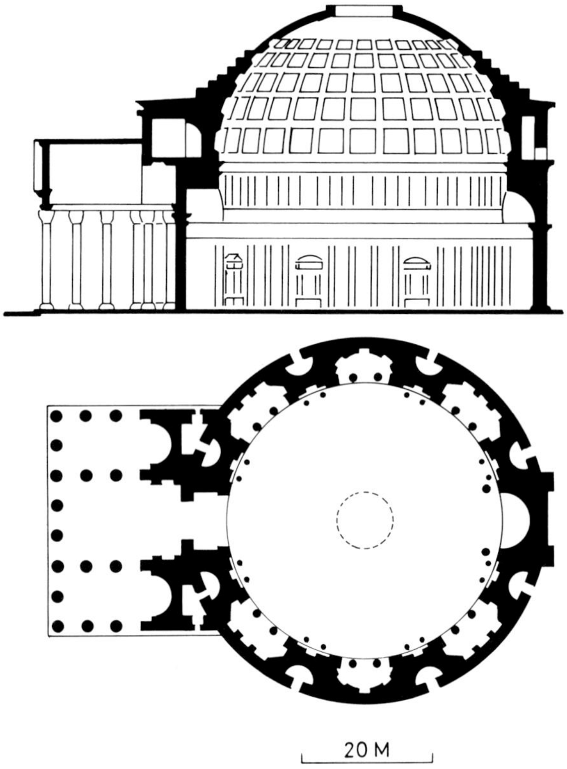

Abb. 136: Pantheon, 120 n. Chr., Rom, Italien

Der Grundtyp des Longitudinalraumes ist die römische Basilika, deren Anfang bis ins 2. Jahrhundert v. Chr. zurückreicht (9) (Abbildung 137). Sie war ursprünglich ein rechteckiger Versammlungsraum. Für die Anordnung des Einganges bestanden zwei Möglichkeiten: er befand sich an einer Längs- oder an einer Breitseite. Der zweite Typ wurde zur Urform der christlichen Kirche.

Nach dem römischen Zeitalter wurde in Europa die Sakralarchitektur für Jahrhunderte zum eigentlichen Träger der Baukunst, deren beide Hauptmotive Zentral- und

Abb. 137: Basilika Ulpia, 113 n. Chr., Rom, Italien

Longitudinalraum waren. Das Christentum, als Philosophie des Jenseits, konnte die Grundlagen seiner Architektur weder aus der Natur noch aus der Geschichte oder aus menschlichen Phänomenen herleiten, sondern nur aus ihrem Inhalt: ein Versprechen der Erlösung und dem Weg dazu, symbolisiert durch ein Zentrum und einen Weg. Mit dem Auflösen der Wand und einer besonderen Lichtführung wurde der kirchliche Innenraum zum spiritualisierten, der Wirklichkeit entrückten Raum.

Im 4. Jahrhundert n. Chr. wurde durch Kaiser Konstantin in seinem oströmischen Reich ein neuer Anfang mit einer neuen Ordnung, auf der Basis des Christentums, gemacht. Dementsprechend gingen die Entwicklungen in Ost und West auseinander: die frühchristliche Architektur im Osten übernahm als Grundtyp das Konzept des Zentralraumes, die Baukunst im Westen den Longitudinalraum. Vielleicht kann diese Wahl mit der Tatsache begründet werden, daß in Rom das Christentum 250 Jahre um seine Existenz kämpfen mußte, im Osten aber seinem Ziel mit der Gründung einer neuen Hauptstadt durch einen dem Christentum wohlgesinnten Kaiser näher gerückt war und so die Bedeutung des Weges an Wichtigkeit verlor (vgl. Abbildung 145).

Einer der ersten Versuche, die beiden Grundtypen zu vereinen, war die Geburtskirche in Bethlehem, 333 n. Chr. (Abbildung 138). Die Verbindung beschränkte sich hier auf ein bloßes Nebeneinanderstellen: ein Langhaus mit einem angehängten achteckigen Zentralbau. Diese Verbindung verdeutlicht aber klar die christliche Idee des Weges hin zum Ziel.

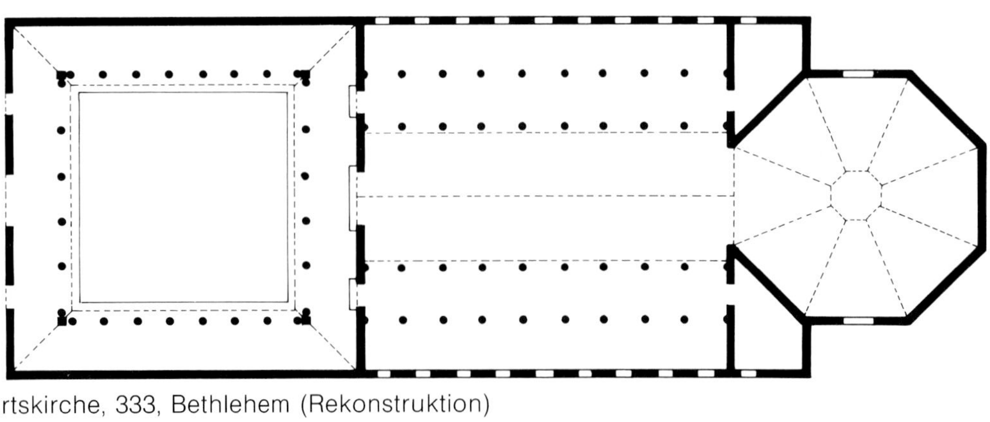

Abb. 138: Geburtskirche, 333, Bethlehem (Rekonstruktion)

Der Höhepunkt der oströmischen oder byzantinischen Architektur war der Bau der Kirche Hagia Sophia in Konstantinopel (Abbildung 139, 140). Dieser Gebäudetyp hatte später einen prägenden Einfluß auf die islamische Architektur. Durch das Anhängen zweier Halbdome an den mittleren Zentralraum wird der Kirchenraum gerichtet, wird somit zu einer Mischung von Zentral- und Longitudinalraum. Durch das optische Ablösen der Hauptkuppel mittels eines Fensterbandes und durch das Auflösen der Querwände mit Hilfe von Öffnungen erhält der Raum etwas Unwirkliches, Weltabgerücktes. Damit wurde im byzantinischen Stil der statische Maßstab gesprengt: der Kräfteverlauf ist nicht mehr ablesbar und somit auch nicht mehr verständlich. Die römische Architektur setzte den menschlichen Maßstab außer Kraft, ließ aber die statische Ablesbarkeit in Takt (10). Die konstruktive Meisterleistung der Hagia Sophia entstand nicht ihrer selbst willen. Zuerst war der Wunsch, den Himmel auf Erden abzubilden. Um diese Idee zu verwirklichen, wurde nach einer bautechnischen Lösung gesucht, die dann mit der optisch abgelösten Kuppel gefunden wurde. Der Hofpoet des oströmischen Kaisers Justinian, der die Kirchen erbauen ließ, schrieb über deren oberen Abschluß: »... und über allem erhebt sich die große Kuppel in die ungreifbare Luft und umschließt die Kirche wie ein strahlender Himmel« (11). Der Zentralraum und seine Idee der Mitte wurde bei der Hagia Sophia beibehalten. Im Gegensatz zu allen vorhergegangenen Zentralbauten ist der Raum hier aber nach außen gerichtet. Im Pantheon sind alle Kräfte auf die Mitte zu gerichtet, in der Hagia Sophia gehen sie alle von der Mitte aus. Damit war noch kein Bezug zwischen innen und außen geschaffen, dieses Umdrehen der Orientierungsrichtung bildete aber die Grundlage dafür.

Das Vorbild der frühchristlichen Longitudinalkirche im Westen ist die römische Basilika. Dieser Typ wurde nicht nur von den Christen übernommen: verschiedene heidnische Sekten bauten ihre Kulträume nach diesem Vorbild (12). Dies ist umso verständlicher, wenn man bedenkt, daß das frühe Christentum in Konkurrenz mit diesen Sekten während drei Jahrhunderten um die Gunst der Anhänger warb.

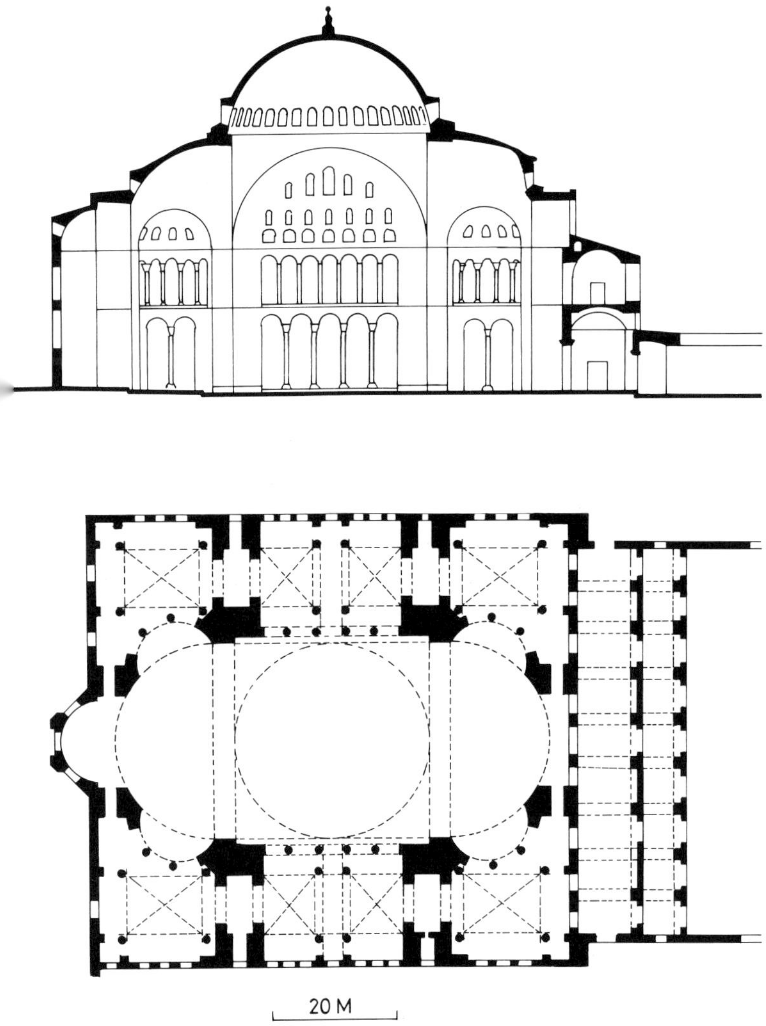

Abb. 139: Kirche Hagia Sophia, 537, Konstantinopel (heute Istanbul, Türkei) (Schnitt und Grundriß)

Abb. 140: Kirche Hagia Sophia, Innenansicht (Lithographie von Gasparo Fossati)

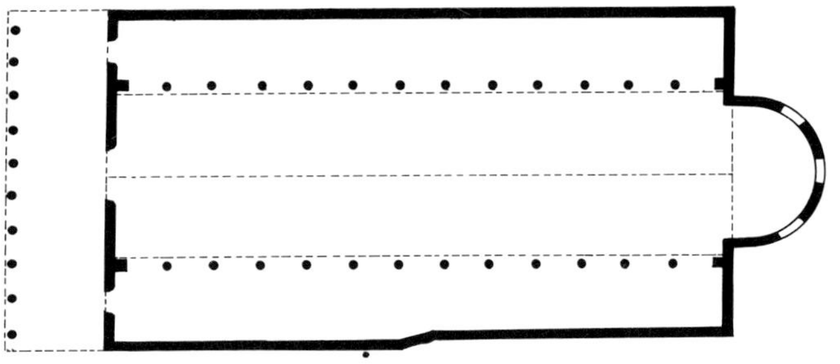

Abb. 141: Kirche Santa Sabina, 430, Rom, Italien

Eines der besten Beispiele einer frühchristlichen Langkirche ist Santa Sabina in Rom (Abbildung 141). Der Bau besteht aus einem längsgerichteten Hauptschiff mit zwei Nebenschiffen und einer Apsis, ein verkümmerter Zentralbau, der die Idee des Zieles symbolisiert.

Kirche San Marco, 1094, Venedig, Italien

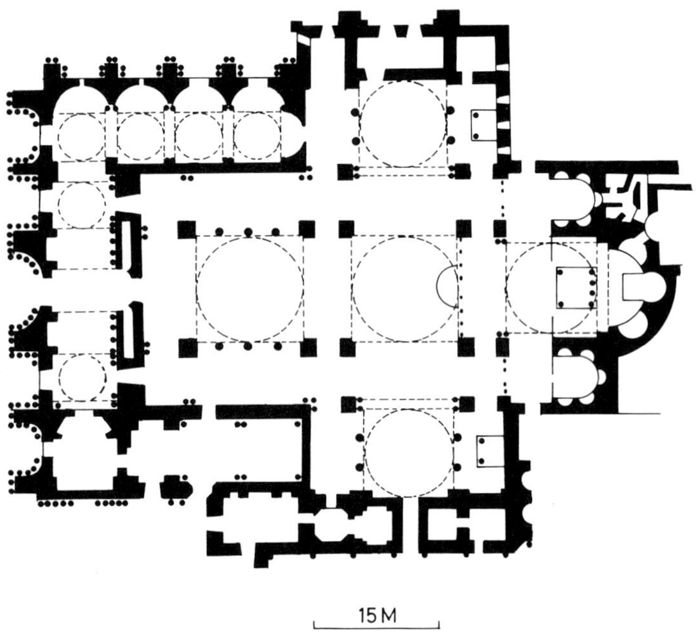

Abb. 142: Grundriß

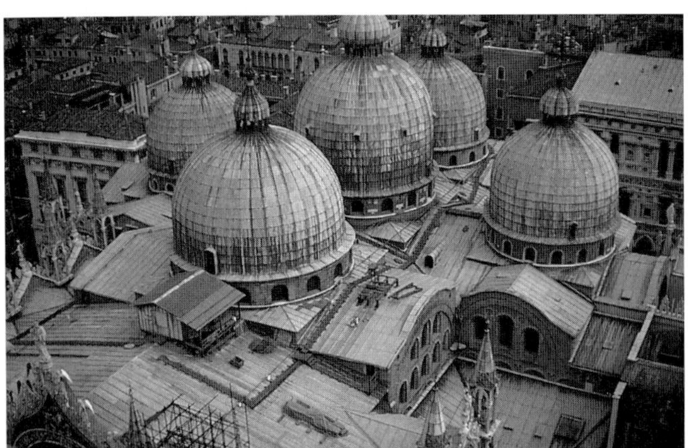

Abb. 143: Dachansicht

Eine weitere wichtige Entwicklung der frühchristlichen Architektur, nebst Zentralraum in Byzanz und Longitudinalraum im weströmischen Reich, ist die Mischung der beiden zu einem kreuzförmigen Grundriß. Der beste Repräsentant dieses Typs unter den heute noch existierenden Kirchen ist San Marco in Venedig (Abbildung 142, 143, 144). Die heutige Kirche wurde im 11. Jahrhundert erbaut, auf den Fundamenten einer älteren Kirche, die wiederum eine Kopie der heute zerstörten Kirche der Heiligen Apostel in Konstantinopel aus dem 6. Jahrhundert, also aus der Zeit des Kaisers Justinian, war. Das Konzept des kreuzförmigen Grundrisses mit fünf Kuppeln stammt also aus dem 6. Jahrhundert. In der Hagia Sophia, die auch unter Kaiser Justinian entstand, war die Längsrichtung weniger wichtig als die Idee des Zentralen Raumes. Bei San Marco sind die beiden sich kreuzenden Schiffe genauso wichtig wie die fünf zentralen Kuppeln, die zusammen ein Kreuz bilden und die zentralistische Idee damit noch verdeutlichen (vgl. Abbildung 145). Auch hier erhellt das Licht durch hochliegende Fenster den oberen Teil des Kirchenraumes, läßt den Menschen unten im Halbdunkeln und gibt dem Ganzen eine vergeistigte Dimension.

Abb. 144: Innenansicht

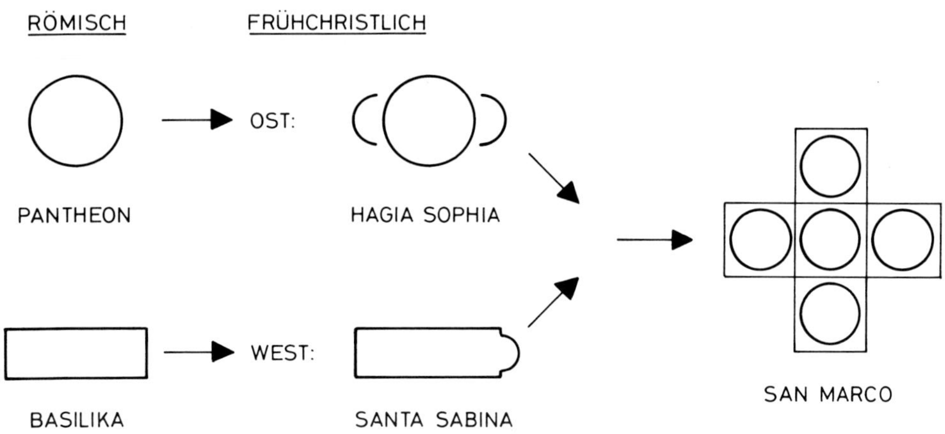

Abb. 145: Die Entwicklung von Zentral- und Longitudinalraum hin zur kreuzförmigen Mischung

Im Gegensatz zur frühchristlichen Architektur, die sich nach innen wendete, um Gott zu suchen, ist das romanische Konzept das eines Menschen, der versucht, Gott auf Erden zu bringen (13) (Abbildung 148). Dies wird bei der Einstellung zum Raum deutlich: der frühchristliche Raum mit seiner vergeistigten Unwirklichkeit wird zu einem gegliederten Raum mit einer klaren Ordnung gewandelt. Dies wird vor allem durch die Einteilung des Langschiffes in Joche erreicht, womit der Bau den Charakter eines Skelettbaus erhält und den Raum mit einem Rhythmus versieht, der ihn dem menschlichen Maß wieder näher bringt (vgl. Abbildung 147). Der Mensch ist nicht mehr nur ein staunender Zuschauer, er wird einbezogen und soll ein Teil des Systems werden. Eine gewisse Massivität der romanischen Bauten widerspricht dem Gesagten, sie entstand in Anlehnung an den Burgenbau und aus dem Bedürfnis nach Schutz. Die Steingewölbe, die die Holzdecken ablösten, unterstützen die Geschlossenheit und

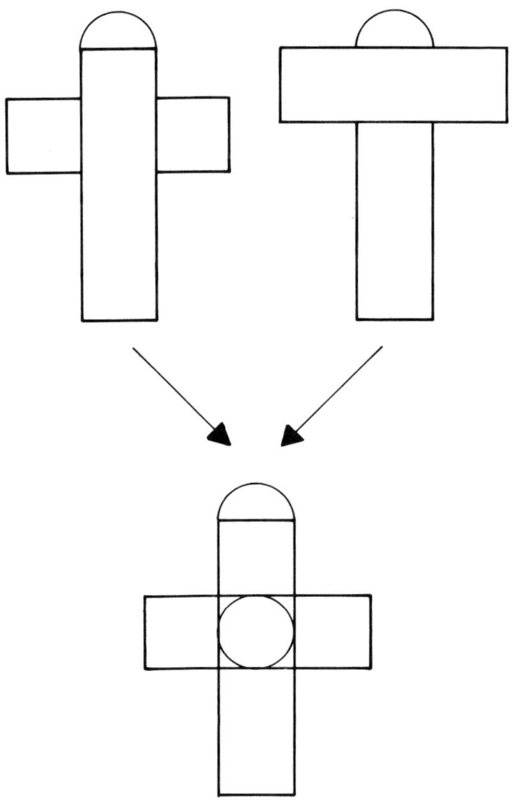

Abb. 146: Die Mischung der beiden Grundtypen der Querschiffanordnung führt zur Vierung und damit zu einer gewissen Zentralität

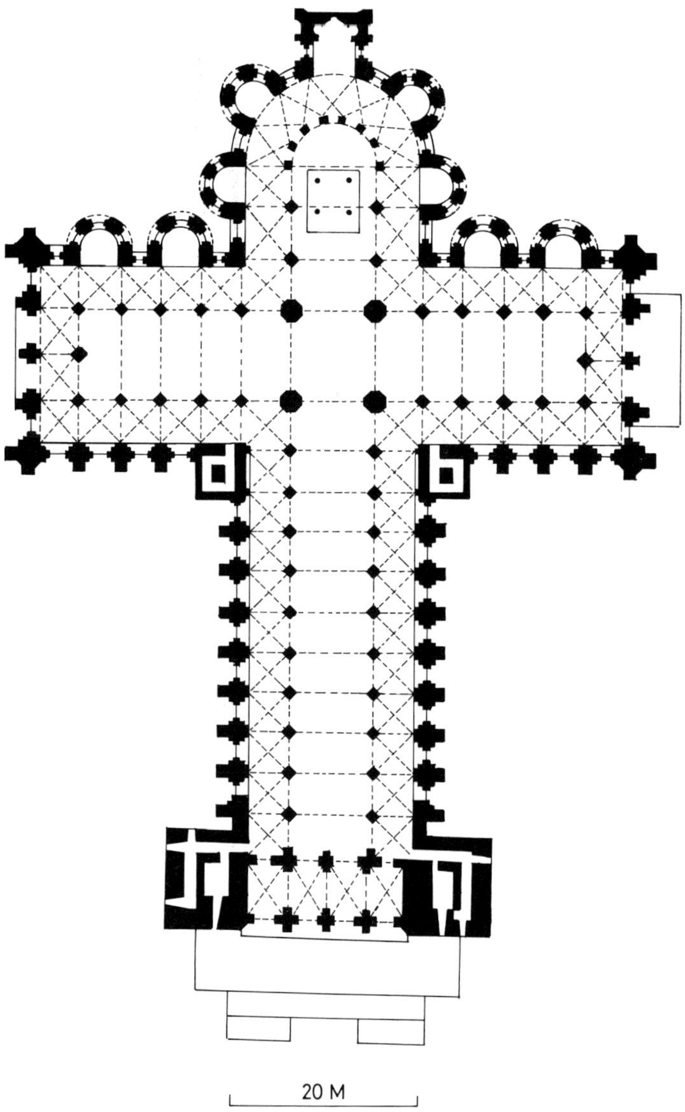

Abb. 147: Kathedrale, 11. und 12. Jh., Santiago de Compostela, Spanien

Einheitlichkeit, gleichzeitig verhinderten sie eine Zerstörung durch die verheerenden Feuersbrünste und sorgten für eine bessere Akustik.

Der romanische Kirchenraum ist ein Longitudinalraum. Die Längsrichtung wird nur durch das Hinzufügen eines Querschiffes unterbrochen, wobei dies auf verschiedene Arten geschehen kann: ein durchgehendes Querschiff wird zwischen Chor und Längsschiff geschoben, oder das Querschiff ist kleiner als das Hauptschiff und wird diesem beidseitig angehängt. Die typische romanische Form ist eine Mischung dieser beiden Varianten: Haupt- und Querschiff sind gleich hoch und bilden zwei sich durchdringende Räume (Abbildung 146). Dies führt zu einem kreuzförmigen Grundriß, den wir schon bei der Kirche San Marco getroffen haben und der auch hier zu einer gewissen Zentralität führt.

In der Romanik wird zum ersten Mal auch die Außenseite der Kirche wichtig: die Außenwand wird analog zum Innenraum strukturiert, und der Turm wird ein wichtiges formales Element. Diese Gestaltung des Außenbereiches ist in einer geistigen Öffnung begründet: die Kirche hatte eine ausstrahlende, missionarische Aufgabe, die auch formal und räumlich unterstützt werden sollte.

Während das romanische Raumkonzept mehr oder weniger einheitlich entlang der Pilgerstraßen verbreitet wurde, bestanden in der Gotik verschiedene autonome Strömungen, die aber alle auf dem selben Prinzip basierten. In der Romanik wurde versucht, Gott auf Erden zu bringen, die Gotik wollte einen Teil des Himmels auf Erden bauen (14) (Abbildung 148).

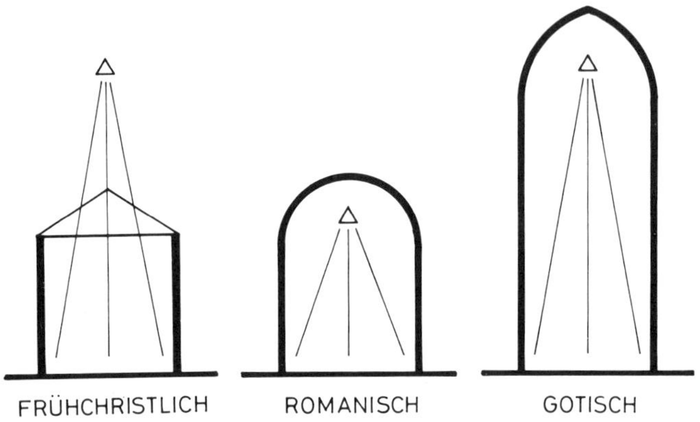

Abb. 148: Die drei Auffassungen über den Inhalt des Kirchenraumes. Frühchristlich: der Mensch auf Erden betet zu Gott im Himmel. Romanisch: Gott auf Erden bei den Menschen. Gotisch: Himmel auf Erden

Die Entmaterialisierung der Wand, die die frühchristliche Architektur mit einer speziellen Lichtführung wenigstens optisch zu erreichen versuchte, fand in der Gotik wirklich statt: die Wand wird transparent. Die Tragkonstruktion wird zu einem Skelett reduziert, das, soweit möglich, auf die Raumaußenseite verlegt wird (vgl. Abbildung 114). Die technischen Mittel dazu, Spitzbogen, Strebebogen und Rippengewölbe, sind keine Erfindung der Gotik; sie war es aber, die diese Elemente zusammenbrachte, verbesserte und in den Dienst ihrer Idee stellte (15). Das Verlegen der Konstruktion auf die Außenseite bewirkte im Innern eine starke Instabilität und damit eine Spannung. Im Gegensatz zur Romanik, wo der Kirchenraum durch die einzelnen Joche in Teile zerlegt wurde, wird in der Gotik die Einheit betont: das Kirchenschiff wird trotz Kreuzgewölbe wieder zur Einheit und auch im Außenbereich verschmelzen die Konstruktionselemente und der Turm mit der Kirche zu einer Einheit (Abbildung 149).

Abb. 149: Kathedrale, 13. Jh., Reims, Frankreich (Rekonstruktion von Viollet-Le-Duc)

Die beiden Grundthemen der Sakralarchitektur, Zentral- und Longitudinalraum, bestehen auch in der Gotik weiter, allerdings in abgewandelter Form. Durch das Öffnen des Kirchenraumes nach außen entstand eine Beziehung zur Umgebung, das heißt, zum ganzen städtischen Organismus, und die Kirche wurde damit selbst zum Zentrum, zum Mittelpunkt des urbanen Raumes. Der Langraum des Kirchenschiffes wird zum Endstück eines langen Weges, der beim Altar im Chor endet. Die letzte Etappe dieses Weges wird durch das große, einladende Kirchenportal signalisiert (Abbildung 150).

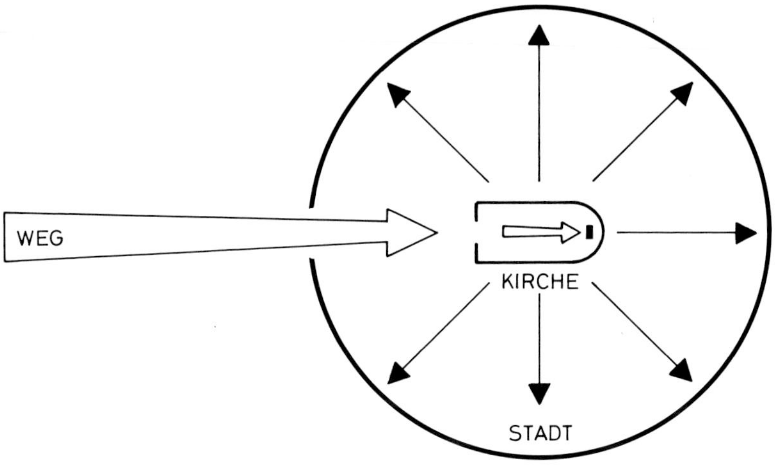

Abb. 150: Die gotische Kathedrale im urbanen Kontext, der Weg und das Zentrum

Die Renaissance ist die erste Stilepoche, die sich nicht nur ausschließlich im Sakralbau manifestiert. Neben der Kirche traten nun die reichen Kaufleute als Bauherren auf, und so fand der Stil auch bei profanen Bauten seinen Ausdruck. Florenz ist die Wiege der Renaissance, und hier konnte sich die neue Idee beinahe ein halbes Jahrhundert entwickeln, bevor sie sich über die Region ausbreitete. Nach der mittelalterlichen Dunkelheit besann man sich wieder des antiken Erbes, und der Mensch wurde wieder in den Mittelpunkt gestellt. Größe und Harmonie des antiken Altertums wurden wieder Ideale. Nikolaus Pevsner schreibt dazu: »Es entspricht dem Wesen einer blühenden Handelsrepublik, daß sie ihre Aufmerksamkeit nicht so sehr auf transzendente als vielmehr auf weltliche Ziele richtet, nicht auf Kontemplation und Mystik, sondern auf Aktivität und klare Vernunft« (16). Diesem Geiste entsprechend basiert die Raumgestaltung auf den Begriffen Klarheit, Logik, Harmonie und Proportion. Der Raum wurde nach elementaren geometrischen Prinzipien aufgebaut: Architektur wurde eine mathematische Wissenschaft, die die kosmische Ordnung darstellen sollte. Der Raum bestand aus Elementen, die mit geometrischen Mitteln zu einem Ganzen vereint wurden (Abbildung 151, 152).

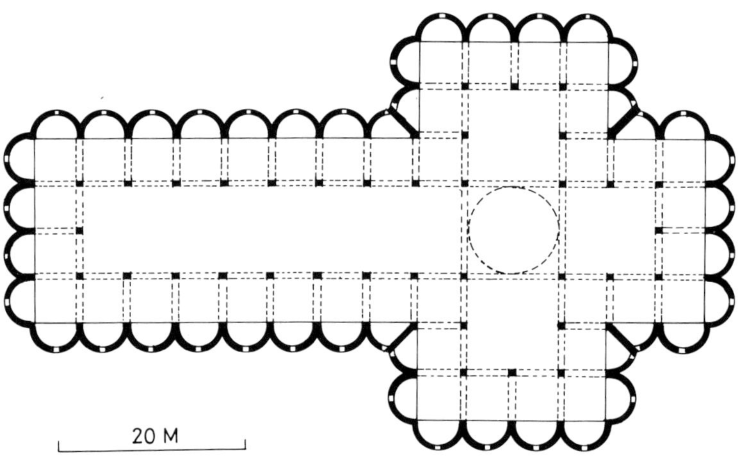

Abb. 151: Filippo Brunelleschi, Kirche Santo Spirito (Vorprojekt), 1436, Florenz, Italien

Am Anfang der Renaissance, zu Beginn des 15. Jahrhunderts, stand die Erfindung der perspektivischen Darstellung. Zum ersten Mal werden Gegenstände auf einer Fläche so dargestellt, wie sie wahrgenommen werden. Diese Darstellungsart zeigt das Objekt aber nur von einem bestimmten Blickpunkt aus, der Faktor der Bewegung ist somit ausgeklammert. Diese Erfindung, zusammen mit der neuen Auffassung über die Stellung des Menschen, macht klar, daß der Zentralbau eher der Renaissance entspricht als der Longitudinalraum. Der Mensch setzt sich selbst in den Mittelpunkt und versucht nicht mehr, sich dem überirdischen Göttlichen anzunähern. Zum ersten Mal in der Geschichte des Raumes wird der Mensch nicht mehr von diesem beherrscht, sondern umgekehrt wird die genaue Ordnung der Architektur für ihn sichtbar und ablesbar. Damit wurden, nach Bruno Zevi, die Fundamente zur Idee der modernen Architektur gelegt: von nun an diktiert der Mensch die Gesetze der Architektur und nicht umgekehrt (17). Göttliche Perfektion wurde nicht mehr im Jenseits gesucht, sondern sie manifestierte sich direkt in der Natur und somit im Menschen selbst. Damit entfiel auch die Notwendigkeit des Weges (Abbildung 152). Da sich der Zentralraum aber schlecht für die damalige Liturgie eignete, wurde das Konzept des Zentralraumes oft mit dem des Longitudinalraumes vermischt.

Harmonie und Gleichgewicht sind die Hauptmerkmale der Renaissance, Spannung und Zweideutigkeit sind die der darauffolgenden Epoche, des Manierismus, der damit zum Zwischenglied von Renaissance und Barock wurde. Der eher naive Glaube des Menschen an sich selbst und an seine Moral ging verloren, und an seine Stelle traten im 16. Jahrhundert Zweifel und Furcht.

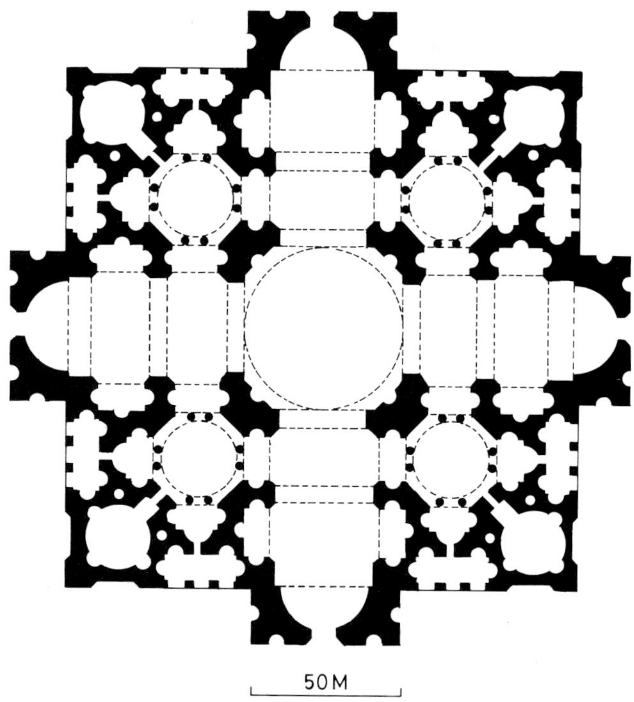

Abb. 152: Donato d'Angelo Bramante, Petersdom (Vorprojekt), 1506, Rom, Italien

Abb. 153: Michelangelo, Vorraum zur Bibliotheca Laurenziana, 1526, Florenz, Italien

Eines der besten Beispiele für die Widersprüchlichkeit im Manierismus ist Michelangelos Vorraum für die Bibliotheca Laurenziana in Florenz: Die »Fenster« sind keine, sondern nur Nischen, die Säulen tragen nicht, sie stehen zwischen massiven Wandteilen in Nischen. Die Funktion der einzelnen Teile wird bewußt ad absurdum geführt, der Kräfteverlauf ist nicht mehr ablesbar (Abbildung 153).

Die Klarheit der Renaissance wird im Barock endgültig aufgegeben: der barocke Raum ist voller Widersprüche und hat es darauf angelegt, unsere Sinne zu täuschen. Warum diese Täuschungen? Nikolaus Pevsner: »Die Antwort auf diese Frage ist aufs engste mit dem religiösen Bewußtsein jener Epoche verknüpft. Die höchste Realität der christlichen Kirche ist das Wunder der göttlichen Gegenwart, wie sie sich im Mysterium der Transsubstantiation bezeugt. Im 17. und 18. Jahrhundert – einer Epoche, in welcher die katholischen Dogmen, Wunder und Mysterien nicht mehr wie einst im Mittelalter unbedingt und von allen anerkannt wurden – war diese Realität zum Gegenstand eines heißen Ringens der Kirche geworden, eines Ringens, das sich am Widerstand der allenthalben in Erscheinung tretenden Häresie und Skepsis entzündete. Um die Abgefallenen zum Glauben zurückzugewinnen, um die Zweifler zu überzeugen, wollte die barocke Sakralarchitektur die Gemüter entflammen und bezaubern; um die Realität des Überirdischen sinnlich vor Augen zu führen, bedienten sich die Architekten des Barock der betörenden Schein- und Zauberwelt des Illusionismus« (18). Diese Erklärung scheint um so plausibler, wenn wir uns vor Augen halten, daß Galileo Galilei zu Beginn des 17. Jahrhunderts die moderne Physik begründete und damit das philosophische Gerüst der Kirche ins Wanken brachte.

Die Widersprüchlichkeit bezieht sich auch auf die beiden räumlichen Grundtypen des Sakralbaus: Zentral- und Longitudinalraum. Der Barock stellt die beiden nicht in eine Beziehung zueinander, sondern sie werden vermischt zur ovalen Form, die weder Weg noch Zentrum charakterisiert, sondern beide vereint (vgl. Abbildung 245). Der ovale Raum wird zur wichtigsten räumlichen Schöpfung des Barock. Die Elemente des Raumes sind nicht mehr klar erkennbar, so daß er bis ins Unendliche erweitert erscheint. Kolumbus und Magellan haben die Distanzbegriffe des Mittelalters gesprengt, und Otto F. Bollnow meint, daß im Barock dieser Rausch der Unendlichkeit seine letzte Steigerung findet: »Der Innenraum löst sich auf ins Unendliche, ohne dabei aufzuhören, Innenraum zu sein« (19).

Abb. 154: Balthasar Neumann, Kirche Vierzehnheiligen, 1772, bei Bamberg, BRD (vgl. Abbildung 246)

Nach dem Barockzeitalter begann eine Zeit grundlegender Umwandlungen: die Zeit der industriellen und sozialen Revolution. Diese Umwälzungen hatten aber zunächst keine Erneuerungen in der Architektur zur Folge, im Gegenteil, die Zeit bis ca. 1890 war die Zeit der Neo-Stile: von Neo-Klassizismus bis Neo-Barock wurde alles gebaut. Pevsner erklärt das so: »Angesichts der raschen Entfaltung von Technik und Industrie, angesichts der allenthalben aufschießenden Fabrikschlote und des überstürzten und formlosen Wachstums der Städte lag es nahe, daß der ästhetisch Empfängliche an dem Jahrhundert verzweifelte, das so viel des Häßlichen brachte und so viel des Schönen zerstörte – daß er sich in die Vergangenheit flüchtete, um Trost vor der verödeten Gegenwart zu finden« (20). Otto Wagner hatte eine ähnliche Begründung. Auch er war der Ansicht, daß Kunst im allgemeinen und Architektur im speziellen immer der Ausdruck einer jeweils geltenden Wertordnung sei. Dies war möglich, solange die Entwicklung langsam vor sich ging. Im 19. Jahrhundert, mit der Industrialisierung und all ihren Nebenerscheinungen, überstürzten sich die Ereignisse: »... die Ereignisse liefen schneller als jede Kunstentfaltung. Was war daher natürlicher, als daß die ›Kunst‹ in der Übereilung, das Versäumte nachzuholen, das Heil allerorten suchte und zu finden glaubte und daß deshalb so viele ›Künstler‹ beim Ertappen eines überlieferten Stiles das ›Heureka‹ ausriefen und für die von ihnen vertretene Ansicht begeisterte Jünger suchten und fanden« (21). Aber schon 1895 prophezeite Wagner: »Wir sind nahe dem Ende dieser Bewegung. Dieses häufige Abweichen vom breiten Wege der Nachahmung und Gewöhnlichkeit, dieses ideale Streben nach Wahrheit in der Kunst, diese Sehnsucht nach Befreiung: mit gigantischer Kraft dringen sie durch, alles den bestimmten Siegeslauf Hemmende vor sich niederreißend« (22).

Ein Grund für das »Veröden der Gegenwart« war sicher der Verlust des Gesamtkunstwerkes. Die Einheit der Künste ging im 19. Jahrhundert ganz verloren, jede Gattung ging ihre eigenen Wege und zwischen ihnen bestand kein Zusammenhang mehr. Damit wurde ein einheitlicher Stil, der alle Kunstgattungen umschlossen hätte, unmöglich. Diese Entwicklung wurde noch durch die Tatsache unterstützt, daß sich im 19. Jahrhundert die Bauaufgaben nicht mehr nur auf Kirchen- und Palastbauten konzentrierten. Der Anforderungskatalog an einen Baustil wurde dadurch größer und vielseitiger. Die Moderne versuchte dieser neuen komplexen Aufgabe dadurch gerecht zu werden, indem sie sämtliche Ansprüche auf den kleinsten gemeinsamen Nenner brachte: die Formenvielfalt wurde gestrafft und der Stil von allem »Unnötigen« gesäubert. Hans Sedlmayr weist hier eine Parallele zur französischen Revolutionsarchitektur nach: Ledoux verkündete auch die Gleichmachung aller Bauaufgaben, damals allerdings aus ideologischen Gründen. Vorrechte, etwa des Sakralbaus, bestanden seiner Meinung nach nicht mehr, und die Formensprache wurde reduziert auf einige wenige Grundformen, ähnlich wie später in der Moderne (23). Sedlmayr sieht in der Revolutionsarchitektur des 18. Jahrhunderts eine wichtige Quelle für die Entwicklung der Moderne überhaupt (24). Das Spektrum neuer Bauten, das nun vom Denkmal über Museen, Fabriken, Geschäftshäuser, Hallen, Theater bis zum Wohnhaus reichte, verlangte eine pluralistische Raumauffassung: mit den Hallen wurden große, multifunktionale Räume geschaffen, die Bürohäuser bestanden aus Raumeinheiten, die vertikal und horizontal addiert werden konnten, etc.

Die neuen Baumaterialien Stahl und Beton, die zunächst vor allem von den Ingenieuren für ihre Brücken- und Hallenbauten verwendet wurden, erlaubten ohne besonderen Aufwand Spannweiten, die weit über das bis dahin Bekannte hinausgingen. Stützen, die zusammen mit den Decken das Tragsystem bilden, machen eine freie Anordnung der raumtrennenden Elemente möglich. Der Kristallpalast, von Joseph Paxton für die Weltausstellung in London 1851 erbaut, war der erste Bau, der keinen Bezug auf irgendeinen vorhergegangenen Stil nahm (Abbildung 155). Das Gebäude, ein hundertprozentiger Skelettbau, bestand vorwiegend aus standardisierten und vorfabrizierten Teilen aus Glas, Eisen und Holz. Paxton war kein Architekt: ursprünglich betätigte er sich als Gärtner und befaßte sich dann mit dem Bau von Gewächshäusern.

Abb. 155: Joseph Paxton, Kristallpalast, 1851, London, Großbritannien

Abb. 156: Gustave Eiffel, Eiffelturm, 1889, Paris, Frankreich

Der Skelettbau ist nichts Neues: schon die griechischen Tempelbauten und die gotischen Kathedralen können als solche bezeichnet werden. Das Baumaterial Holz erlaubt gar keine andere Baumethode, ein System aus Stützen und Trägern ist hier die einzige materialadäquate Bauart. Die räumlichen Möglichkeiten dieses Systems wurden aber, zumindest in der westlichen Welt, bis in die Mitte des 19. Jahrhunderts nicht ausgenutzt.

Der Kristallpalast und der von einem Ingenieur 1889 in Paris für die Weltausstellung errichtete Eiffelturm (Abbildung 156) waren wichtige Vorzeichen in der Entwicklung hin zur dritten Raumauffassung (vgl. Abbildung 133), bei der Raum zur Zone wird und die klare Trennung zwischen innen und außen aufgehoben wird, zugunsten einer intensiven Durchdringung der beiden.

Der moderne Stahlskelettbau, mit seinen Wurzeln in den Spinnereigebäuden des 18. Jahrhunderts in England (vgl. Abbildung 200) und den Ingenieurbauten des 19. Jahrhunderts wurde vor allem bei den Hochhäusern der Schule von Chicago weiterentwickelt (vgl. Abbildung 157). Beton als Baumaterial war schon lange bekannt, doch bestand das Problem in der Schaffung monolithischer Verbindungen. Der Bauunternehmer François Hennebique patentierte 1892 dafür ein Verfahren, womit Skelettbau auch im Stahlbeton möglich wurde (25) (Abbildung 158).

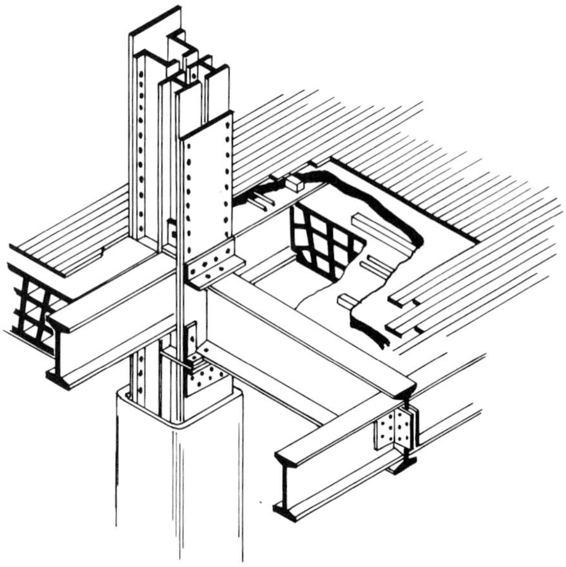

Abb. 157: William le Baron Jenney, feuerfeste Stahlrahmenkonstruktion, 1891, Chicago, USA

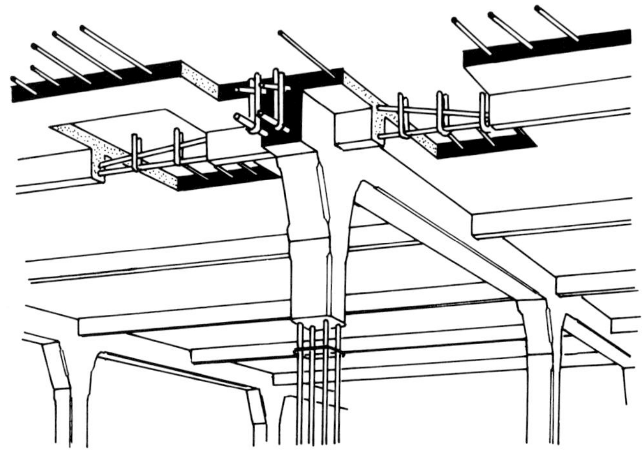

Abb. 158: François Hennebique, monolithische Stahlbetonverbindung, 1892

August Perret verwendete 1904 beim Haus Rue Franklin in Paris (Abbildung 202) zum ersten Mal im Wohnungsbau ein Betonskelett. Le Corbusier propagierte die Ideen mit seinem Domino-Haus 1914 (Abbildung 203) und verband damit vor allem den »plan-libre«, die freie Grundrißgestaltung. Nach Colin Rowe hat der Skelettbau nun eine Bedeutung erlangt, die derjenigen der Säule in der Antike gleichzusetzen ist (26).

Der Skelettbau wurde zum Katalysator des Internationalen Stils, der modernen Architektur schlechthin. Henry-Russel Hitchcock und Philip Johnson beschrieben seine Aufgabe und die Auswirkungen seiner Anwendung in ihrem Buch "The International Style„, für die gleichnamige Ausstellung im Museum of Modern Art in New York 1932 wie folgt: »Die heutigen Bauweisen verwenden als Tragsystem den Rahmen oder das Skelett. Dieses Skelett ist so, wie es vor der Verkleidung des Baus in Erscheinung tritt, jedermann vertraut. Ob das Tragwerk aus Metall ist oder aus bewehrtem Beton, aus der Entfernung wirkt es wie ein Gitter aus Vertikalen und Horizontalen. Zum

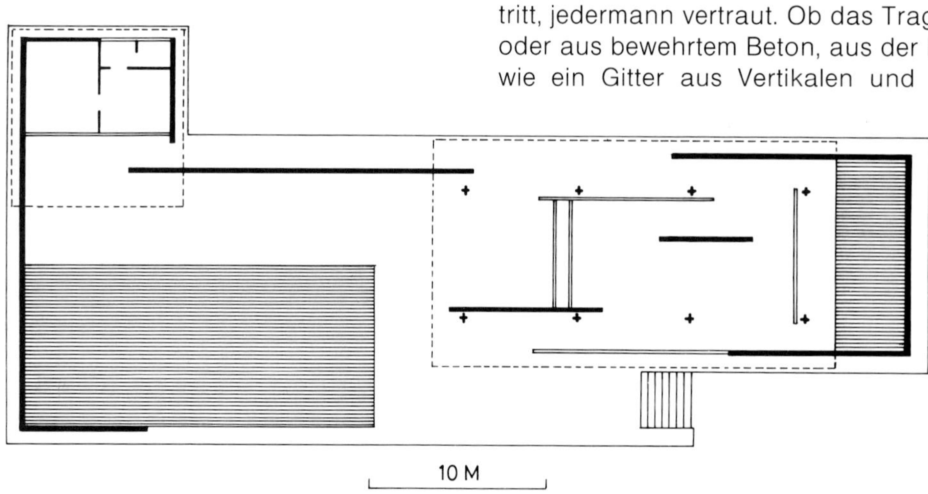

Abb. 159: Ludwig Mies van der Rohe, Barcelona Pavillon, 1929, Barcelona, Spanien

Schutz gegen die Witterung ist es notwendig, dieses Skelett in irgendeiner Weise mit Wandflächen zu schließen. Im traditionellen Mauerwerksbau waren diese Wände selbst die tragenden Bauteile. Jetzt sind die Wände eher untergeordnete Elemente, die wie dünne Scheiben in das Tragwerk eingepaßt sind oder es wie eine Haut umgeben. So gleicht das Gebäude einem Boot oder einem Regenschirm mit starker innerer Tragstruktur und einer kontinuierlichen äußeren Bedeckung. Bei den Bauten der Vergangenheit übernahm die Wand aus Mauerwerk gleichzeitig sowohl die tragende Funktion als auch den Witterungsschutz« (27).

Der in der New Yorker Ausstellung vorgestellte "Internationale Stil„ erschien nur für eine kurze Zeitperiode einheitlich. Die Moderne bestand nicht aus einem einheitlichen Stil wie etwa die Romanik. Henry-Russell Hitchcock verglich 33 Jahre nach der berühmten Ausstellung die Architekturgeschichte unseres Jahrhunderts mit einem

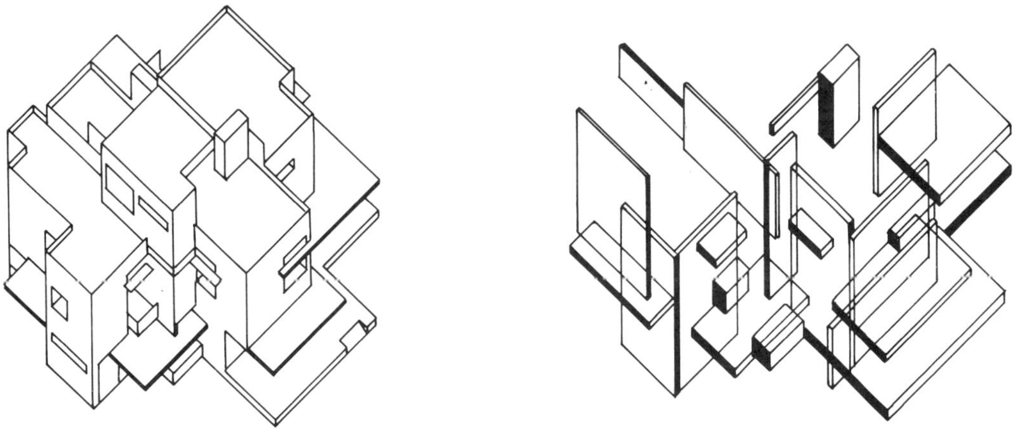

Abb. 160: Theo van Doesburg, Studie eines Hauses, 1923

Fluß, »der zuerst langsam floß, breit und frei, mit vielen Strudeln und Seitenarmen vor 1920, sich dann aber in den zwanziger Jahren zu einem engen Kanal zusammenzog, so daß das Wasser nach den physikalischen Gesetzen der Strömungslehre mit fast revolutionärer Gewalt vorwärtsschoß. Während der frühen dreißiger Jahre begann der Fluß sich zu verbreitern und wieder Mäander zu bilden« (28). Für ungefähr zehn Jahre war der Stil der

Die »Revolte gegen die Vernunft«:
Abb. 161: Frei, Otto, Dächer für Sportbauten, 1972 München, BRD (vgl. Abbildung 173, 275)

Abb. 162: Eero Saarinen, TWA Empfangsgebäude, 1962 New York, USA (vgl. Abbildung 230, 231, 239)
Abb. 163: Le Corbusier, Kapelle, 1950, Ronchamp, Frankreich (vgl. Abbildung 189, 235)

Moderne ziemlich einheitlich. Unter dem Einfluß verschiedener materialtechnischer Verbesserungen und neuer Technologien entstanden kubistische, konstruktivistische und expressionistische Strömungen. Diese Strömungen waren auch eine »Revolte gegen die Vernunft«, wie Pevsner es nannte (29) (vgl. Abbildung 161, 162, 163). Sie entstanden aus dem Suchen nach neuen Wegen.

Die »Revolte gegen die Vernunft« war ein Suchen nach Neuem und zugleich ein Eingeständnis, daß sich die moderne Architektur in einer Krise befand. Die sogenannte Postmoderne ist (oder war?) das vorläufige Ergebnis dieses Suchens. Sicher ist die Krise nicht nur mit formalen Änderungen zu überwinden. Auch eine neue Ideologie der Architekten wird nicht genügen. Die Ursachen liegen tiefer und betreffen nicht nur die Architektur allein. Die folgenden drei Punkte sind zu den Hauptursachen der Krise zu zählen: die schon erwähnte Trennung von Verstand und Gefühl, der Verlust des Gesamtkunstwerkes und das Fehlen einer Sprache.

Nachdem die Moderne einen Bruch mit sämtlichen vorangegangenen Stilen bedeutete, besinnt man sich in der Postmoderne wieder zurück an die fundamentalen Grundsätze früherer Epochen. Architektur soll nicht mehr nur reine, abstrakte, stereometrische Raumverhältnisse schaffen, sondern über ihre Funktion hinaus eine bildhafte, symbolische Aussage machen. Robert Venturi propagierte bereits in den Sechzigerjahren eine Abkehr vom »entweder oder« hin zum »sowohl als auch«.

Architektur muß nicht mehr eindeutig sein, sie kann auch Zweideutigkeiten und Widersprüche enthalten. Die Zweideutigkeit des Raumes, die man schon im Barock kannte, wird wieder aktuell (vgl. Abbildung 164).

Abb. 164: Charles Moore, Piazza d'Italia, 1979, New Orleans, USA

4.2 Raumarten

4.2.1 Mathematischer Raum und erlebter Raum

Raum, im Sinne des englischen »space«, kann in drei Kategorien unterteilt werden: der geografische Raum, der eigentliche Lebensraum und der architektonische Innen- oder Zwischenraum. Wahrnehmungsmäßig ist der erste in unserer Vorstellung ein abstrakter Raum, da er direkt nicht wahrgenommen werden kann. In unserer Vorstellung setzt er sich zusammen aus vielen Einzelinformationen, oder wir erkennen ihn über ein technisches Hilfsmittel: eine Karte oder ein Modell. Der Lebensraum ist ein halbabstrakter Raum: einige seiner Eigenschaften können wir direkt wahrnehmen, viele andere erfahren wir aus Einzelinformationen oder kennen sie gar nicht. Die dritte Raumart ist konkret wahrnehmbar: sie ist der direkt erlebte Innen- oder Zwischenraum, erkennbar an den ihn begrenzenden Elementen.

Häuser werden heute meistens mit Hilfe von Plänen gebaut. Der Architekt setzt seine räumlichen Ideen in eine zweidimensionale Planzeichnung um. Die Handwerker wiederum bauen, nach den Plänen, einen dreidimensionalen, materiellen Raum, der als solcher von jedem Betrachter direkt erlebt werden kann. Der Raum auf den Plänen, der sogenannte mathematische Raum, und der erlebte Raum unterscheiden sich grundsätzlich, sie sind keineswegs identisch. Ihren Zusammenhang beschreibt Bollnow folgendermaßen: »Dabei ergibt sich der mathematische Raum aus dem erlebten Raum, indem man von den verschiedenen konkreten Lebensbezügen absieht und das Leben auf ein bloßes Verstandessubjekt reduziert« (30). Im mathematischen Raum sind alle Punkte gleichwertig, jede beliebige Richtung kann zu einer Achse gemacht werden. Der erlebte Raum hat immer ein Zentrum, den Standort des Betrachters, und eine Achse, die mit der Körperhaltung des Betrachters zusammenhängt. Im erlebten Raum stehen die einzelnen Elemente in einer Beziehung zueinander: hinten, vorn, links, rechts, usw. Diese Beziehung ist gegliedert und hängt wiederum vor allem vom Standort des Betrachters ab, ist also subjektiv. Der erlebte Raum ist somit stark an den Betrachter gebunden und wird so von verschiedenen Menschen ungleich wahrgenommen, ja vom selben Betrachter, je nach seiner momentanen psychischen Verfassung, verschieden empfunden. Die sozio-psychologischen Aspekte spielen hier eine entscheidende Rolle (vgl. Kapitel 0.4).

Ein großer Unterschied zwischen mathematischem und erlebtem Raum besteht bei den Entfernungen: der empfundene Abstand zweier Punkte stimmt meistens nicht mit der gemessenen Distanz überein. So können zwei Zimmer verschiedener Wohnungen auf dem Plan nur durch eine Wand getrennt sein, empfindungsmäßig liegen sie aber meilenweit auseinander. Auch hier sind die sozio-psychologischen Aspekte entscheidend. Wie bereits zuvor gesagt, werden Distanzen in Richtung Stadtmitte kürzer empfunden als solche vom Zentrum weg, auch wenn sie mathematisch gemessen gleich lang sind. Trotz der Verschiedenheit von mathematischem und erlebtem Raum besteht eine enge Beziehung zwischen ihnen. Der belgische Maler und Architekt Georges Vantongerloo schrieb dazu: »Nach Archimedes ist die gerade Linie die kürzeste Strecke zwischen zwei Punkten. Raum ist nicht geometrisch, und ich bin sicher, daß Euklid sich dessen genauso bewußt war wie die ›Nicht-Euklidischen‹. Euklid wußte, daß seine Geometrie ein Instrument war und daß es in der Natur keine Geometrie gibt. Der Mensch schafft Geometrie a priori, fixiert gewisse Punkte, die er im Raum situiert. Vorne, hinten, links, rechts, oben und unten waren die ersten geometrischen Vorstellungen. Punkte im Raum vergegenwärtigen sich unseren Sinnen objektiv a priori, und um sie zu bestimmen, benötigt man eine Methode. Euklids Geometrie ist eine nützliche Methode um Dinge zu bestimmen, an die wir gewöhnt sind« (31).

4.2.2 Tagraum und Nachtraum

Wenn wir beim Betrachten des Raumes den Zeitfaktor miteinbeziehen, ergibt sich eine weitere Unterscheidung. Der mathematische Raum, seine Maße, sind zu jeder Zeit gleich. Beim erlebten Raum unterscheidet Bollnow zwischen Tag- und Nachtraum: »Der Tagraum hat für die Erfahrung des Raums einen Vorrang. Unsere geläufigen Raumvorstellungen sind dem Tagraum entnommen, und wenn wir den Nachtraum in seinem Eigenwesen erkennen wollen, müssen wir ihn zunächst vom Tagraum abheben« (32). Der Tagraum ist übersichtlich, Zwischenräume und Abgrenzungen sind erkennbar, der Raum hat, je nach Standort des Betrachters, eine Richtung. Der Nachtraum hat weder Ausdehnung noch erkennbare Tiefe oder Richtung und wirkt somit unbestimmt. Tag- und Nachtraum sind zwei Extreme, die sich durch die Art der Beleuchtung unterscheiden: der Tagraum ist mit Licht erfüllt, im Nachtraum herrscht Dunkelheit. Neben ihnen gibt es unzählige Zwischenstufen, denken wir nur an Dämmerung oder Nebel.

4.2.3 Privater Raum und öffentlicher Raum

Der mathematische Raum unterscheidet nicht zwischen privat und öffentlich. Beim empfundenen Raum ist diese Unterscheidung aber lebenswichtig. Der Mensch als »Herdentier« ist einerseits auf die Gemeinschaft angewiesen: der Kontakt mit seinen Mitmenschen ist die Voraussetzung für jede gesellschaftliche Beziehung. Anderseits braucht das Individuum aber auch private Abgeschlossenheit, Ruhe zur Besinnung und Erholung. Privater und öffentlicher Raum stehen in enger Beziehung zueinander, wobei die Polarität stets erhalten bleibt. Nach Hans Paul Bahrdt besteht eine proportionale Beziehung zwischen der Stärke der Wechselbeziehungen von privatem und öffentlichem Raum einerseits und dem städtischen Charakter eines Wohnquartiers andererseits. Je intensiver diese Wechselbeziehung, desto städtischer der Umraum (33).

Die Unterscheidung von privatem und öffentlichem Raum ist so alt wie die Geschichte des Städtebaus. Eines der wesentlichen Merkmale der mesopotamischen Stadt war eine hierarchische Bauordnung, die die monumentale öffentliche Architektur der anonymen privaten gegenüberstellte, durch betonte Kontraste in Maßstab, Proportion und Material (34).

Der Mensch bewegt sich zwischen privatem und öffentlichem Bereich hin und her. Der private Bereich ist der enge Raum des Wohnens und der Behausung. Konzentrisch darum angeordnet befindet sich der öffentliche Bereich, in den der Mensch vordringt.

Die Höhle gilt als Urtyp des privaten Raumes, die nach Norberg-Schulz mit der Säule zusammen ein Grundelement des Bauens überhaupt ist: »... daß die Säule ursprünglich als Repräsentant des Phallus errichtet wurde, während die Höhle die Gebärmutter, aus der das neue Leben entsteht, darstellt. Aus der Kombination beider ikonischen Elemente entstanden die ersten wirklichen Bauwerke« (35).

Das Wohnhaus als privater Raum bildet den festen Bezugspunkt des Menschen, es ist die subjektiv erlebte Mitte, der Ort, von wo der Mensch weggeht und wohin er immer wieder zurückkehrt. Wohnen bedeutet mehr als nur sich irgendwo aufhalten, wohnen heißt zu Hause sein. Heute scheint das auf Grund von ständigem Umziehen und Wohnungswechsel nicht mehr so selbstverständlich. Das Haus, in dem man geboren wurde, aufwuchs, lebte und starb, war der menschliche Urort von Anfang bis Ende. Bei vielen Völkern wurden den Toten kleine Tonmodelle von Häusern mit ins Grab gegeben, als Zuhause nach dem Tod, um die Kontinuität zu wahren (36). Vielerorts lebt diese Tradition auch heute noch fort, denken wir zum Beispiel nur an die hausartigen Gräber auf vielen italienischen Friedhöfen.

Der private Raum unterscheidet sich vom öffentlichen, indem er räumlich abgegrenzt ist und nur von speziell befugten Personen betreten werden darf. Wir sahen schon früher, daß beim Menschen ähnlich wie beim Tier unsichtbare Grenzen und Distanzen bestehen, die mithelfen, das Zusammenleben zu regeln. Im Gegensatz zu den privaten und öffentlichen Räumen, die stationär sind und vom Individuum nach Bedarf aufgesucht werden, sind die verschiedenen Territorien immer direkt auf den jeweiligen Standort des Menschen bezogen. Edward Hall unterscheidet vier verschiedene Raumzonen, die konzentrisch um jedes Individuum liegen: die intime Zone, die persönliche Zone, die soziale Zone und die öffentliche Zone (37). Dringt ein Mensch in die intime Zone eines anderen ein, so besteht enger Körperkontakt. Eine Annäherung bis auf diese Distanz geschieht meistens nur bei Menschen, die sich gut kennen oder miteinander kämpfen. Die Wahrnehmung geschieht nicht mehr primär über die visuellen Sinnesorgane, sondern mehr über Tast- und Geruchsinn. In der persönlichen Zone besteht ein direkter Kontakt zwischen zwei Personen, sie sprechen miteinander. Die soziale Zone liegt zwischen der persönlichen und der öffentlichen. Individuen in diesem Bereich haben nicht direkt miteinander zu tun, sie können sich aber auch nicht ganz ignorieren. Im öffentlichen Bereich besteht kein direkter Zusammenhang mehr zwischen den einzelnen Personen, sie haben nichts mehr miteinander zu tun und ihr Zusammentreffen ist rein zufällig. Wir können uns die verschiedenen Zonen wie konzentrische Kreise um jeden Menschen vorstellen. Die Distanzen vom Mittelpunkt bis zu den verschiedenen Kreisen können variieren, sie sind kulturbedingt und situationsabhängig. Befindet sich zum Beispiel ein Amerikaner im selben Zimmer mit einer anderen Person, so gebietet ihm die Höflichkeit, mit diesem Individuum Kontakt aufzunehmen, da sich für ihn ihre beiden persönlichen Zonen überlappen. Ein Engländer hingegen kann in der gleichen Situation sein Gegenüber wie Luft behandeln. Für ihn ist die persönliche Zone viel enger und er sieht deshalb keine Notwendigkeit, mit der anderen Person zu kommunizieren (38). Die räumlichen zwischenmenschlichen Beziehungen bewirken ein kompliziertes System von sich nähern, fliehen, ausweichen, umgehen usw. Der gebaute architektonische Raum darf deshalb nicht nur auf ein mathematisch festgelegtes Nutzungsprogramm Rücksicht nehmen, sondern er muß alle Arten dieser sozio-psychologischen Beziehungen fördern oder zumindest nicht verhindern.

4.2.4 Zwischenraum

Raum kann als ein Beziehungssystem zwischen den Dingen gesehen werden. Der Raum zwischen den Dingen, der Zwischenraum, ist nicht nur Leere.

Zwischenräume sind zum Erkennen von Objekten eine Notwendigkeit, ohne sie könnten wir keine eigenständigen Körper wahrnehmen. Sie spielen eine entscheidende Rolle für die Beziehung der einzelnen Elemente untereinander.

Sobald sich in unserem Blickfeld mehrere Gebäude befinden, besteht über ihren Zwischenraum eine Beziehung zwischen ihnen. Berühren sich die beiden, so wirkt das eine nur noch als Teil des andern, sind sie zu weit auseinander, so besteht keine Beziehung mehr. Der Zwischenraum sorgt für ein Verhältnis der einzelnen Gebäude zueinander und hat so auf die architektonisch gestaltete Umwelt einen entscheidenden Einfluß. Die Art des Zwischenraums wird von drei Faktoren bestimmt: Größe, Proportion und Form der Teile (Abbildung 167).

Auch hier sind die sozio-psychologischen Aspekte wichtig: ein Zwischenraum kann zum Beispiel einer Person schützend erscheinen, einer anderen aber eher bedrückend.

Der augenfälligste Zwischenraum im städtischen Bereich ist wohl die Straße, an der wir uns orientieren und die eines der prägnantesten Merkmale der Stadt ist (vgl. Abbildung 165, 166). Deshalb muß die Straße mehr sein als nur ein Raum für den Verkehr. Die Häuser, die den Straßenraum abgrenzen, müssen einerseits mit ihrer Hauptfassade die »Sprache« der Straße sprechen, das

Abb. 165: Kanal als Zwischenraum (Venedig, Italien)

Abb. 166: Straße als Zwischenraum (Sao Paulo, Brasilien)

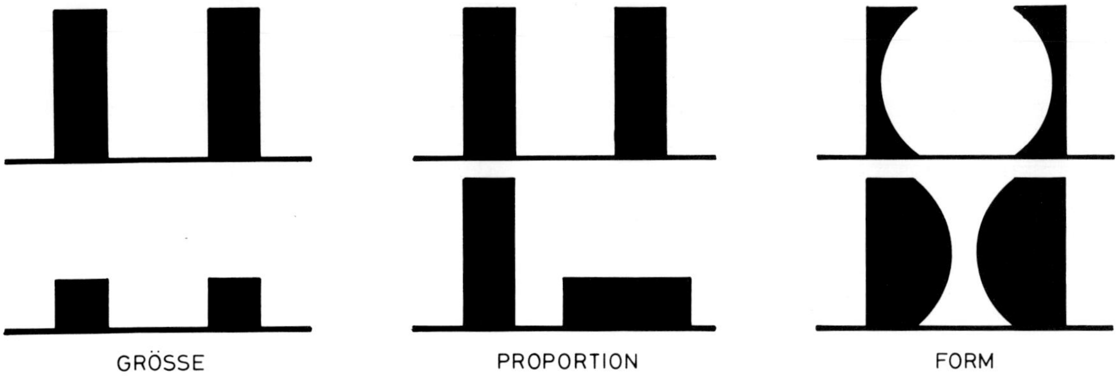

Abb. 167: Die drei Faktoren, die die Art des Zwischenraumes bestimmen: Größe, Proportion und Form der Teile

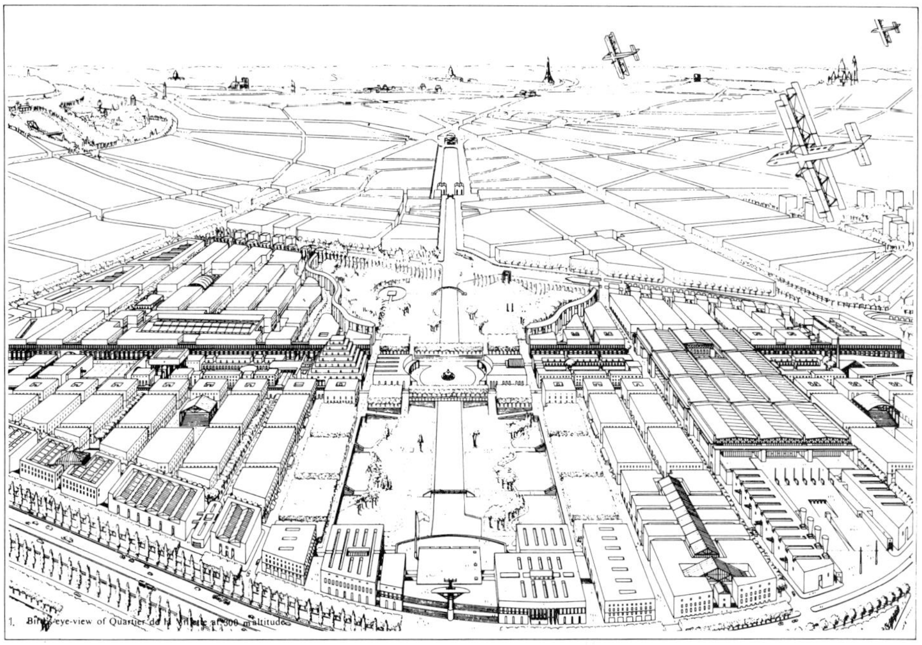

Abb. 168: Leon Krier, Wettbewerbsentwurf la Vilette, Paris, 1976

heißt, sich gewissen Gestaltungsregeln unterwerfen, andererseits aber auch ihre Eigenständigkeit ausdrücken.

Für den Platz, als zweite Art städtischen Zwischenraumes, gelten die selben Regeln wie für die Straße. Die Distanzbegriffe des Mittelalters waren im Barock nicht mehr gültig, der Raum wurde zumindest optisch erweitert bis ins Unendliche. So war es naheliegend, auch die Umgebung eines Bauwerkes in dessen Raumkonzept miteinzubeziehen. Der Zwischenraum wurde als vollwertiges dreidimensionales Gebilde akzeptiert und in die Planung integriert. Der Platz wurde mehr als nur ein notwendiger Nutzraum und seine Gestaltung wurde ein primäres Anliegen der Architektur.

Diese räumlich-formalen Aspekte hatten natürlich auch ideologische Hintergründe: die religiösen und weltlichen Herrscher der Gegenreformation und des Absolutismus wußten diesen Freiraum für ihre Zwecke zu nutzen. Der von Bernini gestaltete Petersplatz in Rom (vgl. Abbildung 248 und 315) diente auch dem Zweck, möglichst viele dem Papst huldigende Menschen zu versammeln und damit dessen Macht zu demonstrieren.

Die Postmoderne wertete die Straße und den Platz als öffentliche Freiräume wieder auf. Das städtische Leben sollte wieder mehr Bedeutung erlangen, und dazu war die Nachbarschaft, der öffentliche Raum, der geeignete Rahmen (vgl. Abbildung 168). Der öffentliche Raum wurde wieder zu einem Hauptanliegen der Planer. Charles Jencks schreibt: »Im Grunde ist dies eine Rückkehr zu einer alten und niemals perfekten Institution, dem öffentlichen Bereich – der Agora, dem Versammlungsplatz, der Moschee oder der Sporthalle, die den Raum für das Volk darstellen, wo es seine unterschiedlichen Ansichten über das Leben diskutieren und seine Gemeinschaft geltend machen konnte« (39).

Die Bedeutung des Freiraumes vor einem Gebäude wurde von großen Architekten nie unterschätzt. So unterscheiden sich zum Beispiel die Stadtpaläste von Palladio grundlegend; wenn sie an einer engen Straße liegen oder an einem Platz, ob vor ihnen Freiraum vorhanden ist oder nicht. Die Paläste, die an engen Straßen und auf langen schmalen Grundstücken liegen, brauchen einen Innenhof, um Licht und Luft ins Gebäudeinnere zu bringen. Bei der Fassadengestaltung spielt die horizontale Akzentuierung zur Betonung der Straßenkontinuität eine größere Rolle als die axiale Symmetrie, da diese in einer schmalen Straße sowieso nicht zur Geltung kommen kann. Der Grundriß ist an der Fassade nicht ablesbar.

Der Stadtpalast am Platz läßt sich eher mit Palladios Villen vergleichen als mit den Palästen an engen Straßen. Der offene Platz oder das offene Feld bei den Villen erlaubt eine ganz andere Betrachtungsweise. Die Proportionen der Fassade sind aus einiger Entfernung, von einem zentralen Standort aus, besser zu erkennen. Die Symmetrie, die der Erscheinung etwas Monumentales verschafft und so zu einer Machtdemonstration werden kann, wird besser erkannt und ist deswegen wichtiger. Im Palazzo Chiericati in Vicenza (Abbildung 170) wird die Symmetrie durch die vertikale Dreiteilung der Fassade und der damit verbundenen Betonung der Mitte noch unterstützt. Die überdeckte Veranda und die sie abschließende Säulenreihe verleiht der Fassade Tiefe. Damit greift der Freiraum des Platzes in den architektonischen Raum des Gebäudes und umgekehrt, Palast und Platz stehen einander nicht mehr anonym gegenüber, es besteht ein Dialog zwischen ihnen. Mit dieser Komposition hat Palladio bereits eine Grundidee des Barock vorweggenommen. Zusammenfassend unterscheiden sich die Palastbauten von Palladio, je nachdem, ob sie an einer engen Straße liegen oder an einem freien Platz, in vier Hauptpunkten (vgl. Abbildung 169, 170):

a) Während sich die Räume beim ersten Typ um einen licht- und luftspendenden Innenhof gruppieren, sind sie beim zweiten Typ nach außen orientiert. Der eine ist introvertiert, der andere extrovertiert.
b) Die Fassade des an der Straße liegenden Palastes betont eher die Horizontale und unterstützt somit die Straßenrichtung. Der Bau am Platz ist vertikal gegliedert.
c) Die Erscheinung des ersten Typs wird von einer translativen Symmetrie beherrscht, während der zweite Typ axialsymmetrisch geordnet ist.
d) Der Bau an der Straße zeichnet sich durch eine flächige Außenwand aus. Beim Gebäude am Platz ist die Fassade dreidimensional gegliedert und weist so Tiefe auf.

Ludwig Mies van der Rohe hat die Bedeutung des Freiraumes auch bei der Planung des Seagram Gebäudes in New York berücksichtigt. Durch das Zurücksetzen des Gebäudes von der Straßenfront entsteht ein Platz. Der Straßenraum weitet sich vor dem Gebäude zu einem großen Freiraum aus und ermöglicht dem Besucher eine frontale Annäherung an das Gebäude. Damit fügt sich der Bau nicht einfach in die Reihe der andern Hochhäuser entlang der Straße ein, sondern erhält durch seinen Vorplatz eine spezielle Stellung, die ihn von der Masse der andern Gebäude unterscheidet. Der Bau wird nicht mehr nur tangential erlebt wie die meisten andern Häuser in Manhatten, sondern der Besucher hat die Möglichkeit, frontal auf das Gebäude zuzugehen und so seine Größe voll zu erleben (Abbildung 175).

Das Seagram Gebäude wirkt auf den ersten Blick wie ein monolithischer Kasten, ohne Bezug zu seiner Umwelt. Mies van der Rohe hat aber, ähnlich wie Palladio, die beiden Räume, den des Gebäudes und den Freiraum des Platzes, miteinander verbunden. Das Eingangsgeschoß ist zurückgesetzt und läßt so den Außenraum in das Gebäude hineinfließen. Der Außenraum wird durch die transparente Glaswand bis zu dem massiven Erschließungskern erweitert. Die vertikalen Doppel-T-Profile in der Fassade greifen in den Außenraum und erzeugen so durch ihren Schattenwurf eine gewisse Tiefenwirkung der Fassade (Abbildung 176).

Abb. 169: Andrea Palladio, Palazzo Thiene, 1542, Vicenza, Italien

Abb. 170: Andrea Palladio, Palazzo Chiericati, 1550, Vicenza, Italien (vgl. Abbildung 283)

Abb. 171: Kaija und Heikki Siren, Pavillon, 1969, Lingonsö, Finnland

Abb. 172: Itsukushima-Schrein, 811, Miyajima, Japan

Der Einfluß des Materials auf den Charakter des Raumes:
Abb. 173: Frei Otto, Dach über Sportbauten, 1972, München, BRD (vgl. Abbildung 161, 275)
Abb. 174: Kenzo Tange, Sporthalle, 1964, Takamatsu, Japan

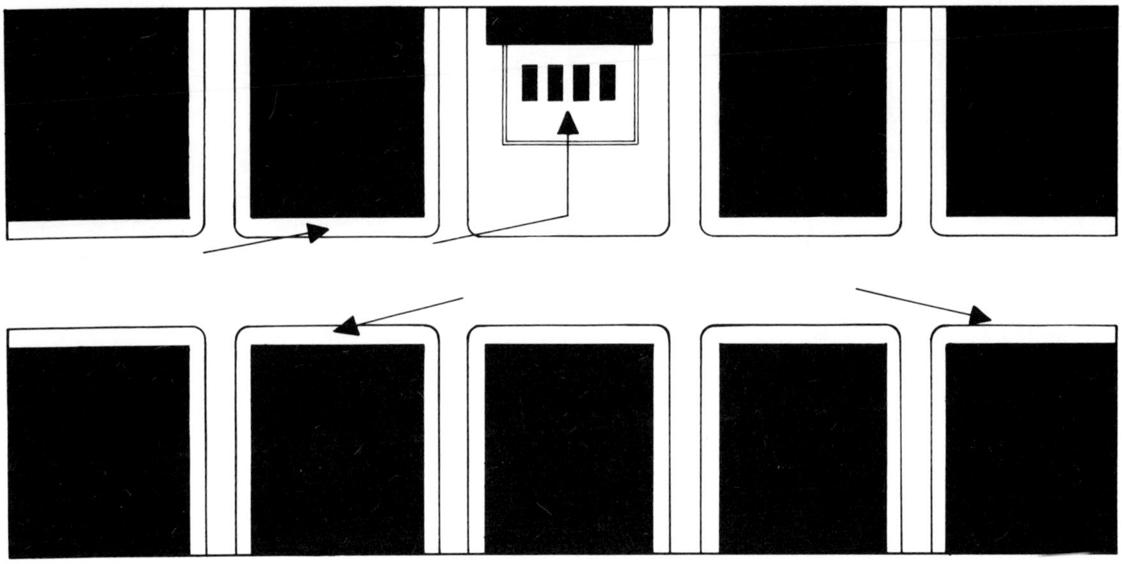

Abb. 175: Die Stellung des Seagram Gebäudes (Erdgeschoß) im Straßenraum von Manhattan (Ludwig Mies van der Rohe mit Philip Johnson, 1958)

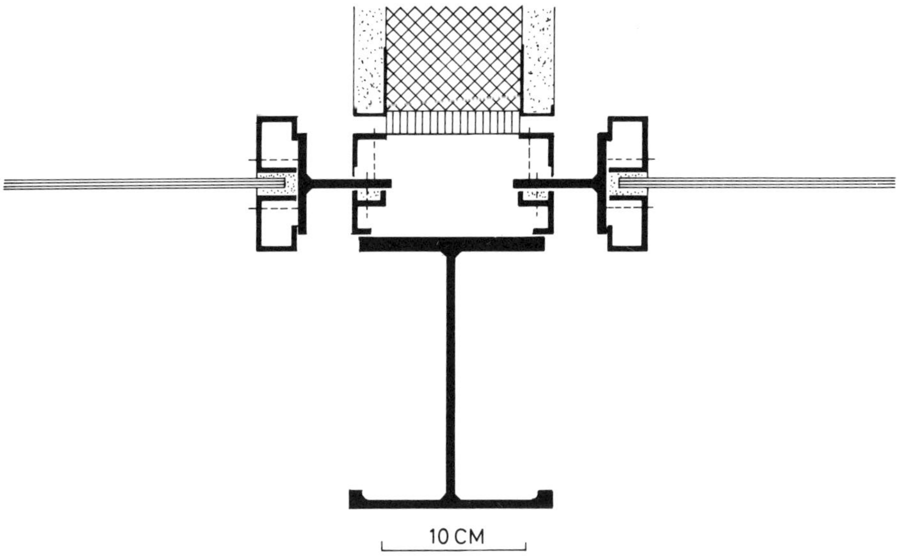

Abb. 176: Fassadendetail des Seagram Gebäudes (Ludwig Mies van der Rohe mit Philip Johnson, 1958)

4.2.5 Leere

Wo endet der Zwischenraum, wo beginnt die Leere? Die Art des Zwischenraumes hängt von Größe, Proportion und Form der ihn begrenzenden Elemente ab. Haben diese drei Faktoren keinen Einfluß mehr auf den Raum zwischen zwei Objekten, so kann dieser als Leere bezeichnet werden. Extreme Leere erleben wir dort, wo überhaupt keine Objekte mehr erkennbar sind, wie zum Beispiel bei kompletter Dunkelheit oder auf offenem Meer bei wolkenlosem Himmel. Im einleitenden Teil wurde dargelegt, daß beim Menschen Störungen auftreten können, wenn er keinen Wahrnehmungsreizen mehr ausgesetzt ist.

Leere als extreme Eintönigkeit, als Fehlen jeder Art von Wahrnehmungsreizen kann nicht nur auf dem Meer oder bei Dunkelheit auftreten, sondern auch in eintönigen Wohnquartieren wenn die einzelnen Gebäude so angeordnet sind, daß ihre Bezugsart Gleichförmigkeit steigert, und die Fassaden so gestaltet sind, daß sie praktisch keine Wahrnehmungsreize mehr abgeben. So ist keine Raumkoordination mehr möglich und es fehlt ein wirkungsvolles Bezugssystem. Der Mensch verspürt ein Gefühl von Eintönigkeit, von Verlassensein, von Leere. Das Problem der Leere war auch mit ein Grund, warum die Stadtmodelle der Modernen, wie etwa der »plan voisin« von Le Corbusier, im voraus zum Scheitern verurteilt waren (Abbildung 177). Die Bauten dieser Städte waren eigenständige Objekte, die raumverdrängend wirkten und so im Widerspruch zur Idee der traditionellen Stadt standen. Colin Rowe vergleicht die beiden Stadtmodelle: »... die eine eine Ansammlung von Hohlräumen in weitgehend ungegliederter Masse, die andere eine Ansammlung von Massen in weitgehend unberührter Leere, und in beiden Fällen unterstützt der jeweils maßgebende Grund eine völlig andere Kategorie der Figur – in einem Fall Raum, im andern Objekt« (40).

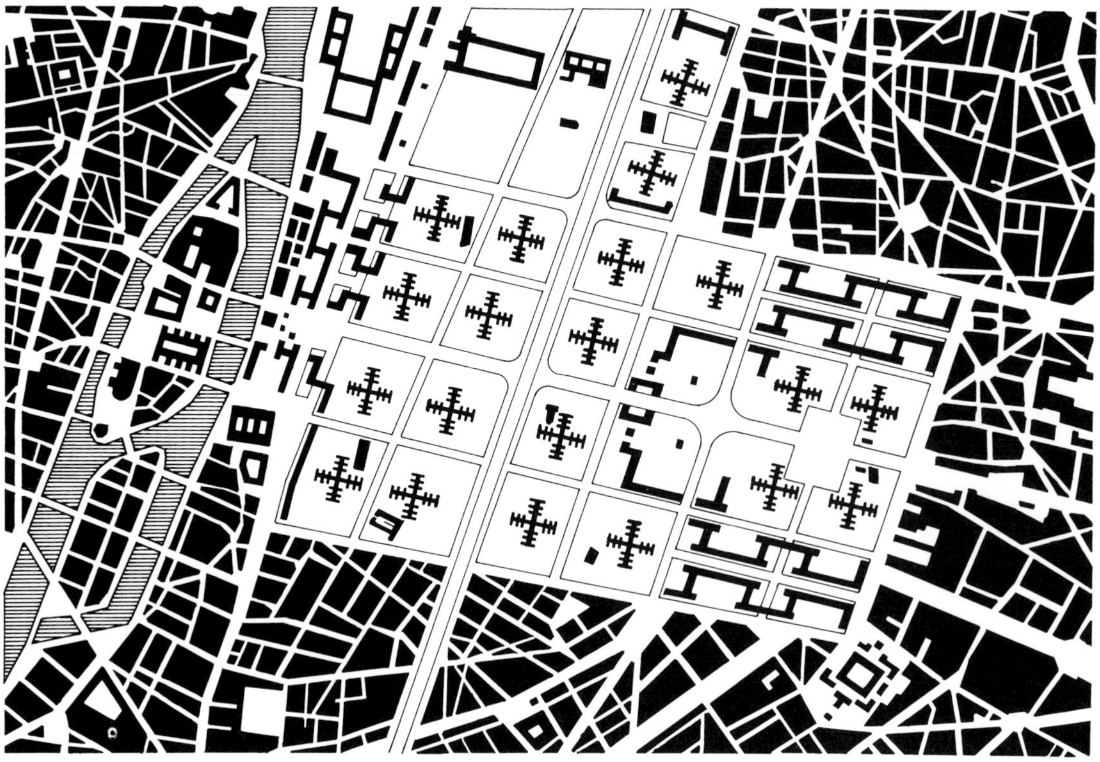

Abb. 177: Le Corbusier, »plan voisin«, 1925, Paris, Frankreich. Die eigenständigen Neubauten im zusammenhängenden Stadtkern von Paris (vgl. Abbildung 434, 435)

Durch das Schaffen eines Kräftefeldes im leeren Raum kann mit sehr wenig Aufwand Spannung erzeugt werden. Ein gutes Beispiel dafür ist der Zen-Steingarten des Ryoan-ji Tempels in Kyoto (Abbildung 178). In einem rechteckigen Feld von 9 Meter Breite und 23 Meter Länge stehen unregelmäßig verteilt einige Natursteine. Der Boden ist eben und mit Kies überdeckt. Das Feld wird dreiseitig von einer Mauer umschlossen. Der Hof ohne Steine wäre eintönig und leer. Durch die Formen der Steine und ihre Beziehung untereinander entstehen Kontraste und Ausgeglichenheit, die gleichzeitig Ruhe und Schönheit ausstrahlen, andererseits aber auch Spannung erzeugen. Trotzdem der Garten über 500 Jahre alt ist, kann sein Konzept mit dem der abstrakten Malerei verglichen werden.

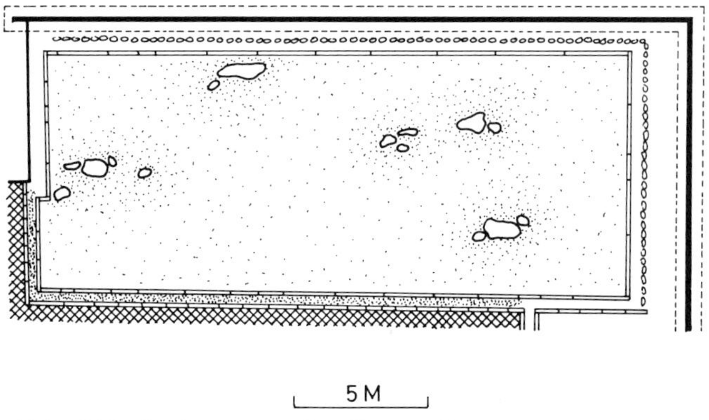

Abb. 178: Steingarten des Ryoan-ji Tempels, 1473, Kyoto, Japan

4.3 Elemente des Raumes

Jede menschliche Handlung hat einen räumlichen Aspekt. »Action takes place«, eine Handlung findet statt, sie braucht Raum.

Architektonischer Innenraum ist vom Menschen geschaffener Raum, der primär zum Schutz vor Natureinflüssen dient. Das heißt, aus der Umwelt wird ein Raum abgetrennt, so daß dieser vom Menschen besser kontrolliert werden kann, es entsteht Innenraum. Raum wird erkennbar durch die ihn begrenzenden Elemente, und sein Charakter hängt von der Art und der Organisation dieser Elemente ab. Louis I. Kahn: »Raum ist nicht Raum, wenn man nicht klar erkennen kann, wie er gemacht wurde« (41).

Die raumdefinierenden Elemente können verschiedenen Charakters sein: so ist das raumdefinierende Element eines Kugelraumes durchgehend gleich, der Innenraum ist nicht differenziert. Aus technischen und ökonomischen Gründen bestehen die meisten Innenräume aus horizontalen und vertikalen Elementen. Der Charakter eines rechteckigen Raumes ist differenzierter als der einer Kugel: der mehrseitig umschlossene Raum im Bereich der Ecken unterscheidet sich vom eher offenen Raum entlang den Wänden. Aus praktischen Gründen ist der Boden, als unterer Raumabschluß, horizontal. Variationen sind nur beschränkt möglich: Niveauunterschiede, Texturveränderungen, Materialwechsel. Die Beziehung der Bodenebene verschiedener Räume zueinander hat einen entscheidenden Einfluß auf den Charakter einer Raumkomposition. Oft ist der Boden das kontinuierliche Element, das in einer Raumfolge hilft, die einzelnen Räume miteinander zu verbinden. Umgekehrt kann ein Niveauunterschied raumtrennend wirken: so wird zum Beispiel in vielen Kirchen der Chorraum nur durch einige Stufen vom übrigen Kirchenraum getrennt. Eine Bodenfläche allein kann dann bereits eine Art Raum definieren: ein Territorium, einen Bezirk, eine Zone. Bei verschiedenen Naturreligionen, zum Beispiel im japanische Shintoismus, besteht ein heiliger Bezirk nur aus einer gekennzeichneten Bodenfläche, die durch einen symbolischen Inhalt eine spezielle Bedeutung erlangt (Abbildung 180).

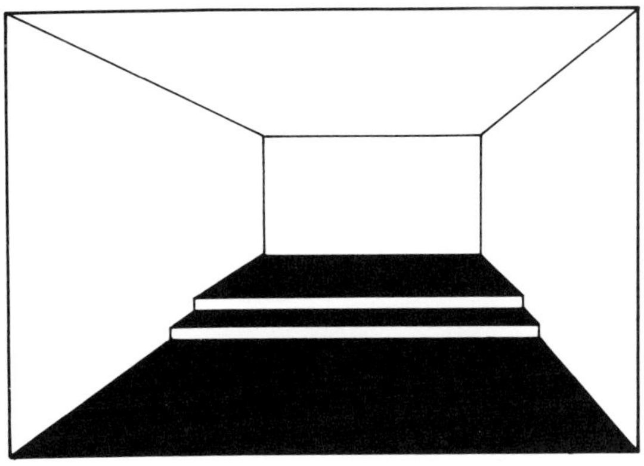

Abb. 179: Der Boden als raumdefinierendes Element

Abb. 180: Heiliger Bezirk, Ise, Japan

Die Decke oder das Dach als zweites horizontales raumabschließendes Element bildet den Raumabschluß nach oben. In einem mehrgeschossigen Gebäude ist die Decke auch Boden des darüberliegenden Raumes und muß deshalb horizontal sein. Ansonsten sind heute der formalen Art der Überdachung keine Grenzen gesetzt, ihre Form kann einen entscheidenden Einfluß auf den Gesamtcharakter eines Raumes ausüben (Abbildung 182). Ähnlich wie beim Boden kann mit Niveauunterschieden in der Decke der Raum in verschiedene Zonen unterteilt werden.

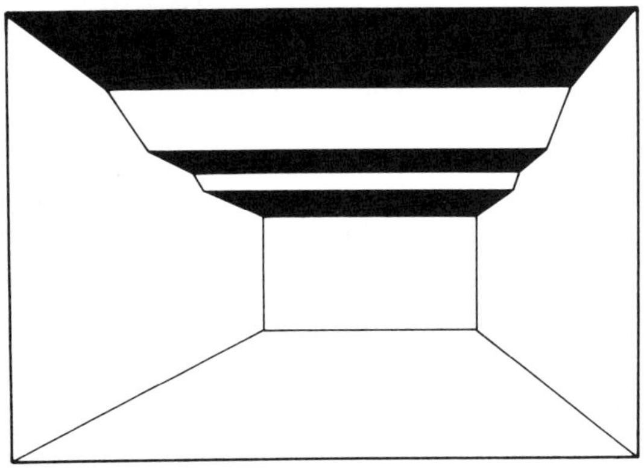

Abb. 181: Die Decke als raumdefinierendes Element

Abb. 182: Kenzo Tange, Sporthalle, 1964, Tokyo, Japan

Wände bilden den vertikalen Raumabschluß. Sie können je nach Art der Beziehung des Raumes zu seiner Umgebung verschieden ausgebildet sein und verleihen so dem Raum einen unterschiedlichen Charakter. Im Regelfall haben Räume Böden, brauchen aber nicht mittelbar Wände. Fallen diese weg, so sind die einzigen vertikalen Elemente die deckentragenden Stützen. Die Offenheit zwischen den Stützen kann sich auf die Blickfreiheit beschränken: die Flächen zwischen den Stützen können verglast und somit transparent sein. Klimatisch ist der Innenraum getrennt, optisch fließt er über in seine Umgebung. Je mehr der Innenraum vom Außenraum getrennt ist, desto mehr ist er unabhängig von dessen Verhältnissen. Beim Pavillon der Architekten Siren (Abbildung 171) wirken vor allem die horizontalen Elemente, Boden und Decke, raumdefinierend. Trotzdem Stützen keine flächigen Elemente sind, können sie raumdefinierend wirken, ausschlaggebend ist dabei ihre Stellung (Abbildung 172, 183).

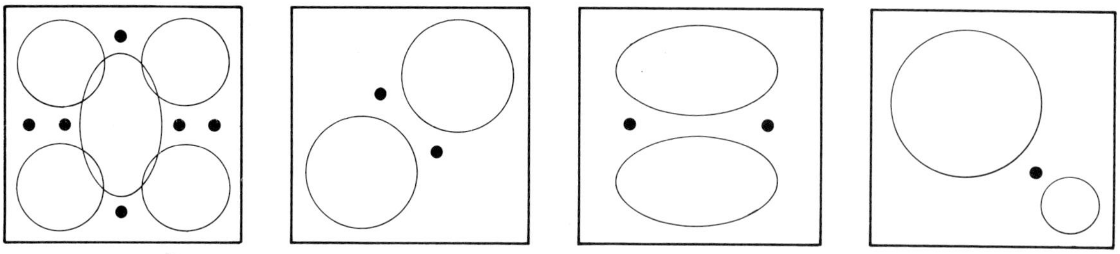

Abb. 183: Stützen definieren verschiedene Raumzonen

Raum wird durch die ihn definierenden Elemente erkennbar. Charles Moore: »Wenn sie aus einer Decke, vier Wänden und einem Boden ein Zimmer (room) machen, so haben sie neben diesen sechs Elementen noch eine siebte Sache, nämlich Raum (space), eine Sache, die auf sie mehr Einfluß haben wird als die physischen Elemente, mit denen sie diesen Raum schufen« (42). Die Qualität dieses Raumes wird aber primär von den ihn bildenden architektonischen Elementen und ihren Beziehungen zueinander geprägt. Diese wiederum werden bestimmt durch die folgenden Kriterien:

a) Die Dimension der Elemente.
b) Die Anordnung der Elemente. Zusammen mit der Dimension bestimmen sie Größe, Maßstäblichkeit, Proportion und Form des Raumes.
c) Die Art der Elemente: Material, Oberfläche, Textur und Farbe.
d) Die Öffnungen in und zwischen den Elementen, die die Beziehungen der Räume untereinander und zur Umgebung regeln.

Punkt c) und d) werden anschließend gesondert behandelt.

Abb. 184: Meret Oppenheim, »Frühstück im Pelz«, 1936

4.3.1 Material und Oberfläche

In einem Aufsatz über "Baukunst„, den Goethe 1795 verfaßte, bezeichnete er Material, vor Zweck und ästhetischer Wirkung, als wichtigstes Element bei der Beurteilung von Architektur (43). Das Material der raumdefinierenden Elemente hat einen oft unterschätzten Einfluß auf die Wirkung dieses Raumes. Die beiden Überdachungen in den Abbildungen 173 und 174 sind beides Seilhängekonstruktionen. Die verschiedenen Materialien der Dacheindeckung bewirken aber die grundsätzlich verschiedenen Charaktere der beiden Räume.

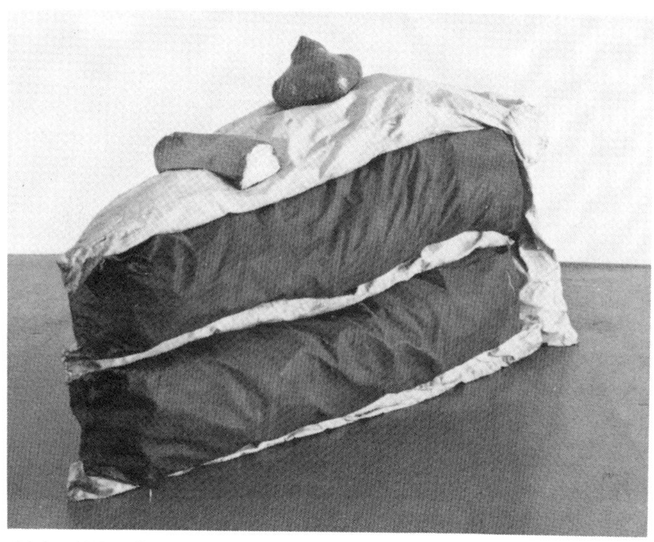

Abb. 185: Claes Oldenburg, »Bodentorte«, 1962
(Leinwand und Schaumgummi,
Länge: ca. 2,9 Meter)

Den Materialien sind bestimmte formale Möglichkeiten zuzuschreiben: so hätte man Mühe, sich den Eiffelturm in

Den Materialien sind bestimmte formale Möglichkeiten zuzuschreiben; so hätte man Mühe, sich den Eiffelturm in Backstein oder Le Corbusiers Kapelle in Ronchamp aus Stahl und Glas vorzustellen. Diese Tatsache wurde von den Surrealisten und von vielen Pop-Künstlern ausgenutzt und ad absurdum geführt. Die Soft-Skulpturen von Claes Oldenburg machen alltägliche Gebrauchsgegenstände wie Telefonapparate, Kuchen und Toiletten durch das Verwenden eines fremden Materials zu Kunstwerken (Abbildung 184, 185).

»Materialgerechtes Bauen« ist heute ein oft mißbrauchtes Schlagwort, war aber früher, bevor die Technik »alles« möglich machte, eine Selbstverständlichkeit. Formen wurden durch die Möglichkeiten der Baumaterialien bestimmt. Louis I. Kahn legte besonderen Wert auf die richtige Verwendung von Materialien: »Wenn Sie einen Backstein fragen, was er will, so wird er Ihnen sagen: ›ich liebe Bögen‹«. »Wenn Sie Backstein verwenden, so brauchen Sie ihn nicht, weil Sie gerade nichts anderes haben oder weil es billiger ist. Nein, Sie müssen ihn so verwenden, daß er seine absolute Pracht entfalten kann, dies ist die einzige Verwendungsart, die er verdient« (44).

Die Materialien hatten immer über ihre technischen Eigenschaften hinaus verschiedene symbolische Bedeutungen. Im Bewußtsein, daß Persönlichkeit nur wenig gilt und daß das Leben vergänglich ist, bestanden die Wohnhäuser in China aus einfachen, verfallbaren Materialien wie Holz und Lehm. Im Gegensatz zur europäischen Auffassung wurde in China ein Herrscher nicht primär als Einzelperson geehrt, sondern vor allem als Glied einer Dynastie. Der Gedanke der Dauerhaftigkeit eines solchen Kaisergeschlechts kam in den unterirdischen Grabanlagen zum Ausdruck. Diese bestanden aus massiven Steingewölben und waren für die Ewigkeit gebaut. Die oberirdischen Palast- und Tempelanlagen repräsentierten wohl die Macht des Kaisers, waren aber ähnlich wie die einzelnen Herrscher vergänglich und bestanden deshalb aus ähnlichen Materialien wie die einfachen Wohnhäuser (45).

Im alten Ägypten bestanden ausschließlich Gräber und die damit verbundenen Tempelanlagen aus massivem Stein. Durch ihren Glauben an ein Weiterleben nach dem Tode war alles mit dem irdischen Leben Verbundene vergänglich. Die riesigen Grabanlagen hingegen waren der Rahmen für das weitere Leben und wurden deshalb möglichst dauerhaft gebaut.

Baumaterial ist nicht nur Mittel zum Zweck, eventuell mit symbolischem Inhalt: die Schönheit seiner Oberfläche wurde immer auch als dekoratives Mittel verwendet. So sah zum Beispiel Adolf Loos im edlen Material einen Ersatz für das Ornament: »Man bedenke, daß edles material und gute arbeit fehlende ornamentik nicht etwa bloß aufwiegen, sondern daß sie ihr an köstlichkeit weit überlegen sind« (46). Das Material bestimmt letztlich die Oberfläche. Verschiedene Materialien können, durch ihre verschiedenen Oberflächen, einander kontrastieren und so als architektonische Elemente wirksam werden. Frank Lloyd Wright setzte bei seinem Haus über dem Wasserfall bewußt die erdnahen Bruchsteinmauern gegen die gefärbten, glatten Betonscheiben ab und schuf dadurch einen Kontrast zwischen Natur und Gebautem (Abbildung 186).

Abb. 186: Frank Lloyd Wright, Haus »Fallingwater«, 1936, Ohiopyle, USA (vgl. Abbildung 205)

Der Tastsinn ist nach dem Sehen die wichtigste Wahrnehmungsart beim Erleben von Architektur. Beim Berühren kommen wir direkt mit der Oberfläche in Kontakt und können so die Materialien auch haptisch erleben. Zum Beispiel hinterläßt das Begehen eines Marmorbodens einen ganz anderen Eindruck als der direkte Fußkontakt mit einem Teppich. Weiter spielt die Oberflächenstrukturierung bei der Raumakustik eine wichtige Rolle: glatte Flächen reflektieren Schall eher, weiche, poröse Materialien absorbieren ihn.

4.3.2 Öffnungen

Für Le Corbusier waren die Öffnungen ein zentrales Problem der Architektur: »Die gesamte Geschichte der Architektur dreht sich ausschließlich um die Maueröffnungen « (47). Das Maß der Offenheit eines Raumes oder eines Gebäudes bestimmt den Grad seiner Beziehung zum Nebenraum oder zur Umgebung und setzt uns aber auch den Einflüssen aus, die vom Nebenraum oder von draußen her auf uns einwirken. Die Art der Öffnungen bestimmt die Beziehung zwischen innen und außen wesentlich mit.

Das Wesen von offen und geschlossen hängt mit zwei grundsätzlich verschiedenen Konzepten des Bauens zusammen: ein Raum wird als Gefäß konzipiert, aus dessen Wänden nach Bedarf Öffnungen herausgeschnitten werden, oder der zu bildende Raum ist offen und wird nur dort geschlossen, wo ein Bedürfnis danach besteht (Abbildung 187, 188, 189, 190). Der erste Raumtyp wird als Massivbau bezeichnet, er ist grundsätzlich geschlossen und wird nachträglich mit Öffnungen versehen. Beim zweiten Typ, dem Skelettbau, ist es umgekehrt: er ist offen und wird nach Bedarf geschlossen. Die Funktionen Tragen und Trennen werden bei diesem Typ auseinandergehalten. Jedes Gebäudekonzept liegt irgendwo zwischen diesen beiden Extremen, die den Charakter eines Gebäudes wesentlich mitbestimmen. Der erste Typ wird oft mit einem massiven Betonbau charakterisiert, der zweite mit einem leichten Stahl-Glas-Gebäude. Die Unterscheidung ist aber viel älter. Die Architektur

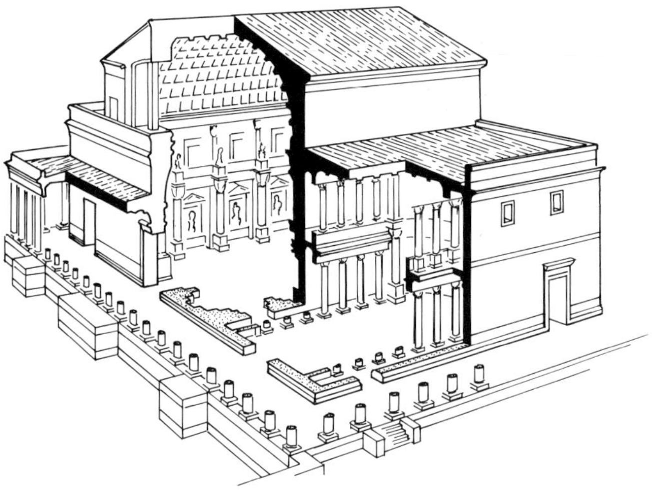

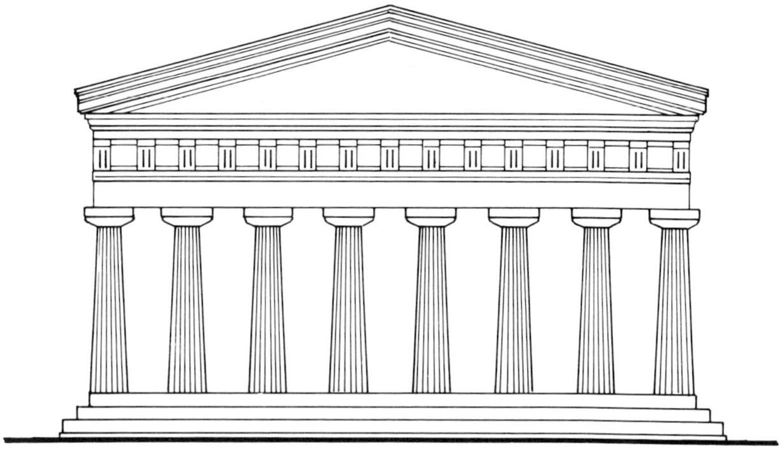

Massiv- (links) und Skelettbau (rechts):

Abb. 187: Domus Flavia, 92 n. Chr., Rom, Italien (vgl. Abbildung 135)

Abb. 188: Tempel der Athene, 5. Jh. v. Chr., Paestum, Italien

Abb. 189: Le Corbusier, Kirche, 1950, Ronchamp, Frankreich (vgl. Abbildung 163, 235)

Abb. 190: Fritz Haller, Industriegebäude, 1982, Boudry, Schweiz

der alten Römer ist eine Massivarchitektur: Wände und Gewölbe bestehen aus Backstein und einem Mörtel, eine Art Vorstufe des heutige Betons, und die Öffnungen wurden je nach Bedarf ausgespart. Die alte griechische Architektur ist eine Skelettarchitektur, Säulen und Balken dominieren, ihre Zwischenräume bilden die Öffnungen. Die raumdefinierenden Elemente können mehr oder weniger stark, das heißt, mehr oder weniger offen oder geschlossen sein: der Raum ist nur angedeutet, zum Beispiel mit einigen Stützen, oder er kann durch allseitige Wände sehr stark definiert und somit geschlossen sein. Der Grad der Geschlossenheit hängt stark von Art und Lage der Öffnungen ab (Abbildung 191). Damit ein Raum minimal definiert ist, sind keine horizontalen Elemente nötig: eine abgegrenzte Bodenfläche, wie zum Beispiel in Ise (Abbildung 180) oder eine Decke genügen. Durch das Fehlen solcher Trennungen besteht eine maximale Verbindung zwischen dem Raum und seiner Umgebung. Stützen wirken weniger trennend als Wandscheiben, auch wenn diese noch so klein sind, da sie als unabhängige Elemente und nicht als gerichtete Wandsegmente wahrgenommen werden. Öffnungen zwischen einzelnen umschließenden Flächen trennen diese voneinander und betonen dadurch deren Eigenständigkeit. Die Öffnungen wirken stärker, wenn sie sich in Wandecken befinden, weil damit die Ecke als raumdefinierendes Element nicht mehr so klar erkennbar ist. Am schwächsten wird die Beziehung zwischen innen und außen, wenn die Öffnung aus einem ganzen raumabschließenden Element herausgeschnitten wird.

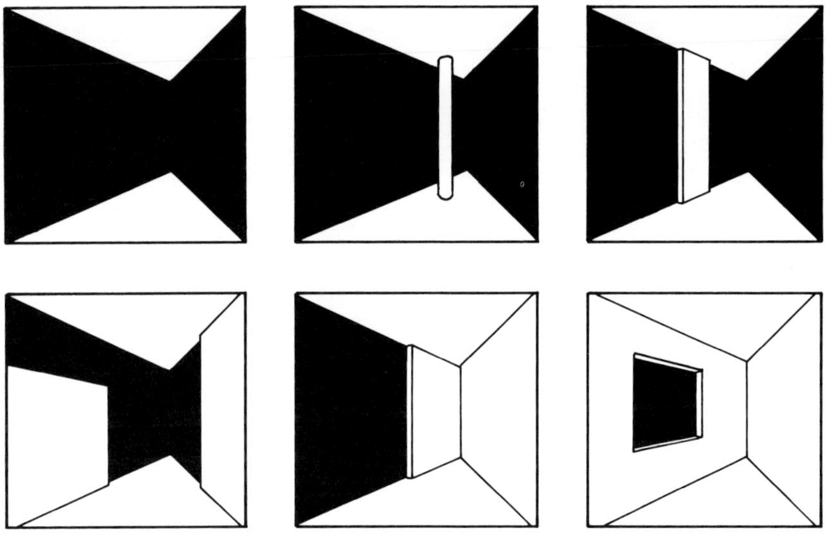

Abb. 191: Der Öffnungsgrad hängt von Größe, Lage und Form der raumdefinierenden Elemente ab

Architektur schafft Innenraum, das heißt, spezieller Raum wird von der Umwelt abgetrennt. Die Stärke dieser Trennung hängt von der Art der Öffnungen ab. Damit der Raum als solcher erkennbar wird, ist eine minimale Trennung notwendig. Andererseits ist aber eine totale Trennung meistens auch nicht sinnvoll. Otto Bollnow: »Damit das Haus dem Menschen nicht zum Gefängnis werde, braucht es Öffnungen in die Welt hinein, die das Innere des Hauses in einer geeigneten Weise mit der Außenwelt verbinden« (48). Ist der Innenraum vom Außenraum klimatisch getrennt, so bestehen die Öffnungen aus Türen und Fenstern. Die Tür erlaubt dem Befugten einen Raum zu betreten und zu verlassen, ermöglicht es aber auch, Unbefugten den Zutritt zu verwehren. Die Türschwelle hat über ihre rein konstruktive Funktion hinaus eine symbolische Bedeutung: sie ist die Trennlinie zwischen innen und außen, zwischen privat und öffentlich. Beim Überschreiten einer Schwelle betritt man einen anderen Bereich. Der symbolische Gehalt einer Tür wird auch klar durch die Tatsache, daß sie vom Gebäude losgelöst wurde und als Triumphbogen autonom existieren konnte (Abbildung 389).

4.4 Raumorganisation

4.4.1 Die Beziehung zwischen zwei Räumen

Ein Raum existiert selten allein, oder wenn dem so ist, so bestehen innerhalb des Raumes meistens verschiedene Zonen. Diese Beziehung der Räume untereinander kann ganz verschieden ausgebildet sein. Grundsätzlich können wir vier verschiedene Arten unterscheiden (Abbildung 192).

a) Ein kleinerer Raum befindet sich vollständig innerhalb eines größeren Raumes. Der innere Raum ist abhängig von dem ihn umgebenden Volumen und kann keine direkte Verbindung zum Außenbereich haben. Der Innenbereich des größeren Raumes bildet gleichzeitig das Umfeld des kleineren. Beide Räume müssen sich hinsichtlich Größe deutlich unterscheiden. Wird der Größenunterschied zu klein, kann der umschließende Raum nur noch schwer als solcher erkannt werden. Durch Andersartigkeit von Form und Orientierung wird die Eigenständigkeit des kleineren Raumes betont. Diese Raumverbindung finden wir in verschiedenen Varianten schon in der griechischen und römischen Baukunst. In

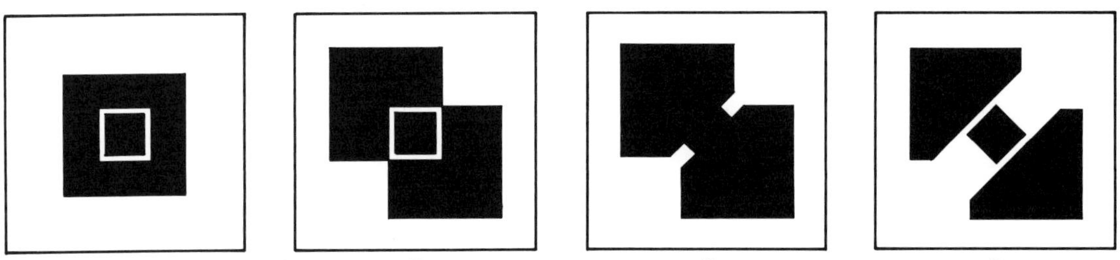

A B C D

Abb. 192: Die Beziehung zweier Räume zueinander

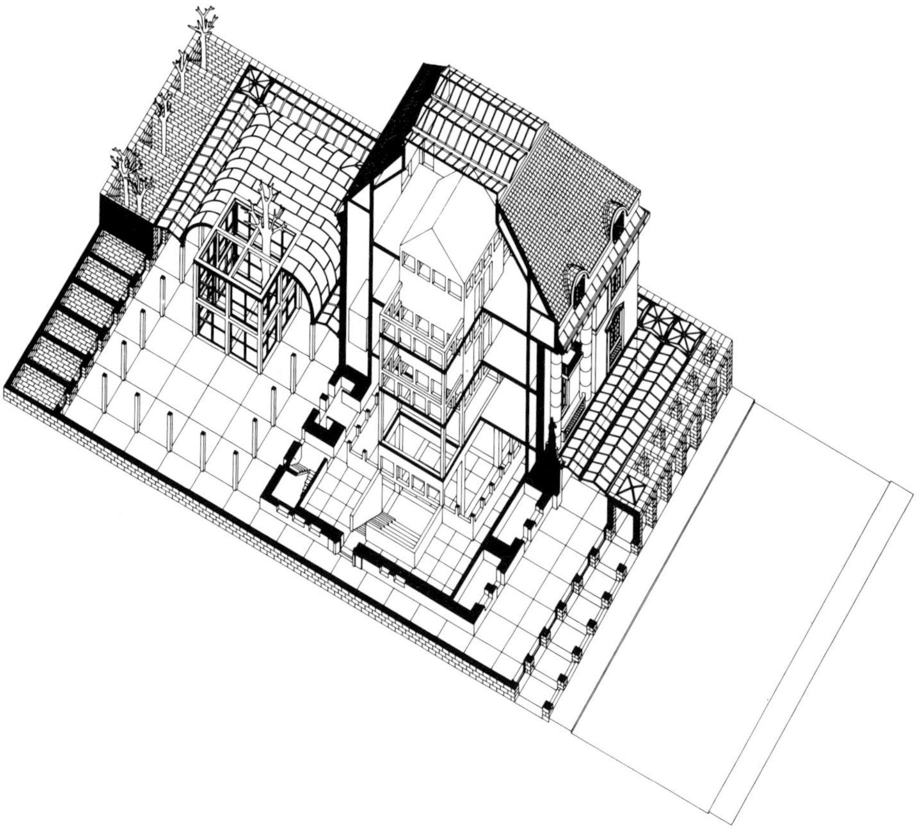

Raum im Raum:

Abb. 193: Oswald Mathias Ungers, Deutsches Architekturmuseum, 1984, Frankfurt am Main, BRD

der christlichen Sakralarchitektur wurde der Altar oft mit einem Baldachin überdacht, so daß ein kleiner Raum aus dem großen Kirchenraum herausgeschnitten wurde und damit der besondere Ort des Altars betont wurde. Den Raum im Raum finden wir auch in der Moderne. Charles Moore etwa verwendet diese Konstellation oft in seinen Entwürfen: eine Plattform im zweistöckigen Wohnraum überdeckt eine intime Raumzone (vgl. Abbildung 193, 424, 426).

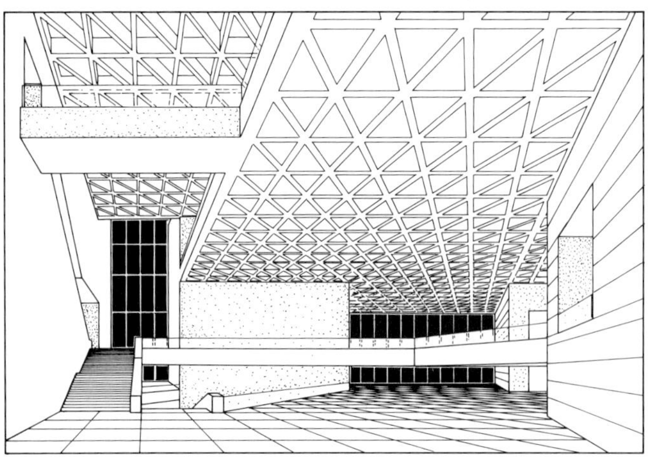

Sich durchdringende Räume:
Abb. 194: I. M. Pei, National Galerie, 1978, Washington D. C., USA (vgl. Abbildung 255, 256)

b) Die zweite Gruppe ist die der sich überschneidenden oder durchdringenden Räume. Die beiden Volumen haben je einen gemeinsamen Bereich, behalten aber im übrigen ihre Eigenständigkeit. Die Raumdurchdringung kann sowohl horizontal als auch vertikal erfolgen und spielt eine primäre Rolle bei der Innen-außen-Beziehung (vgl. Kapitel 3.5.3). Raumdurchdringungen wurden im Verlauf der Geschichte immer wieder zu wichtigen Entwurfsfaktoren: wie schon gesagt, ist zum Beispiel die Durchdringung von Zentral- und Longitudinalraum ein Hauptthema der christlichen Sakralarchitektur (vgl. Abbildung 194).

c) Die dritte Art von Raumbeziehung ist die Nachbarsbeziehung. Die Räume liegen nebeneinander und behalten ihre volle Autonomie, räumlich und optisch besteht aber eine Verbindung zwischen ihnen. Die Art der Verbindung hängt von der Gestaltung der die beiden Räume trennenden Elemente ab: Je größer die Trennung, desto mehr behält jeder Raum seine Eigenständigkeit. Eine Zwischenwand mit Tür erlaubt eine Verbindung, macht diese aber nicht zwingend. Die Trennung kann aber auch nur aus einer Stütze bestehen, die den Raum in zwei Zonen unterteilt (vgl. Abbildung 195).

d) Die vierte Art ist die Verbindung über einen Drittraum. Die beiden Räume haben keinen direkten Kontakt mehr, ihre Beziehung wird durch einen Drittraum geprägt, der sie beide verbindet und der den beiden Räumen entweder untergeordnet ist oder beide dominiert (vgl. Abbildung 195).

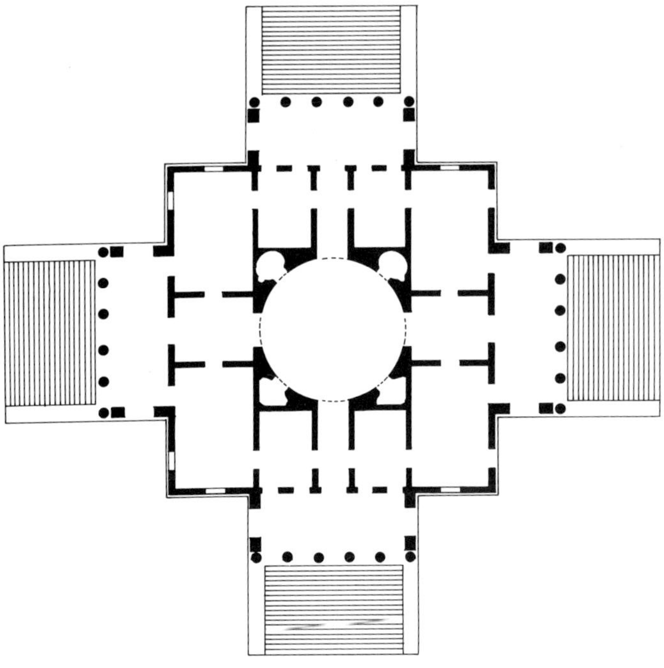

Benachbarte Räume und Verbindung über einen Drittraum:

Abb. 195: Andrea Palladio, Villa Capra-Valmarana (La Rotonda), 1566, Vicenza, Italien

Der Treppe kommt als vertikale Raumverbindung eine große Bedeutung zu (vgl. Abbildung 196). Beim Hinab- oder Hinaufsteigen wird der Raum aus einer sich ständig verändernden Richtung gesehen. Damit ist diese Bewegung mit einer gewissen Neugierde verbunden: was erwartet mich unten oder oben? Der Zeitfaktor erlangt so eine starke Bedeutung. Die Treppe hat oft, wie die Tür, über ihre funktionelle Aufgabe hinaus noch eine starke psychologische und symbolische Bedeutung: sie führt hinauf zu etwas Höherem, weg vom Profanen. Dadurch gehört das Motiv der Treppe zu den Ausdrucksmitteln monumentaler Architektur; denken wir nur an die riesigen Treppenanlagen der Maya Kulturen in Zentralamerika. Im Mittelalter dienten Treppen nur dem Zwecke vertikaler Verbindung: sie wurden deshalb meistens versteckt. Auch in der Renaissance kam ihnen im Gebäudeinnern als dynamischem Element in der Regel keine große Bedeutung zu (49). Bramante verwendete Treppenanlagen wieder zur Modellierung des Außenraumes, vor allem zur Unterstützung der perspektivischen Tiefenwirkung. Auch Palladios Aufmerksamkeit galt nur der Außentreppe. Da die Innentreppen meist nur von Bediensteten benutzt wurden, versteckte er sie in Resträumen (vgl. Abbildung 195). Die Außentreppe hingegen hatte bei Palladio zur Unterstützung des hierarchischen Konzeptes eine große Bedeutung. Erst im Barock, wo die vertikale Raumdurchdringung äußerst wichtig wurde, erlangte die Innentreppe als Element der Raumgestaltung große Bedeutung.

Die Rampe, als Variante der Treppe, erlaubt eine sanftere Überwindung des Höhenunterschiedes und

Treppe und Rampe als Elemente vertikaler Raumverbindung:

Abb. 196: Louis I. Kahn, Indian Institute of Management, Haupttreppe, 1963, Ahmedabad, Indien (vgl. Abbildung 82)

Abb. 197: Frank Lloyd Wright, Guggenheim Museum, 1959, New York, USA (vgl. Abbildung 224, 242)

Abb. 198: Oscar Niemeyer, Parlamentsgebäude, 1960, Brasilia, Brasilien

wurde schon von den Ägyptern und Persern im großen Stil verwendet (vgl. Abbildung 197, 198). Le Corbusier plante Rampen überall dort, wo es die Platzverhältnisse erlaubten. In Wrights Guggenheim Museum wurde der ganze Hauptausstellungsraum zu einer großen Rampe. Dadurch wird das Betrachten der Kunstgegenstände zu einem kontinuierlichen Erlebnis und ist nicht mehr aufgeteilt in Etappen, gebildet durch Räume und Geschosse. Rampen sind somit mehr als nur rein funktionale Elemente, sie werden Mittel und Träger der Bewegung im Raum.

4.4.2 Raumflexibilität und Raumpolyvalenz

Architektonischer Raum ist etwas fest Bestimmtes. Aus verschiedenen Gründen kann aber das Bedürfnis bestehen, Raum so zu konzipieren, daß er verändert werden kann: vergrößert oder verkleinert, daß er mit anderen Räumen verbunden werden kann. Besteht innerhalb eines Systems die Möglichkeit, Raum zu verändern, ihn verschiedenen Anforderungen anzupassen, ohne dabei das System oder seine Grundelemente zu verändern, so hat der Raum die Eigenschaft der Flexibilität. Wir beschränken uns hier auf die Raumflexibilität, obwohl sie nicht die einzige Art von Flexibilität beim Bauen ist.

Da der Raum durch die ihn definierenden Elemente gebildet wird, müssen vor allem diese Elemente flexibel sein. Technisch bedeutet das, daß die beiden Funktionen Tragen und Trennen separat behandelt werden müssen. Die Grundstruktur des tragenden Primärsystems muß so sein, daß die raumtrennenden Elemente verschoben werden können.

Flexibilität verlangt Organisation, ohne diese kann sie zum Chaos führen. Totale Flexibilität ist nicht möglich, da ein System und seine Grundstruktur beibehalten werden müssen, gewisse Grenzen sind somit gesetzt.

Da eine Voraussetzung für Flexibilität die separate Behandlung von tragenden und trennenden Elementen ist, ist die Geschichte der Flexibilität eng mit der Entwicklung des Skelettbaus in der Neuzeit verbunden. In den großen englischen Spinnereien wurden die massiven Innenwände im 18. Jahrhundert durch gußeiserne Stützen ersetzt und damit der Anfang gemacht für eine Entwicklung, die zu den heutigen Skelettbauten mit vorgehängten Leichtfassaden führte (vgl. Abbildung 199, 200).

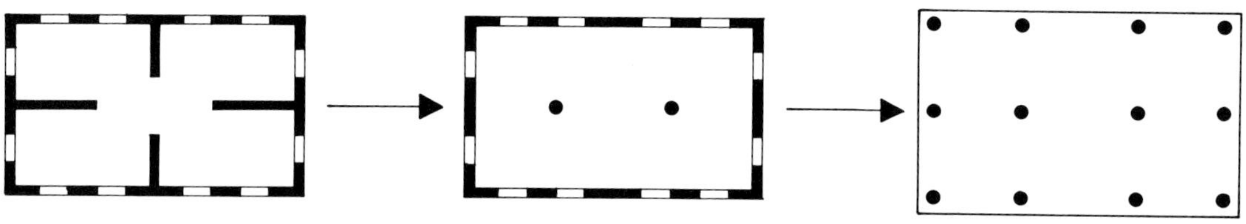

Abb. 199: Entwicklung des Skelettbaus aus dem Massivbau im 18. Jahrhundert

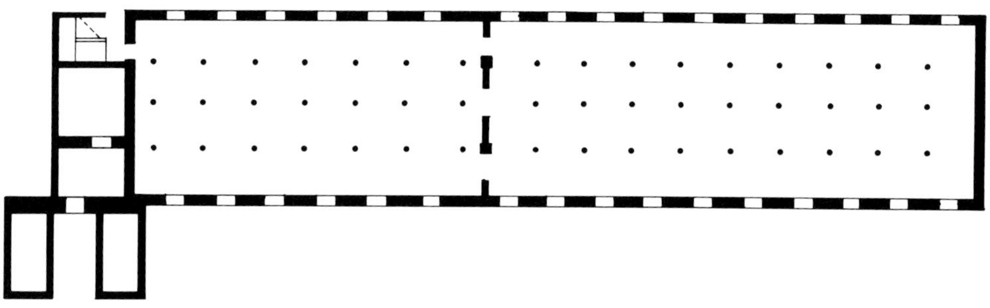

Abb. 200: Charles Bage, Spinnereigebäude, 1797, Shrewsbury, Großbritannien

Viele Wohnhäuser in Chicago wurden bereits Ende des 19. Jahrhunderts ohne raumtrennende Elemente geplant, so daß diese später den Wünschen der Mieter angepaßt werden konnten (vgl. Abbildung 201). August Perret baute 1904 als erster in Europa in Paris ein Wohnhaus mit einem Eisenbetonskelett, das eine freie Grundrißgestaltung erlaubte (Abbildung 202). Die Trennwände bestanden aus Backsteinen oder Gips und konnten mit verhältnismäßig geringem Aufwand entfernt werden, ohne daß dadurch die Tragstruktur des Hauses geändert werden mußte.

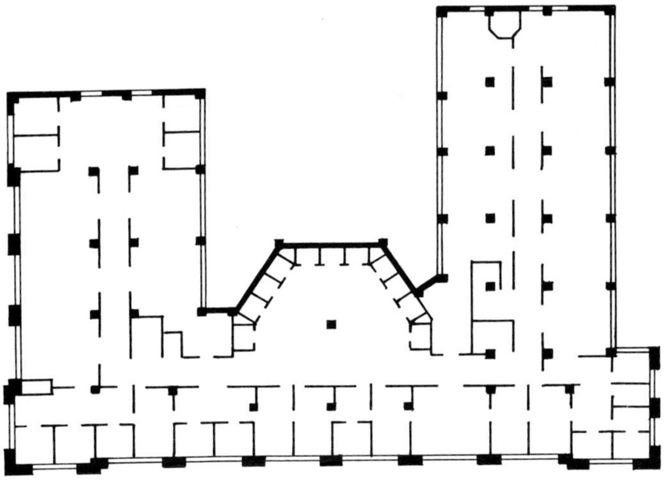

Abb. 201: Holabird und Roche, Marquette Gebäude, 1894, Chicago, USA

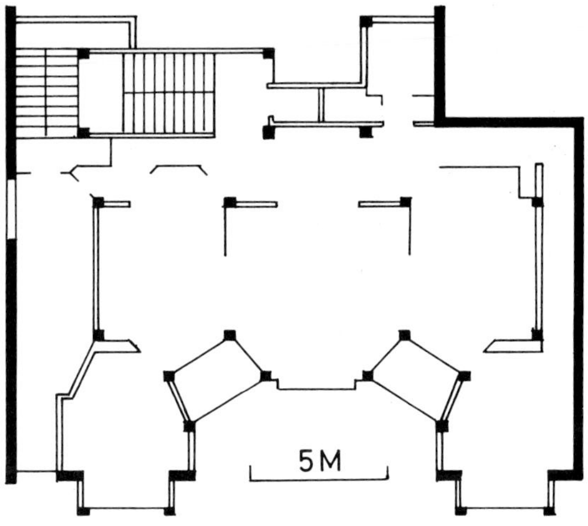

Abb. 202: Auguste Perret, Wohnhaus Rue Franklin, 1904, Paris, Frankreich

Le Corbusier übernahm 1914 die Idee für sein Domino-Haus mit dem »plan libre«: »Das Stützensystem trägt die Geschoßdecken und reicht bis zum Dach. Die Zwischenwände können je nach Bedarf beliebig hineingestellt werden, wobei kein Zustand irgendwie an einen anderen gebunden ist. Es existieren keine Tragwände mehr, sondern nur Membranen von beliebiger Stärke. Die Folge davon ist absolute Freiheit in der Grundrißgestaltung, das heißt, das freie Verfügen über die Palette möglicher Mittel« (50) (vgl. Abbildung 203).

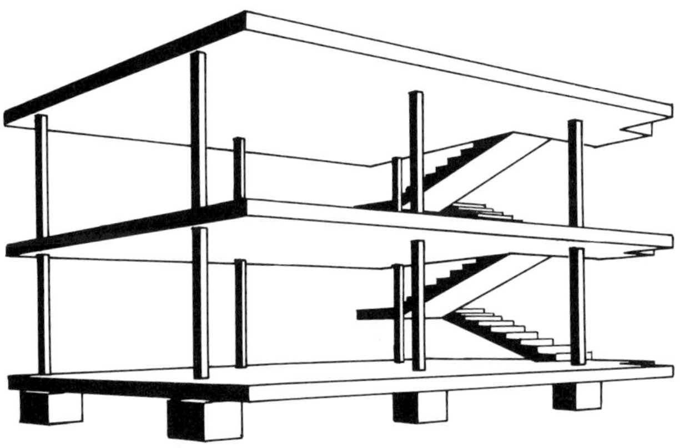

Abb. 203: Le Corbusier, Domino-Haus (Projekt), 1914

Diese Idee wurde in den folgenden Jahren von verschiedenen Architekten übernommen und verbreitet, so auch 1924 von Theo van Doesburg für seine Theorie der elementaren Gestaltung: »Die neue Architektur ist offen. Das Ganze besteht aus einem Raum, der entsprechend den verschiedenen Funktionsforderungen unterteilt ist. Diese Unterteilung geschieht mittels Trennflächen (im Innern) oder Schutzflächen (außen). Erstere, die die verschiedenen Funktionsräume voneinander trennen, können beweglich sein, das heißt, die Trennflächen (früher die Innenwände) können durch verstellbare Zwischenflächen oder -tafeln ersetzt werden« (51). Ludwig Mies van der Rohe ging 1927 bei seinen Wohnhäusern für die Weißenhofsiedlung in Stuttgart noch einen Schritt weiter: Sperrholzwände, die mit Schraubenanzügen an die Decke gepreßt werden konnten, ermöglichten es den Bewohnern selbst, durch Verschieben von Wänden die Räume beliebig zu verändern (52). Damit war die Entwicklung bereits dort angelangt, wo sie heute steht. Für das Problem des Einfügens der Einzelteile wurden bessere Lösungen entwickelt und die Wandelemente, die heute auf dem Markt angeboten werden, haben bessere bauphysikalische Eigenschaften.

Der Skelettbau wurde zu einem Katalysator der Moderne schlechthin und prägte das Erscheinungsbild dieses Stils wesentlich mit. Henry-Russel Hitchcock und Philip Johnson schrieben 1932 darüber: »In der Tat besteht die große Mehrheit der Gebäude sowohl in der Realität als auch in ihrer Wirkung nur noch aus einfachen Flächen, die einen Raum umschließen. Mit der lediglich durch eine Schutzhaut umhüllten Skelettkonstruktion kann es der Architekt kaum vermeiden, diese Wirkung des durch ebene Oberflächen umschlossenen Volumens zu erzielen«. Und: »Grundrisse können jetzt mit weit größerer Freiheit behandelt werden als in der Vergangenheit. Die Stützen sind bei modernen Konstruktionen so gering im Durchmesser, daß sie keine ernsthafte Behinderung darstellen« (53). Die Einstellung zu dieser Art von Raumflexibilität war stets umstritten. Die flexible Bauweise ist teuer und, da jede Fuge eine potentielle Schwachstelle ist, entstehen zusätzliche technische Probleme. Oft wurden Bedürfnisse geschaffen, nur um flexible Räume zu bilden. Dies war wohl mit ein Grund, warum die Theorie der Flexibilität an der Oberfläche stecken blieb und sich, trotz aller ernsthafter Ansätze, keine besondere Architektur der Flexibilität entwickelte. In vielen Gebäuden, wo eine möglichst hohe Flexibilität angestrebt wurde, erwies sich diese als Fehlschlag. Es zeigte sich, daß in Wohnbauten mit flexiblen Wänden diese praktisch nie von den Bewohnern selbst verschoben wurden, auch wenn das System dies vorsah. Im Centre George Pompidou in Paris, von Renzo Piano und Richard Rogers, wurden die Fachwerkträger über 50 Meter weit gespannt, um eine maximale Flexibilität zu erreichen. Inzwischen stellte sich heraus, daß diese Großzügigkeit übertrieben war: die benötigten Wandflächen verlangen keine solche Freiheit (54). Das Ziel jeder flexiblen Bauweise ist es, die Möglichkeit zu schaffen, Räume sich verändernden Nutzungen anzupassen. Die bis dahin besprochene Flexibilität besteht im Anpassen der raumdefinierenden Elemente an die neue Nutzungssituation.

Eine andere Art, auf dieses Problem zu reagieren, kann im Schaffen polyvalenter Räume bestehen: Räume, die multiple Funktionen beherbergen können, die nicht für eine spezifische Funktion geschaffen werden, sondern die ohne Veränderung mehrere verschiedene Nutzungen zulassen. Robert Venturi: »Der multifunktionale Raum ist möglicherweise eine überzeugende Antwort auf die Bemühungen der modernen Architektur um Flexibilität. Räume, die für eine Art von Zwecken, nicht für einen speziellen Zweck bestimmt und mit beweglicher Einrichtung, nicht mit beweglichen Trennwänden versehen sind, fördern auch eher eine Flexibilität der Wahrnehmung als eine nur physische Verfügbarkeit; sie vermitteln uns auch ein Gefühl von Verläßlichkeit, auf das wir im Umgang mit unseren Bauten nicht verzichten können. Echte Mehrdeutigkeit kann auch nützliche Flexibilität bedeuten« (55). Der Typ des multifunktionalen Raumes mag mehrere Ursprünge haben, einer davon ist im alten amerikanischen Wohnhaus zu suchen: das Zentrum dieses Hauses bildete der Kamin, um den alle Haupträume angeordnet waren. Dank Schiebetüren ließen sich die Räume untereinander verbinden (Abbildung 204).

Frank Lloyd Wright knüpfte an diese Tradition an und strebte in seinen Einfamilienhäusern möglichst große Polyvalenz an, indem er Wände wegließ und verschiedene Raumzonen schuf, die frei ineinander übergehen (Abbildung 205).

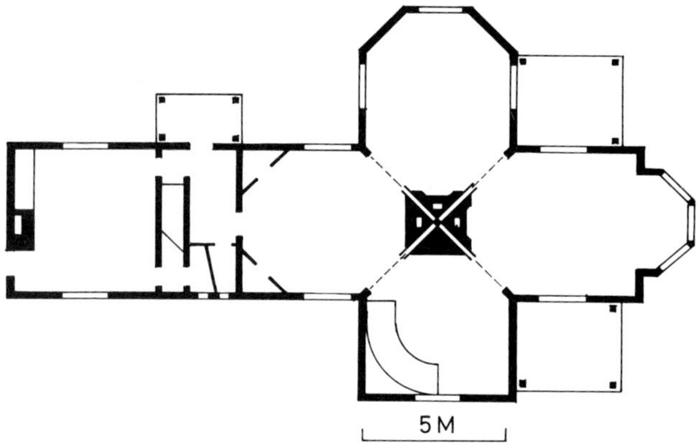

Abb. 204: G. Woodward, Projekt für ein Landhaus, 1873

Raumpolyvalenz hatte in den USA noch einen anderen Ursprung: im Gegensatz zum europäischen Wohnhaus, das immer als kubische Einheit geplant wurde, hatte das amerikanische Haus immer einen Grundriß, der je nach sozialen und wirtschaftlichen Bedingungen erweitert werden konnte. Siegfried Giedion ist sogar der Meinung, daß diese flexible Behandlung des Hauses, die seit der Kolonialzeit üblich ist, einer der Schlüssel zur amerikanischen Architektur überhaupt ist (56).

Das Projekt für ein Totaltheater in Berlin von Walter Gropius aus dem Jahre 1927 erlaubte das Aufführen verschiedener Arten von Vorführungen, ohne daß der Theaterraum mit baulichen Maßnahmen verändert werden mußte. Die einzige Veränderung bestand aus dem Drehen des mittleren Tribünenteils mit der kleinen Bühne um 180° (Abbildung 206).

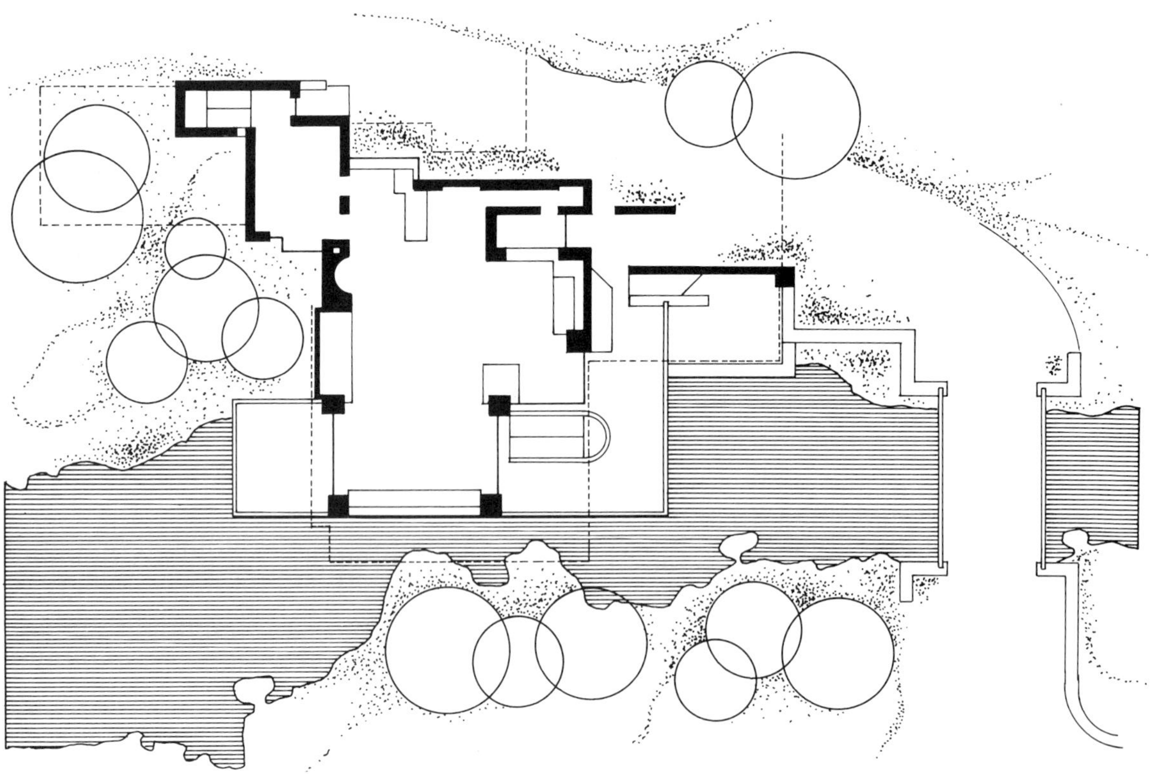
Abb. 205: Frank Lloyd Wright, Wohnhaus »Fallingwater«, 1936, Ohiopyle, USA (vgl. Abbildung 186)

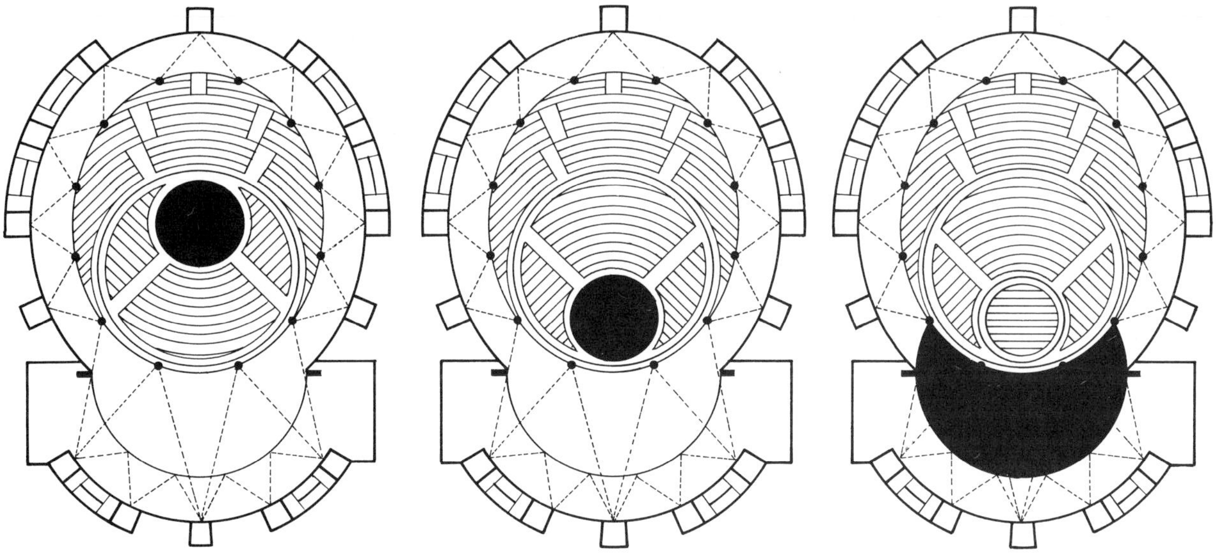

Abb. 206: Walter Gropius, Totaltheater für Berlin (Projekt), 1927 (3 verschiedene Anordnungen von Bühne und Zuschauerraum)

Hermann Hertzberger ist einer der bekannten Vertreter einer polyvalenten Architektur. Nach ihm ist es unmöglich, für jedes Individuum spezifisch zu planen, und deshalb muß Raum so geschaffen werden, daß Interpretationen möglich sind. Das von ihm geplante Verwaltungsgebäude einer Versicherungsgesellschaft in Apeldoorn, Niederlande, verdeutlicht dieses Konzept. Das Gebäude besteht aus quadratischen Plattformen, die mehrstöckig übereinander geschichtet sind und seitlich durch Lichtschächte voneinander getrennt sind. Die Plattformen bilden ein Netz verschiedener Zonen, die je nach Bedürfnis miteinander kombiniert werden können (Abbildung 207, 208)

Hermann Hertzberger, Bürohaus, 1974, Apeldoorn, Niederlande:

Abb. 207: Konstruktions- und Raumstruktur

Abb. 208: Innenansicht

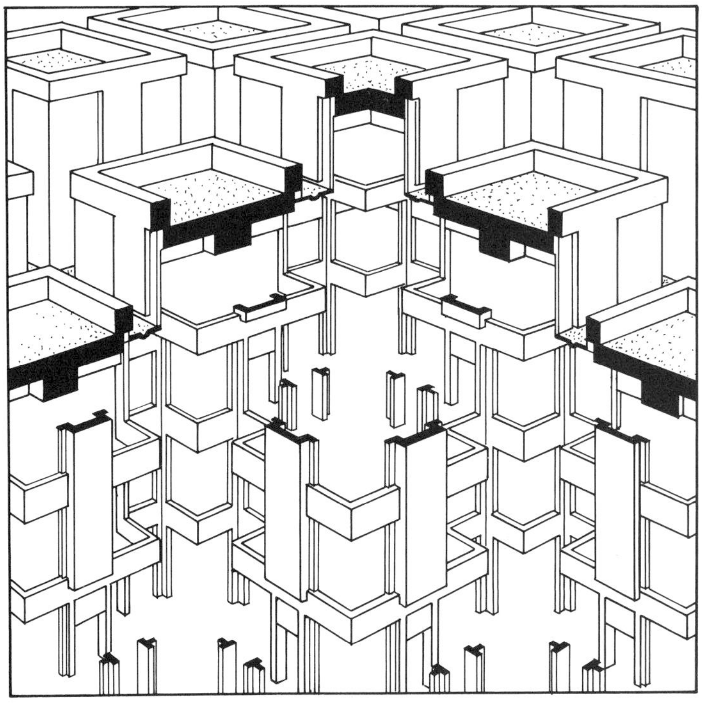

Das japanische Wohnhaus ist eine Mischung aus polyvalentem Raum und flexiblen raumdefinierenden Elementen. Aus seismologischen Gründen sind fast alle älteren Gebäude in Japan hölzerne Skelettbauten. Aus klimatischen Gründen, und wegen der speziellen Einstellung der Japaner zur Natur, bestanden die Flächen zwischen den Stützen nie aus permanenten Elementen. Im alten Shinden-Stil wurden als Trennung Bambusvorhänge, die nach oben aufgerollt werden konnten, zwischen die Stützen gehängt. Im 14. Jahrhundert wurde der Shinden-Stil vom Shoin-Stil abgelöst und damit kamen die noch heute gebräuchlichen Schiebewände auf, die die Räume untereinander und gegen die Veranda trennen (57). Da den meisten Räumen keine feste Nutzung zugeschrieben wird und da in einem japanischen Haus nur sehr wenige Möbelstücke stehen, entsteht ein flexibles Raumsystem, wo die Räume je nach Bedarf geöffnet, geschlossen oder miteinander verbunden werden können (Abbildung 209).

4.4.3 Orientierung im Raum

Bei der Orientierung im Raum stützt sich der Mensch auf zwei verschiedene Wahrnehmungssysteme: auf das optische Bezugssystem und die kinästhetische Empfindung. Das Gleichgewichtsorgan im Ohr und die Muskelempfindungen schaffen ein kinästhetisches Bezugssystem. Das Wirken der Schwerkraft führt zur kinästhetischen Empfindung, das heißt, oben und unten können unterschieden werden auch ohne optische Orientierungshilfe. In welcher Lage sich unser Körper auch immer befindet, wir nehmen immer Schwerkraft wahr und wissen so jederzeit, wo oben/unten und hinten/vorne ist. Entfällt die Schwerkraft, wird eine kinästhetische Wahrnehmung unmöglich, und wir sind bei unserer Orientierung allein auf ein optisches Bezugssystem angewiesen. Eine optische Orientierung setzt Bezugsobjekte voraus. In einem leeren, unbegrenzten Raum ist eine optische Orientierung wie oben/unten oder vorne/hinten nicht möglich. Der definierte Raum dient als Bezugssystem. Hermann Witkin hat experimentell nachgewiesen, daß sich der Mensch, je nach seiner Art, mehr auf das eine oder das andere Orientierungssystem verläßt: der introvertierte Typ mehr auf das kinästhetische System, der extrovertierte mehr auf die Orientierung nach dem optischen Bezugssystem (58).

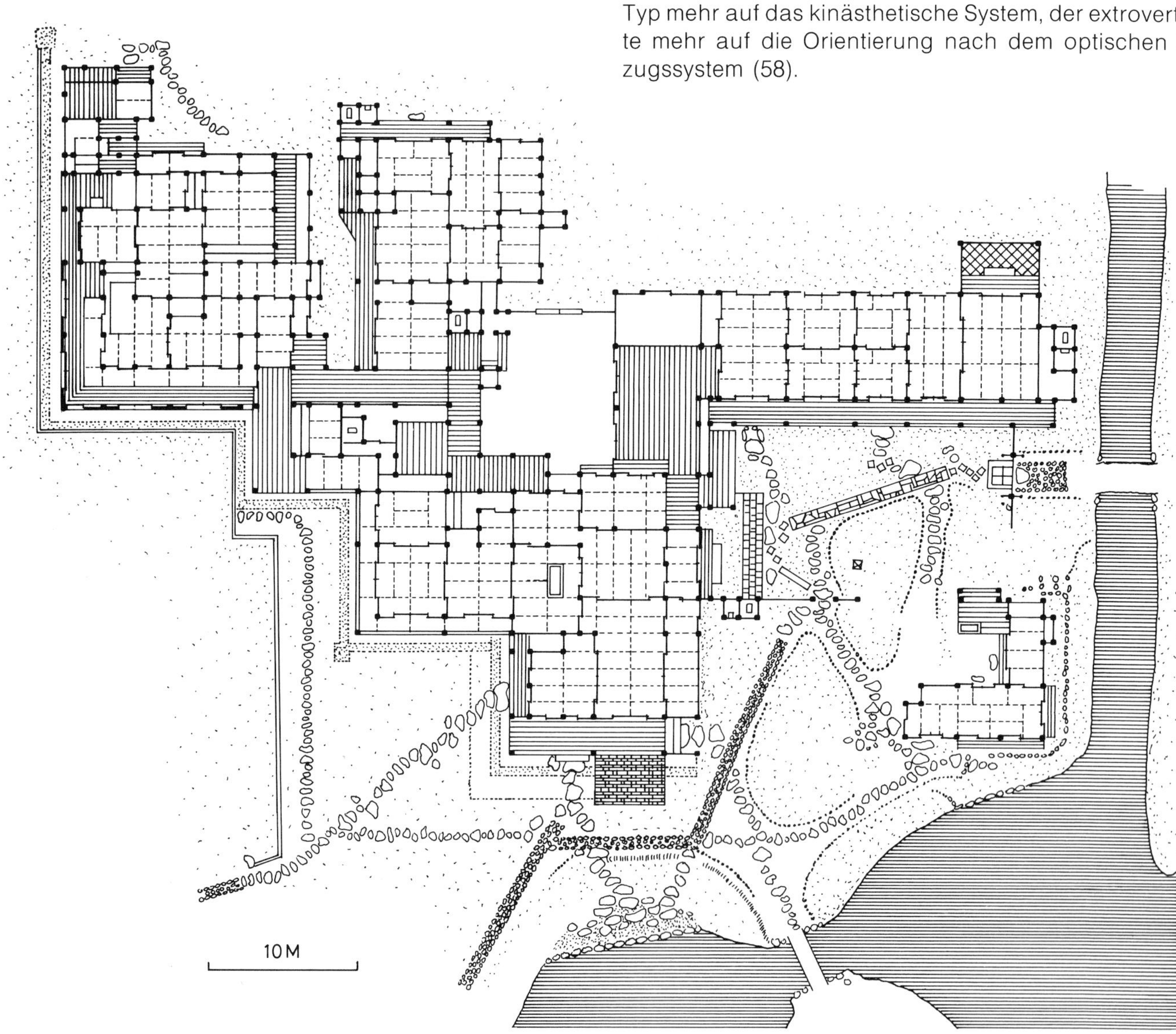

Abb. 209: Katsura Villa, 17. Jahrhundert, Kyoto, Japan (vgl. Abbildung 52, 122)

Die beiden Orientierungssysteme schaffen in unserer Wahrnehmung ein Strukturgerüst, ein Rasternetz, das zum Messen und Orientieren dient. Die Hauptachsen dieses Systems sind die Horizontale und die Senkrechte. Die Horizontale trennt »Himmel« und »Erde«, sie bildet den Horizont. Die Vertikale verbindet das Volle, Handgreifliche der Erde mit der unwirklichen Leere des Himmels, den Bereich des Menschen mit der Sphäre der Götter und spielt deshalb in jeder Sakralarchitektur eine entscheidende Rolle.

Das menschliche Auge bevorzugt ein horizontal-vertikal Sehen vor einer Wahrnehmung mit schräger Bezugsebene (59). Die Erklärung dafür liefert uns das Grundgesetz der Gestaltpsychologie: jedes Reizmuster will so gesehen werden, daß die sich daraus ergebende Struktur so einfach wie möglich ist. In der Vertikalen bewegen wir uns mit oder gegen die Schwerkraft, je nachdem, ob wir hinunter- oder hinaufgehen. In der Horizontalen ist, wenigstens auf den ersten Blick, jede Richtung neutral. Eine horizontal orientierte Umgebung fördert freie Bewegung und zwischenmenschliche Kontakte, während in einem vertikal organisierten Umfeld eher Hierarchie und Konkurrenzdenken stimuliert werden. Die Schnittlinie zwischen horizontaler und vertikaler Bezugsebene liegt bei einem Gebäude meistens dort, wo dieses den natürlichen Boden berührt. Die Ausbildung dieser Kontaktstelle, zusammen mit der Form, bestimmen die wahrgenommene Beziehung des Objekts zu seiner Umgebung: so steht zum Beispiel ein Gebäude auf dem Boden, es ragt aus dem Untergrund, es droht zu »versinken« usw. (vgl. Kapitel 3.5.2).

Ein horizontal betontes Objekt »liegt« auf der Grundfläche. Für den Gesichtssinn ist die vertikale Ausdehnung wichtiger als die horizontale (60). Ein Quadrat erscheint uns erst dann als gleichseitiges Viereck, wenn die Breite in Wirklichkeit etwas größer ist als die Höhe. Dies hängt wahrscheinlich mit der Tatsache zusammen, daß bei einer horizontalen Augenbewegung nur halb so viele Muskeln beteiligt sind als bei einem vertikalen Blickwechsel (61). Die Wahrnehmung horizontaler Ausdehnung ist weniger anstrengend als die von eher vertikal betonten Elementen. Das vertikale Sehen ist aufwendiger und deshalb eine Überwachung der Vertikalen wichtiger. Interessant ist in diesem Zusammenhang auch die Feststellung Otto Bollnow's, daß zwischen den beiden menschlichen Haltungen, liegen und stehen, grundsätzliche Unterschiede bestehen, die weit über das Körperliche hinausgehen und schließlich die ganze Beziehung des Menschen zu seiner Umwelt mitbestimmen (62).

Während die optische Wahrnehmung eher auf das Vertikale ausgerichtet ist, Differenzen in der Höhe werden viel eher wahrgenommen als solche in der Breite, orientiert sich paradoxerweise das Handeln eher in der neutral empfundenen horizontalen Ebene.

Eng verbunden mit den Gegensätzen zwischen vertikal und horizontal sind die Begriffspaare oben/unten und rechts/links, wobei sich das erste dieser Begriffspaare auf die Vertikale, das zweite auf die Horizontale bezieht. Nach oben gehen heißt, sich gegen die Schwerkraft bewegen, umgekehrt ist der Widerstand beim nach unten gehen kleiner. Die potentielle Massenenergie eines höher gelegenen Gegenstandes ist größer als die eines tiefer gelegenen und auch das wahrgenommene »Gewicht« eines Gegenstandes ist oben größer als das desselben Gegenstandes unten (63). Zwischen unten und oben besteht eine Hierarchie. Links und rechts scheinen gleichwertig, sie sind es aber nicht. Schon die Ähnlichkeit der linken und rechten Seite des Menschen beschränkt sich auf das Äußere, die Anordnung der meisten inneren Organe ist aber asymmetrisch. Die meisten Menschen schreiben mit der rechten Hand. Ein »linkischer« Mensch oder eine Person, die »zwei linke Hände« hat, gilt als ungeschickt. Der Mensch empfindet auch psychologisch deutlich Wertunterschiede zwischen diesen beiden Richtungen. Rechts hat denselben Wortstamm wie »richtig« und »gerecht«. Die rechte Seite ist oft die Bevorzugte: der Herr läßt die Dame rechts gehen, der Ehrengast sitzt rechts vom Gastgeber. Also auch hier kein Gleichgewicht zwischen links und rechts. Bei der Wahrnehmung eines Gegenstandes mit der Abtastmethode (vgl. Kapitel 0.3.3) erfolgt das Abtasten von links nach rechts, genau wie beim Lesen. Wahrnehmungsmäßig erscheint uns ein Gegenstand im Sehfeld links »leichter« und kleiner als der gleiche Gegenstand rechts im Sehfeld. Haben wir in einem Sehfeld lauter gleiche Figuren, so erscheinen uns die unten links am »leichtesten« und kleinsten, die oben rechts am »schwersten« und größten (64) (vgl. Abbildung 210).

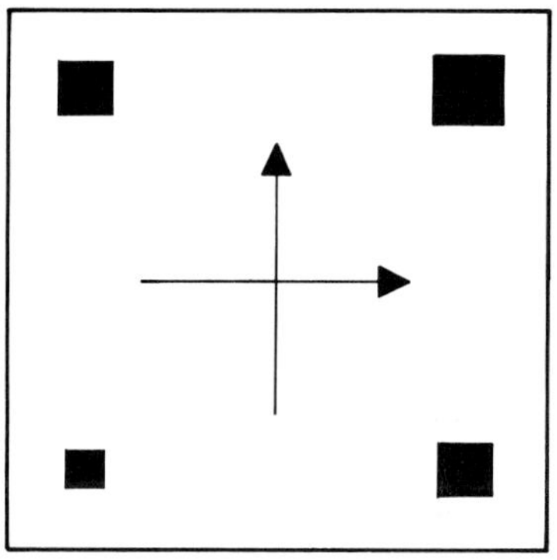

Abb. 210: Wahrnehmungsmäßige Veränderung der Größe von vier gleichgroßen Quadraten, je nach Lage im Sehfeld

Ein Betrachter identifiziert sich mehr mit der linken Seite als mit der rechten, eine Tatsache, die auch in Theater und Film ausgenutzt wird. Die linke Bühnenhälfte gilt als die wichtigere und die Hauptperson sollte sich wenn immer möglich links befinden, so identifizieren sich die Zuschauer eher mit ihr und sehen das Geschehen von ihrem Standpunkt aus (65). Da wir von links nach rechts lesen, erscheint uns ein Bewegungsablauf in dieser Richtung müheloser als umgekehrt. Deshalb kommt der Gute in einem Film oft von links, der Böse, der auch der Gegner des Zuschauers ist, von rechts. Die Tatsache wirkt sich auch auf die wahrgenommene Geschwindigkeit aus: ein Auto, das von links nach rechts fährt, erscheint uns schneller als dasselbe Auto mit derselben Geschwindigkeit in der umgekehrten Richtung.

Die genauen Gründe dieser Phänomene sind noch nicht bekannt, hängen aber wahrscheinlich mit der Dominanz der linken Gehirnrinde zusammen (66).

Quellenverzeichnis Kapitel »Raum«

(Jahrzahl in Klammer: Datum der Erstveröffentlichung)

(1) *Kahn, I. Louis:* Ordnung ist, 1960 (in: Programme und Manifeste zur Architektur des 20. Jahrhunderts, Braunschweig, 1981, S. 162)
(2) *Dessoir, Max:* Die Geschichte der Philosophie, Wiesbaden, 1925, S. 166
(3) siehe (2) S. 387
(4) siehe (1) S. 162
(5) *Canival, Jean-Louis de:* Aegypten, Fribourg, 1964, S. 131
(6) *Picard, Gilbert:* Imperium Romanum, Fribourg, 1965, S. 176
(7) siehe (6) S. 111
(8) *Norberg-Schulz, Christian:* Meaning in western architecture, London, 1975, S. 101 (Originaltitel: Significato nell' architettura occidentale, Milano, 1974)
(9) siehe (6) S. 105
(10) *Zevi, Bruno:* Architecture as Space, New York, 1974 (1957), S. 87
(11) *Krautheimer, Richard:* Early Christian und Byzantine Architecture, Harmondsworth, 1965, S. 160 (Übersetzung: J. Grütter)
(12) *Pevsner, Nikolaus:* Europäische Architektur, München, 1967, S. 22
(13) siehe (8) S. 180
(14) siehe (8) S. 185
(15) siehe (12) S. 87
(16) siehe (12) S. 176
(17) siehe (10) S. 114
(18) siehe (12) S. 294
(19) *Bollnow, Otto F.:* Mensch und Raum, Stuttgart, 1980 (1963), S. 88
(20) siehe (12) S. 416
(21) *Wagner, Otto:* Die Baukunst unserer Zeit, Wien, 1979 (1895), S. 32
(22) siehe (21) S. 40
(23) *Sedlmayr, Hans:* Verlust der Mitte, Frankfurt am Main, 1983 (1948), S. 64
(24) siehe (23) S. 80
(25) *Frampton, Kenneth:* Die Architektur der Moderne, Stuttgart, 1983, S. 22 (Originaltitel: Modern architecture, London, 1980)
(26) *Rowe, Colin:* Chicago frame (in: Archithese, 4/1980, S. 25), (Ursprünglich in: Architectural Review 1956)
(27) *Hitchcock, Henry-Russel* und *Johnson, Philip:* Der Internationale Stil, Braunschweig, 1985, S. 41 (Originaltitel: The International Style, New York, 1932)
(28) siehe (27) S. 18
(29) siehe (12) S. 487
(30) siehe (19) S. 23
(31) *Vantongerloo, Georges:* Réflections 1, 1925 (in: Die Sprache der Geometrie, Bern, 1984, S. 64)
(32) siehe (19) S. 215
(33) *Bahrdt, H. P.:* Moderne Großstadt, Hamburg, 1961, S. 38
(34) *Moholy-Nagy, Sibyl:* Die Stadt als Schicksal, München, 1970, S. 53 (Originaltitel: Matrix of Man – An Illustrated History of Urban Environment, New York, 1968)
(35) *Norberg-Schulz, Christian:* Logik der Baukunst, Braunschweig, 1980 (1970), S. 179 (Originaltitel: Intentions in Architecture, Oslo, 1963)
(36) *Rykwert, Joseph:* Ornament ist kein Verbrechen, Köln, 1983, S. 151 (Originaltitel: The Necessity of Artifice, London, 1982)
(37) *Hall, Edward T.:* Die Sprache des Raumes, Düsseldorf, 1976, S. 118 (Originaltitel: The Hidden Dimension, 1966)
(38) siehe (37) S. 143
(39) *Jencks, Charles:* Die Sprache der Postmodernen Architektur, Stuttgart, 1978, S. 108 (Originaltitel: The Language of Post-Modern Architecture, London, 1978)
(40) *Rowe, Colin:* Collage City, Basel, 1984, S. 88 (Ursprünglich in gekürzter Form in: Architectural Review, 1975)
(41) *Klotz, Heinrich* und *Cook, John W.:* Architektur im Widerspruch, Zürich, 1974, S. 246 (Originaltitel: Conversations with Architects, New York, 1973)
(42) *Moore, Charles:* The place of houses, New York, 1979 (1974), S. 149 (Übersetzung: J. Grütter)
(43) *Kruft, H. W.:* Goethe und die Architektur (in: Neue Züricher Zeitung, 20. März, 1982)
(44) *Kahn, I. Louis:* I love Beginnings, Vortrag an der Aspen Design Conference, 1973 (in: Louis I. Kahn, Tokyo, 1975, S. 281, Übersetzung: J. Grütter)
(45) *Thilo, Thomas:* Klassische chinesische Baukunst, Zürich, 1978 (1977), S. 223
(46) *Loos, Adolf:* Trotzdem, Wien, 1982 (1931), S. 134
(47) *Le Corbusier:* Fünf Punkte zu einer neuen Architektur, 1926 (in: Programme und Manifeste zur Architektur des 20. Jahrhunderts, Braunschweig, 1981, S. 94)
(48) siehe (19) S. 154
(49) siehe (12) S. 303
(50) *Bösiger, Willy:* Le Corbusier et Pierre Jeanneret, Oeuvre complète de 1910–1929, Zürich, 1974 (1964) S. 128
(51) *Van Doesburg, Theo:* Auf dem Weg zu einer plastischen Architektur, 1924 (in: Programme und Manifeste zur Architektur des 20. Jahrhunderts, Braunschweig, 1981, S. 74)
(52) *Giedion, Siegfried:* »Raum, Zeit, Architektur«, Zürich, 1978, S. 364 (Originaltitel: Space, Time and Architecture, Cambridge, Mass., 1941)
(53) siehe (27) S. 42 und 41
(54) siehe (25) S. 240
(55) *Venturi, Robert:* Komplexität und Widerspruch in der Architektur, Braunschweig, 1978, S. 50 (Originaltitel: Complexity and Contradiction in Architecture, New York, 1966)
(56) siehe (52) S. 142
(57) *Yoshida, Tetsuro:* Japanische Architektur, Tübingen, 1951, S. 139
(58) *Arnheim, Rudolf:* Kunst und Sehen, Berlin, 1978, S.223 (Originaltitel: Art and Visual Perseption, Berkeley, 1954)
(59) siehe (58) S. 182
(60) *Arnheim, Rudolf:* Die Dynamik der architektonischen Form, Köln, 1980, S. 52 (Originaltitel: The dynamics of architectural form, Los Angeles, 1977)
(61) *Gunzenhäuser, Rul:* Maß und Information als ästhetische Kategorien, Baden-Baden, 1975 (1962), S. 67
(62) siehe (19) S. 170
(63) siehe (58) S. 32
(64) siehe (58) S. 35
(65) siehe (58) S. 36
(66) siehe (58) S. 36

5. Form

»Weiche deiner Verantwortung nicht aus:
setze dich mit der Form auseinander.
In ihr wirst du den Menschen wiederfinden«
Luigi Snozzi (1)

5.1 Form und Gestalt

Der Begriff der Form ist eng verbunden mit dem der Gestalt. Beide Wörter stammen vom lateinischen »forma« ab und sind folgendermaßen definiert: »Gestalt bezeichnet die anschauliche, umgrenzte, mehr oder weniger gegliederte und in sich abgeschlossene Einheit der Erscheinung eines Gegenstandes« (2). »In der Ästhetik ist die Form die sinnlich-anschauliche Erscheinung eines Gegenstandes und die der ästhetischen Wahrnehmung sich darbietende Art seiner Darstellung« (3). Beide Begriffe stehen für die Erscheinung eines Gegenstandes und trotzdem sind sie nicht identisch.

Versuchen wir das Problem durch die Brille eines Architekten zu betrachten. Louis I. Kahn schreibt dazu: »Form ist nicht Gestalt. Gestalt ist eine Sache des Entwurfs, aber Form ist eine Veranschaulichung untrennbarer Komponenten. Entwurf verwirklicht, was diese Veranschaulichung, diese Form, uns sagt. Man kann auch sagen, daß die Form die Natur einer Sache ist und ein Entwurf danach strebt, zu einem bestimmten Zeitpunkt, die Gesetze dieser Natur anzuwenden« (4). Form liegt in der Natur der Sache, das heißt, sie ist bedingt durch ihren Inhalt, ist also vorgegeben und nicht beliebig manipulierbar. Theodor W. Adorno: »Denn Form ist dem eigenen Begriff nach nur Form von etwas, und dies Etwas darf nicht zur bloßen Tautologie der Form werden« (5). Gestalten heißt entwerfen; das bedeutet, die Form so wählen, daß sie mit ihrem Inhalt der Idee des Entwurfes entspricht. Die formale Gestaltung hängt demnach von verschiedenen Faktoren ab. So wird zum Beispiel die Form einer Öffnung auch mitbestimmt durch das Material und durch die Konstruktion der Wand: eine Öffnung in einer aus Backsteinen gebauten Wand verlangt einen Bogen, eine eckige Öffnung ist eher einer Stahl-Glas Konstruktion angemessen. Die Form ist bedingt durch ihren Inhalt. Adorno: »Ästhetisches Gelingen richtet sich wesentlich danach, ob das Geformte den in der Form niedergeschlagenen Inhalt zu erwecken vermag« (6). Gestalt bezeichnet die Art, wie die Formen angewandt werden und wie sie zueinander stehen. Die beiden Begriffe sind so eng miteinander verbunden, daß sie nur theoretisch getrennt werden können: jede Form ist gestaltet, und die Gestalt eines Objektes beinhaltet immer auch eine Form.

5.2 Form und Kultur

Philip Drew vergleicht die Form mit einer Sprache: »Geradeso wie der Gedanke durch das Medium Sprache formuliert wird, so ist auch die Erschaffung physischer Formen von geistigen Vorstellungen und Urformen abhängig« (7). So wie die Sprache aus Wörtern besteht, setzt sich auch jede Formensprache aus verschiedenen Grundmustern oder elementaren Formen zusammen. In Kapitel 0.2.5 wurde gezeigt, daß jede Nachricht eine gewisse Redundanz hat, das heißt, ein Teil ihrer Zeichen ist nicht informativ, sondern »Verschwendung«. Diese Redundanz besteht auch in jeder Formensprache. Eine sehr geringe Redundanz bedeutet, daß an der Gestalt kein Teil überflüssig ist. Viele Ingenieurbauten des 19. Jahrhunderts haben nur eine sehr geringe Redundanz, ihre Form wird bestimmt durch statische Erfordernisse (vgl. Abbildung 66). Auch bei vielen alten und sogenannten »primitiven« Kulturen ist die Redundanz der Formsprache gering; jede Form ist begründet und hat somit ihre Funktion. Bernhard Rudofsky propagierte diese »Architektur ohne Architekten« 1964 in einer viel beachteten Ausstellung in New York (vgl. Abbildung 211, 212).

Architektur ohne Architekten:

Abb. 211: Lagerhäuser, Hafen von Buenos Aires, Argentinien

Abb. 212: Lehmstadt Ait Benhaddou, Marokko

Die Formensprachen entstanden durch eine lange Evolution. Der Erfolg und die Stabilität einer Kultur basieren auch auf dem Besitz einer gültigen Formensprache. Die Formen, als visueller Ausdruck eines geistigen Inhaltes, dienen als semantische Zeichen. Die Formensprache ist der Ausdruck dieser Zeichen insgesamt, sie visualisiert die geistige Grundhaltung einer Kultur. Wird sie aus irgendeinem Grund zu schnell verändert, bedeutet das einen Verlust an Kultur. Dies gilt nicht nur für die »primitiven« Völker, denen im Zuge der Kolonialisierung oft auch ihre Formensprache entzogen wurde. Die Industrialisierung des 19. Jahrhunderts bewirkte so große sozio-kulturelle Wechsel, daß eine neue Formensprache auch in der Architektur nötig wurde. Die Industrialisierung bedeutet unter anderem rationelles Herstellen von gleichen Teilen in großer Stückzahl. Diese Vorteile konnten nicht direkt auf das Baugewerbe übertragen werden. Die Straffung erfolgte vor allem im formalen Bereich. Die Formen wurden nach funktionalen Gesichtspunkten gewählt und verloren so oft ihre semantische Aussagekraft. Während früher der Gestalt auch vom Baumaterial her Grenzen gesetzt worden sind, die Formen waren auch materialspezifisch, wurde mit den neuen Materialien und Baumethoden formal plötzlich fast alles möglich. Im Gegensatz zur »Architektur ohne Architekten«, die von ganzen Bevölkerungen getragen wurde, wurde in der modernen Architektur die Formensprache Exklusiveigentum einiger weniger Architekten und wurde dementsprechend von der Masse auch nicht mehr verstanden. Die Entwicklung einer Formensprache bis zur Reife, das heißt, bis ihr Spektrum breit genug ist, um eine ganze Kultur zu repräsentieren, braucht Zeit und Reibungsfläche, um sich einzuschleifen.

5.3 Form und Struktur

Wie wir schon sahen, wird der Raum durch die ihn begrenzenden Elemente definiert. Diese Elemente und ihre Beziehung untereinander bestimmen den Charakter eines Raumes mit, sie formen ihn. Der erste Schritt beim Versuch, den unendlichen Formenreichtum zu ordnen, wird eine Unterteilung in regelmäßige und unregelmäßige Formen sein. Die regelmäßigen Formen unterliegen bestimmten Gesetzen der Geometrie. Ihre Nachricht besitzt eine große Redundanz, das heißt, die Vorhersehbarkeit ist groß, die Form kann auf Grund weniger Informationen vervollständigt und rekonstruiert werden (vgl. Abbildung 9).

Die regelmäßigen Formen haben ein Strukturgerüst: formale Regeln, die die Beziehung der einzelnen Teile untereinander ordnen (8). Die Gestaltwahrnehmung (vgl. Kapitel 0.3.3) beginnt mit dem Suchen eines solchen Strukturgerüstes, welches zum Beispiel aus einer Symmetrieachse, ähnlichen Seitenlängen oder Winkeln, Brennpunkten etc. bestehen kann.

Das Strukturgerüst fällt selten mit den Umrißlinien einer Gestalt zusammen und kann sehr oft nicht direkt gesehen werden, da es meistens nicht durch Linien oder Punkte gekennzeichnet ist. Trotzdem kann das Strukturgerüst bei der Wahrnehmung einer Gestalt wichtiger sein als der gesamte Verlauf der Umrißlinien (Abbildung 213 A–D). Solange beim Verändern der Lage eines Objektes dessen Strukturgerüst diese Veränderungen mitmacht, erkennen wir dieselbe Gestalt (Abbildung 213 E–G). Drehen wir das Dreieck allerdings um 180° (Abbildung 213 H), so verändert sich die wahrnehmungsmäßige Gestalt vollständig: die Standfläche wird zum »Dach«, die Figur wechselt von einem stabilen zu einem unstabilen Zustand. Beim Verändern des Strukturgerüstes entsteht auch eine neue Gestalt, das Quadrat wird zum Rhomboid

(Abbildung 213 K). Ist beim Verschieben einer Figur in eine neue Lage das Erkennen eines neuen Strukturgerüstes möglich, so verändert sich wahrnehmungsmäßig auch die Gestalt. Drehen wir zum Beispiel das Quadrat von Abbildung 213 I um 45°, so kann das alte Strukturgerüst, ohne seine Lage zu verändern, zu einem neuen Strukturgerüst werden: die beiden Achsen werden zu Diagonalen. Damit verändert sich auch die wahrnehmungsmäßige Gestalt: die Ecken werden betont, die Seiten werden sekundär (Abbildung 213 L). Manchmal kann schon eine geringe Veränderung der Form zu einem neuen Strukturgerüst führen. In den Abbildungen 213 N–Q haben die Dreiecke gleich lange Grundlinien und Höhen, nur die Lage der Scheitelpunkte wird jeweils leicht verändert. Diese Verschiebung genügt aber, um ein neues Strukturgerüst zu erreichen.

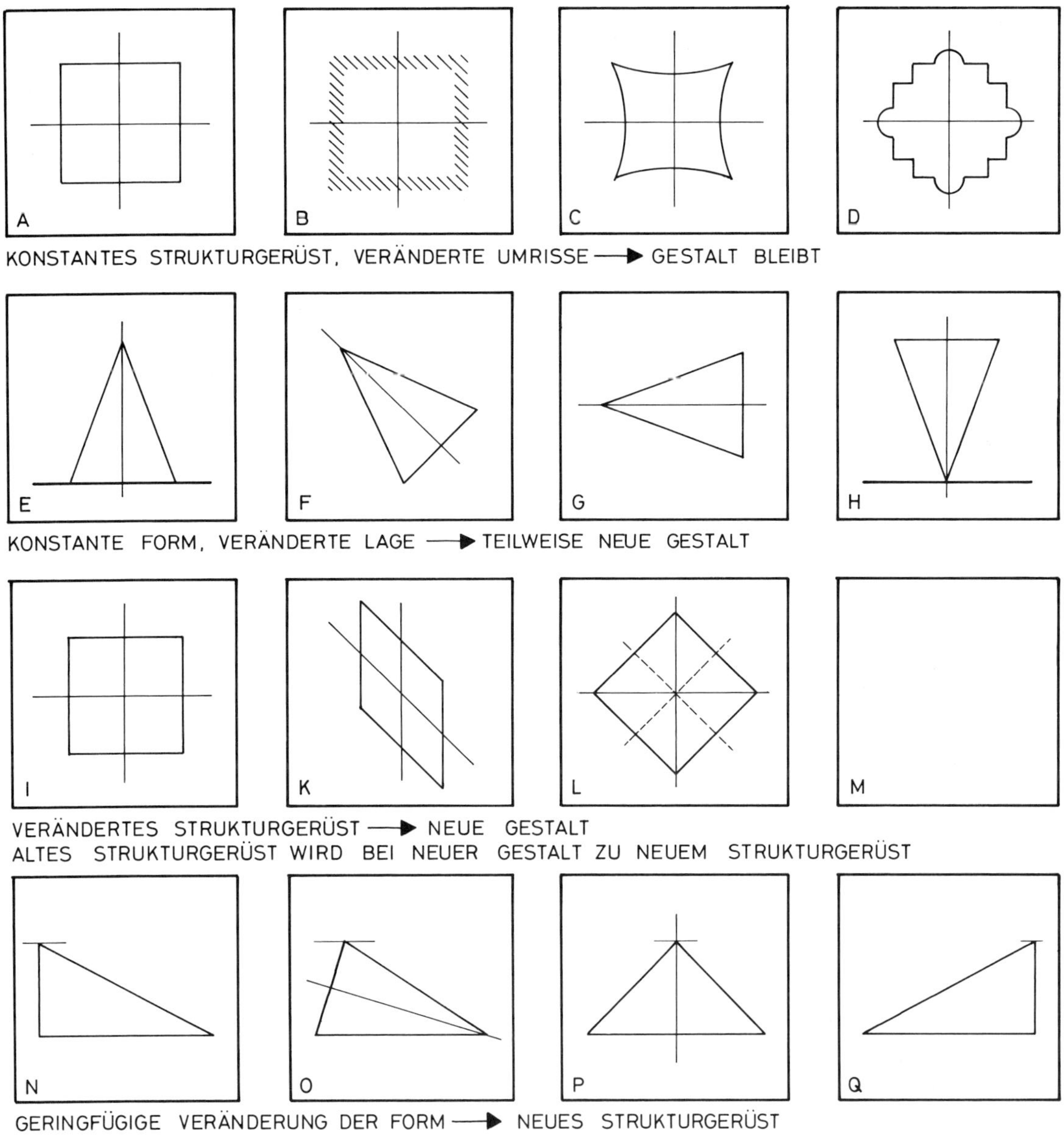

Abb. 213: Gestalt und Strukturgerüst

Beim Bilden von Superzeichen schematisieren wir, das heißt, unter Beibehaltung des Strukturgerüstes wird die Form vereinfacht (vgl. Abbildung 19). Auch das Abstrahieren ist eine Vereinfachung, ein Reduzieren der Formen, bis letztlich nicht viel mehr als das Strukturgerüst übrigbleibt.

Die unregelmäßige Form hat kein Strukturgerüst, sie ist nicht vorhersehbar und deshalb originell. Wie wir in der Einleitung gesehen haben, muß aber auch die originelle Nachricht einen minimalen Zusammenhang mit dem Vorhergegangenen haben. Ist dem nicht so, so ist sie für uns nicht mehr verständlich. Unregelmäßige Formen bringen wir, gemäß dem Gesetz der Erfahrung, mit einer uns bekannten Figur in Verbindung, das heißt, sie wecken in uns Assoziationen.

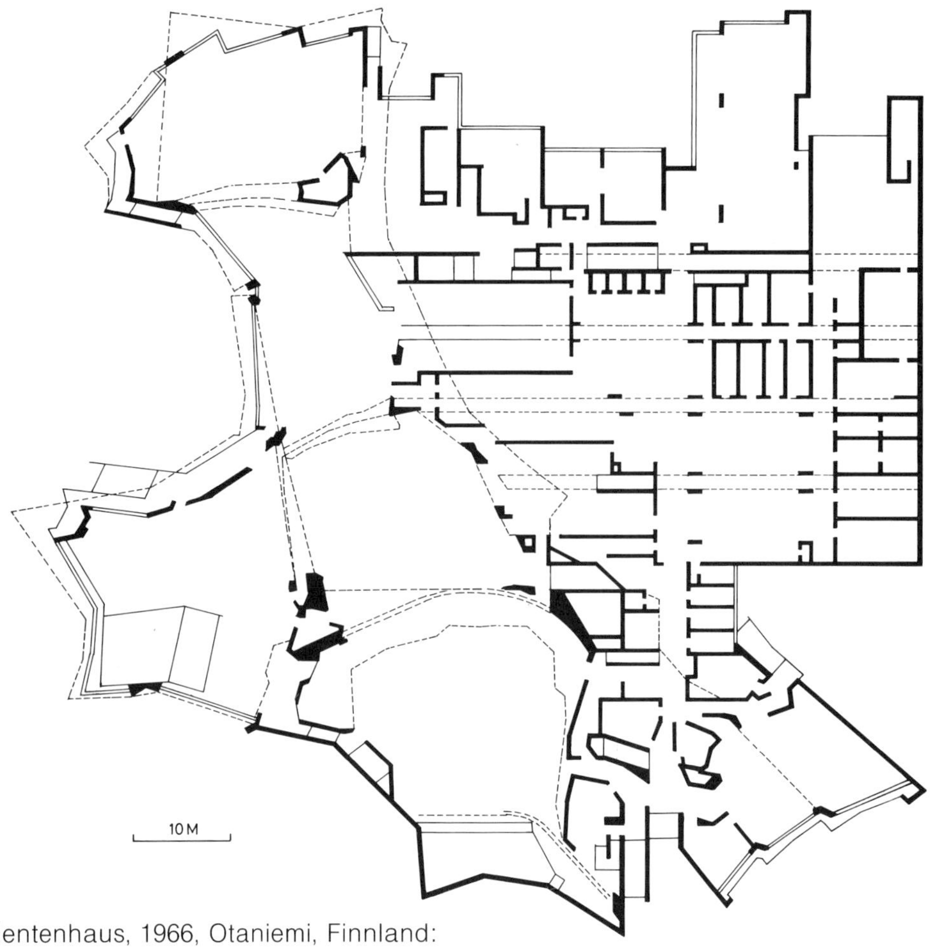

Reima Pietilä, Studentenhaus, 1966, Otaniemi, Finnland:

Abb. 214: Grundriß

Abb. 215: Außenansicht

Das Studentenhaus in Otaniemi bei Helsinki von Reima Pietilä steht, umgeben von großen Granitblöcken, in einem Wald (Abbildung 214, 215). Der Wirtschaftsteil ist streng geometrisch und nach rein funktionalen Gesichtspunkten geordnet, sämtliche Räume haben rechteckige Formen. Der öffentliche, für das Publikum bestimmte Bereich übernimmt formal die Unregelmäßigkeiten der Umgebung, die Sprache der Natur, und erinnert stark an eine Höhle.

Die regelmäßigen Formen erlauben eine Schematisierung, während die unregelmäßigen eher Assoziationen hervorrufen. Die erste enthält mehr semantische, die zweite mehr ästhetische Information. Welche Art von Form, abgesehen von funktionalen und technischen Einflüssen, eher verwendet werden sollte, ist Sache des Stils und eine der Grundfragen der Architektur. Sicher ist die unregelmäßige Form bei Pietiläs Studentenhaus begründet, andererseits kann man sich dieselbe Nutzung auch in einer regelmäßigen Form vorstellen. Die Wahl der Formensprache hängt eng mit der Frage zusammen, ob nun die Natur oder die Technik der Architektur als Vorbild dienen soll (vgl. Kapitel 2.4). Zu Beginn des 20. Jahrhunderts, als versucht wurde einige Aspekte der Industrialisierung auch in der Bauwirtschaft nutzbar zu machen, setzten sich verschiedene Leute für eine strenge, regelmäßige Form ein. El Lissitzky, einer der Hauptexponenten des Konstruktivismus, 1929: »Unsere Zeit verlangt Gestaltungen, die aus elementaren Formen (Geometrie) entstehen. Der Kampf mit der Ästhetik des Chaotischen nimmt seinen Verlauf« (9). Auch Ludwig Mies van der Rohe setzte sich für das streng Geometrische ein. Diese Einstellung resultierte vorwiegend aus dem Verlangen, die strenge, einfache Ästhetik der damals bewunderten Technik, die den damaligen Zeitgeist mitprägte, auch in der Architektur zum Ausdruck zu bringen. Siegfried Giedion schreibt zu dieser Entwicklung bei Mies van der Rohe: »Was folgte, war ein kontinuierlicher Drang zur Eroberung der reinen Form, begleitet von einem zunehmenden Verzicht auf alles, was dem Architekten unwesentlich schien. Diese Forderung nach dem Absoluten liegt hinter Mies van der Rohes oft absichtlich mißverstandener Aussage ›Weniger ist mehr‹« (10). Paul Rudolph meint allerdings, daß »Mies nur deshalb so wundervolle Häuser baute, weil er viele Aspekte eines Gebäudes ignorierte. Wenn er mehr Probleme gelöst hätte, wären seine Gebäude weit weniger potent. Diese Paradoxie wurde noch verstärkt durch die vielen Bekenntnisse zum Funktionalismus« (11).

Eng mit regelmäßiger und unregelmäßiger Form verbunden ist das wahrnehmungsmäßige »Gewicht« eines Gegenstandes. So scheinen regelmäßige, einfache Formen schwerer als komplexe (Abbildung 216 A), senkrecht ausgerichtete schwerer als schräge (Abbildung 216 B). Auch die Lage einer Gestalt innerhalb einer ganzen Komposition kann ihr »Gewicht« mitbestimmen: läßt sie sich mit dem Strukturgerüst der Gesamtkomposition vereinbaren oder ist sie nicht irgendwo isoliert, sondern in einen Verband eingebunden, erscheint sie schwerer (Abbildung 216 C). Arthur Schopenhauer sah im Spiel zwischen den verschiedenen wahrnehmungsmäßigen »Gewichten« den eigentlichen Stoff der Bauästhetik. Das Sichtbarmachen der verschiedenen statisch-technischen Eigenschaften der Materialien und Formen ist für ihn die eigentliche Aufgabe der Architektur (12).

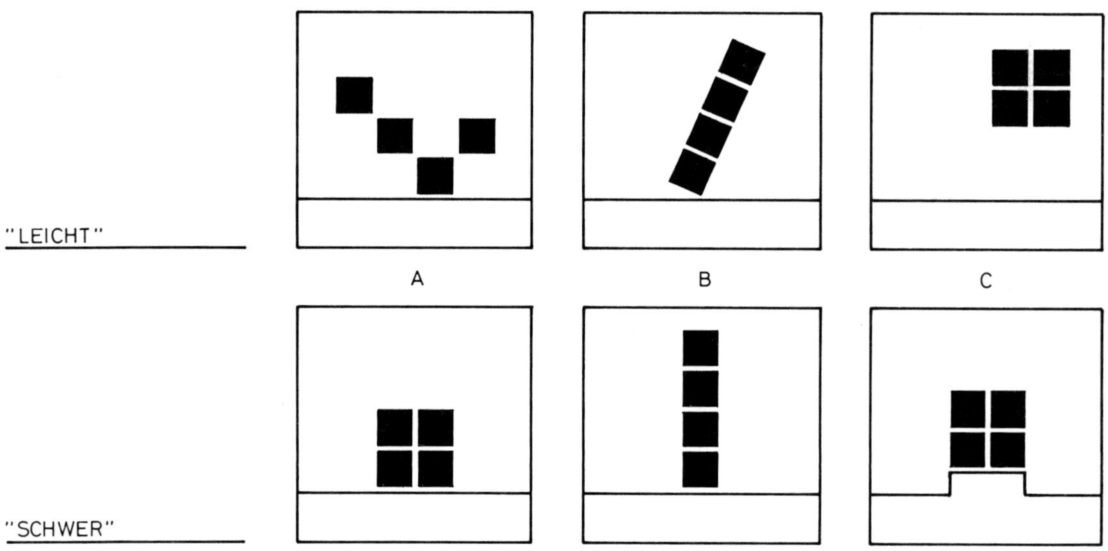

Abb. 216: Gestalt und ihr wahrnehmungsmäßiges »Gewicht«

Auch das Gleichgewicht kann von der Art der Gestalt abhängen: so erscheinen einfache Formen, vor allem symmetrische, ausgeglichener als andere.

Unabhängig vom Material empfinden wir gewisse Formen, vor allem runde und kontinuierliche, als »weich«, andere, eckige und kantige, als »hart«.

5.4 Regelmäßige Formen

Form als Begriff ist abstrakt. Eine Form muß mit einem Medium eine Symbiose eingehen, um zu existieren. Sprechen wir über Formarten, so müssen wir uns zuerst fragen, wie sie erkennbar werden. Jeder Raum ist ein dreidimensionales Gebilde und hat dementsprechend eine dreidimensionale Gestalt. Die Elemente, die den Raum definieren, sind wahrnehmungsmäßig meistens zweidimensionale Flächen, die wiederum von Linien bestimmt werden. Die regelmäßige oder geometrische Form, als Gegensatz zur unregelmäßigen, dominiert je nach Epoche mehr oder weniger. Auf der Suche nach der »reinen« Form setzten die Revolutionsarchitekten, sowohl die französischen wie auch die russischen, die Architektur gleich mit der Geometrie. Diese Entwicklung beinhaltete bereits einige der wichtigsten Dogmen der Modernen und war deshalb später auch wegweisend für diese. Hans Sedlmayr nennt als ihre primären Eigenschaften: »Die Tendenz zur Loslösung von der Erdbasis. Die Möglichkeit, unten und oben zu vertauschen, womit die Vorliebe für das flache Dach zusammenhängt. Die Neigung zu homogenen glatten Flächen ohne Durchbrechung, ohne plastische Elemente, ohne Profil. Die Verwandlung der Wände in abstrakte Grenzflächen; daraus folgt später das Ideal einer Raumhaut aus purem Glas« (13).

5.4.1 Horizontal und vertikal

Im Kapitel 4.4.3 wurde dargelegt, welche Bedeutung die horizontale und die vertikale Bezugsebene bei der Orientierung im Raum haben. Anschließend soll nun deren Einfluß auf die Erscheinung der Form besprochen werden.

Bei jeder optischen Wahrnehmung werden senkrechte und waagerechte Linien allen Schrägen vorgezogen, da sie die schwächste Reizkonfiguration ergeben. Für eine Auf/ab-Bewegung werden doppelt so viele Augenmuskeln bewegt wie bei einem Links/rechts-Blick. Dies ist einer der Hauptgründe, warum sich die Optik des Menschen vorwiegend in der Breite, entlang der Horizontalen, orientiert. »Liegende« Formen, also solche, die sich vor allem in der Horizontalen erstrecken, werden einfacher wahrgenommen und enthalten so aber auch weniger Originelles als die »stehenden« Formen. Die unterschiedliche Bedeutung dieser beiden Richtungen ergibt auch ein unterschiedliches Distanzgefühl: der gleiche Abstand erscheint uns in der Höhe viel größer als in der Breite: eine Länge von hundert Metern scheint uns nicht speziell groß, während hundert Meter Höhe schon beachtlich anmuten. Frank Lloyd Wright: »Schauen Sie doch selbst, wie jede Einzelheit in der Vertikalen ungemein bedeutsam wird und wie horizontale Andeutungen gar keine Rolle spielen!« (14).

5.4.2 Die Linie

Eine Linie ist in einer Zeichnung ein zweidimensionales Gebilde. In der Architektur treten Linien als Begrenzungen von Flächen auf. In dieser Eigenschaft können sie mehr oder weniger expressiv in Erscheinung treten: beim griechischen Tempel ist die Linie klar lesbar, als scharfe Begrenzung, im Barock tritt sie in den Hintergrund, sie ist oft sogar schwer auszumachen. Linien und Flächen ergänzen sich: wird das eine stark betont, tritt das andere eher in den Hintergrund und umgekehrt. Paul Klee bezeichnete sie als »aktive« Linien, sie bewirken »passive« Flächen, und »passive« Linien, die »aktive« Flächen erzeugen (15).

Die gerade Linie wirkt, im Gegensatz zur gebogenen, starr und bestimmt. Eine Gerade muß nicht direkt sichtbar sein: oft werden markante Punkte in unserer Vorstellung mit Linien verbunden. Städtebauliche Elemente, speziell markante Gebäude, bilden Achsen, die wir in unserem räumlichen Organisationsschema als Linien wahrnehmen. Die Lage einer Geraden kann eine Aussage enthalten: sie weist eine Richtung, sie trennt, sie grenzt ab.

Eine schräge Gerade hat im Gegensatz zu einer Horizontalen oder Vertikalen eine gewisse Dynamik: sie läuft von unten links nach oben rechts oder von links oben nach rechts unten (Abbildung 217). Jeder Architekturstil drückt formal-räumlich einen geistigen Inhalt aus. Je nach Art dieser Aussage wurden Vertikale und Horizontale mehr oder weniger in den Architekturentwurf miteinbezogen. Die Renaissance, die sich durch Klarheit und Logik auszeichnet, wird von einer starken Senkrecht-waagerecht-Gliederung geprägt, während im Barock gerade diese Richtungen zugunsten der eher dynamischen Schrägen und Kurven vermieden wurden. Eine Schräge wird immer in bezug auf die Senkrechte oder Waagerechte beurteilt. Verläuft sie von links unten nach rechts oben, so haben wir den Eindruck einer Steigung, umgekehrt den eines Gefälles.

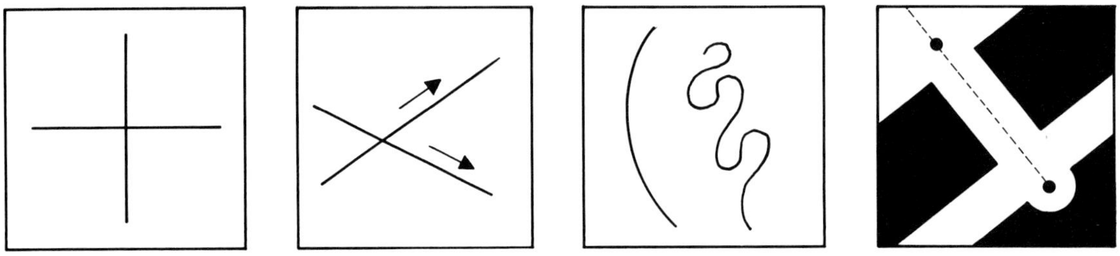

Abb. 217: Die Linie

Im Gegensatz zur Geraden vermittelt die kurvenförmige Linie immer einen dynamischen Eindruck. Die Beziehung zwischen den beiden beschreibt Piet Mondrian wie folgt: »Das Geradlinige aber bedeutet eine ›Vervollkommnung‹ des Gekrümmten, welch letzteres eher der Natur entspricht. Und auf dem Sternenhimmel zeichnen sich nicht wenig gekrümmte Formen ab; aus diesem Grunde bleibt er noch natürlich und verlangt nach der Vervollkommnung im Gradlinigen« (16).

Bei der Kurve können wir zwei Haupttypen unterscheiden: die regelmäßige geometrische Kurve, zum Beispiel eine Parabel oder ein Kreisausschnitt, und die zufällige, unregelmäßige Kurve. Auch hier nimmt die Redundanz von der geraden Linie, über die regelmäßige geometrische Kurve, hin zur unregelmäßigen Kurve, ständig ab.

In der traditionellen japanischen Architektur sind die Dachvorsprünge meistens leicht nach oben gebogen, so daß die Dachlinie leicht geschwungen ist, was besonders in den Ecken sichtbar wird (Abbildung 221). Konstruktiv hat diese Form zwei Gründe: um während der Regenzeit genügend Schutz zu bieten, muß das Vordach relativ groß sein. Durch das Aufbiegen wird, trotz der Größe des Vordaches, der Lichteinfall ins Gebäudeinnere nicht verhindert (Abbildung 218). Der zweite Grund ist das Konsolensystem der Tragkonstruktion: das Gewicht des Daches wird über eine Anzahl Konsolen in die Stützen abgeleitet. Diese Konstruktion erfordert relativ viel Höhe, die durch das Aufbiegen des Daches verringert werden kann.

Die Kurve hat aber auch eine ästhetische Bedeutung:

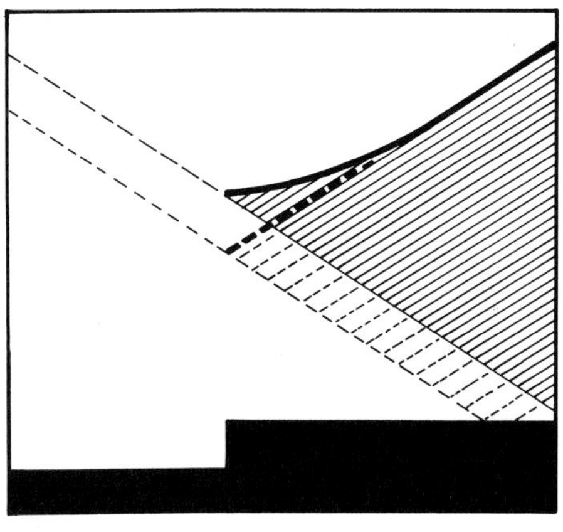

Abb. 218: Das System der gekurvten Dachlinie beim japanischen Haus (vgl. Abbildung 221)

die japanische Baukunst ist eine Skelettarchitektur, die vom Vertikalen der Säulen und den Horizontalen von Dach, Sockel und Balken dominiert wird. Die gekurvte Linie des Daches vermittelt zwischen diesen beiden Extremen und nimmt durch ihre Dynamik dem Bau seine Schwere.

5.4.3 Die ebene Fläche

Eine Linie, deren Enden sich wieder treffen, wird zur Umrißlinie einer Figur. Nach der Theorie von Gestalt und Grund (vgl. Abbildung 23) sehen wir eine solche Linie als Figur vor einem Hintergrund: entweder als dreidimensionale Linie (Abbildung 219A) oder als Fläche mit einer Umrißlinie (Abbildung 219B). Eine Fläche kann auch durch einzelne Linien angedeutet werden: zum Beispiel durch eine Reihe von Stützen (Abbildung 219C). Auch eine Wand mit Öffnungen (Abbildung 219D) nehmen wir als Fläche wahr. Die Fläche spielt in der Architektur eine entscheidende Rolle, ist sie doch als Wandfläche und Außenwand meistens das abschließende Element des Raumes, sie gehört zu den Grundelementen des Baukastens, aus dem Architektur zusammengesetzt wird.

Die Fassade eines Hauses kann zu seinem wichtigsten Gestaltungselement werden, denken wir nur an die vielen Paläste am Canale Grande in Venedig, die so eng aneinandergebaut sind, daß das ganze Gebäude nur an seiner flächigen Fassade gegen den Kanal erkennbar ist (Abbildung 223). In den Siedlungen des Wilden Westens, die wir in den Filmen und heute noch in vielen Städten des Westens der USA bewundern können, sind die Fassaden gegen die Hauptstraße höher als die dahinterliegenden Gebäude. So dienen sie als Zeichen, als Signale. Die ganze Erscheinung des Hauses wird durch die Fassadenfläche geprägt (vgl. Abbildung 400, rechts oben). Viele Kirchen haben eine Eingangsfront, die oft gegen einen Platz gerichtet ist. Diese Hauptfassade ist wegen ihrer Lage und ihrer Funktion als Eingangsfront, auf die der Besucher zugeht, anders gestaltet als die Seiten- oder Rückfassaden. Die äußere Erscheinung dieser Kirchen ist für den Besucher somit oft nur eine gestaltete Fläche, auf die er sich zubewegt und durch die er den Innenraum betritt (Abbildung 222).

Jede Architektur ist sowohl auf Flächen angewiesen, nur sie trennen einen gebauten Innenraum vom Umraum, als auch auf Linien, die die Flächen begrenzen. Trotzdem kann ein Stil mehr von der Linie oder mehr von der Fläche geprägt sein; Heinrich Wölfflin nennt das zweite »das

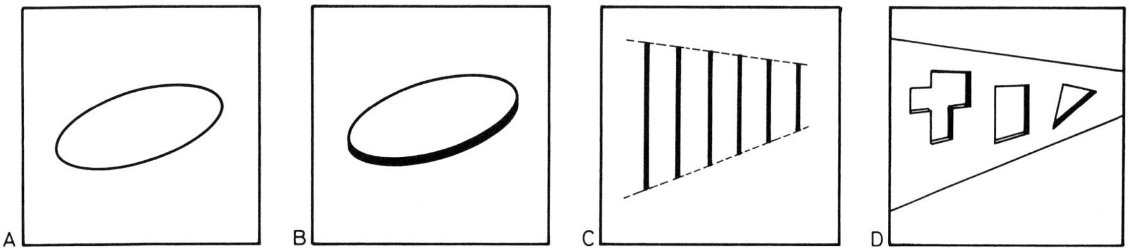

Abb. 219: Die ebene Fläche

Malerische«. Durch das Betonen des einen oder des andern entstehen ganz verschiedene Wirkungen: »das eine ist eine Kunst des Seins, das andere eine Kunst des Scheins« (19). Wie wir vorher sahen, unterschied Klee »aktive« und »passive« Linien und Flächen. Die Linie kann durch eine spezielle Form oder durch eine besondere Lichtführung betont werden, so daß sie Grenzen setzt, isoliert und Klarheit schafft. Durch das Verwischen oder Verstecken der Begrenzung wird Unklarheit geschaffen, durch den Schein der Veränderung entsteht Spannung und Dynamik. Die Baukunst der Renaissance ist auch eine Architektur der klaren Linien, während der Barock die Linie als Grenze entwertet. Erstere besticht durch ihre statische Klarheit, die zweite durch ihren dynamischen Rausch der Unendlichkeit (vgl. Abbildung 350, 351).

Die reine Fläche als expressives architektonisches Element und ihr ästhetischer Wert waren lange Zeit in Vergessenheit geraten und wurden erst um die letzte Jahrhundertwende wiederentdeckt (17). Otto Wagner prophezeite schon 1894: »Die neue Architektur wird von plattenähnlichen, tafelförmigen Flächen und durch den bevorstehenden Gebrauch von Materialien im ursprünglichen Zustand beherrscht werden« (18). Im neuen Raumkonzept (vgl. Abbildung 133) wurde die genau begrenzte, flächige Wandscheibe zum primären raumdefinierenden Element. Im Projekt für ein Landhaus aus dem Jahre 1923 von Ludwig Mies van der Rohe (Abbildung 116) wird der Raum nur durch rechteckige Wandscheiben abgegrenzt. Die Studie für ein Haus von Theo van Doesburg aus demselben Jahr (Abbildung 160) zeigt etwas ähnliches, diesmal zweistöckig. 1929 entstand mit dem Barcelona Pavillon von Mies van der Rohe (Abbildung 159) das erste Haus nach diesem Konzept.

Auch hier wurde der Weg, im Zusammenhang mit dem neuen Raumkonzept, von der Malerei geebnet: der Kubismus experimentierte schon zu Beginn des Jahrhunderts mit sich durchdringenden Flächen. Siegfried Giedion schreibt dazu: »Die Fläche, der früher keine Ausdruckskraft innewohnte und die höchstens dekorative Verwendung fand, wird nun Grundlage des Bildaufbaus, wie die Perspektive seit der Renaissance die Grundlage war, die alle Stilwandlungen gemeinsam hatten. Mit der neuen Eroberung des Raumes durch die Kubisten und mit dem damit verbundenen Wegfall des einseitigen Blickpunktes gewinnt die Fläche eine Bedeutung wie nie zuvor« (20).

Unabhängig von der Entwicklung in Europa benutzte auch Frank Lloyd Wright die Fläche in seinen Entwürfen als primäres Gestaltungselement: horizontal organisierte Bänder umschließen das Volumen, als bewußter Kontrast zum vertikal aufragenden Kamin. Beim amerikanischen Haus bestand noch im 19. Jahrhundert eine Diskrepanz zwischen dem Grundriß und der äußeren Erscheinung. Wright verstand es, die Qualitäten des Grundrisses weiter zu entwickeln und auch von außen lesbar zu machen (vgl. Abbildung 67, 186, 205).

Auf die Bedeutung der horizontalen Fläche als Plattform oder Sockel haben wir schon kurz im Kapitel 3 hingewiesen (vgl. Abbildung 220).

Bei Ludwig Mies van der Rohe ist bei der Verwendung flächiger Elemente eine Entwicklung von der vertikalen Wandscheibe hin zur waagerechten Fläche zu beobachten. Seine früheren Bauten bestanden hauptsächlich aus senkrechten Flächen, die den Raum bilden, während bei seinen späteren Bauten die horizontale Platte dominiert. Beim Baccardi-Gebäude in Mexico-City, beendet 1961, ist noch das ganze Obergeschoß als vertikale Scheibe ausgebildet, während die Galerie des 20. Jahrhunderts in Berlin, eröffnet im Jahre 1968, nur noch aus einer Sockelplattform und einer auf acht Stützen liegenden vertikalen Dachfläche besteht. Die Autonomie des Daches wird durch die Lage der Stützen noch verstärkt: sie stehen nicht in den Ecken des Gebäudes, sondern sie sind so nach innen versetzt, daß die Dachplatte weit vorkragt, die Dachkante kontinuierlich weiterläuft.

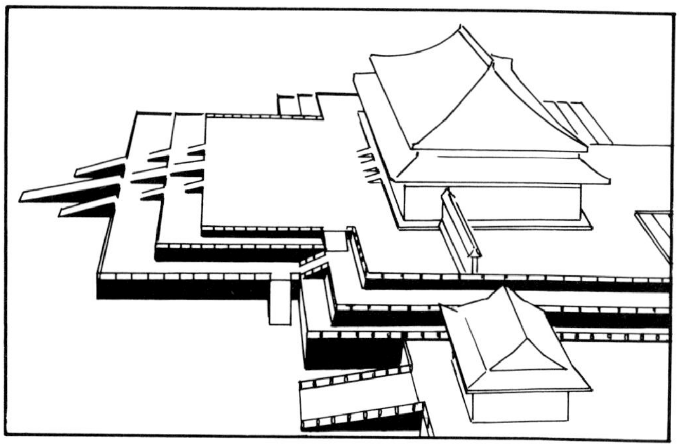

Abb. 220: Halle der höchsten Harmonie, 1669, Peking, China (vgl. Abbildung 278)

Die Plätze im urbanen Bereich sind auch horizontale Flächen, die den räumlichen Charakter einer Stadt entscheidend mitprägen (vgl. Abbildung 247, 248). Zusammen mit den Straßen gehören sie zu den wichtigsten Elementen der Stadt: die Straße als Weg, als Bereich der Bewegung, der Platz als Zentrum, als Ort der Handlung und Begegnung. Der öffentliche Platz, als Ort der Begegnung, hat als Gegenpol zum privaten Innenraum eine zentrale Bedeutung in der Entwicklungsgeschichte des Menschen, ja er kann als Kristallisationsort des Zusammenlebens überhaupt gewertet werden. Louis I. Kahn äußerte sich dazu folgendermaßen: »Er (der Mensch) erkennt, daß er nichts erreichen kann, was nur er allein haben kann. Er braucht also eine Stätte, wo das, was er will, mit dem zusammenfällt, was andere wollen, und das erlaubt ihm, zu haben, was er will, und ermöglicht auch den anderen, es zu bekommen« (21).

Die Antwort auf die Frage, wie lange ein Platz noch als solcher wahrgenommen wird, hängt von seiner Größe und von seiner Begrenzung ab. Die maximale Größe sollte auch vom territorialen Sicherheitsbedürfnis des Menschen bestimmt werden. Schon Camillo Sitte wies 1909 darauf hin, daß bei allzugroßen Plätzen »eine eigene nervöse Krankheit konstatiert worden ist: die ›Platzscheu‹« (22). Die Größe vieler alter italienischer Plätze wurde durch die Distanz bestimmt, die notwendig ist, um ein Gesicht zu erkennen. Die erwähnte »Platzscheu« scheint aufzutreten, wenn diese Kommunikationsdistanz überschritten ist (23). Im Kapitel 3 sahen wir,

Abb. 221: Eckdetail der Pagode des Daigo-ji Tempels, 951, Kyoto, Japan

Abb. 222: Andrea Palladio, Kirche San Giorgio Maggiore, 1565, Venedig, Italien

Abb. 223: Palast am Canale Grande, Venedig, Italien

Abb. 224: Frank Lloyd Wright, Guggenheim Museum, 1939, New York, USA.
Außenansicht (vgl. Abbildung 242)

daß auch im gegenteiligen Fall, bei zu großer Enge, das Gefühl der Angst auftreten kann. Ähnlich wie beim Tier spielt auch beim Menschen die Territorialität eine äußerst wichtige Rolle.

5.4.4 Die gekrümmte Fläche

Eine Fläche kann in einer geraden oder in einer gekrümmten Ebene liegen. Je nach Art der Krümmung entstehen verschiedene konvexe/konkave Flächen oder eine Kuppel (Abbildung 225).

Die Krümmung vermittelt eine gewisse Dynamik, sie tritt in einen Dialog mit dem sie umgebenden Raum: je nachdem, ob sie konvex oder konkav ist, stellt sie sich gegen die Umgebung oder sie umschließt diese, sie ist aggressiv oder eher einladend. Im ersten Fall dominiert der Körper, im zweiten der Raum. Die konvexe Form ist über die konkave dominant: das heißt, wenn zwischen konvexer oder konkaver Form gewählt werden muß, entscheidet sich der Betrachter eher für die erste, die konkave Form wird zur Figur, die konvexe zum Hintergrund (24). Eine gerade Wand erscheint neutral zu den angrenzenden Räumen, eine konkave Wand bildet eine Einbuchtung, in die der Raum eindringen kann (Abbildung 226).

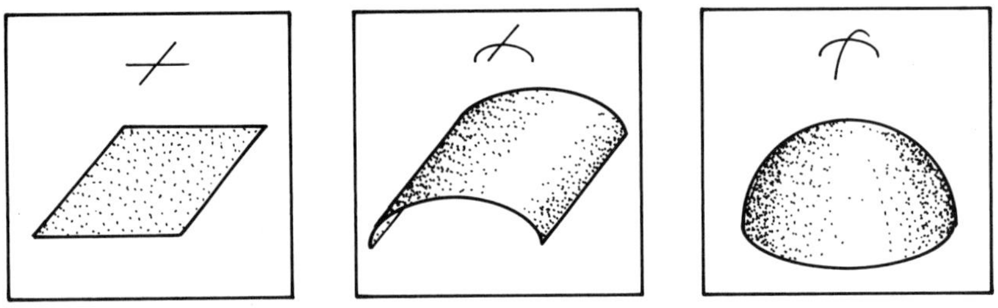

Abb. 225: Die gekrümmte Fläche

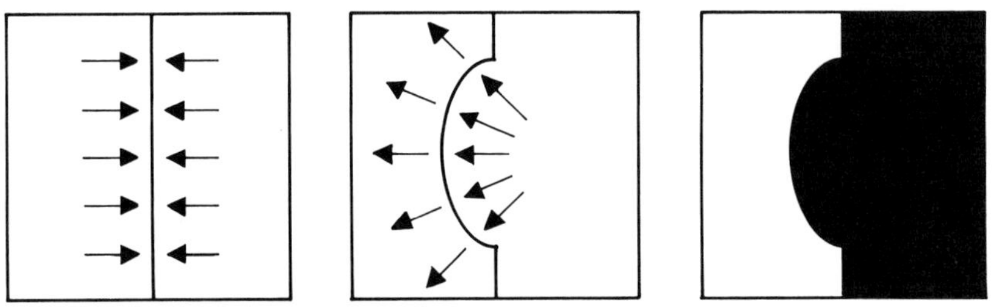

Abb. 226: Die Dynamik der konvexen/konkaven Form

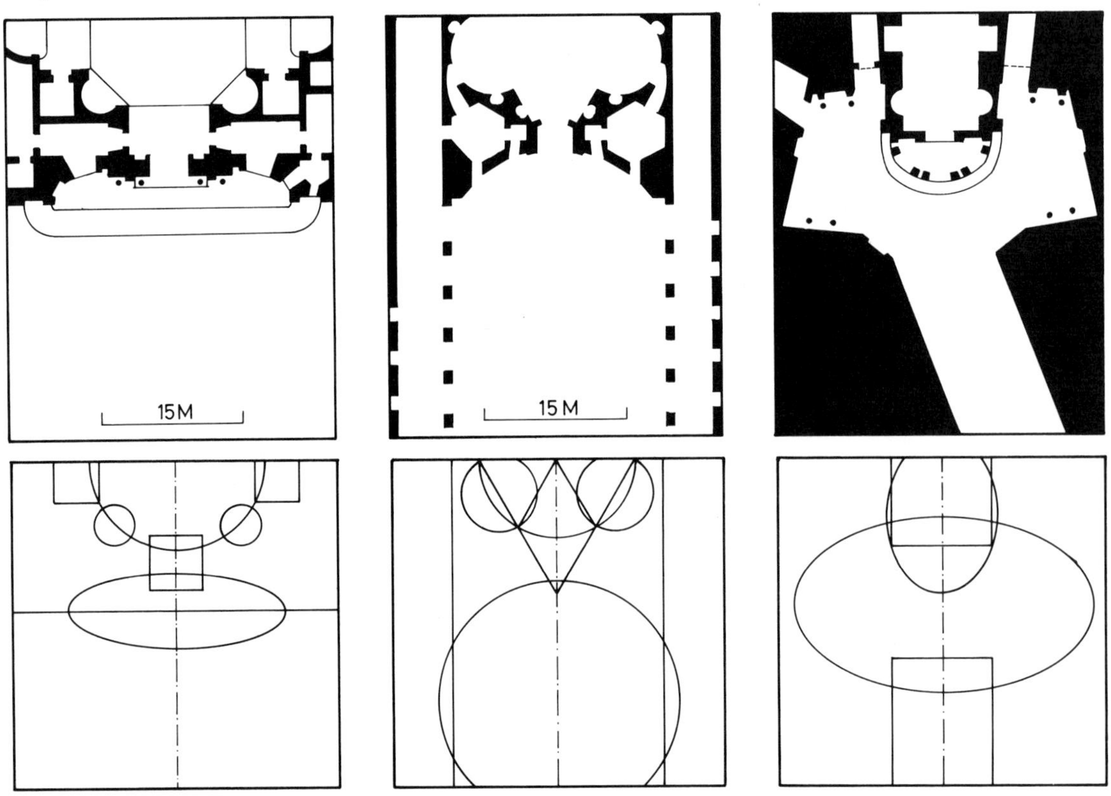

Abb. 227: Francesco Borromini, Sant' Agnese in Piazza Navona (angefangen durch Carlo Rainaldi), 1652, Rom, Italien
Abb. 228: Francesco Borromini, Sant' Ivo alla Sapienza, 1642, Rom, Italien
Abb. 229: Pietro da Cartona, Santa Maria della Pace, 1656, Rom, Italien

Eero Saarinen, TWA-Flugterminal, 1956–1962, New York, USA (vgl. Abbildung 162, 239)

Abb. 230: Außenansicht, Vorfahrt

Abb. 231: Innenansicht

Abb. 232: Theater, 4. Jahrhundert v. Chr., Delphi, Griechenland

Abb. 233: Rundtempel, 390 v. Chr., Delphi, Griechenland

Die konkave Form eignet sich vorzüglich zum Betonen eines Einganges: die beiden »Flügel« öffnen sich wie Arme und nehmen den Besucher in Empfang, sie heißen ihn willkommen. Francesco Borromini verwendete diese Form immer wieder, um die Eingänge seiner Kirchen zu akzentuieren (vgl. Abbildung 227, 228). Werden an einem Objekt konkave und konvexe Formen überlagert, entsteht Spannung: der Betrachter ist ständig hin- und hergerissen zwischen dem einladenden Konkaven und dem eher abstoßenden Konvexen. Der Effekt solcher »Überlagerungen« beruht auf dem Prinzip der widersprüchlichen Reizkonfiguration (vgl. Kapitel 0.2.7). Ein bekanntes Beispiel dafür ist die Barock-Kirche Santa Maria della Pace in Rom. Das Gebäude liegt am Ende eines kleinen Platzes, der 1656 gleichzeitig mit der Kirchenfassade von Pietro da Cartona neu gestaltet wurde. Der Platz ist auf der Kirchenseite konkav geformt, ein konvexer Vorbau der Kirche dringt in diesen Raum des Platzes ein (Abbildung 229).

Abb. 234: Frank Lloyd Wright, Guggenheim Museum, 1959, New York, USA (vgl. Abbildung 224, 242)

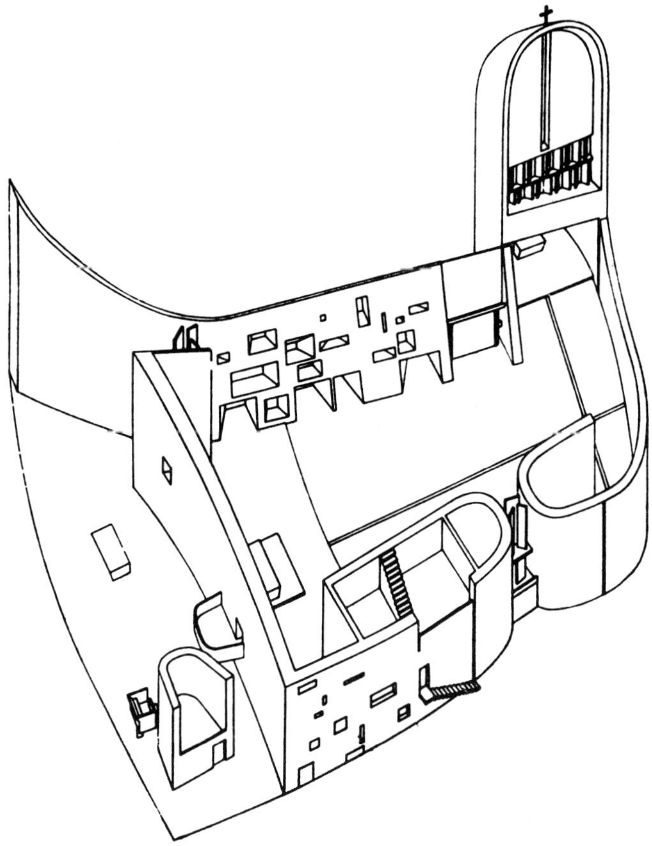

Abb. 235: Le Corbusier, Kirche, 1950, Ronchamp, Frankreich (vgl. Abbildung 163, 189)

Sowohl Le Corbusier wie auch Frank Lloyd Wright gelangten von einer orthogonalen Geometrie am Anfang ihrer Schaffenszeit zu eher runden, gekurvten Formen in ihren späteren Werken. Wright benutzte die runde Form zum ersten Mal beim Verwaltungsgebäude der S. C. Johnson & Son in Racine, Wisconsin (1936–1939): die runde Form tritt sowohl bei den Pilzstützen als auch bei den abgerundeten Ecken auf. Beim Solomon R. Guggenheim Museum in New York (1946–1959) wird die Kurve zur dominierenden Form. Hier finden wir auch das Wechselspiel von konkav und konvex (Abbildung 234).

Le Corbusier verwendete die gekurvte Außenwand erstmals beim Schweizer Studentenheim in der Cité Universitaire in Paris (1931–1933). Nach Siegfried Giedion ist dies das erste Mal in der Geschichte der modernen Architektur, daß eine gekurvte Außenwand gebaut wurde (25). Bei der Kirche von Ronchamp (1950) wird erstmals bei Le Corbusier das ganze Gebäude eher von gekurvten als von eckigen Formen geprägt (Abbildung 163, 189, 235). Während im Studentenheim von Paris die konkave Form noch keine spezielle Aufgabe hatte, sind die gekurvten Wände in Ronchamp, ähnlich wie bei Borrominis Kirchen, die einladenden Elemente, die den Besucher empfangen. Das konvex geformte Dach bildet eine Art Gegenform zur konkaven Wand: das eine abweisend, das andere einladend. Die Gegensätzlichkeit beider Formen spielt sich hier im Aufriß ab, bei der Kirche Santa Maria della Pace im Grundriß (Abbildung 229). Diese Dualität, die Synthese von Einladen und Abweisen, liegt dem Wesen dieser Kirche zugrunde und ist letztlich eine Grundeigenschaft jedes christlichen Sakralbaus: die Kirche als »Festung Gottes«, die für jeden, der guten Willens ist, offensteht. Die gegensätzlichen Formen konvex und konkav eignen sich besonders gut, um diese Grundidee formal auszudrücken. Bei Alvar Aalto wird die gekrümmte Form selten zum primären Element. Bei ihm ist sie auch nicht mit einem bestimmten Zeitabschnitt in seinem Werk verbunden: das gekurvte Element findet sich in der Bibliothek von Viipuri (1935) bis zur Kirche bei Bologna (1978). Aalto leitete die freie Form von den sanft geschwungenen Formen der finnischen Seen ab (26). Dies soll aber nicht heißen, daß er die Kurve nur aus formalen Gründen verwendete: in seinen Werken übernehmen gekrümmte Formen immer auch Funktionen.

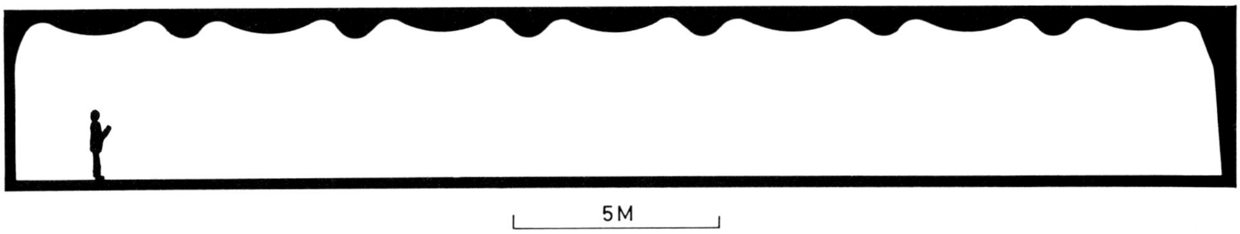

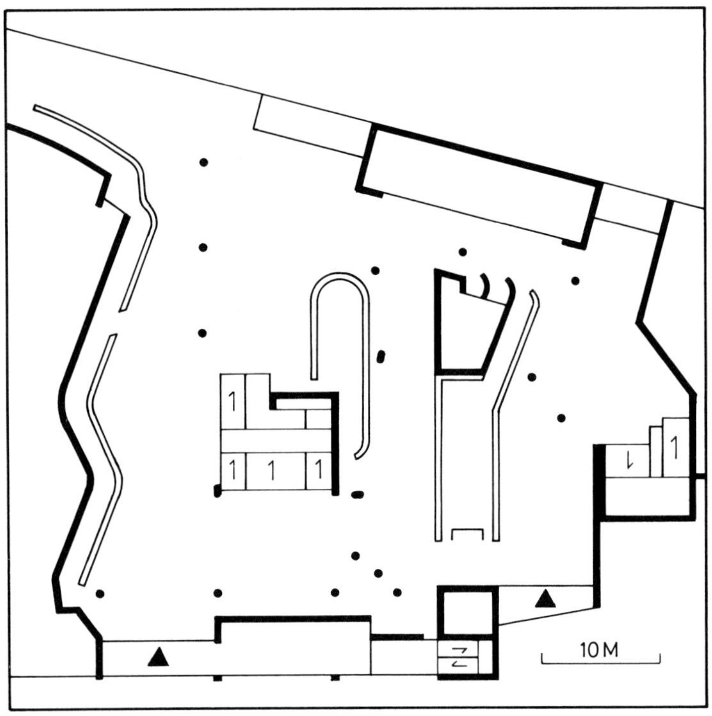

Die gekurvte Form bei Alvar Aalto:

Abb. 236: Alvar Aalto, Bibliothek, Vortragssaal (Längsschnitt), 1935, Viipuri, heute UdSSR
Abb. 237: Alvor Aalto, Kongreß- und Konzerthaus, Eingang und Garderobe (Grundriß), 1971, Helsinki, Finnland (vgl. Abbildung 330)
Abb. 238: Alvar Aalto, Haus der Kultur, 1958, Helsinki, Finnland

Im Vortragssaal der Bibliothek von Viipuri ist die gewellte Decke ein akustisches Element: sie reflektiert den Schall so, daß der Redner auch in der hintersten Bankreihe noch verstanden werden kann. Im übrigen geht von dieser Form auch eine stark dynamische Wirkung aus, welche die Starrheit des verhältnismäßig langen Raumes (ca. 9m × 29m) mildert und seine Extreme durch die Wellenbewegung miteinander verbindet (Abbildung 236). Die Dynamik der gekurvten Form wurde von Aalto auch überall dort bewußt eingesetzt, wo der Mensch zum Weitergehen bewegt werden soll, so zum Beispiel bei den Garderoben: die Ablagefläche bildet oft eine geschwungene Kurve, die dem Besucher die Richtung weist (Abbildung 237), im »Haus der Kultur« in Helsinki setzte Aalto mit der gerundeten Außenwand einen Akzent in dem vom Orthogonalen beherrschten Quartier. Hier ist wiederum Form funktional bedingt: sie folgt genau der Anordnung der Bestuhlung des Auditoriums (Abbildung 238). Wohl ohne Belang, in diesem Zusammenhang aber interessant, ist die Tatsache, daß das finnische Wort für Welle »aalto« lautet.

Das Abfluggebäude der Fluggesellschaft TWA auf dem internationalen Flugplatz von New York, von Eero Saarinen 1956 bis 1962 erbaut, ist ein weiteres Gebäude, bei dem die gekrümmten Formen dominieren (Abbildung 230, 231, 239). Hier waren die primären Gründe weder funktionaler noch konstruktiver Art: der Bau ist eine Metapher, ein Zeichen des Startens, des Abfliegens, des Fliegens überhaupt und sollte so der Fluggesellschaft als großes Werbezeichen dienen. Es wurde schon früher darauf hingewiesen, daß unregelmäßige Formen nach dem Gesetz der Erfahrung Assoziationen hervorrufen. Je ungewöhnlicher eine Form dem Betrachter erscheint, desto eher wird er in seiner Erinnerungswelt Objekte suchen, die mit dieser Form vergleichbar sind. Im Fall des Gebäudes von Saarinen ist der naheliegendste Vergleich der eines Vogels, der seine Flügel zum Abflug ausbreitet. Aber auch neben ihrer metaphorischen Bedeutung unterstützt die Form den ganzen Funktionsablauf des Gebäudes. Die konkave Vorfahrt (Abbildung 230) führt

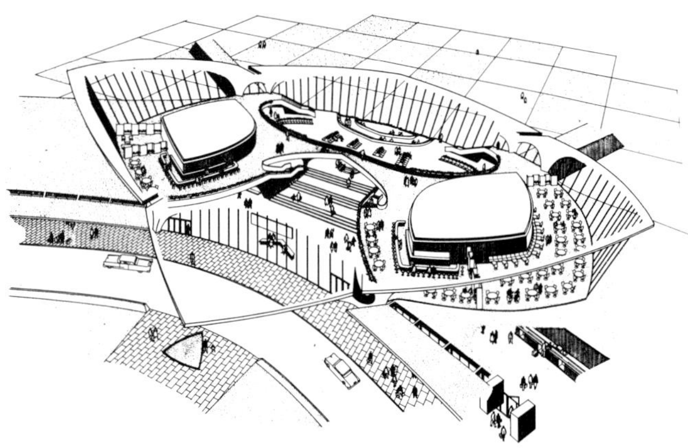

Abb. 239: Eero Saarinen, TWA-Flugterminal, 1956–1962, New York, USA (vgl. Abbildung 230, 231)

den Besucher zum Eingang, der zusätzlich mit einem riesigen Vordach, dem Schwanz des Vogels, betont wird. Im Innern betritt er über einige Stufen die große Wartehalle, von wo er eine Rundsicht auf das Rollfeld hat. Die runden Formen der Innengestaltung drücken Bewegung aus und weisen so direkt auf die eigentliche Natur des Gebäudes hin (Abbildung 231).

Die besprochenen Beispiele zeigen, daß die gekrümmte Form aus ganz verschiedenen Gründen gewählt werden kann. Le Corbusiers Kirche in Ronchamp drückt mit ihren konkaven und konvexen Kurven eine Grundhaltung des christlichen Sakralbaus aus: das gleichzeitig Abstoßende, Schützende und das Einladende. Die spiralförmige Rampe im Guggenheim Museum ermöglichte einerseits ein neues Ausstellungskonzept und erlaubte anderseits, das Gebäude deutlich von seiner Umgebung abzusetzen. Saarinens TWA Gebäude übernimmt die gekrümmte Form aus metaphorischen Gründen: der abfliegende Vogel ist ein Werbezeichen der Fluggesellschaft.

5.4.5 Der Kreis

Die Form des Kreises ist allseitig gleichwertig, das heißt, sie bevorzugt keine Richtung und ist somit eine der einfachsten Reizkonfigurationen. Carl Gustav Jung hat festgestellt, daß Kreis und Quadrat in vielen Träumen als Grundformen für Ganzheits- und Einfachheitssymbole auftreten (27). Der Kreis hat weder Anfang noch Ende, eine unendliche Bewegung, die immer wieder zu ihrem Ausgangspunkt zurückkehrt. Eine Tatsache, die beim Rad, als Hilfsmittel zur Fortbewegung, ausgenutzt wird. Der Kreis ist auch das Abbild von Sonne und Mond und hatte somit auch immer eine starke symbolische Bedeutung. Ein Punkt auf der Umrißlinie des Kreises dreht sich mit konstantem Abstand um einen genau bestimmbaren, aber unsichtbaren Mittelpunkt.

Die Kreisform spielte schon in der Antike, nebst ihrer symbolischen Bedeutung, eine wichtige Rolle bei der Festlegung von Proportionen. Vitruv fand, daß einem auf dem Rücken liegenden Menschen mit gespreizten Armen und Beinen, ein Kreis mit Zentrum beim Nabel so umschrieben werden kann, daß er Finger- und Zehenspitzen berührt. Daraus folgerte er im ersten Kapitel des dritten Buches: »Wenn also die Natur den menschlichen Körper so zusammengesetzt hat, daß seine Glieder in den Proportionen seiner Gesamtgestalt entsprechen, scheinen die Alten mit gutem Recht bestimmt zu haben, daß auch bei der Ausführung von Bauwerken diese ein genaues symmetrisches Maßverhältnis der einzelnen Glieder zur Gesamterscheinung haben« (28). In der Architektur der alten Griechen, die Vitruv meint, wenn er von den »Alten« spricht, ist die Kreisform relativ selten. Sie wurde vor allem beim Theaterbau verwendet (Abbildung 232). Diese Anlagen waren aber keine eigentlichen Bauten: auf einem abfallenden Gelände wurde das Erdreich oder der Fels so entfernt, daß eine halbkreisförmige, in den Hang eingebettete Arena entstand. Hier wurde die runde Form aus funktionalen und akustischen Gründen gewählt. Den Kreis als Gebäudeform finden wir in der griechischen Architektur nur sehr selten. Dafür sind zwei Gründe zu nennen: erstens widerspricht die runde, allseits umschlossene, ungerichtete Hülle dem griechischen Denken, und zweitens verlangt eine Bauweise mit

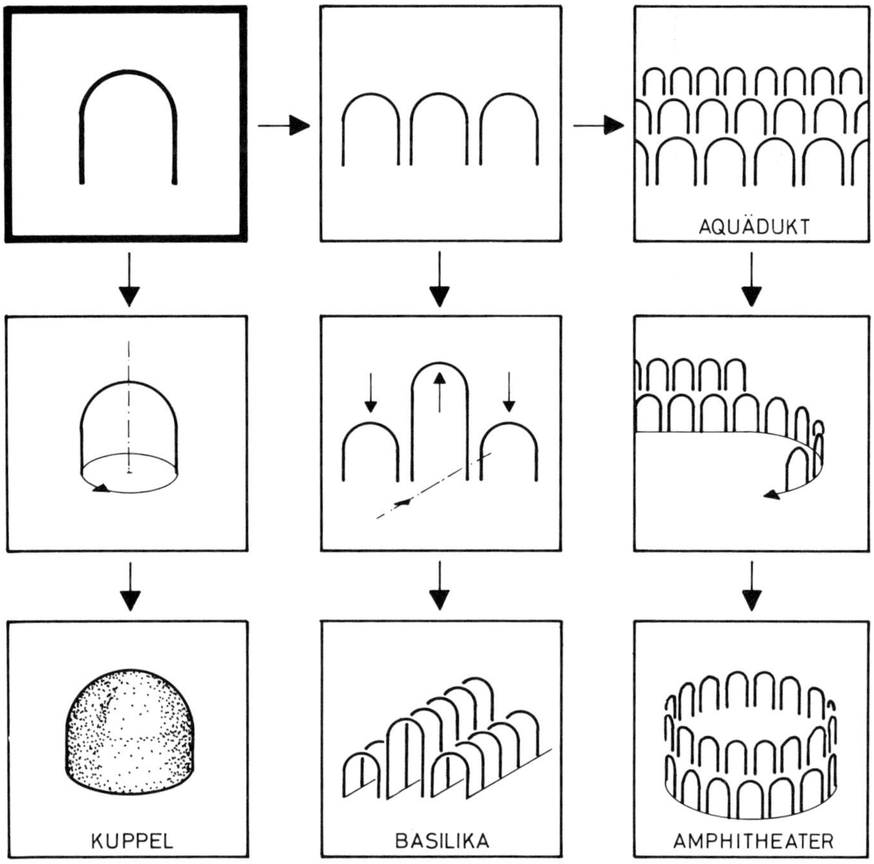

Abb. 240: Der Bogen als Grundelement der römischen Architektur

Stützen und Balken eher einen orthogonalen Raster. Warum dann trotzdem runde Tempelbauten? – Offenbar liegt ihr Ursprung weiter zurück. Tholos, wie der Rundtempel allgemein genannt wird, bedeutet im ursprünglichen Wortsinn: Grube, Feuergrube, Herd (vgl. Abbildung 233). Die griechischen Götter waren in der frühen Mythologie Haus- und Familiengötter, die am Herdfeuer beim täglichen Mahl mit einem Opfer geehrt wurden. Gleichzeitig wurde mit diesen Opfergaben auch der Ahnen gedacht. Dieser Funktion, als häuslicher Herd, Treffpunkt und Opferstelle, konnte die Kreisform am besten Ausdruck verleihen. Später wurde dann diese Anordnung sozusagen stellvertretend für alle ehemaligen Funktionen der Feuerstelle, immer wieder vereinzelt für Tempelformen übernommen (29).

In der alten römischen Architektur ist die Kreisform eines der dominierenden Elemente, allerdings weniger im Grundriß als vielmehr in der vertikalen Fläche als Bogen (Abbildung 240). Der Bogen, und somit das Gewölbe, waren keine römischen Erfindungen. Dank einer neuen Bauweise aus Backstein und Mörtel wurde es aber möglich, eine vorher nie gekannte Festigkeit bei geringem Gewicht zu erreichen, was wiederum große Spannweiten erlaubte. Der Triumphbogen ist der Urtyp des römischen Bogens, sein Anfang geht zurück bis ins 2. Jahrhundert vor Christus (30) (Abbildung 389). Sämtliche römische Bauformen lassen sich vom einfachen Bogen ableiten. Eine Reihung des Grundelementes führt zur durchbrochenen Wand, welche, mehrmals aufeinandergestellt, den Aquädukt bildet. Dieser, statt gerade in elliptischer Form, führte zum Amphitheater. Letztlich ergibt ein um die eigene vertikale Achse rotierender Bogen eine Kuppel.

Kuppeln und Tonnen wurden vor allem in den Thermen gebaut, wo sie die Holzdecken ersetzten und die Gefahr von Feuersbrünsten bannten. Der bedeutendste Kuppelbau jener Zeit ist sicher das Pantheon (Abbildung 136), welches für die nächsten anderthalb Jahrtausende in der Geschichte des Raumes wegweisend war: der Zentralraum, basierend auf der Form des Kreises, wurde mit dem Longitudinalraum das Hauptthema der Sakralarchitektur. Die römische Basilika wurde zum Vorbild für die frühchristliche Kirche, wobei hier das Gewölbe langsam durch ein Gebälk ersetzt wurde (vgl. Kapitel 4.1).

Auch in der Romanik war der Bogen ein wichtiges Element. Seine halbrunde Form unterstützte das Konzept jener Zeit: ein gegliederter Raum mit einer klaren Ordnung.

Die neue Raumauffassung der Gotik verlangte auch eine andere Gewölbeart: der Spitzbogen hat konstruktive und statische Vorteile und eignet sich besser, die Idee der Raumillusion zu verwirklichen. Die Kreisform wurde in der Gotik in den Hintergrund gedrängt, ihre Verwendung beschränkte sich auf einige wenige Motive, wie zum Beispiel die Rosettenfenster. Die Funktion dieser runden Öffnungen, die sich oft über den Eingängen befinden, ist vielschichtig: einerseits helfen sie mit, das notwendige Licht ins Innere zu bringen, andererseits haben sie eine große symbolische Bedeutung (31). Die Beleuchtung durch das Rundfenster unterstützt die Richtung des Hauptschiffes und hilft so mit, den Weg, die Bewegung, hin zum Altar zu weisen. Die runde Form kann auch als Zeichen der Sonne oder der Rose, ein Mariensymbol, verstanden werden.

In der Renaissance wurde der Kreis wieder zu einem primären Element der architektonischen Form. Durch die neue Stellung des Menschen wurde die Idee des Weges hin zum Göttlichen in den Hintergrund gedrängt. Der Kreis, als allseitig gleichwertige statische Form mit einem klaren Zentrum, war das Ausdrucksmittel dieser Ideologie. Andrea Palladio schreibt im zweiten Kapitel des vierten Buches über die Tempelformen der Griechen und folgert dann für seine Zeit: »Und so suchen auch wir, die wir keine solchen falschen Götter besitzen, das Vollkommenste und Hervorragendste aus, um dem schicklichen Schmuck hinsichtlich der Tempelform zu genügen. Und weil dies die Kreisform ist, da sie von allen Formen einfach, gleichförmig, gleichmäßig, kräftig und umfassend ist, so machen wir unsere Tempel rund. Zu ihnen paßt diese Gestalt vor allem deshalb, da sie nur von einer einzigen Linie begrenzt wird, bei der man weder Anfang noch Ende feststellen kann – das eine läßt sich hier von dem anderen nicht unterscheiden –, und da diese Gestalt aus Teilen besteht, die unter sich gleich sind und alle diese Teile an der Figur als Ganzer teilhaben. Schließlich findet man in allen ihren Teilen die äußersten Punkte gleichweit von der Mitte entfernt« (32).

Jede Form hilft, richtig verwendet, eine Idee zu verdeutlichen und hat somit tiefere Bedeutung. Gleichzeitig ist die Form aber auch abhängig von der konstruktiven Bauweise. Der Skelettbau, mit tragenden Stützen und lastenden Trägern, verlangt eher eine rechtwinklige Form. Dem Massivbau entspricht eher der Bogen und damit die Kreisform. Beim griechischen Tholos dominiert der geistige Inhalt der Form über die damals übliche Bauweise. Die Form, und damit ihre geistige Aussage, existierte vor der Bauweise.

Im alten China finden wir ähnliche Beispiele. Die Form ist hier nicht durch einen alten Ahnenkult bedingt, sondern aus symbolischen Gründen gewählt worden: der Kreis ist ein Symbol für Himmel, Dynamik, Umlauf und Bewegung (33). »Das Haus des erhabenen Himmels« in Peking ist ein runder Skelettbau, dessen runde Dachkonstruktion aus einem komplexen Balkensystem besteht. Auch die »Halle des Erntegebets«in Peking ist rund: der ewige Zyklus des Anbauens und des Erntens hat hier mit

Abb. 241: Halle des Erntegebetes, 1420 (1889), Peking, China

dem runden Grundriß seinen formalen Ausdruck gefunden (Abbildung 241).

Mit den neuen Baumaterialien und Konstruktionsmethoden des 20. Jahrhunderts wurde in der modernen Architektur formal alles möglich. Diese Tatsache erschwerte die richtige Verwendung der Formen und führte oft zu ihrem Mißbrauch.

Das Guggenheim Museum in New York eröffnete mit seiner runden Spiralrampe eine neue Epoche im Museumsbau: anstelle einer unüberblickbaren Anzahl aneinandergereihter Räume trat jetzt ein meßbarer und kontrollierbarer Weg, der dem Besucher zu jedem Zeitpunkt eine genaue Orientierung im Raum ermöglicht. Mit der runden Form, die auch außen ablesbar ist, setzt sich das Gebäude deutlich von der Umgebung ab (Abbildung 224, 242). Das Seagram Gebäude von Ludwig Mies van der Rohe und Philip Johnson (Abbildung 175) erreicht dasselbe, indem es zwar die Form der Nachbargebäude übernimmt, sich in der Lage zur Straße aber verändert: es ist von der Straßenfront zurückgesetzt.

Abb. 242: Frank Lloyd Wright, Guggenheim Museum, 1939, New York, USA. Formales Abheben des Museums von den Nachbargebäuden (vgl. Abbildung 224)

In den Spätwerken Wrights wurde die runde Form immer mehr zu einem rein dekorativen Element seiner Entwürfe, was ihm letztendlich auch starke Kritik einbrachte (34).

Die Backsteinbauten von Louis I. Kahn für das Indian Institute of Management in Ahmedabad gehören zu den besten Beispielen einer materialgerechten Verwendung formaler Elemente. In dieser Region ist der Backstein das einzig erschwingliche Baumaterial. Der Bogen ist die Form, die diesem Material am besten entspricht. Er ist deshalb auch das dominierende Element des ganzen Entwurfes (Abbildung 243, 244).

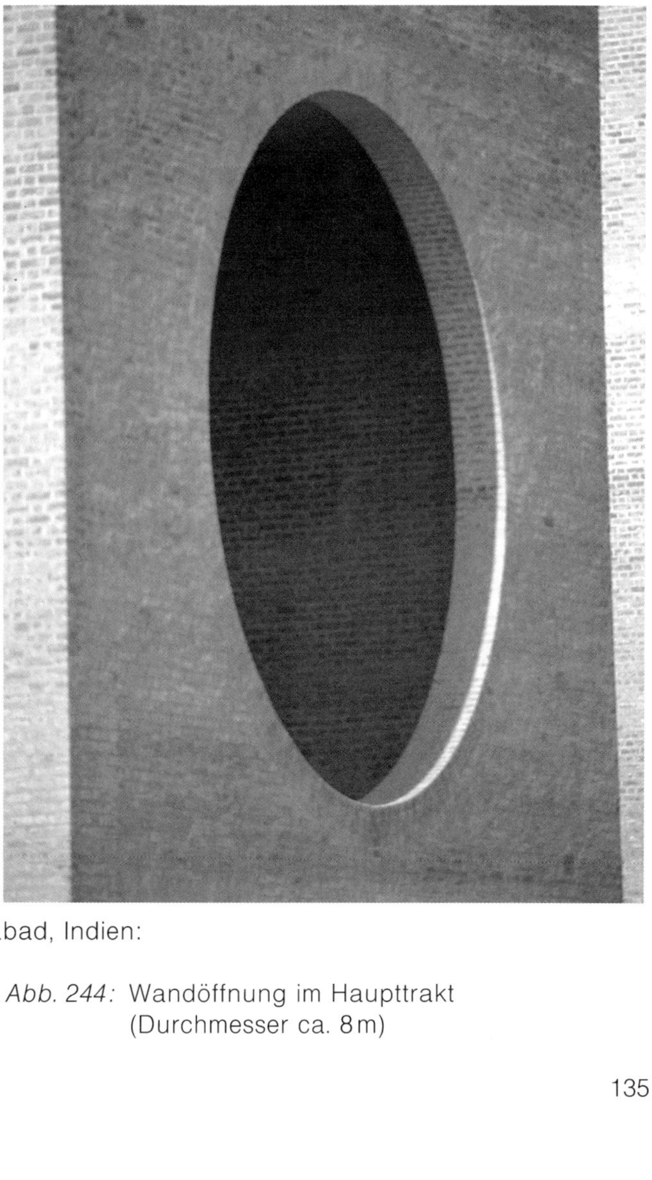

Louis I. Kahn, Indian Institute of Management, 1963, Ahmedabad, Indien:

Abb. 243: Fußgängerverbindung unter den Studentenwohnhäusern (vgl. Abbildung 82)

Abb. 244: Wandöffnung im Haupttrakt (Durchmesser ca. 8m)

5.4.6 Die Ellipse

Die Ellipse kann als Spezialform des Kreises bezeichnet werden oder auch umgekehrt: sie entsteht, wenn ein Kreis auf eine schiefe Ebene projiziert wird. Im Gegensatz zum Kreis hat die Ellipse zwei Richtungen, wobei die eine dominiert. Beim römischen Amphitheater wurde diese Form zum ersten Mal im großen Maßstab angewendet. Dort entstand sie aus dem Bedürfnis heraus, einerseits möglichst viele Zuschauer zentral, das heißt, kreisförmig um das Geschehen anzuordnen, anderseits aber eignet sich eine längliche Form der »Bühne« für die verschiedenen Arten von Vorführungen besser als eine runde.

Wie im Kapitel »Raum« beschrieben, bestehen in der christlichen Sakralarchitektur zwei Grundmotive, die sich räumlich nur schwer verbinden lassen: das des Weges und das des Zentrums. Im Barock wurde das Rechteck, als formaler Ausdruck der Wegidee, und der Kreis, als Manifestation des Zentralen, zur Ellipse vereint, die dann auch zum bevorzugten formalen Thema dieser Architekturepoche wurde (Abbildung 245, 246).

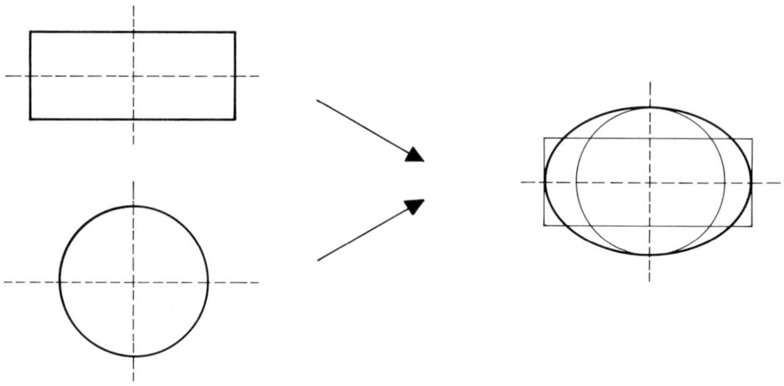

Abb. 245: Die Ellipse als Kombination von Rechteck (Weg) und Kreis (Ort)

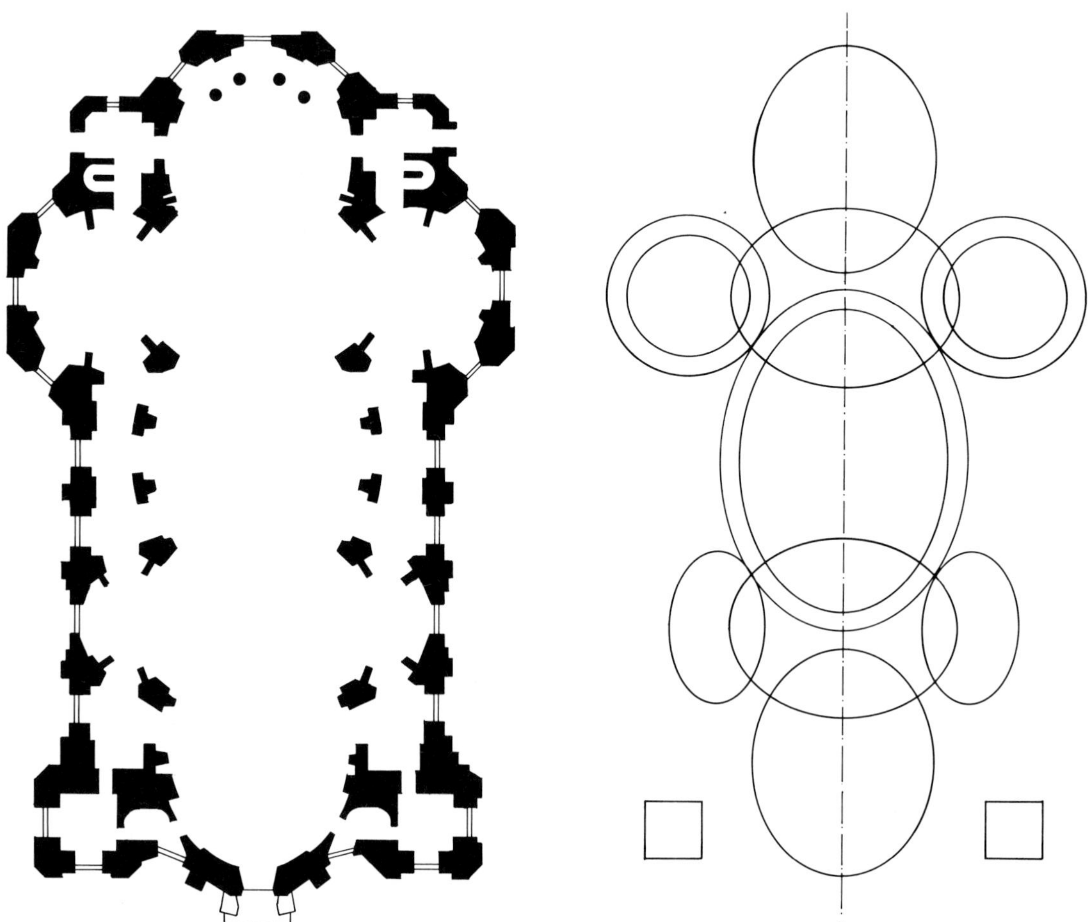

Abb. 246: Balthasar Neumann, Kirche Vierzehnheiligen, 1772, Bamberg, BRD, links Grundriß und rechts geometrischer Aufbau (vgl. Abbildung 154)

Die elliptische Form hat eine Dynamik, die dem Kreis fehlt. Die konvexe oder konkave Kurve, die oft Segmente einer Ellipse sind, wurden benutzt, um eine Beziehung zur Umgebung herzustellen. Bei Platzgestaltungen wurde ihre Dynamik auch auf Freiräume übertragen. Bei der Gestaltung des Kapitol-Platzes in Rom von Michelangelo beschränkt sich die elliptische Form auf das Bodenmuster. Die expandierende Ellipse schafft zusammen mit dem umschließenden Trapezoid der Gebäude eine starke Spannung (Abbildung 247). Bernini faßte den Platz vor dem St. Petersdom mit einer riesigen elliptischen Kolonnade, deren Mittelpunkt und Brennpunkte er mit Obelisk und Brunnen akzentuierte (Abbildung 248, 315).

Abb. 247: Michelangelo, Kapitol-Platz, 1544, Rom, Italien

Abb. 248: Gian Lorenzo Bernini, Petersplatz, 1656, Rom, Italien (vgl. Abbildung 315)

Die Form der Ellipse finden wir in der modernen Architektur praktisch nur bei Sportanlagen, analog ihrem Vorbild, dem römischen Amphitheater.

5.4.7 Die Kugel

Die Kugel ist die räumliche Variante des Kreises oder umgekehrt ist der Kreis die Projektion der Kugel. Schon Plato vertrat die Meinung, daß die Kugel als vollkommenster Körper in allen regelmäßigen Körpern, aus denen das Universum besteht, enthalten sei (35). Diese Idee wurde von der mittelalterlichen Philosophie übernommen und erlebte in der Renaissance mit der Erkenntnis, daß auch die Erde die Form einer Kugel hat, einen neuen Aufschwung.

Das Werk des französischen Revolutionsarchitekten Etienne-Louis Boullée (1728–1799) besteht vor allem aus unausgeführten Projekten. Seine utopischen Bauten setzen sich aus den streng geometrischen Grundformen zusammen: »Von der stummen Sterilität der unregelmäßigen Körper erschöpft, ging ich zu den regelmäßigen über« (36). Und über die Kugel: »Der Kugelkörper ist in

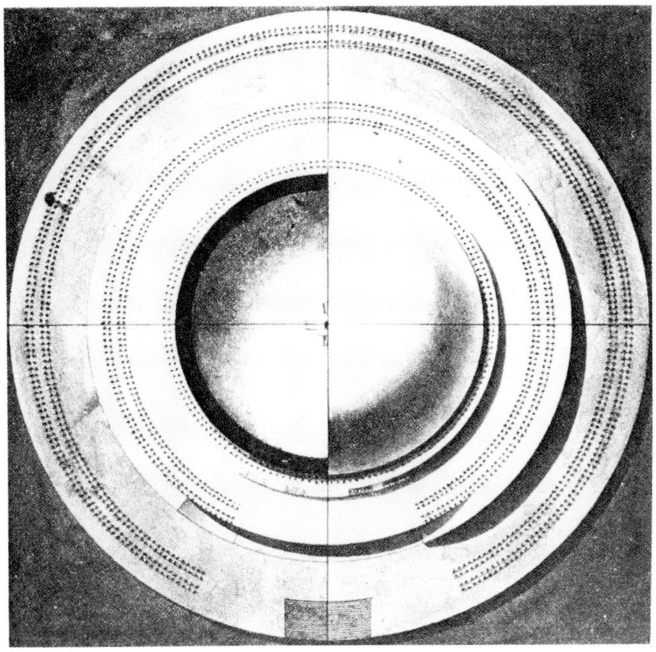

Abb. 249: Etienne-Louis Boullée, Newton Denkmal (Projekt), 1784, (vgl. Abbildung 53, 341)

Abb. 250: Buckminster Fuller, US-Pavillon, Weltausstellung Montreal, 1967, Kanada

jeder Beziehung das Ebenbild der Perfektion. Er vereinigt in sich die exakte Symmetrie, die perfekteste Regelmäßigkeit, die größte Mannigfaltigkeit, seine Form ist die einfachste, seine Außenlinie die wohltuendste, und schließlich ist er der Liebling der Lichteffekte« (37) (Abbildung 249). Nicht nur Boulée verwendete damals die Form der Kugel. Sie wurde sowohl bei der französischen wie auch bei der russischen Revolution zum Extremtypus in der progressiven Phase der Architekturästhetik (38) (vgl. Kapitel 1.5).

Auch Le Corbusier bezeichnete die volle Kugel als eine der fünf elementaren Grundformen eines Körpers. Da sie keine ebene Fläche hat, eignet sich die Kugel vom funktionalen Standpunkt aus schlecht zum Bilden architektonischer Räume, ja sie ist, im Gegensatz zu den andern von Le Corbusier bezeichneten Formen, wie Würfel, Zylinder, Pyramide oder Kegel, eine antiarchitektonische Form. Die Kugel ist der einzige elementare Körper, der die physikalischen Gesetze der Schwerkraft leugnet und die Erde als Basis negiert. Die Tendenz, die Formensprache auf einige wenige geometrische Grundformen zu reduzieren, war ein Anliegen der Revolutionsarchitektur sowohl im 18. Jahrhundert als auch im 20. Jahrhundert. Die Kugelbauten von Boullée und Ledoux blieben Projekte. Ein Grund dafür waren die fehlenden materialtechnischen und konstruktiven Möglichkeiten. Diese wären im 20. Jahrhundert gegeben gewesen. Die Kugelbauten Leonidows, zum Beispiel das Lenin Institut, und seiner Berufskollegen wurden aber vor allem aus politischen Gründen nicht ausgeführt (vgl. Kapitel 1.5).

Buckminster Fullers geodätische Kugel für den amerikanischen Pavillon der Weltausstellung in Montreal 1967 kann im weitesten Sinne als Verwirklichung der Idee von Boullée betrachtet werden. Die Kugel mit einem Durchmesser von 76 Metern sollte den Weltraum darstellen (Abbildung 250).

Dem Pantheon in Rom (Abbildung 136) kann eine Kugel einbeschrieben werden: die maximale Höhe des Innenraumes entspricht genau dessen Durchmesser im Grundriß. Die halbkugelförmige Kuppel stellt das Himmelsgewölbe dar, oder, wie Palladio schreibt, das »Abbild der Welt« (39). Die absolute, ursprüngliche Form der Kugel eignet sich vorzüglich für jede Art von Verherrlichung. Louis I. Kahn: »Das Pantheon ist ein sehr schönes Beispiel eines Raumes, der aus dem Wunsch entstanden ist, einen Platz für alle Arten von Kult zu schaffen« (40). So wie das Pantheon die Welt des römischen Imperiums mit all seinen Göttern verherrlichte, war Boullées Denkmal eine Lobeshymne auf Newton und sein Genie (Abbildung 249). Boullée über sein Denkmal: »Erhabener Geist! Umfassendes und tiefes Genie! Göttliches Wesen! Newton, ich bitte dich diese Huldigung meiner schwachen Begabung anzunehmen« (41). Auch Fullers Kuppel in Montreal diente einer Verherrlichung, nämlich der der Eroberung des Alls durch die vom Menschen geschaffene Technologie.

Wenn auch die Kugelform als Ganzes nur selten als architektonisches Element verwendet worden ist, so ist das Kugelsegment eine gebräuchliche Form. Das meist gebrauchte Element, das der Kugel entspricht, ist die Kuppel. Sie war lange Zeit die einzige Möglichkeit, konstruktiv größere Räume stützenlos zu überdachen. Durch ihre absolute Form erweckt sie den Eindruck eines allumfassenden räumlichen Abschlusses (Abbildung 139, 140).

Auch die Schalen des Opernhauses in Sydney von Jørn Utzon sind Kugelsegmente. Hier wurde allerdings ganz bewußt vermieden, daß die typischen Eigenschaften der Kugel, nämlich das Abgeschlossene, Ungerichtete und Ruhende, zum Ausdruck kommen (Abbildung 251, 252).

Abb. 251: Jørn Utzon, Opernhaus, 1973, Sydney, Australien (vgl. Abbildung 110, 112)

Abb. 252: Opernhaus Sydney, das Entstehen der Schalen aus Kugelsegmenten

Die Kugelform wurde hier aus anderen Gründen gewählt: durch die Tatsache, daß sämtliche Schalenteile denselben Radius haben, alle Punkte der Schalenoberfläche also gleich weit entfernt sind von einem imaginären Mittelpunkt, haben alle Teile dieselbe Krümmung, wodurch eine relativ einfache Vorfabrikation ermöglicht wurde und sich eine sehr teure Schalung an Ort erübrigte. Utzon dazu: »Ich komme so zu einer Lösung, die so einfach ist, wie die Operation, die Sie vornehmen, wenn Sie eine Orange in kleine, ähnliche Schnitze zerteilen« (42).

5.4.8 Das Quadrat

Ähnlich wie der Kreis, hatte das Quadrat immer auch symbolische Bedeutung: die Zahl vier bezeichnet die vier Himmelsrichtungen, die vier Jahreszeiten und gilt deshalb als die Zahl des Kosmos (43). Der Symbolgehalt dieser Zahl ist sehr alt und wurde auch vom Christentum übernommen: vier Evangelisten, die Vierteiligkeit des Kreuzes. Mit der Form des Kreuzes hatte die Zahl vier auch ihren Einfluß auf den Sakralbau und damit auf die Hauptkomponente der Architektur überhaupt, zumindest bis zur Renaissance.

Im Gegensatz zum Kreis ist das Quadrat gerichtet, es hat mindestens zwei Richtungen: die beiden Mittelachsen oder die beiden Diagonalen. Keine dieser Richtungen dominiert aber über die andere. Beim Quadrat ist die Umrißlinie nicht überall gleichwertig, sie besteht aus vier gleichen Seiten und vier gleichen, rechtwinkligen Ecken. Somit hat sie auch einen Anfang und ein Ende, die allerdings nicht genau definiert sind, sie können bei jeder der vier Ecken liegen. Die Ecke als der Punkt, bei dem sich zwei Seiten treffen und die Richtung der Umrißlinie geändert wird, schafft stets spezielle architektonische Probleme. Schon beim griechischen Tempel entstanden durch den Richtungswechsel der auf den Säulen aufgelagerten Steinquader Proportionsprobleme in den Ecken, die noch heute Anlaß zu Diskussionen geben. Philip Johnson glaubt, daß die Ecken einer der empfindlichsten Teile des Entwurfs seien: »In gewissem Sinne könnte man jede Architektur nach der Eckengestaltung beurteilen« (44). Beim Quadrat ist die Ecke rechtwinklig, das heißt, die Seiten treffen sich immer in einem Winkel von 90°. Dieser Winkel ist wahrnehmungsmäßig der einfachste, er deutet die beiden Richtungen horizontal und vertikal an und ist somit die einfachste Reizkonfiguration. Die Präferenz des Rechtwinkligen basiert aber nicht nur auf diesem Gestaltgesetz, sie wurde auch geprägt durch die Gravitationsgesetze.

5.4.9 Das Rechteck

Das Rechteck hat ähnliche Eigenschaften wie das Quadrat, unterscheidet sich aber in einigen wesentlichen Punkten. So sind nicht alle vier, sondern immer nur zwei gegenüberliegende Seiten gleich lang. Das Rechteck hat somit eine Breite und eine Länge, die beiden Hauptrichtungen sind nicht mehr gleichwertig. Das Quadrat kann auch als eine Sonderform des Rechtecks bezeichnet werden oder umgekehrt. Für die optische Wahrnehmung ist ein Rechteck ideal, dessen Länge 1,63 mal länger ist als die Breite, was dem Verhältnis des Goldenen Schnittes entspricht (45). Ist das Verhältnis kleiner, so erscheint uns die Form als ungenaues Quadrat, ist sie größer, empfinden wir sie als zu lange Form. Wird die Länge mehr als das zweifache der Breite, so erkennen wir die Form nicht mehr als Rechteck.

Das Rechteck ist die meistgebrauchte Form in der Architektur. Runde, quadratische und unregelmäßige Formen bildeten eher Ausnahmen. In gewissen Stilepochen, so zum Beispiel im Barock, war das Rechteck allerdings weniger vertreten als in anderen Epochen. Die ganze griechische Baukunst basiert, analog zum Stützen-Balken-System, fast ausschließlich auf dem orthogonalen Raster. Die Römer gebrauchten zwar ausgiebig Bogen und runde Formen, ihre Weltordnung stützte sich aber auf zwei senkrecht zueinander stehende Achsen (Abbildung 95). Die römischen Stadtgründungen erfolgten auf einem rechtwinkligen Rasternetz, und demzufolge war die städtische Maßeinheit das Rechteck, einstweilen das Quadrat (Abbildung 96, 414, 415).

Immer wieder protestierten Leute gegen die Strenge der rechteckigen Form. So zum Beispiel Morris Lapidus: »Warum denken wir eigentlich in Rechtecken? Wir können jede Form bauen, und das ist im Grunde auch meine Philosophie. Bloß weil Grundstücke in Rechtecken verkauft werden, sollte ein Gebäude auch rechteckig sein?

Abb. 253: Morris Lapidus, Summit Hotel, 1959, New York, USA

Ich habe in meinen späteren Bauten das Rechteck eliminiert« (46). Betrachtet man seine Bauten jedoch etwas genauer, so muß man feststellen, daß zumindest die letzte Bemerkung stark übertrieben ist. Indem die Fassade leicht geschwungen wird, die Hotelräume dahinter aber genauso rechtwinklig sind wie in andern Hotels, wird der rechte Winkel noch lange nicht eliminiert (Abbildung 253).

	●	⬬	■	▬	▲
Proportion	konstant	variabel	konstant	variabel	variabel
Strukturgerüst	konstant	konstant	variabel	variabel	variabel
Winkelgröße	konstant	konstant	konstant	konstant	variabel
Seitenzahl	konstant	konstant	konstant	konstant	konstant

Abb. 254: Variable und Konstante der verschiedenen Grundformen

5.4.10 Das Dreieck und die Pyramide

Wie bereits gezeigt, hängt die Wahrnehmung des Dreieckes stark von seinem Strukturgerüst ab. Während beim Kreis und beim Quadrat die Proportion und die Form immer gleich bleiben, kann beim Rechteck auch die Proportion von Länge zu Breite und somit die Form ändern. Was bleibt sind die vier gleichen rechtwinkligen Ecken. Beim Dreieck kann sowohl die Proportion und somit die Form als auch die Größe der Winkel ändern. Das einzig Gemeinsame zweier extrem verschiedener Dreiecke ist die Anzahl der Seiten und Ecken sowie die Summe aller drei Winkel von 180°. Von allen bis dahin besprochenen regelmäßigen Formen ist das Dreieck diejenige, die am unregelmäßigsten ist. Dies ist auch mit der Grund, warum bei seiner Wahrnehmung das Strukturgerüst eine so wichtige Rolle spielt (Abbildung 254).

Kreis, Quadrat und Dreieck sind die drei einfachsten Formen. Bereits in der Frühzeit menschlicher Kultur trifft man sie weltweit als Ornament am Kunsthandwerk. Während der Kreis ein Zeichen für Abgeschlossenheit und Vollendung ist, bedeutet das Dreieck Aufbau oder sogar Aggression. Der Kreis ist introvertiert und statisch, das Dreieck extrovertiert und dynamisch. Dank seiner einfachen Konstruierbarkeit wurde das Dreieck immer wieder zu Vermessungszwecken benutzt: von zwei bekannten Punkten aus kann ein dritter mit Hilfe der beiden Abstände definiert werden, ohne die genaue Bestimmung des Winkelmaßes.

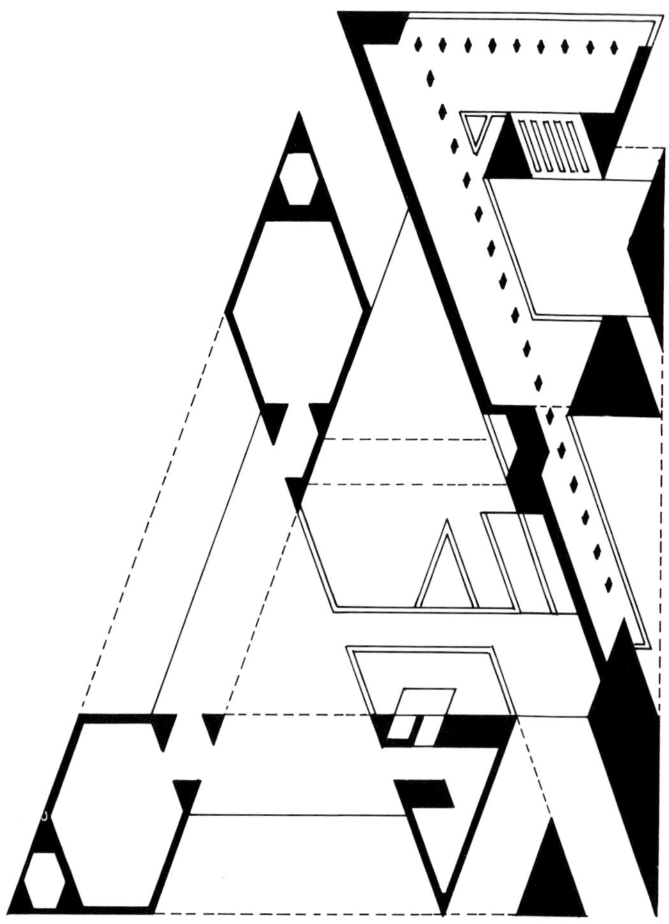

Abb. 255: I. M. Pei, National Galerie, 1978, Washington D. C., USA, Grundriß der 3. Ebene (vgl. Abbildung 194, 256)

Eine Dreiecksform kann aus verschiedenen Gründen gewählt werden. Der Erweiterungsbau der National Galerie in Washington D.C. von I.M. Pei steht auf einem dreieckigen Grundstück an sehr exponierter Lage in Sichtweite des Kapitols. Das Gebäude übernimmt die Form des Grundstückes, das dann auch die ganze innere Raumorganisation diktiert (Abbildung 194, 255, 256). Auch das Internationale Konferenzzentrum in Kyoto von Sachio Otani ist auf der Dreiecksform aufgebaut, die hier aber nicht im Grundriß, sondern in der Vertikalen zum Ausdruck kommt (Abbildung 257). Diese Form knüpft einerseits an die traditionelle japanische Bauform (Abbildung 258) an und sorgt andererseits für eine Dynamik, die das Gebäude trotz seiner Größe nicht monoton und schwerfällig erscheinen läßt.

Im Gegensatz zu Quadrat und Rechteck ist das Dreieck eine statisch bestimmte Form. Aus Dreiecken zusammengesetzte Körper oder Räume sind in sich stabil, eine Eigenschaft, die vor allem bei Fachwerkkonstruktionen ausgenützt wird. Alexander Graham Bell (1874–1922), den wir als Erfinder des Telefons kennen, leistete auch bei der Entwicklung räumlicher Tragwerke auf der Basis des Dreieckes Pionierarbeit (47). Er plante schon um die Jahrhundertwende Tetraederkonstruktionen, deren außerordentliche Stabilität er erkannte und die er aus Metallstäben vorfabrizieren ließ. Die räumlichen Flächentragwerke, die wir heute verwenden, wären ohne diese Pionierleistungen Bells undenkbar (Abbildung 250, 259, 260, 261).

Das Tetraeder als Pyramide mit dreieckigem Grundriß ist die räumliche Grundeinheit dieser Konstruktionen. Die Pyramide auf quadratischem Grundriß ist mit dem Tetraeder eng verwandt, kann doch auch das Quadrat mit einem Diagonalstab in zwei Dreiecke unterteilt werden, wodurch die Pyramide als Ganzes wieder »stabil« wird.

Die Pyramide als kubische Form ist eine wahrnehmungsmäßige Grunderscheinung. Durch die perspektivische Verzerrung laufen zwei im euklidischen Raum parallele Linien in unserer Wahrnehmung zusammen, um sich schließlich zu treffen. Jede in Wirklichkeit kubische Form sehen wir als eine sich der Pyramide angleichende Form, mit zusammenlaufenden Kanten (Abbildung 262).

Abb. 256: I. M. Pei, National Galerie, 1978, Washington D. C., USA (vgl. Abbildung 194, 255)

Abb. 257: Sachio Otani, Konferenzzentrum, 1966, Kyoto, Japan (vgl. Abbildung 353)

Abb. 258: Bauernhaus, Gifu-Präfektur, Japan

Abb. 259: Ausstellungshalle, Caracas, Venezuela
Abb. 260: Dachaufsicht

Abb. 261: Kenzo Tange, Eckstütze des großen Daches, Expo 1970, Osaka, Japan

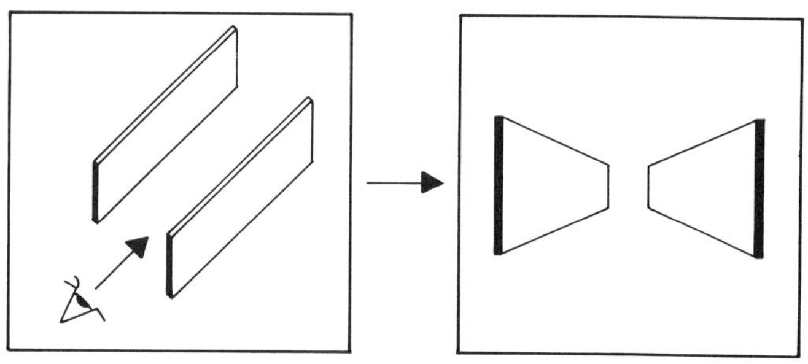

Abb. 262: Das Phänomen der wahrnehmungsmäßig zusammenlaufenden Linien zu einer Pyramide

Abb. 263: William Pereira, Bürogebäude, 1972, San Francisco, USA

Abb. 264: Pyramiden, Mitte 3. Jahrtausend v. Chr., Gizeh, Ägypten

Die Pyramidenform beinhaltet eine wahrnehmungsmäßige Dualität: einerseits spüren wir das nach unten ziehende Gewicht der von oben nach unten immer größer werdenden Masse, andererseits streben die sich verjüngenden Seitenflächen nach oben. Diese komplementären Kräfte führen zu einer Spannung, die die Pyramide zu einer äußerst dynamischen Form macht (vgl. Abbildung 264).

Nur wenige Gebäude der modernen Architektur haben die Pyramidenform aufgenommen, wobei sich auch dort die Form vor allem auf das äußere Erscheinungsbild beschränkt (Abbildung 263). Projekte, deren Tragstruktur auf der Stabilität des Dreieckes basieren sind sehr selten (Abbildung 265). Louis I. Kahn entwickelte für die Stadthalle von Philadelphia einen Hochhaustypus auf der Grundeinheit des Tetraeders, den er in praktisch unveränderter Form auch als Projekt für ein Verwaltungsgebäude in New York vorlegte: »Dieses Gebäude versinnbildlicht, wie eine strukturelle Ordnung aus sich selbst heraus entstehen muß, nicht aus vorsätzlicher Formgebung, sondern aus ihrer eigenen Charakteristik heraus. Es drückt auch den Glauben an die latente Kraft des Menschen aus, der eine Ordnung will, eine psychologische Ordnung, die eine physische Ordnung nach sich ruft. Der Wunsch wendet sich an die Natur als Schöpferin aller Gegenwart. In diesem Fall heißt das, ein physikalisches Phänomen ohne Einwirkung von außen sich entwickeln lassen, jedoch im Wissen, daß die Räume, die daraus entstehen, für den Menschen nützlich sind« (48) (Abbildung 266). Ein Kern als Aussteifung des Gebäudes erübrigt sich, da die ganze Struktur in sich schon biegesteif ist. Trotz all dieser Vorteile schafft eine solche Form auch Probleme: so muß zum Beispiel die vertikale Erschließung das System durchbrechen oder muß mit großem Aufwand angepaßt werden, mit der Schräge vergrößert sich die Fassadenfläche und wertvolle Nutzfläche geht verloren.

Abb. 265: »Atomium«, 1958, Brüssel, Belgien

Abb. 266: Louis I. Kahn, Bürogebäude (Projekt), 1957

5.4.11 Das Sechseck und das Achteck

Der Kreis kann als Vieleck mit unendlich vielen Ecken bezeichnet werden. Je mehr Ecken ein regelmäßiges Vieleck hat, desto mehr gleicht seine Form der des Kreises.

Das regelmäßige Sechseck läßt sich in sechs gleichseitige Dreiecke aufteilen, die wiederum drei gleiche Winkel von je 60° haben. Dank dieser geometrischen Eigenschaften wird das Sechseck manchmal als Grundrißeinheit verwendet. Verglichen mit dem Quadrat hat das Hexagon einige Vorteile: die Entfernung der Ecken zum

Zentrum ist nicht so extrem wie beim Quadrat, allerdings auch nicht so optimal wie beim Kreis. Andererseits läßt sich das Sechseck besser ineinanderschachteln oder zu einer größeren Struktur erweitern als der Kreis. Viele natürliche Kristalle sind auf dem 60° Winkel aufgebaut. Dies sind Gründe, weshalb einige Stadtplaner einen 60°-Raster dem orthogonalen System vorziehen.

Beim frontalen Betrachten eines Gebäudes mit quadratischem Grundriß geht die Tiefendimension verloren, das heißt, wir sehen nur die Frontseite als eine Fläche. Bei einem zylindrischen Körper ist zwar die kubische Form wahrnehmbar, da der Kreis aber ungerichtet ist, hat der Körper keine eigentliche Front mehr. Ist der Grundriß sechs- oder achteckig, so haben wir einerseits eine Front und können anderseits auch die räumliche Tiefe des Körpers sehen (Abbildung 267, 268, 269).

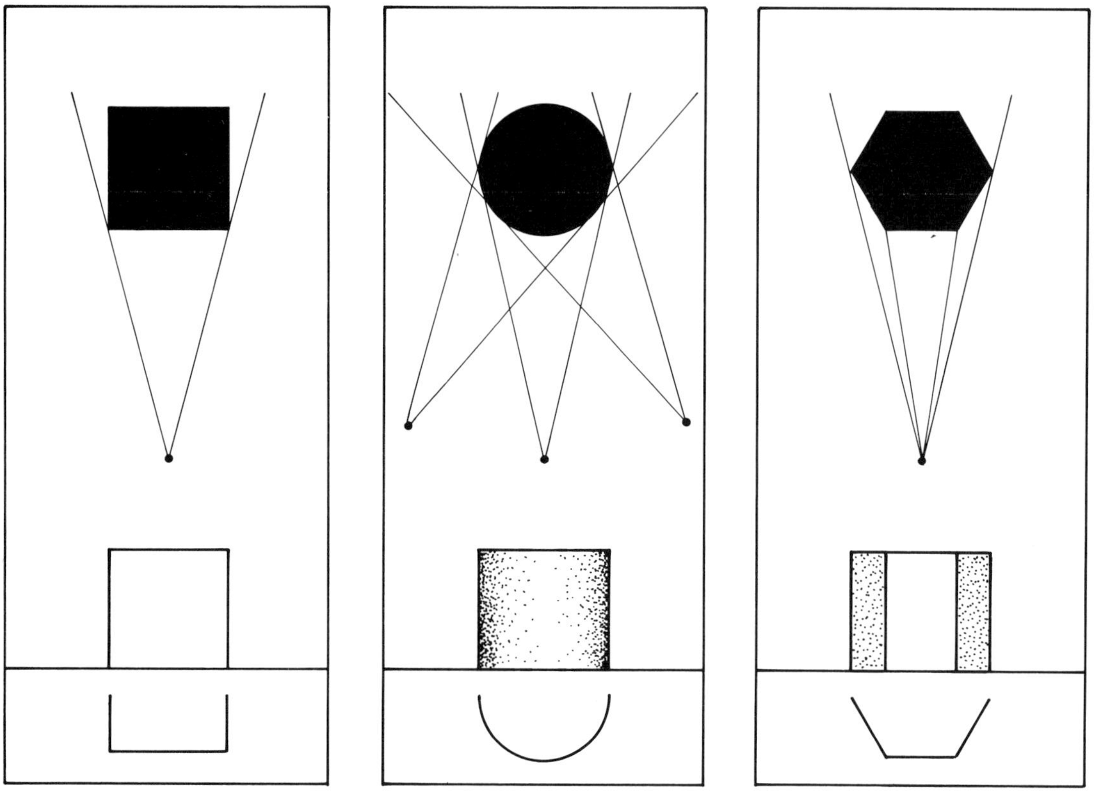

Abb. 267: Die Wahrnehmung der Tiefendimension bei quadratischem, rundem und sechseckigem Grundriß

Oft mußte die quadratische Form einer Kirchen-Vierung in eine Kreisform der darüberliegenden Kuppel übergeführt werden, was über die Form des Acht-Eckes geschah. Das Achteck war auch die bevorzugte Grundrißform der Babtisterien in Italien. Dies hatte auch symbolische Gründe, war doch der achte Tag der der Auferstehung Christi und somit der des ewigen Lebens (49).

Abb. 268: Felsendom, 692, Jerusalem

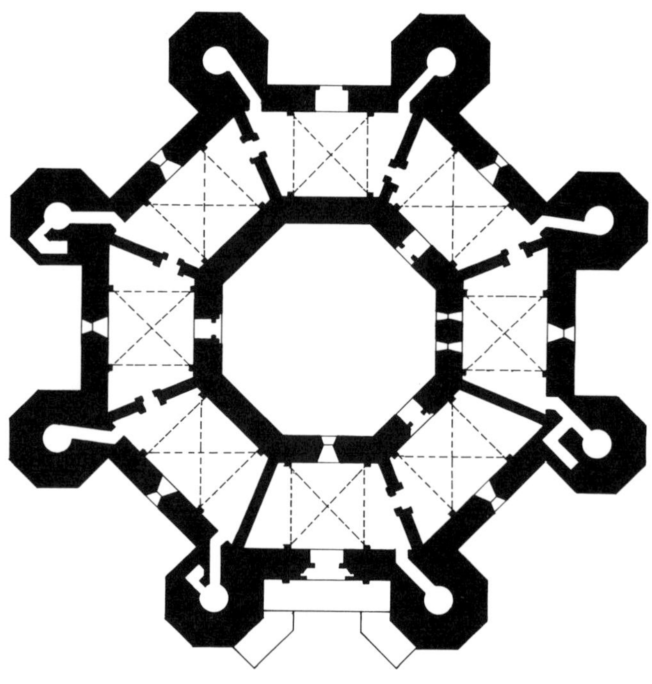

Abb. 269: Castel del Monte, 1240, Apulien, Italien

5.5 Wahl der Form

Der Architekt hat die Aufgabe, einem abstrakten Nutzungsmodell eine räumliche Form zu geben. Jeder Entwurfsprozeß beinhaltet auch die Formfindung. Diese Formfindung wird von verschiedenen Faktoren beeinflußt: Bauphysik, Nutzung, Klima, Umgebung, Konstruktion, Stil etc. Je nach Umstand kann einer dieser Faktoren wichtiger werden als die andern, was zu Strömungen wie Konstruktivismus, Formalismus, Funktionalismus etc. führt. Strömungen sind keine Stile, wir treffen sie durch die ganze Baugeschichte immer wieder an.

Architektur kann im weiteren Rahmen auch als interdisziplinäre Aufgabe gesehen werden. Dies kann soweit führen, daß die sogenannte Architektur hauptsächlich von Soziologen und Psychologen »gemacht« wird und der Architekt nur noch ihr Handlanger ist. Luigi Snozzi spricht hier eine deutliche Sprache: »In letzter Analyse ist die Architektur ein Formproblem, ich halte deshalb dafür, daß für den Entwerfer die Annäherung an die Probleme der Architektur von der Form ausgehen muß. Ich schließe folglich Annäherungen von anderen Gesichtswinkeln (Soziologie, Ökonomie, usw.) aus« (50). Wenn Konstruktion oder Funktion Form bestimmen, heißt das, daß ein Gebäude eine Gestalt annimmt, die die Konstruktion oder die Funktion nicht nur lesbar machen, sondern sie zu einem primären Entwurfsfaktor werden lassen. Auch die Form als solche kann primär sein, dann müssen sich Nutzung, Konstruktion und alle andern Faktoren unterordnen.

Die Frage, welcher dieser Einflußfaktoren der wichtigste sei, kann nicht allgemeingültig beantwortet werden, bestenfalls muß dies fallweise festgestellt werden. Gewisse Nutzungen verlangen zum Beispiel derart extreme Konstruktionen, daß letztlich gar nicht verhindert werden kann, daß diese die Gestalt dominiert. Bei andern Bauvorhaben lassen Nutzung und Konstruktion so viel Spielraum, daß formal vieles möglich ist.

Im Kapitel 2.4 wurde darauf hingewiesen, daß immer zwei verschiedene Schönheitsideale bestanden haben, die in der modernen Architektur am ehesten im Frühwerk Le Corbusiers und bei Frank Lloyd Wright zum Ausdruck kommen: Der erste war, zumindest zu Beginn, ein Verfechter der modernen Technik und der Ingenieur-Ästhetik, welche die Formen sowohl für Autos als auch für Flugzeuge direkt aus mathematischen Formeln herleitete: »Die primären Formen sind die schönen Formen, denn sie sind klar zu lesen. Die Architekten von heute verwirklichen keine einfachen Formen mehr. Die Ingenieure verwenden, da sie auf dem Wege der Berechnung vorgehen, geometrische Formen und befriedigen unsere Augen durch die Geometrie und unseren Geist durch die Mathematik. Ihre Werke sind auf dem Wege zur großen Kunst« (51). Frank Lloyd Wright leitete seinen Schönheitsbegriff mehr von der Natur ab, von ihren Gesetzmäßigkeiten und ihrer Ordnung, die ihre Anmut und ihre Schönheit ausmachen. Diese Logik gilt auch für das Festlegen der Form: »Ebensowenig darf sie (die Architektur) irgendeine vorgefaßte Form pflegen, die uns entweder Vergangenheit, Gegenwart oder Zukunft aufzwingen will, sondern sie muß statt dessen die einfachen Gesetze des gesunden Menschenverstandes – oder des Überverstandes, wenn ihnen das lieber ist – erheben, nach denen die Form aus der Natur der Baustoffe, der Natur des Zweckes bestimmt wird, und zwar so, daß eine Bank nicht wie ein griechischer Tempel, eine Universität nicht wie eine Kathedrale aussieht, noch ein Spritzenhaus einem französischen Château ähnelt, oder was sonst noch. Die Form folgt der Funktion? Jawohl, aber wichtiger ist jetzt, daß Form und Funktion eins sind« (52). Der Ausspruch »Form folgt der Funktion«, bleibt der Leitspruch der Funktionalisten und wurde von Frank Lloyd Wrights Lehrer Louis Sullivan geprägt (53). Einer der wichtigsten Exponenten des Funktionalismus, vor allem in den zwanziger Jahren, war Walter Gropius, der sich auch von Anfang an zu dieser Strömung bekannte. Er äußerte sich 1923 wie folgt: »Wir wollen eine Architektur, die unserer Welt der Maschinen, Radios und schnellen Autos angepaßt ist. Eine Architektur, deren Funktion klar in ihrer Beziehung zur Form erkennbar ist« (55). Die Funktionalisten vertraten die Meinung, daß bei einem Bauen nach den strikten praktischen Erfordernissen automatisch eine ästhetisch befriedigende Lösung resultieren müsse. Der Zweck führt direkt zur Schönheit. Diese Zusammenhänge wurden fälschlicherweise oft mit den Gegebenheiten in der Natur begründet. Wie bereits festgestellt, folgt aber in der Natur die Form keineswegs immer der Funktion. Der Zusammenhang zwischen Form und Funktion wurde und wird noch heute sehr oft mißverstanden: er kann verschieden interpretiert werden. Wright war der Ansicht, daß in der Natur alles seinen Platz habe, nichts überflüssig und alles wohl geordnet sei. Er setzte sich für eine ähnliche Einstellung in der Architektur ein. In diesem Sinne war auch Le Corbusier, zumindest in seinem Frühwerk, Funktionalist, nur leitete er seine Einstellung nicht von der Natur, sondern von der Technik her. Auch Louis I. Kahn differenzierte: »Man könnte sagen, daß die Form der Funktion folgt, wenn man sie als Wesen betrachtet, und daß der ihrem Wesen entsprechende Teil das ist, was auf bestimmte Weise funktionieren soll. Die Erwägung, wie ein Gebäude den einzelnen Menschen beeinflussen wird, ist keine Frage der Funktion. Ich glaube eben, daß sich das Wort ›Funktion‹ auf das Technische bezieht. Man kann doch nicht sagen, ein Gebäude müsse auch ›psychologische Funktionen‹ erfüllen, denn Psychologie ist keine Funktion. Der funktionelle Aspekt versieht mich nur mit den Instrumenten, mit denen ich eine psychologische Reaktion hervorrufen kann. Man könnte sagen, es sei wie der Unterschied zwischen Seele und Verstand. Der funktionelle Aspekt ist der Verstand; aber die Seele ist nicht etwas, was man nach Bedarf regulieren kann. Architektur beginnt dort, wo die Funktion bereits gründlich erfaßt worden ist« (56). Kahn meint damit, daß letztlich bei den meisten Bauaufgaben mehrere formale Lösungen möglich sind, die alle funktional befriedigen. Eine bestimmte Funktion läßt meistens nicht nur eine einzige Form zu. Paul Rudolph ist hier ähnlicher Meinung: »Seien wir doch ehrlich: formale

Ästhetik ist stets auch mit im Spiel.« »Jedes Projekt, an dem ich arbeite, weist einige formale Charakteristiken auf. Das ist der Einfluß des Intuitiven. Ich würde nie behaupten, alles sei bloß Funktionalismus. Es ist ein Unsinn, zu sagen, die Architektur basiere nur auf der Technik oder einem Programm. Sie ist auch eine Kunst. Wie aber kommt man zu den nötigen Formen? Ich bin nicht sicher, ob ich diese Frage beantworten kann« (57). Auch Le Corbusier war der Meinung, daß die Formgebung letztendlich der entscheidende Punkt der Architektur ist: »Die Durchbildung der Form ist der Prüfstein für den Architekten; an der Durchbildung entscheidet sich, ob er Künstler ist oder nicht« (58). Allerdings muß auch bei ihm diese Form einer gewissen Ordnung unterliegen. Ebenso bekannte sich Philip Johnson zu dieser Art von Formalismus: »Für mich geht es in der Architektur, trotz Mies, immer um die Form« (59). Natürlich war auch Ludwig Mies van der Rohe nicht gegen eine gute Form: »Ich wende mich nicht gegen die Form, sondern nur gegen die Form als Ziel.... Form als Ziel mündet immer in Formalismus. ... Das Ungeformte ist nicht schlechter als das Übergeformte. Das eine ist nichts, das andere ist Schein« (60).

Die Gebrüder Krier haben den berühmten Satz von Sullivan umgekehrt zu: »Funktion folgt der Form« (61), eine Behauptung, die auf den ersten Blick verwirrt, die aber bei näherer Betrachtung durchaus ihre Richtigkeit hat. Heute wird zwar nicht mehr, wie zum Beispiel im alten Ägypten, für die Ewigkeit gebaut, bei den meisten Gebäuden wird aber immer noch mit einer Lebensdauer von mehr als einem halben Jahrhundert gerechnet. Im Gegensatz dazu können Nutzungen heute jedoch sehr viel schneller ändern. Extrem ist dieser Wechsel bei der Industrie: durch die sich immer schneller entwickelnde Technologie werden ganze Industriezweige in wenigen Jahren umgestellt. Deshalb sind Bauten heute oft nur noch Hüllen, die möglichst polyvalent sein müssen. Hier folgt die Funktion der Form: Industriegebäude werden auf dem Markt angeboten wie Gebrauchswagen, je polyvalenter sie sind, desto besser.

Das Schlagwort Recycling hat auch in der Architektur Einzug gehalten. Diese Wiederverwendung alter Gebäude wurde von Peter Blake in seinem Buch »Form follows fiasco« beschrieben (62). Darin kommt er zu dem Schluß, daß durch das Umfunktionieren sogar oft die räumliche und ästhetische Qualität solcher Gebäude noch verbessert wird.

Gewisse Nutzungen verlangen so extreme Konstruktionen daß diese formal dominieren. Pierre Luigi Nervi wies darauf hin, daß bei über 100 Meter hohen Bauten die statischen Anforderungen an die Konstruktion derart extrem werden, daß diese unweigerlich das ganze Erscheinungsbild des Gebäudes prägen (63). Schon ein griechischer Tempel kann als konstruktivistischer Bau bezeichnet werden, zeigt er doch klar ablesbar das Prinzip von Lasten und Tragen (Abbildung 270). Auch der römische Backsteinbogen macht das Konstruktionsprinzip der sich gegenseitig abstützenden Steine klar ablesbar. Der griechische Tempel wird von einer anderen Formsprache geprägt als der römische Backsteinbau: während die Erscheinung des ersten auf einem orthogonalen Raster basiert, wird die zweite von der Rundheit des Bogens dominiert. Die beiden formalen Ausdrücke entsprechen zwei verschiedenen statischen Systemen. Der Balken beim griechischen Tempel wird stark von Biegekräften beansprucht, im Bogen treten fast ausschließlich Druckkräfte auf. Formen können also auch von statischen Gegebenheiten abhängen.

Im 19. Jahrhundert war ein großer Teil der gebauten Architektur schlechte Nachahmung früherer Stile oder früherer Stilsegmente. Henry van de Velde: »Die wirklichen Formen der Dinge waren alle überdeckt. Zu jener Zeit war die Revolte gegen die Verfälschung der Formen und der Vergangenheit eine moralische Revolte« (64). Hermann Muthesius, der erste Programmatiker des Deutschen Werkbundes, schrieb 1911: »Der Form wieder zu ihrem Recht verhelfen, muß die fundamentale Aufgabe unserer Zeit, muß der Inhalt namentlich jeder künstlerischen Reformarbeit sein, um die es sich heute handeln kann« (65). Trotzdem diese Forderungen nicht direkt auf die Architektur bezogen waren, sondern auf das Kunstgewerbe und das Bauhandwerk, hatten sie auf die ganze Architekturentwicklung einen starken Einfluß. Die beiden Bildhauer Naum Gabo und Antoine Pevsner veröffentlichten 1920 in Moskau das »Realistische Manifest«: »Wir lehnen die dekorative Linie ab. Wir fordern von jeder Linie im Kunstwerk, daß sie lediglich zur Präzisierung der inneren Kraft-Richtung im darzustellenden Körper dient« (66). Damit haben sie das Grundprinzip des Konstruktivismus beschrieben und hatten damit einen großen Einfluß auf die Bauten der russischen Architekten El Lissitzky, der Gebrüder Wesnin und Tatlin, die heute als Begründer des neueren Konstruktivismus gelten (vgl. Abbildung 271). Diese Entwicklung wäre nie möglich gewesen ohne die Pionierleistungen einiger Ingenieure und anderer Leute. Der Eiffelturm war eine rein konstruktive Aufgabe und auch bei Paxtons Kristallpalast in London, 1851, standen Fabrikations- und Konstruktionsmethoden im Vordergrund (vgl. Abbildung 272, 273, 274).

Abb. 270: Das Prinzip von Lasten und Tragen, Parthenon, 438 v. Chr., Athen, Griechenland

Quellenverzeichnis Kapitel »Form«

(Jahrzahl in Klammer: Datum der Erstveröffentlichung)

(1) *Snozzi, Luigi:* 1957–1984, Milano, 1984, S. 36
(2) Brockhaus Enzyklopädie, Wiesbaden, 1969, Band 7, S. 37
(3) Brockhaus Enzyklopädie, Wiesbaden, 1969, Band 6, S. 411
(4) *Kahn, Louis I.:* I love Beginnings, Vortrag an der Aspen Design Conference, 1973 (in: Louis I. Kahn, Tokyo, 1975, S. 281, Übersetzung: J. Grütter)
(5) *Adorno, Theodor W.:* Ästhetische Theorie, Frankfurt am Main,1974 (1970), S. 329
(6) siehe (5) S. 210
(7) *Drew, Philip:* Die dritte Generation, Teufen, 1972, S. 21
(8) *Moles, Abraham A.:* Informationstheorie und ästhetische Wahrnehmung, Köln, 1971 (1958), S. 99
(9) *El Lissizky:* Ideologischer Überbau, 1929 (in: Programme und Manifeste zur Architektur des 20. Jahrhunderts, Braunschweig, 1981, S. 113)
(10) *Giedion, Sigfried:* »Raum, Zeit, Architektur«, Zürich, 1978, S. 370 (Originaltitel: Space, Time and Architecture, Cambridge, Mass., 1941)
(11) *Jencks, Charles:* Modern Movements in Architecture, New York, 1973, S. 189 (Übersetzung: J. Grütter)
(12) *Sörgel, Herman:* Einführung in die Architektur-Ästhetik, München, 1918, S. 40
(13) *Sedlmayr, Hans:* Verlust der Mitte, Frankfurt am Main, 1985 (1948), S. 97
(14) *Wright, Frank Lloyd:* Im Reich der Ideen, Vorlesung am Chicago Art Institute, 1931 (in: Humane Architektur, Berlin, 1969, S. 139)
(15) *Klee, Paul:* Pädagogisches Skizzenbuch, Mainz, 1985 (1925), S. 11
(16) *Mondrian, Piet:* 1919 (zitiert in: Die Sprache der Geometrie, Bern, 1984, S. 16
(17) siehe (10) S. 31
(18) *Wagner, Otto:* Die Baukunst unserer Zeit, Wien, 1979 (1895), S. 136
(19) *Wölfflin, Heinrich:* Kunstgeschichtliche Grundbegriffe, Basel, 1984 (1915), S. 36
(20) siehe (10) S. 297
(21) *Giurgola, Romaldo:* Louis I. Kahn, Zürich, 1979, S. 96
(22) *Sitte, Camillo:* Der Städtebau, Braunschweig, 1983 (1909), S. 56
(23) *Smith, Peter F.:* Architektur und Ästhetik, Stuttgart, 1981, S. 137 (Originaltitel: Architecture and the Human Dimension, London, 1979)
(24) *Arnheim, Rudolf:* Kunst und Sehen, Berlin, 1978, S. 221 (Originaltitel: Art and Visual Perseption, Berkeley, 1954)
(25) siehe (10) S. 338
(26) siehe (10) S. 388
(27) *Jung, Carl Gustav:* Aion, Olten, 1976, S. 240
(28) *Vitruv:* 10 Bücher über Architektur, Darmstadt, 1981 (ca. 30 vor Chr.), S. 139
(29) *Gradmann, Erwin:* Aufsätze zur Architektur, Basel, 1968, S. 12
(30) *Picard, Gilbert:* Imperium Romanum, Fribourg, 1965, S. 174
(31) *Hofstätter, Hans:* Gotik, Fribourg, 1968, S. 50
(32) *Palladio, Andrea:* Die vier Bücher zur Architektur, Zürich, 1983 (1570), S. 274
(33) *Sun, Chuan Wen:* Der Einfluß des chinesischen Konzeptes auf die moderne Architektur, Stuttgart, 1982, S. 19
(34) siehe (11) S. 140
(35) *Rykwert, Joseph:* Ornament ist kein Verbrechen, Köln, 1983, S. 97 (Originaltitel: The Nessecity of Artifice, London, 1982)
(36) *Boulleé, Etienne-Louis:* Architecture. Essai sur l'art, 1793 (in: Der Hang zum Gesamtkunstwerk, Aarau, 1983, S. 118)
(37) siehe (36) S. 118
(38) *Vogt, Adolf Max:* Revolutions Architektur, Köln, 1974, S. 93
(39) siehe (32) S. 358
(40) *Kahn, Louis I.:* Space and the Inspirations, Vortrag am New England Conservatory, 14. Nov. 1967 (in: L'architecture d'aujourd'hui, 2/1969, S. 15) (Übersetzung: J. Grütter)
(41) siehe (36) S. 120
(42) siehe (10) S. 411
(43) *Naredi-Rainer, Paul* von: Architektur und Harmonie, Köln, 1982, S. 67
(44) *Johnson, Philip:* Texte zur Architektur, Stuttgart, 1982, S. 93 (Originaltitel: Philip Johnson Writings, Oxford, 1979)
(45) *Schuster, Martin* und *Beisl, Horst:* Kunstpsychologie – wodurch Kunstwerke wirken, Köln, 1978, S. 33
(46) *Klotz, Heinrich* und *Cook, John W.:* Architektur im Widerspruch, Zürich, 1974, S. 173 (Originaltitel: Conversations with Architects, New York, 1973)
(47) *Wachsmann, Konrad:* Wendepunkt im Bauen, Wiesbaden, 1959, S. 29
(48) siehe (46) S. 209
(49) *Reinle, Adolf:* Zeichensprache der Architektur, Zürich, 1976, S. 126
(50) *Snozzi, Luigi:* Architektur als Formensprache (in: Werk, Bauen und Wohnen, 12/1978, S. 493)
(51) *Le Corbusier:* Ausblick auf eine Architektur, Berlin, 1969, S. 21 (Originaltitel: Vers une architecture, Paris, 1923)
(52) *Wright, Frank Lloyd:* Vortrag in London, 1939 (in: Humane Architektur, Berlin, 1969, S. 190)
(53) *Frampton, Kenneth:* Die Architektur der Moderne, Stuttgart, 1983, S. 49 (Originaltitel: Modern architecture, London, 1980)
(54) siehe (11) S. 111
(55) siehe (11) S. 109 (Übersetzung: J. Grütter)
(56) siehe (46) S. 239
(57) siehe (46) S. 137
(58) siehe (51) S. 157
(59) siehe (46) S. 38
(60) *Mies van der Rohe, Ludwig:* Über die Form in der Architektur, 1927 (in: Programme und Manifeste zur Architektur des 20. Jahrhunderts, Braunschweig, 1981, S. 96)
(61) siehe (53) S. 246
(62) *Blake, P.:* Form follows Fiasco, Boston, 1974
(63) *Arnheim, Rudolf:* Die Dynamik der architektonischen Form, Köln, 1980, S. 260 (Originaltitel: The dynamics of architectural form, Los Angeles, 1977)
(64) siehe (10) S. 206
(65) *Muthesius, Hermann:* Werkbundziele, 1911 (in: Programme und Manifeste zur Architektur des 20. Jahrhunderts, Braunschweig, 1981, S. 23)
(66) *Gabo, Naum* und *Pevsner, Antoine:* Grundprinzipien des Konstruktivismus, 1920 (in: Programme und Manifeste zur Architektur des 20. Jahrhunderts, Braunschweig, 1981, S. 53)
(67) siehe (53) S. 209
(68) siehe (44) S. 72
(69) *Arnheim, Rudolf:* Wahrnehmungsabstraktion und Kunst, Psychological Review 54/1947, S. 66–82 (in: Zur Psychologie der Kunst, Frankfurt am Main, 1980, S. 32)
(70) *Thilo, Thomas:* Klassische chinesische Baukunst, Zürich, 1978 (1977), S. 120

6. Harmonie

»Zwischen Werk und Mensch ist Harmonie: dies ist die Hauptsache«

Le Corbusier (1)

6.1 Harmonie und Gleichgewicht

Den Begriff der Harmonie finden wir in den meisten Geistes- und Naturwissenschaften. In der Ästhetik bezeichnet Harmonie eine Ordnung und Übereinstimmung aller Teile einer Erscheinung (2). In der frühen griechischen Mythologie war Harmonia die Tochter des Kriegsgottes Ares und der Schönheits- und Liebesgöttin Aphrodite (3). Harmonie entsteht aus der Verbindung zweier Gegensätze. Diese Tatsache ist auch einer der Grundlagen der fernöstlichen Weisheit von Lao-Tse und wurde durch das Jin-Jang Zeichen versinnbildlicht (vgl. Abbildung 100 unten). Jede Wahrnehmung ist nur im Zusammenhang mit einem Kontrast möglich: eine Figur kann nur dann gesehen werden, wenn sie sich von ihrem Hintergrund abhebt. Harmonie kann nur dann existieren, wenn gleichzeitig auch Gegensätze vorhanden sind.

Jede Wahrnehmung wird nach bestimmten Prinzipien geordnet, wobei diese Ordnung begrifflich-logischer Art oder aber eher gestalterischer Art sein kann. Das erste Prinzip führt zu einer eher wissenschaftlichen Interpretation, das zweite zu einer eher künstlerischen (4). Die Pythagoräer waren die ersten, die versuchten, den Begriff der Harmonie mit einer mathematischen Ordnung auszudrücken (5).

Harmonie ist ein Eckpfeiler der Architekturästhetik, sie beschränkt sich nicht nur auf die Dimension des Raumes: auch Material, Farbe und Oberflächenstruktur müssen übereinstimmen und sich einer allgemeinen, höheren Ordnung unterziehen. Harmonie in der optischen Wahrnehmung verlangt visuelles Gleichgewicht. Alle physikalischen und psychologischen Systeme tendieren dazu, einen Zustand zu erreichen, der möglichst wenig Spannung aufweist, das heißt, möglichst im Gleichgewicht ist (6). So werden zum Beispiel nicht ganz rechtwinklige Ecken vom Wahrnehmungsmechanismus »automatisch« dem 90°-Winkel angepaßt. Bei jeder Reizkonfiguration wird nach Möglichkeit versucht, ein optisches Gleichgewicht zu finden. Bei einer ausgewogenen Komposition sind alle Teile so angeordnet, daß der Eindruck entsteht, »alles sei am richtigen Platz« und jede Veränderung würde Unordnung bedeuten. Unausgeglichenheit führt zu widersprüchlichen Reizkonfigurationen und somit zu Unsicherheit. Gleichgewicht herrscht dann, wenn sich die wahrnehmungsmäßigen Kräfte innerhalb des Blickfeldes gegenseitig aufheben. Dabei sind zwei Faktoren wichtig: das »Gewicht« und die Richtung dieser Kräfte.

Jede Gestalt hat, unabhängig von einem eventuellen physikalischen Gewicht, ein wahrnehmungsmäßiges Gewicht, das von verschiedenen Einflußgrößen bestimmt wird (vgl. Abbildung 216). So spielt die gestaltmäßige Erscheinung eine Rolle: Größe, Form, Helligkeit und Farbe können im Gleichgewicht sein. Ein heller Gegenstand kann gleich schwer erscheinen wie ein kleinerer, aber dunklerer usw. Der zweite Faktor ist die massenmäßige Erscheinung. So kann zum Beispiel ein kleines, massives Betonhaus wahrnehmungsmäßig im Gleichgewicht sein mit einem größeren Volumen einer leichten Zeltkonstruktion (vgl. Abbildung 173, 174). Die dritte Einflußgröße ist schließlich die inhaltliche Bedeutung, die stark von sozio-psychologischen Aspekten beeinflußt wird. So kann zum Beispiel ein Grabmal oder ein Denkmal wahrnehmungsmäßig »schwerer« sein als eine Lagerhalle, sie wecken unsere Aufmerksamkeit stärker und haben für den Besucher mehr Bedeutung.

Neben dem »Gewicht« kann auch eine Richtung unsere Gleichgewichtswahrnehmung beeinflussen. Richtung wird mit verschiedenen Mitteln erreicht und ist in den meisten Reizkonfigurationen enthalten. Im Kapitel 5 wurde besprochen, wie dynamische Formen Richtung beinhalten. Schließlich kann der semantische Inhalt einer Erscheinung oder ein explizites Zeichen eine Richtung weisen: zum Beispiel ein stehendes Auto oder ein gezeichneter Pfeil.

6.2 Spannung

Jede Wahrnehmung ist ein Wechselspiel zwischen gerichteten Spannungen. Die sogenannten Gestaltgesetze basieren auf der Tatsache, daß jede Reizkonfiguration so interpretiert wird, daß die daraus resultierende Struktur möglichst einfach ist. Dies bedeutet Spannungsabbau. Bei der Wahrnehmung der Figur in Abbildung 29 würde ein Spannungsabbau bedeuten, daß wir nur noch ein Gewirr von Strichen, nur noch Schwarz-weiß-Kontrast, einen grauen Fleck und zu guter Letzt nichts mehr sehen. Diese Tendenz kann sich aber nicht ungehindert durchsetzen, da sie am Ende zum Tod führen müßte. Einerseits versucht der Mensch bei jeder Wahrnehmung eine Ordnung zu finden, eine Struktur festzustellen, also Spannung abzubauen, andererseits besteht aber bei jedem Lebewesen ein gewisser Drang, Spannung zu erleben. Über diese Widersprüchlichkeit äußerte sich Robert Venturi im Zusammenhang mit seiner Architektur wie folgt: »Andy Warhol sagte: ›ich mag langweilige Dinge‹, und wir gestalten unsere Bauten bewußt langweilig. Andererseits wollen wir sie auch spannend machen. Wir geben uns große Mühe, ihnen Spannung zu verleihen, und Architektur mit Spannung ist nicht langweilig« (7). Rudolf Arnheim schrieb dazu: »Wir stellen uns den menschlichen Geist als ein Wechselspiel zwischen spannungssteigernden und spannungsmindernden Bestrebungen vor« (8). Diese Dualität der Gegensätze haben wir schon mehrmals angetroffen, sie ist auch Voraussetzung für Harmonie. Spannung bedeutet nicht Unordnung, doch besteht zwischen Spannung und Ordnung ein Zusammenhang. Bei niedriger Spannung finden wir meistens eine einfache Ordnung, umgekehrt wird bei einer Wahrnehmung mit einer komplexen Ordnung eher Spannung entstehen. Im Kapitel 1.4 wurde gezeigt, daß sich in der Geschichte der Baustile immer eine periodische Entwicklung von einer einfachen hin zu einer komplexeren Ordnung feststellen läßt (vgl. Abbildung 46). Diese Tendenz ist somit auch mit einer Zunahme der Spannungen verbunden: je komplexer die Ordnung, desto größer die Spannung. Wir wiesen auch darauf hin, daß eine komplexe Ordnung, und somit mehr Spannung, eher das Gefühl als den Verstand anspricht (vgl. Abbildung 50). Ein Mensch mit eher extrovertierter Persönlichkeitsstruktur wird deshalb mehr auf Spannung angewiesen sein als ein introvertierter Mensch. Eine mit Spannung geladene Wahrnehmung wird eher ästhetische als semantische Informationen enthalten, womit die banale Tatsache bestätigt ist, daß Kunst Spannung erzeugen muß.

Spannung kann auf verschiedene Arten erzeugt werden. Grundsätzlich gilt: je größer die Komplexität, je zahlreicher die Widersprüche und je weniger Ordnung, desto mehr Spannung. Bei der Gestaltung des Vorraumes der Bibliotheca Laurenziana in Florenz (Abbildung 153) stellte Michelangelo die Säulen in Wandnischen. Dadurch wird die Beziehung zwischen Tragen und Lasten verschleiert, woraus eine Spannung entsteht. Durch die Überlagerung verschiedener Figuren (zum Beispiel Abbildung 8) entsteht der Wunsch, den versteckten Teil zu sehen, es entsteht Spannung. Der hintere Teil muß aber nicht ganz verborgen bleiben, er kann fragmentarisch sichtbar bleiben. Da der hintere Teil in einer anderen Ebene liegt, verändert sich seine relative Lage zum vorderen Teil, je nach Standort des Betrachters. Im Barock wurde mit Hilfe dieses Effektes bewußt Illusion und damit Spannung zwischen Wirklichkeit und Täuschung erzeugt.

Schräge ist ein wirksames Mittel, um Spannung zu erzeugen. Die Schräge gilt als Abweichung vom horizontal-vertikalen System und es besteht automatisch der Wunsch, sie anzugleichen. Beim Tiefensehen wird die perspektivische Schräge zu einer Horizontalen gemacht. Das heißt, dasjenige Wahrnehmungsbild wird bevorzugt, das weniger Spannung enthält. Im Kapitel 5.4.2 wurde beschrieben, wie die Schräge des Daches in der alten japanischen Architektur einerseits zwischen Horizontaler und Vertikaler vermittelt, andererseits aber Spannung erzeugt (Abbildung 221).

Spannung entsteht immer dort, wo vom Gewöhnlichen abgewichen wird. Auch eine Kurve, eine gebogene Form kann mittels ihrer Dynamik Spannung erzeugen. Die Ellipse als Projektion des Kreises hat in ihrer Form etwas Unbestimmtes. Auch das Rechteck ist unbestimmter als das Quadrat und erzeugt deshalb mehr Spannung. Im Barock wurde das Rechteck meistens nicht mit den Proportionen des Goldenen Schnittes verwendet, da weniger Harmonie, dafür Spannung angestrebt wurde (9).

Spannung ist nicht nur eine Sache von Form und Proportion; sie kann auch durch ungewohnte, gegensätzliche Anordnungen erreicht werden. Wir sahen, daß die gotische Kathedrale von zwei Raumrichtungen dominiert wird, die sich widersprechen: die Horizontale des Weges hin zum Altar und die Vertikale, die zum Himmel hinweist. Diese Dualität erzeugt eine Spannung, die den ganzen Raum in sehr labilem Gleichgewicht hält. Diese mit räumlich-formalen Mitteln ausgedrückte Zwiespältigkeit ist zugleich auch Eckpfeiler der christlichen Ideologie: das Beschützende und Befreiende einerseits, das Drohende und Bestrafende andererseits.

Eine ähnliche Konfiguration finden wir in der alten chinesischen Architektur vor. Bauten, die eine öffentliche Funktion hatten, wie Amtssitze von Würdenträgern, Tempelanlagen oder kaiserliche Paläste waren streng symmetrisch angelegt. Die rechteckigen Hauptgebäude dieser Anlagen stehen so auf der Symmetrieachse, daß die Gebäudelängsseiten quer zur Hauptachse liegen. Die Nebengebäude sind beidseits parallel zur Hauptachse angeordnet (Abbildung 278). Einerseits wird so die Symmetrie um die Hauptachse betont, andererseits wird die damit angedeutete Richtung durch die Hauptgebäude blockiert. Die seitlichen Nebengebäude wiederum fordern durch ihre Lage zum Weitergehen auf. Das Untergeordnete wirkt positiv, das Übergeordnete negativ auf die Bewegung. Durch die so erzeugte Spannung wird die Wichtigkeit der Hauptgebäude, und somit auch ihrer Funktion, betont. Auch hier wird das östliche Prinzip des »sowohl als auch« deutlich.

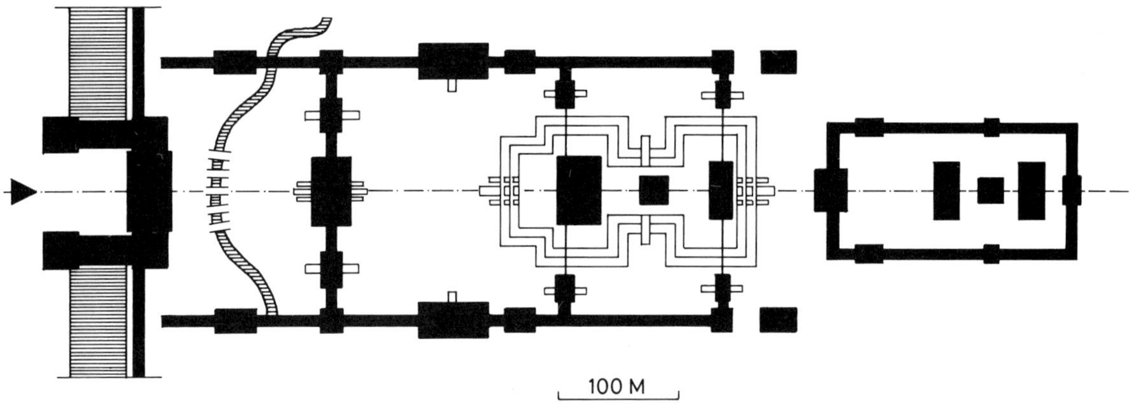

Abb. 278: Mittelbereich des Kaiserpalastes in Peking, China, 15. Jh. (vgl. Abbildung 220)

6.3 Proportion und Maßstab

Proportion ist ein wichtiger Faktor der Harmonie und gleichzeitig ein sehr umstrittenes Problem in der Architektur. Proportion ist ein abstrakter Wert, der nur mit Hilfe der Gestalt veranschaulicht werden kann. Der Begriff der Proportion wurde verschieden definiert, je nach Anwendungsgebiet. In der Architektur bezeichnet sie das Verhältnis, die Beziehung zweier oder mehrerer Größen zueinander.

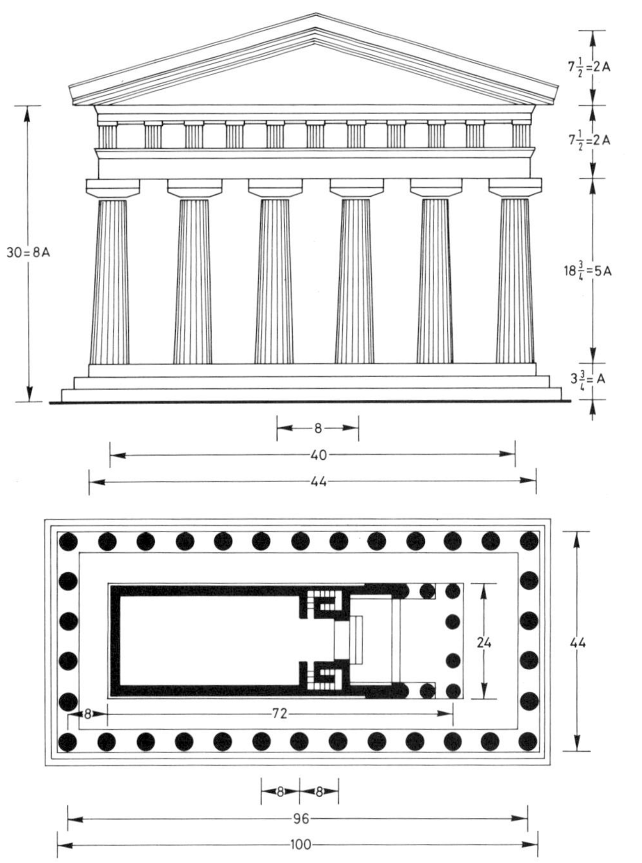

Abb. 279: Arithmetische Proportion. Athenatempel (früher Cerestetempel) 510 v. Chr. Paestum, Italien (nach Friedrich Krauß). Maßangaben in dorisch-pheidonischen Fuß (=32,8 cm)

Grundsätzlich können zwei Arten von Proportionen unterschieden werden: arithmetische und geometrische. Die arithmetische Proportion beruht, ausgehend von einer Grundeinheit, auf einfachen Zahlenverhältnissen. So ist zum Beispiel das Größenverhältnis der Teile eines griechischen Tempels auf einer Moduleinheit aufgebaut (Abbildung 279).

Der Goldene Schnitt, der auch dem Modulor von Le Corbusier zugrundeliegt (Abbildung 281), ist eine geometrische Proportion. Das Größenverhältnis der Teile untereinander wird nicht mathematisch, sondern mit Hilfe einer geometrischen Operation ermittelt. Dieses, von Euklid erstmals beschriebene Verhältnis, teilt eine Strecke in zwei ungleiche Teile, deren kleinerer sich zum größeren so verhält wie der größere zur ganzen Strecke. Als algebraische Formel: $a : b = b : (a+b)$ (Abbildung 280). Experimentell wurde nachgewiesen, daß ein Rechteck, dessen Seitenlängen im Verhältnis des Goldenen Schnittes zueinander stehen, als ideal proportioniert empfunden wird, das heißt, am ehesten dem Schönheitsempfinden eines Durchschnittsmenschen entspricht (10).

Warum empfinden wir bestimmte Proportionen, zum Beispiel den Goldenen Schnitt, als angenehm? Im einleitenden Teil wurde dargelegt, daß nach dem Gesetz der guten Gestalt die Wahrnehmung unvollständiger Gestalten verbessert wird. Eine Rechtecksgestalt kann vom Quadrat bis zum länglichen Balken alles sein. Ein Rechteck, mit einem Seitenverhältnis nach dem Goldenen Schnitt, ist weder ein schlecht proportioniertes Quadrat noch ein eindeutig gerichteter Balken: es hat eine gute Gestalt. Dies heißt nun nicht, daß alle Rechtecke möglichst dem Goldenen Schnitt entsprechen sollen. Zum Beispiel wurden gerade im Barock solche Rechtecke vermieden, da bewußt Spannung geschaffen werden sollte. Der Mensch braucht einerseits Klarheit und Einfachheit, um sich zu orientieren und auch um seiner inneren Ruhe willen. Andererseits sind aber auch Vielfalt und Spannung lebensnotwendig.

Die Form als solche ist stilunabhängig, ihre Verwendung ist jedoch zeitgebunden, die Proportionen dagegen sind universell und zeitlos. Ein gutes Beispiel dafür ist die

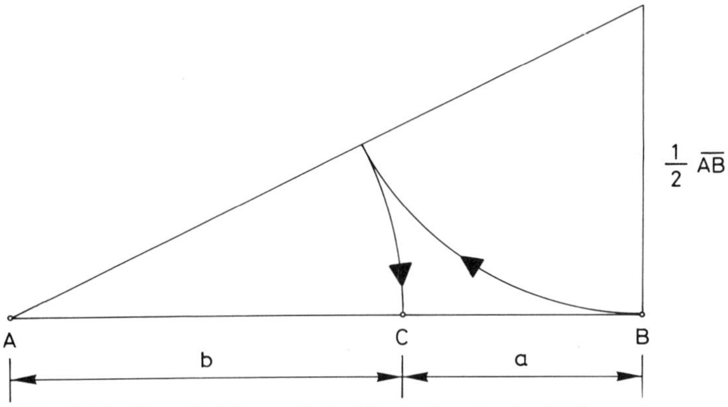

Abb. 280: Der Goldene Schnitt: $a : b = b : (a + b)$

Abb. 281: Le Corbusier: der Modulor

von Colin Rowe entdeckte Ähnlichkeit der Proportionen zweier Villen von Andrea Palladio und Le Corbusier (11) (Abbildung 282). Die Villa von Palladio für einen venezianischen Adeligen, erbaut Mitte des 16. Jahrhunderts in Malcontenta bei Venedig, ist ein streng symmetrischer Massivbau. Die Räume gruppieren sich um einen großen kreuzförmigen Zentralraum, und der ganze Grundriß kann in der Längsrichtung in einem Rhythmus von 2 : 1 : 2 : 1 : 2 unterteilt werden. In der Querrichtung ist eine ähnliche Aufteilung möglich. Das Haus von Le Corbusier entstand 1927 in Garches. Formal haben die beiden

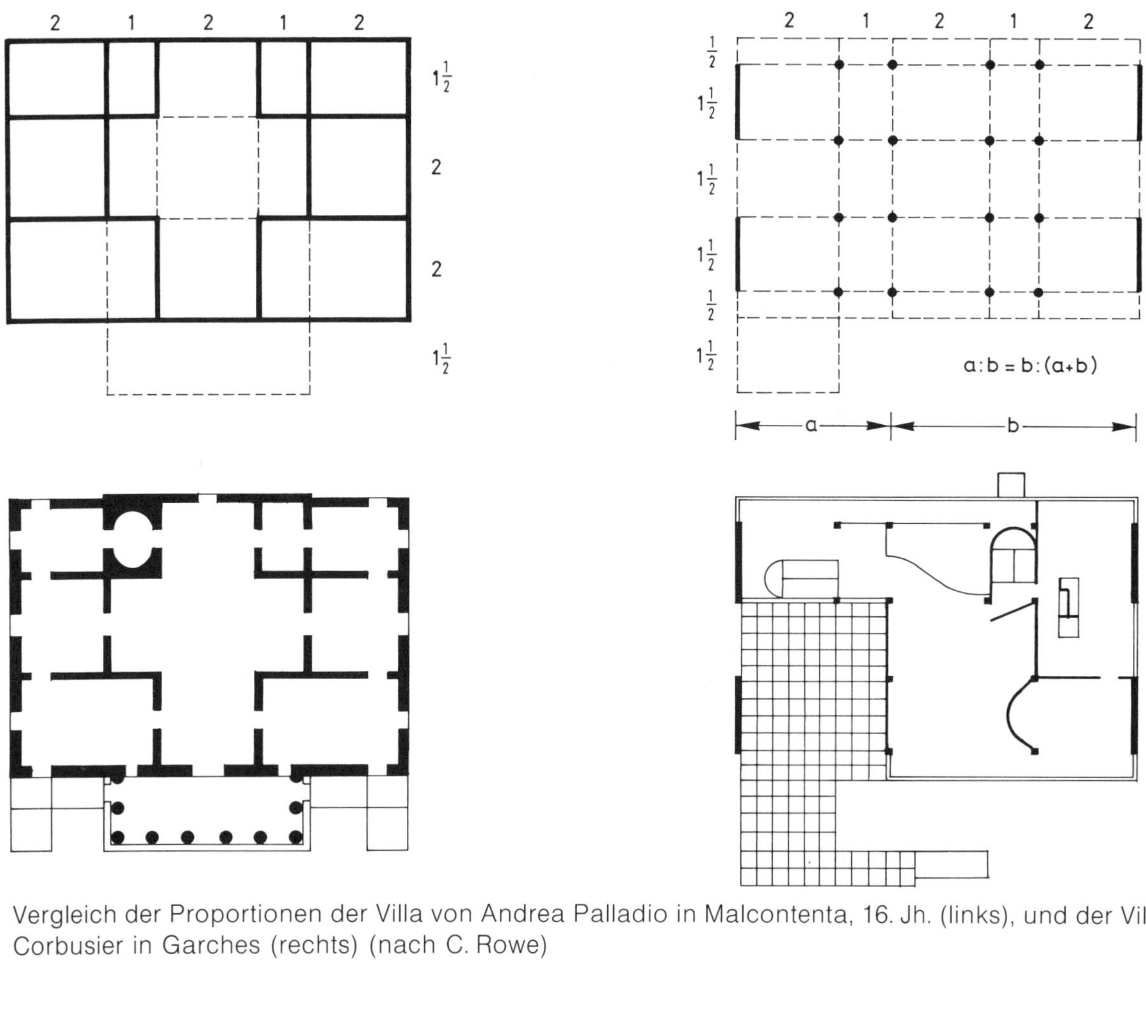

Abb. 282: Vergleich der Proportionen der Villa von Andrea Palladio in Malcontenta, 16. Jh. (links), und der Villa von Le Corbusier in Garches (rechts) (nach C. Rowe)

Häuser kaum Ähnlichkeit: die Villa in Garches ist ein Skelettbau mit einigen zusätzlich tragenden Wänden, ihr Grundriß ist asymmetrisch. Trotzdem läßt sich der Raster von Palladios Villa auch über diesen Grundriß legen.

Während Palladio die massiven Wände auf die Rasterlinie stellt und somit die Proportion auch formal zum Ausdruck bringt, liegen bei Le Corbusier nur die Stützen im Raster. Die nichttragenden Wände sind so gestellt, daß sich eine ganz andere Form der Räume ergibt. Die Proportion des Tragsystems ist bewußt versteckt, zugunsten einer anderen formalen Aussage. Le Corbusier arbeitete aus statischen Gründen mit einer arithmetischen Proportion, stützte aber das Formale auf eine geometrische Proportion: das Verhältnis der offenen Terrasse zum geschlossenen Gebäudeteil beträgt nämlich 3 : 5, was der Aufteilung des Goldenen Schnittes entspricht.

Sowohl bei Palladio wie auch bei Le Corbusier sind die Verhältnisse 3 : 4, 4 : 4 und 4 : 6 (anders ausgedrückt: $1 : 1\frac{1}{3}$, $1 : 1$, $1 : 1\frac{1}{2}$) zu finden, die als Zeitsequenzen in der Musik zu einem angenehmen Takt führen (12). Auf den Zusammenhang von Musik und Architektur machte schon Vitruv aufmerksam. Am Anfang seines ersten Buches, über die Ausbildung des Architekten, weist er ausdrücklich darauf hin: »Von Musik muß er (der Architekt) etwas verstehen, damit er über die Theorie des Klanges und die mathematischen Verhältnisse der Töne Bescheid weiß« (13). Palladio verwendete besonders in seiner Frühzeit musikalische Proportionen für seine Entwürfe (14). Die Villa in Malcontenta ist hier keine Ausnahme. Auch Le Corbusier war eng mit der Musik verbunden: seine Mutter und sein Bruder waren Musiker. Viele berühmte Architekten bekennen freimütig, daß ihre Entwürfe oft von akustischen Klangkompositionen beeinflußt waren. So ist zum Beispiel von Erich Mendelsohn bekannt, daß er beim Entwerfen immer Bachmusik hörte (15). Der Zusammenhang zwischen Architektur und Musik beschränkt sich natürlich nicht nur auf die Vorliebe und das Interesse einiger Architekten. Dazu die Äußerung von Nikolaus Pevsner: »Die Parallele zwischen barocker Architektur und Musik ist in der Tat schlagend, nicht nur hinsichtlich der verwandten geistigen Struktur, sondern auch in betreff der künstlerischen Qualität« (16). Der Einfluß ist aber nicht nur einseitig: Steen Raßmussen weist, gestützt auf Hope Bagenal, nach, daß die frühchristliche Chormusik der damaligen Architektur angepaßt wurde. Die »Vorgängerin« der heutigen Peterskirche in Rom war eine fünfschiffige Basilika. Form und Größe der Kirche führten beim normalen Sprechen und Singen zu Widerhallwirkungen, die das Verstehen des Textes unmöglich machten. »Deshalb mußte man zu einer rhythmischen Stimmführung greifen, eine Art Rezitativ oder Messe. Es hatte wohl einen bestimmten Ton gegeben, der eine besonders gute Resonanz in diesem Kirchenraum hatte. Wenn man die klangvollen lateinischen Vokale in ihm erklingen ließ, konnte sie die gesamte Gemeinde in vollem Klange hören. Der Ton hallte von allen Seiten wieder, man hörte die Steine reden« (17). Der Takt der Psalme und Gebete war genau auf die Länge des Echos abgestimmt, was den Text auch im hinteren Teil der Kirche verständlich machte. Der gregorianische Kirchengesang wurde für die Form und Größe der alten Peterskirche geschaffen (18).

Proportionen als Größenverhältnis ist nicht nur auf Flächen, wie etwa Fassaden und Grundrisse, beschränkt. Wir sahen vorher, daß beim griechischen Tempel sowohl Grundriß wie auch Fassade auf denselben Maßeinheiten aufgebaut sind, was zu einer harmonischen Plastizität führt (vgl. Abbildung 279). Auch Palladios Proportionen beschränken sich nicht nur auf den Grundriß. Im 23. Kapitel des ersten Buches über »die Höhe der Zimmer« beschreibt er genau, wie die Höhe der Räume von ihren

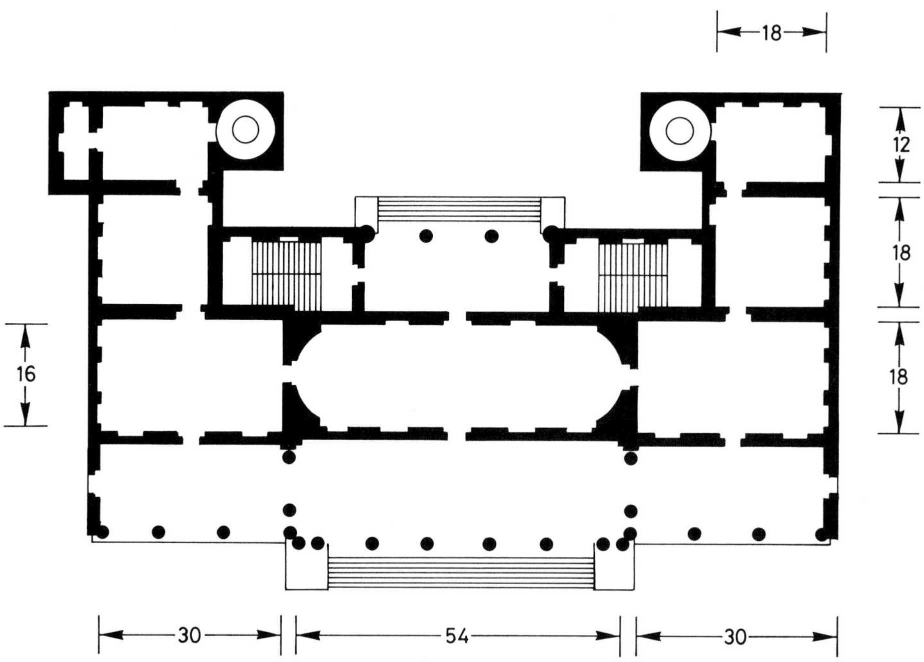

Abb. 283: Andrea Palladio, Größenverhältnisse der Räume des Palazzo Chiericati, 1550, Vicenza, Italien (Raumgrößen in vicentinischen Fuß) (vgl. Abbildung 170)

Grundrißmaßen abhängen muß (19). Er ging aber noch weiter und setzte ganze Raumfolgen und Körperkompositionen in ein harmonisches Verhältnis.

Im Palazzo Chiericati in Vicenza (Abbildung 170, 283) nimmt die Größe der Räume vom mittleren, zentralen Hauptraum aus, hin zu den kleinsten Räumen in den Gebäudeflügeln schrittweise ab. Der kleinste Raum mißt 12 × 18 vicentinische Fuß, der nächste 18 × 18, dann 18 × 30 und schließlich der Hauptraum 16 × 54. Wäre der Hauptraum 18 Fuß breit, so könnten alle Zimmerbreiten und -längen durch 6 geteilt werden und so würden sich die Verhältnisse von 2 : 3, 3 : 3, 3 : 5 und 1 : 3 ergeben, was wiederum musikalischen Harmonien entspricht (20). Die Proportionen der drei kleineren Räume entsprechen auch den Raumtypen, die Palladio zu den »sieben der schönsten und am besten proportionierten Zimmerarten« zählt. Es sind dies die folgenden: rund, Rechtecke mit dem Seitenverhältnis von $1:1$, $1:\sqrt{2}$, $1:1\frac{1}{3}$, $1:1\frac{1}{2}$, $1:1\frac{2}{3}$, $1:2$ (21). Berücksichtigt man, daß der zentrale Mittelraum des Palazzo Chiericati auf den Breitseiten je durch einen halbkreisförmigen Grundriß abgeschlossen wird, so wird wahrnehmungsmäßig die Gesamtlänge von 54 Fuß reduziert. Eine reduzierte Größe von 16 × 48 Fuß ergibt zwei, von der Symmetrieachse getrennte Räume, von 16 × 24 Fuß Größe, mit einer Proportion von $1:1\frac{1}{2}$, was wiederum einer der sieben idealen »Zimmerarten« Palladios entspricht. Durch das Aneinanderreihen von Räumen, deren Größe in einem harmonischen Verhältnis zueinander stehen, bezieht Palladio die Zeitdimension in seine Architekturkomposition mit ein, denn das Erleben dieser Verhältnisfolge verlangt eine Bewegung und somit Zeit. Das Arbeiten mit Proportionen war eines der wichtigsten Elemente der Architektur Palladios und so auch Eckpfeiler seines Schönheitsbegriffes.

Für die Wahrnehmung einer Proportion sind nicht nur die gemessenen absoluten Größenverhältnisse zuständig; sie kann von verschiedenen anderen Faktoren beeinflußt werden. So kann zum Beispiel die Farbgebung die optische Wahrnehmung einer Proportion verändern. Wir müssen heute annehmen, daß die alte ägyptische Architektur früher anders erlebt wurde als heute, da sie zumindest teilweise bemalt war (22). Eine Proportion kann auch durch Randbedingungen beeinflußt werden. So wird zum Beispiel die Gesamtproportion eines Gebäudes, das auf einem Sockel steht, anders wahrgenommen, als wenn dasselbe Gebäude direkt auf dem Boden steht. Der Sockel trennt den Baukörper vom Grund und läßt ihn als Ganzes, Abgeschlossenes erscheinen. Besteht keine klare optische Trennung zwischen Grund und Baukörper, so kann der Eindruck entstehen, das Gebäude gehe unter der Erdoberfläche weiter und habe deshalb eine andere Proportion.

Wie wir im Kapitel 7 noch sehen werden, kann mit Hilfe der Raumproportion eine dynamische Wirkung, das heißt, der Eindruck einer Bewegung erzielt werden, der beim Besucher den Wunsch aufkommen läßt, sich in die vorgegebene Richtung zu bewegen.

Während die Proportion über das Verhältnis verschiedener Größen zueinander Auskunft gibt, orientiert der Maßstab über die wirkliche Größe. Die wirkliche Größe eines Baukörpers steht immer in einer Beziehung zum Betrachter oder Benutzer dieser Architektur. Indirekt informiert uns der Maßstab über das Größenverhältnis zwischen dem Gegenstand und dem Betrachter. Ähnlich wie die Proportion hat auch der Maßstab einen Einfluß auf die Wahrnehmung: bestimmte Formen können mit dem Maßstab auch ihre semantische Bedeutung verändern. Ein kugelförmiger Innenraum kann in einem menschlichen Maßstab, bei einem Durchmesser von einigen Metern, das Gefühl von Schutz und Geborgenheit vermitteln. Steigert man seine Größe ins Gigantische (vgl. Abbildung 53, 249, 341), so wird das Gefühl der Geborgenheit verloren gehen. Trotz der Beibehaltung der Form hat der Raum jetzt eine gegenteilige Wirkung: der Besucher fühlt sich überwältigt und wird zu einem »Nichts«. Da der Maßstab auch Bestandteil des Stils ist, hilft er mit, eine bestimmte Aussage zu verdeutlichen.

Das Erleben von Architektur ist nichts Statisches. Die sogenannte Konstanzvariabilität (vgl. Kapitel 0.3.4) bewirkt, daß der Beobachter ein Gebäude auch aus großer Entfernung in der richtigen Dimension wahrnimmt. Die Maßstäblichkeit ändert sich aber trotzdem, wenn wir auf das Gebäude zugehen. Daraus ergibt sich, daß die architektonischen Maßstäbe so konzipiert werden sollten, daß Architektur sowohl aus der Distanz als auch aus der Nähe gelesen und verstanden werden kann. Robert Venturi beklagte die Tatsache, daß in der Moderne kein Nebeneinander verschiedener Maßstäbe mehr zu finden sei (23). Gerade diese Koexistenz verschiedener Maßstäbe am selben Gebäude ermöglicht aber eine einwandfreie Wahrnehmung sowohl aus größerer als auch aus kleinerer Entfernung. Während die Gestalt eines ganzen Gebäudes und seine strukturierenden Eigenschaften nur aus einer bestimmten Entfernung lesbar sind, sind Details und Dekoration Reizkonfigurationen, die nur aus der Nähe erkennbar werden. Das Erscheinungsbild des griechischen Tempels wird oft von einer einzigen Proportion geprägt. Dieses Größenverhältnis ist in jedem Maßstab zu finden; es bestimmt sowohl die Gestalt des ganzen Gebäudes als auch die Abmessungen der Einzelteile.

Im Rathaus von Säynätsalo (Abbildung 284, 285) gruppierte Alvar Aalto die Räume um einen Hof, in dem Bürgerversammlungen stattfinden können. Der Hof hat intimen Charakter und bildet deshalb einen wohltuenden Gegensatz zum endlosen »Meer der Bäume« in der Umgebung. Das Niveau des Innenhofes ist um ein Stockwerk erhöht, und so sind die eingeschossigen Fassaden maßstäblich proportional zur Größe des Hofes, während das Gebäude nach außen, dank der zusätzlichen Dachschräge, dreistöckig erscheint und dadurch den Maßstab des umliegenden Waldes übernimmt. Somit entsprechen die verschieden wahrgenommenen Größen des Gebäudes den jeweiligen räumlichen Verhältnissen.

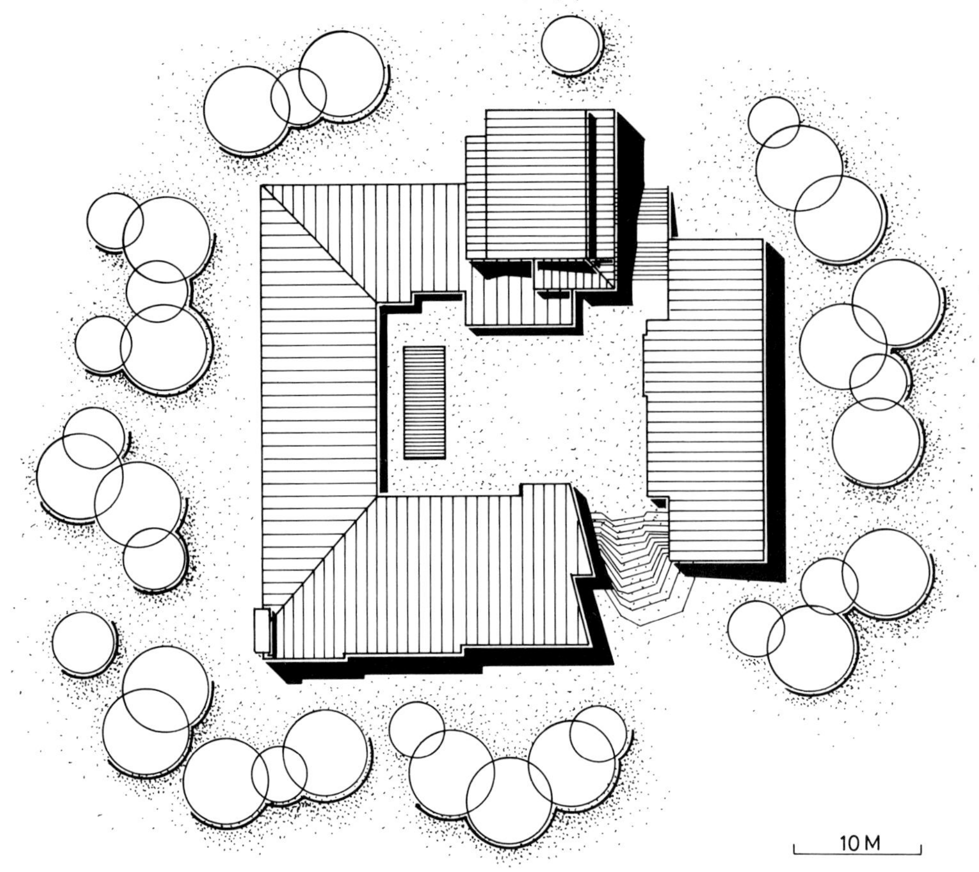

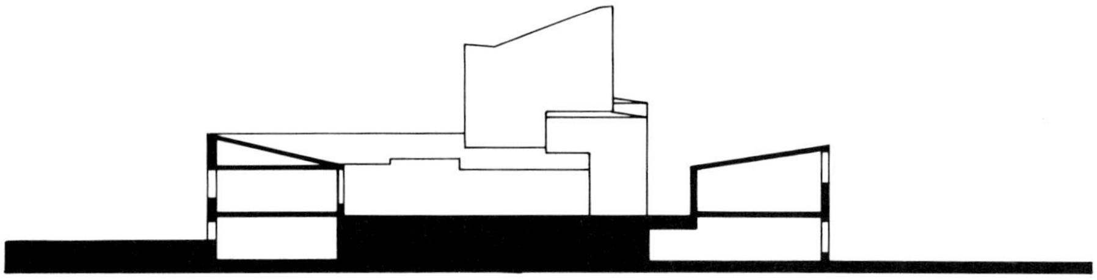

Alvar Aalto, Rathaus, 1952, Säynätsalo, Finnland:

Abb. 284: (oben) Dachaufsicht
Abb. 285: (unten) Schnitt, mit Niveauunterschied im Hof

In Las Vegas wurde der Maßstab der Reklamezeichen entsprechend der neuen Fortbewegungsart der Besucher gewählt (vgl. Abbildung 75). Erlebt man diese Signale als Fußgänger, so wirken sie gigantisch und viel zu groß, im Auto hingegen soll das Zeichen bereits aus großer Entfernung erkennbar sein, entsprechend der hohen Geschwindigkeit. Der Grund für die Wahl eines größeren als den menschlichen Maßstab ist wahrnehmungstechnischer Art: die Größe wurde der Geschwindigkeit angepaßt. Der bewußte Gebrauch übermenschlicher Maßstäbe kann auch andere Gründe haben: Monumentalität wurde beispielsweise immer auch zur Demonstration von Macht benutzt. Das bewußte Absetzen von der gängigen Norm des Menschlichen auch in der Größe bewirkt etwas Besonderes. Die Form der Pyramide läßt deren wirkliche Größe nur schwer schätzen: die nach oben zusammenlaufenden Linien verstärken die perspektivische Wirkung und lassen den Körper unendlich hoch erscheinen (Abbildung 264). Dadurch verliert er scheinbar den menschlichen Maßstab und wirkt in seiner Monumentalität als Symbol; im alten Ägypten als Symbol der Macht der Götter und der Pharaonen. Auch im barocken Raum wurde versucht, jede Maßstäblichkeit aufzugeben, dort sollte durch die optische Verlängerung des Raumes bis ins Unendliche die Existenz des Überirdischen dargestellt werden. Die filigrane Architektur des Kristallpalastes in London (Abbildung 155) erzielte eine ähnliche Wirkung. Ein zeitgenössischer Kritiker schrieb damals: »Wir wissen nicht, ob das Gewebe hundert oder tausend Fuß über uns schwebt, ob die Decke flach oder durch eine Menge kleiner Dächer gebildet ist, denn es fehlt ganz an dem Schattenwurf, der sonst der Seele die Eindrücke des Sehnervs verstehen hilft« (24). Diese Wirkung war beabsichtigt, der Bau sprengte bewußt alle üblichen Maßstäbe. Monumentalität sollte einerseits Glanz und Glorie des damaligen britischen Imperiums demonstrieren, andererseits auch die »grenzenlosen« Möglichkeiten der neuen Industrialisierung aufzeigen.

Eng verbunden mit dem »Maßstablosen« ist der Begriff des Erhabenen. Der Innenraum einer gotischen

Kirche ermöglicht weder einen Größenvergleich mit dem Alltäglichen noch mit dem Beobachter selbst. Solche Innenräume haben ihren eigenen Maßstab, den »absoluten Maßstab«, wie Kant ihn nannte, der keinen Vergleich zuläßt. Friedrich von Schiller schrieb in seinem Aufsatz »Über das Erhabene«: »Das Gefühl des Erhabenen ist ein gemischtes Gefühl. Es ist eine Zusammensetzung von Wehsein, das sich in seinem höchsten Grad als ein Schauer äußert, und von Frohsein, das bis zum Entzücken steigen kann und, ob es gleich nicht eigentlich Lust ist, von feinen Seelen aller Lust doch weit vorgezogen wird« (25).

6.4 Bilaterale und translative Symmetrie

Das Wort Symmetrie stammt aus dem Griechischen und bedeutet ursprünglich: anmutig, harmonisch, wohlgestaltet. Der Begriff der Symmetrie war also nicht immer so eng gefaßt wie heute. Vitruv schreibt: »Die Formgebung des Tempels beruht auf Symmetrie, an deren Gesetze sich die Architekten peinlichst genau halten müssen. Diese aber wird von der Proportion erzeugt, die die Griechen Analogia nennen. Proportion liegt vor, wenn den Gliedern am ganzen Bau und dem Gesamtbau ein berechneter Teil (modulus) als gemeinsames Grundmaß zugrunde gelegt ist. Aus ihr ergibt sich das System der Symmetrien« (26). Unter Symmetrie verstand Vitruv das Verhältnis der Teile untereinander und zum Ganzen, aufgebaut auf einer Grundeinheit. Symmetrie war eng verbunden mit dem Begriff der Proportion und der Schönheit schlechthin (27). Heute ist der Begriff der Symmetrie enger gefaßt, er bedeutet ein statisch-räumliches Ordnungssystem. Diese Ordnung kann wiederum ein Beitrag an eine harmonische Wahrnehmung sein und so im alten Sinne mitverantwortlich sein für das Empfinden von Schönheit. Mathematik und Physik unterscheiden verschiedene Arten von Symmetrie: Spiegelsymmetrie, Drehsymmetrie, Translationssymmetrie, Permutationssymmetrie etc.

Georg Pólya hat 1924 mathematisch nachgewiesen, daß für zweidimensionale Ornamente 17 verschiedene Symmetriearten möglich sind (28). Erstaunlicherweise haben schon die alten Ägypter in ihrer Ornamentik sämtliche dieser 17 Arten angewandt.

Symmetrie beschränkt sich in der Architektur meistens auf zwei bestimmte Arten: die bilaterale und die translative Symmetrie. Bei der ersten, die auch Axialsymmetrie genannt wird, wird eine Figur, oder ein Teil von ihr, 180° um eine Achse geklappt. Dadurch erhalten wir beidseits der Achse je eine Figur, deren entsprechende Punkte im Bezug auf die Achse gleich liegen. Die translative Symmetrie bedeutet eine Wiederholung gleicher Teile, eine Reihung.

Sprechen wir zuerst über die bilaterale Symmetrie. Wir finden sie auch in der Natur: »Das muß seinen Grund haben, und man braucht ihn nicht weit zu suchen: Symmetrie ist da zu erwarten, wo Gleichgewicht herrscht. Schärfer gesagt, bei Bedingungen, die einen eindeutig bestimmten Gleichgewichtszustand herbeiführen, muß sich die Symmetrie der Bedingungen auf den Gleichgewichtszustand übertragen» (29). Hermann Weyl spricht hier von einem physikalischen Gleichgewicht. Wir haben schon vorher gesehen, daß auch ein wahrnehmungsmäßiges Gleichgewicht auf ähnlichen Bedingungen basiert wie das physikalische. Beim Menschen und bei den Tieren beschränkt sich die Symmetrie nur auf das Äußere, die Innenorganisation ist meistens asymmetrisch. Die äußere Form und die damit verbundene Gewichtsverteilung ist verantwortlich für ein physikalisches Gleichgewicht, die genaue innere Verteilung hat auf jenes keinen Einfluß mehr. Tiere, die auch in ihrer äußeren Gestalt überhaupt keine Symmetrie aufweisen, sind äußerst selten. Adolf Portmann machte die interessante Beobachtung, daß bei völlig transparenten Tieren auch die inneren Organe symmetrisch sind. Alles was nicht symmetrisch angeordnet werden kann, wird unter einer undurchsichtigen Hülle verborgen (30).

Symmetrie ergibt sich aus einem Gleichgewicht und stellt so den Normalfall dar. Dies bedeutet, daß nicht die Symmetrie, sondern eher die Asymmetrie die Ausnahme bildet.

Symmetrie als spiegelbildliche Entsprechung ist ein objektiver Tatbestand, der mathematisch gesehen unabhängig ist von der Lage im Raum. Die mathematisch allseitig gleichwertigen Richtungen werden subjektiv betrachtet zu drei Bewegungsrichtungen: links/rechts, oben/unten und vorne/hinten. Dementsprechend spielt bei der optischen Wahrnehmung die räumliche Beziehung zwischen Objekt und Betrachter eine entscheidende Rolle. Die Symmetrie eines Objektes wird, je nach dessen Stellung, verschieden erlebt; entsprechend den drei Bewegungsrichtungen in der Breitendimension, der Höhendimension und der Tiefendimension (Abbildung 286). Streng genommen kann die bilaterale Symmetrie nur in der Breitendimension erlebt werden. Das heißt, der Beobachter muß frontal auf der Achse vor dem Objekt stehen. So ist das Gleichgewicht am ehesten erkennbar, die Wahrnehmung ist geordnet und spannungsarm. Oft sollte aber gerade diese Spannung auch bei symmetrischen Bauten erhalten bleiben. Dies kann mit sekundären baulichen Maßnahmen erreicht werden, zum Beispiel mit einem Wasserbecken, das auf der Mittelachse liegt und somit verhindert, daß der Besucher einen Standort auf der Achse einnehmen kann (vgl. Abbildung 77). Die Höhendimension und die Tiefendimension unterscheiden sich von der Breitendimension grundsätzlich durch die Verschiedenartigkeit der Richtungen beidseits der Achse. Wegen der Schwerkraft erleben wir die Richtung nach oben anders als die nach unten und dementsprechend werten wir sie auch verschieden. Bei der Tiefendimension teilt die Achse in vorne und hinten: das heißt, der Beobachter erlebt nur eine Richtung, die andere muß er sich vorstellen, denn sie liegt hinter ihm.

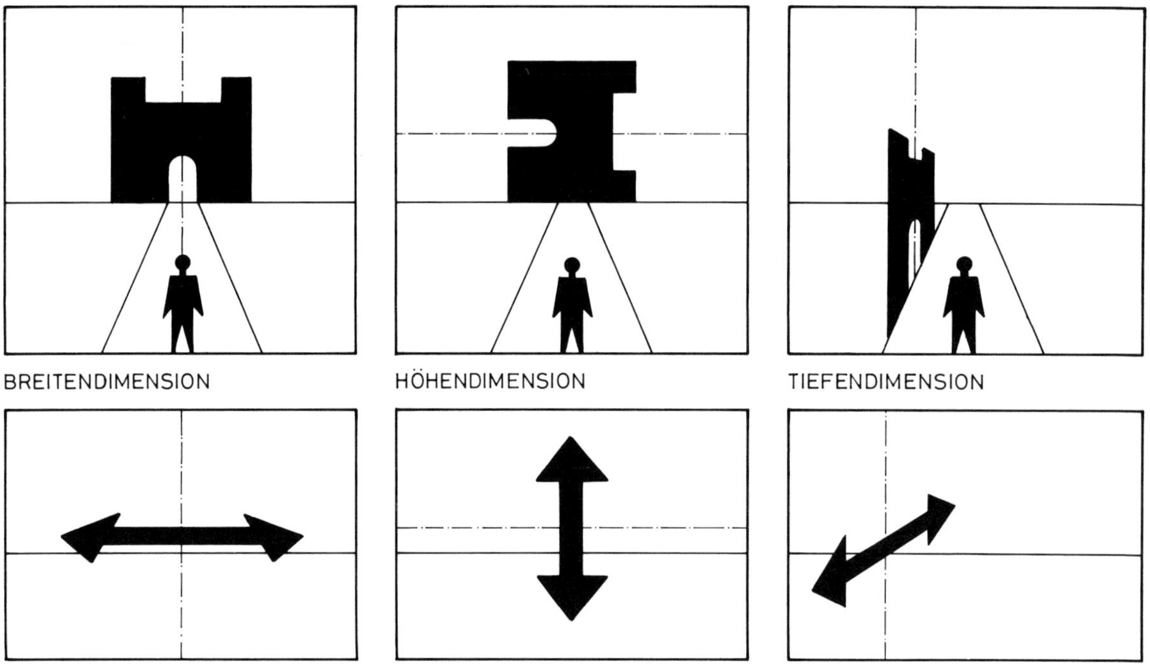

Abb. 286: Das Erleben der bilateralen Symmetrie entsprechend der Bewegungsrichtung

Eine Symmetrie in der Breitendimension betont das Frontale, Flächige und unterdrückt eine Tiefenwahrnehmung. Andererseits verstärkt eine Symmetrie in der Tiefendimension durch ihre rhythmische Aufteilung das Erleben von Tiefe. Die Frage, ob bei Spiegelbildlichkeit in der Tiefendimension noch von wahrnehmungsmäßiger bilateraler Symmetrie gesprochen werden kann, ist berechtigt: Tiefe beinhaltet Weg und Bewegung, Symmetrie aber Ruhe und Ausgeglichenheit. Auch die bilaterale Symmetrie in der Breitendimension ist letztlich keine absolute Spiegelbildlichkeit, denn wir wissen bereits, daß bei der Orientierung im Raum (Kapitel 4.4.3), nur vom mathematischen Standpunkt aus kein Unterschied zwischen links und rechts besteht. Bei der optischen Wahrnehmung und bei ihrer sozio-psychologischen Interpretation sind die beiden Seiten nicht gleichwertig. Diesen Unterschied nehmen wir aber nicht bewußt wahr, er beeinflußt unsere Wahrnehmung im Unterbewußtsein.

Der Mensch findet an der Asymmetrie ebensoviel Gefallen wie am Symmetrischen. Das Verlangen nach Spannung wird in einer unregelmäßigen Anordnung eher gestillt. Die westliche Eingangsfront der Kathedrale von Chartres ist asymmetrisch. Während der untere Teil noch ausgewogen ist, sind die beiden Türme vollkommen verschieden. Die Tatsache, daß sie in verschiedenen Zeitepochen gebaut wurden, ist noch kein hinreichender Grund, sie so verschieden zu gestalten. Diese Unausgewogenheit erzeugt gerade soviel Spannung, daß die ganze Erscheinung nicht chaotisch wirkt. Durch die Asymmetrie verliert die Front etwas von ihrem Statischen und wirkt so äußerst dynamisch.

Die bilaterale Symmetrie ist andererseits eines der klarsten Ordnungssysteme; durch die Regelmäßigkeit werden klare hierarchische und gerichtete Verhältnisse geschaffen. Symmetrie kann aber nicht beliebig zur Schaffung von Ordnung eingesetzt werden. Wenn die Funktion, das Programm, keine solche Ordnung impliziert, täuscht die Spiegelbildlichkeit etwas vor, was nicht ist und wird so zu einem Trugbild.

Gleichgewicht kann auch aus einer statischen Asymmetrie entstehen; nämlich dann, wenn sich die beiden Seiten, wie bei einer Waage, optisch im Gleichgewicht halten.

Das 19. Jahrhundert wandte die Symmetrie, analog ihren Vorbildern, sehr ausgiebig an. Gottfried Semper bezeichnete »drei Gestaltungsmomente« als Grundlage schöner und einheitlicher Formen: Symmetrie, Proportionalität und Bewegungsfreiheit (31). Auch Otto Wagner war ganz gegen alles Unsymmetrische: »Das Nachäffen unsymmetrischer Bauwerke oder ein absichtlich unsymmetrisches Komponieren, um eine angeblich malerische Wirkung zu erzielen, ist ganz verwerflich; haben doch alle diesbezüglichen alten Vorbilder nur darin ihre Entstehungsursache, daß spätere Generationen eine sukzessive räumliche Veränderung der symmetrischen Bauanlage herstellten, welche die Asymmetrie verursachte. Nie und nimmer ist jedoch ursprünglich Absichtliches darin zu erblicken« (32). Zu Beginn des 20. Jahrhunderts wurden als Reaktion auf die »Verknöcherung« der Stile im letzten Jahrhundert viele der bis dahin üblichen Elemente des Architekturentwurfes abgelehnt. Mit dem geschlossenen Raumkonzept wurde auch die Symmetrie verworfen. Theo van Doesburg schrieb in seiner Theorie der elementaren Gestaltung 1924: »Die neue Architektur hat sowohl die eintönige Wiederholung als auch die steife Gleichmäßigkeit zweier Hälften – das Spiegelbild, die Symmetrie – ausgeschaltet« (33). »An Stelle der Symmetrie bietet die neue Architektur ein ausgewogenes Verhältnis ungleicher Teile, das heißt solcher Teile, die auf Grund ihrer Funktionseigentümlichkeiten sich durch Position, Größe, Proportion und Lage voneinander unterscheiden. Die Gleichwertigkeit dieser Teile beruht auf

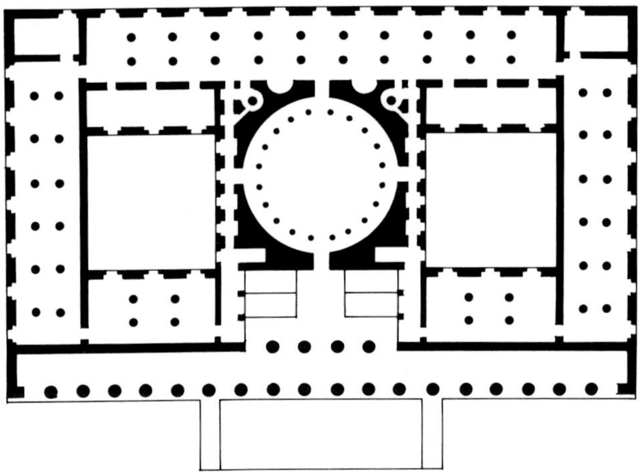

Abb. 287: Karl Friedrich Schinkel, Altes Museum, 1830, Berlin, DDR

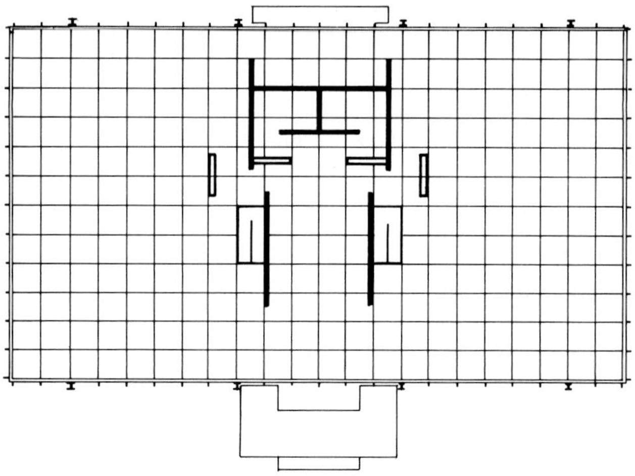

Abb. 288: Ludwig Mies van der Rohe, Crown Hall, 1956, Chicago, USA

dem Gleichgewicht ihrer Ungleichheit und nicht auf ihrer Gleichheit« (34) (Abbildung 160). Ludwig Mies van der Rohe lehnte in seinem Frühwerk die Symmetrie ab (Abbildung 116, 159), machte sie dann aber, ab 1933, als das Wettbewerbsprojekt für die neue Reichsbank in Berlin entstand, mehr und mehr zu einem seiner wichtigsten Entwurfselemente. Diese Entwicklung vollzog sich unter dem Einfluß Karl Friedrich Schinkels, zu dessen Bewunderern Mies van der Rohe gehörte (Abbildung 287, 288).

Neben der Verehrung Schinkels gab es noch zwei weitere Gründe für das Verwenden von Symmetrie im Werk von Mies van der Rohe. Die meisten seiner späteren Bauten, Verwaltungsgebäude, Museen, Schulen etc., verlangten eine gewisse Repräsentation und waren so prädestiniert für eine symmetrische Gestaltung. Andererseits verlangte der kompromißlose Stahlbau von Mies van der Rohe einen strengen Raster und ein gerichtetes Bauen. Er war es, der Symmetrie innerhalb der Bewegung des Internationalen Stils wohl am konsequentesten anwandte.

Die Moderne lehnte die Symmetrie nicht generell ab, doch wurde sie nicht mehr mit gleicher Dominanz angewandt wie etwa in der Antike oder während der Renaissance. An Stelle der Symmetrie als ordnendes Gestaltungsmittel wurde eine modulare Regelmäßigkeit vorgezogen. Henry-Russel Hitchcock und Philip Johnson, 1932: »Moderne Standardisierung ergibt von selbst einen hohen Grad von Stimmigkeit der einzelnen Teile. Darum benötigen moderne Architekten nicht die Disziplin der Spiegelgleichheit oder Axialsymmetrie, um ästhetische Ordnung zu erzielen« (35). Frank Lloyd Wright: »Symmetrie und Rhythmus wünschten wir uns, weil beide Leben sind, doch die Symmetrie verdeckt, anmutig, den Rhythmus durchwegs so anmutig wie nur möglich: doch niemals sollten diese beiden irgendwann und irgendwo um ihrer selbst willen anmaßend auftreten« (36). Paul Rudolph vertritt eine ähnliche Meinung: »Die Symmetrie ist vielleicht als Orientierungshilfe am zweckmäßigsten, wenn es um größere Menschenmassen geht, wie zum Beispiel in einem Flughafengebäude; aber sogar dort weigert sich die Sonne, symmetrisch zu scheinen. Die

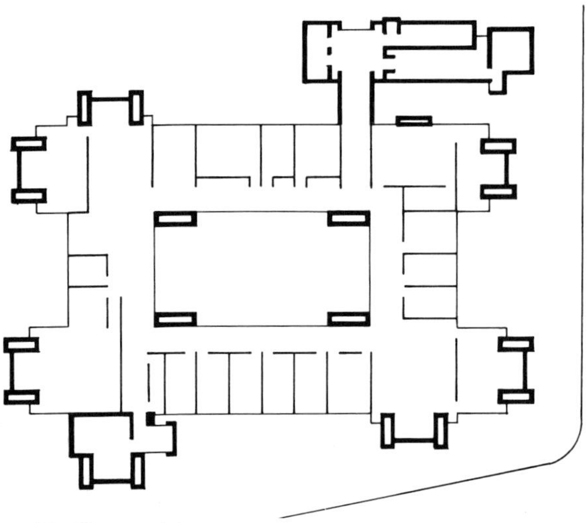

»Verdeckte Symmetrie«:

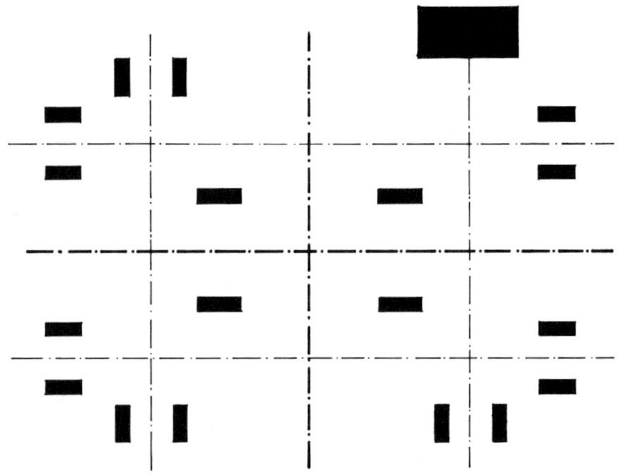

Abb. 289: Paul Rudolph, Kunst- und Architekturgebäude, 1963, New Haven, USA. Links: 2. Obergeschoß. Rechts: Prinzipschema mit tragenden Elementen und Achsen

offene Qualität der Architektur dieses Jahrhunderts macht reine Symmetrie in den meisten Fällen unbrauchbar« (37). Rudolph bezeichnete das von ihm entworfene Kunst- und Architekturgebäude der Yale-Universität als einen asymmetrischen Bau und stellte weiter fest, daß er sich in einer solchen Ecksituation überhaupt kein symmetrisches Gebäude vorstellen könne (38). Gerade dieser Bau ist aber ein gutes Beispiel für die »verdeckte Symmetrie« der Moderne, wie Frank Lloyd Wright sie nannte. Bedingt durch die Tragstruktur entsteht ein gleichmäßiger Raster, der sich auf zwei Symmetrieachsen spiegeln läßt (Abbildung 289).

Neben der bilateralen Symmetrie hat auch die translative Symmetrie in der Architektur eine entscheidende Bedeutung. Unter Translation verstehen wir die immer gleiche Wiederholung kongruenter, das heißt deckungsgleicher, Teile. Das Prinzip der Reihung finden wir überall. Im Kapitel 0.2.5 wurde erläutert, daß jede Regelmäßigkeit Erwartungen auslöst. Je regelmäßiger, desto größer die Vorhersehbarkeit und somit desto größer die Redundanz. Schon bei einer drei- bis vierfachen Wiederholung entsteht eine Erwartung nach weiterer Regelmäßigkeit (39). Das Bilden von Superzeichen ist das Suchen nach Regelmäßigkeiten. Der Mensch ist auf solche Regelmäßigkeiten angewiesen, da er so seine Umwelt mit weniger Speicheraufwand wahrnehmen kann. Andererseits führt die häufige Wiederholung eines Elementes zur Verminderung seines ästhetischen Wertes. Birkhoff berücksichtigte diese Tatsache bei der Berechnung des ästhetischen Maßes im zweiten Fundamentalsatz (40) (vgl. Kapitel 2.6). Bei einer Wiederholung verliert jedes einzelne Element seine Autonomie zugunsten des Ganzen. Die Reihe ist, neben der Gruppe, eine der beiden grundsätzlichen Strukturen, ihre Elemente sind linear und geometrisch angeordnet. Das Prinzip der Reihung kann in der Architektur von zwei Standpunkten aus betrachtet werden: vom ästhetischen und somit vom informationstheoretischen der Wahrnehmung und vom technisch-konstruktiven.

Jedes Bauwerk besteht aus Teilen, die zu einem Ganzen zusammengesetzt wurden. Die Einzelteile sind in Gruppen gleicher Elemente aufgeteilt, die dann, um eine große Einheit zu bilden, aneinandergereiht werden. So werden zum Beispiel einzelne Backsteine zu einer ganzen Wand zusammengefügt. Dieses Prinzip hatte seit jeher Gültigkeit, doch wurde mit der Industrialisierung und der damit verbundenen Standardisierung sein Stellenwert noch erhöht. Durch das Verwenden neuer Baumaterialien wurde der Einfluß der Natur auf die Formgebung reduziert, und dadurch drängten sich abstrakte Prinzipien, wie das der Reihung, in den Vordergrund.

Das Aneinanderreihen gleicher Elemente ist ein Grundprinzip des Bauens, wir finden es in allen Stilepochen vor (vgl. Abbildung 290, 291). Die Anwendung dieses Prinzips erfolgt nicht immer aus den gleichen Beweggründen. Durch Reihung gleicher Elemente kann ein Weg meßbar gemacht werden, was wiederum dazu beitragen kann, daß seine Erlebnisdichte gesteigert wird. Die Wiederholung gleicher Elemente war auch eine der Grundlagen des faschistischen Stils in Deutschland und in Italien (41). Charles Jencks: »Der Effekt extremer Repetition mag Monotonie oder hypnotische Trance sein, andererseits kann sie aber auch Gefühle der Großartigkeit und des Unvermeidlichen hervorrufen« (42). »Mussolini wie Hitler, sie wußten genau, daß zum Beherrschen zuerst Hypnose, dann Langeweile nötig sind« (43).

Regelmäßigkeit führt zu Rhythmus. Rhythmus bedingt aber nicht nur gleiche Elemente, Rhythmus entsteht auch bei Wiederholung gleicher Elementgruppen, bei sogenannten Perioden. Die Wahrnehmung von Perioden ist zeitlich begrenzt: erfolgt die Wiederholung zeitlich kürzer als in 1/10 Sekunde, löst sie sich in Kontinuität auf. Dauert eine Zeitperiode länger als fünf bis zehn Sekunden, so wird sie nicht mehr als solche wahrgenommen, da keine Wiederholung erwartet wird. Bei der Wahrnehmung liegt die optimale Länge einer Periode bei einer Sekunde (44). Der wichtigste Aspekt der Periodizitätswahrnehmung ist die Regelmäßigkeit der Elementengruppe: eine zu große Abweichung vom Vorhergehenden oder ein zu komplexer Aufbau einer Elementengruppe kann die Wahrnehmung als Periode, und somit den Rhythmus, zerstören.

Rhythmus allein bewirkt noch keine Ordnung. Er kann aber wesentlich dazu beitragen, ein vorhandenes Ord-

Abb. 290: Kartäuserkloster, ab 1734, La Valsainte, Schweiz

Abb. 291: Mario Botta, Gewerbezentrum (Dach), 1979, Balerna, Schweiz

nungsprinzip zu verstärken. Dabei kann eine regelmäßige Wiederholung so diskret auftreten, daß sie gar nicht bewußt als solche wahrgenommen wird.

Rhythmus gehört zu den wesentlichen Eigenschaften jeder Art von Wahrnehmung. Le Corbusier: »Während der Mensch die wechselseitigen Abstände zwischen den Dingen festlegte, führte er gleichzeitig Rhythmen ein: dem Auge sinnlich faßbare und in ihren Beziehungen untereinander offenbare Rhythmen. Und diese Rhythmen sind der Ursprung alles menschlichen Handelns« (45). Der Rhythmus ist kein auf die Architektur beschränktes Phänomen, denken wir nur an Musik und Tanz. Wiederholungen in regelmäßigen Zeitabständen sind für den Menschen lebensnotwendig; seine fundamentalen Bedürfnisse, wie Schlafen und Essen, müssen in einem bestimmten Rhythmus befriedigt werden.

6.5 Hierarchie

Überall wo mehrere Elemente zusammen auftreten, wird ihre Beziehung untereinander durch eine gewisse Ordnung bestimmt. Die Elemente können untereinander absolut gleichwertig sein, oder es besteht eine Rangordnung. In der Architektur ist absolute Gleichwertigkeit sehr selten anzutreffen: zwei Räume sind nie absolut gleich, auch wenn sie in Größe und Form übereinstimmen. Ihre Erschließung, Beleuchtung, auch ihre Benutzbarkeit werden immer variieren. In der Architektur kann Hierarchie nach verschiedenen Gesichtspunkten entstehen: wir können zwischen visuellen und geistigen Faktoren unterscheiden. Die visuellen Faktoren sind Größe, Form und Lage (Abbildung 292). Ein Element kann die anderen an Größe übertreffen, seine Form kann ihm eine besondere Rangordnung verleihen oder es hat eine spezifische räumliche Beziehung zu den andern Elementen; es wird also durch seine Lage hervorgehoben. Rangordnung kann aber auch infolge rein geistiger Faktoren entstehen: zum Beispiel durch die symbolische Bedeutung eines Elementes oder durch besondere kulturelle oder persönliche Maßstäbe. Sehr oft wird eine geistige Hierarchie mit visuell wahrnehmbaren Mitteln, das heißt, mittels visueller Hierarchie, noch zusätzlich unterstrichen.

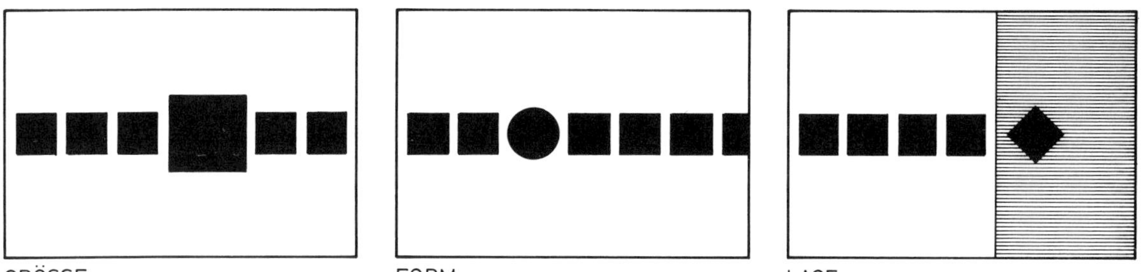

Abb. 292: Die visuellen Faktoren, die die Hierarchie bestimmen: Größe, Form und Lage

Die meisten Bauten von Andrea Palladio weisen eine strenge Hierarchie auf. Im zweiten Kapitel seines ersten Buches vergleicht Palladio das Haus mit dem menschlichen Körper: »Aber Gott der Herr hat die Teile, die am schönsten sind, an jene Stellen gesetzt, auf die der Blick zuerst fällt, die weniger ehrenvollen Teile an versteckte Orte. Und so ordnen auch wir beim Bauen die hauptsächlichen und ansehnlichsten Gebäudeteile offen und die weniger schönen an den unseren Augen am verborgensten liegenden Stellen an, damit so alle Häßlichkeiten des Hauses und all jene Dinge, die einen in Verlegenheit bringen und die die schönen Teile häßlich machen würden, untergebracht werden können« (46). Palladio ordnete die Räume hierarchisch, entsprechend ihren Funktionen und drückte diese Rangordnung mit visuell wahrnehmbaren Mitteln aus (Abbildung 293). Symmetrie war für ihn ein solches Mittel: die wichtigsten Gebäudeteile liegen in der Mitte auf der Symmetrieachse, die anderen Räume werden, je nach Rangordnung, seitlich angeordnet. Im Kapitel 4.2.4 wurde beschrieben, daß Palladio bei der Gestaltung der Außenfassaden zwischen Gebäuden an einem offenen Platz und solchen an einer engen Straße unterschieden hat. Der erste Typ weist eine strenge Symmetrie und somit auch eine klar ablesbare Hierarchie auf, während für den anderen Typ diese beiden Faktoren weniger wichtig sind, weil sie optisch gar nicht richtig wahrgenommen werden können. Im Palazzo Chiericati ist die Hierarchie äußerlich in der Fläche der symmetrischen Platzfassade erkennbar (Abbildung 170). Im Innern besteht eine strenge räumliche Hierarchie, die durch Größe und Lage der Räume manifest wird (Abbildung 283). Das gleiche gilt für die Villa Trissino in Meledo (Abbildung 293). Die Ansicht des Gebäudes zeigt eine klare Gliederung. Es gibt einen optischen Höhepunkt in der Mitte, auf der Symmetrieachse, die dem Besucher auch wegweisend dient. Entlang diesem Weg wird der Raum zunehmend gefaßt durch symmetrisch angeordnete Nebentrakte. Dadurch entsteht eine räumliche Hierarchie, die sich bis zum runden Zentralraum des Gebäudes steigert. Hierarchie ist nicht mehr nur in der Fläche erlebbar, sondern erfordert Bewegung und somit den Faktor Zeit.

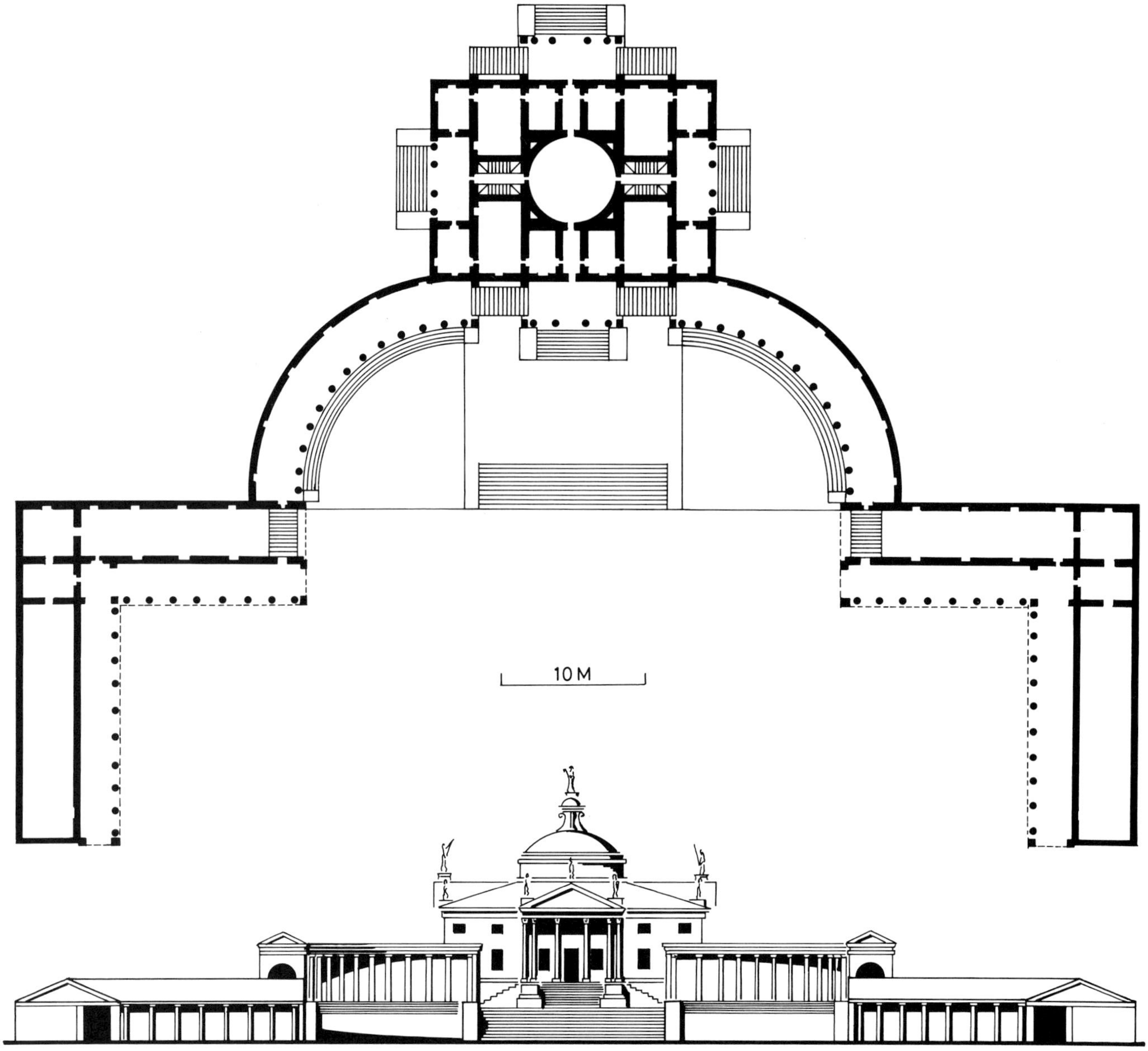

Abb. 293: Andrea Palladio, Villa Trissino (Projekt), Meledo, Italien

Größe, Form und Lage sind visuelle Faktoren. Wie wir sahen, kann Hierarchie aber auch durch geistige Faktoren entstehen. Im alten China war Architektur ein Mittel zur Verdeutlichung der strengen Gesellschaftsstruktur. Dies geschah auf verschiedene Arten. Auch hier bestand ein Zusammenhang zwischen Rangordnung und Symmetrie: je größer der Stellenwert eines Gebäudes, seiner Funktion, desto zwingender wurde die Gleichseitigkeit (47). Die Symmetrieachse impliziert einen Weg und damit eine Bewegung. Der Zeitfaktor hilft das Zugehen auf einen Höhepunkt zu verdeutlichen. Tempel, kulturelle Bauten und Paläste wurden streng symmetrisch gebaut. Das Hauptgebäude war am größten und lag oft erhöht auf einer Terrasse (Abbildung 220). Ein weiteres Mittel, um die Rangordnung der Gebäude zu betonen, war die Art der Dachausbildung: so hat zum Beispiel die »Halle des Erntegebetes« in Peking (Abbildung 241) drei übereinanderliegende Dächer. Dadurch wurde das »Gewicht« des Gebäudes betont. Auch Material, Farbe und Schmuck des Daches waren reglementiert und verdeutlichten eine Hierarchie. Die Bauten wurden mit Ziegeln, Stroh oder Lehm eingedeckt. Die Bedachung der wichtigsten Gebäude bestand aus farbigen, gebrannten und glasierten Ziegeln, wobei auch der Farbton je nach Gebäudeart streng vorgeschrieben war (48). Auch die Art des Dachschmuckes, der Firstabschluß und die unterste Ziegelreihe, waren entsprechend einer Rangordnung amtlich geregelt.

Hierarchie treffen wir überall. Im Mittelalter war das wichtigste Gebäude der Stadt die Kirche. Dies wurde manifest durch ihre Lage, oft an einem zentralen Platz, und durch ihre Größe: die Kirche war nicht nur das größte Gebäude der Stadt, ihr Turm überragte auch alle anderen Bauten. Diese visuelle Dominanz demonstrierte eine geistige Rangordnung: die Überlegenheit des Religiösen über das Weltliche.

Rangordnung findet sich überall dort, wo Teile zusammengefügt werden: seien dies Häuser, Räume oder nur einzelne Bauteile. Im großen Maßstab wird die Rangordnung oft vom geistigen Inhalt diktiert, das heißt, ein Bau muß eine bereits bestehende geistige Hierarchie visuell wahrnehmbar machen: das Kirchengebäude muß die allumfassende Dominanz des Göttlichen ausdrücken. In den untergeordneten Bereichen kann mittels Entwurf oder konstruktivem Entscheid geistiger Inhalt ebenso hervorgehoben werden. Dies soll an einem Beispiel aufgezeigt werden (Abbildung 294). Gegeben sind vier Felder, die in zwei Reihen übereinander liegen. Diese Felder können zum Beispiel Räume darstellen, die definiert werden durch Balken. Wir bezeichnen sie hier als schematische Stützen und Träger. Grundsätzlich bestehen verschiedene Möglichkeiten des Zusammenbauens, jede dieser Möglichkeiten hat eine andere Aussage.

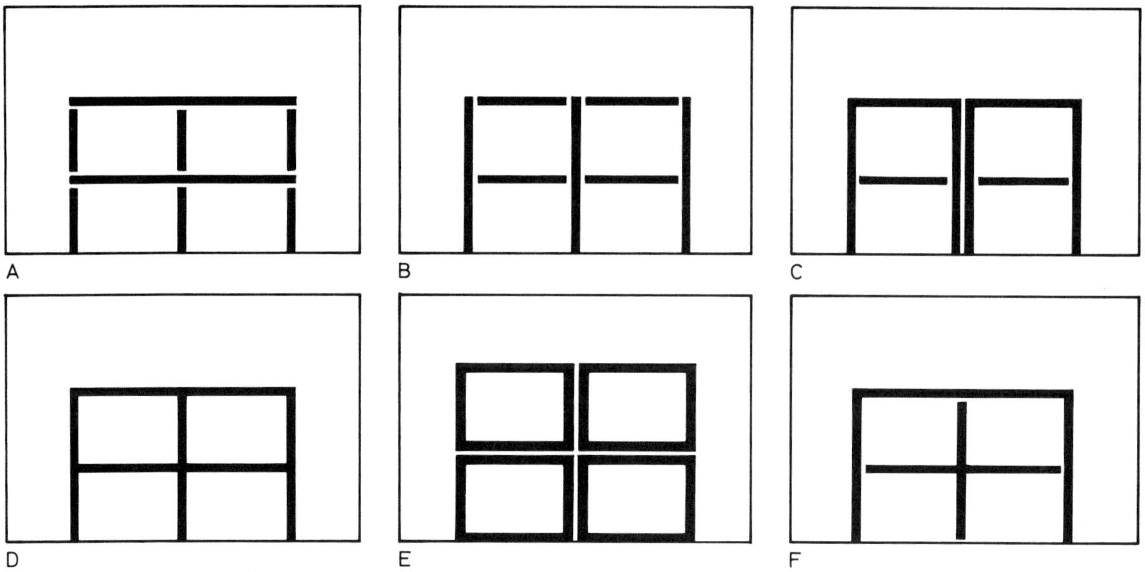

Abb. 294: Hierarchie in einer Fassade mit zwei Stockwerken, zwei Felder breit (verschiedene Varianten)

Jede dieser Möglichkeiten ist nutzungsbedingt und abhängig von konstruktiv technischen Faktoren. Jede dieser Varianten übt gleichzeitig auch entscheidenden Einfluß auf das Erscheinungsbild des ganzen Gebäudes aus. Im Fall A dominiert das Horizontale über das Vertikale, die beiden unteren und die beiden oberen Einheiten sind jeweils zusammengefaßt. Im Fall B ist es umgekehrt: die Vertikale erscheint wichtiger, die rechten Einheiten gehören zusammen und die linken auch. Im Fall C ist die Trennung zwischen links und rechts noch stärker. Das Ganze besteht nun aus zwei voneinander unabhängigen vertikalen »Großeinheiten«, die je einmal horizontal unterteilt sind. Fall D zeigt eine richtungsneutrale Konstruktion. Im Fall E wird die Autonomie der vier Einheiten betont. Im Fall F vollzieht sich das Gegenteil: die Eigenständigkeit der einzelnen Elemente tritt zugunsten der Einheit zurück. So übt schließlich jeder konstruktive Entscheid, hin bis zum kleinsten Detail, entscheidenden Einfluß auf die Hierarchie der Teile untereinander und somit auf das gesamte Erscheinungsbild des Entwurfes aus (Abbildung 295). Die eindeutige Trennung zwischen Entwurf und Konstruktion ist somit falsch: jeder Entwurf beinhaltet auch Konstruktion und umgekehrt.

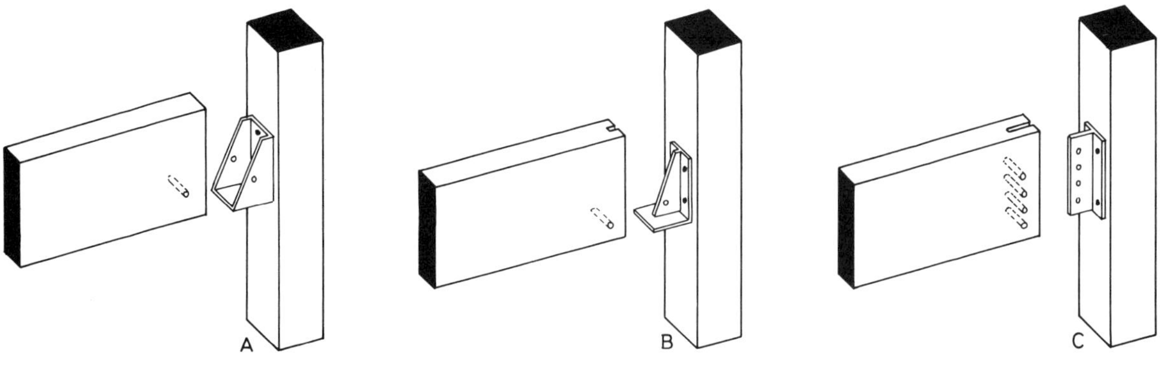

Abb. 295: Hierarchie im Detail: drei Möglichkeiten beim Anschluß eines Holzträgers an eine durchlaufende Stütze

Im Gegensatz zu Fall C der Abbildung 295 wird im Fall A der Kräfteverlauf deutlich gezeigt, das Auflasten des Trägers wird spürbar. Im Fall A wird durch das genaue Erkennen von Lasten und Tragen auch die Hierarchie der Teile untereinander sofort verständlich. Fall C zeigt eine eher abstrakte Verbindung: die genaue Beziehung der Teile zueinander ist nicht mehr klar ersichtlich.

Hierarchie kann bewußt ad absurdum geführt werden und damit Spannung erzeugen. Im Schulgebäude von Livio Vacchini in Montagnola lastet das Dach auf der Querseite des zweistöckigen Innenhofes auf fünf Stützen, während die gesamte Gebäudelast im Erdgeschoß nur noch von zwei Eckstützen abgetragen wird (Abbildung 296). Der Verstand sagt uns, daß das untere Geschoß mehr tragen muß und deshalb mehr Stützen haben sollte. Die Hierarchie der Lastverteilung stimmt nicht mehr, sie wurde »umgedreht«. Dies wurde mit einem technischen Trick möglich: die Brüstung im Obergeschoß ist als tragender Balken ausgebildet, der die Last aufnehmen kann. Die Widersprüchlichkeit in der optischen Wahrnehmung wird noch durch die Tatsache verstärkt, daß die Stützen im oberen Geschoß statisch überdimensioniert sind. Das Funktionieren des statischen Systems ist nur einem Fachmann verständlich und auch bei ihm sträubt sich sein Gefühl gegen eine solche Lösung. Laien ahnen, daß der Zusammenhang zwischen Lasten und Tragen ad absurdum geführt wurde. Dadurch entsteht im Gebäudehof trotz der strengen und einfachen Geometrie eine starke Spannung.

Eine ähnliche Situation finden wir im Bereich des Haupteinganges vor: im Erdgeschoß steht eine Säule inmitten des Verkehrsweges (Abbildung 297). Sie »muß« nicht etwa dort stehen, um eine Last von oben aufzunehmen, ganz im Gegenteil: im Obergeschoß stehen die Stützen an der Stelle, wo man sie logischerweise im Erdgeschoß vorfände, damit der Verkehrsweg frei bleiben würde.

Livio Vacchini, Schulgebäude, 1984, Montagnola, Schweiz:

Abb. 296: Hofansicht: mehr Stützen im Obergeschoß als im Erdgeschoß
Abb. 297: Stütze im Bereich des Verkehrsweges

Quellenverzeichnis Kapitel »Harmonie«
(Jahrzahl in Klammer: Datum der Erstveröffentlichung)

(1) *Le Corbusier:* Ausblick auf eine Architektur, Berlin, 1969, S. 21 (Originaltitel: Vers une architecture, Paris, 1923)
(2) Brockhaus, Enzyklopädie, Wiesbaden, 1969, Band 8, S. 180
(3) *Grimal, Pierre:* Mythen der Völker, Band 1, Frankfurt am Main, 1977 (1967), S. 212 (Originaltitel: Mythologies, Paris, 1963)
(4) *Frey, Dagobert:* Bausteine zu einer Philosophie der Kunst, Darmstadt, 1976, S. 236
(5) *Naredi-Rainer, Paul von:* Architektur und Harmonie, Köln, 1982, S. 13
(6) *Arnheim, Rudolf:* Kunst und Sehen, Berlin, 1978, S. 18 (Originaltitel: Art and Visual Perseption, Berkeley, 1954)
(7) *Klotz, Heinrich* und *Cook, John W.:* Architektur im Widerspruch, Zürich, 1974, S. 259 (Originaltitel: Conversations with Architects, New York, 1973)
(8) siehe (6) S. 412
(9) *Wölfflin, Heinrich:* Kunstgeschichtliche Grundbegriffe, Basel, 1984 (1915), S. 179
(10) *Fechner, Gustav:* Vorschule der Ästhetik, Leipzig, 1876, S. 184
(11) *Frampton, Kenneth:* Die Architektur der Moderne, Stuttgart, 1983, S. 136 (Originaltitel: Modern architecture, London, 1980)
(12) *Rasmussen, Steen E.:* Architektur Erlebnis, Stuttgart, 1980, S. 112 (Originaltitel: Om at opleve arkitektur, Kopenhagen, 1959)
(13) *Vitruv:* 10 Bücher über Architektur, Darmstadt, 1981 (ca. 30 v. Chr.) S. 29
(14) *Ackerman, James S.:* Palladio, Stuttgart, 1980, S. 141 (Originaltitel: Palladio, Harmondsworth, 1966)
(15) siehe (12) S. 136
(16) *Pevsner, Nikolaus:* Europäische Architektur, München, 1967, S. 283
(17) siehe (12) S. 220
(18) siehe (12) S. 221
(19) *Palladio, Andrea:* Die vier Bücher zur Architektur, Zürich, 1983 (1570) S. 86
(20) siehe (14) S. 140
(21) siehe (19) S. 84
(22) *Canival, Jean-Louis de:* Aegypten, Fribourg, 1964, S. 142
(23) *Venturi, Robert:* Komplexität und Widerspruch in der Architektur, Braunschweig, 1978, S. 100 (Originaltitel: Complexity and contradiction in Architecture, New York, 1966)
(24) *Bucher, L.:* Kulturhistorische Skizzen, Frankfurt am Main, 1851, S. 174
(25) *Schiller, Friedrich von:* Sämtliche Werke Band 10, Stuttgart, 1844, S. 383
(26) siehe (13) S. 137
(27) *Weyl, Hermann:* Symmetrie, Basel, 1981 (1955), S. 11
(28) *Pólya, G.:* Über die Analogie der Kristallsymmetrie in der Ebene (in: Zeitschrift für Kristallographie, 1924 Nr. 60, S. 278)
(29) siehe (27) S. 33
(30) *Portmann, Adolf:* Die Tiergestalt, Basel, 1960, S. 61
(31) zitiert in: *Rykwert, Joseph:* Ornament ist kein Verbrechen, Köln, 1983, S. 220 (Originaltitel: The Necessity of Artifice, London, 1982)
(32) *Wagner, Otto:* Die Baukunst unserer Zeit, Wien, 1979 (1895) S. 51
(33) *Van Doesburg, Theo:* Auf dem Wege zu einer plastischen Architektur, 1924 (in: Programme und Manifeste zur Architektur des 20. Jahrhunderts, Braunschweig, 1981, S. 74)
(34) siehe (33) S. 75
(35) *Hitchcock, Henry-Russel* und *Johnson, Philip:* Der Internationale Stil, Braunschweig, 1985, S. 54 (Originaltitel: The International Style, New York, 1932)
(36) *Wright, Frank Lloyd:* Vortrag in London, 1939 (in: Humane Architektur, Berlin, 1969, S. 199)
(37) siehe (7) S. 108
(38) siehe (7) S. 108
(39) *Schuster, Martin* und *Beisl, Horst:* Kunstpsychologie – wodurch Kunstwerke wirken, Köln, 1978, S. 49
(40) *Gunzenhäuser, Rul:* Maß und Information als ästhetische Kategorien, Baden-Baden, 1975 (1962) S. 28
(41) siehe (11) S. 176
(42) *Jencks, Charles:* Late-Modern Architecture, London, 1980, S. 62 (Übersetzung: J. Grütter)
(43) siehe (42) S. 62 (Übersetzung: J. Grütter)
(44) *Moles, Abraham A.:* Informationstheorie und ästhetische Wahrnehmung, Köln, 1971 (1958) S. 107
(45) siehe (1) S. 65
(46) siehe (19) S. 114
(47) *Thilo, Thomas:* Klassische chinesische Baukunst, Zürich, 1978 (1977) S. 14
(48) siehe (47) S. 67

7. Zeit und Weg

»Architektur existiert nur in der Zeit«
Philip Johnson (1)

7.1 Allgemeines und Geschichte

Auf den ersten Blick haben Zeit und Bewegung mit Architektur nichts zu tun.Wohl nagt auch an einem Haus der »Zahn der Zeit«, doch verglichen mit der Dauer eines Menschenlebens ist ein Gebäude auch heute noch etwas, das längeren Bestand hat. Architektur beinhaltet nicht, wie etwa Musik, die Dimension der Zeit. Ein Musikstück hat einen Anfang, dauert eine bestimmte Zeitspanne und endet dann zu einem genau festgelegten Zeitpunkt.

Gebäude sind statisch, unbeweglich, sie werden deshalb ja auch Immobilien genannt. Beweglich sind nur Teile, wie Türen und Fenster. Vergleicht man Architektur mit Ballett, bestätigt sich diese Aussage. Eine Ballettänzerin bewegt sich nach genau vorbestimmten Regeln, die Bewegung verleiht ihr erst ihren Ausdruck. Architektur dagegen verlangt nach Bewegung des Betrachters; er muß sich, um Raum umfassend erleben zu können, in diesem bewegen. Dazu ist Zeit notwendig. Die Zeit wird somit zur vierten Dimension der Raumwahrnehmung. Diese Tatsache scheint uns heute banal, sie war es aber nicht zu allen Zeiten und mußte erst erkannt sein.

Abb. 298: Mehrere Ansichten in einem Bild: Pablo Picasso, »Mädchen vor dem Spiegel« (vgl. Abbildung 15).

Von der Erfindung der Perspektive in der Renaissance bis hin zum Kubismus zu Beginn des 20. Jahrhunderts konzentrierte sich die visuelle Wahrnehmung von einem einzigen Punkt aus.

Der Kubismus weitete den Raumbegriff der perspektivischen Darstellung aus, Gegenstände wurden nicht mehr nur von einem Punkt aus betrachtet, im gleichen Bild wurden mehrere Ansichten gleichzeitig und von mehreren Standorten aus gezeigt (Abbildung 298). Damit wurde Bewegung und somit Zeit in die Malerei miteinbezogen. Bewegung wurde in der Kunst natürlich auch schon vor dem Kubismus dargestellt, immer aber beschränkte sich diese Darstellung auf eine Momentaufnahme dieser Bewegung. Statuen und Malereien vieler Kulturen und Zeitepochen zeigen einen momentanen Zustand eines Bewegungsablaufes, so daß der Betrachter folgern kann, daß die Figur sich wohl bewegt. Der Kubismus kann als Ausbruchsversuch aus dem streng Geometrischen gewertet werden. Theodor Adorno meint dazu: »Der Kubismus ließe sich interpretieren als Reaktionsweise auf eine Stufe der Rationalisierung der gesellschaftlichen Welt, welche deren Wesen durch Planung geometrisierte« (2). Diese Entwicklung war eng verbunden mit der neuen Raumauffassung (vgl. Kapitel 4.1). In seiner Theorie der elementaren Gestaltung kommentierte Theo van Doesburg 1924 diese Wende wie folgt: »Die neue Architektur rechnet nicht nur mit dem Raum, sie rechnet auch mit der Größe der Zeit. Durch die Einheit von Raum und Zeit wird das bauliche Äußere einen neuen und vollkommen plastischen Aspekt erhalten. (Vierdimensionale plastische Raum-Zeit-Aspekte)« (3) (Abbildung 160). Ineinanderfließende Räume konnten nur vollständig erlebt werden, wenn man sich in ihnen bewegt. Das Raumgefüge des Barcelona Pavillons von Ludwig Mies van der Rohe (Abbildung 159) ist nicht von einem Standort aus erfaßbar, sein Erkennen verlangt vom Besucher Bewegung und somit Zeit. Auch Le Corbusier setzte das Ideengut des Kubismus in die Architektur um. So schreibt Giedion über seine Architektur: »Es ist unmöglich, die Villa Savoie von einem einzigen Blickpunkt aus zu erfassen. Sie ist ein Bau in raum-zeitlicher Auffassung« (4). Natürlich waren schon früher größere Gebäudekomplexe räumlich nur zu erfassen, wenn sie unter Zeitaufwand durchschritten wurden. Auch ihre Wahrnehmung verlangte vom Betrachter Bewegung. Ihre kubische Anordnung war aber von einem Punkt oder zumindest von einer Achse aus meist klar überblickbar. Im Kubismus wird die Zeitdimension miteinbezogen. Erst durch die Bewegung wird der Raum und die Bezüge zwischen verschiedenen Raumzonen erlebbar. Bei der Gesamtplanung für das Illinois Institute of Technology in Chicago verfuhr Ludwig Mies van der Rohe nach diesem Konzept (Abbildung 299). Der ganze Gebäudekomplex besitzt zwar eine Symmetrieachse, um aber die räumliche Wirkung der Anlage erleben zu können, muß der Besucher sich bewegen. Er muß durch die Anlage schreiten, die Beziehung der einzelnen Gebäude zueinander erleben, um so nach und nach einen gesamten räumlichen Eindruck des Gebäudekomplexes zu erhalten. Die Anlage wird nicht mehr von einem zentralen Hauptbau dominiert, um den sich die restlichen Bauten anordnen, die Gebäude sind in Form und Größe praktisch gleichwertig. Die verschiedenen Entwurfsstadien zeigen deutlich eine Abwendung vom eher klassizistischen Konzept hin zu einer freieren Anordnung der einzelnen Bauten.

Während im Kubismus das Erleben von Raum als zeitlicher Ablauf gesehen wurde, versuchte die darauf folgende Strömung des Futurismus den Aspekt der Bewegung in das Bild mit einzubeziehen. Sowohl im Kubismus als im Futurismus wurde das Statische der perspektivischen Darstellung verworfen. In der kubistischen Malerei wird durch das gleichzeitige Betrachten eines Gegenstandes von mehreren Seiten versucht, dessen räumlichen Aspekt zu betonen. Umgesetzt in die Architektur bedeutet dies, daß der Betrachter zum Verstehen einer räumlichen Komposition sich in ihr bewegen muß, damit er sie von verschiedenen Seiten betrachten kann. Die Futuristen versuchten das Prinzip der Dynamik bildlich festzuhalten. Die Darstellung einer Frau in mehreren Bewegungsstadien von Marcel Duchamp aus dem Jahre 1911 ist das erste gesicherte Dokument einer simultanen Darstellung sukzessiver Bewegungsabläufe in einem Gemälde (5) (Abbildung 300).

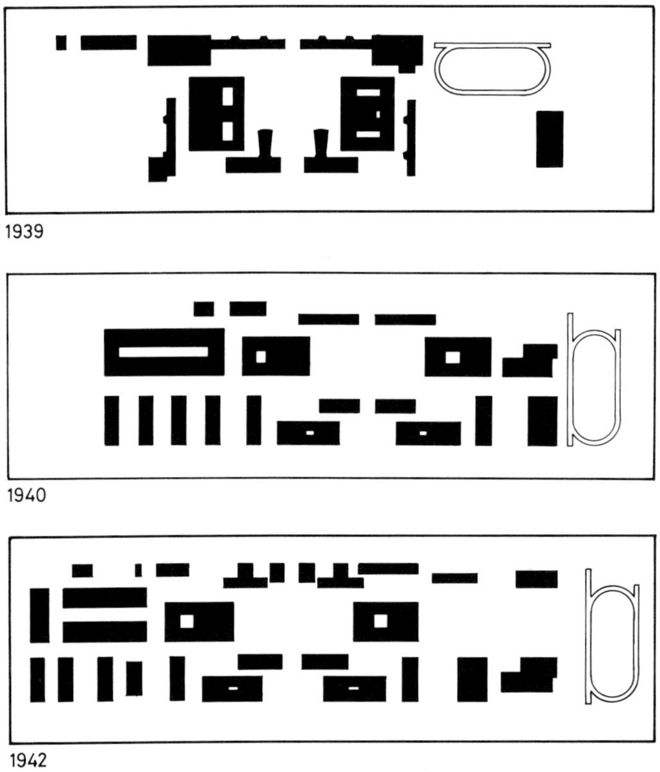

Abb. 299: Ludwig Mies van der Rohe, Entwicklung des Gesamtplanes des Illinois Institute of Technology, 1939, 1940 und 1942, Chicago, USA

Abb. 300: Marcel Duchamp, »Dulcinée«, 1911

In der Architektur war das Ziel des Futurismus ebenso das Sichtbarmachen des Dynamischen. Ein Grund dafür war die damalige Bewunderung der Technik, insbesondere die empfundene Schönheit der mechanischen Geschwindigkeit von Autos, Eisenbahnzügen und Flugzeugen. So schrieb Filippo Tommaso Marinetti 1909: »... abenteuerlustige Dampfer, die den Horizont wittern, breitbrüstige Lokomotiven, die mit ihren Rädern über den Boden stampfen wie mit Stahlrohren geschirrte Hengste; den leichten Flug der Flugzeuge, deren Propeller den Wind wie Fahnen schlagen, mit einem Geräusch, das an den Applaus einer begeisterten Menschenmenge erinnert« (6). Im Vorwort für einen Ausstellungskatalog schrieb der Bildhauer Umberto Baccionis 1913: »All diese Überzeugungen zwingen mich, in der Skulptur nicht die reine Form zu suchen, sondern den reinen bildnerischen Rhythmus; nicht die Konstruktion von Körpern, sondern die Konstruktion der Aktion von Körpern. So ist mein Ideal nicht eine pyramidenförmige Architektur (statischer Zustand), sondern eine spiralenförmige Architektur (Dynamik)« (7). Der Architekt Antonio Sant' Elia versuchte als erster dieses Gedankengut in der Architektur anzuwenden. In seinem Projekt für die Città Nuova (Abbildung 301) wachsen die Hochhäuser aus dem Boden, die Verkehrswege, Eisenbahn, Lift und Rolltreppen, wurden zu Teilen eines dynamischen Ganzen. In seinem Manifest über »Futuristische Architektur« schreibt er zusammen mit Marinetti: »... das futuristische Haus muß wie eine riesige Maschine sein. Der Aufzug soll sich nicht mehr wie ein Bandwurm im Schacht des Treppenhauses verbergen; die überflüssig gewordenen Treppen müssen verschwinden, und die Aufzüge sollen sich wie Schlangen aus Eisen und Glas emporwinden«. »... über die Straße, die sich nicht mehr wie eine Fußmatte vor der Portierloge ausbreitet, sondern sich um einige Stockwerke unter die Erdoberfläche senkt; diese Stockwerke nehmen den städtischen Verkehr auf und sind miteinander durch Metallstege und durch Rolltreppen mit hoher Geschwindigkeit verbunden« (8). Sant' Elia starb, wie auch andere Mitglieder der futuristischen Bewegung, im ersten Weltkrieg. Damit fand diese Architekturströmung ein abruptes Ende.

Die Idee der dynamischen Form lebte aber weiter und beeinflußte einige Expressionisten, darunter vor allem Erich Mendelsohn (Abbildung 302, 303). In einem Vortrag mit dem Titel »Dynamik und Funktion«, 1923 in Amsterdam gehalten, äußerte er sich wie folgt: »Aber formt die Welt, die auf euch wartet. Formt mit der Dynamik eures Blutes die Funktionen ihrer Wirklichkeit, erhebt ihre Funktionen zu dynamischer Übersinnlichkeit« (9).

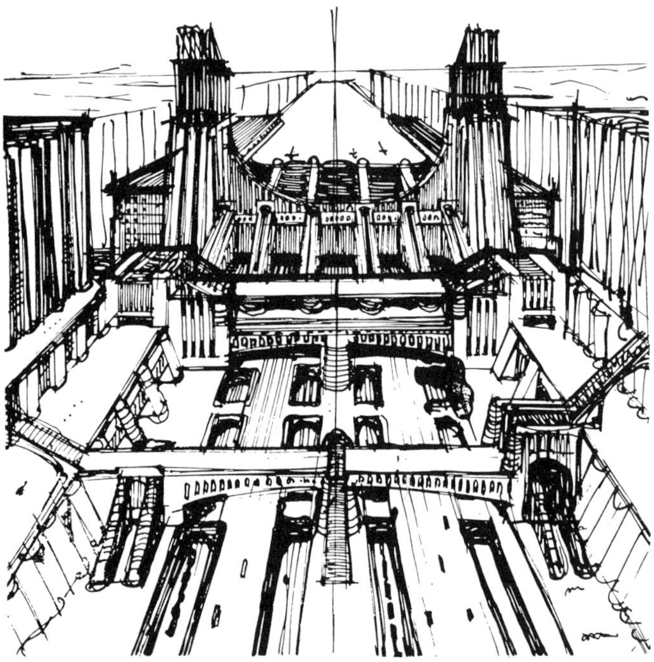

Abb. 301: Antonio Sant' Elia, Città Nuova (Projekt), 1914

Abb. 302: Erich Mendelsohn, Filmstudio, 1911, (Phantasieentwurf)

Abb. 303: Erich Mendelsohn, »Haus der Freundschaft«, 1917 (Phantasieentwurf)

Mendelsohn wollte, daß bei seinen Gebäuden der Entstehungsprozeß sichtbar bleibt, daß die Kraft der Räume ablesbar wird und sich das Gebäude mit seiner Umgebung verbindet. Bruno Zevi schreibt dazu: »Für Mendelsohn ist es unmöglich, das architektonische Objekt in Grundriß, Schnitt und Fassade zu ›zerlegen‹. Ein Gebäude ist der Rahmen für dynamische menschliche Tätigkeiten, und sein Wert wird daran gemessen, wie wirksam es uns dies kundtut«. – »Seine feste Dreidimensionalität geht über die bewegungslose Begrenztheit der traditionellen Perspektive des Renaissanceerbes hinaus« (10).

7.2 Bewegung

Bewegung ist relativ. Schauen wir aus dem Fenster eines fahrenden Eisenbahnzuges, so haben wir den Eindruck, die Landschaft fahre an uns vorbei. Wahrnehmungsmäßig stehen wir still und die Umgebung bewegt sich, trotzdem wir genau wissen, daß die Wirklichkeit anders ist. Steht der Zug im Bahnhof still und sehen wir durch das Fenster nur den Zug auf dem Nebengleis, so wissen wir bei einer beginnenden Bewegung nicht genau, wer sich tatsächlich bewegt, unser Zug oder jener auf dem Nebengleis. Diese Frage kann erst beantwortet werden, wenn wir weitere Bezugspunkte haben, zum Beispiel das Bahnhofsgebäude, von dem wir wissen, daß es sich nicht bewegen kann. Bewegen sich zwei Züge beim Anfahren aus dem Bahnhof mit gleicher Geschwindigkeit nebeneinander und in gleicher Richtung, so kann der Beobachter in einem der beiden Züge nicht genau feststellen, ob sie sich überhaupt bewegen. Er braucht dafür weitere Bezugspunkte; zum Beispiel die weitere Umgebung oder die Wahrnehmung der holpernden Räder auf den Schienen. Der Effekt der Bewegungsrelativierung kann in der Architektur ganz bewußt eingesetzt werden. In den verschiedenen, sich um die eigene Achse drehenden Panorama- und Sky-line-Restaurants auf Bergspitzen und Hochhäusern entsteht die Illusion der am »ruhenden« Beobachter vorbeiziehenden Umgebung, die eigene Bewegung wird nicht mehr wahrgenommen. Eine ähnliche Erfahrung macht der Autofahrer, der durch eine enge Straße fährt, oder der Benutzer einer Rolltreppe oder eines verglasten Aufzuges. Der Effekt der Illusion ist hier allerdings nicht mehr so groß, da in diesen Fällen die eigene Bewegung eine Aktivität verlangt oder zumindest deutlich wahrnehmbar ist.

Fabio Metelli leitet eine optische Bewegungswahrnehmung verschiedener Formen von deren Umrißlinien ab und stellt dafür zwei Sätze auf:

a) Ein physisch bewegter Punkt, der mit allen, bewegten oder unbewegten Punkten seiner Bahn chromatisch übereinstimmt, kann nicht als bewegt wahrgenommen werden. So wird zum Beispiel ein Punkt eines um sein Zentrum rotierenden Kreises nicht als bewegt wahrgenommen. Den Rand einer solchen Figur bezeichnet Metelli als kinetisch unwirksam.

b) Ein physikalisch bewegter Punkt, der nicht mit allen bewegten oder unbewegten Punkten seiner Bahn übereinstimmt, kann nicht fortwährend in Ruhe wahrgenommen werden. Den Rand solcher Figuren bezeichnet Metelli als kinetisch wirksam (11) (Abbildung 304).

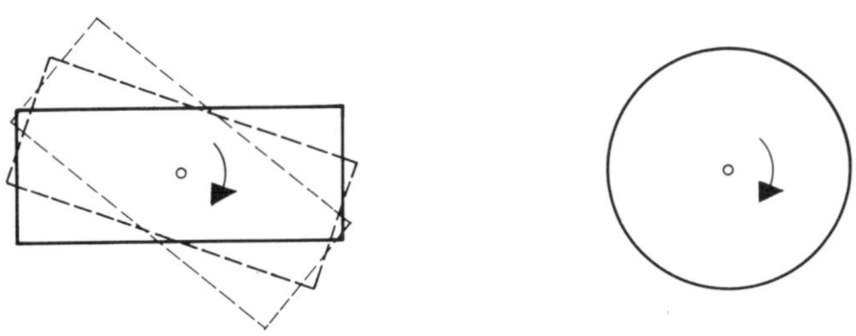

Abb. 304: Kinetisch wirksame (links) und unwirksame (rechts) Umrißlinien (nach Metelli)

Eine Bewegung kann nur wahrgenommen werden, wenn sie weder zu schnell noch zu langsam ist. Der Zeiger einer Uhr bewegt sich in zwölf Stunden einmal im Kreis herum. Wir können feststellen, daß sich seine Lage nach einiger Zeit verändert hat, die Geschwindigkeit seiner Bewegung ist aber zu langsam, um von uns noch wahrgenommen zu werden. Andererseits bewegt sich die Flügelspitze eines Propellers so schnell, daß wir sie nicht mehr sehen können.

Wie Bewegung ist auch Geschwindigkeit relativ. Die Wahrnehmung von Bewegung und somit auch von Geschwindigkeit beruht auf zwei Grundlagen: der sich bewegende Gegenstand wird mit dem Auge verfolgt, das heißt, seine Projektion bleibt auf der Netzhaut am selben Ort, oder das Auge ruht während der Wahrnehmung auf einem andern Gegenstand, so daß sich die Projektion des ersten Gegenstandes auf der Netzhaut bewegt. Bei der zweiten Wahrnehmungsart wird die Geschwindigkeit etwas größer empfunden als im ersten Fall (12). Meistens sind bei einer optischen Bewegungswahrnehmung beide Arten gleichzeitig beteiligt: das Auge folgt zwar dem bewegten Gegenstand, aber nicht genau. Zusätzlich zu diesen beiden Wahrnehmungsmöglichkeiten von Bewegung und Geschwindigkeit existiert noch eine dritte: mit Hilfe der sogenannten kinästhetischen Empfindung, die wir schon im Kapitel 4.4.3 beschrieben haben. Diese Wahrnehmung ist nicht optischer Art und sie wird nur aktiv wirksam, wenn sich der Beobachter selbst bewegt.

Die wahrgenommene Geschwindigkeit ist insofern auch relativ, als daß sie direkt von der Art des sich bewegenden Gegenstandes abhängt: bewegen sich ein Rennwagen und ein Fuhrwerk gleich schnell vorwärts, so empfinden wir das Fuhrwerk als sehr schnell, den Rennwagen hingegen als eher langsam.

Bewegung kann auch dort wahrgenommen werden, wo sie in Wirklichkeit gar nicht existiert. Der Film ist eine Folge von ruhenden Bildern, in jedem folgenden Bild ist die Gestalt etwas verändert. Da die Bilder so schnell aufeinander folgen (im Normalfall 24 Bilder pro Sekunde), daß wir sie einzeln nicht mehr sehen, nimmt der Betrachter die Differenz als Bewegung wahr.

Früher wurde erläutert, daß wir Bewegungen nicht in allen Richtungen als gleich empfinden. Eine Bewegung von links nach rechts erscheint dem Betrachter müheloser als eine in umgekehrter Richtung. Eine Bewegung in der Vertikalen erscheint uns als schwieriger als eine in der Horizontalen, wobei eine Abwärtsbewegung wegen der Existenz der Schwerkraft als leichter empfunden wird, als das in umgekehrter Richtung der Fall ist. Die dritte Raumkoordinate betrifft das vor- und rückwärts: eine Vorwärtsbewegung erscheint leichter, da sie zielgerichtet ist und in die Zukunft weist. Informationstheoretisch ist eine Bewegung nach vorne eher mit Originalität verbunden, eine solche rückwärts eher mit Redundanz. Das heißt, die Neugierde treibt uns eher nach vorne, als daß uns das Bekannte zurückzieht.

Einer der wichtigsten Grundsätze der sinnlichen Wahrnehmung ist die Tatsache, daß ein erkennendes Subjekt aktiv werden muß, um wahrzunehmen. Dabei gilt folgendes: je statischer die Reizkonfiguration des Wahrzunehmenden ist, desto aktiver muß der Betrachter werden und je bewegter die Reizkonfiguration, desto passiver der Beobachter. Beim Anschauen eines Films wird vom Betrachter keine große motorische Bewegung verlangt, die Augen sind die einzigen Organe, die er bewegen muß. Beim Erleben von Architektur ist es umgekehrt: das Anschauungsobjekt ist statisch und verlangt deshalb vom Betrachter eine größere Aktivität.

Die Art der Bewegung hat einen Einfluß auf die Wahrnehmung. So stellte E. Strauß fest, daß beim Tanzen ein grundsätzlich anderes Raumgefühl erlebt werden kann als beim Gehen (13). Er führt diese Tatsache als einen der Gründe zur Ausübung des Tanzes an. Auch das Wandern ist eine spezielle Art der Fortbewegung: Wandern ist Selbstzweck, das primäre Anliegen ist nicht das Erreichen eines bestimmten Zieles. Dadurch entsteht auch ein anderes Verhältnis zum Raum.

Bewegung bedingt Raum. Die verschiedenen Bezeichnungsarten von Bewegungsraum weisen darauf hin, daß es für den Menschen verschiedene Fortbewegungsarten gibt: Korridor, Gang, Weg, Straße, Gasse, Pfad, Autobahn, usw. Der Bewegungsraum des Menschen existierte als Pfad und Weg schon vor jeder menschlichen Siedlungsform. Das Nomadentum ist die ursprünglichste Lebensform des Menschen und sie bedingt vor allem Wege. Für den Nomaden ist der Weg wichtiger als der Ort, der Bewegungsraum wichtiger als der Ruheraum. Als Abbild des Lebens ist Weg ein seit Urzeiten gültiges Symbol der Menschheit; er spielt so eine wichtige Rolle in der Sakralarchitektur (vgl. Kapitel 4.1) (14). Teilweise läuft die Entwicklung heute wieder rückläufig, hin zum Nomadentum. Ende der Siebzigerjahre produzierte die Mobil-Home-Industrie in den USA bereits ein Fünftel der Jahresproduktion aller Wohneinheiten (15). Vincent Scully behauptet sogar, daß der Wohnwagen die Urform der Architektur von morgen darstellt (16).

Bewegung impliziert stets Geschwindigkeit. Lange Zeit war die Fortbewegungsgeschwindigkeit des Menschen begrenzt. Auch von einem galoppierenden Pferd aus ist die optische Wahrnehmung nicht wesentlich anders als beim gehenden Menschen. Die Erfindung des Autos bedeutete einen grundlegenden Wechsel. Durch höhere Geschwindigkeit wird der durch das Auge noch kontrollierbare Bereich erheblich eingeschränkt. Jede Beschleunigung verringert den Blickwinkel und fordert dadurch zunehmend abstraktere Orientierungsmöglichkeiten. Einzelheiten können immer weniger wahrgenommen werden. Dadurch wird die Umgebung aus einem fahrenden Auto gänzlich anders erlebt, als dies zu Fuß geschähe. In den USA wurde dieser Tatsache bereits Ende der Vierzigerjahre mit dem Bau von Parkways Rechnung getragen. Diese autobahnartigen Straßen wurden nicht wie in Europa schnurgerade angelegt, sondern sie folgten den Konturen der Landschaft und sind sorgfältig in sie eingebettet. Das optische Reizangebot wurde der erhöhten Geschwindigkeit des Autos angepaßt und die Parkways wurden zu »Wanderwegen für Autos«. Diese Anpassung beschränkte sich auf den Bereich zwischen städtischen Agglomerationen. Heute ist das Auto, ob wir wollen oder nicht, auch innerhalb der Stadt das Hauptverkehrsmittel. Mit großem Aufwand werden Stadtautobahnen gebaut, welche innerhalb der Stadt die gleichen Geschwindigkeiten zulassen wie außerhalb. Das optische Reizangebot in den Städten ist größtenteils noch immer auf Fußgänger abgestimmt und deshalb vom fahrenden Auto aus kaum mehr zu bewältigen. Das Erlebnisangebot ist somit für den Autofahrer zu groß. All dies bedingt eine neue urbane Ordnung, die entweder das Auto aus der Stadt verbannt oder auf seine Geschwindigkeit mehr Rücksicht nimmt. Robert Venturi bezeichnet Las Vegas als Archetyp einer solchen Stadt: »Obwohl die Bauweise am Strip an eine Vielzahl historischer Stile erinnert, ist doch die eigentliche Organisation des Stadtraums selbst völlig unvergleichbar. Der öffentliche Raum ist in Las Vegas weder zusammengehalten und umschlossen, wie im Mittelalter, noch klassisch ausgewogen, ausbalanciert, wie während der Renaissance, noch durch eine herrscherliche Attitude zu rhythmischer Bewegung organisiert, wie im Barock – keineswegs auch umfließt der Raum in Las Vegas freistehende städtische Raumdeterminanten wie in der Moderne. Der Strip ist demgegenüber etwas ganz Neues. Aber was? Keineswegs Chaos, sondern eine neue räumliche Ordnung, die ganz auf die Merkmale des Autoverkehrs, der Kommunikation über das Netz der Highways, zugeschnitten ist, nur locker gefüllt von einer Architektur, die sehr freizügig das Moment der Form ausbeutet, um alle Möglichkeiten der Mitteilung zu nutzen« (17). Der Strip von Las Vegas widerspricht unseren Vorstellungen von städtischem Raum. Der Abstand zwischen den einzelnen Gebäuden entspricht viel eher der Wahrnehmungskapazität eines im Auto vorbeifahrenden Beobachters. Erst durch die Geschwindigkeit erscheinen die einzelnen Elemente als zusammenhängendes Ganzes (Abbildung 75).

7.3 Zeit

Jede Bewegung erfordert Zeit. Ohne Zeit könnten wir keine Bewegung wahrnehmen. Im Kapitel 0.3.2 wurde die Aufnahmekapazität von Informationen beim Menschen und ihre Beschränkung erläutert. Auch nach oben ist die Zeitvorstellung begrenzt: die Dauer einer Stunde ist uns ein Begriff, auch eine Woche, einen Monat, sogar ein Jahr können wir uns vorstellen. Hundert Jahre sind aber bereits nur noch ein mathematischer Wert. Ist die Rede von Jahrtausenden oder gar Jahrmillionen, versagt unsere Zeitwahrnehmungsfähigkeit ganz; wir wissen nur, daß solche Zeitabstände sehr lange sind, wie lange genau, können wir uns aber nicht vorstellen.

Unsere natürliche Umwelt, wie wir sie heute kennen, entstand im Verlauf riesiger Zeitabschnitte; Täler wurden

Umgebung vorstoßende Quadrat andererseits entsteht, wird vom Besucher erst beim Begehen der Kirche wahrgenommen.

Auch die Beziehung zwischen Gebäude und Gebäudesockel kann dynamisch sein: ist der Sockel so ausgebildet, daß seine Masse aus der Umgebung emporragt, das »Gewicht« des Gebäudes aber dazu neigt, nach unten zu drücken, entsteht gerichtete Spannung und somit Dynamik.

Auch der Bezug zwischen innen und außen kann dynamische Wirkung erzeugen. Sind die Öffnungen so ausgebildet, daß der Gegensatz zwischen dem gebauten Innenraum und der freien Form der Umgebung betont wird, entsteht aus dem wahrnehmungsmäßigen Konflikt eine Spannung.

Die Säule ist ein äußerst dynamisches Element. Durch ihre Proportion bestimmt, weist sie eine Richtung: von oben nach unten oder umgekehrt. Ihre Dynamik hängt stark vom Verhältnis Höhe zu Breite und von der Form ab. Die vertikale Bewegung wird »eingespannt« zwischen Sockel und Kapitell. Dadurch entsteht eine Spannung zwischen der gerichteten Bewegung der länglichen Form und den beiden Endpunkten. Dem Kapitell fällt eine besondere Bedeutung zu: es wird zur Nahtstelle der Kräfteübertragung.

Auch das Wasser kann zu einem dynamischen Element in der Architektur werden. Fließendes oder fallendes Wasser weist in eine Richtung, weist einen Weg. Wasser kann so verschiedene Räume miteinander verbinden. Dieser Effekt wurde in der islamischen Architektur oft wirksam angewendet. Der sogenannte Löwenhof in der Alhambra in Granada ist ein gutes Beispiel dafür (Abbildung 313): im Zentrum des rechteckigen Hofes steht ein Springbrunnen, dessen Wasser in kleinen offenen Kanälen in alle vier Richtungen fließt, teilweise bis ins Innere der den Hof umgebenden Räume. Die Richtung des vom Mittelpunkt wegfließenden Wassers steht im Gegensatz zur umschließenden, auf das Zentrum hingerichteten Wirkung des Hofes: Die dynamische Wirkung des Wassers weist nach außen, der umschließende Hof nach innen.

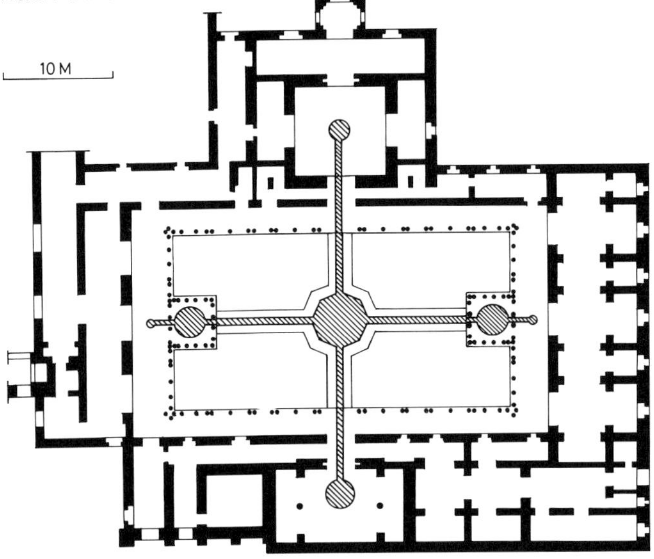

Abb. 313: Die Dynamik des Wassers. Löwenhof in der Alhambra, 14. Jh., Granada, Spanien

Mit Hilfe von Dynamik kann die Richtung eines Weges betont werden. Eines der besten Beispiele hierfür ist die Scala Regia von Gian Lorenzo Bernini im Vatikan (Abbildung 314).Die Treppe bildet den Hauptzugang des vatikanischen Palastes und befindet sich an einer architektonisch kritischen Stelle, zwischen Palast und St. Peterskirche. Die Treppe wird sowohl in der Breite als auch in der Höhe nach hinten verjüngt. Dadurch wird die Tiefenwahrnehmung verstärkt und die Illusion erweckt, die Treppe sei um vieles länger als in Wirklichkeit. Diesen Effekt kannten schon die Griechen: sie täuschten durch das Verjüngen der Säulen nach oben perspektivische Entfernung und damit größere Höhe vor. Die Treppe Berninis wird von zwei Podesten unterbrochen; diese teilen den Weg in Etappen ein und machen ihn so besser meßbar. Auf das erste Podest stellte Bernini ein Reiterstandbild von Kaiser Konstantin. Es dient als Blickfang, als Bewegungsgelenk, für Besucher, die von der St. Peterskirche her kommen und ihre Bewegungsrichtung auf diesem Podest um ca. 90° drehen müssen. Dadurch hat der Architekt auch eine mögliche Lösung des Problems gezeigt, zwei aufeinandertreffende Richtungen zu ordnen. Die Reiterskulptur dient einerseits als Blickfang, andererseits als Überraschung und Zäsur, je nachdem aus welcher Richtung der Besucher kommt.

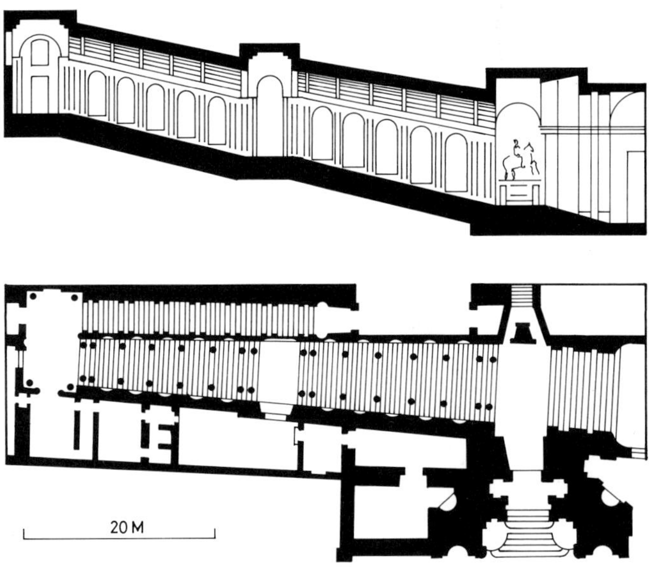

Abb. 314: Gian Lorenzo Bernini, Scala Regia, 1666, Vatikan

Bei der Gestaltung des Petersplatzes hatte Bernini ähnliche Probleme zu lösen (Abbildung 248, 315). Wie die Treppenpodeste stellt auch der elliptische Platz eine Zäsur dar, die die Bewegung hin zur Kirche eher hemmt als unterstützt. Beim rhombisch geformten Platz zwischen Oval und Kirche ließ Bernini die seitlichen Raumabschlüsse gegen die Kirche hin auseinanderlaufen. Im Gegensatz zur Scala Regia wurde das Verfahren hier umgekehrt: der verzerrende Effekt der perspektivischen Wirkung wird durch die auseinanderlaufenden Linien aufgehoben, was wahrnehmungsmäßig wiederum die

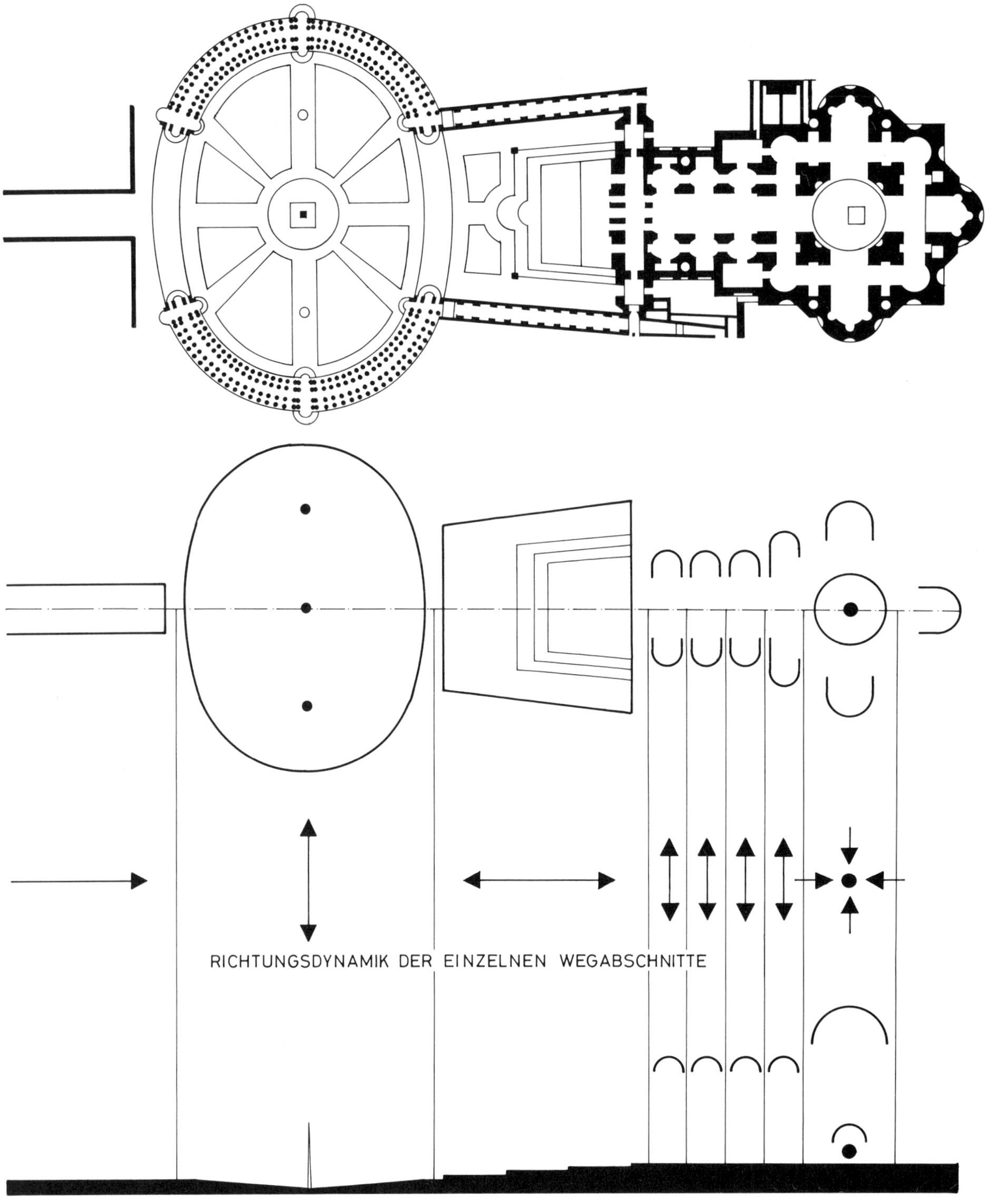

Abb. 315: St. Peterskirche mit Platz. Verengung und Ausweitung des Raumes hin zum Altar und Richtungsdynamik dieser Wegabschnitte (vgl. Abbildung 248).

tatsächliche Entfernung optisch verkürzt und der Richtungsdynamik entgegenwirkt. Die Fassade der Kirche erscheint näher und wirkt demzufolge kleiner, als sie in Wirklichkeit ist.

Das wechselweise Verengen und Erweitern des Wegraumes ist eine weitere Möglichkeit, Dynamik zu schaffen. Bei Berninis Scala Regia wird dieser Effekt mittels der Beleuchtung erzielt: die Treppenabschnitte liegen im Dunkeln, die Podeste sind hell beleuchtet und bilden so zumindest optisch die gewünschte Erweiterung. Der durch hell-dunkel geschaffene Rhythmus ermöglicht dem Besucher eine bessere Einteilung des Weges. Diesen gestalterischen Prozeß können wir auch beim Weg hin zum Altar der St. Peterskirche beobachten (Abbildung 315). Der ovale Platz wird durch eine lange, gerichtete Straße erreicht. Aus dieser Straße kommend, betritt der Besucher die Weite des elliptischen Platzes, durchquert ihn und betritt an der Stelle, wo die große Kollonade, ähnlich wie zwei Zangen, den Weg wieder einengt, den viereckigen Platz. Hier ändert sich auch die Hauptrichtung des Raumes: während die Ellipse quer zu ihrer Hauptrichtung durchschritten wird, die Dynamik ihrer Form zieht eher nach links und rechts als nach vorne, wird auf dem rhombischen Platz eher die Symmetrie der breiten Kirchenfassade dominant und richtungsweisend. Die Unterteilung des Weges in Etappen übernimmt hier die leicht ansteigende Treppe, die über mehrere Zwischenpodeste schließlich zum Hauptportal führt. Die rhythmische Unterteilung des Raumes geht im Innern der Kirche weiter. Die drei Joche, die von Maderna dem von Bramante ursprünglich geplanten Zentralbau hinzugefügt wurden (Abbildung 152), bilden drei weitere Etappen auf dem Weg zum Altar, der sich zentral unter der großen Kuppel befindet.

Der Rhythmus ist ein wichtiges Element zum Meßbarmachen des Weges. Den Begriff Rhythmus kennen wir vor allem in der Musik und beim Tanz, beides Kunstrichtungen, bei denen Bewegung eine wichtige Rolle spielt. Der Rhythmus bezeichnet eine Wiederholung nach bestimmten Gesetzen, ruft so Erwartungen hervor und führt zu Redundanz. In der Architektur kann Rhythmus auf verschiedene Arten erzeugt werden: mit Hilfe räumlicher Veränderungen wie offen und geschlossen, weit und eng, oben und unten usw., aber auch mittels Beleuchtungs- oder Farbeffekten, wie zum Beispiel das Abwechseln von hellen und dunklen Zonen bei der Scala Regia. Der Wechsel zwischen engem Straßenraum und weiträumigem Platz, der Rhythmus von schmal, umschließend und weit, befreiend, ist ein wichtiges städtebauliches Element. Ein bekanntes Beispiel dafür ist die mittelalterliche Stadt mit ihren engen Straßen und offenen Plätzen. Bei Berninis Scala Regia geschieht die Erweiterung nicht räumlich, sondern nur optisch, hervorgerufen durch die Beleuchtung der Podeste. Dieses Mittel der Beleuchtung finden wir auch im städtischen Raum. Sibyl Moholy-Nagy verglich die Strukturen zweier Städte des Altertums: Ostia, die Hafenstadt Roms, und Buchara, einer wohlhabenden Oasenstadt, Handelszentrum für asiatische und europäische Karawanen. Beides sind lineare Städte, das heißt, ihre wichtigsten Gebäude wie Sakralbauten, öffentliche Gebäude, Lagerhäuser, usw. sind entlang einer Hauptstraße aneinandergereiht. In Ostia geschieht dies ausschließlich nach rein funktionalen Gesichtspunkten, während in Buchara, den Regeln des Basars entsprechend, die Straße auch zu einem optischen Ereignis wird: »Der entscheidende Unterschied in dem optischen Erlebnis zwischen Ostia und Buchara und damit zwischen der pragmatischen und der ästhetischen Stadtauffassung ist die Sensation des Einblicks in laterale Portikus und Höfe mit ihrem Spitzwerk aus Stucco und Marmor, den Fontänen und Wasserkanälen, die man noch heute in Granada, Marokko oder Tanger bewundern kann. Freie Wahl der Bewegungsrichtung variierte und belebte den Verkehr, dem in Ostia nur beschränkte Möglichkeiten gegeben sind« (25). Ostia war eine gerade Straße, die rein optisch links und rechts keine Abwechslung bot. Buchara dagegen bot eine interessante Abfolge von verschiedenen Einblicken und Durchgängen links und rechts (vgl. Abbildung 413). Der Weg wurde, ähnlich wie bei der Abfolge von Plätzen und engen Straßen in den mittelalterlichen Städten, in einem bestimmten Rhythmus optisch ausgeweitet (Abbildung 316).

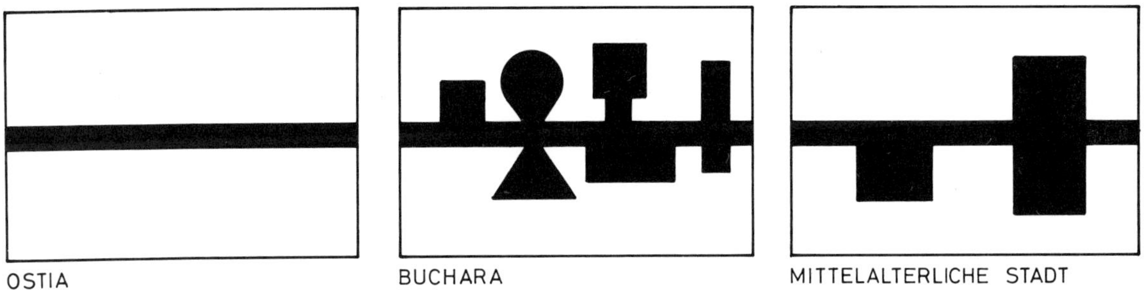

Abb. 316: Bewegungsraum in Ostia, Buchara und in der mittelalterlichen Stadt

Wie wir schon sahen, ist der Rhythmus nicht nur für das Erleben von Architektur sehr wichtig, er ist eine grundlegende Lebenseigenschaft überhaupt. Otto Friedrich Bollnow: »Wie der Mensch aus dem Hause fortstreben mußte, um in der Welt seine Arbeit zu leisten, so muß der Mensch auch immer wieder im Gefühl morgendlicher Frische zu wachem tätigem Leben drängen, um erst nach erfüllter Arbeit sich dem Schlaf überlassen zu dürfen. Beide Bewegungen gehören untrennbar zusammen wie das Ein- und Ausatmen« (26). Dieser Lebensrhythmus läuft parallel mit den zyklischen Abläufen in der Natur: Tag- und Nachtzeit, Jahreszeiten etc.

7.5 Weg

Der Begriff Weg wird hier zusammenfassend für alle Arten von Verkehrsräumen benutzt. Wege verbinden Orte, Orte menschlicher Tätigkeit oder Ruhe und prägen somit wesentlich die Art, wie wir Raum erleben. Otto Friedrich Bollnow über den Weg im allgemeinen: »Der hodologische (erlebte) Raum beschreibt das System der Wege, auf denen ich einzelne Stellen im Raum erreichen kann. Er ist so mit einem Netz von Kraftlinien vergleichbar, die diesen Raum durchströmen«. »Die Gesamtheit der Wege, die vom jeweiligen Aufenthaltsort des Menschen ausgehen, bestimmen, wie Sartre es richtig gesehen hat, die Situation des Menschen im Raum« (27). Architektur ist etwas Statisches. Mit Hilfe des Weges kann der Mensch aber die Dimension der Zeit, die zu den Eckpfeilern seines Daseins gehört, mit Raum verbinden. Weg ist, zusammen mit Zentrum, eines der beiden Grundelemente jeder räumlichen Organisation. Das eine bedeutet Bewegung, verbunden mit dem Faktor Zeit, das andere Ruhe und miteinander kommunizieren. Die Bewegung auf dem Weg ist gerichtet, sie führt nach vorne. Zeitlich gesprochen führt sie in die Zukunft, das Rückwärtige ist Vergangenheit. Der Weg zum Ziel ist oft wichtiger als das Ziel selbst, wodurch die Organisation und die Ausbildung des Weges eine primäre Bedeutung erlangt. Jeder Weg ist in Etappen aufgeteilt, die ihn meßbar machen. Dieses Meßbarmachen ist äußerst wichtig, neigt doch das Gehirn bei Aussicht auf psychologische Anstrengung dazu, übertrieben zu reagieren (28). Eine gerade, einläufige Treppe erscheint länger und mühsamer zu überwinden als eine gewundene Treppe oder eine, die mittels Podesten unterteilt ist. Ein Weg erscheint oft auch kürzer, wenn beim Start das Ziel nicht sichtbar ist, wenn der Besucher mehrere Zwischenziele anlaufen muß, bevor er das Hauptziel erreicht.

Abb. 317: Der Weg des Wassers: Maggiatal, Schweiz

Abb. 318: Trittsteine in einem Tempel in Japan

Der Charakter eines Weges wird von verschiedenen Faktoren geprägt. Seine Form und Lage, ist er gerade oder gekurvt, führt er hinauf oder hinunter, etc. sind ausschlaggebend. Terence R. Lee stellte, im Widerspruch zur vorherigen Aussage, die Hypothese auf, daß gerade Wege wahrnehmungsmäßig kürzer erscheinen als gekurvte und daß das Ausmaß dieser Wirkung von der Anzahl der Kurven abhängt (29). Je nach Fall haben wohl beide Hypothesen ihre Richtigkeit. Wichtig ist dabei, ob der genaue Ort des Zieles und die Länge des Weges im voraus bekannt sind.

Sozio-psychologische Aspekte üben ebenfalls Einfluß

auf das Distanzempfinden aus: wir haben darauf hingewiesen, daß ein Weg in Richtung Stadtmitte kürzer erscheint als einer in umgekehrter Richtung.

Ebenso sahen wir, daß zwischen mathematischem Raum und erlebtem Raum grundsätzliche Unterschiede bestehen. Dementsprechend unterscheiden sich auch mathematische Distanzen von erlebten Entfernungen: zwei gleichlange Wege auf der Karte können wir beim Durchschreiten in Wirklichkeit ganz verschieden erleben.

Die Art, wie der Weg zum Ziel hinführt, spielt eine wichtige Rolle: nähert sich der Besucher frontal, oder erlaubt ihm die Wegführung, das Ziel von verschiedenen Seiten her zu sehen, bevor er es erreicht. Ein weiterer Faktor ist die Beziehung des Weges zur Umgebung: führt der Weg durch einen allseitig geschlossenen Raum, einen Tunnel, oder erlaubt er einen allseitig freien Blick in die Umgebung, wie etwa auf einer Brücke, ist die Art der Umgebung beidseits des Weges gleich oder unterscheiden sich die linke und die rechte Seite (Abbildung 319). Diese Beziehung spielt eine zentrale Rolle in der Wahrnehmung des Weges.

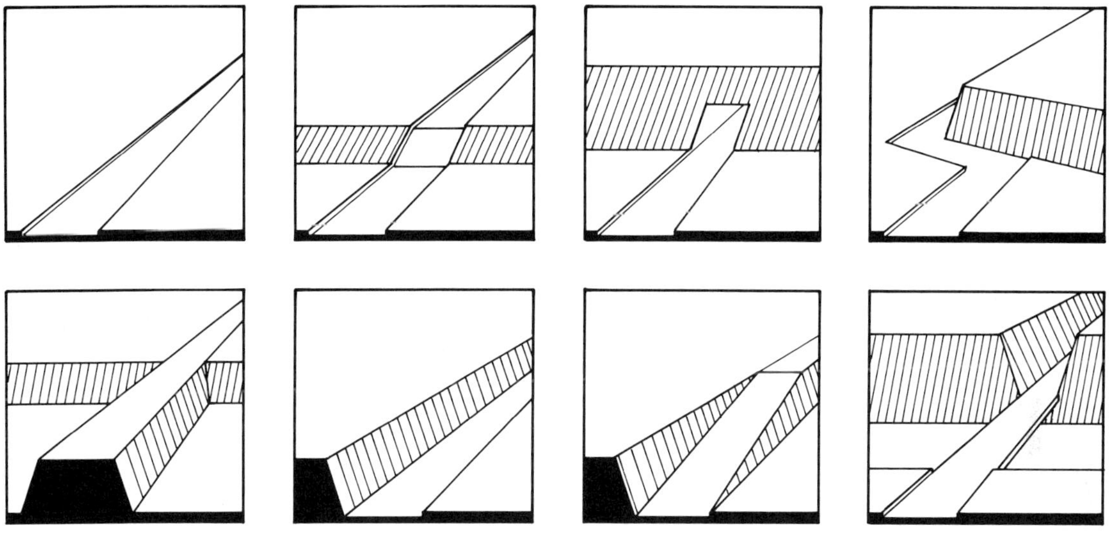

Abb. 319: Der Einfluß der Umgebung auf die Wegführung

Für die Art der Wegführung bestehen unendlich viele Möglichkeiten. In Abbildung 319 sind nur einige wenige gezeigt, diese können beliebig ergänzt und miteinander kombiniert werden.

Ein Eingang kann das endgültige Ziel sein oder aber nur das Ziel einer Etappe, je nachdem, ob der Weg weiterführt oder nicht. Das Durchqueren eines Einganges bedeutet aber einen Wechsel, wobei dieser unterschiedlich stark sein kann. Die Intensität dieses Wechsels kann mit verschiedenen Maßnahmen des Entwurfes erreicht werden (Abbildung 320). Die Zäsur, die ein Eingang auf dem Weg bildet, kann verstärkt werden durch gleichzeitig andere Wechsel: Unterschiede in der Höhe, in der Form, Farbe, Beleuchtung oder in der Verwendung verschiedener Materialien.

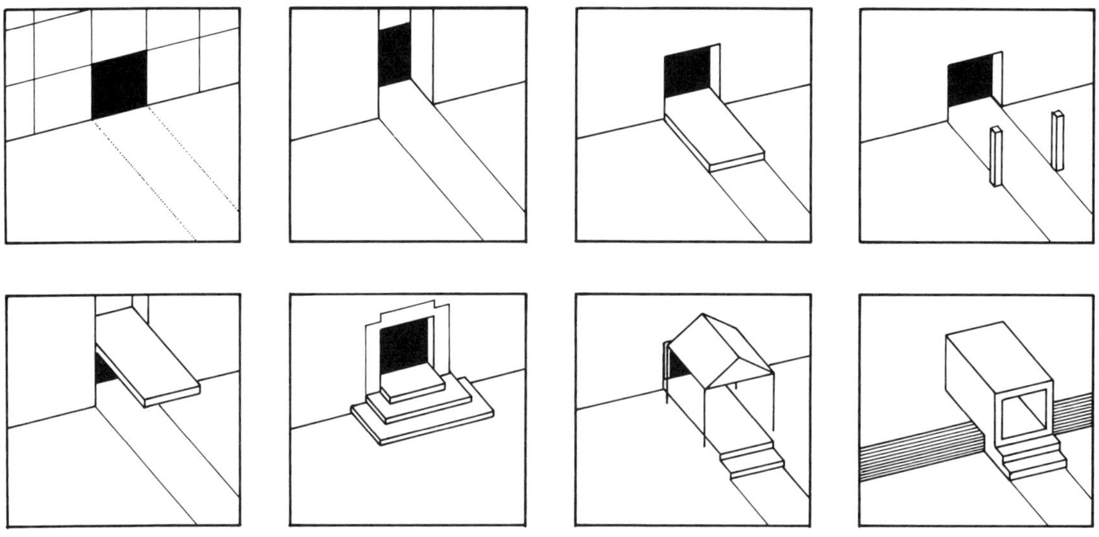

Abb. 320: Die Intensität des Wechsels beim Eingang

Die Bedeutung des Einganges kann auch durch seine Stellung innerhalb einer räumlichen Komposition bestimmt werden. Der Haupteingang befindet sich an einer Stelle, die logisch, durch den vom Bewegungsablauf vorgegebenen Weg, bestimmt wird. Die Nebeneingänge müssen ihrer Funktion entsprechend am geeigneten Ort sein, spielen aber für das gesamte Erscheinungsbild eines Gebäudes eine untergeordnete Rolle.

Im Kapitel 4.1 wurde schon gesagt, daß der Innenraum in der alten ägyptischen Architektur keine große Rolle spielte. Die Ägypter glaubten an ein ewiges Leben, für sie war das irdische Dasein nur eine Etappe. Somit bedeuteten auch die Gräber der Pharaonen nur wichtige Etappenziele auf dem Weg zum ewigen Sein. Dieser Tatsache wurde auch Rechnung getragen, indem den toten Pharaonen große Mengen von Vorräten und Kostbarkeiten mit ins Grab gegeben wurden. Dem Weg kam eine besondere Bedeutung zu, was in der räumlichen Konzeption der Grabanlage zum Ausdruck kommt. Die Prozessionsstraßen, die vom Nil zu den Gräbern führen, sind nicht genau axial angelegt, so daß die Pyramiden vom Weg aus über Eck gesehen werden. Ihre Dreidimensionalität wird sichtbar, und ihr Erscheinungsbild wirkt so viel dynamischer als bei frontaler Ansicht.

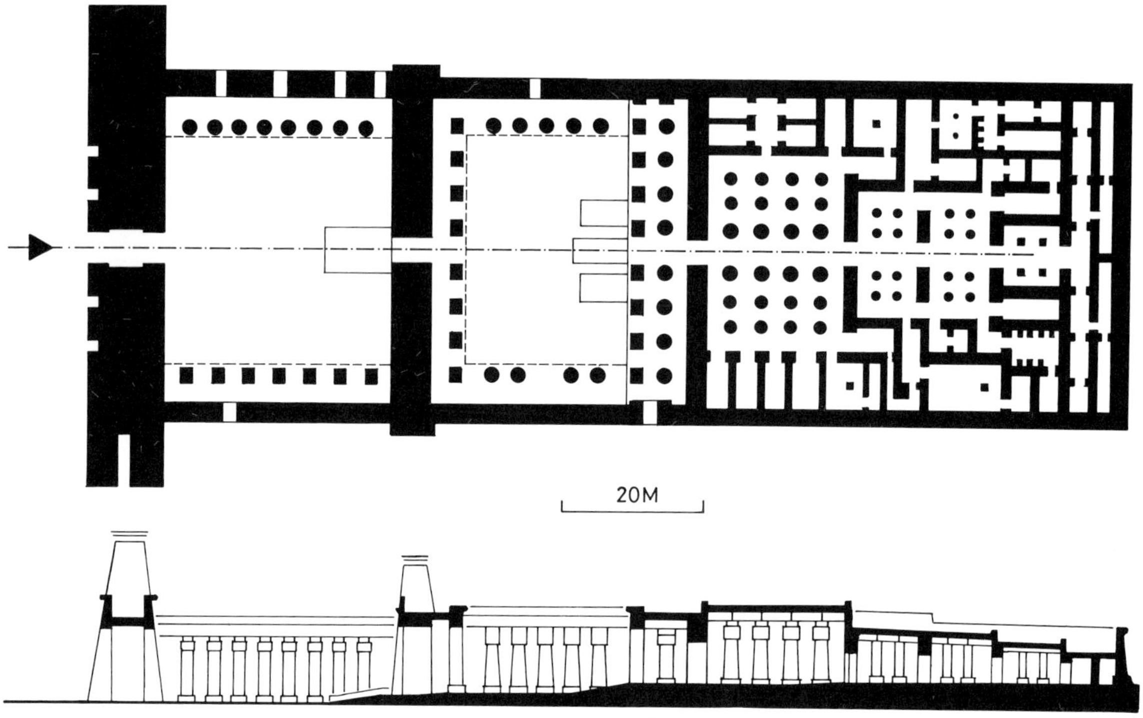

Abb. 321: Grabtempel Ramses III., 12. Jh. v. Chr., Medinet Habu, Ägypten

In der Grabanlage von Ramses III. ist der Weg innerhalb des Gebäudes noch einmal gestaffelt (Abbildung 321). Er führt durch sechs Räume, die nur durch schmale Pforten miteinander verbunden sind und sowohl im Grundriß als auch in der Höhe schrittweise kleiner werden. Jeder der vier ersten Räume liegt jeweils etwas höher als der Raum zuvor und ist über eine Rampe erreichbar. Die Rampe wurde in der ägyptischen Architektur oft verwendet: sie erlaubt ein gleichmäßiges, kontinuierliches Ansteigen und ist, im Gegensatz zur Treppe, keine allzustarke Zäsur im Weg. Sie erlaubt auch eine bessere räumliche Wahrnehmung des Raumes. In den beiden letzten Räumen wird nicht mehr die Höhenlage des Bodens verändert, sondern die Decke in Richtung der Bewegung leicht geneigt; dies ergibt zusätzlich eine perspektivische Verzerrung des Raumes, und die Wirkung des Weges wird dadurch um so dynamischer. Die Beleuchtung wird von Raum zu Raum schwächer: der erste Hofraum ist zweiseitig, der zweite vierseitig von einer Säulengalerie umgeben, wodurch im ersten Hof noch zwei Wände Licht reflektieren können, im zweiten aber bereits alle raumabschließenden Wände im Schatten liegen. Die restlichen Räume sind alle überdacht, wobei das Licht in den Räumen drei und vier noch durch seitliche Oberlichter in den Mittelbereich des Raumes, der als Verkehrszone dient, strömen kann. Die Räume sind streng hierarchisch gegliedert und der Weg führt etappenweise von der sonnendurchfluteten Weite der Umgebung zum engen, dunklen Raum des Sanktuariums. Auf diese Weise wird der Weg von der Geburt bis zum Tode noch einmal räumlich dargestellt. Der Tod bedeutete im alten Ägypten nicht das endgültige Ende, er war ein Etappenziel. Die Art des Weiterlebens ist aber unbestimmt, deshalb auch ihre räumliche Ausbildung auf eine unbestimmte Art, mit Hilfe der Dunkelheit. Die Dunkelheit des Nachtraumes ist genau so unbestimmt wie die Art des Weiterlebens nach dem Tode (vgl. Kapitel 4.2.2). Der Weg führt so nicht zu einem genau bestimmten Ziel, wie etwa in einer gotischen Kathedrale, mit der Dunkelheit wird seine unbestimmte Kontinuität angedeutet.

Die griechische Architektur ist skulptural. In ihr hat der Innenraum keine große Bedeutung. Der Zugang zum

Gebäude erhält dadurch eine primäre Rolle. Der Weg zum Parthenon auf der Akropolis ermöglicht dem Besucher, die verschiedenen Gebäude möglichst vielseitig zu sehen (Abbildung 322). Der Aufstieg zu den Propyläen erfolgt zickzackförmig. Dadurch wird der Blickwinkel stets wieder verändert, jede Wegbiegung bedeutet ein Etappenziel. Die seitlichen Gebäude fassen den Weg so, daß ein konkaver einladender Vorraum entsteht, der durch den tunnelartigen Eingang der Propyläen führt und schließlich den Blick frei gibt auf das von unten über Eck sichtbare Parthenon (Abbildung 270). Über eine lange Rampe, längsseits entlang des Tempel, gelangt der Besucher schließlich auf das selbe Niveau wie das Gebäude. Um zu seiner Eingangsfront zu gelangen, muß der Bau noch umschritten werden. Endlich am Ziel, hat der Besucher das Gebäude, das als Skulptur gebaut wurde, aus allen Richtungen, von unten, von gleicher Höhe, von weitem und aus der Nähe gesehen. Diese Einstellung zum Kunstgegenstand findet sich auch in der griechischen Skulptur: sie ist ein geschlossenes Ganzes, das sich dem Betrachter von allen Seiten darbietet. Dies in starkem Gegensatz zum römischen Standbild, das an einem mit der Architektur verbunden Standort aufgestellt wurde, zum Beispiel in einer Wandnische, und eine eindeutige Schauseite hatte (30).

In der christlichen Sakralarchitektur, von der Zeit der frühchristlichen Basilika bis hin zur Gegenwart, ist das Raumkonzept immer nach ein und demselben Schema aufgebaut: es ist Symbol des Weges, des Lebensweges, des Weges hin zu Gott. Dieser Weg konkurriert mit dem Zentralen des Göttlichen und wurde je nach Zeitepoche verschieden ausgebildet (Abbildung 323). In der frühchristlichen Basilika führt dieser Weg direkt vom Eingang zur Apsis, in der der Altar steht. Die Gliederung des Raumes in Zonen ist später ein wichtiges Merkmal der Romanik. Die Aufteilung, konstruktiv durch die Anordnung der Joche bedingt, verlieh dem Längsschiff Rhythmus und sorgte so für räumliche Dynamik. In der Gotik wurde der Außenbereich der Umgebung stärker in das übergeordnete Raumkonzept einbezogen. Das Längsschiff war nur noch eine Etappe, die letzte auf dem Weg hin zum Altar (Abbildung 150). Durch diese Auffassung erübrigte sich jede weitere Aufteilung des Kirchenraumes. Die enge Abfolge der Säulen und Arkaden bildet einen strengen Rhythmus, der die Bewegung verstärkt und ein Stillstehen, ein Abschweifen des Blickes nach links oder nach rechts erst auf der Höhe des Querschiffes erlaubt. Im frühchristlichen Gotteshaus war kein solcher Ort des Einhaltens vorgesehen. Der Besucher bewegte sich direkt vom Eingang zum Altar. In der Renaissance war der Zentralraum der bevorzugte Raumtyp. Der Weg und somit das rhythmische Aufteilen in Etappen verlor deshalb aber keineswegs an Bedeutung, wie dies am Beispiel des St. Petersdom eingehend dargestellt worden ist (Abbildung 315). Er hatte aber in der Renaissance eine andere Bedeutung als in der Gotik, entsprechend den verschiedenen Raumauffassungen in diesen Epochen (vgl. Kapitel 4.1). In der Gotik wurde mit der architektonischen Ausbildung des Raumes seine Fortsetzung bis ins Unendliche angedeutet. Der Kirchenraum war für den Menschen das »Guckfenster in die Ewigkeit«, nicht aber das absolute, endgültige Ziel. Entsprechend dieser Auffassung wurde in der Gotik das Bauwerk nie als fertig und vollendet betrachtet: es wurde durch die Generationen immer wieder verändert. Spätere Veränderungen, wie das Hinzufügen von Kapellen oder Altären, zerstörten deshalb auch nicht die Wirkung und die Grundaussage der gotischen Kathedrale. In der Renaissance dagegen führte der Weg hin zum Zentrum. Der zentrale Innenraum der Renaissance-Kirche war der Ort, an dem der Mensch als selbständiges Wesen dem Göttlichen gegenübertrat. Dieser Ort war absolut und schloß deshalb alles Dynamische aus, auch bauliche Veränderungen hätten dieser Auffassung widersprochen. Im Barock wurden Zentralraum und Langraum zur Ellipse überlagert (Abbildung 245). Dadurch wurde auch im Barock der Weg zum Altar in Etappen aufgeteilt: der Blick schweift immer wieder nach links und rechts ab, wodurch der Besucher zu einer Unterbrechung der Vorwärtsbewegung gezwungen wird (Abbildung 246).

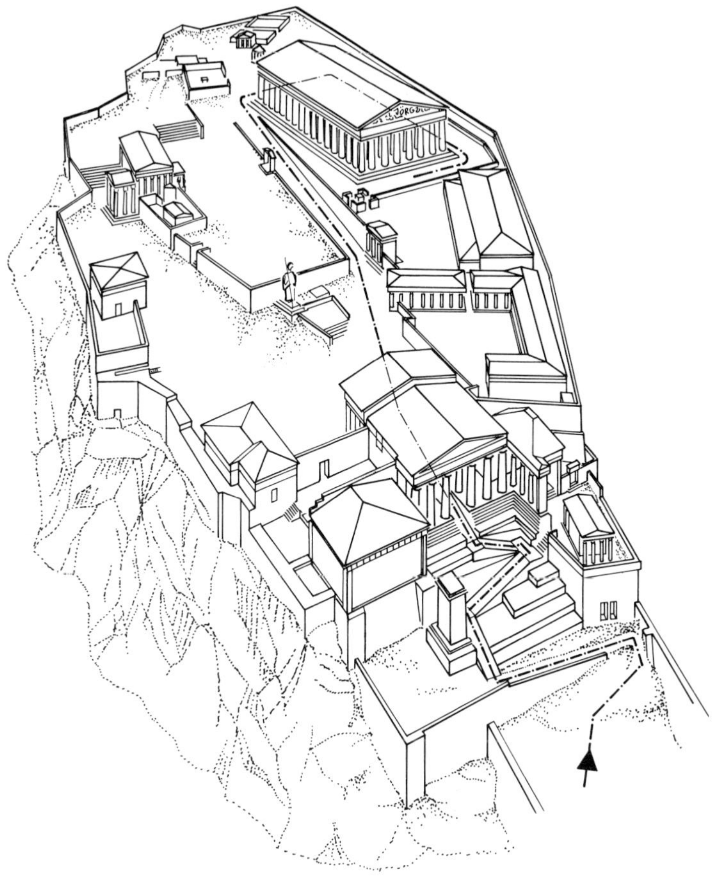

Abb. 322: Der Weg zur Hauptfront des Parthenons auf der Akropolis, Athen, Griechenland (vgl. Abbildung 270)

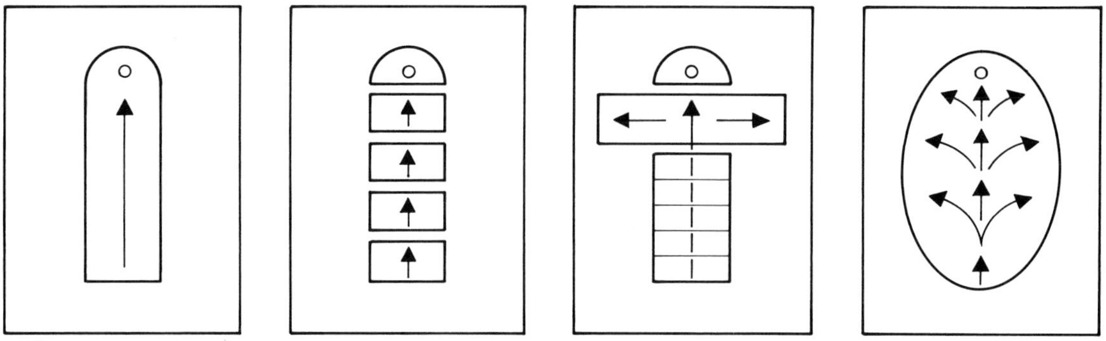

Abb. 323: Der Weg zum Altar im Kirchenraum der frühchristlichen Architektur, der Romanik, der Gotik und des Barocks

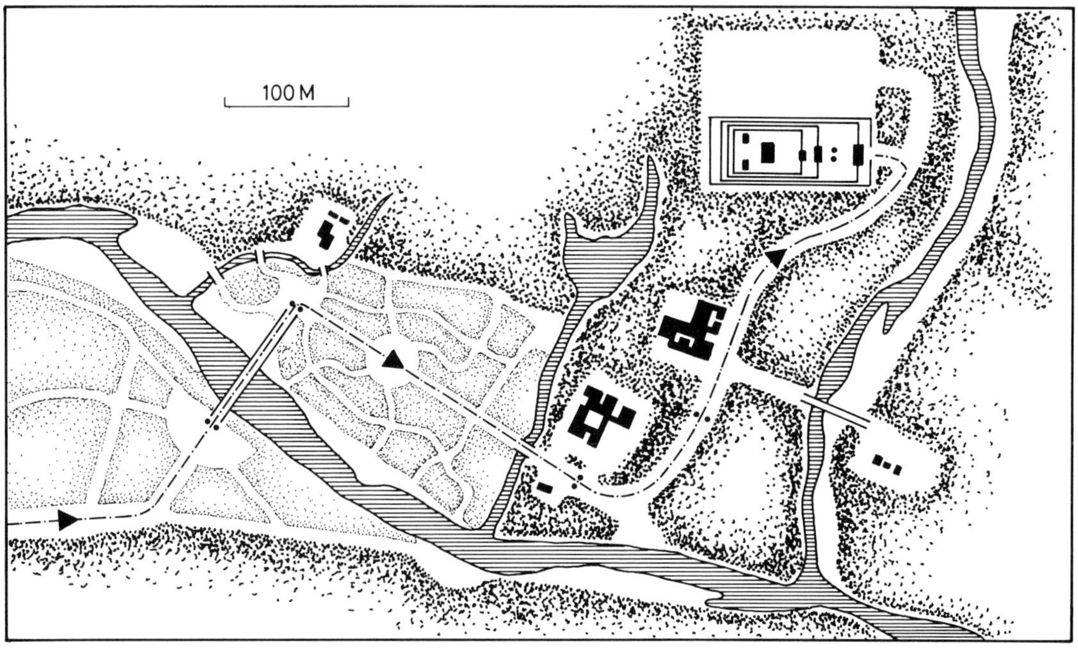

Abb. 324: Der Weg zum inneren Schrein in Ise, Japan (vgl. Abbildung 91, 124, 125, 325)

Im Kapitel 3.2 wurde der Ise-Schrein in Japan, der als wichtigstes Shinto-Heiligtum gilt und deshalb ein bedeutender Pilgerort ist, beschrieben. Das Hauptheiligtum wird von vier Holzzäunen umgeben, die künstlich Distanz schaffen zwischen dem Allerheiligen und dem profanen Umraum (Abbildung 124, 125). In Ise beginnt dieses Distanzschaffen, dieses Aufteilen in Etappen, nicht erst bei der äußersten der vier Sperren, sondern schon beim Wohnort des Pilgers. Jeder Ort, jeder Tag, bedeutet ein Etappenziel auf seinem Weg. Mit dem Durchschreiten des ersten Toris (torartiges Gebilde, das den Anfang eines heiligen Bezirks anzeigt) auf dem Gelände des Schreins beginnt eine weitere Etappe, die wiederum unterteilt ist (Abbildung 324). Der zu überschreitende Fluß, die folgenden Toris, jede Wegbiegung, aber auch der Waldrand als Kontrastgrenze zwischen Licht und Schatten, sind Etappenziele. Von der Brücke weg wird der Wegraum immer enger definiert. Von der leicht erhöhten Brücke aus kann der Pilger die Umgebung dreidimensional überblicken. Im anschließenden offenen Park, mit Gras und kleinen Büschen bewachsen, ist der Blick noch frei in der Gehrichtung sowie auf beide Seiten (Abbildung 325). Auf dem letzten Wegstück durch den Wald wird der Blick von den riesigen Zedern eingeengt und ist nur noch in der derholt sich noch einmal bei den vier Zäunen: beim äußersten Zaun ist der Pfostenabstand noch verhältnismäßig groß und erlaubt einen freien Blick nach innen. Die innerste Absperrung ist schon eher eine undurchsichtige Bretterwand. Diese vier Zäune dienen nicht als physische Abschrankung, dazu würde der äußerste genügen. Die Zäune sind noch einmal vier Etappen auf dem Weg zum Ziel, diesmal allerdings nur noch visueller Art. Auch hier hat der Weg die Aufgabe, den Besucher etappenweise auf das Kommende vorzubereiten.

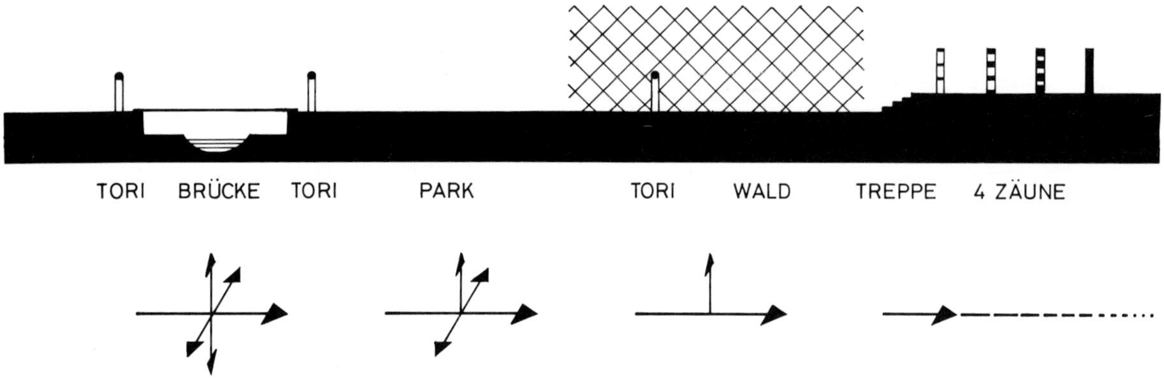

Abb. 325: Raumkonzept und Blickfreiheit auf dem Weg zum inneren Schrein in Ise, Japan (vgl. Abbildung 324)

Durch die Aufteilung in Etappen wird Weg faßbar und somit meßbar gemacht. Die additiv aneinandergereihten Etappen dienen als Maßeinheit. Ihre Organisation beinhaltet eine Steigerung und somit dynamische Spannung. Dieses etappenweise Vorbereiten auf das Kommende konnten wir in Japan schon bei der Beziehung zwischen innen und außen beobachten. Die Unterteilung geschieht dort auf engerem Raum und auf subtilere Weise, ist aber ein entscheidender Punkt der japanischen oder der orientalischen Denkart, die jedem »entweder/oder«-Entscheid ausweicht, zugunsten eines »sowohl als auch«.

An mehreren Beispielen haben wir nun die Bedeutung des Weges untersucht. Alle besprochenen Bauten sind Sakralbauten, und die Aufgabe des Weges ist es, künstlich Distanz zu schaffen zwischen dem Profanen und dem Göttlichen. Beim St. Petersdom ist das Hauptportal die Grenze zwischen der Alltagswelt des Menschen und dem geweihten Innenraum der Kirche, die sich beide gegenüberstehen: die Kirche als monumentale Masse und die weite Leere des Platzes. Diese Beziehung entspricht der christlichen Auffassung hinsichtlich der Stellung des Menschen in bezug zum Göttlichen. Die Natur als dritter Pol übt keinen Einfluß auf diese dualistische Beziehung aus (Abbildung 97). In Ise finden wir keine harte Trennung, kein Portal, kein innen-außen. Auch der monumentale Bau fehlt, die göttliche Größe wird hier mit Hilfe der Natur, den riesigen Zedern, ausgedrückt. Das Göttliche und der Besucher stehen sich nicht gegenüber, sie bilden zusammen mit der Natur eine große Einheit (Abbildung 98). In beiden Anlagen, sowohl im St. Petersdom als auch im Schrein von Ise, gibt es einen Weg, der beidesmal dieselbe Aufgabe hat: Distanz schaffen zwischen der profanen Alltagswelt und dem Göttlichen. Diese Aufgabe wird entsprechend der philosophischen Auffassung verschieden gelöst. Während beim St. Petersdom der Weg den Besucher von der kleinmaßstäblichen Alltagswelt hinführen soll zur übernatürlichen, monumentalen Größe Gottes, wird der Mensch in Ise mit der zeitlose Ruhe und Einmaligkeit der Natur auf das Göttliche vorbereitet.

Im Konzert- und Kongreßhaus in Helsinki von Alvar Aalto ist der Weg des Besuchers nach denselben Prinzipien gestaltet wie bei den vorherigen Beispielen (Abbildung 328 bis 333). Auch hier ist die Aufgabe des Weges ein Vorbereiten auf das Kommende. Der Fußgänger betritt das Gebäude von der Hauptstraße her (Abbildung 328). Durch einen kleinen Park schreitend erreicht er den Haupteingang (Abbildung 329). Das große Vordach wirkt

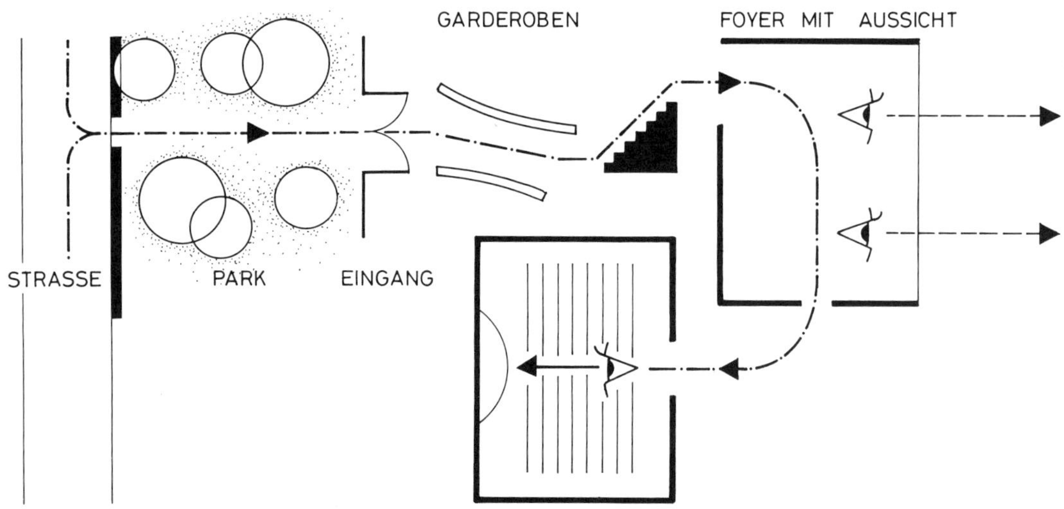

Abb. 326: Der Weg des Besuchers von der Straße bis zum Sitzplatz im Finlandia Haus von Aalto in Helsinki (vgl. Abbildung 328 bis 333)

einladend, die weißen fensterlosen Kuben andererseits eher abweisend. Im Hausinnern befindet sich links die geschwungene Garderobe, rechts die große Treppe, die zum Foyer im ersten Stockwerk führt (Abbildung 330, 331). Das Foyer ist (Abbildung 332), nebst dem großen Konzertsaal, der Hauptraum des Gebäudes. Von hier aus genießt man einen Rundblick über den Töölö See und den dahinterliegenden Stadtteil. Der Besucher gelangt von hier in den großen Konzertsaal (Abbildung 333).

Der Weg vom Eingang des Parkes bis zum Sitzplatz im großen Konzertsaal ist in Etappen eingeteilt: Park, Haupteingang, Garderobe, Treppe, Foyer, Konzertsaal (Abbildung 326). Die Aufgabe des Weges ist es, den Besucher von der Alltagswelt weg zum Konzertereignis hin zu führen. Im Erdgeschoß sind Farbtöne und Material der Natur der Umgebung angeglichen: Parkettboden und Holzlamellendecke. Das Foyer im ersten Stock ist neutral in weiß und hellen Grautönen gehalten, es ist das Gelenk, die Schleuse zwischen Alltagswelt und besonderem Ereignis. Von hier aus sieht der Besucher noch einmal in die Ferne, über den See, die Welt, aus der er gerade kam. Danach macht er eine Wende um 180° und betritt den Konzertsaal, dessen Farbtöne nicht mehr neutral, sondern künstlich blau sind.

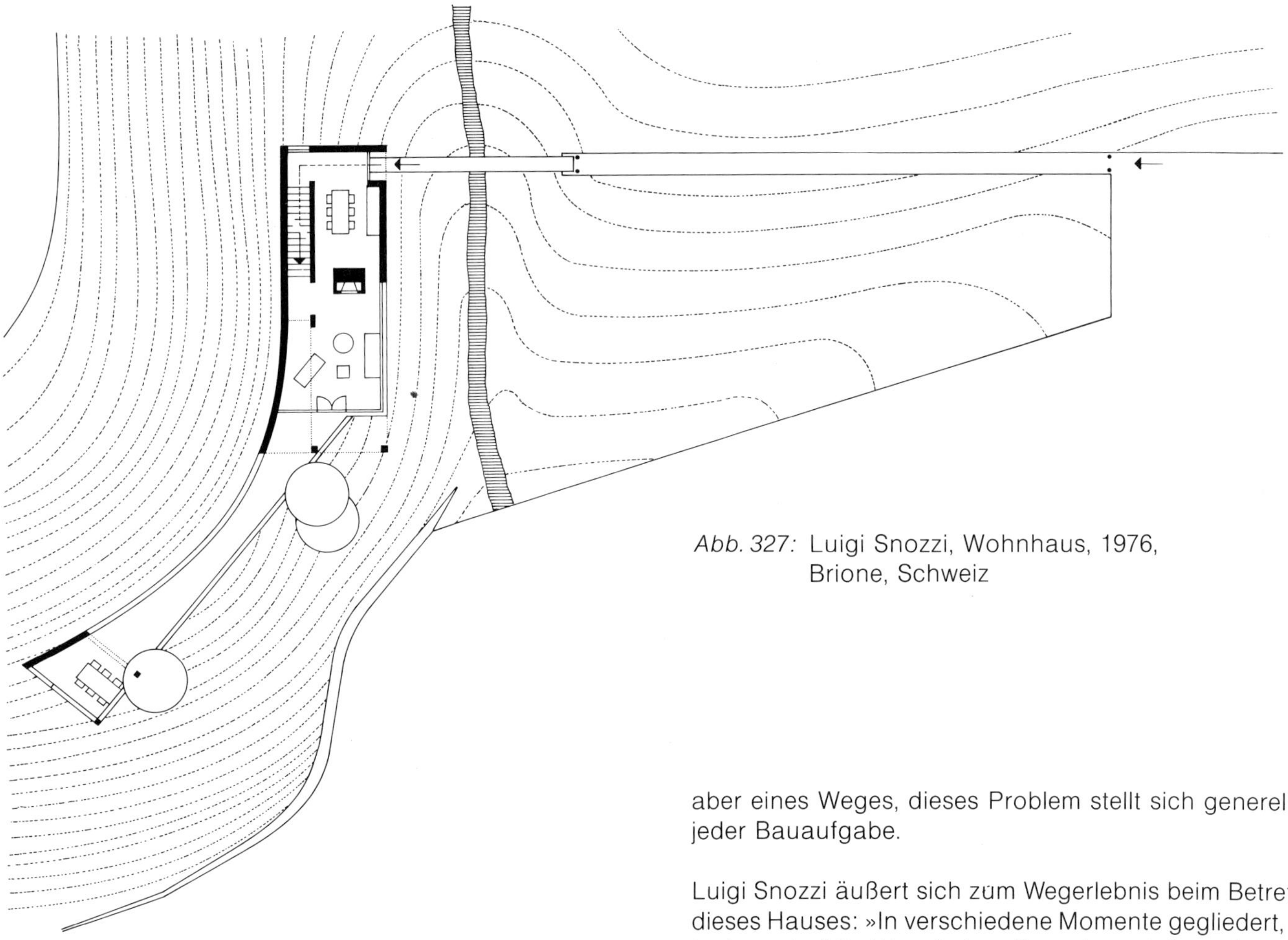

Abb. 327: Luigi Snozzi, Wohnhaus, 1976, Brione, Schweiz

Das letzte Beispiel, ein Wohnhaus von Luigi Snozzi in Brione im Tessin, soll zeigen, daß das Wegerlebnis nicht nur bei großen öffentlichen Bauten eine wichtige Rolle spielt (Abbildung 327). Raum kann nur erlebt werden, wenn sich ein Mensch bewegt. Jede Bewegung bedarf aber eines Weges, dieses Problem stellt sich generell in jeder Bauaufgabe.

Luigi Snozzi äußert sich zum Wegerlebnis beim Betreten dieses Hauses: »In verschiedene Momente gegliedert, erlauben sie (die Wege) dem Besucher, stufenweise vom Ort Besitz zu ergreifen und alle seine Besonderheiten zu erfahren. – Dreißig Meter vor dem Haus bezeichnet ein Portal den Eingang: hier nimmt man einen Weg, der einer Höhenlinie folgt und so einen ersten Kontakt mit der umliegenden Landschaft erlaubt. Man gelangt zu einer kleinen Brücke, die den Bach überquert und so auf ihn aufmerksam macht. Hier erreicht man das Haus; man tritt ein. Eine enge, einläufige Treppe folgt im Halbdunkel dem Mauerbogen, der den Verlauf der Hügelkurve aufnimmt und uns zur Wohnebene führt. Ein großes, nach Süden gerichtetes Fenster läßt zwischen den Bäumen im Vordergrund ganz unten den See erkennen«. – »Die Terrasse schließt mit einem kleinen, in der Art einer Pergola überdeckten Platz ab«. – »Es ist kein Zufall, daß man gerade von diesem Endpunkt aus wie verzaubert die ganze, tiefer liegende Landschaft, den See und die Berge, die Stadt und ihre Vororte erkennt« (31).

Alvar Aalto, Finlandia Haus, 1971, Helsinki, Finnland: *Abb. 328:* Das Haus von der Straße her mit Haupteingang
Abb. 329: Der Eingangsbereich von der Straße her

Abb. 330: Garderobenbereich (vgl. Abbildung 237)

Abb. 331: Die große Treppe, die den Garderobenbereich mit dem Foyer verbindet

Abb. 332: Das große Foyer, rechts Fenster mit Ausblick auf den See

Abb. 333: Das große Auditorium

Abb. 334: Canberra, Australien, ab 1913 nach Walter Burleigh Griffin

Abb. 335: Brasilia, Brasilien, ab 1956 nach Lucio Costa und Oscar Niemeyer

Im ersten Teil, ein Longitudinalraum, tritt das Licht durch die seitlichen Wände ein, unterteilt den Raum in mehrere Bereiche und hebt so die Idee des Weges hervor. Der mittlere Teil hat die Form eines Zentralraumes und wird von oben und über die beiden seitlichen Absen belichtet; das Statische, das Zentrale wird betont. Der dritte, hintere Teil, der als Klosterkirche dient, wird neutral beleuchtet; dadurch wird der Raum zum bescheidenen Abschluß der ganzen Anlage.

Weshalb der barocke Raum widersprüchlich erscheint, weshalb er sinnestäuschend wirkt, ist im Kapitel 4.1 beschrieben worden. Die Lichtführung ist auch hier von großer Bedeutung. Durch das Staffeln von hellen, beleuchteten Zonen und von dunklen Schattenzonen wird die Illusion der Tiefe geschaffen; beim Betrachter erweckt dies den Eindruck, der Raum sei bis ins Unendliche erweitert. Die Konstruktion der Gebäude wird so beleuchtet, daß sie nicht mehr lesbar ist; und so zur Illusion wird. Indirekte Lichtführung ist häufig, und der Besucher kann, vor allem in Werken des Spätbarocks, die Fenster kaum sehen. Somit entstand die Helligkeit im Innenraum durch Reflexionen auf den Wänden (vgl. Abbildung 340).

Indirekte Lichtführung, »Verstecken« der Fensterflächen:

Abb. 340: Balthasar Neumann, Frauenkirche, 1722, Dresden, DDR

Zwischen Art der Lichtführung und Komplexität eines Stils besteht ein direkter Zusammenhang (vgl. Kapitel 1.4). Je komplexer die Ordnung eines Stils, desto wichtiger

Von der Möglichkeit, mittels Lichteffekten Illusion zu schaffen, wurde seit dem Barock bis heute Gebrauch gemacht. Im Sakralbau werden oft mit Hilfe spezieller Formen und Beleuchtungen optische Effekte erzielt, die wahrnehmungsmäßig nicht klar definierbar sind, verschiedene Möglichkeiten der Interpretation zulassen und darüber hinaus mystische Stimmungen schaffen (Abbildung 350, 351).

Der französische Revolutionsarchitekt Etienne-Louis Boullée beherrschte die Lichtführung in der Architektur meisterhaft. In seinem Projekt für ein Newton-Denkmal, das aus einer einfachen Kombination elementarer Formen besteht, wird mit Licht eine sakrale Stimmung geschaffen. Der obere Kugelteil ist so perforiert, daß das eindringende Licht gebündelt auf den Mittelpunkt des Kugelbodens fällt, wo ein Standbild Newtons oder dessen Sarkophag stehen sollte (Abbildung 341). Newton steht im erleuchteten Mittelpunkt, um ihn die Dunkelheit, die das Unwissende symbolisieren sollte. Über ihm der Kosmos, dargestellt durch die Öffnungen in der Kugel, die als Sterne erschienen.

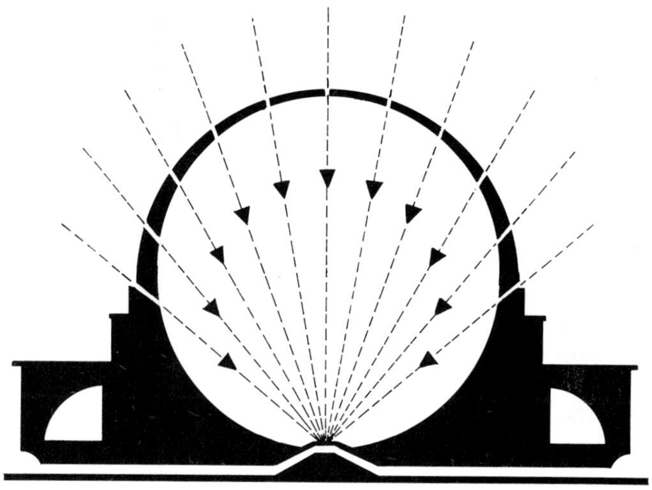

Abb. 341: Etienne-Louis Boullée, Newton-Denkmal (Projekt), 1784 (vgl. Abbildung 53, 249).

die Beleuchtung; das heißt, um so eher wird Lichtführung mitbestimmend im Ausdruck der architektonischen Idee.

Die optische Wahrnehmung, der Empfang visueller Nachrichten, wird von vier Faktoren bestimmt: A) Der Zeit: zu welchem Zeitpunkt trifft die Nachricht auf die Netzhaut auf. B) Der Lage des wahrgenommenen Gegenstandes. C) Der Lichtintensität: sowohl eine zu große Dunkelheit als auch ein zu grelles Licht schränken die visuelle Wahrnehmung ein (Kapitel 8.3). D) Der Farbe. Das Farbsehen findet nur in einem bestimmten Helligkeitsbereich statt (Kapitel 8.4).

Die Lichtintensität ist dabei der wichtigste Faktor: ohne Licht ist weder Lage noch Farbe erkennbar. Licht, insbesondere natürliches Licht, ist ein äußerst unbeständiger Faktor: je nach Jahres- und Tageszeit und je nach

Witterung wechselt die Beleuchtung. Wechselt die Beleuchtung, so verändert sich auch die Wahrnehmung der Umgebung und somit eines Gebäudes. Durch den steten Wechsel in der natürlichen Beleuchtung ist der Mensch verbunden mit den natürlichen Zeitabläufen, die ihm als Maßstab dienen. Hier liegt auch der große Unterschied zum künstlichen Licht: physikalisch optimales Licht, Intensität, Farbe und Wärme usw., können heute künstlich erzeugt werden, der ständige Wechsel und die daraus resultierenden Wahrnehmungsveränderungen sind aber mit künstlichem Licht nur sehr schwer zu kopieren. Die Bedeutung der Beleuchtung als Uhr entfällt beim künstlichen Licht völlig. Die äußere Gestalt eines Hauses wird bei Tageslicht erkennbar. Gerade dieser Umstand bereitet bei jedem Entwurf Schwierigkeiten: Lage, Größe, Form und Material eines zukünftigen Hauses werden in der Planungsphase genau bestimmt. Auch den Stand der Sonne, der Quelle des natürlichen Lichts, können wir zuvor für jede Tages- und Jahreszeit berechnen. Die genauen Lichtverhältnisse und Einflüsse wie Bewölkung, Regen, Nebel etc. sowie die daraus resultierenden sozio-psychologischen Komponenten des Betrachters sind jedoch nicht voraussehbar, sie sind die Unbekannten in jeder Planung.

8.2 Die natürliche Belichtung des Innenraumes

Der optische Bezug zwischen innen und außen basiert auf zwei Faktoren: der Beleuchtung, also auf das in den Innenraum dringende natürliche Licht, und der Blickfreiheit; Einsicht von außen nach innen und Ausblick ins Freie. Die Blickfreiheit bedeutet automatisch auch Beleuchtung, umgekehrt bedeutet Beleuchtung aber nicht immer Blickfreiheit. Grundsätzlich gibt es drei Möglichkeiten der natürlichen Beleuchtung: A) Durch die Öffnung wird nur Licht ins Innere gebracht. B) Zusätzlich zum Licht wird Aussicht gewährt. C) Beleuchtung plus Ein- und Ausblick (Abbildung 342)

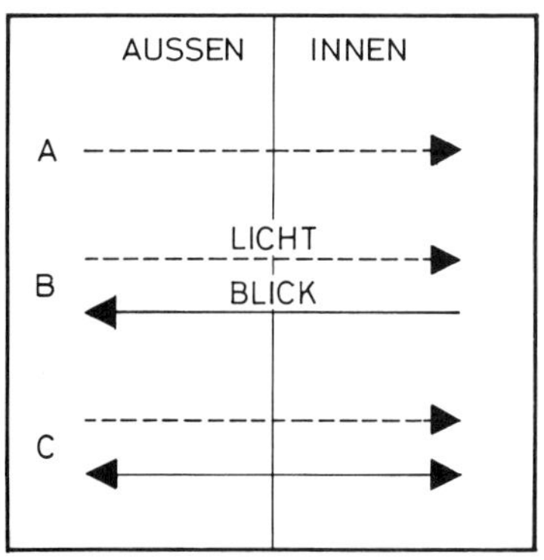

Abb. 342: Die drei Möglichkeiten des optischen Bezuges zwischen innen und außen

Oft wird versucht, das natürliche Licht in das Konzept der Innenraumbeleuchtung mit einzubeziehen. Die Beleuchtungsanforderungen eines Raumes sind je nach ihrer Nutzung verschieden. Sicher sind allzugroße Hell-dunkel-Kontraste, sofern sie nicht ausdrücklich verlangt werden, unerwünscht, da sie eine übermäßige Beanspruchung des visuellen Wahrnehmungsmechanismus verursachen. Experimentell wurde nachgewiesen, daß mit zunehmender Beleuchtung ein Raum auch als zunehmend angenehmer empfunden wird, daß aber von einer gewissen Helligkeitsintensität an ein weiteres Ansteigen der Beleuchtungsstärke unangenehm werden kann (6) (Abbildung 343).

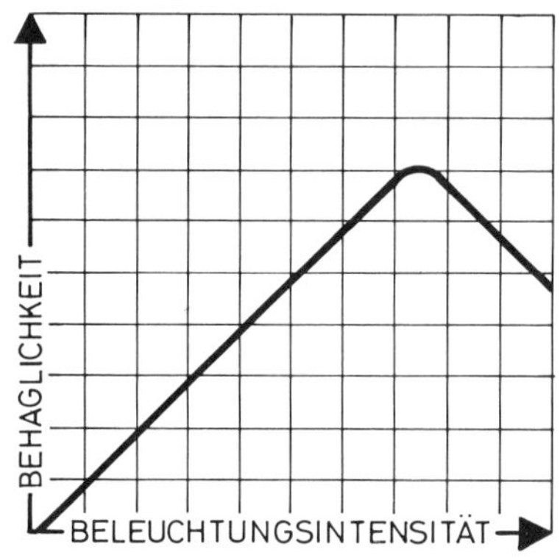

Abb. 343: Der Zusammenhang zwischen Beleuchtungsintensität und Behaglichkeit

Oft können Öffnungen nicht beliebig angebracht werden. Als Löcher in der Außenhaut eines Gebäudes ist ihre Lage, Größe und Form sehr stark von der Konstruktion der Hülle und des Gebäudes abhängig. Die vertikalen Öffnungen, Türen und Fenster, können neben ihrer Funktion als Beleuchtungsöffnungen einen optischen Bezug zur Umgebung schaffen. Oberlichter bringen primär Licht ins Innere. Sie vermitteln wenig optische Bezüge zur Umgebung. Gerade dadurch erzeugt Be-

Natürliche Belichtung von oben:
Abb. 344: Kenzo Tange, Taufbecken in der Kathedrale von Tokyo, 1964, Japan

Lichteinfall und Ausblick:

Abb. 345: (oben links) Verglasung im Mittelalter, Schloß Gruyères, Schweiz
Abb. 346: (oben rechts) Erker mit Holzgitter, Erzbischöfliches Palais, Lima, Peru
Abb. 347: (unten links) Gitter aus Marmor, Grabmal des Itimad-ud-Daulah, 17. Jh., Agra, Indien
Abb. 348: (unten) Moderne Spiegelglasfassade, Chiasso, Schweiz

leuchtung mittels Oberlicht spezielle Raumstimmungen. Die ganze Aufmerksamkeit richtet sich auf den beleuchteten Gegenstand und macht ihn so zum Mittelpunkt. Dies ist ein Grund, weshalb Oberlichtbeleuchtung häufig in Kirchen und Museen verwendet wird, an Orten, wo kaum ein Innen-außen-Bezug erfolgt oder gar unerwünscht ist (Abbildung 344).

Die Art der Öffnung wird selten ausschließlich durch die notwendige Lichtmenge bestimmt: Lüftung, Probleme der Abschirmung, Erscheinungsbild und Konstruktion sind mitbestimmend.

Ursprünglich waren Fenster undurchsichtig: sie erlaubten wohl einen Lichteinfall ins Innere, ermöglichten jedoch weder Ein- noch Ausblick. Als Fenstermaterial dienten dünne Steinplatten, zum Beispiel Alabaster, später undurchsichtiges Glas (Abbildung 345). Eine klimatische Trennung zwischen innen und außen und eine gleichzeitige visuelle Transparenz war aus materialtechnischen Gründen nicht möglich. Eine solche Transparenz wird aber auch heute nicht immer angestrebt.

In der arabischen Architektur ist das engmaschige Holzgitter vor den Fensteröffnungen ein viel verwendetes Element: es erlaubt einen Blick auf die Straße, ohne selbst gesehen zu werden. Die arabische Kultur brachte diese Einrichtung auch nach Spanien, von dort aus gelangte sie nach Südamerika (Abbildung 346). Der Islam verbreitete diese Art von Sichtblende auch nach Osten, wo sie in Indien in Stein umgesetzt wurde (Abbildung 347). Auch Le Corbusier verwendete, beeinflußt durch Eindrücke seiner Türkeireise, dieses Element in der Villa Schwob in La Chaux-de-Fonds: durch kleine runde Öffnungen in der Wand zweier Zimmer im ersten Obergeschoß kann man in das zweistöckige Wohnzimmer sehen. Ein Holzgitter verhindert, daß man von unten gesehen wird.

Spiegelglas kann als neuste Form dieser Idee betrachtet werden: Ausblicke sind möglich, außen aber spiegelt sich die Umgebung und verhindert so jeden Einblick (Abbildung 348).

Aus verschiedenen Gründen kann auch heute noch der Wunsch bestehen, Öffnungen so zu konzipieren, daß Licht eindringt, ohne daß Ein- oder Ausblick möglich sind. In der Bibliothek für seltene Bücher und Manuskripte der Yale Universität von Gordon Bunshaft (SOM) bestehen die Außenwände aus großen, dünnen Alabasterplatten, die gerade so viel Licht ins Innere einlassen, daß keine Dunkelheit herrscht, aber eine für Bücher schädliche Lichtintensität verhindert (Abbildung 354). Ein ähnliches Beispiel, allerdings aus ganz anderen Gründen, ist die Kirche von Franz Füeg in Meggen (Abbildung 355). Auch hier besteht keine Möglichkeit des Ein- oder Ausblickes: ein diffuses Licht, das durch die dünnen Steinplatten eindringt, schafft im Innern, trotz der einfachen und strengen Konstruktion, eine beinahe mystische Stimmung.

Zwischen durchsichtig und lichtdurchlässig bestehen Zwischenstufen. Bei der Kathedrale in Brasilia von Oscar Niemeyer bestehen die lichtdurchlässigen Teile aus einer Doppelverglasung, die soviel Licht einströmen lassen, daß im Innern eine angenehm warme Atmosphäre herrscht (Abbildung 349). Der Kirchenboden ist um ca. vier Meter unter den Erdboden abgesenkt, ein Ausblick in

Lichteinfall ohne Ein- und Ausblick:
Abb. 349: Oscar Niemeyer, Kathedrale, 1959, Brasilia, Brasilien

die nähere Umgebung ist deshalb nicht möglich. Durch die rauhen Gläser der Fenster sind aber die Umrisse der Hochhäuser der weiteren Umgebung zu sehen, wodurch, anders als in der Kirche von Meggen, ein Bezug zur Außenwelt hergestellt wird.

Betrachten wir nun die verschiedenen Arten von Öffnungen in der Wand und die daraus resultierende Lichtführung (Abbildung 360). Ein Fenster kann ein einfaches Loch inmitten einer Wand sein (Abbildung 356). Im Innenraum erscheint eine solche Öffnung wie ein leuchtendes Bild an der Wand. Der Helligkeitskontrast zwischen Fensterfläche und Wand ist groß: das Fenster erscheint sehr hell, die umgebende Wand ist die dunkelste Fläche im Raum, sie wird als einzige Wand nicht direkt beleuchtet und wird nur durch das auf den andern Wänden reflektierte Licht erhellt. Befindet sich die Öffnung am Rand einer Wand oder entlang der Trennlinie zwischen Decke und Wand, so werden diese durch das hereinflutende Licht erhellt. Diese hell beleuchteten Flächen reflektieren wiederum Licht in den ganzen Raum. Die Kontraste zwischen hell und dunkel sind wesentlich schwächer. Eine solche Beleuchtung kann Raumkontinuität andeuten, sie kann auch wegweisend wirken (Abbildung 361, 362).

Abb. 350: Alvar Aalto, Kirche, 1959, Imatra, Finnland

Abb. 351: Aarno Ruusuvuori, Kirche, 1961, Hyvinkäa, Finnland

Natürliche Belichtung von oben:

Abb. 352: Le Corbusier, Treppenhaus im Maison Clarté, 1930, Genf, Schweiz

Abb. 353: Sachio Otani, Konferenzzentrum, 1966, Kyoto, Japan (vgl. Abbildung 257)

Abb. 354: Gordon Bunshaft (SOM), Bibliothek, 1963, New Haven, USA

Abb. 355: Franz Füeg, Kirche, 1966, Meggen, Schweiz

Abb. 356: Frank Lloyd Wright, Marin County, 1957, San Raphael, USA

Abb. 357: Philip Johnson, Kathedrale, 1980, Garden Grove, USA

Abb. 358: Fries des Sonnentores, präkolumbisch, Tiahuanaco, Bolivien

Abb. 359: Grabkammer Ramses IV., ca. 1175 v. Chr., Medinet Habu, Ägypten

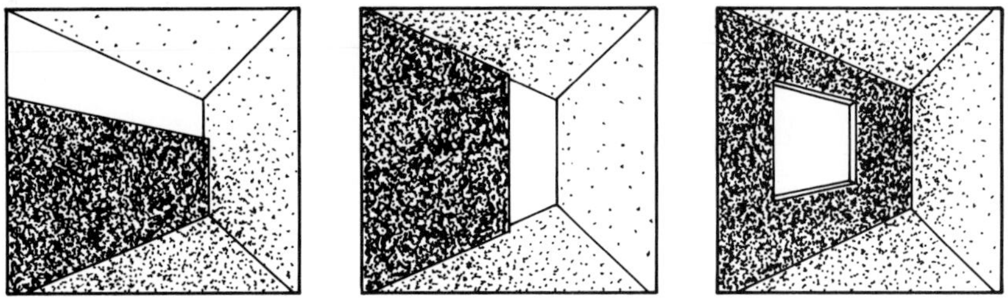

Abb. 360: Verschiedene Arten von Öffnungen und die daraus resultierende Lichtführung (vgl. Abbildung 356, 361, 362)

Abb. 361: Alvar Aalto, Bibliothek, 1970, Otaniemi, Finnland

Abb. 362: Raima Pietilä, Kirche, 1966, Tampere, Finnland

Je größer die Öffnungen, desto mehr wird die Atmosphäre des Innenraumes von den äußeren Verhältnissen beeinflußt. Am extremsten ist diese Abhängigkeit bei einer Rundum-Verglasung, wo das Licht von allen Seiten eindringen kann. Solche Räume sind dem Wechsel der Außenverhältnisse stark ausgesetzt, im Innern herrschen ähnliche Lichtverhältnisse wie in der Umgebung. Je transparenter die Wand, desto schwieriger wird eine Kontrolle der natürlichen Lichtverhältnisse im Innenraum (Abbildung 357).

Manchmal sind große verglaste Flächen erwünscht, um Raumbezüge oder Beziehungen zwischen innen und außen zu schaffen, die Abhängigkeit der Lichtverhältnisse wirkt dabei aber oft störend. Mit verschiedenen Mitteln wird deshalb versucht, diese Abhängigkeit zu verringern. Die Lage des Raumes kann so gewählt werden, daß die verglasten Flächen nie direkt dem Sonnenlicht ausgesetzt sind und somit das natürliche Licht nur indirekt in den Innenraum dringt. Mit mobilen Vorrichtungen, wie Vorhängen und Stores, kann bei Bedarf ein allzu intensiver Lichteinfall abgeschwächt oder ganz verhindert werden. Le Corbusier gilt als Erfinder der sogenannten brisesoleil: Lamellen, die vor die Fassade gestellt werden und ein direktes Eindringen der Sonnenstrahlen verhindern, andererseits aber, im Gegensatz zu Vorhang und Stores, Ein- und Ausblick ermöglichen (Abbildung 363).

Schutz vor direktem Sonneneinfall:
Abb. 363: Le Corbusier, Bürogebäude, 1958, Chandigarh, Indien

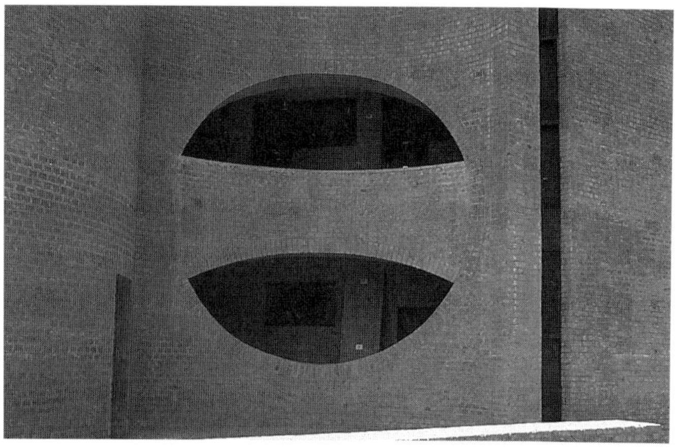

Abb. 364: Louis I. Kahn, IIM, 1963, Ahmedabad, Indien (vgl. Abbildung 82, 244)

Abb. 365: Le Corbusier, Justizpalast, 1956, Chandigarh, Indien

Abb. 366: Oskar Niemeyer, Außenministerium, 1960, Brasilia, Brasilien

Louis I. Kahn sah sich in Bangladesh und Indien vor ähnliche Probleme gestellt wie zuvor Le Corbusier, lehnte aber den brise-soleil ab: »Wenn ich es nur vom funktionellen Standpunkt aus betrachtet hätte, so hätte ich einfach einen brise-soleil vorlegen können. Da ich aber Architektur mache, wurde es ein Vorbau. Und dieser Vorbau ist ein Raum. Es entstand somit etwas, was mehr bewirkt als nur eine Funktion zu erfüllen« (7) (Abbildung 364). Beim Justizpalast in Chandigarh beschritt Le Corbusier einen ähnlichen Weg, indem er das Gebäude unter ein riesiges Dach stellte. Dies allerdings nicht nur um vor Sonneneinstrahlung zu schützen, sondern auch vor den starken Regengüssen der Monsunzeit (Abbildung 365). Diese Bauweise wurde verschiedentlich nachgeahmt, so zum Beispiel von Oskar Niemeyer beim Gebäude des Außenministeriums in Brasilia (Abbildung 366).

Die Bedeutung des Vordaches als Sonnenschutz hat im Zusammenhang mit energiebewußtem Bauen wieder zugenommen. Bedingt durch die verschiedenen Einfallswinkel der Sonnenstrahlen zu verschiedenen Jahreszeiten, kann ein Vordach die Sonne im Sommer vom Rauminnern fernhalten und im Winter als Wärmespender einlassen (Abbildung 367).

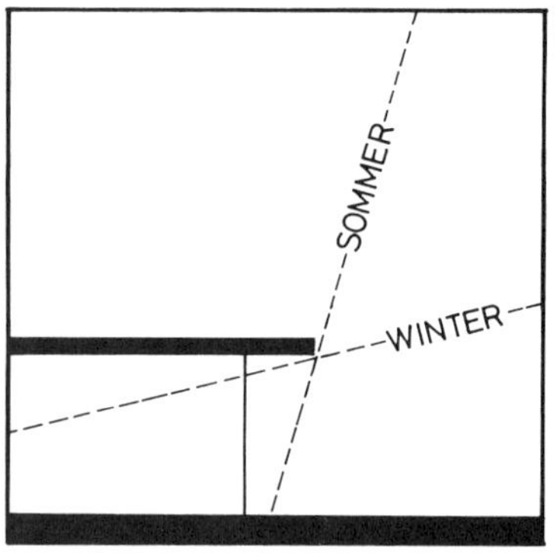

Abb. 367: Verschiedene Einfallswinkel der Sonnenstrahlen zu verschiedenen Jahreszeiten (für Mitteleuropa)

Bis jetzt sprachen wir über die verschiedenen Möglichkeiten, Licht am Eindringen ins Rauminnere zu hindern. Umgekehrt wurde aber stets auch versucht, möglichst viel natürliches Licht durch die Öffnungen ins Gebäudeinnere zu bringen und es dort optimal zu nutzen. Es war die Rede vom polierten Alabasterboden im Tempel von Chephren, der das eindringende Licht spiegelte und für eine bessere Beleuchtung der Statuen im Dunkeln sorgte. Die Griechen benutzten dasselbe System: die Funktion des Alabasterbodens übernahm das Wasserbecken. Später wurden beide Möglichkeiten durch den Spiegel ersetzt. Er gewährte eine bessere Beleuchtung und eine optische Vergrößerung des Innenraumes. In den Spiegelsälen, die seit dem 16. Jahrhundert in zahlreichen Schlössern entstanden, sind die großen reflektierenden Flächen vor allem beleuchtungstechnische Einrichtungen, die gleichzeitig auch mithalfen, die Pracht und den Reichtum optisch zu vervielfachen.

Ein Beispiel für die Wirkung von Wasser und Spiegel als reflektierende Flächen ist die Kirche von Richard Neutra in Garden Grove, Kalifornien. Die eine Längsseite des Raumes ist verglast, die andere verspiegelt. Der

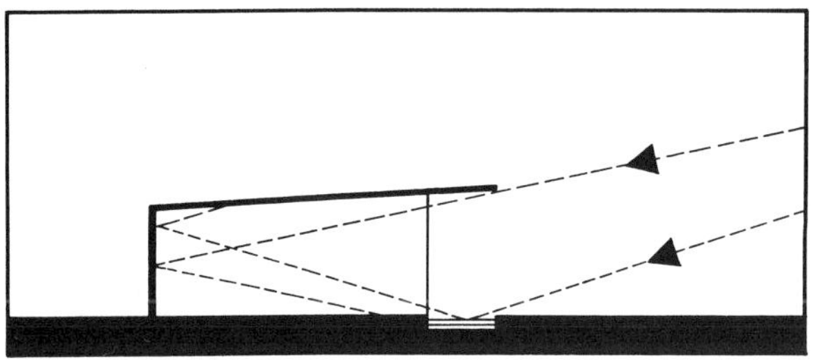

Die reflektierende Wirkung von Wasser und Spiegel: Richard Neutra, Kirche, 1959, Garden Grove, USA
Abb. 368: (oben) Prinzipschema
Abb. 369: (rechts) Ansicht außen mit reflektierendem Wasserbecken

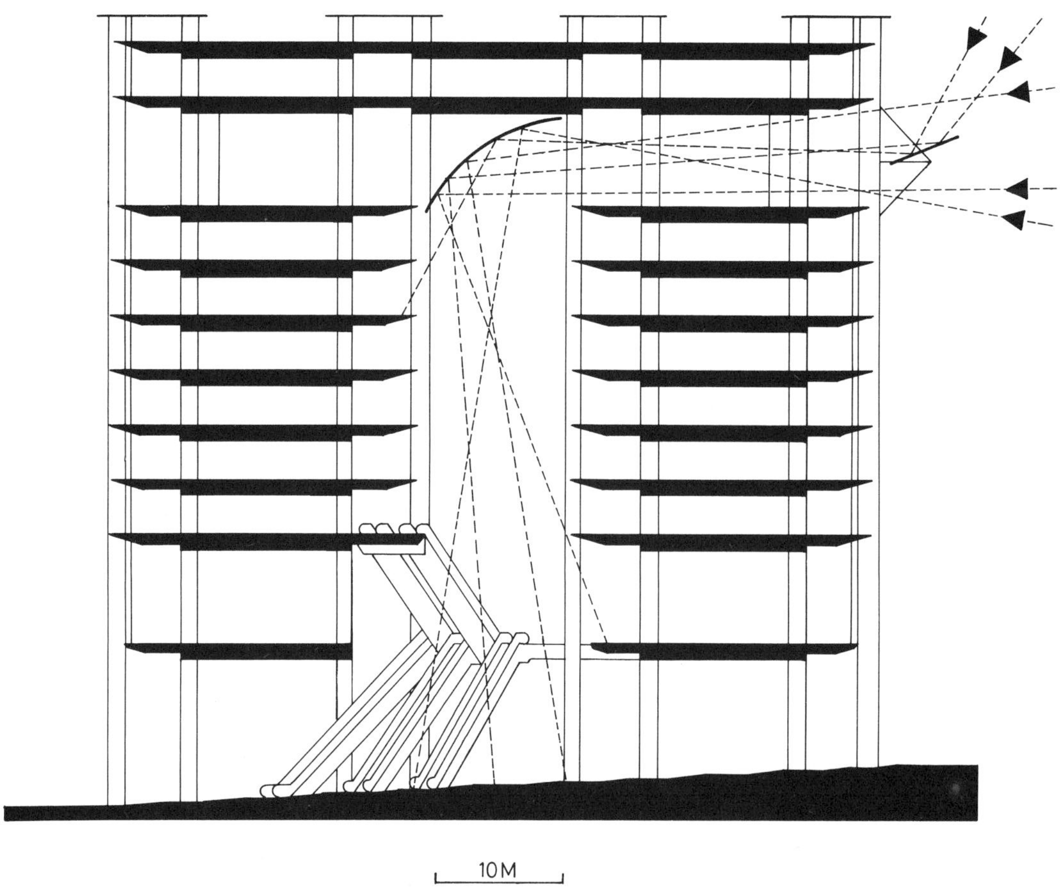

Abb. 370: Norman Foster, Bankgebäude, 1986, Hongkong. Spiegel bringen das Licht in die innenliegende, 30 Meter hohe Eingangshalle

verglasten Seite vorgelagert befindet sich ein Wasserbecken, so daß das Licht auf dieser Oberfläche reflektiert und im Rauminnern von der Spiegelwand zurückgeworfen wird (Abbildung 369).

Im neuen Verwaltungsgebäude der »Hongkong and Shanghai Banking Corporation« in Hongkong von Norman Foster wird versucht, mit einem riesigen Hohlspiegel Licht in die über 30 Meter hohe innenliegende Eingangshalle zu bringen. Das Licht wird draußen an der Fassade mittels einem Spiegel in die Gebäudemitte reflektiert und von dort, um 90° umgelenkt, senkrecht in die Halle hinunter projiziert (Abbildung 370).

Solche Beleuchtungssysteme werden im Museumsbau immer mehr angewendet, vorwiegend aus zwei Gründen: erstens besteht heute die Forderung nach Tageslicht, da es zur Farberkennung besser geeignet ist als Kunstlicht, und zweitens muß Licht gezielt auf ein Kunstobjekt gerichtet sein, damit der Besucher nicht geblendet wird und damit möglichst wenig Eigenspiegelung entstehen kann, die die Beleuchtungsverhältnisse stören könnte (8) (Abbildung 371, 372).

Oberlicht mit reflektierenden Flächen:

Katharina und Wilfrid Steib, Museum, 1980, Basel, Schweiz:

Abb. 371: Innenansicht

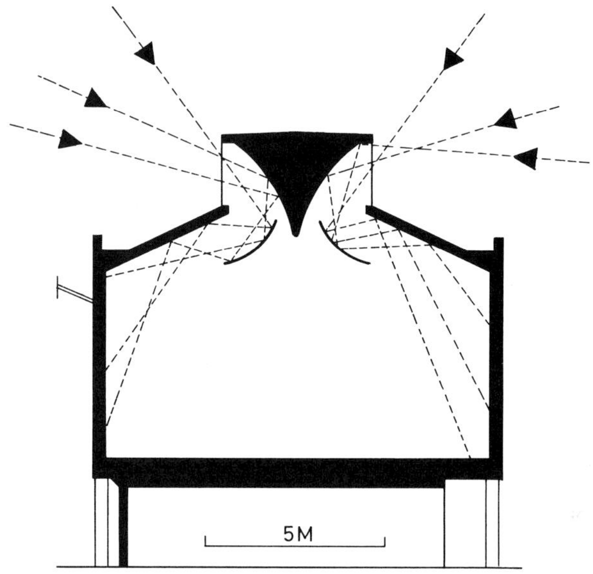

Abb. 372: Prinzipschema

Bisher wurde vorwiegend natürliches Licht im Innenraum behandelt, die künstliche Beleuchtung wurde bewußt ausgeklammert. Technisch ist es heute möglich, praktisch jeden Effekt mit künstlichem Licht zu erzeugen, meistens allerdings nur unter großem technischem Aufwand.

8.3 Lichtintensität

Die Lichtintensität ist eine der vier wichtigen Faktoren der optischen Wahrnehmung. Die Anpassungsfähigkeit des Auges an verschiedene Lichtintensitäten ist erstaunlich: eine optische Wahrnehmung ist sowohl bei sehr schwachem Licht möglich, zum Beispiel bei Mondlicht, das wir bereits als Dunkelheit bezeichnen, als auch bei sehr starkem Licht, das ca. 250000mal so stark ist wie Mondlicht (9).

Wir unterscheiden zwischen der natürlichen Lichtquelle der Sonne und künstlichen Lichtquellen wie Feuer und Lampen. Die von diesen Quellen ausgehende Beleuchtung ist aber nicht das einzige Licht, das wir sehen können. Neben dem direkten Licht nehmen wir auch das indirekte Licht, das von den beleuchteten Gegenständen reflektierte, wahr. Dieses reflektierte Licht verleiht den nicht direkt angestrahlten Gegenständen eine gewisse Helligkeit, die uns die Objekte sehen läßt. Daraus folgt, daß für die von uns gesehene Helligkeit zwei Faktoren wichtig sind: die Beleuchtungsstärke, d.h. die Menge Licht, die auf das Objekt trifft, und das Reflexionsvermögen des Gegenstandes, d.h. das Verhältnis der Reflexion zur Absorption einer bestimmten Menge auffallenden Lichtes. Dabei ist die von uns gesehene Helligkeit nicht direkt proportional zur Lichtstärke: eine weiße, glatte Oberfläche, die nur schwach beleuchtet ist, kann uns heller erscheinen als ein schwarzer Samt unter starker Beleuchtung (Abbildung 373). Das Auge kann Helligkeit registrieren, nicht aber feststellen, wieviel beide Faktoren, Beleuchtungsstärke und Reflexionsvermögen, einzeln zu diesem Ergebnis beigetragen haben. Dementsprechend bestehen zwei Möglichkeiten, die wahrgenommene Helligkeit eines architektonischen Elementes zu beeinflussen: mittels der Beleuchtungsintensität und mittels der Wahl der Oberflächenbeschaffenheit der Materialien, das heißt, durch ihr Reflexionsvermögen.

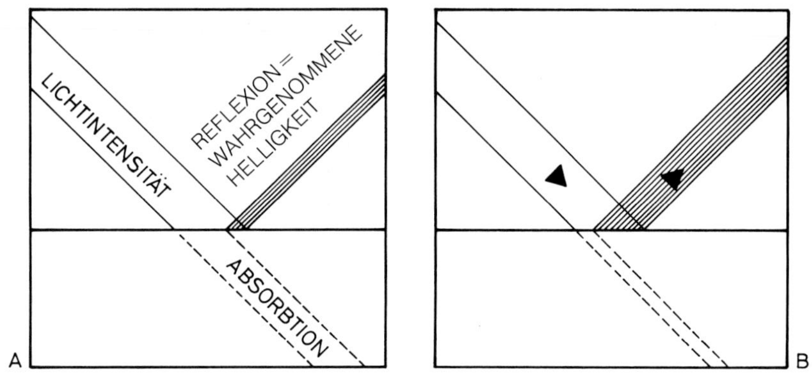

Abb. 373: Die wahrgenommene Helligkeit ist nicht direkt proportional zur Lichtintensität, das Reflexionsvermögen der Oberfläche ist mitbestimmend (zwei Möglichkeiten)

Mit Hilfe der Lichtintensität und Oberflächenbeschaffenheit kann also die Helligkeitswahrnehmung beeinflußt werden: eine bestimmte Beleuchtung kann durch die Wahl einer geeigneten Oberflächenstruktur gesteigert oder abgeschwächt werden. Von dieser Möglichkeit wird in der Architektur nur sehr selten Gebrauch gemacht, für Bühnenbildner ist sie aber ein alltägliches Hilfsmittel (10). Um allzu große Helligkeitsunterschiede in einem Raum zu vermeiden, kann zum Beispiel die Wand, die direkt angestrahlt wird, mit einer stärker absorbierenden Oberfläche versehen werden als die anderen Wände.

Die Helligkeit eines Gegenstandes ist wahrnehmungsmäßig sowohl relativ wie auch subjektiv. Ein Gegenstand erscheint uns in einer dunklen Umgebung größer als in einer helleren Umgebung: Das Umfeld beeinflußt unsere Helligkeitswahrnehmung. Deshalb erscheinen uns Gegenstände nachts eher größer als bei Tageslicht. Dies ist auch mit ein Grund, weshalb die Fähigkeit zur Distanzeinschätzung bei Dunkelheit verringert ist. Die Relativität der Helligkeitswahrnehmung geht so weit, daß keine sicheren Kriterien der Beurteilung bestehen, ob Helligkeit direkt einer Lichtquelle entspringt oder ob sie eine Folge der Reflexion ist. Den Mond sehen wir als eine runde, leuchtende Scheibe; rein wahrnehmungsmäßig können wir nicht feststellen, ob er eine Lichtquelle ist oder ob er nur das auf ihn fallende Sonnenlicht reflektiert.

Objektiv gemessene Helligkeitswerte stimmen ebensowenig mit subjektiv wahrgenommenen Werten überein. Die sozio-psychologischen Aspekte spielen dabei eine wichtige Rolle. Die psychische Verfassung, auch die Beziehung des Beobachters zum Objekt, kann seine Helligkeitswahrnehmung beeinflussen. Bis zu einem gewissen Grad werden Helligkeitswahrnehmungen vom Nervensystem und Auge ausgeglichen: die Pupillen weiten sich automatisch bei Helligkeitsabnahme, so daß mehr Licht auf die Netzhaut fällt (11).

Wir registrieren für jeden Gegenstand Helligkeit. Stellen wir uns einen stehenden Zylinder vor, der von der rechten Seite her angeleuchtet wird: die wahrgenommenen Helligkeitswerte nehmen von rechts nach links stetig ab, von ganz hell bis ganz dunkel. Aus Erfahrung wissen wir, daß das Helligkeitsgefälle nicht direkt der Oberfläche des Körpers entspricht, sondern aus Beleuchtung und Form des Körpers resultiert. Werden wir gefragt, welchen Helligkeitston der Körper hat, so sprechen wir von einem Grau, wir wählen einen Ton aus dem Spektrum zwischen hell und dunkel, den wir als Grundton des Zylinders annehmen (vgl. Kapitel 0.3.4). Bis jetzt gibt es keine klare Antwort auf die Frage, wie der Helligkeitswert des Objektes vom menschlichen Wahrnehmungsmechanismus genau bestimmt wird (12). Dasselbe gilt auch für die Farbe: hat der Zylinder eine rote Farbe, so nehmen wir eine ganze Rotskala, von hellrot bis beinahe schwarz wahr, ordnen dem Körper aber trotzdem nur einen bestimmten Rotwert zu.

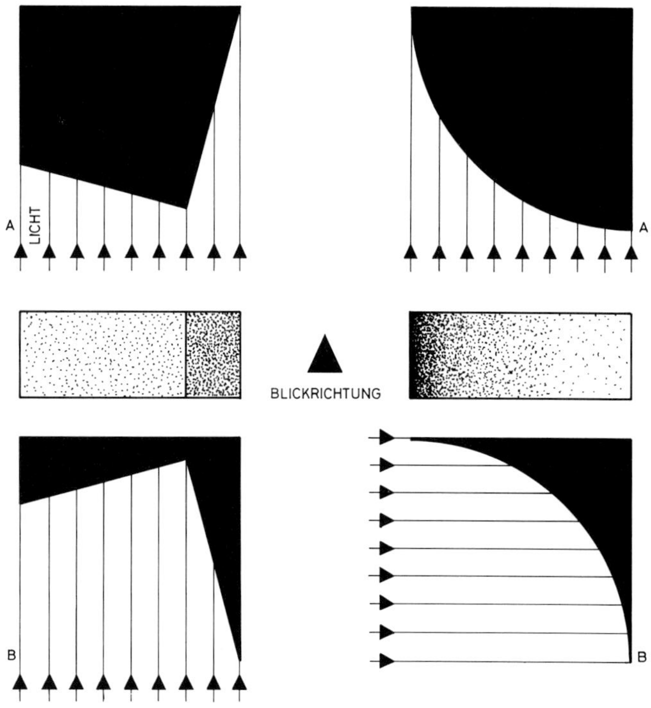

Abb. 374: Helligkeitsunterschiede lassen auf die Form und damit auf den Raum schließen, bestimmen aber diesen nicht eindeutig: für beide Beispiele, links und rechts, ist sowohl A wie B möglich

Im Kapitel 0.3.5 wurde die Tiefenwahrnehmung beschrieben. Tiefe, als dritte Dimension, ist für die Raumwahrnehmung ein sehr wichtiger Faktor. Ein Aspekt der

Tiefenwahrnehmung ist das Helligkeitsgefälle: je nach Größe des Winkels zwischen Lichtstrahl und Oberfläche erscheint die Fläche heller oder dunkler. Mit Hilfe der Beleuchtung und der daraus resultierenden Helligkeitsdifferenzen werden Tiefen wahrgenommen und somit auch Formen und Raum (vgl. Abbildung 38). Damit aber eine Form richtig wahrgenommen wird, muß dem Betrachter die Lage der Lichtquelle bekannt sein. So kann das hell-dunkel Bild in Abbildung 374 rechts verschieden interpretiert werden: in der Variante B wechselt sowohl die Form als auch die Lichtrichtung, das wahrgenommene Hell-dunkel-Bild bleibt aber unverändert. Selbst wenn die Lage der Lichtquelle bekannt ist, kann die genaue Form noch nicht sicher bestimmt werden: Das Hell-dunkel-Bild links in Abbildung 374 läßt mindestens zwei Interpretationen zu, A und B.

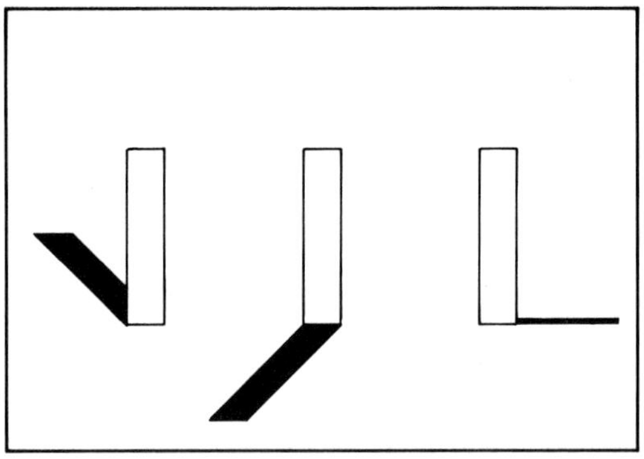

Abb. 375: Der Schlagschatten sagt etwas aus über die Lage der Lichtquelle

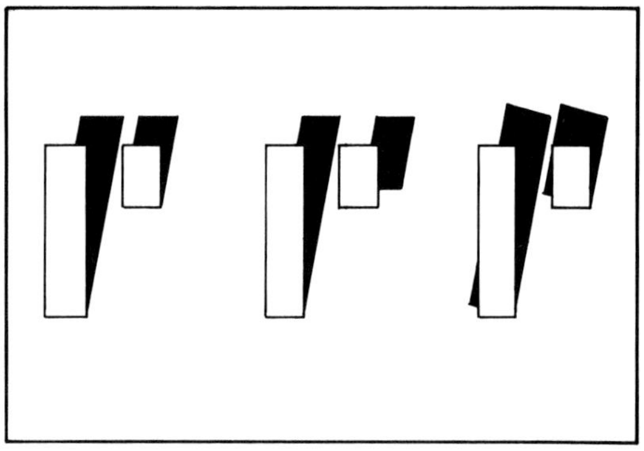

Abb. 376: Der Schlagschatten sagt etwas aus über die lagemäßige Beziehung der verschiedenen Objekte untereinander

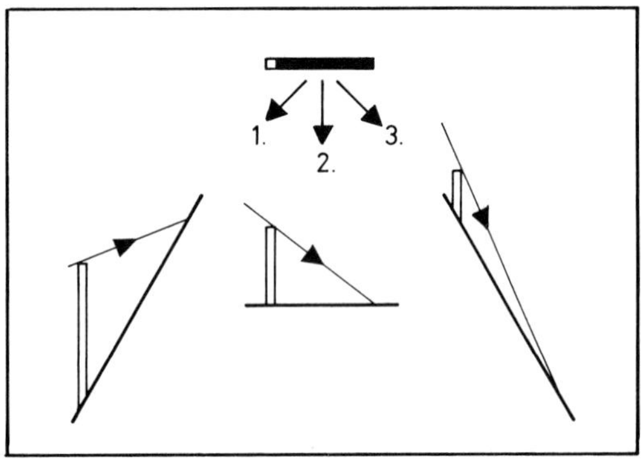

Abb. 377: Ein Schattenbild läßt verschiedene Interpretationen zu

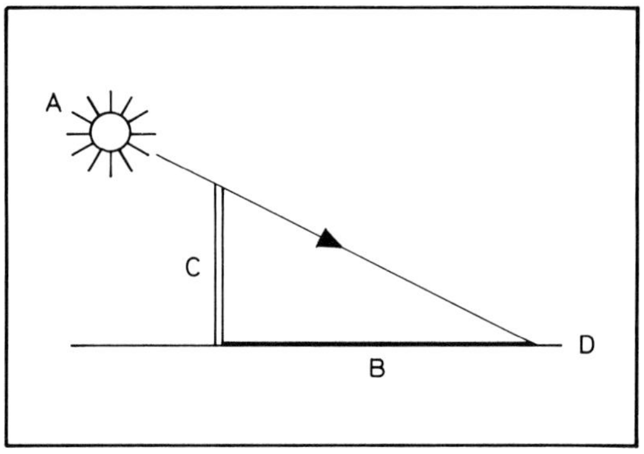

Abb. 378: Die Beziehung eines Objektes zu seinem Schlagschatten wird von 4 Faktoren beeinflußt: A) Lage der Lichtquelle, B) Größe des Schlagschattens, C) Größe des Objektes und D) Lage der Umgebung, auf die der Schatten geworfen wird

Wir unterscheiden zwischen Eigenschatten und Schlagschatten. Der erste liegt auf dem Gegenstand selbst: alle Flächen des Körpers, die nicht direkt beleuchtet werden, liegen im Eigenschatten. Der Schlagschatten wird vom Objekt auf die Umgebung geworfen. Mit Hilfe des Schlagschattens kann etwas über die Lage der Lichtquelle (Abbildung 375), aber auch über die Beziehung verschiedener Objekte untereinander ausgesagt werden (Abbildung 376). Die wahrgenommenen Beziehungen sind relativ und subjektiv zugleich: sie sagen nur wenig aus über den tatsächlichen Sachverhalt. Das Schattenbild in Abbildung 377 oben kann ganz verschieden interpretiert werden. Die Beziehung eines Objektes zu seinem Schatten wird durch vier Faktoren beeinflußt: die Lage der Lichtquelle, die Größe des Schlagschattens, die Größe des Objektes und die Lage der Umgebung, auf die der Schatten geworfen wird (Abbildung 378). Zur genauen Bestimmung der Situation müssen drei dieser vier Faktoren bestimmt sein. Bei der Wahrnehmung von Architektur sind oft weniger als drei dieser Faktoren bekannt, so daß wir trotz Schattenwurf die genauen räumlichen Verhältnisse nicht kennen (vgl. Abbildung 350, 351). Zum Beispiel wird die Größe eines Rücksprungs aufgrund der Schattenwahrnehmung überschätzt (13). Ein Schatten muß nicht unbedingt zur besseren räumlichen Wirkung beitragen. Unter bestimmten Umständen kann er als reiner Dunkelton gesehen werden (Abbildung 379 A), die räumliche Wirkung geht dadurch verloren. Dabei sind verschiedene Faktoren wichtig: erstens muß der Hell-dunkel-Kontrast stark genug sein (Abbildung 379A und B), zweitens muß die Schattenkante genügend scharf begrenzt sein und drittens kann die Form dieser Kante eine Rolle spielen: bei gerader Kante geht die räumliche Wirkung eher verloren als bei gewundener Kante (Abbildung 379A und C) (14).

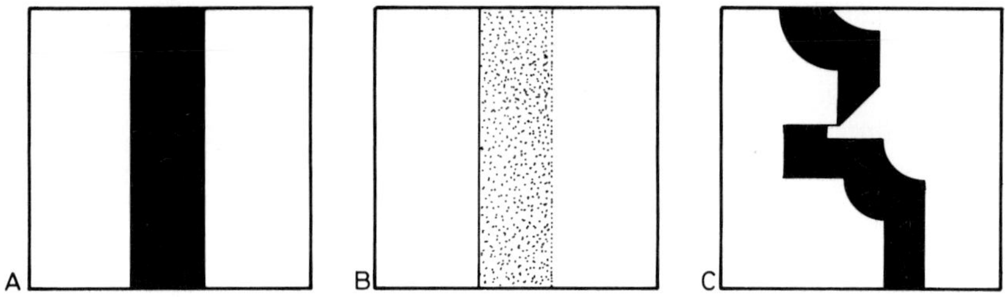

Abb. 379: Wahrnehmung von Schatten

Das Zusammenspiel von Licht und Schatten, ihre Untrennbarkeit, hat Frank Lloyd Wright sehr bildhaft beschrieben: »Des Menschen treuer Gefährte, der Baum, lebte vom Licht. Das Gebäude, des Menschen eigener Baum, lebte vom Schatten« (15).

Immer besteht zwischen Innen- und Außenraum ein Gegensatz (vgl. Kapitel 3.5.3). Dieser Gegensatz besteht teilweise auch bezüglich der Art der Beleuchtung, nämlich dann, wenn der Innenraum künstlich beleuchtet wird. Das natürliche Licht des Außenraumes verändert sich ständig, das künstliche Licht im Innenraum bleibt aber konstant, weder die Intensität noch die Lage der Lichtquelle unterliegt zeitlichen Schwankungen. Durch die große Entfernung der Sonne bedingt, treffen die Strahlen des natürlichen Lichtes parallel auf der Erde auf. Das künstliche Licht verbreitet sich allseitig von einer punktförmigen Quelle aus, die Strahlen verlaufen nicht parallel. Dieser Unterschied bewirkt zwei ganz verschiedene Schlagschattenbilder und somit unterschiedliche Helldunkel-Bedingungen zwischen innen und außen (Abbildung 380).

Im allgemeinen sind Innenräume nur abends und nachts auf Kunstlicht angewiesen, tagsüber dringt natürliches Licht durch geeignete Öffnungen ins Innere. Inwieweit natürliche Beleuchtung im Innenraum notwendig ist, hängt von den jeweiligen Anforderungen an den Raum ab. Ob sie für einen Arbeitsplatz nötig ist oder nicht, ist eine Streitfrage zwischen Physiologen und Beleuchtungstechnikern. Für die Architekten legt Louis I. Kahn die Antwort eindeutig fest: »ich glaube nicht, daß irgendein Zimmer seinen Namen verdient, wenn es künstlich beleuchtet ist« (16).

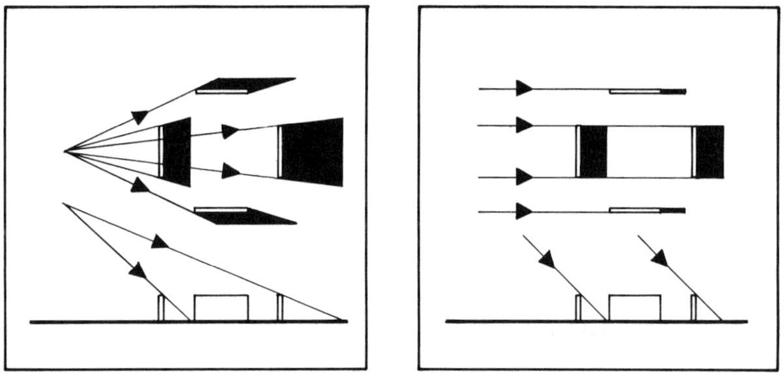

Abb. 380: Unterschiedliche Schlagschatten bei künstlicher (links) und natürlicher (rechts) Beleuchtung

8.4 Farbe

Die Wichtigkeit des Farbsehens wird gemeinhin unterschätzt als eine angenehme »Zutat«. Zusammen mit der Lichtintensität ist das Farbsehen in der optischen Wahrnehmung von erstrangiger Bedeutung.

Wozu sehen wir farbig? Zur Orientierung im Raum würde ein Hell-dunkel-Sehen ausreichen, allerdings wäre unsere Wahrnehmung dadurch erheblich eingeschränkt. Diese Feststellung können wir kontrollieren, indem wir eine Sonnenbrille mit stark getönten Gläsern aufsetzen: ein gleicher Grundfarbton prägt das Bild. Durch das Wegfallen verschiedener Farbtöne fehlt uns ein grundlegendes Unterscheidungsmerkmal: Ein roter Fleck auf einem blauen Grund ist nur noch durch den Helligkeitsunterschied erkennbar. Entfällt auch dieser und bestehen keine andern Anhaltspunkte, so ist der Fleck nicht mehr erkennbar. Können wir aber den Farbunterschied feststellen, so wird gerade er zum Unterscheidungsmerkmal.

Experimente haben gezeigt, daß bei der Orientierung im Raum und bei der Identifizierung von Objekten die Form wichtiger ist als die Farbe, wobei auch hier Unterschiede bestehen. Bei Kindern in bestimmten Altersstufen ist es umgekehrt, die Farbe ist wichtiger als die Form. Charakter und psychischer Zustand der Testperson haben ebenso einen Einfluß: heitere Stimmung führt eher zur Wertung nach Farbe, depressive Menschen urteilen eher nach Form. Extrovertierte bevorzugen Farbe, Introvertierte eher Form (17) (vgl. Abbildung 50). Dies würde demnach bedeuten, daß in einem Stil mit vorwiegend komplexer Ordnung Farbe im Verhältnis zu Form einen höheren Stellenwert einnimmt als in einem Stil mit einfacher Ordnung. Eine weitere Folgerung wäre, daß bei einer Nachricht die farbliche Komponente eher den ästhetischen Anteil der Information ausmachen würde, während der formale Aspekt eher dem semantischen Teil entsprechen würde. Dies stimmt nur bedingt, da die Vielfältigkeit der Formen und ihre emotionalen Wirkungen nicht berücksichtigt sind.

Der Gegensatz zwischen Form und Farbe geht noch weiter. Einen Kreis nehmen wir als Kreis wahr, unabhängig von Farbe und Belichtung. Die Wahrnehmung von Farbe ändert sich aber je nach Beleuchtung. Der Tadsch-Mahal (Abbildung 77) in Agra ist mit weißem Marmor verkleidet. Seine wahrnehmungsmäßige Farbe ändert sich ständig: rötlich beim Morgengrauen, weiß im Mittagslicht, verschiedene Gelbtöne am Nachmittag, hellblau am Abend und grau-weiß bei Mondlicht.

Nicht nur die Beleuchtung, auch die Farbe der Umgebung beeinflußt den wahrgenommenen Farbton. Eine blaue Figur wirkt auf grünem Untergrund anders als auf rotem Grund. Dies erklärt die Schwierigkeit der Farbbestimmung für eine Hauswand aufgrund kleiner Farbmuster: die Lichtverhältnisse und die Farbe der Umgebung lassen die gleiche Farbe am Muster anders erscheinen als später am Objekt.

Befindet sich ein Gegenstand bestimmter Farbe in einem andersfarbigen Umfeld, besteht entweder die Tendenz zur farblichen Anpassung oder zum Kontrast, sind die beiden Farbtöne ausreichend ähnlich oder ist der Gegenstand im Verhältnis zu seiner Umgebung ausreichend klein, besteht ebenso Tendenz zur Anpassung (18).

Der farbliche Kontrast zwischen zwei Flächen ist auch der Ansatzpunkt für eine Definition des Begriffes Farbe: »Farbe ist diejenige Gesichtsempfindung eines dem Auge strukturlos erscheinenden Teiles des Gesichtsfeldes, durch die sich dieser Teil bei einäugiger Beobachtung mit unbewegtem Auge von einem gleichzeitig gesehenen, ebenfalls strukturlosen angrenzenden Bezirk allein unterscheiden kann« (19). Diese Definition schließt weiß, schwarz und sämtliche Grautöne mit ein in die Gruppe der Farben. Goethe bezeichnete sie in seiner Farblehre noch als »Unfarben« (20). Schwarz und weiß nehmen innerhalb der ganzen Farbskala eine Sonderstellung ein. Dazu Theodor W. Adorno: »Das Ideal des Schwarzen ist inhaltlich einer der tiefsten Impulse von Abstraktion« (21). Demnach ist es auch nicht verwunderlich, daß das »schwarze Quadrat auf weißem Grund«, ein Bild von Kasimir Malevitsch (1915), das als Markstein der abstrakten Malerei gilt, nur noch aus einem schwarz-weiß Kontrast besteht (Abbildung 71). Victor Vasarely: »Physikalisches Gesetz: alle Farben zusammen = weiß (Licht), alle Anti-Farben zusammen = schwarz (Schatten). Konsequenz: ein ›schwarz-weiß‹ Bild ist das farbigste, dichteste und differenzierteste der umgebenden Natur, die selbst vielfarbig ist« (22).

Das, was wir als Farbe wahrnehmen, setzt sich aus drei Komponenten zusammen: Farbton, Helligkeit und Sättigung (23). Ihre Zusammenhänge wurden anhand verschiedener Theorien mittels verschiedener Modelle dargestellt, die hier nicht wiederholt werden sollen. Der Ton, das was gemeinhin als Farbe bezeichnet wird, wird weniger differenziert wahrgenommen als die Helligkeit; ein Mensch kann ca. 200 Helligkeitsstufen unterscheiden, jedoch nur 160 verschiedene Farbtöne in einem Spektrum von reinen Farben (24). Diese Farbunterscheidung ist nur dann möglich, wenn die Farbtöne direkt miteinander verglichen werden können. Müssen wir uns aber an einzelne Farben erinnern, dann ist die Zahl jener Farbtöne, die wir leicht und zuverlässig wiedererkennen können, nicht viel größer als sechs (25). Die Tatsache, daß bei der Unterscheidung von Farben die Helligkeit wichtiger ist als der Ton, wird oft ausgenutzt, indem ein Farbunterschied mit Hilfe einer zusätzlichen Helligkeitsdifferenz unterstützt wird.

Die Frage, ob Architektur farbig sein soll, erübrigt sich, denn jeder Gegenstand, jedes Gebäude hat seine eigene Farbe. Auch jedes Material, sei es künstlich oder natürlich, hat seine Eigenfarbe. Im alten Ägypten waren die Steinstützen farbig gestrichen, analog ihren Vorbildern in der Natur, die Decken oft blau wie die Farbe des Himmels (26). Auch die griechischen Tempel waren ursprünglich, zumindest teilweise, bemalt, wie Farbspuren an ausgegrabenen Teilen solcher Bauten bewiesen haben (27). Über die Frage, inwieweit die Tempel bemalt waren, sind sich die Fachleute nicht einig. Möglicherweise waren einige der heute kahlen Flächen mit Verzierungen, wie Girlanden usw. bemalt. Größere Flächen wurden offenbar nicht gefärbt, harte Farbkontraste vermieden. Bei der Beurteilung der Farbfrage in der griechischen Antike muß immer der Aspekt der Beleuchtung berücksichtigt werden: Licht ist dort sehr intensiv, die Linien klar und eindeutig, die Schatten prägnant. Frank Lloyd Wright äußerte sich zum Zusammenhang zwischen Licht und Farbe in der griechischen Architektur wie folgt: »Natürlich besuchte ich Athen – hielt meine Hand in die saubere Mittelmeerluft gegen die Sonne und sah die Knochen meiner Hand durch das rosafarbige Fleisch – sah dieselbe Lichtdurchlässigkeit in der Marmorstütze des antiken Parthenons, und da wurde mir bewußt, was ›Farbe‹ in solchem Licht gewesen sein muß« (28). Neueste Funde beweisen, daß auch die gotischen Kathedralen teilweise bemalt waren (29).

Mit Hilfe von Farbe kann auch ein räumliches Konzept unterstützt werden. Dank dem Schwarz-weiß-Kontrast wird die Illusion von Tiefe geschaffen. Dieses Phänomen kommt zum Beispiel in den Fassaden der Domkirchen von Siena und Florenz zur Geltung. Die Schwarz-weiß-Kontraste in der Steinverkleidung lösen die großen Fassadenflächen optisch auf und schaffen den Eindruck räumlicher Tiefe. Die Schwarz-weiß-Muster beschränken sich auf die flachen Fassadenteile. Die großen Eingangsfronten der beiden Kirchen sind durch reliefartige Vor- und Rücksprünge gegliedert und sind deshalb nicht auf den Tiefeneffekt des Schwarz-weiß-Kontrastes angewiesen. Was auf der repräsentativen Frontseite nur mit großem Aufwand erreicht wurde, wurde an den Seiten-

Unterschiedliche Behandlung der Front- und Seitenfassade mit dem gemeinsamen Ziel, räumliche Tiefe zu schaffen:

Abb. 381: Giovanni Pisano, Dom, 1284–1296, Siena, Italien

wänden auf einfachere Weise geschaffen. Das gemeinsame Ziel der räumlichen Gliederung der großen Flächen wurde auf zwei verschiedene Arten erreicht (Abbildung 381).

Das Problem der Gestaltung großer Flächen besteht heute wie damals. Ludwig Mies van der Rohe versuchte, mit dem Doppel-T-Profil eine Tiefenwirkung in der Fassade zu erzielen und damit die großen Wandflächen zu strukturieren (Abbildung 176). Cesar Pelli ist bestrebt, dasselbe Problem bei Hochhäusern mit Farbe zu lösen: »Wenn ich im 16. Jahrhundert arbeiten würde und wenn ich die großartigen Handwerker von damals zur Verfügung hätte, die Stein und Holz für wenig Geld bearbeiteten, würde ich plastisch und mit Stein und Holz bauen, weil das die damals erhältliche Technologie war. Und ich würde mich mit Profilen und Schatten und allen den Möglichkeiten des Ausdruckes beschäftigen, die mir diese Materialien geben würden. Das gibt es heute nicht. Was ich darum zu tun versuche, ist, den größtmöglichen Ausdruck aus den Materialien herauszuholen, die ich habe. Wenn ich ein Hochhaus errichte, das geschlossen, künstlich belüftet und belichtet usw. ist, dann geht es in erster Linie um eine satte Haut, und die Ausdrucksmöglichkeiten liegen meiner Meinung nach in der Farbe dieser Haut« (30) (Abbildung 382). Mit Hilfe verschiedener Farben kann, trotz satter, einheitlicher Außenhaut, die Struktur des Gebäudes sichtbar gemacht werden: Stockwerke, Brüstungen, eventuell verschiedene Nutzungen. Die Verwendung verschiedener Farben kann aber über das Verdeutlichen einer Struktur hinausgehen und zur reinen Dekoration werden. Die Fassadenfläche wird dann durch irgendein Farbmuster aufgelockert, eine Strukturierung ist nicht mehr sichtbar, ja sie wird vielleicht sogar absichtlich verschleiert.

Im Barock war die Malerei Teil der Architektur, sie unterstützte, ja ermöglichte erst die Realisierung dieser räumlichen Idee. Die Illusion des unendlichen Raumes konnte nur mit malerischen Mitteln erreicht werden.

Darstellende Malerei, also Gemälde, wurden nicht nur im Barock, sondern während Jahrtausenden, direkt auf die Wand gemalt. Das heißt, ihre Farbkomposition, ihre Helligkeitskontraste und auch ihr Inhalt waren auf ihren Standort abgestimmt. Ihre Aufgabe war es, den Charakter des Ortes zu unterstreichen. Auch später, als man begann, Bilder auf autonome Unterlagen zu malen, wurden die Gemälde oft für genau vorbestimmte Standorte gemalt. Der Künstler wußte im voraus, wo sein Werk später hängen sollte, er kannte die Lichtverhältnisse und die Umgebung und konnte sein Bild den Gegebenheiten entsprechend gestalten. Die Idee, Gemälde in einem Atelier zu malen, in einer Galerie zu verkaufen und schließlich an eine beliebige Wand zu hängen, ist relativ neu und schafft Probleme. Der Standort müßte nun umgekehrt dem Bilde angepaßt werden, zwischen Gemälde und Umgebung besteht oft keine Beziehung mehr.

Die Moderne war gegen den Mißbrauch der Farbe als reines »Anhängsel«. So schrieben Naum Gabo und Antoine Pevsner 1920 in ihrem »Realistischen Manifest« über den Gebrauch von Farbe: »Wir lehnen die dekorative Farbe als malerisches Element im plastischen Bauen ab. Wir stellen die Forderung, das konkrete Material als ein malerisches Element zu verwenden« (31). Auch die de Stjil-Bewegung wehrte sich gegen die Verwendung von Farbe als separates, reines Dekorationselement in der Architektur: in ihrem Manifest Nr. V von 1923 steht: »... 3. Wir haben die Gesetze der Farben in Raum und Zeit geprüft und festgestellt, daß sich aus den aufeinander abgestimmten Beziehungen dieser Elemente schließlich eine neue und positive Einheit ergibt. ... 7. Wir haben der Farbe ihren richtigen Platz in der Architektur gegeben und wir behaupten, daß die von der architektonischen Konstruktion getrennte Malerei (das heißt das Bild) keinerlei Daseinsberechtigung hat« (32). Und ein Jahr später Theo van Doesburg, ein Vertreter der de Stjil-Gruppe: »Die neue Architektur hat die Malerei als separaten und imaginären Ausdruck von Harmonie – sekundär als Darstellung, primär als farbige Fläche – abgeschafft. – Die neue Architektur gestattet die Farbe organisch als direktes Mittel des Ausdrucks ihrer Beziehungen innerhalb von Raum und Zeit. Ohne Farben sind diese Beziehungen nicht real, sondern unsichtbar. Das Gleich-

Abb. 382: Cesar Pelli, Hochhäuser mit farbiger Fassadenstruktur, 1981, Houston, USA

Abb. 383: Theo van Doesburg, Café l'Aubette, 1929, Straßburg, Frankreich

gewicht organischer Beziehungen erhält nur durch das Mittel der Farbe sichtbare Realität. Die Aufgabe des modernen Malers besteht darin, mit Hilfe der Farbe ein harmonisches Ganzes auf dem neuen vierdimensionalen Raum-Zeit-Gebiet zu schaffen – und nicht eine Oberfläche in zwei Dimensionen« (33). Seine Theorie hatte er unter anderem 1929 bei der Gestaltung des Café l'Aubette in Straßburg angewendet (Abbildung 383).

Die verschiedenen Farben haben alle eine spezifische psychologische Wirkung auf den Betrachter. Diese Wirkung hängt vor allem von drei Faktoren ab: A) vom Ort, an dem sie verwendet wird: das tiefe Blau des Himmels über den Schneebergen gefällt uns, dieselbe Farbe an den Wänden einer Wohnung würde uns selbst im Sommer zum Frieren bringen. B) Von der Kultur, das heißt von den jeweiligen Normen, die am jeweiligen Ort gelten. Als Beispiel haben die Extremfarben schwarz und weiß in Japan einen viel höheren Stellenwert als in der westlichen Welt. In einigen Kulturen haben bestimmte Farben eine symbolische Bedeutung: im alten China war gelb die Farbe des Kaisers und somit auch ein Symbol der Macht. C) Von den sozio-psychologischen Aspekten, die den Betrachter beeinflussen: ein Chirurg wird höchstwahrscheinlich zur roten Farbe eine andere Einstellung haben als ein Weinhändler.

Über die Wirkung von Farben soll hier nur ganz allgemein gesprochen werden, und zwar nur über jene Aspekte, die die Architektur direkt betreffen. Farben haben wahrnehmungsmäßig ein »Gewicht«. Obwohl wir wissen, daß normalerweise die Farbe eines Gegenstandes keinen Einfluß hat auf dessen physikalisches Gewicht, empfinden wir einen weißen, gelben, grünen oder hellblauen Gegenstand als leichter als denselben von orangeroter, dunkelblauer oder tiefvioletter Farbe. Schwarz, als die dunkelste Farbe, bildet die Ausnahme: sie erweckt den Eindruck von Leere. Im Märkischen Viertel in Berlin wurden mehrere Häuser auf hohe schwarze Sockel gestellt. Dies geschah in der Absicht, die Häuser auf »stabile Füße« zu stellen. Erreicht wurde jedoch das Gegenteil: die Häuser scheinen zu schweben. Nicht der Farbton allein, auch Helligkeit und Sättigung beeinflussen die »Gewichts«-Wahrnehmung von Farben: je heller und je blasser, desto »leichter«. Der genaue Grund für das differenzierte Gewichtsempfinden bei verschiedenen Farben ist bis heute noch nicht genau bekannt; doch wahrscheinlich hängt es von der Tatsache ab, daß wir gewohnt sind, Licht, und somit Helligkeit, eher oben als unten zu sehen (34).

Farben haben auch eine »Temperatur«: so empfinden wir rot und orange als »warm«, blau und grün-blau als »kalt«. Auch hier spielt die Sättigung eine entscheidende Rolle: je blasser die Farbe, desto »kälter«.

Aus diesen Zusammenhängen heraus läßt sich die räumliche Wirkung von Farben erklären: »warme« Farben kommen auf uns zu, sie scheinen den Raum einzuengen. Mit Hilfe dieser psychologischen Wirkung kann Raum wahrnehmungsmäßig verändert werden: wird die Rückwand eines langen schmalen Raumes zum Beispiel orange gestrichen, die Seitenwände Blau, so wirkt der Raum kürzer und breiter. Orange bringt die Rückwand näher, Blau drückt die Seitenwände auseinander.

Quellenverzeichnis Kapitel »Licht und Farbe«

(Jahrzahl in Klammer: Datum der Erstveröffentlichung)

(1) *Giurgola, Romaldo:* Louis I. Kahn, Zürich, 1979, S. 17

(2) *Klotz, Heinrich* und *Cock, John W.:* Architektur im Widerspruch, Zürich, 1974, S. 175 (Originaltitel: Conversations with Architects, New York, 1973)

(3) *Le Corbusier:* Ausblick auf eine Architektur, Berlin, 1969, S. 38 (Originaltitel: Vers une architecture, Paris, 1923)

(4) *Canival, Jean-Louis de:* Aegypten, Fribourg, 1964, S. 92

(5) *Martin, Roland:* Griechenland, Fribourg, 1966, S. 91

(6) *Lau, J.:* Zum Unterschied zwischen Modellräumen in natürlicher Größe und in maßstäblicher Verkleinerung bei der Beurteilung der Beleuchtungsqualität (in: Architekturpsychologie, Düsseldorf, 1973, S. 105) (Originaltitel: Architectural Psychology, London, 1970)

(7) siehe (2) S. 230

(8) *Balla, Peter* und *Bartenbach, Christian:* Beleuchtung von Museumsräumen (in: Werk, Bauen und Wohnen, 12/1980, S. 38)

(9) *Rasmussen, Steen E.:* Architektur Erlebnis, Stuttgart, 1980, S. 189 (Originaltitel: Om at opleve arkitektur, Kopenhagen, 1959)

(10) *Arnheim, Rudolf:* Kunst und Sehen, Berlin, 1978, S. 305 (Originaltitel: Art and Visual Perseption, Berkeley, 1954)

(11) siehe (6) S. 87

(12) siehe (10) S. 305

(13) *Lauenstein, Lotte:* Über räumliche Wirkung von Licht und Schatten (in: Psychologische Forschung, Band 22/1938, S. 283)

(14) siehe (13) S. 292

(15) *Wright, Frank Lloyd:* The Future of Architecture, New York, 1970 (1953), S. 45 (Übersetzung: J. Grütter)

(16) siehe (2) S. 247

(17) siehe (10) S. 330

(18) siehe (10) S. 360

(19) DIN 5033 (in: Richter, Manfred, Einführung in die Farbmetrik, Berlin, 1976, S. 10)

(20) siehe (19) S. 10

(21) *Adorno, Theodor W.:* Ästhetische Theorie, Frankfurt am Main, 1974 (1970), S. 65

(22) *Vasarely, Victor:* Notes brutes, Paris, 1972, S. 48 (Übersetzung: J. Grütter)

(23) siehe (10) S. 343

(24) siehe (10) S. 348

(25) siehe (10) S. 328

(26) *Koepf, Hans:* Struktur und Form, Stuttgart, 1979, S. 56

(27) siehe (26) S. 56

(28) siehe (15) S. 136

(29) Unterschiedliches Blau (in: Der Spiegel, 29/1984, S. 120)

(30) *Pelli, Cesar:* Interview (in: Archithese, 4/1980, S. 22)

(31) *Gabo, Naum* und *Pevsner, Antoine:* Grundprinzipien des Konstruktivismus, 1920 (in: Programme und Manifeste zur Architektur des 20. Jahrhunderts, Braunschweig, 1981, S. 53)

(32) *De Stijl* – Manifest V, 1923 (in: Programme und Manifeste zur Architektur des 20. Jahrhunderts, Braunschweig, 1981, S. 62)

(33) *Van Doesburg, Theo:* Auf dem Weg zu einer plastischen Architektur, 1924 (in: Programme und Manifeste zur Architektur des 20. Jahrhunderts, Braunschweig, 1981, S. 74)

(34) *Frieling, Heinrich:* Mensch und Farbe, München, 1977, S. 23

9. Zeichen

*»Ich wage zu behaupten,
daß die Architektur und der
städtische Raum eine symbolische Denkweise verlangt,
um die Menschlichkeit,
die Bedeutung und den Wert des Menschen
in der Architektur
und im städtischen Raum zu gewährleisten«.*
Kenzo Tange (1)

9.1 Semiotik

Jede Nachricht, auch die optische, wird mit Hilfe von Zeichen übermittelt. Der ganze Problemkreis des Zeichens wird in der Semiotik, als der Lehre der Zeichen, behandelt. Semeion, das griechische Wort für Zeichen, und Logos ergaben zuerst den Ausdruck Semiologie, der später dann zu Semiotik wurde. Jedes wahrgenommene Zeichen hat auf den Empfänger irgendwelche Wirkung. Grundsätzlich werden zwei verschiedene Gruppen von Zeichen unterschieden, wobei ein Zeichen gleichzeitig auch beiden Gruppen angehören kann (Abbildung 384).

Die syntaktische Dimension eines Zeichens sagt etwas aus über das Zeichen als solches; seine Form, Größe, Farbe. Der Empfänger kann gleiche Zeichen statistisch wahrnehmen, er kann mehrere Zeichen syntaktisch ordnen.

Die semantische Dimension eines Zeichens sagt etwas aus über den Inhalt, die Bedeutung des Zeichens. Der semantische Inhalt eines Zeichens kann oft nur dann wahrgenommen werden, wenn der Empfänger vorher seine Bedeutung erlernt hat, das heißt, das Zeichen muß bereits seinem Repertoire angehören (vgl. Abbildung 11). Die meisten Zeichen haben über ihre syntaktische Bedeutung hinaus noch einen Inhalt. Ein Verkehrszeichen ist solange nur ein syntaktisches Zeichen, bis wir seine Aussage erlernt haben und somit wissen, was es gebietet, das heißt, bis wir wissen, was sein semantischer Inhalt ist.

In der Natur, insbesondere bei der Tiergestalt, finden wir sowohl syntaktische wie semantische Zeichen. Die Musterung und Färbung kann ohne »Inhalt« sein und somit rein als Dekoration dienen, womit sie eine rein syntaktische Funktion hat. Oft haben die Zeichen aber eine semantische Funktion: sie dienen als Tarnung oder als Schreckmittel, als Schutz- oder Reizmittel.

Der Stellenwert des Zeichens in der Architektur ist schwer festzulegen; er war unterschiedlich von Epoche zu Epoche, er war und ist von Architekt zu Architekt verschieden und variiert schließlich von Bauwerk zu Bauwerk.

9.2 Semantik

Die Semantik bezeichnet die Beziehung eines Zeichens zu seiner Bedeutung, zu seinem Inhalt. Dieser Zusammenhang zwischen Zeichen und Bedeutung kann sehr vielschichtig sein (Abbildung 384).

Betrachten wir nun die verschiedenen Bedeutungsebenen des Zeichens am Beispiel der Kreisform. Der Kreis kann als syntaktisches Zeichen Teil eines Ornamentes sein. Das heißt, das Zeichen hat in diesem Zusammenhang keinen geistigen Inhalt, steht nur für sich selbst, als Dekoration.

Jede Form hat eine gewisse Eigendynamik. Der Kreis ist eine allseitig gleiche, ungerichtete Form (vgl. Kapitel 5.4.5). Seine Strukturlinien zeigen vom Zentrum radial nach außen oder in umgekehrter Richtung hin zum Kreismittelpunkt. Diese Eigenschaften verleihen der Kreisform einen Ausdruck, der seinen Niederschlag in ihrer architektonischen Anwendung findet. Diese erste Stufe des Kreises als semantisches Zeichen, seine Anwendung als architektonische Form, hat universelle Gültigkeit. Sie versinnbildlicht gewisse Eigenschaften, die ohne Vorkenntnisse und ohne spezielles Wissen verständlich sind. Der Zentralraum suggeriert, im Gegensatz zum Longitudinalraum, keine Bewegung, er hat ein klar definiertes Zentrum und beinhaltet deshalb Ruhe. Die

Form richtet sich hier nach der »geistigen Substanz«, das heißt, die runde Form repräsentiert, veranschaulicht eine bestimmte Geisteshaltung. Im Kapitel 5.4.5 wurde erwähnt, daß sich die runde Form aus inhaltlichen Gründen beim griechischen Rundtempel trotz konstruktiver Hindernisse durchsetzen konnte. Auch das Umgekehrte ist möglich: daß nämlich die runde Form aus rein physikalischen Gründen gewählt wird. Der Kreis kann wegen seines kleinen Umfanges verglichen mit anderen Formen am meisten Fläche umschließen, seine Umrißlinie ist allseitig gleich und erlaubt deshalb eine starke Druckbelastung. Aus diesen Gründen sind zum Beispiel die Druckkessel der Dampflokomitiven rund. Die Kühltürme der Atomkraftwerke haben eine runde Form, weil der Kreis, oder der Zylinder, am wenigsten Fläche braucht, um bestimmten Raum zu umschließen, weil diese Form eine allseitig gleiche Konstruktion erlaubt und strömungstechnisch optimal ist.

Die Eigenschaften des Kreises sind so stark und ausgeprägt, daß die Form auch als explizites Zeichen oder Piktogramm gebraucht werden kann. Das Piktogramm versucht seinen Inhalt bildlich, schematisiert zu vermitteln. Um die genaue Bedeutung verstehen zu können, sind oft Vorkenntnisse nötig. Das explizite Zeichen in Abbildung 384 kann nicht nur »Treffpunkt« bedeuten, sondern auch »Mitte« oder »zentral«. Auch der Pfeil ist ein Piktogramm, seine dynamische Form deutet auf seinen Inhalt (Abbildung 307). Als dritte Bedeutungsebene können wir die methaphorische Rolle der Form bezeichnen. Der Kreis weckt in uns Assoziationen, das heißt, wir projizieren unsere Erfahrungen in die Form: der Kreis wird zu einem Ring, einem Rad usw. Die Metapher läßt verschiedene Interpretationen zu und ist somit vom Individium und seiner Kultur abhängig, also subjektiv. Der TWA-Flugterminal in New York (Abbildung 162, 230, 231, 239) kann mit einem startenden Vogel verglichen werden. Diese Metapher veranschaulicht die Funktion dieses Baues, das Gebäude wird so zum Werbezeichen der Fluggesellschaft. Die Form läßt auch andere Interpretationen zu: so kann die gewölbte Schale an den Panzer einer Schildkröte erinnern, was dem Image einer Fluggesellschaft eher abträglich wäre. Die meisten Formen wecken beim Betrachter irgendwelche Erinnerungen oder führen zu subjektiven Vergleichen. Ein Gebäude kann zum Beispiel als »klotziger Tresor«, als »häßliche Schuhschachtel« oder als »eleganter Palast« bezeichnet werden. Diese Bezeichnungen geben jeweils eine persönliche, pauschalisierte Meinung wieder. Schon Gustav Theodor Fechner, der Begründer der Wahrnehmungs-

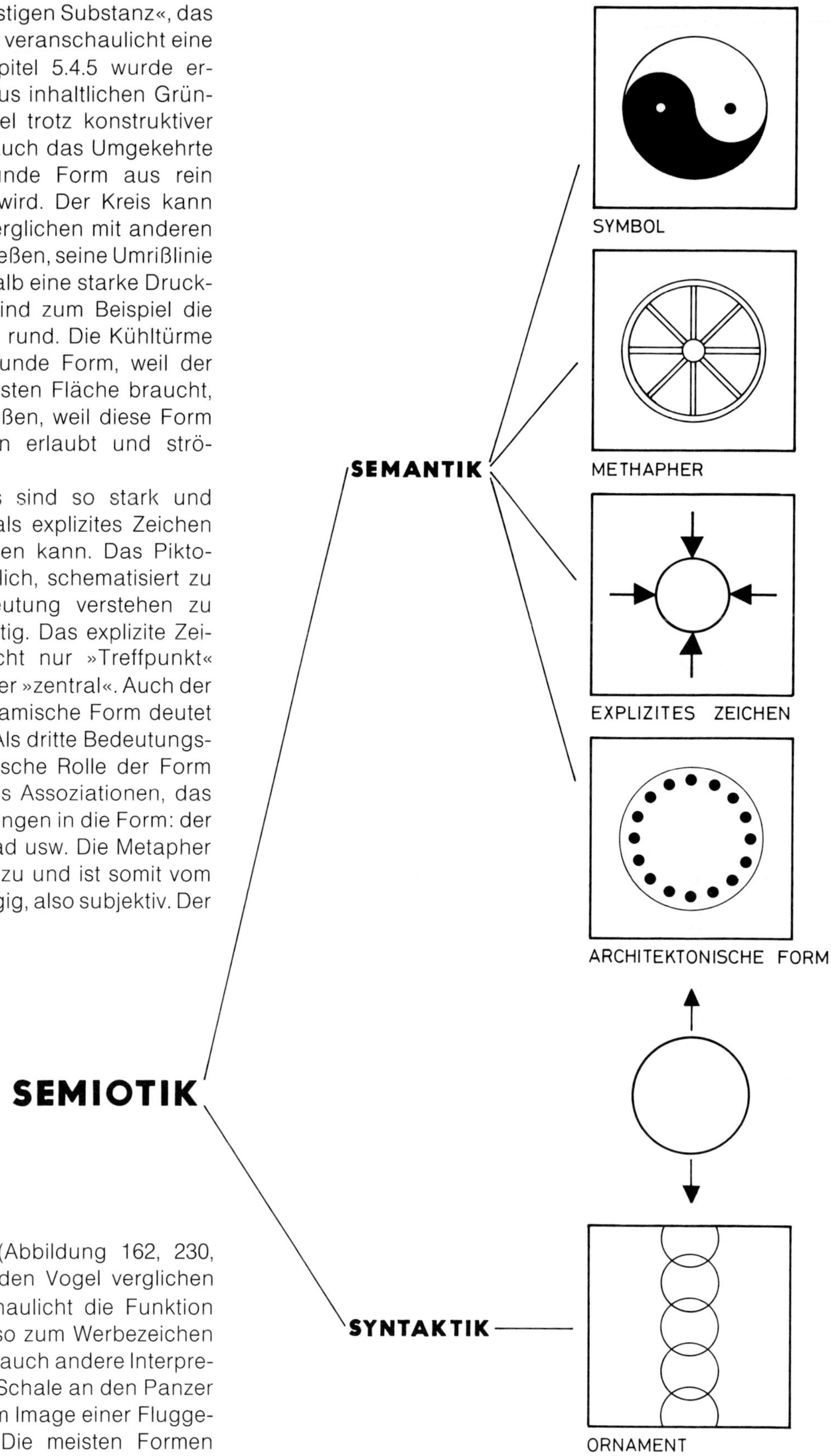

Abb. 384: Die verschiedenen Bedeutungsebenen eines Zeichens am Beispiel der Kreisform

wissenschaft, stellte in seiner Assoziationstheorie fest, daß die meisten Wahrnehmungen in Zusammenhang mit einer vorhergegangenen Erfahrung gebracht werden (2). Bezogen auf die Architektur vertrat er die Meinung, daß der Zweck, die Nutzung des Raumes, der stärkste Faktor dieser Erfahrung sei. Das Suchen nach Metaphern spielt bei den meisten Wahrnehmungen eine Rolle. Jedes neu registrierte Zeichen wird im Gehirn mit dem vorhandenen Repertoire verglichen und dann klassifiziert (3). Keine Wahrnehmung ist identisch mit dem schon Erlebten und jeder Vergleich mit dem Gespeicherten ist eine Suche nach einer Metapher. Dieser Vorgang wird dem Betrachter nicht jedesmal im gleichen Maße bewußt, oft spielt sich dieser Prozeß automatisch ab.

Als eine Zwischenstufe von Piktogramm und Methapher kann das Abbild bezeichnet werden. Es soll nicht irgendeine beliebige Assoziation wecken, sondern eine ganz bestimmte. Das Abbild steht damit stellvertretend für einen genau definierten Inhalt. Die Baukunst war, je nach Epoche und Kulturkreis, abbildend oder auch nicht. So ist zum Beispiel die Architektur der Antike und der Moderne rein rational und funktional, sie hatte keine über diesen Bereich hinausgehende Aufgabe. Eine gotische Kathedrale hingegen war nicht nur Versammlungsraum, sondern auch Abbild des Himmels. Sie hatte damit über ihren funktionalen Aspekt hinaus auch die Aufgabe, etwas darzustellen. Zusammen mit der Malerei und der Plastik bildete die Gebäudehülle ein Gesamtkunstwerk.

Letztlich ist die Kreisform auch Bestandteil vieler Symbole. Das Symbol ist die höchste semantische Bedeutungsebene des Zeichens. Die formalen Eigenschaften des Kreises drücken einen geistigen Inhalt aus, der weit über seine Form hinausgeht. Im taoistischen Jin-Jang-Symbol versinnbildlicht der Kreis die Einheit und die Vollkommenheit der sich ergänzenden Gegensatzpaare (Abbildung 100 unten). Während das Abbild immer für etwas »Konkretes« steht, zum Beispiel für das Himmelsgewölbe, versinnbildlicht das Symbol einen geistigen, abstrakten Inhalt. Das Verstehen eines Symbols verlangt gewisse Vorkenntnisse und ist Kultur-abhängig. So ist zum Beispiel das Zeichen des Hakenkreuzes heute vor allem ein Zeichen für die Gewaltherrschaft der Nationalsozialisten während des zweiten Weltkrieges. Dieses Zeichen ist jedoch viel älter und hatte in verschiedenen Kulturen eine symbolische Aussage, so ist es unter anderem auch ein altes buddhistisches Zeichen.

Ein Symbol drückt eine geistige Aussage formal aus. Heute wird das Wort »Symbol« für alle möglichen Arten von Bezeichnungen mißbraucht. So werden oft Zahlen als Symbole bezeichnet, sie sind aber im Normalfalle nichts anderes als explizite Zeichen. Dies schließt nicht aus, daß eine Zahl auch symbolische Bedeutung haben kann, zum Beispiel 52 als Einheit des kosmischen Zyklus der Azteken.

9.3 Schmuck

Sprechen wir von Schmuck in der Architektur, verwenden wir verschiedene Namen: Ornament, Verzierung, Dekoration, Skulptur, Bild, Fresken, Stuck usw. Sie haben alle etwas Gemeinsames: sie sind wahrnehmungsmäßige Zeichen und sind rein physisch nicht unbedingt notwendige Elemente. Das heißt allerdings nicht, daß sie überflüssig sind. Rudolf Arnheim weist darauf hin, daß die physischen und psychischen Bedürfnisse nicht einfach zu trennen sind, ja daß letztlich beide geistig-seelische Bedürfnisse sind (4). Jedes körperliche Verlangen des Menschen, wie das Bedürfnis nach Wärme, Nahrung usw., drückt sich als psychisches Verlangen aus. Somit ist zum Beispiel nicht mehr klar zu trennen zwischen der Wand und ihrem Schmuck. Die Wand wird in erster Linie zur Befriedigung physischer Bedürfnisse erstellt, ihr Schmuck deckt vor allem die psychischen Belange ab. Das Fehlen der Wand betrifft uns zuerst physisch, wir frieren zum Beispiel, dann aber auch psychisch. Das Fehlen des Schmuckes kann zu Langeweile und Eintönigkeit führen, was sich schließlich auch physisch auf unsere Gesundheit auswirken wird.

Schmuck kann mehr oder weniger autonom sein: eine Skulptur wird, zumindest heute, aufgestellt wie ein Möbelstück, ein Ornament hingegen ist fest verbunden mit seinem Träger. Die Moderne trennt bewußt Schmuck und Architektur. Schmuck bedeutet eine zusätzliche, nicht unbedingt notwendige, Bereicherung. In anderen Baustilen, zum Beispiel im Barock und im Jugendstil, wurde das Dekorative und das Konstruktive miteinander verschmolzen. Konstruktionselemente wurden so umgeformt, daß sie einerseits immer noch ihre physische Funktion erfüllten, anderseits aber auch bewußt zu einem dekorativen Element wurden (Abbildung 385, 386).

Bestimmte Schmuckarten haben eine rein syntaktische Funktion. Das Ornament zum Beispiel hat keinen geistigen Inhalt, seine Aufgabe ist vorwiegend die des Schmückens. Ursprünglich ersetzte das Ornament den vergänglichen pflanzlichen Schmuck, es war eine Nachbildung von Blumen, Blättern und Girlanden aus dauerhaftem Material (5). Die Formen wurden vereinfacht, abstrahiert und schließlich zum reinen geometrischen Muster. Gemälde und Skulpturen können über ihre syntaktische Funktion hinaus eine semantische Aufgabe erfüllen, sie können einen selbständigen Stellenwert haben und autonom existieren.

Alle Arten von Schmuck in der Architektur haben die Aufgabe, ein Konzept zu unterstützen. Ein Ornament kann zum Beispiel die Trennlinie zwischen zwei Elementen betonen oder eine große Fläche optisch unterteilen. Eine Skulptur kann als Blickfang dienen und damit eine Richtung weisen. Eine Stuckdecke schafft unterschiedliche Helligkeitswerte.

In die Konstruktion integrierter Schmuck:

Abb. 385: (oben links) Dogenpalast, 14. Jh., Venedig, Italien
Abb. 386: (unten links) Hector Guimard, Geländer einer Metro-Station, um 1900, Paris, Frankreich

Auf die Konstruktion applizierter Schmuck:

Abb. 387: (oben rechts) Basilika Menor de San Francisco, 18. Jh., La Paz, Bolivien
Abb. 388: (unten) Wohnhaus, Irkutsk, UdSSR

9.4 Symbol

Das Symbol ist ein semantisches Zeichen, etwas sinnlich Wahrnehmbares, das über seine direkte Reizkonfiguration hinaus noch eine zusätzliche Bedeutung hat. Das Symbol macht das Geistige sinnlich wahrnehmbar, kann also einem abstrakten Inhalt eine konkrete Form geben. Auch ein Schmuckstück kann eine semantische Dimension haben: ein Bild kann eine Geschichte erzählen. Sobald aber der geistige Inhalt eines Bildes wichtiger wird als sein Effekt als Schmuck, können wir von Symbol sprechen. Das Gemälde »Guernica« von Pablo Picasso (Abbildung 43) wurde zu einem Symbol gegen die Grausamkeit des Krieges. Nach Goethe kommt dem Symbol die Aufgabe zu, im Allgemeinen das Besondere und im Besonderen das Allgemeine zu sehen. Während bei der Metapher immer eine subjektive persönliche Interpretation erfolgt, ein Vergleich eines Gegenstandes mit einem anderen Gegenstand, steht das Symbol für eine ganz bestimmte geistige Aussage. Das Bild von Picasso ist immer noch Schmuckstück, doch ist heute seine Rolle als Symbol viel wichtiger. Als Schmuckstück können nur wenige dieses Bild an seinem Ausstellungsort betrachten, als Symbol gilt es weltweit. Meistens wird ein Zeichen nicht direkt als Symbol geschaffen, zu diesem wird es erst später, im Laufe der Zeit.

Nicht nur ganze Gegenstände, auch einfache Formen können symbolischen Wert haben. Kreis und Quadrat symbolisierten im alten China Himmel und Erde. Der Kreis verdeutlicht das Dynamische, den ewigen Umlauf ohne Anfang und Ende. Die quadratische Form ist die optische Reizkonfiguration für Ruhe und Gesetzmäßigkeit (6).

In alten Kulturen gab es Orte, die für niemanden oder nur ganz wenigen Auserwählten, wie religiösen und weltlichen Oberhäuptern, zugänglich waren: religiöse Bezirke und Örtlichkeiten, Gräber usw. Der Schmuck solcher Orte hatte deshalb primär eine symbolische Aufgabe. Im bolivianischen Hochland steht noch heute das sogenannte Sonnentor, eine der wenigen Überreste einer astronomischen Sonnenwarte der präkolumbischen Kultur von Tiahuanaco. Das Tor selbst, eine Öffnung in einer großen monolithischen Steinplatte, hatte symbolische Bedeutung; wahrscheinlich markierte sie einen Bezirk, einen Zugang zu einem speziellen Ort (7). Der ganze Stein ist mit einem Flächenrelief versehen, das in der Mitte des Frieses eine Sonnengottheit zeigt (Abbildung 358). Die Haare der Figur sind Sonnenstrahlen und enden teilweise in einem kleinen Jaguar- oder Pumakopf; Gottheiten des Mondes und der Nacht. Dort wo die Sterne und somit der Tag endet, beginnt die Nacht. Beide sind miteinander verbunden. Die zentrale Figur ist beidseitig umgeben von kleineren, ähnlichen Gestalten, die alle auf die zentrale Sonnengottheit in der Mitte gerichtet sind. War die Darstellung eine Art Kalender oder stellte sie eine Szene aus der Mythologie dar? Sicher waren die Figuren Symbole, sie übermittelten eine geistige Aussage, die weit wichtiger war als ihre Rolle als Schmuck.

Die Grabkammern im alten Ägypten wurden meistens nach der Beisetzung fest verschlossen und waren nicht mehr zugänglich. Trotzdem sind Wände und Decken reich geschmückt mit verschiedenen Darstellungen und geschriebenen Erklärungen. Diese Bemalungen halten eine geistige Aussage fest, sie sind Symbole, ihre Funktion als Schmuck ist unwesentlich. Wandmalereien ließen die kleine Kammer zu einem kosmischen Raum werden, in dem die Gottheit und der Herrscher als ihre Inkarnation weiter wirkten (Abbildung 359).

Peter F. Smith gibt eine gute Erklärung des menschlichen Bedürfnisses nach Symbolischem: »Nachdem der Mensch die Fähigkeit zu objektivem Bewußtsein entwickelt hat, befreite ihn dies von den Zwängen der unmittelbaren Gegenwart. Es gab ihm die Möglichkeit, nach einer unbefangenen Analyse der Vergangenheit die Zukunft vorherzusagen. Dafür gab es aber eine Strafe, indem die Gabe der Vorhersage eine neue Art von Angst erzeugte. Mit seiner neuen Intelligenz war der Mensch imstande, alle möglichen zukünftigen Katastrophen in die Gegenwart zu projizieren, besonders die letzte aller Katastrophen, den Tod. Dies brachte unvermeidlich eine gefühlsmäßige Lähmung mit sich. Die Lösung des Problems, die rationale Erkenntnis mit emotionalen Bedürfnissen zusammenzubringen, war das Symbol« (8). Die emotionale Ebene des Symbols ist wichtiger als seine ästhetische. Der Anblick eines Zeichens kann befriedigen, auch wenn der Anblick optisch nicht ohne weiteres ästhetisch ist. Normalerweise steigert aber der symbolische Aspekt eines Zeichens dessen ästhetischen Wert, indem er diesem eine weitere Dimension verleiht. Das Symbolische verleiht dem Zeichen auch dann einen gefühlsmäßigen Ausdruck, wenn dies von der ästhetischen Seite her nicht der Fall ist. Der Einfluß des Symbolischen auf das ästhetische Empfinden wurde auch von George David Birkhoff bei seinem Versuch, das ästhetische Maß zu berechnen, berücksichtigt (vgl. Kapitel 2.6). So stellte er fest, daß das ästhetische Maß eines Gegenstandes mit Symbolcharakter, nach seiner Formel berechnet, entweder zu hoch oder zu tief ist (9). Rul Gunzenhäuser gibt dazu folgende Erklärung: Birkhoff behandelt bei seinen Berechnungen jede Form als rein syntaktisches Zeichen und läßt somit sozio-psychologische Elemente und semantische Interpretationen außer acht. Gerade diese Aspekte verleihen aber dem Zeichen die symbolische Dimension (10). Die Aussagekraft ein und desselben Zeichens kann verschieden stark sein. So kann zum Beispiel das Zeichen des Kreises eine Figur der reinen Geometrie sein und somit nur syntaktischen Wert haben, oder es kann als Jin-Jang-Zeichen große Bedeutung erreichen.

Symbolik ist nicht nur auf die visuelle Wahrnehmung beschränkt, sie spielt im täglichen Leben eine bedeutsame Rolle und ist eine der Grundlagen jeder menschlichen Gesellschaft (11). Jedes Wort, jede Geste kann im weitesten Sinne eine symbolische Bedeutung haben, indem sie einen geistigen Inhalt vermittelt. Das Händedrücken beim Begrüßen hat syntaktisch keine Bedeutung, es ist der Ausdruck eines geistigen Inhaltes und somit eine symbolische Handlung. Dementsprechend haben die meisten gesellschaftlichen Umgangsformen, die sich im Laufe der Zeit entwickelt haben, einen symbolischen Hintergrund.

Der geistige Inhalt eines Symbols kann in der Architektur auf verschiedene Arten ausgedrückt werden. Jeder Farbe wird eine psychologische Wirkung zugeschrieben. Diesen Wirkungen entsprechend erhielten die Farben oft auch eine symbolische Bedeutung: rot als die Farbe der Liebe, blau für Treue etc. Im alten China war gelb die Farbe des Kaisers, sie war ein Zeichen für den obersten Herrscher, ein Symbol für Macht, Gesetz und Ordnung schlechthin. Grün war die Farbe der kaiserlichen Verwandschaft. Diese Farbe durfte nur vom Kaiser und von dessen Verwandten gebraucht werden. So symbolisierte sie eine bestimmte Gesellschaftsschicht und betonte ihre hierarchische Stellung (12).

Auch vielen Baumaterialien wird ein bestimmter Charakter zugeschrieben, sie können so eine bestimmte Eigenschaft versinnbildlichen und eine spezifische geistige Aussage haben: Gold und Marmor sind edel, sie stehen für Reichtum, Beständigkeit und Eleganz. Holz hingegen wirkt natürlich und warm, repräsentiert somit ganz andere Werte.

Auch die Lichtführung kann eine Idee verdeutlichen und damit symbolische Bedeutung erlangen. Die Art der Beleuchtung des Taufsteins in der Kathedrale von Tokyo (Abbildung 344) schafft eine optische Verbindung zwischen dem zu Taufenden und dem Göttlichen. Die oben einfallenden Lichtstrahlen können als Symbol des Heiligen Geistes verstanden werden, der herabkommt, um den Täufling in die christliche Gemeinschaft aufzunehmen. In der Bibel wird Licht oft gleichgesetzt mit dem Göttlichen und mit der Wahrheit (13). Das Licht, das in den oberen Teil des gotischen Mittelschiffes eindringt, dient deshalb nicht nur zur Beleuchtung, es symbolisiert direkt das Göttliche, den Himmel und macht damit das Raumkonzept der gotischen Kathedrale deutlich (vgl. Abbildung 148, 338).

Die Form ist wohl das meistgebrauchte Medium, um einen symbolischen Inhalt auszudrücken. Die konkave Form öffnet sich der Umgebung und wirkt deshalb einladend. Die konkaven Eingangsfassaden der Barockkirchen wurden so zu einem Symbol des für alle stets offenen Gotteshauses (Abbildung 227, 228, 229).

Die Tür ist ein funktionales Element, sie kann aber auch ein sehr starkes Symbol sein. Man betritt durch sie einen neuen Bereich, einen neuen Raum und so gesehen bedeutet eine Tür einen Wechsel, einen Neubeginn. Dieser Wechsel kann konkreter und symbolischer Art sein: Himmelspforte, das Tor zur weiten Welt usw. Beim Triumphbogen wurde das Tor von seiner eigentlichen Funktion losgelöst und nur noch symbolisch verwendet (Abbildung 389). Die Scheintür, eine vorgetäuschte Tür, die in Wirklichkeit keine ist, finden wir in verschiedenen Kulturen, sie symbolisiert einen Durchgang, der für Menschen nicht passierbar ist; als Beispiel das Tor ins Jenseits. Das Motiv des symbolischen Tores ist nicht nur auf die Antike beschränkt: das 190 Meter hohe Denkmal der Eroberung des Westens, in St. Louis von Eero Saarinen, kann als moderner Triumphbogen für unser Zeitalter gesehen werden (Abbildung 390).

Die Symbolik des Tores hatte überall Gültigkeit. In China betrat man eine Gebäudegruppe, die von einer Mauer umgeben war und einer Großfamilie als Behausung diente, durch ein Tor. Mit dem Durchschreiten dieses Tores gelangte man in den Bereich einer solchen Lebensgemeinschaft, das Tor wurde zu einem Symbol für Familie schlechthin (15). Die Tori genannten torähnlichen Durchgänge in Japan bezeichnen den Beginn eines

Abb. 389: Konstantinbogen, 316, Rom, Italien

Abb. 390: Eero Saarinen, Tor des Westens, 1958, St. Louis, USA

Abb. 391: Tor mit Wachfigur am Eingang eines Aka-Dorfes, Nord Thailand

heiligen Shinto-Bezirks. Sie können nicht geschlossen werden und bilden somit eine rein symbolische Trennung. Dieses Motiv ist auch bei vielen »primitiven« Kulturen zu finden. Zum Beispiel markieren die Aka-Stämme im Grenzgebiet zwischen Thailand, Burma und Laos die Zugänge zu ihren Dörfern mit mehreren torartigen Eingängen. Auch diese Tore sind nicht schließbar, sie bilden keine physische Sperre. Ihr geistiger Gehalt wird noch hervorgehoben durch Holzfiguren, den Wächtern der Tore (Abbildung 391, 392). Die ganze Anordnung hat keine direkte physische Funktion, erst der ihr zugedachte Gehalt macht sie zum Träger des Inhaltes.

Im Mittelalter hatte das Symbol einen ganz anderen Stellenwert als heute. Auch die Zahlen waren, nebst ihrer Rolle als mathematische Zeichen, Träger geistiger Werte und somit Symbole (16). Die Quelle mittelalterlicher Zahlensymbolik war vor allem die Bibel. So kann als Beispiel die Zahl 12 aufgeteilt werden in 3 mal 4. 12 ist die Zahl der Apostel, 3 die der göttlichen Dreifaltigkeit und 4 versinnbildlicht die weltliche Ordnung. Die Kombination der drei Zahlen kann den Auftrag der Apostel erklären, die Lehre der Dreifaltigkeit Gottes in alle Welt zu verbreiten (17). Diese Zahlensymbolik fand ihren formalen Niederschlag vor allem im Sakralbau.

Die geistige Aussage eines Symbols geschieht meistens nicht nur über ein einziges Medium wie Farbe, Material, Licht oder Form, sondern alle wirken zusammen und ergänzen sich.

Die gotische Kathedrale ist ein Gesamtkunstwerk mit einem Symbolgehalt, wie wir ihn uns heute nur noch schwer vorstellen können. Die gotische Kirche versucht, das Reich Gottes auf Erden darzustellen. Folgerichtig ist das mit Skulpturen reich geschmückte Eingangsportal nicht einfach die Trennung zwischen Innen- und Außenraum, sondern es symbolisiert den Übergang vom irdischen zum ewigen Leben im Jenseits und stellt so das Jüngste Gericht dar (18) (Abbildung 393). Die beiden Nebenportale sind dem Alten Testament auf der schattigen Nordseite und dem Neuen Testament auf der sonnigen Südseite gewidmet. Das runde Rosettenfenster über dem Hauptportal läßt einen Lichtstrahl so ins Innere fallen, daß er die Bewegungsrichtung hin zum Altar unterstützt. Gleichzeitig stellt die Rosette auch die Sonne

Abb. 392: Geschnitzte Wachfiguren (in Abbildung 391 links vom Tor)

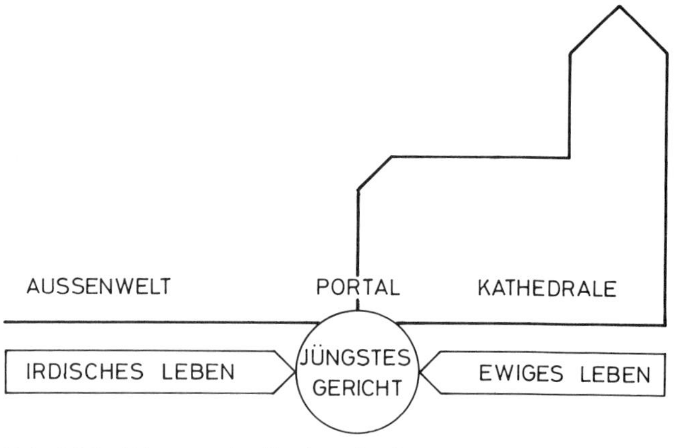

Abb. 393: Die symbolische Bedeutung der einzelnen Bereiche in der gotischen Kathedrale (vgl. Abbildung 145)

und den Kosmos dar, oder eine Rose, die wiederum als Mariensymbol bekannt ist. Da das Licht Glas und Edelstein durchdringen kann, ohne sie zu zerstören, diente es im Mittelalter als Symbol des Heiligen Geistes (19).

Das Symbol spielte bis in die Neuzeit in allen Architekturepochen eine primäre Rolle. Die Gestaltung des Raumes basierte nicht nur auf funktionalen, konstruktiven oder ästhetischen Kriterien, wie das heute oft der Fall ist, sondern hatte auch seinen symbolischen Hintergrund. Das Symbol visualisiert eine geistige Aussage, das heißt, es kann mithelfen, eine Ideologie zu veranschaulichen. Der Sakralbau in Europa spiegelte die christliche Weltanschauung. Adolf Max Vogt wies nach, daß in der russischen Revolutionsarchitektur die damals vorherrschende politische Ideologie auch in der architektonischen Form ihren Niederschlag fand. So weisen verschiedene Projekte dieser Zeit, zum Beispiel Lissitzkys Rednertribüne und Tatlins Turm der 3. Internationalen (Abbildung 271), einen Neigungswinkel von 23,5° auf, was genau der Neigung der Erdachse entspricht (20). Zwischen Arbeiterklasse und Astronomie bestanden nach Ansicht der damaligen Ideologen verschiedene Zusammenhänge: Der Astronom kann Zeit und Raum bestimmen und übt somit einen Einfluß auf die Organisation der Arbeit aus, was ihm Macht verleiht. In der ursprünglichen Planzeichnung für Tatlins Turm (Abbildung 271) verläuft die Schräge von rechts unten nach links oben. So wurde die Darstellung denn auch in vielen Grafiken und Plakaten dieser Zeit übernommen. Vogt interpretiert dies so: »›Aufstieg‹ und ›Auflehnung‹ verbinden sich zum Gesamteindruck ›Fortschritt wider das Gewohnte‹. Was genau dem entspricht, was diese Generation in Rußland bewegte, was sie mitzuteilen wünschte« (21). Damit waren die Bauten Ausdruck einer bestimmten geistigen Haltung, sie waren mehr als rein funktionale Gebilde, sie wurden zum Symbol einer neuen Weltanschauung.

Die Moderne lehnte Metapher und Symbol mit der Begründung ab, sie seien zu vage und zu subjektiv (22). Statt dessen konzentrierte sie sich auf objektive Aspekte wie Funktion und Ökonomie. Mit den modernen Wissenschaften wurde alles meßbar und erklärbar, das Rationale gewann Überhand über das Irrationale. Dadurch verlor der Mensch immer mehr den Kontakt zu seiner natürlichen Umwelt und ihren Phänomenen. Dies wiederum bedeutete, daß der sozio-psychologische Nährboden für Volksbräuche, Tradition, Mystik und Religion stets schwächer wurde. Gerade sie sind aber wichtige Grundlagen für die Symbolik. Diese Entwicklung verhinderte aber nicht die Metaphernbildung, nur wurde die Art der Interpretation nun ganz dem Betrachter überlassen, er hatte dafür keine Richtlinien und keine Hilfsmittel mehr. In der subjektiven Wertung eines Gebäudes durch die Öffentlichkeit kommt der Metaphernbildung eine gewichtige Rolle zu. Die Architekten der Moderne überließen die Interpretation ihrer Werke und damit auch ihre Wertung weitgehend dem Betrachter. Ein modernes Gebäude kann heute eine »häßliche Schuhschachtel« oder ein »prächtiger Palast« sein. So weit auseinanderliegende Urteile waren beispielsweise in der Gotik schon deshalb nicht möglich, weil das ästhetische Erscheinungsbild des Gebäudes nur ein Aspekt seiner Erscheinung und somit auch seiner Bewertung war. Der metaphorische und symbolische Gehalt war eine Nachricht, die bewußt manipuliert und deshalb von allen Besuchern gleich verstanden wurde. Dies mag mit ein Grund sein, warum formale Originalität, neue Formen, damals nicht gefragt waren. Die geistige Mitteilung an den Kirchenbesucher war immer die gleiche, sie wurde mit Hilfe der Symbolik vermittelt. Die Moderne verzichtete auf diese Kommunikationsmöglichkeit und beschränkte sich auf rein gestalterische Aspekte. Ohne die Dimension der Symbolik wurde die vom Architekten nun mehr oder weniger willkürlich festgelegte Form von der breiten Masse nicht mehr verstanden.

Die Postmoderne versucht wiederum vermehrt die noch vorhandenen soziologischen, psychologischen und ideologischen Bezugspunkte aufzugreifen und ihnen einen formalen Ausdruck zu geben. Die Piazza d'Italia in New Orleans von Charles Moore (Abbildung 164) ist ein Beispiel dafür. Der Architekt schreibt: »Die Träume, die alle menschlichen Taten begleiten, sollten durch den Charakter des Wohnortes genährt werden« (23). Der gestaltete Ort soll inspirieren und Assoziationen wecken, sollte das Bilden von Metaphern fördern und symbolischen Gehalt haben. Bei Moores Platzgestaltung wird mit dem Gegensatz zwischen der modernen Form und ihrem historischen Inhalt zusätzlich Spannung erzeugt. Die klassizistischen Säulen werden absichtlich ihrem Vorbild entfremdet: durch ihre Farbgebung, durch leuchtende Neonlampenringe, die den Säulenschaft vom Kapitell trennen usw. Die geistige Aussage der Säulen, die Erinnerung an die große Vergangenheit bleibt dadurch erhalten, ihre Ausstattung nimmt aber Bezug zur Gegenwart. Gewöhnliche Elemente werden übernommen und durch den Wechsel von Form, Material und Farbe ihrem ursprünglichen Sinn entfremdet. Was bleibt, ist die geistige Aussage. Dieses Vorgehen ist nicht neu: der Surrealismus und später auch einige Strömungen innerhalb der Pop-Art taten dasselbe (Abbildung 184, 185). Ein solches Vorgehen birgt die Gefahr in sich, im negativen Sinne banal zu wirken. Charles Moore: »Nur dadurch, daß man es bis an den Rand der Katastrophe treibt, in der Hoffnung, daß es nicht mißlingt, kann man das Gewöhnliche so bauen, daß es die Leute bemerken. Meine Zuversicht, daß es nicht mißlingt, basiert auf dem Hübschen, Fröhlichen, das wir allem verleihen, was wir ausführen. Es sollte eben lustig sein, und hier unterscheiden wir uns von Venturi« (24). Nach Robert Venturi ging dem Architekten der Moderne die Fähigkeit verloren, der Form einen tieferen geistigen Inhalt zu verleihen, mit Symbolen zu arbeiten. Den Hauptgrund sieht er in der heutigen Vergötterung des Raumes (25). Bei seinem Studienobjekt, dem Strip von Las Vegas, gilt ihm zufolge dieses Konzept der Moderne nicht: hier ist der Aspekt der Kommunikation wichtiger als die räumlichen Eigenschaften, das Symbol beherrscht den Raum. Venturi vergleicht den Strip mit dem Forum im alten Rom: auch dort war die Aussage, der Wunsch etwas darzustellen, wichtiger als der Raum (26).

Ob die Bauten von Ricardo Bofill als postmodern bezeichnet werden können oder nur als »Architektur des Narzismus par excellence« (Kenneth Framton über die Wohnüberbauung Walden 7 (27)) sei dahingestellt. Sicher wagt sich auch Bofill an den »Rand der Katastrophe«, doch fehlt ihm das »Hübsche, Fröhliche«, es wird ersetzt durch das Gigantische. In dem riesigen Wohnkomplex »Theater von Abraxas« in Marne-La-Vallée bei Paris haben die meisten Wohnungen keinen Balkon, viele keine direkte Sonneneinstrahlung, die Qualität der Wohnungsgrundrisse liegt nicht über dem Durchschnitt

Abb. 394: Ricardo Bofill, Theater von Abraxas, 1983, Marne-la-Vallée, Frankreich

Abb. 395: Inigo Jones, Covent Garden, 1630, London, Großbritannien

des Üblichen (Abbildung 394). Bofill bezeichnet seine Bauten als »Surrealistische Welt«, in der er bewußt Symbole schafft (28). Das Erscheinungsbild seiner Bauten läßt verschiedene Interpretationen zu und weckt mannigfaltige Assoziationen. Verglichen mit den meisten übrigen Wohnsiedlungen im Großraum von Paris und anderswo ist das »Theater von Abraxas« keine anonyme Architektur, es ist ein bewohnbares Monument, mit dem sich die Bewohner identifizieren können. Ähnlich dem Strip von Las Vegas ist auch hier die Erscheinung, der Kommunikationsaspekt, wichtiger als die räumlichen Eigenschaften. Die Einzelwohnung als solche, ihre räumlichen und formalen Qualitäten, sind sekundär, wichtig ist die Möglichkeit der Identifikation, die geistige Vielschichtigkeit der Anlage. Das Prinzip, das Bofill anwendet, ist nicht neu: Inigo Jones baute 1630 die ersten Reihenhäuser am Covent Garden in London nach demselben Schema (Abbildung 395). Die Wohnungen wurden mittels einer gemeinsamen, einheitlichen Fassade zusammengefaßt. Das einheitliche Erscheinungsbild der Anlage erinnerte stark an Palastbauten der Renaissance und sollte den Eindruck der Größe erwecken. Spätere, ähnliche Reihenbebauungen, zum Beispiel der Royal Crescent in Bath von John Wood dem Jüngeren, folgten alle diesem Muster. In Frankreich entstand schon 20 Jahre früher eine ähnliche Überbauung: der Place Royal, heute Place des Vosges genannt, ist die erste geschlossene Architektur in Paris. Wohnungen für den gehobenen Mittelstand wurden hinter einer einheitlichen Fassade um einen regelmäßigen Platz angeordnet.

9.5 Die Bedeutung des Zeichens in der Geschichte der Architektur

Das Bedürfnis nach Schmuck ist so alt wie das Verlangen nach physischem Schutz. Die ersten Ansätze einer Architektur wurden dekoriert und verziert, wobei Schmuck nicht in erster Linie Verschönerung bedeutete, sondern objekt- oder personenbezogen war und eine metaphorische oder symbolische Bedeutung hatte (29). Aufgabe des Schmuckes war es, die Grundidee, die auch die architektonische Form bestimmte, im nicht-konstruktiven Bereich weiterzuführen.

Im alten Ägypten war ein Tempel Wohnort einer Gottheit, wo der Pharao als Repräsentant seines Volkes mit dem Göttlichen Kontakt aufnahm. Der Tempel symbolisierte das Land Ägypten und damit die ganze Welt (3). Kulthandlung und Dekoration dienten dazu, dieses Konzept zu unterstützen. Die Grabstätte enthielt außer dem Sarkophag unzählige Gegenstände und Schmuckstücke aus dem täglichen Leben des Königs, die Wandbemalungen erinnern an Episoden aus seinem Leben. All dies war nicht zum Betrachten bestimmt; nur wenige Personen durften diese Räume je betreten. Die Wanddekorationen zeigen die Vergangenheit des Königs, die ins Grab gegebenen Gegenstände waren für sein zukünftiges Leben bestimmt. All diese Zutaten und Dekorationen waren Träger geistigen Inhalts, sie symbolisieren die soziologische und ideologische Struktur des Reiches und waren deshalb nicht nur Anhängsel, sondern ebenso wichtig wie der Bau selbst (Abbildung 359).

Die Reliefdarstellungen am Tympanon des griechischen Tempels waren nicht Dekorationen im heute bekannten Sinne. Ihre Aufgabe war es, eine Geschichte zu erzählen, nämlich jene der verehrten Gottheit oder des Tempelerbauers (31). Diese Darstellungen vermitteln das, was die reine Baukonstruktion nicht ausdrücken konnte. Sie waren Teil des Gebäudes, wie zum Beispiel Stützen und Träger. Ihre Verpflanzung in alle Teile der Welt hat sie deshalb auch zweckentfremdet. Architektur war mehr als nur eine Gebäudehülle, sie half mit, die Grundwerte der Gesellschaft zu verdeutlichen.

Der Glaube an ein Symbol kann so weit gehen, daß ihm Kräfte und Fähigkeiten zugesprochen werden, die es in Wirklichkeit nicht hat. Der geistige Inhalt wird wichtiger als die visuelle Wahrnehmung. Die Griechen malten auf den Bug ihrer Schiffe ein Augenpaar, das während der Reise zu wachen hatte (32). Diese »Dekoration« war Bestandteil des Schiffes wie Mast und Segel. Ihre Bedeutung kann mit den heutigen Radaranlagen verglichen werden. Diese Augen am Schiffsbug finden wir in abgewandelter Form auch in anderen Kulturen, ja sie existieren in Form der Gallionsfigur weiter bis in die Neuzeit.

Auch in der alt-römischen Kultur darf Schmuck nicht unabhängig von seinem architektonischen Umfeld gesehen werden, er ist Teil der Gesamtkomposition. Die großen Thermen sollten den Benutzer für eine Weile die profane Welt mit ihren Problemen vergessen lassen. Sie stellten deshalb eine Art Traumwelt dar. Die Gewölbe dieser »Vergnügungszentren« waren mit Gold- oder Glasmosaiken ausgeschmückt, was ganz spezielle Beleuchtungsverhältnisse schuf und eine weltentrückte Stimmung bewirkte (33). Die Atmosphäre in diesen Anlagen war wohl mit der auf den heutigen Jahrmärkten vergleichbar (Abbildung 135). Schmuck ermöglichte das, was mit konstruktiven Mitteln nicht erreichbar war. Nicht nur der Raum, wie in der Moderne, sondern der geistige Gehalt stand im Vordergrund. Um diesen optisch umzusetzen, waren alle Mittel recht, nicht nur die rein konstruktiven. Dasselbe Prinzip gilt heute nur noch auf Jahrmärkten und an speziellen Orten, wie z. B. auf dem Strip von Las Vegas.

Dieselbe Einstellung ist in den frühchristlichen Kirchen feststellbar und kann heute noch an einigen byzantinischen Bauten bewundert werden.

Die romanische Kirche vermittelt uns heute einen falschen Eindruck. Die heute kahlen und schmucklosen Wände waren ursprünglich bemalt und mit kostbaren Tüchern und Goldschmiedearbeiten, die im Lichte zahlreicher Kerzen erglänzten, versehen (34). Eine besondere Bedeutung hatten die Behälter der Heiligenreliquien. Diese kostbaren Gold- oder Silberschmiedearbeiten waren der Stolz jeder Kirche und oft der Grund zahlreicher Pilgerreisen. Das romanische Raumkonzept versuchte, das Haus Gottes auf Erden zu bauen (Abbildung 148). Die Aufgabe des Schmuckes war es, diesem Hause Gottes Prunk zu verleihen, und deshalb wurde Schmuck ein wesentlicher Teil des Konzeptes. Während der Religionskriege wurden die meisten Kirchen ihres Schmukkes beraubt, womit sie ihren ursprünglichen Ausdruck verloren. Der Schmuck war auch hier mehr als eine verschönernde Zutat: ohne ihn war die Einheit zerstört. Die Reste der romanischen Kirchen vermitteln uns heute ein völlig falsches Bild von dem, was ursprünglich war, sie sind nur noch das Skelett.

Bauwerke waren bis zum Zeitalter des Barock Gesamtkunstwerke. Das heißt, alle am Bau beteiligten Künstler leisteten einen gleichwertigen Beitrag, jede vertretene Kunstgattung war wichtig und unentbehrlich. Diese Einstellung ist uns heute schwer verständlich, sie ist uns fremd. Die Dekorationen jener Stilepochen erscheinen uns heute, oft losgelöst von ihrem ursprünglichen Standort, unverständlich, ja sinnlos, weil wir dazu neigen, Schmuck als etwas Selbständiges zu betrachten, als Zugabe, die uns, wenn nicht überflüssig, doch immerhin als nur beschränkt nötig erscheint. »Kunst am Bau« bedeutet heute ein aufgehängtes Bild oder eine aufgestellte Plastik, die nach Vollendung des Baues angebracht wird. Ein Bauwerk war früher aber eine Einheit, die von den Fundamenten bis hin zum kleinsten Dekorationsdetail reichte und versuchte, mit allen Mitteln ein geistiges Konzept zu verwirklichen. Natürlich konnte auch damals aufgeteilt werden in Teile, die statisch-konstruktiv notwendig waren, und jene, die keine solche Funktion hatten. Beide Komponenten waren aber zusammen verantwortlich für das resultierende Erscheinungsbild eines Stils, das ohne eine dieser Komponenten nicht denkbar war. Trotzdem waren ihre Anteile nicht immer gleich groß. Ihr anteilmäßiges Verhältnis änderte sich von Epoche zu Epoche und von Region zu Region (Abbildung 399). In der Früh- und Hochgotik dominierte der statisch-konstruktive Aspekt über den des Dekors. Im 13. und zu Beginn des 14. Jahrhunderts änderte sich das Verhältnis: das Dekorative überdeckte das Konstruktive. Noch später ist dann sogar eine Tendenz des Ablösens des Dekorativen von der Konstruktion zu beobachten. Diese Haltung fand ihren Höhepunkt in der Renaissance. Aber auch hier wurde der Schmuck nie ganz losgelöst von der Konstruktion. Palladio schrieb dazu: »Der Schmuck wird dann zum ganzen Bauwerk passen, wenn die Einzelteile mit dem Ganzen korrespondieren und bei großen Gebäuden große Teile, in den kleinen kleine und in den mittelgroßen mittelgroße Teile angebracht werden« (35).

Im Barock wurde das Dekorative wieder stärker mit der Konstruktion verschmolzen, ja es nahm zeitweise sogar eine dominierende Stellung ein. Das Primat des Schmükkens erlaubte auch das Vortäuschen von Materialien: niemand nahm Anstoß an der Tatsache, daß edle Materialien wie Gold und Marmor imitiert wurden, nur um einen Schein, eine Illusion zu erwecken. Die optisch-räumlichen Illusionen dieser Epoche waren ohne die dekorativen Mittel gänzlich undenkbar.

Im Rokoko wurde die langsam erstarrende Ornamentik noch einmal frisch belebt (36).

Später, im 19. Jahrhundert, wurde in all den verschiedenen Neo-Stilen auch deren Ornamentik übernommen. Da sich aber der Lebensstil grundsätzlich verändert hatte, wurde die Dekoration nicht mehr als integrierter Bestandteil des Bauwerkes verstanden, sondern als ein autonomes Anhängsel. In der zweiten Hälfte des 19. Jahrhunderts begann sich deshalb überall Widerstand gegen die verschiedenen eklektizistischen Strömungen zu regen (37). Hans Poelzig, damals Leiter der Kunstakademie in Breslau, äußerte sich 1906 zu den im 19. Jahrhundert wuchernden Stilen: »Aber ebenso sinfällig erwiesen die guten wie die verfehlten Lösungen, daß eine wahrhafte Architektur mit dem Rüstzeug der Dekoration nicht zu meistern, daß mit rein äußerlichen Mitteln dem Problem der heutigen Architektur nicht beizukommen ist. – Die Flucht vor allem, was historisch gegeben, kann ebensowenig Rettung bringen wie das nur dekorative Zurückgehen auf Formen der Vergangenheit« (38). Aus diesen Gründen versuchten die Architekten des Jugendstil das Dekorative wieder vermehrt mit dem Statisch-Konstruktiven zu verschmelzen. Beide Aspekte sollen sich wieder ergänzen, wie dies früher geschah. Die Werke von Antonio Gaudi und Victor Horta sind Zeugen dieser Entwicklung (Abbildung 396). Auch das Kunsthandwerk erlebte eine Erneuerung. Henry van de Velde, ursprünglich Maler von Beruf, entwarf 1895 seine eigenes Haus samt allen Einrichtungsgegenständen selbst. Er lehnte die Dekoration nicht ab, setzte sich aber für ihre form- und konstruktionsgerechte Anwendung ein: »Und wenn dich der Wunsch beseelt, diese Formen und Konstruktionen zu verschönern, so gib dich dem Verlangen nach Raffinement, zu welchem dich deine ästhetische Sensibilität oder dein Geschmack für Ornamentik – welcher Art sie auch sei – inspirieren wird, nur insoweit hin, als du das Recht und das wesentliche Aussehen dieser Formen und Konstruktionen achten und beibehalten kannst!« (39) Poelzig und van de Velde wandten sich beide nicht gegen die Dekoration als solche, sondern setzten sich für ihre Anwendung als integrale Bestandteile eines Ganzen ein. Beinahe unabhängig von der Entwicklung in Europa wandte sich auch in den USA Louis Sullivan 1892 in einem Aufsatz mit dem Titel »Ornament in architecture« gegen die falsche Verwendung dekorativer Elemente: »Ich würde sagen, daß es unserem Schönheitssinn sehr gut täte, wenn wir uns für eine Reihe von Jahren völlig der Anwendung von Ornamentik enthielten, damit unser Denken sich ganz auf die Herstellung gut geformter und in ihrer Nacktheit schöner Gebäude konzentrieren könnte« (40).

Abb. 396: Antoni Gaudi, Kirche La Sagrada Familia, ab 1903, Barcelona, Spanien

Sullivan war die Entwicklung in Europa allerdings nicht unbekannt: studierte er doch 1874 für kurze Zeit an der Ecole des Beaux-arts in Paris. Die Dekorationen an seinen Gebäuden wirken oft geometrisch, ähnlich wie eine reine Oberflächenstrukturierung. Kenneth Frampton vergleicht sie mit islamischen Vorbildern und begründete Sullivans Vorgehen wie folgt: »Mit diesem Rückgriff auf die ästhetischen und auch symbolischen Werte des Ostens suchte Sullivan die Kluft zwischen Intellekt und Emotion in der westlichen Kultur zu überbrücken« (41). Frank Lloyd Wright, ein Schüler Sullivans, verwendete dekorative Elemente ähnlich wie sein Lehrer. Der Schmuck entsteht direkt aus der Konstruktion, zum Beispiel aus der Art der Schalung des Betons und wurde nicht nachträglich hinzugefügt: »Ich glaube, daß viel Ornament im alten Sinn der ›Applikation‹ nichts für uns

Abb. 397: Le Corbusier, Ville Favre, 1912, Le Locle, Schweiz

Abb. 398: Frank Lloyd Wright, Ladeneingang, 1948, San Francisco, USA

ist, weil uns das Verständnis für seine Aussagekraft verlorengegangen ist. Ich halte nichts davon, Ausschmückungen lediglich um ihrer selbst willen anzufügen. Solange die ›Ausschmückung‹ durch Details nicht die Klarheit des Ausdrucks bei dem architektonischen Thema erhöht, ist sie immer unerwünscht. Die heutigen Menschen verstehen den Begriff Ornament sehr wenig. Und ganz besonders die Architekten. Ich möchte deshalb, um die Sache genauer zu treffen, so sagen: wenn eine Konstruktion im organischen Sinne konzipiert wird, dann wird die gesamte Ornamentierung als zum eigentlichsten Grundplan mitgehörig konzipiert und gehört deshalb zur Struktur des Gebäudes selbst« (42).

Adolf Loos wandte sich in Europa am vehementesten gegen jede Art von Dekoration. Im Jahre 1900 veröffentlichte er die Geschichte »Von einem armen, reichen Mann«: ein Mann läßt sein Haus, in dem er bis dahin zufrieden gelebt hat, von einem Architekten »verschönern«. Dieser dekoriert und schmückt das Haus über und über, keine Stelle läßt er aus, sogar die Gebrauchsgegenstände werden verziert. Eines Tages erhält der arme, reiche Mann ein Geschenk, das er voller Freude auch seinem Architekten zeigt. Dieser ist empört, daß der Bauherr es gewagt hat, einen neuen Gegenstand in »seinem« Haus aufzustellen, da doch das Haus von ihm schon komplett gestaltet worden ist (43). Loos richtete sich gegen die Dekoration von Gebrauchsgegenständen, gegen die Vermischung von Kunst und Handwerk, die ein Hauptanliegen des Werkbundes und der Befürworter des Gesamtkunstwerkes waren. Ja er ging noch weiter: »Ornament ist vergeudete arbeitskraft und dadurch vergeudete gesundheit« (44). Loos schrieb »Von einem armen reichen Mann« unter dem Einfluß des oben erwähnten Artikels von Sullivan, den er während seines dreijährigen Amerikaaufenthaltes kennenlernte. 1908 schrieb Loos seinen berühmt gewordenen Artikel »Ornament und Verbrechen«, in dem er Dekoration als etwas Amoralisches bezeichnet. Das Ornament entspreche einer niedrigen Kulturstufe, nicht aber dem 20. Jahrhundert: »Der drang, sein gesicht und alles, was einem erreichbar ist, zu ornamentieren, ist der uranfang der bildenden kunst«. – »Evolution der kultur ist gleichbedeutend mit dem entfernen des ornamentes aus dem gebrauchsgegenstand« (45). Zwischen der Geschichte des armen, reichen Mannes und dem Artikel gegen das Ornament liegen acht Jahre, in denen sich die Lage verändert hatte: mit dem ersten Artikel stellte sich Loos noch gegen eine starke Strömung des Gesamtkunstwerkes und gegen den Jugendstil. 1908 hatte sich seine Aussage von 1900 schon als richtig erwiesen, die Strömung des Jugendstils war am abklingen und Loos stand mit seiner Meinung bezüglich Schmuck nicht mehr alleine. Es folgten andere mit nicht minder deutlicher Sprache. So zum Beispiel Antonio Sant'Elia und Fillipo Tomaso Marinetti in ihrem »Manifest der futuristischen Architektur« im Jahre 1914: »Das Dekorative muß verschwinden« – » ... daß die Dekoration – als etwas, was zusätzlich an der Architektur angebracht oder darübergelegt wird – etwas Absurdes ist und daß allein von der ursprünglichen Anordnung des Rohmaterials, unverfälscht oder lebhaft gefärbt, der dekorative Wert der futuristischen Architektur abhängt« (46). Der ästhetische Wert wird also nicht mehr durch den Schmuck vermittelt, sondern allein durch die Schönheit des Materials. Wie schon beschrieben, war auch Adolf Loos dieser Meinung (Kapitel 4.3.1). Weiter glaubte er, daß auch die sichtbare Konstruktion, die Art des Zusammenfügens, die Schönheit eines Bauwerkes mitbestimmt: »An die stelle der phantasieformen vergangener jahrhunderte, an die stelle der blühenden ornamentik vergangener zeiten hat daher die reine, pure konstruktion zu treten« (47). Damit nahm Loos die generelle Meinung der Modernen zu diesem Thema bereits vorweg. Henry-Russel Hitchcock und Philip Johnson faßten 1932 zusammen: »Das architektonische Detail, das in der modernen Baukonstruktion genau wie in der Vergangenheit gebraucht wird, sorgt in der zeitgenössischen Architektur für eine gewisse Ausschmückung. Tatsächlich sorgte das Detail, wie es heute durch die Baukonstruktion bedingt ist oder diese veranschaulicht, auch bei den reinen Stilen der Vergangenheit für die meisten der dekorativen Elemente« (48). Das Ablehnen des Dekorativen war aber auch vor Loos nicht grundsätzlich neu. So äußerte sich zum Beispiel der Philosoph Arthur Schopenhauer schon Mitte des 19. Jahrhunderts wie folgt: »Die Verzierungen gehören der Skulptur, nicht der Architektur an, von der sie als hinzukommender Schmuck bloß zugelassen werden und auch wegfallen könnten« (49).

Die Ablehnung des Schmuckes hatte zwei Hauptursachen: einerseits war die Dekoration im 19. Jahrhundert nur noch ein klassisches, gotisches, chinesisches etc. Anhängsel, das auf einen beliebigen Architekturstil appliziert wurde, und somit keinerlei tiefere Aussage mehr hatte, wie das vorher während Jahrtausenden der Fall war, andererseits prägte die Industrialisierung einen neuen Schönheitsbegriff, die sogenannte »Ingenieur-Ästhetik« (vgl. Kapitel 2.4). Ein technisches Produkt war schön, weil es seinen Zweck unmittelbar erfüllte, jeder Teil seine genaue Funktion hatte und nichts überflüssig war. August Perret: »Was schön ist, bedarf keiner Dekoration, denn es ist selber dekorativ« (50). Auch Le Corbusier verwendete in seinem Frühwerk Dekoration und Ornament (Abbildung 397), verbannte aber später beides aus seinem Vokabular.

Die Entwicklung im 19. Jahrhundert bedeutete das Ende des Gesamtkunstwerkes. Die verschiedenen Kunstrichtungen: Architektur, Plastik und Malerei wurden autonom, sie existierten alleine weiter. Vorher bildeten sie eine Symbiose, das eine konnte nicht sein ohne das andere. Wohl dominierte, je nach Epoche, einmal das Dekorative, einmal das mehr Statisch-Konstruktive (Abbildung 399). Das Schwergewicht konnte sich verlagern, sämtliche Kunstgattungen waren aber im Gesamtkunstwerk vereint. Das Ende dieses Zustandes war schicksalhaft für die Kunst schlechthin. Das Ornament, als einzige Kunstgattung nicht autonom existenzfähig, fand nur innerhalb des Gesamtkunstwerkes einen adäquaten Platz, in der Moderne mußte es zwangsweise untergehen.

Trotzdem verzichtete auch die Moderne nie ganz auf Schmuck, doch stand er in einem ganz neuen Verhältnis zum Gebäude. Die Plastik von Kolbe im Barcelona-Pavillon von Ludwig Mies van der Rohe verschmilzt nicht mit der Architektur, im Gegenteil, sie wirkt, als einzige organische Form, wie ein Gegenpol zu den rechtwinkligen, geraden Scheiben und Stützen. Durch diese Dualität entsteht Spannung, welche die strenge Geometrie des Raumes noch stärker wirken läßt. Die Einheit von Dekorativem und Konstruktivem bestand nicht mehr. Das autonome Dekorative wurde noch eingesetzt, um gewisse Aspekte der Architektur zu betonen, oder es bestand kein Zusammenhang mehr zwischen ihnen.

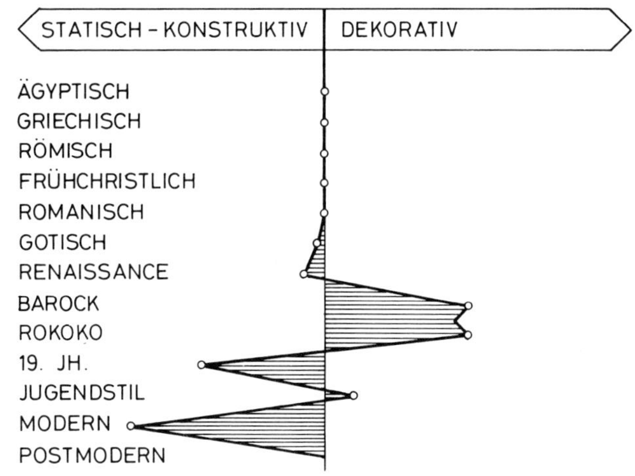

Abb. 399: Das Verhältnis des statisch-konstruktiven zum dekorativen Aspekt in den verschiedenen Stilepochen

Die Zeichensprache der Moderne beschränkte sich auf die rein formale Aussage und wurde damit bedeutungsarm. Innerhalb der Moderne entstand die Strömung der »Revolte gegen die Vernunft« (vgl. Kapitel 4.1). Die strenge Geometrie und Rechtwinkligkeit des Raumes wurde gebrochen zugunsten einer freien Form. Damit wurde das Spektrum der Zeichensprache wieder erweitert, der Spielraum für formale Interpretationen wurde wieder größer und das Bilden von Metaphern wurde erleichtert. Diese Entwicklung führte schließlich zur Postmoderne. Die Dogmen der Moderne, zum Beispiel das Verbot im Namen der »Reinheit« von Teilen, die über das rein Zweckmäßige hinausgehen, wurden überprüft. Vieldeutigkeit, Kompromiß und Widerspruch wurden wieder akzeptiert und ins Repertoire der Architektur aufgenommen. Dadurch erhielt auch der Schmuck als Träger einer Bedeutung oder Botschaft wieder einen wichtigen Stellenwert innerhalb des Entwurfinstrumentariums. Das Zeichen als Metapher oder Symbol wurde erneut wichtig.

Einer der ersten Verfechter dieser neuen Auffassung war Robert Venturi, der sich schon in den sechziger Jahren gegen die strenge Doktrin der Moderne wandte. In seinem 1966 publizierten Buch »Komplexität und Widerspruch in der Architektur«, von dem Vincent Scully behauptete, daß es wahrscheinlich das bedeutendste Buch seit Le Corbusiers »Vers une architecture« sei, wendet er sich gegen die Grundsätze der Moderne: »Die Doktrin des ›Weniger ist mehr‹ verunmöglicht Komplexität, sie rechtfertigt deren Reduktion als Mittel der Ausdruckssteigerung« (51). Venturi setzt sich nicht für etwas grundsätzlich Neues ein, ihm geht es vielmehr darum, Eigenschaften, die in früheren Epochen Bestandteile der Sprache eines Architekturstils waren und ihm geistigen Gehalt verliehen, neu zu beleben und neu in die Architektur zu integrieren: »Mehrdeutigkeit und Spannung finden sich überall in einer komplexen und widerspruchsreichen Architektur. Architektur ist immer beides, Form und Substanz, abstrakt und konkret: ihre Aussage erschließt sich erst innerhalb eines je bestimmten Zusammenhanges. Ein architektonisches Element wird immer in Form und Struktur, Textur und Stofflichkeit zugleich wahrgenommen. Diese wechselnden Abhängigkeiten, unübersehbar.und voller Widersprüche, sind der Ursprung der vieldeutigen und spannungsreichen Momente, wie sie das Medium Architektur charakterisieren« (52). In seinem zweiten Buch, »Lernen von Las Vegas«, geschrieben 1978 zusammen mit Denise Scott Brown und Steven Izenour, geht Venturi noch einen Schritt weiter mit der Behauptung, daß die Wahrnehmung von Architektur sich nicht nur auf das Gesehene beschränke: »Wir sind der festen Überzeugung, daß die Wahrnehmung und ebenso der Entwurf von Architektur auf vorhergegangene Erfahrung und daraus gespeiste Assoziationen angewiesen sind, ferner, daß diese symbolischen, anderes repräsentierenden Elemente oftmals der Form, Konstruktion und Nutzung widersprechen, mit denen sie am gleichen

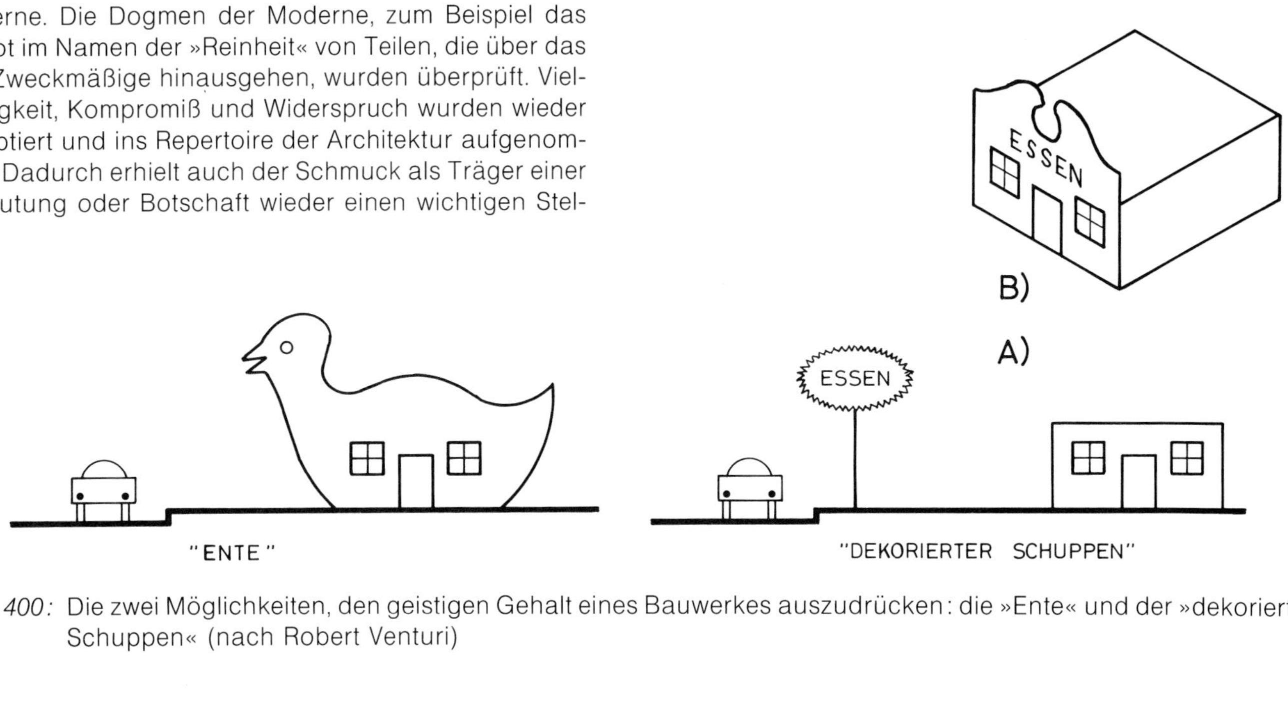

Abb. 400: Die zwei Möglichkeiten, den geistigen Gehalt eines Bauwerkes auszudrücken: die »Ente« und der »dekorierte Schuppen« (nach Robert Venturi)

Gebäude zusammentreffen« (53). Die Autoren sehen zwei Möglichkeiten, dieser Tatsache Rechnung zu tragen, die Lösung der »Ente« und die des »dekorierten Schuppens« (Abbildung 400).

Im Fall der »Ente« wird versucht, den Inhalt, die Bedeutung eines Gebäudes vor seinen räumlichen Ausdruck und die Konstruktion zu stellen. Eine Imbißstube, spezialisiert auf gebratene Enten, soll diesen ihren Inhalt direkt formal ausdrücken, indem das Gebäude die Form einer Ente erhält. Da die Form einer Ente eine ökonomische Konstruktion und eine reibungslose Nutzung erschweren könnte, sehen die Autoren eine zweite Möglichkeit, die des »dekorierten Schuppens«. Hier wird getrennt zwischen Gebäude, einer möglichst ökonomischen Hülle, optimal für die vorgesehene Nutzung, und der Dekoration, die den Inhalt und die Bedeutung dieser Hülle und ihrer Nutzung mitteilen soll. Beide Varianten sind nicht neu. Die Autoren bezeichnen die gotische Kathedrale als ein Beispiel, das sowohl »Ente« wie auch »dekorierter Schuppen« ist: die Gesamterscheinung der Kirche stellt metaphorisch ihren Inhalt dar, nämlich das Reich Gottes auf Erden (vgl. Kapitel 4.1). Die Hauptfassade, mit dem großen Portal zum Platz hin gerichtet, ist eine »Reklametafel«, eine »Schauwand für religiöse Propaganda« (54). Die Möglichkeit, den geistigen Inhalt und die Bedeutung eines Gebäudes mit Hilfe der Fassade oder eines gebäudeunabhängigen Zeichens auszudrücken, läßt großen Spielraum für Metaphern und Symbole. Die Gestaltung solcher Zeichen ist keine rein architektonische Aufgabe mehr: grafische, bildhauerische und malerische Aspekte können genauso miteinbezogen werden, womit wieder die Möglichkeit besteht, ein Gesamtkunstwerk zu schaffen. Damit ist das Spektrum der möglichen einsetzbaren Reizkonfigurationen ungemein viel größer als in der Moderne. In der Moderne steht der Raum im Mittelpunkt, eine Tatsache, die nach Venturi einen Symbolismus der Form erschwert, wenn nicht gar verunmöglicht: »Die Architektur der jüngeren Moderne endete in leerem Formalismus, obwohl sie doch gar nicht mehr hatte formen wollen, beförderte eine übersteigerte Expressivität, obwohl sie doch jedes Ornament brüsk zurückgewiesen hatte, und indem sie sich dem Symbolischen versagte, mußte sie schließlich den puren Raum vergöttern« (55). Die Architektur der Moderne vermied jede Art von Dekoration an ihren Bauten. Da dem Raum und somit seiner Form aber eine primäre Bedeutung zukommt, sind die Gebäude der Moderne nichts anderes als große syntaktische Zeichen.

Die Ideologie der Postmoderne entstand in den USA. Die beiden wichtigsten europäischen Vertreter sind Aldo Rossi und Oswald Mathias Ungers (56). Ihre Auffassungen sind zwar nicht identisch mit der Theorie von Robert Venturi, aber auch sie wehren sich gegen die Reduzierung der Architektur auf rein formale und räumliche Aspekte. Im Gegensatz zu Venturi sind sie aber der Meinung, daß der Weg über die applizierte metaphorische und symbolische Dekoration nicht der richtige sei. Vielmehr versuchen sie durch ein »Aufladen« der geometrischen Form mit typologischen und historischen Bezügen dem Bauwerk wieder vermehrt geistigen Gehalt zu verschaffen und damit die metaphorische und die symbolische Bedeutungsebene erneut stärker zu aktivieren.

Abb. 401: Aldo Rossi, Friedhof, ab 1980, bei Modena, Italien

Das Projekt für die Friedhoferweiterung bei Modena von Aldo Rossi zeigt ein großes Rechteck, gebildet aus einer laubengangartigen Arkade, mit einseitig angeordneten Grabkammern (Abbildung 401). Die Anlage ist streng symmetrisch. Auf der Mittelachse liegen ein Konus und ein Kubus. Dazwischen, rechtwinklig zur Achse, sind Reihen von Grabkammern angeordnet, deren Länge sich vom Konus hin zum Kubus vergrößert, und die gemeinsam im Grundriß ein Dreieck bilden. Im Konus befindet sich ein Massengrab, im Kubus ein Beinhaus und eine Gedächtnisstätte für die Kriegsgefallenen. Die Anordnung entlang der Symmetrieachse erinnert an eine Fischgräte, selbst ein Symbol des Urchristentums. Das Beinhaus, in dem sich Knochen befinden, ist selbst nur ein Skelett, ein Kubus, dessen Öffnungen aus nackten Löchern bestehen und der kein Dach hat. Unvollendet, eine Ruine und somit eine Analogie des Todes. Der Konus schafft einen formalen Bezug zu den nahegelegenen Fabrikkaminen und kann so als Metapher für das Auflösen, das sich Verflüchtigen, gesehen werden. Die Arkade, welche die Anlage umschließt, erinnert einerseits an Reihenhäuser, andererseits deutet ihr sich stets wiederholender und nie endender Rhythmus auf das Zeitlose, die Unendlichkeit des ewigen Lebens. Auch nach dem Tode ruhen die Menschen nebeneinander, ähnlich wie früher zu Lebzeiten vereint in einer geordneten Gemeinschaft. Die metaphorische und symbolische Aussage der Anlage kann erweitert werden, historische und typologische Vergleiche und Bezüge sind beliebig möglich. Demzufolge ist das Gebilde nicht mehr nur ein rein räumliches, durch die geschilderten Bezüge werden ihm geistige Werte zugeschrieben.

Quellenverzeichnis Kapitel »Zeichen«

(Jahrzahl in Klammer: Datum der Erstveröffentlichung)

(1) *Tange, Kenzo:* Funktion, Struktur und Symbol, 1966 (in: Kultermann Udo, Kenzo Tange 1946–1969, Zürich, 1970, S. 243)
(2) *Sörgel, Herman:* Einführung in die Architektur-Ästhetik, München, 1918, S. 26
(3) *Arnheim, Rudolf:* Die Dynamik der architektonischen Form, Köln, 1980, S. 267 (Originaltitel: The dynamics of architectural form, Los Angeles, 1977)
(4) siehe (3) S. 252
(5) *Koepf, Hans:* Struktur und Form, Stuttgart, 1979, S. 49
(6) *Thilo, Thomas:* Klassische chinesische Baukunst, Zürich, 1978 (1977), S. 120
(7) *Helfritz, Hans:* Südamerika: präkolumbianische Hochkulturen, Köln, 1973, S. 135
(8) *Smith, Peter F.:* Architektur und Ästhetik, Stuttgart, 1981, S. 140 (Originaltitel: Architecture and the Human Dimension, London, 1979)
(9) *Gunzenhäuser, Rul:* Maß und Information als ästhetische Kategorien, Baden-Baden, 1975 (1962), S. 28
(10) siehe (9) S. 144
(11) *Norberg-Schulz, Christian:* Meaning in western architecture, London, 1975, S. 428 (Originaltitel: Significato nell' architettura occidentale, Milano, 1974)
(12) siehe (6) S. 67
(13) *Arnheim, Rudolf:* Kunst und Sehen, Berlin, 1978, S. 319 (Originaltitel: Art and Visual Perseption, Berkeley, 1954)
(14) *Reinle, Adolf:* Zeichensprache der Architektur, Zürich, 1976, S. 248
(15) siehe (6) S. 225
(16) *Pevsner, Nikolaus:* Europäische Architektur, München, 1976, S. 113
(17) *Naredi-Rainer, Paul von:* Architektur und Harmonie, Köln, 1982, S. 42
(18) *Hofstätter, Hans:* Gotik, Fribourg, 1968, S. 49
(19) siehe (18) S. 51
(20) *Vogt, Adolf Max:* Revolutionsarchitektur, Köln, 1974, S. 211
(21) siehe (20) S. 212
(22) *Jencks, Charles:* Die Sprache der Postmodernen Architektur, Stuttgart, 1978, S. 50 (Originaltitel: The Language of Post-Modern Architecture, London, 1978)
(23) *Moore, Charles:* Place of houses, New York, 1979 (1974), S. 124 (Übersetzung: J. Grütter)
(24) *Klotz, Heinrich* und *Cook, John W.:* Architektur im Widerspruch, Zürich, 1974, S. 297 (Originaltitel: Conversations with Architects, New York, 1973)
(25) *Venturi, Robert:* Lernen von Las Vegas, Braunschweig, 1979, S. 174 (Originaltitel: Learning from Las Vegas, Boston, 1978)
(26) siehe (25) S. 138
(27) *Frampton, Kenneth:* Die Architektur der Moderne, Stuttgart, 1967, S. 253 (Originaltitel: Modern architecture, London, 1980)
(28) *Schilling, Rudolf:* Ricardo Bofill (in: Tagesanzeiger Magazin, Zürich, 16/1982, S. 20)
(29) siehe (3) S. 253
(30) *Canival, Jean-Louis de:* Aegypten, Fribourg, 1964, S. 87
(31) *Martin, Roland:* Griechenland, Fribourg, 1966, S. 94
(32) siehe (3) S. 254
(33) *Picard, Gilbert:* Imperium Romanum, Fribourg, 1965, S. 146
(34) *Oursel, Raymond:* Romanik, Fribourg, 1966, S. 8
(35) *Palladio, Andrea:* Die vier Bücher zur Architektur, Zürich, 1983 (1570), S. 113
(36) siehe (16) S. 368
(37) *Giedion, Sigfried:* Raum, Zeit, Architektur, Zürich, 1978, S. 206 (Originaltitel: Space, Time and Architecture, Cambridge, Mass., 1941)
(38) *Poelzig, Hans:* Gärung in der Architektur, 1906 (in: Programme und Manifeste zur Architektur des 20. Jahrhunderts, Braunschweig, 1981, S. 11)
(39) *Van de Velde, Henry:* Credo, 1907 (in: Programme und Manifeste zur Architektur des 20. Jahrhunderts, Braunschweig, 1981, S. 14)
(40) siehe (27) S. 46
(41) siehe (27) S. 48
(42) *Wright, Frank Lloyd:* in einem Ausstellungskatalog, Florenz, 1951 (in: Humane Architektur, Berlin, 1969, S. 80)
(43) *Loos, Adolf:* Ins Leere gesprochen, Wien, 1981 (1921), S. 198
(44) *Loos, Adolf:* Trotzdem, Wien, 1982 (1931), S. 83
(45) siehe (44) S. 78
(46) *Sant'Elia, Antonio* und *Marinelli, Fillipo:* Futuristische Architektur, 1914 (in: Programme und Manifeste zur Architektur des 20. Jahrhunderts, Braunschweig, 1981, S. 34)
(47) siehe (44) S. 134
(48) *Hitchcock, Henry-Russel* und *Johnson, Philip:* Der Internationale Stil, Braunschweig, 1985, S. 62 (Originaltitel: The International Style, New York, 1932)
(49) siehe (2) S. 158
(50) zitiert in: *Rykwert, Joseph:* Ornament ist kein Verbrechen, Köln, 1983, S. 168 (Originaltitel: The Necessity of Artifice, London, 1982)
(51) *Venturi, Robert:* Komplexität und Widerspruch in der Architektur, Braunschweig, 1978, S. 26 (Originaltitel: Complexity and Contradiction in Architecture, New York, 1966)
(52) siehe (51) S. 33
(53) siehe (25) S. 104
(54) siehe (25) S. 124
(55) siehe (25) S. 174
(56) *Klotz, Heinrich:* Revision der Moderne, München, 1984, S. 10

10. Teil und Ganzes

»Beim Verbinden von Teilen
muß eins plus eins mehr als zwei geben«
Charles Moore (1)

10.1 Die Beziehung der Teile zum Ganzen

Unsere ganze gebaute Umwelt besteht aus Teilen: Bauteile im kleinen Bereich, Gebäudeteile im mittleren Bereich und ganze Häuser oder Stadtteile im großen Bereich. Diese Teile werden zusammengesetzt zu einem Ganzen, das im wesentlichen auch heute noch den schon von Vitruv definierten Ansprüchen von »Festigkeit, Zweckmäßigkeit und Anmut« genügen muß. Heute nennen wir die drei Punkte: Statik, Funktion und Ästhetik.

Der Ausdruck des Ganzen, den wir auch als Stil bezeichnen können, hängt von drei Faktoren ab: Anzahl der Teile, Art der Teile und Beziehung der Teile untereinander, welche mittels eines Ordnungssystemes geregelt wird (Abbildung 402).

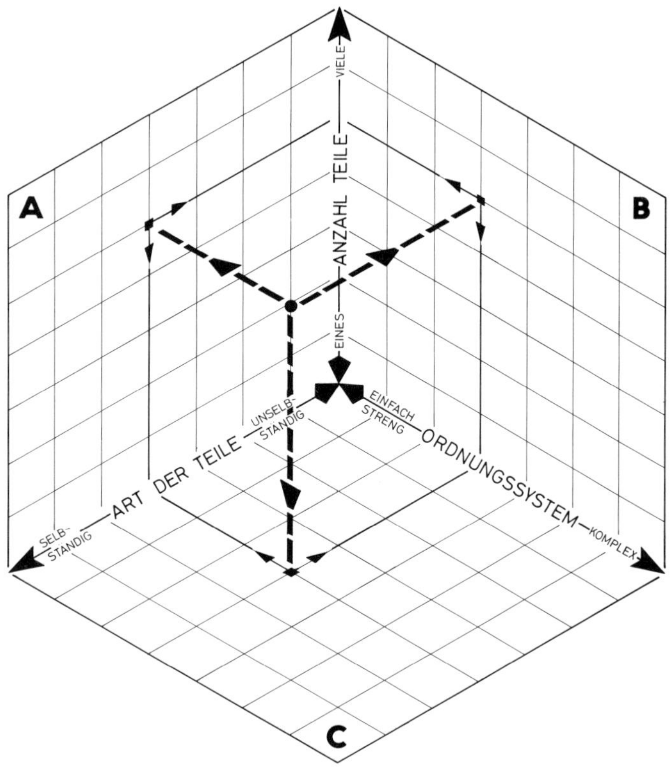

Abb. 402: Die drei Faktoren, die den Ausdruck des Ganzen bestimmen: Anzahl der Teile, Art der Teile und Ordnungssystem

10.1.1 Anzahl der Teile

Das Ganze kann aus einem einzigen Teil bestehen, dann wird die Unterteilung in Teil und Ganzes überflüssig, oder aus einer großen, unbestimmten Masse von Teilen. Beides sind Extreme, die das Ganze klar erkennbar machen. Bei einer Masse von Teilen entsteht der Eindruck des Ganzen durch die Tatsache, daß die Eigenständigkeit des Einzelteils verlorengeht. Ein Sandstrand besteht aus lauter Sandkörnern, die wir nicht bewußt als einzelne Teile wahrnehmen, wir sehen nur die Gesamtheit, also den Sandstrand. Jedes Ganze ist seinerseits wiederum ein Teil eines noch umfassenderen Ganzen.

Für das Erscheinungsbild der Architektur müssen wir unterscheiden zwischen der erkennbaren und der absoluten Anzahl der Teile. Jedes Bauwerk besteht aus einer großen Anzahl von Teilen: Armierungseisen, Sand- und Kiesteile im Eisenbeton, Nägel, Schrauben, Beschläge usw. Sprechen wir hier über die Anzahl der Teile, so meinen wir die sichtbare Zahl der Teile. Zum Beispiel können wir einen monolithischen Betonbau als einen »einteiligen« Bau sehen, auch wenn wir genau wissen, daß er aus vielen Einzelteilen besteht.

Bei einer Ansammlung von mehr als sechs oder sieben Teilen können wir ihre genaue Anzahl nicht mehr direkt erkennen, wir müssen sie zählen oder in Gruppen aufteilen, das heißt, wir bilden Superzeichen. Hier hat allerdings die Art und die Anordnung der Teile einen starken Einfluß. Je ähnlicher die Teile und je strenger die Ordnung, desto größer ist die Anzahl der Teile, die auf einen Blick erkannt wird.

Eine besondere Stellung nimmt das zweiteilige Ganze ein. Die Art und die Beziehung der beiden Teile zueinander kann verschieden sein, je nach dieser Beziehung wird auch der Ausdruck des Ganzen verändert. Das Nebeneinander zweier gleichwertiger Teile kann eine bilaterale Symmetrie zur Folge haben, die eine Richtung weist. Zwischen den beiden Teilen kann aber auch Hierarchie bestehen. Daraus folgt die Tendenz, daß der kleinere Teil zum Bestandteil des größeren wird. Alvar Aalto baute die meisten seiner Entwürfe auf der Dualität zweier Teile auf, deren Zwischenbereich für die Begegnung von Menschen vorgesehen ist (Abbildung 117, 284).

10.1.2 Art der Teile

Die Art der einzelnen Teile übt einen starken Einfluß auf den Ausdruck des Ganzen aus. Die Art eines Teils wird von verschiedenen Faktoren mitbestimmt. Die wichtigsten sind: Form, Dimension, Material, Farbe, Funktion und Inhalt. Je einheitlicher die Teile sind, desto eher werden sie zusammen als Ganzes erscheinen. Je mehr die einzelnen Teile selbst ganzheitlich wirken, desto mehr erscheint das Ganze nur noch als Anhäufung von Teilen und nicht mehr als homogene Einheit. Im Barock wurde die Proportion des Goldenen Schnittes selten verwendet, da sie Harmonie und Ganzheit suggeriert. Der barocke Stil will aber gerade dies nicht: er strebt Spannung und Unterordnung der Teile unter das Ganze an. Unterscheidet sich ein Teil von allen anderen in einem, mehreren oder allen obgenannten Faktoren, so wird er zum Speziellen und hebt sich dadurch vom Ganzen ab. Im mittelalterlichen Stadtbild wird die Homogenität des Ganzen meist nur von der Kirche, die sich in Dimension und Form von den übrigen Gebäuden unterscheidet, durchbrochen. In manchen japanischen Dörfern, in denen die traditionelle Ordnung noch besteht, stehen einige Lagerhäuser, die aus brandtechnischen Sicherheitsgründen nicht wie alle anderen Häuser aus Holz bestehen, sondern aus weiß gestrichenen Steinen. Ihre Dimension und auch ihre Form unterscheiden sich nur wenig von denen der übrigen Häuser. Durch ihre materielle und farbliche Andersartigkeit sind sie aber etwas Besonderes, das sich vom Ganzen des Dorfes abhebt. Auch Inhalt oder Funktion eines Einzelteils kann dieses zu etwas Speziellem machen, auch wenn dieses Einzelteil weder durch Form, Dimension oder Material sichtbar wird. Oft hat das Pfarrhaus in einem Dorf, oder ein Haus, in dem eine berühmte Persönlichkeit wohnte, eine solche Sonderstellung. Die Form ist der wichtigste Faktor, der einen Teil prägt. Formale Ähnlichkeit wird geschwächt durch das Verändern der Proportionen (B in Abbildung 403) und geht schließlich ganz verloren, wenn das Strukturgerüst verändert wird (C in Abbildung 403).

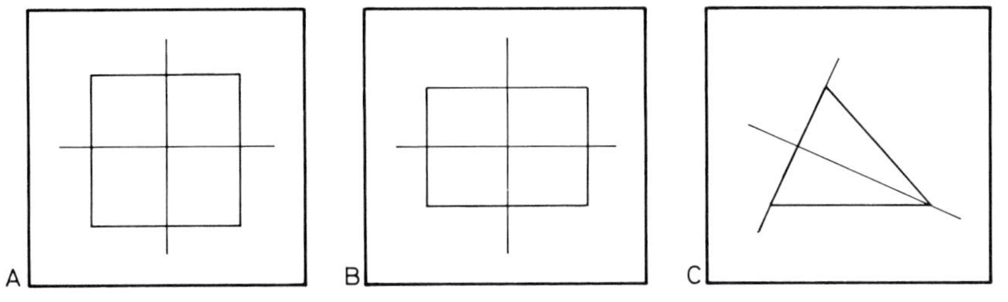

Abb. 403: Das Verändern der Form: Verändern der Proportionen (B), Verändern des Strukturgerüstes (C)

Die Feststellung, daß eine minimale Ähnlichkeit eine Voraussetzung ist, damit wir verschiedene Teile überhaupt noch als Ganzes wahrnehmen können, klingt zwar banal, ist aber entscheidend. Teile ohne die geringste Ähnlichkeit, zum Beispiel eine Hundehütte und ein Einkaufszentrum, sehen wir als zwei autonome Ganze und werden sie nie miteinander in Verbindung bringen. Die Ähnlichkeit muß sich auf mindestens einen der Faktoren Form, Dimension, Material, Farbe oder Inhalt beziehen, damit überhaupt die Möglichkeit besteht, daß zwei Teile als Ganzes gesehen werden.

Ein Teil ist kein Stück. Jedes Ganze und jeder Teil

lassen sich in beliebig viele Stücke auflösen. Das Aufteilen eines Ganzen in Teile hängt aber von der Struktur des Ganzen ab. Eine Glühbirne, die zu Boden fällt, zerbricht in tausend Stücke. Sie kann aber auch in Teile zerlegt werden, so wie sie einmal zusammengesetzt wurde: Glasteil, Schraubenfassung, Glühdraht.

Ein Teil kann sich dem Ganzen vollständig oder teilweise unterordnen: es kann ein Bestandteil sein und so nur als Teil eines Ganzen bestehen, oder es kann ein Einzelteil sein und so neben seiner Funktion im ganzen Gefüge auch noch eine gewisse autonome Eigenständigkeit haben (Abbildung 404).

Wieweit bei einer Erscheinung das Ganze oder die Teile, aus denen das Ganze besteht, im Vordergrund stehen, ist weitgehend eine Frage des Stils.

Interessant ist in diesem Zusammenhang die Entwicklung des Kindes beim Zeichnen. In einer ersten Altersstufe wird ein Gegenstand als etwas Ganzes gezeichnet: eine menschliche Figur ist eine undifferenzierte runde Gestalt. In einer späteren Phase werden die einzelnen Glieder wie Kopf, Beine und Arme, als selbständige Teile behandelt, aus denen das Ganze zusammengesetzt wird. Schließlich wird die Figur als differenzierte organische Gestalt gesehen, die einzelnen Glieder werden Bestandteile des Ganzen und werden verbunden zu einer Einheit (3).

Die drei Typen in der Abbildung 404, einschließlich einer Vielzahl von Mischgruppen, finden wir auch in der Architektur; sowohl am einzelnen Gebäude wie auch bei Gebäudegruppen. Das Erscheinungsbild vieler freistehender Häuser läßt diese als ein monolithisches Ganzes erkennen, deren Bestandteile nur im Verband mit den anderen Teilen sinnvoll sind und die auch nur schwer erkennbar sind. Das Pantheon (Abbildung 136), ohne den wohl erst später angehängten Vorbau, gehört zu diesem Typus. Vertreter des zweiten Typs sind die Bauten aus dem Frühwerk von Ludwig Mies van der Rohe (Abbildung 116, 159). Die Wandscheiben, aus denen die Gebäude zusammengesetzt sind, sind als Einzelteile klar erkennbar. Autonom, losgelöst vom Ganzen, können sie weiter existieren, sie können aber nicht mehr die ihnen zugedachte Aufgabe erfüllen. Zum dritten Typ können einige Bauten von Le Corbusier und Louis I. Kahn gezählt werden (Abbildung 82, 422). Hier können die größeren Bauteile autonom, als selbständiges Ganzes existieren. Dadurch würden sie aber an Ausdruckskraft verlieren, die sie nur gemeinsam mit den anderen Bestandteilen erlangen. Das Ganze ist hier Summe von Sub-Ganzen.

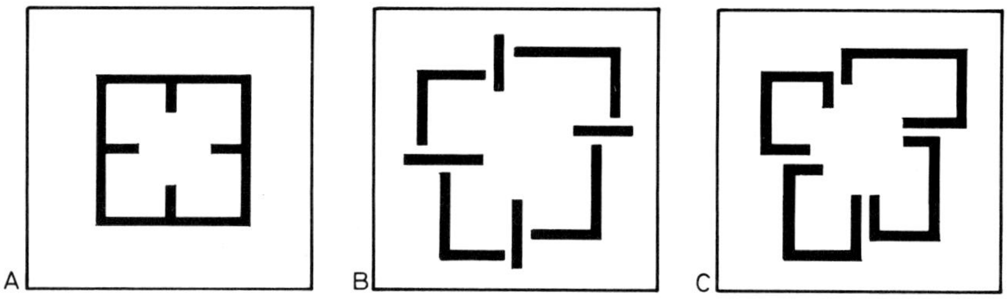

Abb. 404: Die Rolle des Teiles im Ganzen: als Bestandteil (A) oder als Einzelteil (C)

10.1.3 Ordnungssystem

Die Frage über den Zusammenhang von Teilen und Ganzem sind uralt und wurden schon in der griechischen Philosophie behandelt. Der Mensch braucht sowohl Einheit wie Vielfalt. Einheit und Ausgewogenheit sorgen für Ruhe, Vielfalt für Spannung und Dynamik. Mit dem Begriff der Einheit muß in der Architektur vorsichtig umgegangen werden. Jedes Bauwerk will für sich ein Ganzes sein und strebt so grundsätzlich Einheitlichkeit an. Diese Einheit kommt aber nicht immer auf dieselbe Weise zum Ausdruck und sie hat auch nicht immer dieselbe Bedeutung. Die Einheit wird weitgehend durch das vorherrschende Ordnungssystem bestimmt. Dieses kann entweder so sein, daß die Einheit ein Hauptmerkmal des Ganzen ist, dem alle anderen Aspekte untergeordnet sind. Oder das Ordnungssystem ist so komplex, daß die Einheit des Ganzen wohl gewahrt bleibt, aber nur noch schwer zu erkennen ist. Heinrich Wölfflin nennt das erste Extrem den »tektonischen (geschlossenen) Stil«, das zweite Extrem den »atektonischen (offenen) Stil«. Für ihn gilt diese Unterteilung nicht nur für die Baukunst, sondern ganz allgemein für die Kunst: »... eine Darstellung, die mit mehr oder weniger tektonischen Mitteln das Bild zu einer in sich selbst begrenzten Erscheinung macht, die überall auf sich selbst zurückdeutet, wie umgekehrt der Stil der offenen Form überall über sich selbst hinausweist, unbegrenzt erscheinen will, obwohl eine heimliche Begrenzung immerfort da ist und eben den Charakter der Geschlossenheit im ästhetischen Sinn möglich macht« (4). Und speziell auf die Architektur bezogen: »Zunächst ist der tektonische Stil der Stil der gebundenen Ordnung und der klaren Gesetzmäßigkeit, der atektonische dagegen der Stil der mehr oder weniger verhaltenen Gesetzmäßigkeit und der entbundenen Ordnung« (5).

Ein minimaler Zusammenhang zwischen den Teilen, ein gewisses Maß an Einheitlichkeit, ist immer erforderlich. Ist dem nicht so, so haben wir kein Ganzes mehr, sondern Chaos. Andererseits kann zuviel Einheit zu Monotonie führen. Ein und dieselbe Bauaufgabe kann auf verschiedene Arten gelöst werden. Wo genau zwischen diesen beiden Extremen ein Entwurf liegen soll, ist letztendlich eine Frage des Stils.

Die Beziehung der Teile untereinander wird durch ein Ordnungssystem geregelt. Solche Systeme sind grundsätzlich gleich, ob die Teile Bauteile sind, die einen Raum

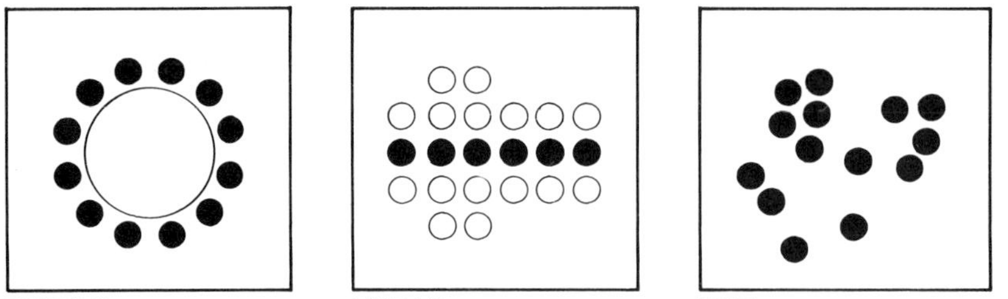

Abb. 405: Die drei grundsätzlichen Möglichkeiten der Organisation von Teilen zu einem Ganzen: zentral, linear und frei

bilden, ob sie ganze Räume sind, die zusammen ein Gebäude bilden, oder ob sie selber ganze Raumgruppen, das heißt Gebäude sind und zusammen eine Siedlung oder eine Stadt bilden. Die Art und Weise, wie die Bauteile, Räume oder Gebäude angeordnet sind, sagt etwas aus über ihre funktionale, hierarchische oder symbolische Stellung innerhalb der Gruppe oder des Ganzen. Grundsätzlich können wir drei verschiedene Ordnungssysteme unterscheiden: die zentrale, die lineare oder die freie Ordnung (Abbildung 405). Anordnungen, die genau einem dieser drei Typen entsprechen, sind Extremfälle. Die meisten Fälle sind Variationen oder Kombinationen.

Bei der zentralen Ordnung liegen die Teile um ein zentrales Mittelelement, welches Freiraum, Innenhof, Platz, zentraler Raum oder spezifischer Teil sein kann. Dieser zentrale Teil dominiert die ihn umgebenden Teile, welche ohne ihn nicht sein können. Die Teile sind über das zentrale Element miteinander verbunden. Alle Richtungen laufen entweder konzentrisch um dieses Mittelelement, oder sie laufen in ihm zusammen. Das Mittelelement ist Endpunkt, Zentrum, Mitte. Die zentrale Anordnung ist der Grundtyp des Hof- oder Atriumhauses. Schon vor ca. 4000 Jahren waren die Räume der Stadthäuser in Ur um einen zentralen Innenhof angeordnet (6) (Abbildung 406).

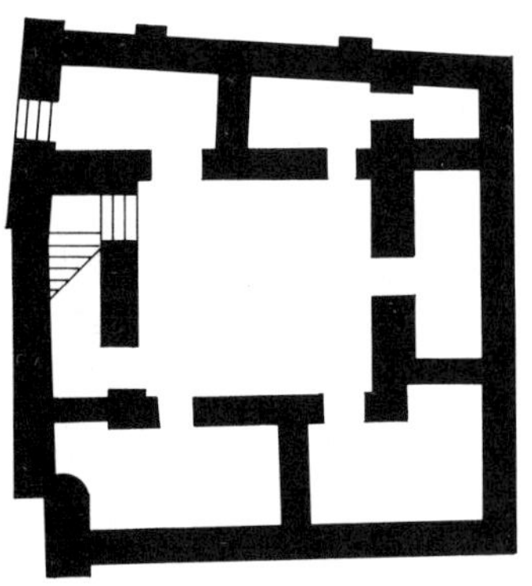

Abb. 406: Haus in Ur, Mesopotamien, ca. 2000 v. Chr.

Griechen und Römer übernahmen diesen Typ. Der Hof bildete einen privaten, abgeschlossenen Außenraum und, im städtischen Bereich, eine Möglichkeit für Beleuchtung und Belüftung. An Orten, wo viele Menschen auf engem Raum zusammenleben, wurde das Hofhaus oft zum Standardtyp. In China tritt das Hofhaus bereits in der Han-Zeit (3. Jh. v. Chr. bis 3. Jh. n. Chr.) auf und ist bis heute ein weitverbreiteter Siedlungstyp (7). Je nach Größe und sozialer Stellung einer Familie waren die Häuser kleiner oder größer und hatten einen oder

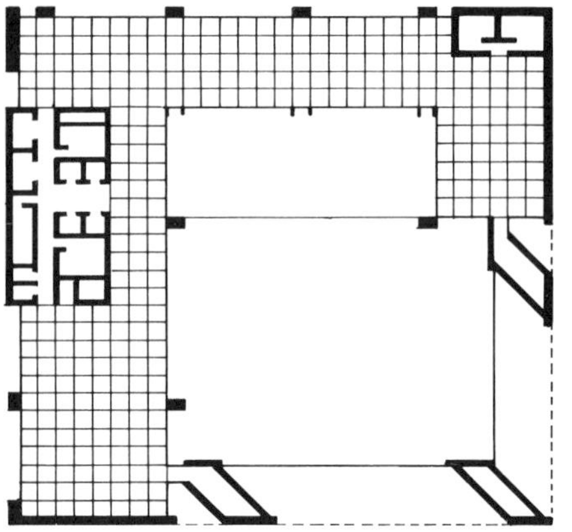

Kevin Roche, Bürogebäude der Ford-Stiftung, 1968, New York, USA:
Abb. 407: Grundriß, Obergeschoß

Abb. 408: Innenansicht vom Hof aus

mehrere Innenhöfe. Die Eigenschaften des Hofhauses sind zeitlos, der Typ wurde immer wieder verwendet. Ein Beispiel aus der Moderne ist das an anderer Stelle besprochene Rathaus in Säynätsalo von Alvar Aalto (Abbildung 284). Kevin Roche gruppierte beim Gebäude der Ford-Stiftung in New York die Büroräume L-förmig um einen elfstöckigen, abgeschlossenen und begrünten Innenhof, der gleichzeitig auch als Eingangshalle und Erholungsraum dient (Abbildung 407, 408). Die Absicht des Architekten war es, etwas gegen die anonyme Bürowelt der Großstadt zu tun: »Wir haben also diese dreihundert Leute mit einem gemeinsamen Ziel. In einer solchen Gemeinschaft ist es wirklich sehr wichtig, daß man voneinander Kenntnis nimmt, damit das gemeinsame Ziel verstärkt wird. Ich glaube, daß das Ziel der Organisation klarer würde und die Dinge, die man erreichen kann, nutzvoller wären, wenn die Leute miteinander kommunizieren, wenn sie wirklich Kenntnis voneinander haben« (8). Der zentrale Mittelraum dieser Anlage bildet der Hof, ohne den diese Gebäudeorganisation nicht denkbar wäre.

Die zentrale Gruppierung der Räume muß nicht ausschließlich um einen Hof oder Freiraum erfolgen. Lange Zeit bildete die Feuerstelle, der Kamin, das Zentrum des Hauses. Sie war gleichzeitig Heizung, Koch- und Versammlungsplatz. Diese Anordnung wurde später im amerikanischen Haus weiterverwendet (Abbildung 204) und übte Einfluß aus auf die Entwürfe der Einfamilienhäuser von Frank Lloyd Wright.

Der Zentralraum ist gemeinsam mit dem Longitudinalraum eines der beiden Grundmuster der Sakralarchitektur.

Die konzentrische Stadtanlage ist ein fundamentales Stadtmodell, das auch als Grundraster für viele Planun-

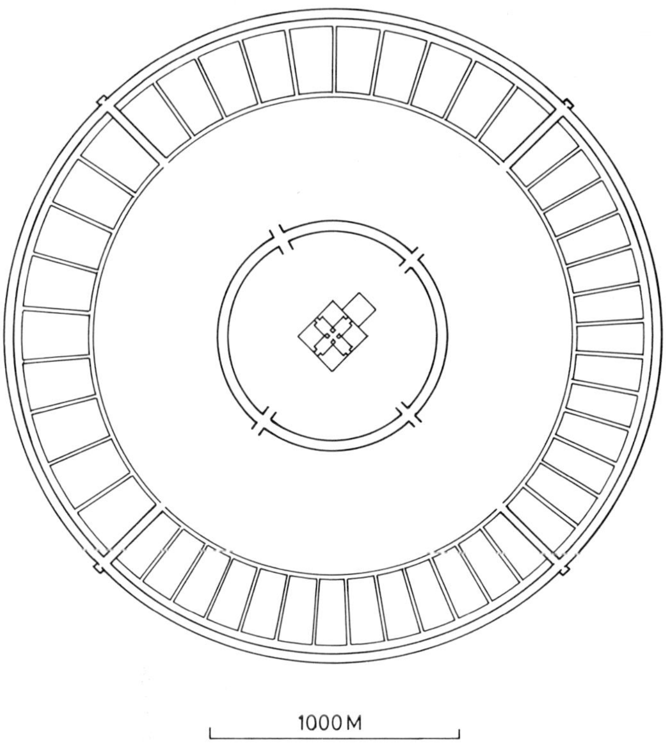

Abb. 410: Die 762 v. Chr. von Almansor auf astronomischen Grundlagen entwickelte Stadt Bagdad

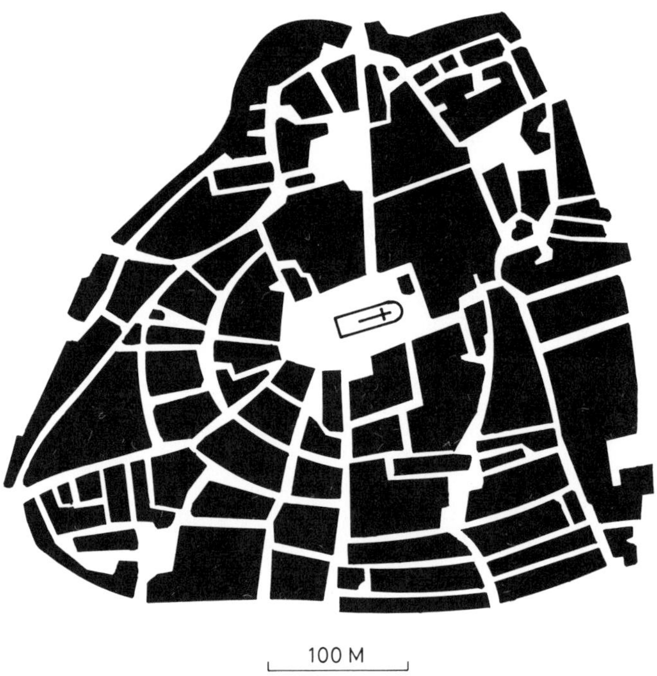

Abb. 409: Die mittelalterliche Stadtanlage von Brive, Frankreich

Abb. 411: Innenhof des Dogenpalastes, 14. Jh., Venedig, Italien

gen utopischer Idealstädte diente (Abbildung 410). Mittelpunkt ist oft ein offener Platz, auf dem ein Gebäude mit spezifischer Funktion steht. Der zentrale Raum muß nicht von geometrischer Form sein, wichtig ist aber, daß alle ihn umgebenden Teile auf dieses Zentrum gerichtet sind. Diese Anordnung symbolisierte oft eine kosmische oder ideologische Ordnung. So wurde zum Beispiel in der Zeit des Absolutismus die zentrale Anordnung als symbolisches Abbild der politischen Machtverhältnisse verwendet. Der Brennpunkt verherrlichte die weltliche oder geistliche Macht, zu der alle Wege führten (Abbildung 409).

Linear organisierte Teile liegen in einer Reihe. Sie sind entweder direkt miteinander verbunden, oder ihre Verbindung geschieht über ein drittes Element, zum Beispiel mittels einer Straße. In Form, Größe und Funktion können die linear angeordneten Teile identisch, ähnlich oder verschieden sein. Eine lineare Anordnung hat einen Anfang und ein Ende. Die ständige Wiederholung eines Elementes, einer Grundform, ist ein Hauptmerkmal der klassischen Architektur, sie trägt wesentlich zu deren harmonischer Erscheinung bei (Abbildung 411, 412).

Im urbanen Bereich ist die Straße mit den anliegenden Häusern das naheliegende Beispiel eines linearen Ordnungssystems. Die lineare Stadt, bestehend aus einer Reihung von Teilen entlang einer Hauptachse, ist eine der ältesten Siedlungsformen (Abbildung 413).

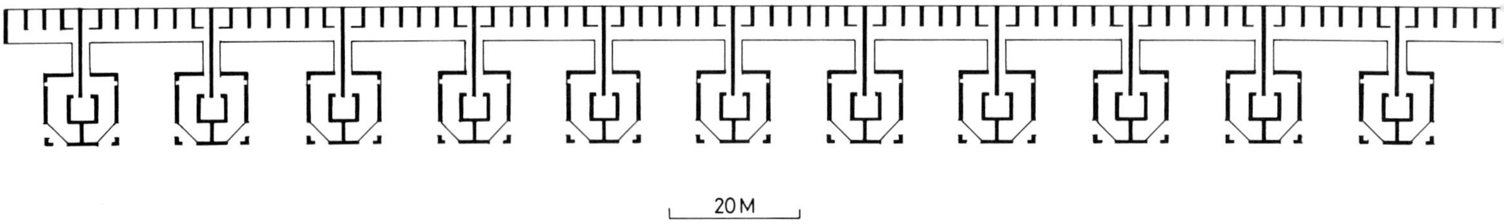

Abb. 412: Luigi Snozzi, Wohnungsbau (Projekt), Obergeschoß, 1973, Celerina, Schweiz

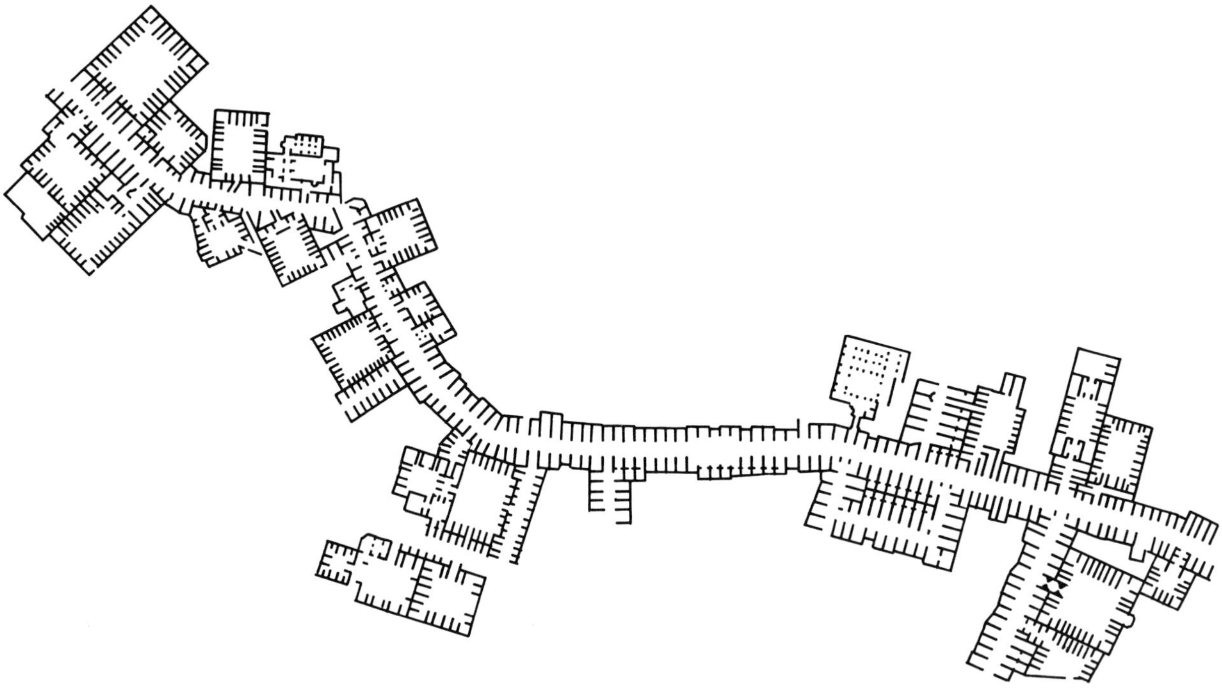

Abb. 413: Ausschnitt aus dem Stadtplan (Bazar) von Isfahan, Iran, im 16. Jh.

Das lineare Konzept kann zu einem Netz ausgebaut werden: mehrere lineare Anordnungen liegen übereinander und durchkreuzen sich. Dadurch entsteht das orthogonale System, welches im Gegensatz zum konzentrischen, dynamisch ist und beliebig erweitert werden kann. Babylon entstand 680 v. Chr. als erste orthogonale Stadtanlage, wie all ihre Nachfolger, erst auf dem Reißbrett (9). Griechen und Römer benutzten das rechtwinklige Rasternetz vor allem bei ihren Stadtneugründungen in der Folgezeit ihrer Eroberungen (Abbildung 414, 415). Der orthogonale Plan der römischen Kolonialstadt wurde direkt von der Lagerordnung der römischen Garnisonsstadt hergeleitet und spiegelte die strenge autoritäre Ordnung des römischen Machtsystems wider (vgl. Kapitel 3.3).

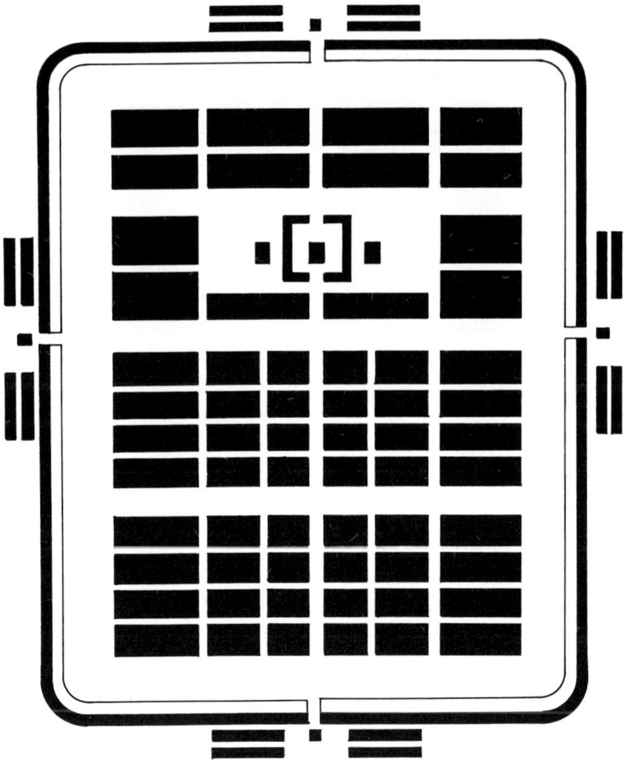

Abb. 414: Plan eines römischen Garnisonslagers

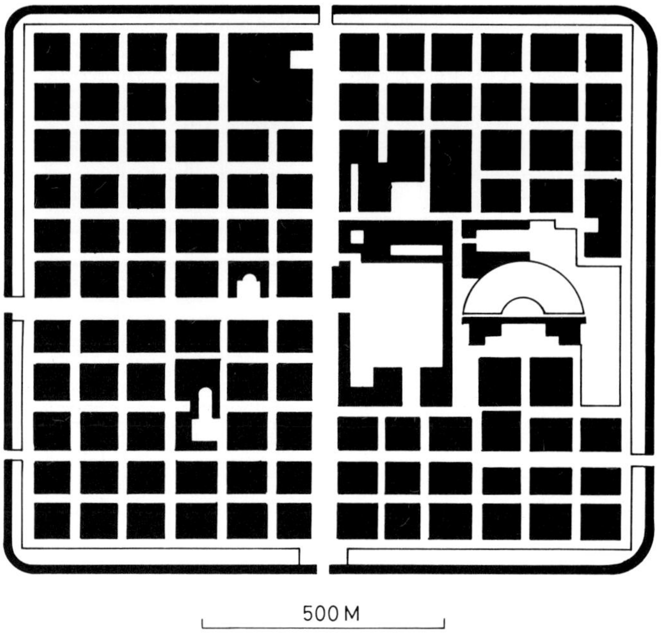

Abb. 415: Römische Stadtgründung in den Kolonien, ca. 100 n. Chr., Timgad, heute Algerien

In Nordamerika wurde der orthogonale Stadtraster erst zu Beginn des 18. Jh. eingeführt (10). Die Gründe dafür waren vor allem ökonomischer Art. Die Einwanderer, oft Flüchtlinge vor Absolutismus und Feudalismus, sahen in den riesigen Landflächen ein Handelskapital: Land wurde erworben, in Parzellen aufgeteilt und weiterverkauft (Abbildung 416).

Im alten China erfolgte die Wahl des orthogonalen Rasters als Straßenplan aus anderen Gründen. Die architektonische Grundeinheit bildete hier nicht das Einzelgebäude, sondern die Gebäudegruppe, deren Ursprung bis in die zweite Hälfte des zweiten Jahrtausends vor Christus zurück verfolgt werden kann. Sie besteht aus mehreren Einzelgebäuden und ist nur als Ganzes

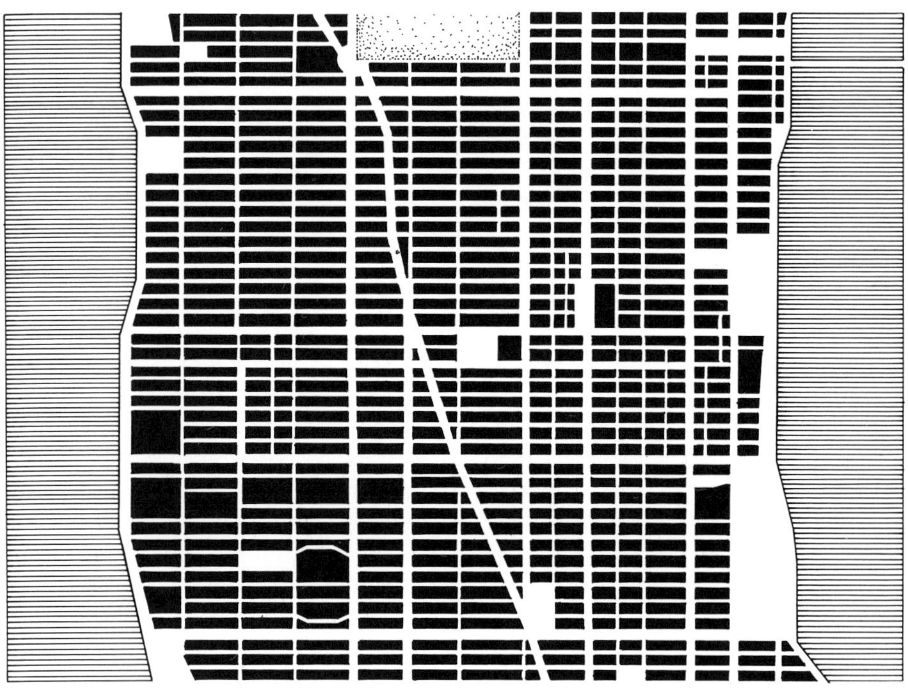

Abb. 416: Ausschnitt aus dem Straßenplan von Manhattan, New York, USA

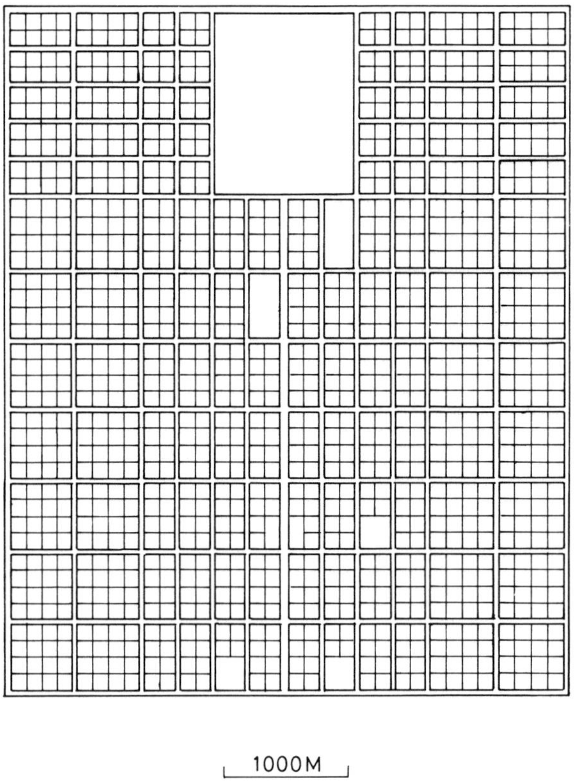

Abb. 417: Der Plan der ehemaligen japanischen Hauptstadt Kyoto zur Gründungszeit, im Jahre 792

sinnvoll (11). Mehrere Räume, die einer Großfamilie als Wohnung dienen, sind um einen Hof angeordnet. Durch das Aneinanderreihen solcher Gruppen ergibt sich ein rechteckiges Straßenmuster. In den »Aufzeichnungen über die Untersuchung der Handwerker« (Kaogangji) aus dem 3. Jh. v. Chr. finden wir folgende Beschreibung: »Die Handwerker legen die Stadt an. Sie hat 9 Li im Geviert. Auf jeder Seite hat sie 3 Tore. In der Stadt gibt es 9 Hauptstraßen (die Nord–Süd Straßen) und 9 Querstraßen« (12). Dieser Idealtyp wurde in keiner Stadt verwirklicht, aber die Grundidee der schachbrettartigen Grundstruktur wurde zum Vorbild vieler Stadtgründungen. Die orthogonale Rasterstadt wurde von China aus nach Ost und West exportiert und gelangte mit dem Buddhismus nach Japan. Nach seinem Vorbild wurde im Jahre 792 die neue japanische Hauptstadt Kyoto gegründet (Abbildung 417).

Zu Beginn unserer Zeitrechnung kam der chinesische Orthogonalplan auch nach Indien und hatte dort einen Einfluß auf die von der hinduistischen Symbolik des Mandalas bestimmten Stadtplanung. Die »Manasara«, ein indisches Handbuch für Städteplaner und Architekten aus dem Mittelalter, enthält viele Idealpläne für Städte, die auf dem rechtwinkligen Raster aufgebaut sind und die wiederum einen Einfluß auf die Stadtplaner der Renaissance hatten (13) (Abbildung 418).

Abb. 418: Drei Idealpläne aus dem indischen »Manasara«-Handbuch

In der Neuzeit wurde der orthogonale Stadtplan vor allem von der CIAM-Gruppe unter Le Corbusier propagiert, der in Chandigarh, der Hauptstadt des indischen Teilstaates Punjab, eines seiner Projekte verwirklichen konnte.

Die beiden Systeme, das radiale und das orthogonale, unterscheiden sich nicht nur in verkehrstechnischer Hinsicht. Beim radialen System führen alle »Strahlen« auf ein gemeinsames Zentrum. Die Struktur fördert das Vereinende und impliziert eine Rangordnung. Das orthogonale System hat keine eigentliche Mitte und somit auch keine systembedingte Hierarchie. Eine Orientierung im ersten System ist einfacher, da stets die Mitte erkennbar ist, andererseits sind die einzelnen Abschnitte nicht gleichwertig. Wie weit die Wahl eines dieser beiden Systeme kulturbedingt ist, ist schwer zu beurteilen. Sicher darf aber auch hier der Einfluß von irrationalen Faktoren nicht unterschätzt werden.

Bei frei angeordneten Teilen ist keine Gesamtordnung erkennbar. Solche Gruppen entstanden, wie viele lineare Anordnungen, meist im Laufe der Zeit, sie waren nicht geplant. Ihre Struktur ist frei gewachsen. Als Ausgangspunkt diente ein Platz, ein besonderer Ort oder ein bereits bestehendes Gebäude.

10.2 Die Beziehung zwischen Art der Teile und Anzahl der Teile

Wir sahen, daß die Art der Teile von verschiedenen Faktoren abhängt: Form, Dimension, Material, Farbe, Funktion oder Inhalt. All diese Faktoren beeinflussen die Beziehung eines Teils zum Ganzen. Sie bewirken, daß sich der Teil mehr oder weniger in das Ganze einordnet. Für unsere weiteren Untersuchungen verstehen wir deshalb unter der Art der Teile ihre Fähigkeit, sich in ein Ganzes einzufügen. Je fragmentarischer, unselbständiger ein Teil ist, desto einfacher wird er sich in ein Ganzes einordnen lassen. Ein ganzheitlicher, selbständiger Teil wird seine Ganzheit auch im Verband mit anderen Teilen zu behaupten suchen und gliedert sich deshalb schwerer in eine Gruppe von Teilen ein. Diese Aussage hängt allerdings noch von einem weiteren Aspekt ab, dem Ordnungssystem (vgl. Kapitel 10.4).

Ein einziger, ganzheitlicher, selbständiger Teil ist von seiner Art her ein Ganzes (Fall G in Abbildung 419). Mit einem einzigen fragmentarischen, unselbständigen Teil wird aber nur sehr schwer ein Ganzes zu erreichen sein (Fall A). Er wird immer den Wunsch nach Ergänzung und Vervollständigung wecken und wird sich nur »wohl fühlen« mit vielen anderen gleichen Teilen zusammen (Fall C). Mit vielen fragmentarischen Einzelteilen (Fall C) ist leichter ein Ganzes zu bilden als mit vielen ganzheitlichen Teilen (Fall I), da die fragmentarischen Teile ihre Autonomie aufgeben zu Gunsten des Ganzen und sich eher in dieses integrieren. Bei den ganzheitlichen Teilen strebt jedes für sich selbst eine Ganzheit an, was der Einheit des Ganzen widerspricht. Wie wir noch sehen werden, spielt hier allerdings das Ordnungssystem eine entscheidende Rolle. Bei einem Ganzen aus selbständigen Teilen sind diese als solche noch erkennbar. Bei der ständigen Wiederholung eines solchen Grundelementes ist die Redundanz relativ groß, was den Informationsgehalt verringert. Ein Ganzes aus einheitlichen Teilen erschwert auch das Bilden einer Hierarchie unter diesen Teilen. Eine solche wird nur noch durch eine spezielle Lage der Teile ermöglicht.

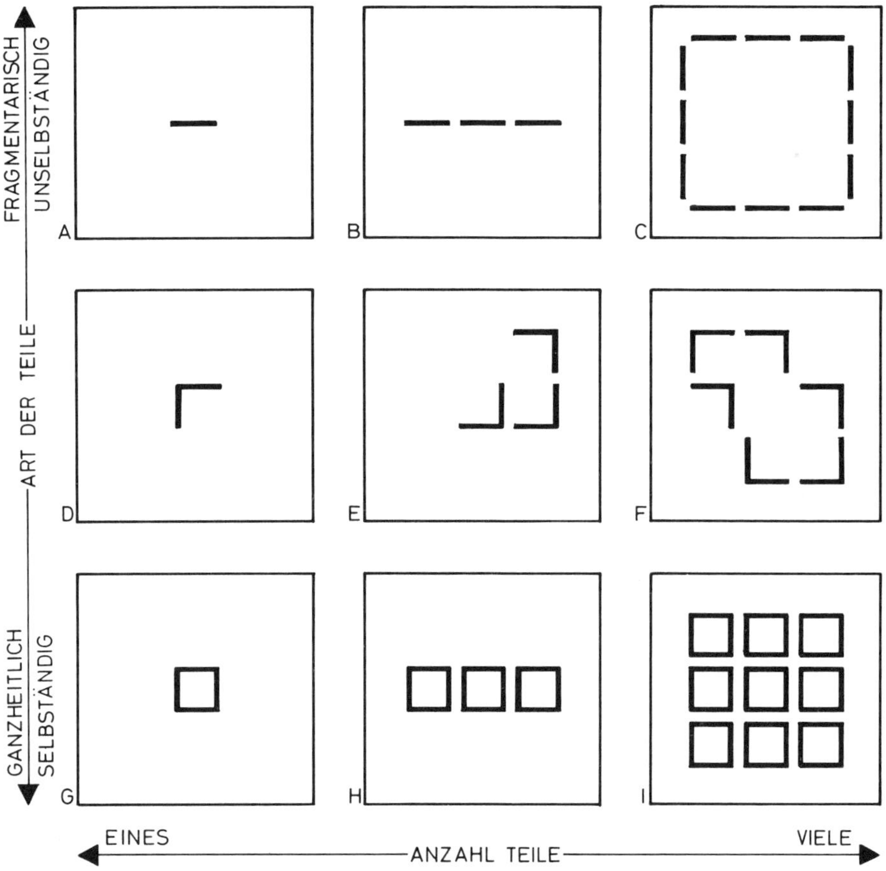

Abb. 419: Die Beziehung zwischen Art der Teile und Anzahl der Teile (bei einfachem Ordnungssystem) (A in Abbildung 402)

10.3 Die Beziehung zwischen Anzahl der Teile und Ordnungssystem

Die räumliche Beziehung der Teile untereinander und zur Umgebung wird durch ein gemeinsames Ordnungssystem geregelt, das von einfach bis zu sehr komplex reichen kann. Das Ordnungssystem beeinflußt somit den Charakter des Ganzen stark, hat also einen Einfluß auf den Stil (vgl. Kapitel 1.4).

Bei einem komplexen Ordnungssystem führt eine größere Anzahl Teile (Fall C in Abbildung 420) eher zu einem Ganzen als eine noch erkennbare Anzahl (Fall B), da im zweiten Fall die Teile auch zahlenmäßig noch erkennbar sind und so ihr Bestreben nach autonomer Ganzheit besser durchsetzen können. Hier spielt auch die Art der Teile eine Rolle: bei einem komplexen Ordnungssystem ist die Tendenz zum Ganzen größer, wenn die Teile fragmentarischen Charakter haben, als wenn sie selber ganzheitlicher Art sind (Fall C und Fall A in Abbildung 421). Bei nur wenigen Teilen ist mit einer einfachen, strengen Ordnung (Fall H in Abbildung 420) eher ein Ganzes zu erreichen als mit einer komplexen (Fall B).

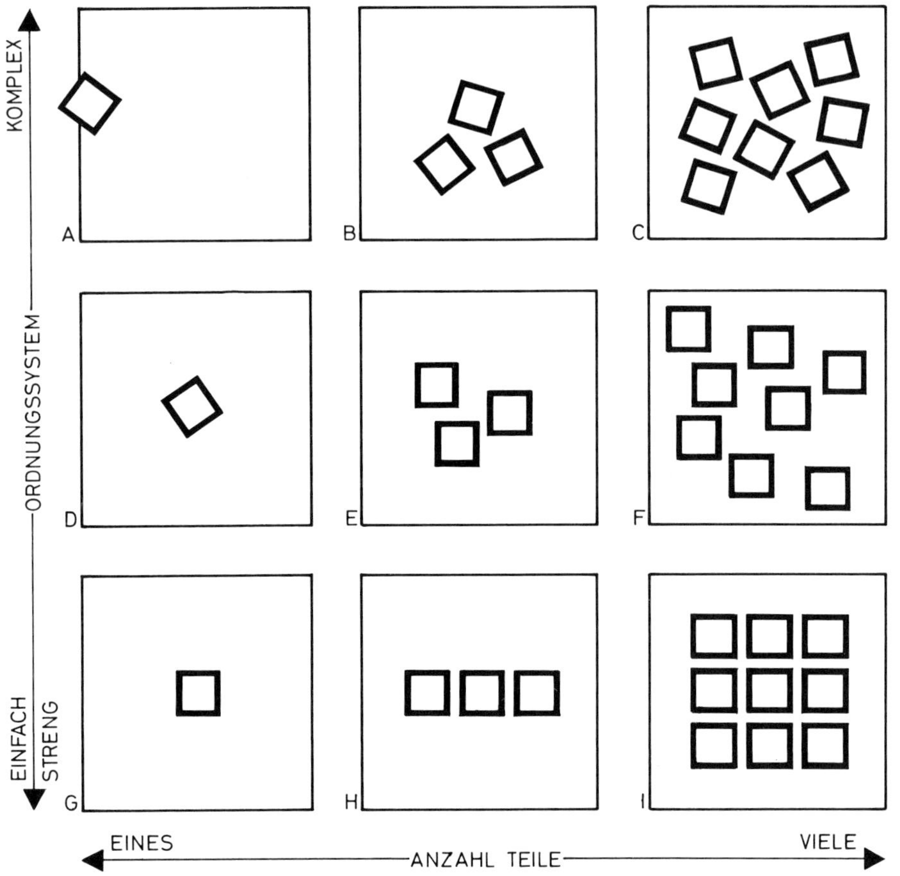

Abb. 420: Die Beziehung zwischen Anzahl der Teile und Ordnungssystem (bei ganzheitlichen Teilen) (B in Abbildung 402)

10.4 Die Beziehung zwischen Art der Teile und Ordnungssystem

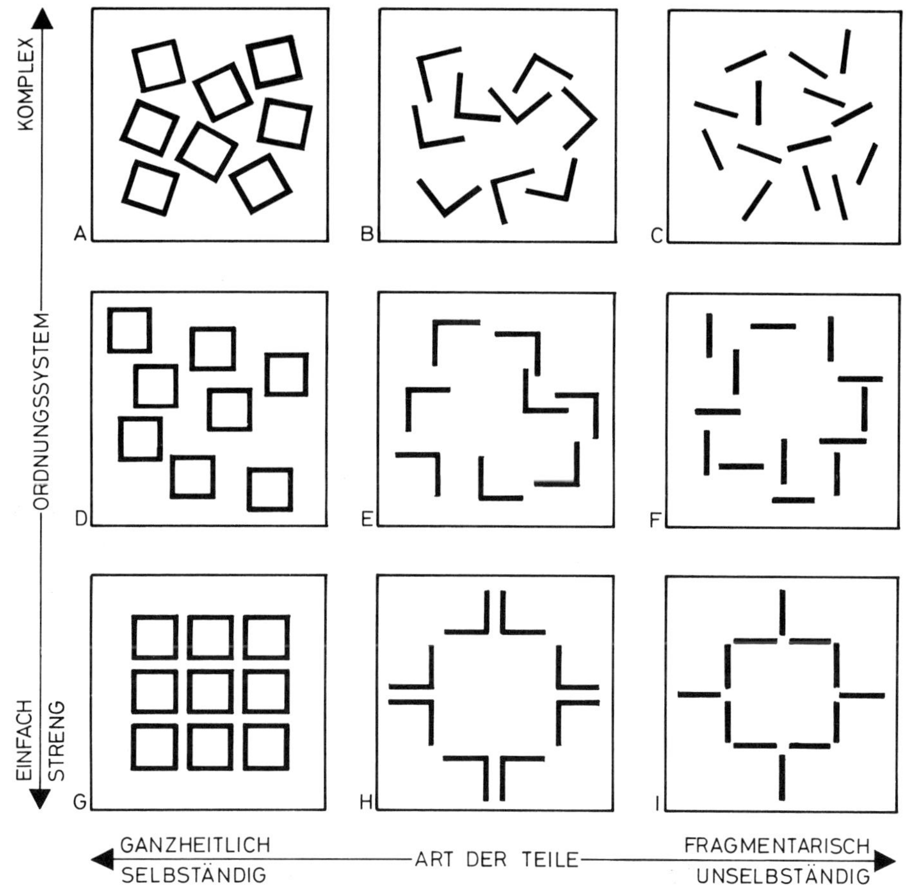

Abb. 421: Die Beziehung zwischen Art der Teile und Ordnungssystem, (bei vielen Teilen) (C in Abbildung 402)

Ganzheit kann auf verschiedene Art erreicht werden: zum Beispiel können mehrere fragmentarische Teile nach einem komplexen System geordnet werden (Fall C in Abbildung 421), oder mehrere ganzheitliche Teile können nach einem strengen, einfachen Ordnungssystem gegliedert werden (Fall G). Im Fall C genügt eine komplexe Ordnung, um ein Ganzes zu erreichen, da die Teile ihren Sinn, und damit ihre Schönheit, nur im Verband mit den anderen Teilen entfalten können. Im Fall G strebt jeder Teil für sich Ganzheit an, das strenge Ordnungssystem hält sie aber zusammen. Heinrich Wölfflin beschrieb den Unterschied zwischen den beiden Fällen wie folgt: »Erst wo das Einzelne als notwendiger Teil des Ganzen wirkt, spricht man von organischer Fügung, und erst da, wo das Einzelne, eingebunden in das Ganze, doch als unabhängig funktionierendes Glied empfunden wird, hat der Begriff der Freiheit und Selbständigkeit einen Sinn« (14). Fall C ist origineller und besitzt dementsprechend größere Informationsdichte, beim Fall G entsteht schon bei drei- bis vierfacher Wiederholung eines Elementes die Erwartung nach weiteren Wiederholungen, nach Periodizität. Damit ist die Redundanz relativ groß, die Originalität dementsprechend klein. Vergleichen wir die beiden Extreme mit Abbildung 46, so sehen wir, daß eine Konfiguration, die dem Fall C entspricht, einen Ordnungsgrad der 3. Stufe hat, eine die dem Fall G entspricht, einen Ordnungsgrad der 1. Stufe hat. Vereinfacht würde also der Fall C (in Abbildung 421) dem Stil des Barocks entsprechen, der Fall G dem der Renaissance oder der klassischen griechischen Architektur. Im Barock wird die Einheitlichkeit des Ganzen dadurch erreicht, daß die Einzelteile, die autonom nicht existieren können, durch ein komplexes Ordnungssystem zusammengehalten werden. In der klassischen Architektur können die einzelnen Teile durchaus autonom existieren und selbst ein Sub-Ganzes bilden. Die Einheit wird hier durch das strenge Ordnungssystem erreicht. Erst dieses verbindet die Teile und verleiht dem umfassenden Ganzen die harmonische Proportion. So kann zum Beispiel eine korinthische Säule auch als Einzelstück schön sein. Eine barocke Engelsfigur verliert aber ihren Ausdruck, wenn sie aus der Einheit des Ganzen herausgelöst wird.

Wie bereits gezeigt, bestehen bei der visuellen Wahrnehmung grundsätzlich zwei Möglichkeiten (Kapitel 0.3.3). Beim sogenannten Abtasten entsteht der Gesamteindruck aus vielen kleinen Teilinformationen, das Ganze entsteht aus Einzelteilen. Bei der zweiten Möglichkeit, beim Gestaltsehen, wird vom Ganzen ausgegangen, Einzelteile werden erst nachher registriert. Auf welche der beiden Arten wahrgenommen wird, bestimmt die Art des Objekts. Sind dessen Einzelteile ganzheitlich und nach einem strengen Ordnungssystem organisiert (Fall G in Abbildung 421), wie zum Beispiel in der klassischen Architektur, wird Gestaltsehen bevorzugt, da das Ganze als solches leicht erkannt werden kann. Unselbständige und fragmentarische Einzelteile, die nach einem komplexen System geordnet sind (Fall C in Abbildung 421), wie zum Beispiel im Barock, zwingen den Betrachter, zuerst die Teile zu sehen und dann ihre Einheit.

Abbildung 421 zeigt neun verschiedene Beziehungsmöglichkeiten zwischen verschiedenen Ordnungssystemen und verschiedenen Arten von Teilen. Diese Fälle sind neun Varianten aus einem breiten Spektrum. Der klassischen Architektur und der Baukunst des Barocks entsprechen am ehesten die Fälle G und C. Die Moderne beinhaltet verschiedene Strömungen, sie kann deshalb nicht einfach nur einem dieser Fälle zugeordnet werden.

Beim Wettbewerbsprogramm für den Sowjetpalast in Moskau von 1931 mußten viele verschiedene Nutzungsmöglichkeiten berücksichtigt werden: verschieden große Säle für 15000, 6500, zweimal 500 und zweimal 200 Personen, die dazugehörenden Verwaltungsräume, mehrere Bibliotheken und Restaurants. Ähnlich wie in den vorangegangenen Projekten für das Völkerbundgebäude in Genf (1927) und das Haus des Centrosoyus in Moskau (1929) entwarf Le Corbusier auch hier zuerst die einzelnen Gebäudeteile und kombinierte sie dann in verschiedenen Vorprojekten auf verschiedene Arten, bis er schließlich zur endgültigen Lösung kam (Abbildung 422).

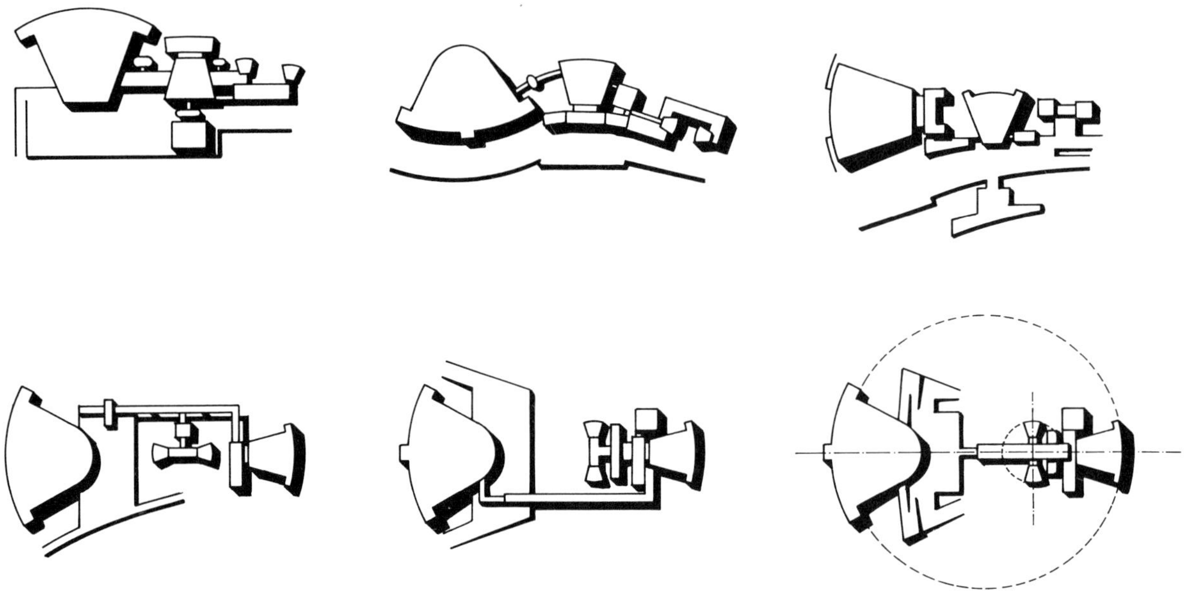

Abb. 422: Le Corbusier, Vorprojekte für den Sowjetpalast in Moskau, 1931 (Fall A in Abbildung 421). (Letzte Variante: Wettbewerbsprojekt)

Die Einzelteile sind, zumindest in den verschiedenen Vorprojekten, nach einem komplexen Ordnungssystem aneinandergefügt. Die Art dieser Teile ist ganzheitlich, daß heißt sie könnten teilweise durchaus alleine, als selbständige Gebäude autonom existieren. Eine formale Ähnlichkeit und die verschiedenen Verbindungsbauten helfen, sie zu einem Ganzen zu verbinden.

Das Studentenwohnheim von Lucien Kroll in Brüssel (Abbildung 423) entspricht, wie die Architektur des Barocks, am ehesten dem Fall C in Abbildung 421. Verschiedene Proportionen, Farben und Materialien sorgen dafür, daß die Art der Teile sehr uneinheitlich und unselbständig ist. Das Ordnungssystem ist sehr komplex und schwer lesbar, das Ganze wirkt auf den ersten Blick wie eine chaotische Ansammlung verschiedener Teile.

Ein gutes Beispiel für den Fall D ist die 1966 begonnene »Sea Ranch«, eine Wohnsiedlung an der Pazifikküste, nördlich von San Francisco, geplant von Charles Moore (Abbildung 424). Um einerseits die außerordentlich schöne Küstenlandschaft nicht zu zerstören, anderseits aber die Wohneinheiten auch nicht in der wilden Umgebung »untergehen« zu lassen, wurde »eine limitierte Partnerschaft – keine Heirat – zwischen den Häusern und der Landschaft« beschlossen (15). Jeweils zehn Wohneinhei-

Abb. 423: Lucien Kroll, Studentenwohnheim, 1976, Brüssel, Belgien. Ausschnitt aus der Fassade

ten bilden zusammen eine Gruppe (Abbildung 425). Jede Wohneinheit wiederum besteht aus einer Naßzelle, mit Küche und Bad, und einer frei im Raum stehenden Plattform (Abbildung 426). Sowohl Naßzelle und Plattform als auch jede Hauseinheit sind selbständige Teile, die entsprechend einem Ordnungssystem variiert werden können. Die einzelnen Häuser sind so gestaltet, daß sie durchaus auch autonom existieren könnten, sie sind Sub-Ganze, die zusammen eine abgeschlossene Siedlungseinheit bilden.

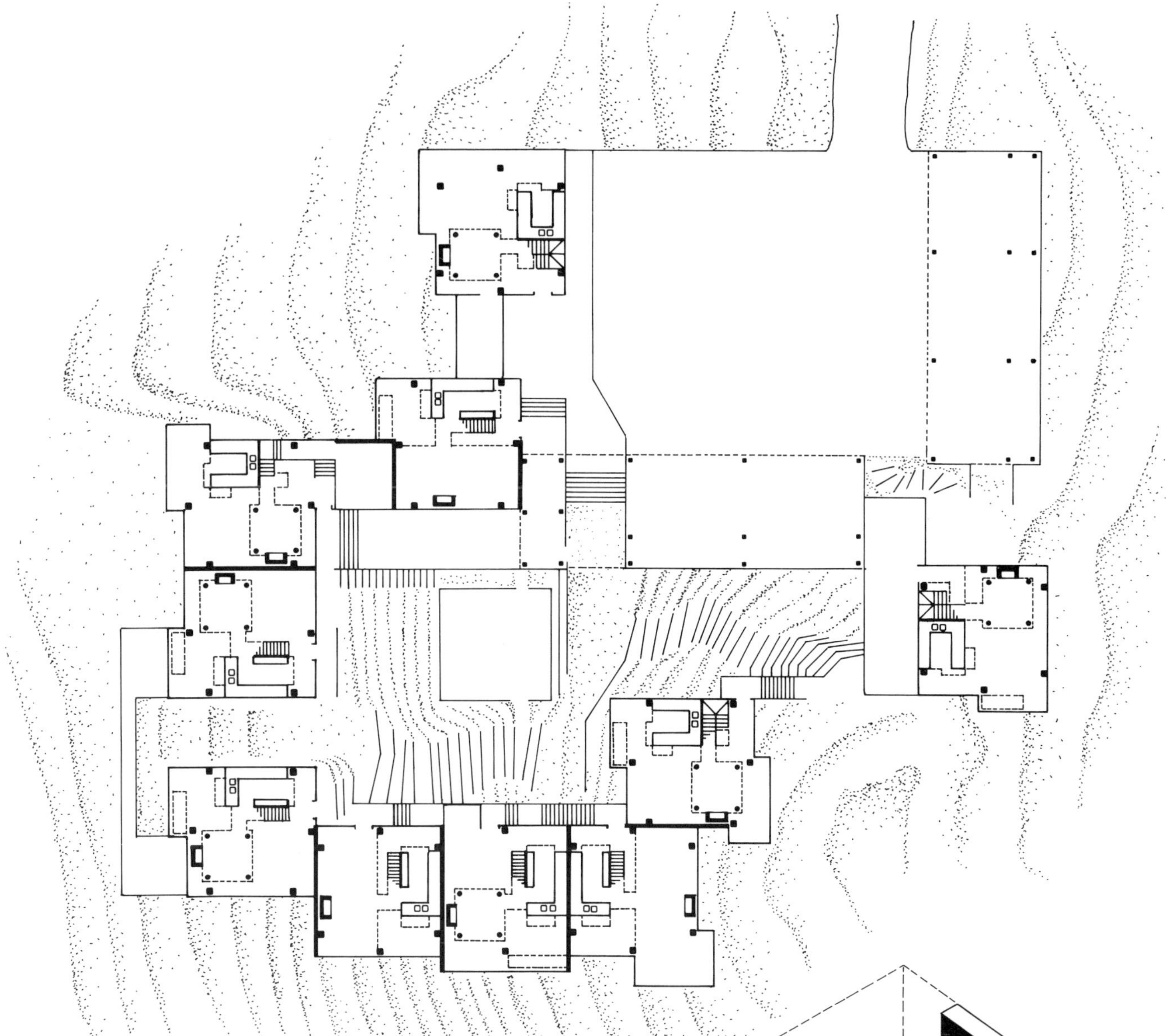

Charles Moore, Sea Ranch, ab 1966, bei San Francisco, USA:
Abb. 424: Grundriß einer Wohngruppe mit 10 Einheiten

Abb. 425: Gesamtansicht einer Wohngruppe

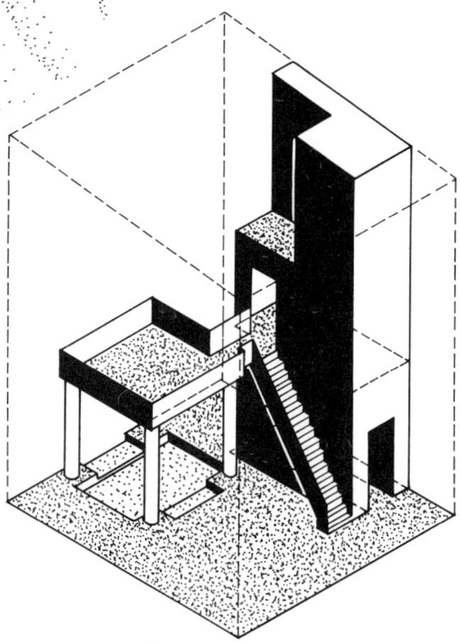

Abb. 426: Der Kernteil jeder Wohneinheit: Plattform und Naßzelle mit Bad und Küche

Das Parlamentsgebäude in Chandigarh, 1961 von Le Corbusier fertiggestellt (Abbildung 427, 428, 429), entspricht dem Fall E in Abbildung 421. Der Bau umfaßt zwei Versammlungsräume, für Ober- und Unterhaus, eine große Wandelhalle, Büroräume für die Abgeordneten und ein großes Vordach, das als Portal dient. Die Räumlichkeiten der verschiedenen Nutzungen unterscheiden sich sowohl durch ihre Form als auch durch ihr statisches System. Die beiden Versammlungsräume bestehen aus massiven Betonwänden, sind Schalen, die eine pyramidenförmig, die andere hat die Form eines schräg abgeschnittenen Zylinders. Das freistehende, geschwungene Portaldach ruht auf Wandscheiben, die die Eingangsrichtung betonen. Der Büroteil besteht aus einem Stützenskelett. Die nichttragenden Wände trennen die einzelnen Büroräume voneinander. Die Wandelhalle, bestehend aus einem »Wald« von Stützen, die das Dach tragen, erinnern stark an einen Hain, der in vielen indischen Dörfern der Bevölkerung als Ort der Begegnung dient. Die verschiedenen Teile haben eine gewisse Autonomie, könnten aber nicht selbständig bestehen, wie zum Beispiel der große Versammlungssaal des Sowjetpalastes (Abbildung 422). Das Ordnungssystem, das die Beziehungen der einzelnen Teile untereinander regelt, ist weder komplex noch sehr streng: die U-förmig angeordneten Büroräume bilden den »Behälter«, der gefüllt ist mit der Wandelhalle und in dem die beiden Versammlungssäle frei stehen. Als frontaler Abschluß dient der große Portalteil, der den Eingang markiert.

Abb. 427: Le Corbusier, Parlamentsgebäude, 1961, Chandigarh, Indien

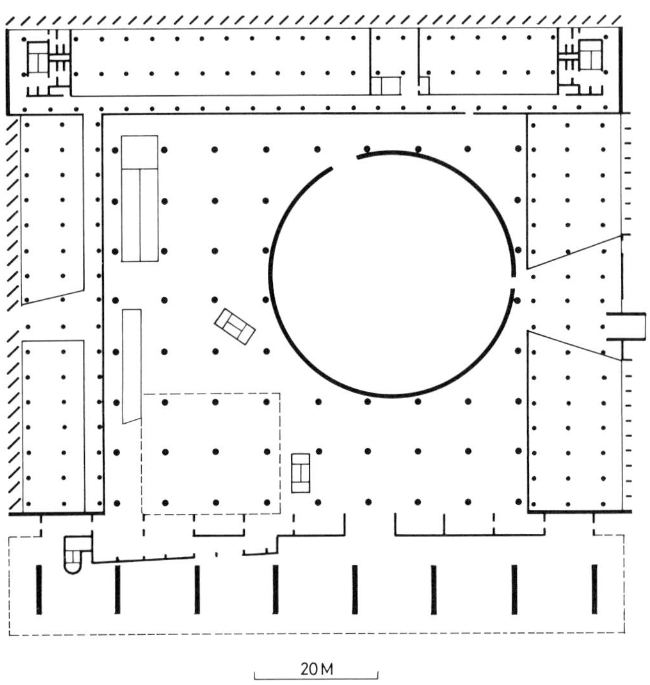

Le Corbusier, Parlamentsgebäude, 1961, Chandigarh, Indien:
Abb. 428: Grundriß des Erdgeschosses

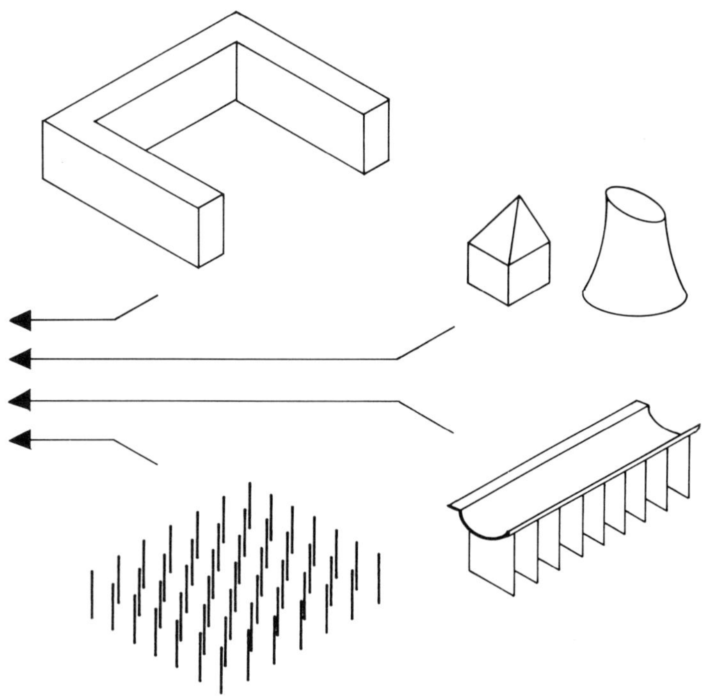

Abb. 429: Die Teile des Gebäudes: U-förmiger Bürotrakt, Versammlungssäle, Eingangsportal und Wandelhalle

Die verschiedenen Vorstudien für den Sowjetpalast in Moskau entsprechen dem Fall A in Abbildung 421. Diese Projekte versuchen noch auf die Form des Grundstückes, das am Ufer der Moskwa liegt, einzugehen. Die endgültige Lösung (letzte Variante in Abbildung 422) ist durch eine klare Symmetrie gekennzeichnet, die das Ganze einem strengen Ordnungssystem unterwirft und den Gebäudekomplex ortsunabhängig macht. Dieses Projekt entspricht eher dem Fall G in Abbildung 421. Wie schon gesagt, ist auch die klassische Architektur dem Fall G zuzuordnen: strenges Ordnungssystem und ganzheitliche Teile. Ein Beispiel aus der neueren Zeit ist das Wohn- und Bürogebäude von Yoji Wataneba, 1970 in Tokyo erbaut (Abbildung 430). Die Zellen könnten auch als Einzelstücke in einer Wohnwagensiedlung stehen. Ihre Eigenständigkeit bleibt aber auch innerhalb des Ganzen klar erkennbar. Trotzdem erscheint das Gebäude als einheitliches Ganzes, da die Einzelteile einem strengen

Abb. 430: Yoji Wataneba, Wohn- und Bürogebäude, 1970, Tokyo, Japan

Ordnungssystem unterworfen sind. Der Aufbau des Hauses ist klar gegliedert: ein Sockelgeschoß, die Einheit der Wohn- und Bürogeschosse und ein klar abgesetztes Dachgeschoß. Diese Gliederung erlaubt einerseits ein Bilden von Superzeichen, und andererseits ermöglicht sie ein besseres Erkennen der wahren Größe.

Das Parlamentsgebäude in Dacca, geplant von Louis I. Kahn, 1983 vollendet, entspricht dem Fall H in Abbildung 421 (Abbildung 431, 432). Das Gebäude besteht aus der großen, zentralen Versammlungshalle und acht Anexbauten, die symmetrisch um die Halle angeordnet sind. Das Ordnungssystem ist klar und streng: die Symmetrie wird nur durch die schräge Lage der Gebetshalle gebrochen, die nach Mekka gerichtet sein muß. Die Anexbauten bewahren eine gewisse Selbständigkeit, sowohl von ihrer Anordnung als auch von ihrer Art her. Trotzdem wären sie als Einzelbauten nicht mehr zu verstehen, sie können ihre volle Wirkung nur innerhalb des Verbandes mit den anderen Teilen entfalten.

Im Fall I in Abbildung 421 verlieren die Einzelteile ganz ihre Selbständigkeit: sie werden zu Bestandteilen, die ihren Sinn außerhalb der Gemeinschaft mit den anderen Teilen ganz verlieren. Im Gegensatz zum Fall C, der etwa

Louis I. Kahn, Parlamentsgebäude, 1983, Dacca, Bangladesh:

Abb. 431: (oben) Ansicht
Abb. 432: (unten) Grundriß

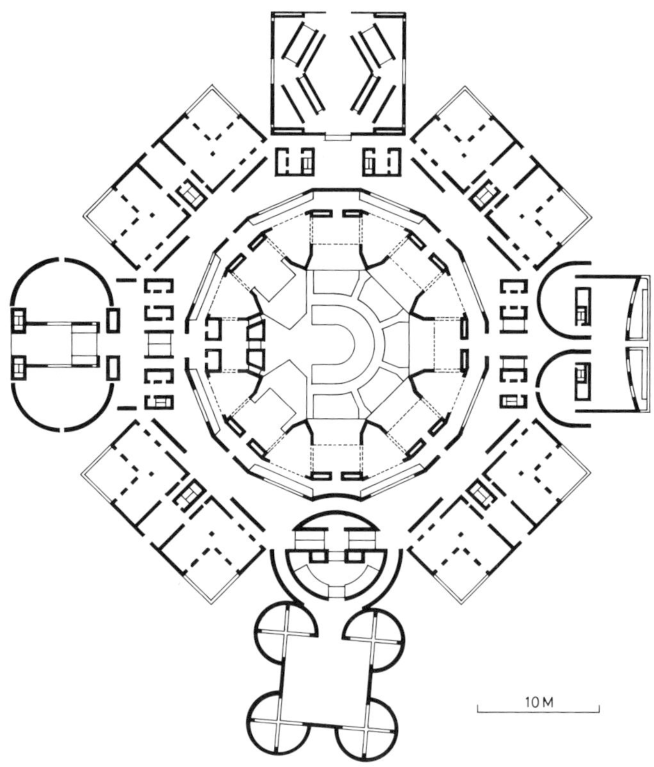

dem Barock entspricht, ist hier das Ordnungssystem äußerst streng und einfach. Viele Bauten aus der zweiten Hälfte des Werkes von Ludwig Mies van der Rohe entsprechen diesem Typ. Die Gebäude erscheinen als monolithisches Ganzes, die Bestandteile sind, wenn sie überhaupt noch als solche erkennbar sind, unselbständig (Abbildung 433).

Abb. 433: Ludwig Mies van der Rohe, Federal Center, 1973, Chicago, USA

Die Unterteilung in verschiedene Gruppen, je nach Art der Teile und nach Ordnungssystem, ist nicht nur bei einzelnen Gebäuden möglich, sondern auch bei Gebäudegruppen und ganzen Städten. Die von Le Corbusier projektierten Städte bestehen aus einer Ansammlung eigenständiger Objekte, welche raumverdrängend wirken und so der Grundidee der Stadt widersprechen (vgl. Abbildung 177). Ein Grundanliegen von Le Corbusier war es, im Gegensatz zur mittelalterlichen Stadt möglichst viel Licht und frische Luft zu jeder Wohnung zu bringen. Dementsprechend mußten die über 50 Geschoß hohen Gebäude weit auseinander gebaut werden. Die Bauten der »Ville contemporaire«, geplant im Jahre 1922, sind eigenständige, ganzheitliche »Skulpturen«, die geordnet nach einem strengen System auf einer freien Fläche stehen (Abbildung 434). Diese Konstellation entspricht am ehesten dem Fall G in Abbildung 421. Trotz strenger Ordnung verhindert der große Abstand der Bauten und ihre ganzheitliche Art, daß sie zusammen als große Einheit, als Stadt erlebt werden. Das Bild der mittelalterlichen Stadt entspricht dem Fall H in Abbildung 421 (Abbildung 435). Auch hier herrscht ein strenges Ordnungssystem: die Häuser sind aneinandergebaut und stehen auf der Straßenlinie, sie sind vorwiegend gleich hoch und haben eine ähnliche Form. Diese Tatsachen ermöglichen dem Betrachter ein Empfinden der Straßenfront als homogenes Ganzes. Durch verschiedene kleinere Unterschiede in Proportion und Anordnung der Öffnungen behalten die einzelnen Gebäude eine gewisse Eigenständigkeit, sie werden zu Variationen eines Themas. Losgelöst vom Ganzen würden die Häuser ihren Charakter verlieren. Das einzelne Gebäude ist hier keine Skulptur mehr wie bei Le Corbusier, sondern vielmehr eine »Füllung«, die den Zwischenraum der Straße zur primären Erscheinung macht und nicht mehr sich selbst als Objekt.

Beide Modelle sind Extreme und können uns heute nicht mehr als Vorbild dienen. Die mittelalterliche Stadt hat all die Nachteile, die Le Corbusier vermeiden wollte: schlechte Beleuchtung und Belüftung etc. Andererseits sind die Visionen von Le Corbusier aber keine Städte, sie sind Wohnmaschinen, die jedes menschliche Zusammenleben erschweren.

Abb. 434: Le Corbusier,»Ville contemporaire«, 1922 (vgl. Abbildung 177)

Abb. 435: Straßenzug in der Altstadt von Bern, Schweiz

10.5 Das Zusammensetzen von Teilen

Das Wort »konstruieren« stammt aus dem Lateinischen und heißt zusammensetzen. Konstruieren bedeutet das Zusammensetzen von Einzelteilen nach ganz bestimmten Regeln mathematisch-logischer, technisch-wissenschaftlicher, ökonomischer und ästhetischer Art. Dementsprechend definierte Le Corbusier Baukonstruktion: »als die zweckmäßige und folgerichtige Verbindung von Bauelementen« (16). Verbunden und zusammengesetzt wird auf jeder Stufe: eine Stadt besteht aus mehreren Häusern, ein Gebäude aus mehreren Gebäudeteilen, diese wiederum aus mehreren Bauteilen, welche letztendlich aus Bauelementen bestehen. Für alle Stufen gelten, mit bestimmten Schwerpunkten, grundsätzlich dieselben Regeln. Oft wird der ganze Prozeß des Zusammensetzens sprachlich unterteilt in Entwerfen und Konstruieren: der Entwurf reicht dann bis zu den Plänen im Maßstab 1:100 für die amtliche Baubewilligung, der Rest ist Konstruktion. Diese sprachliche Trennung für etwas, das eigentlich dasselbe ist, führt zu Mißverständnissen. Die letzte Phase des Entwurfs, das Entwerfen der Details, wird als etwas Selbständiges gesehen. Konstruieren wird zu einem selbständigen Arbeitsschritt, zwischen Entwurf und Ausführung. Oft wird dann diese Aufgabe von einem sogenannten Konstrukteur übernommen, losgelöst von allen anderen Entwurfsphasen. In solchen Fällen beschränkt sich dessen Aufgabe auf den rein statisch-bauphysikalischen Bereich. Konstruktion ist aber ein Teil des Entwurfs und kann nicht von diesem getrennt werden. Der Entwurf der Details ist ebenso wichtig wie der Entwurf der einzelnen Gebäudeteile oder der Entwurf des ganzen Hauses. Die ästhetischen Aspekte sind sowohl bei der Art der Befestigung eines Handlaufes wie auch bei der Beziehung zweier Gebäudeteile zueinander wichtig. Andererseits ist die Frage des Wärmehaushalts in einem Gebäude nicht nur eine bauphysikalische Frage. Sie beginnt mit der Orientierung eines Gebäudes in der Umgebung, geht weiter über die Frage der Art der Öffnungen und ist erst am Schluß auch ein bauphysikalisches Problem. Entscheidungen über die technische Ausführung fallen bereits in der ersten Entwurfsphase. Der dort festgelegte Charakter eines Gebäudes schränkt das Spektrum der möglichen technischen Ausführungsmethoden schon stark ein. Der Eiffelturm konnte nicht aus Backstein gebaut werden, Stahl war das einzige mögliche Material für eine solche Form und damit war die Art der Verbindungen bereits stark vorbestimmt. Bestimmte Formen werden von speziellen statischen Systemen geprägt. So treten im Bogen fast ausschließlich Druckkräfte auf, welche ihrerseits spezifische Arten der Ausführung verlangen. Dies macht auch klar, warum konstruktive Details nicht beliebig ausgewechselt werden können. Ein Gebäude ist heute meistens ein maßgeschneidertes Einzelstück und verlangt deshalb auch nach ganz speziellen Konstruktionsdetails. Innerhalb einer Bauaufgabe bestehen ganz bestimmte Beziehungen zwischen dem Ganzen und seinen Teilen: Details drücken den gleichen Inhalt aus wie das Ganze, das eine ergibt sich logisch aus dem anderen. Fritz Haller sagt dazu: »Wenn ein Teil eines Ganzen erfunden ist – wirklich und nicht nur scheinbar erfunden –, dann ist der Weg zum Ganzen erschlossen. Oder anders: der erfundene Teil eines Ganzen trägt das Bild des Ganzen in sich. Man sollte sich demnach nicht fürchten, ein Teilproblem eines komplexen Problems zu lösen, denn wenn diese Teillösung eine wirkliche ist, wird der Weg zum Ganzen geöffnet« (17).

Unter Konstruktion wird heute die technische Seite des Entwurfs verstanden, mit ihrer Hilfe wird die Form in materielle Wirklichkeit umgesetzt. Oder wie Louis I. Kahn sagte: »Die Form entsteht aus einem System der Konstruktion« (18). So hilft die Konstruktion indirekt mit, den geistigen Inhalt des Gebäudes zu veranschaulichen. In der stark konstruktivistischen Architektur wird sie sogar zum primären Ausdrucksmittel.

Das Zusammenfügen von Teilen muß nach einem bestimmten Ordnungssystem erfolgen. Statik und Ökonomie unterstützen diese Forderung. So ist es angebracht, bei einem Skelettbau den Stützenabstand konstant zu belassen. Dadurch können auch die darüberliegenden Träger gleich dimensioniert werden, was sich wiederum auf die Ökonomie positiv auswirken wird. Die Regelmäßigkeit eines solchen Skelettrasters wird weiter einen entscheidenden Einfluß auf den Ausdruckscharakter eines Gebäudes haben.

Früher wurden die Baumethoden empirisch erprobt, der Schöpfer der Form war gleichzeitig auch der Erschaffer der Konstruktion. Der Baumeister kannte sowohl den geistigen Inhalt, dem er einen formalen Ausdruck geben sollte, als auch die technischen Eigenschaften der ihm zur Verfügung stehenden Materialien genau. Die Bauteile mußten zwangsweise sowohl nach ästhetischen als auch nach technischen Aspekten zusammengefügt werden. Die Trennung zwischen Ästhetik und Technik, wie wir sie heute kennen, existierte nicht.

Parallel zum Aufkommen der neuen Baumaterialien Stahl und Beton im letzten Jahrhundert wurden auch wissenschaftliche Methoden entwickelt, um die Anwendung dieser Materialien statisch kontrollieren zu können; der Beruf des Bauingenieurs war geboren. Mit den großen Eisenkonstruktionen der Brücken und Hallenbauten wurde der Bauingenieur neben dem Architekten zum Hauptakteur des Bauens. Fortan lag das Geschick der Kreation gebauter Umwelt nicht mehr nur in den Händen eines einzelnen Baumeisters, sondern wurde verteilt auf Bauingenieur und Architekt. Keiner der beiden kann heute ohne den anderen auskommen, keiner kann aber auch den Arbeitsbereich des anderen wirksam kontrollieren, da er ihn zu wenig kennt. Der Architekt kennt wohl den geistigen Inhalt, dem er formal Ausdruck verleihen soll, nicht aber die genauen Eigenschaften, Möglichkeiten und Grenzen der technisch-konstruktiven Mittel. Die wiederum sind dem Ingenieur bekannt, dafür kennt er die formal-ästhetischen Aspekte wenig. Diese Dualität wirkt sich auf die Art des Zusammensetzens der Teile zu einem Ganzen verhängnisvoll aus. Die technischen Möglichkeiten sind heute praktisch unbegrenzt. Im

Wissen, daß jeder beliebige formale Ausdruck in die Realität umgesetzt werden kann, tendiert der Architekt heute oft dazu, alle technischen und konstruktiven Aspekte in den Hintergrund zu stellen. Andererseits sieht auch der Ingenieur oft nur seine mathematischen Probleme und betrachtet seinen Anteil als eine reine Routineangelegenheit, losgelöst von den Aspekten des Architekten.

Bauen ist heute sicher vielschichtiger als früher. Die Regel von Charles Moore, daß »eins plus eins mehr als zwei geben muß« (1), gilt heute aber noch genauso wie damals. Ein universelles Wissen über alle Teilgebiete des Bauens ist nicht mehr möglich. Deshalb sollte zumindest ein Dialog stattfinden zwischen den einzelnen Disziplinen, alle beteiligten Spezialisten sollten ein gemeinsames Ziel anstreben: ein Bauwerk als ein homogenes Ganzes zu schaffen, das einem geistigen Inhalt einen formalen Ausdruck gibt. Dabei sind alle Disziplinen nur Mittel zum Zweck eines gemeinsamen Zieles.

10.6 Vorfertigung der Teile

Architektur war immer ein Ganzes, zusammengesetzt aus Teilen. Zu Beginn der Geschichte des Bauens waren diese Teile rohe, unbearbeitete Stücke aus der Natur: Äste, Blätter, Steine etc. Später begann der Mensch diese Teile zu verändern. Die Steine wurden bearbeitet, damit sie besser aufeinander geschichtet werden konnten, unförmige Holzstücke wurden so in Teile zerlegt, daß sie besser den jeweiligen Nutzungen entsprechen konnten.

Bald wurde nicht mehr jedes Einzelstück direkt an seinem Verwendungsort angepaßt, sondern zuerst vorbereitet und dann montiert. Dazu mußten die Größen der Einzelteile aufeinander abgestimmt werden. Ein gemeinsames Maß wurde eingeführt und die verschiedenen Größen standardisiert. Die sogenannte Ortsbauweise wurde teilweise ersetzt durch eine Vorfabrikation.

Das standardisierte Bauen mit vorfabrizierten Teilen ist alt. So basierte das Bauen im alten Japan auf der Maßeinheit der Tatami-Matte. Alle Bauten entsprachen dieser Moduleinheit, waren standardisiert und konnten dementsprechend auch vorfabriziert werden (Abbildung 209, 221). Diese Standardisierung kann im alten China mindestens bis ins 11. Jahrhundert zurückverfolgt werden (19). Sie erlaubte nicht nur eine Herstellung unabhängig vom individuellen Bauprojekt, sondern auch ein rasches Ersetzen bei eventuellen Schäden. Holz ist ein für Vorfabrikation prädestiniertes Baumaterial. Schon im 17. Jahrhundert konnten in Moskau vorfabrizierte Häuser »von der Stange« gekauft werden (20). Außerhalb der Stadt bestand ein spezieller Markt, wo die Häuser besichtigt werden konnten. Innerhalb von zwei Tagen waren sie an ihrem neuen Standort fertig montiert.

Auch die gotische Kathedrale ist ein Beispiel für die vorindustrielle Vorfabrikation (Abbildung 436). Die Anzahl der verschiedenen Teile an einem solchen Gebäude ist relativ klein, dafür wurde von jedem dieser Standardstücke eine große Anzahl hergestellt, die dann repetitiv in der Fassade und in der Tragstruktur verwendet wurden: manuelle Vorfabrikation nach standardisiertem Muster auf der Baustelle mit anschließendem Montagebau.

Mit der Industrialisierung im 19. Jahrhundert wurde das Handwerkzeug durch Maschinen ersetzt. Das manuell hergestellte Einzelstück wurde abgelöst vom Massenprodukt. Die Industrialisierung hielt in den meisten Wirtschaftszweigen Einzug: gleichwertige, standardisierte Teile wurden nicht mehr von Hand, sondern industriell vorfabriziert. Die Vorteile des industriellen Bauens wurden zuerst von den Ingenieuren erkannt und beim Bau von Brücken und Hallen genutzt. Spektakuläre Bauten, wie der Eiffelturm, sind weniger charakteristisch für das Werk von Gustave Eiffel als die Entwicklung von in Serie herstellbaren Elementen, die sich vielseitig anwenden ließen. So entwickelte Eiffel eine Brücke, drei bis fünf Meter breit und bis zu 27 Meter lang, die aus nur acht verschiedenen Standardteilen und zwei Bolzenarten bestand. Dieser Typ konnte beliebig verwendet werden und wurde vor allem nach Hinterindien exportiert (21). Auch Joseph Paxton war beim Bau des Kristallpalastes weniger

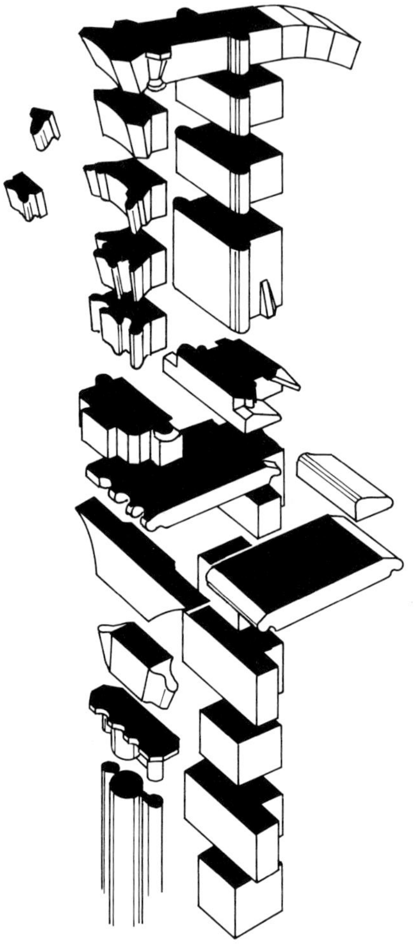

Abb. 436: Die Bestandteile des gotischen Mauerwerks (nach einer Zeichnung von Violet-le-Duc)

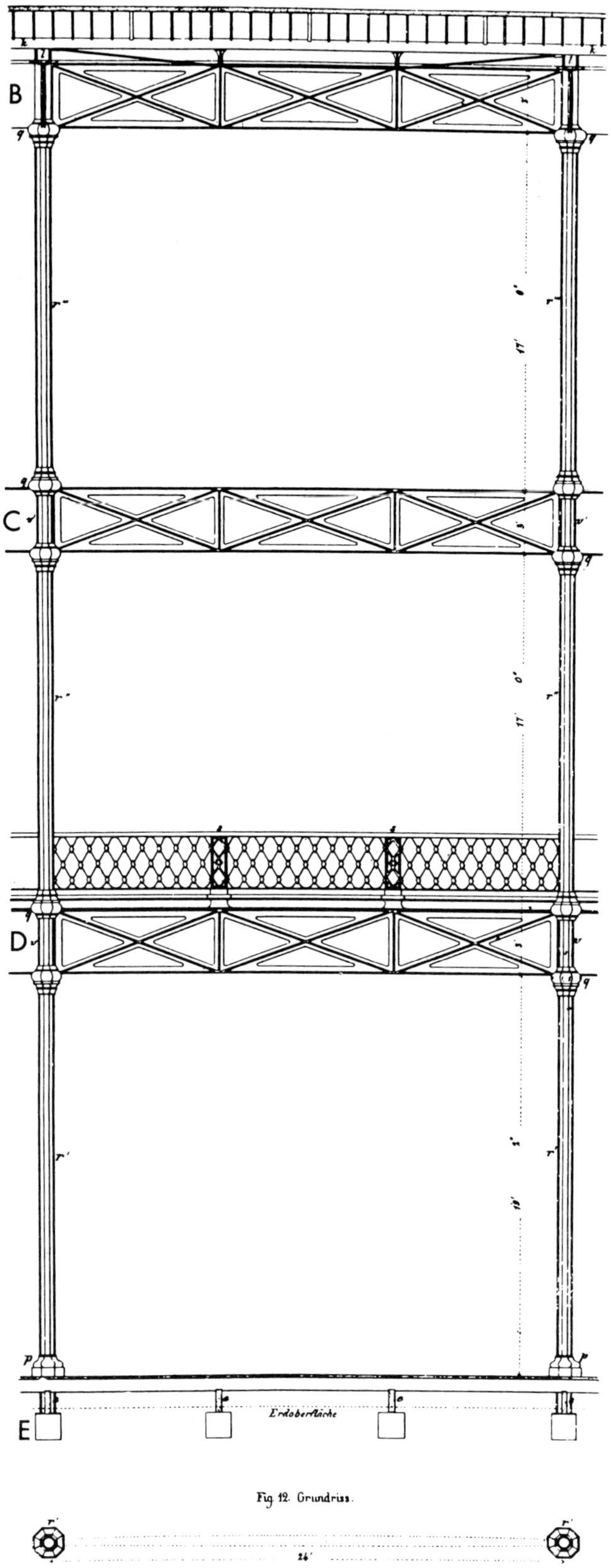

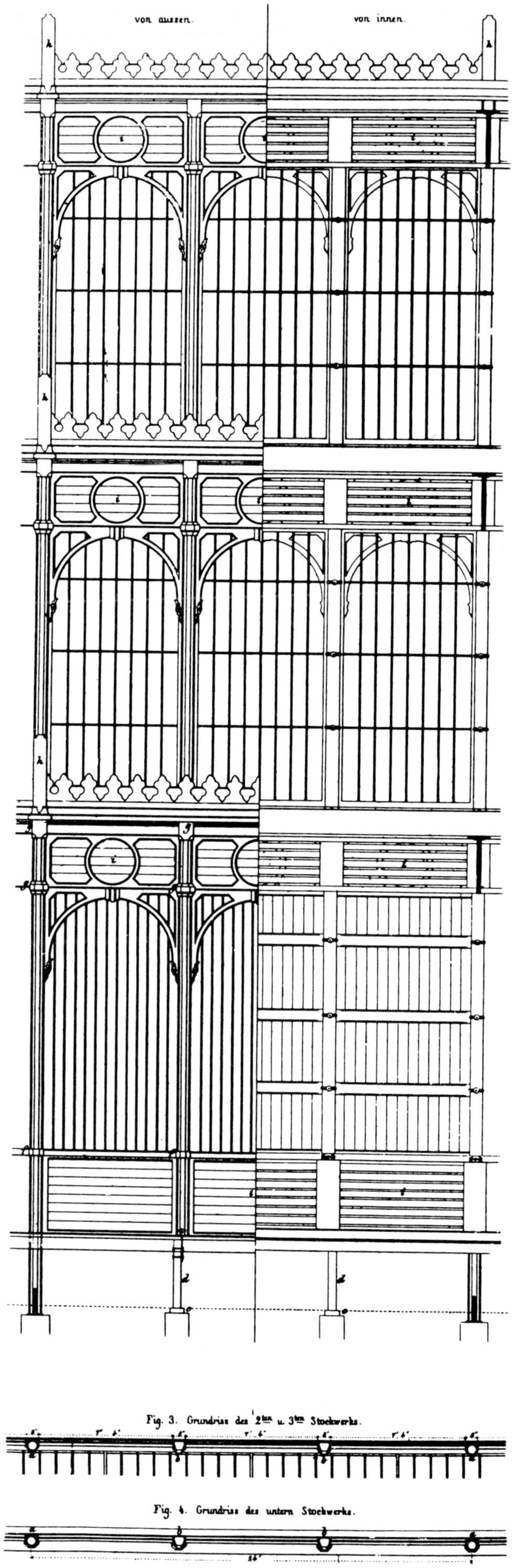

Abb. 437: Joseph Paxton, Kristallpalast, 1851, London, Großbritannien. Links: Tragskelett. Rechts: Fassade (vgl. Abbildung 155)

am ästhetischen Effekt als an den ökonomischen Vorteilen einer Vorfertigung interessiert (Abbildung 155, 437). Paxton stand vor dem fast unlösbaren Problem, innerhalb von sechs Monaten eine über 560 Meter lange Halle mit einer Ausstellungsgrundfläche von mehr als 92000 Quadratmeter zu errichten. Der ganze Bau war auf einem quadratischen Raster von 24 Fuß (7,32 Meter) aufgebaut. Sämtliche Teile waren standardisiert und konnten so leicht vorfabriziert werden. Verwendet wurden über tausend gußeiserne Stützen. Die über 24 Fuß gespannten Träger, ca. 2800 an der Zahl, waren alle drei Fuß hoch, was ein einheitliches Anschlußdetail an die Stütze ermöglichte. Ihre unterschiedlichen Belastungen wurden mit verschiedenen Materialstärken aufgenommen. Die Menge Glas, die zur Eindeckung des Daches und der Fassade verwendet wurde, entsprach einem Drittel der damaligen englischen Jahresproduktion. Um die Gläser zu befestigen wurden insgesamt mehr als 325 Kilometer Fenstersprossen verwendet (22).

Ein solches Bauvolumen konnte in so kurzer Zeit nur bewältigt werden, wenn die Anzahl der verwendeten Stücktypen auf ein Minimum reduziert wurde, eine einfache und rationelle Montage möglich war, die Herstellung der Teile nicht direkt an ihrem späteren Standort erfolgen mußte und so Fabrikation und Montage zwei getrennte Arbeitsgattungen waren. Der Kristallpalast war 1851 der erste Bau, der nach den Methoden des modernen Montagebaus erstellt wurde und der hauptsächlich aus industriell vorgefertigten Teilen bestand. Diese Bauweise ermöglichte auch die extrem kurze Bauzeit von nur sechs Monaten.

Solche Bauten, die mit einer neuen Herstellungsmethode, der industriellen Vorfertigung, geschaffen wurden, zeigten, daß aus der neuen Art, Teile herstellen und zu einem Ganzen zu fügen, auch neue Ausdrucksformen entstehen. Ihre Erbauer, die Ingenieure, kümmerten sich weniger um Stil und Ästhetik als vielmehr um ökonomische und wirtschaftliche Fragen. Formale Veränderungen waren für sie ein logisches Ergebnis dieser Entwicklung und somit sekundäre Nebenerscheinungen. Gerade diese Aspekte der Industrialisierung, der neue formale Ausdruck, wurde für die Architekten primär: die Schönheit, Strenge und Einfachheit der industriell gefertigten Produkte wie Autos und Flugzeuge, wurden von vielen Architekten bewundert und als Ideal auch für die Ästhetik der Architektur hingestellt (vgl. Kapitel 2.4). Die Möglichkeiten des Fertigungsprozesses der industriellen Massenproduktion, die die neue Ästhetik begründeten, wurden von den Architekten zunächst wenig beachtet. Jean Prouvé, einer der wenigen Pioniere der industriellen Vorfertigung im Bauwesen, sagte dazu: »Seit dem Zeitalter der Mechanisierung steht nur das Bauwesen abseits vom industriellen Wunder, in dem Qualitätsverbesserung mit Preissenkungen Hand in Hand gingen« (23). Le Corbusier erkannte sowohl die ästhetischen Vorteile der industriellen Massenproduktion, er prägte den Ausdruck »Ingenieur-Ästhetik«, als auch die ökonomischen und wirtschaftlichen: »Baukunst ist Typenbildung« (24) und: »Wenn die Häuser wie die Fahrgestelle serienmäßig von der Industrie hergestellt würden, dann sähe man sehr bald überraschende Formen, aber gesunde, vertretbare, auftauchen, und die entsprechende Ästhetik würde sich mit erstaunlicher Präzision ebenso bald formulieren« (25). Oder in der CIAM-Erklärung von La Sarraz, 1928, die Le Corbusiers Handschrift trägt: »Die Konsequenzen der ökonomisch wirksamsten Produktion sind Rationalisie-

Le Corbusier, »Maison de l'homme«, 1963, Zürich, Schweiz:

Abb. 438: Gesamtansicht

Abb. 439: Gebäudehülle mit dem Modulor als Maßeinheit

rung und Standardisierung. Sie sind von entscheidendem Einfluß auf die Arbeit des heutigen Bauens« (26). Das Domino-Haus (Abbildung 203) und das Citrohan-Haus sind von Le Corbusier entwickelte Häuser, die seiner Forderung nach Typisierung und Standardisierung entsprechen, die aber weder vorfabriziert noch industriell hergestellt wurden. Die Ästhetik der Ingenieurbauten, ihre Einfachheit und Schlichtheit, wurde formal nachgeahmt, »unnötige« Teile und Verzierungen, wie sie im 19. Jahrhundert üblich waren, wurden weggelassen. Die Methode der Herstellung, die zum Beispiel in der Automobilindustrie grundsätzlich verändert wurde, blieb im Baugewerbe dieselbe wie früher. Le Corbusiers Wunsch nach serienmäßig und industriell hergestellten Häusern, »wie die Fahrgestelle«, ging nicht in Erfüllung. Eine Annäherung an diese Wunschvorstellung gelang Le Corbusier erst mit seinem letzten Haus, dem 1963 in Zürich erstellten »Maison de l'homme« (Abbildung 438, 439).

Die modulare Ordnung, als eine der Voraussetzungen für Standardisierung und industrielles Bauen, wurde zu einem der wichtigsten Merkmale der Moderne. So schrieben Henry-Russel Hitchcock und Philip Johnson 1932: »Gute moderne Architektur weist in ihrem Erscheinungsbild jene charakteristische Rasterung der Baustruktur mit gleichartigen Teilen auf, die durch ihre ästhetische Ordnung die Regelmäßigkeit des zugrundeliegenden Tragwerks betont. Schlechte moderne Entwürfe mißachten diese Regelmäßigkeit. Regelmäßigkeit in der Architektur ist jedoch relativ, nicht absolut« (27). Die Regelmäßigkeit entstand aus ökonomischen und fabrikationstechnischen Gründen. Der nächste logische Schritt, das industrielle Bauen, mit all seinen Konsequenzen, wurde nicht getan.

Walter Gropius war einer der wenigen, der sich nicht nur für eine industriell betriebene Vorfertigung und Standardisierung einsetzte, sondern auch versuchte, seine Theorie in die Praxis umzusetzen. In einem 1910 geschriebenen »Programm zur Gründung einer Hausbaugesellschaft auf künstlerisch einheitlicher Grundlage« formulierte er seine Vorstellungen. Dabei waren ihm zwei Punkte wichtig, die sich gegenseitig nicht ausschließen durften: eine industrielle Massenproduktion der Teile und eine Art der Teile, deren Kombinationsvariabilität noch eine individuelle Gestaltung zuließ. Dieses Programm entstand aus einem aktuellen Anlaß, Gropius war damals Bürochef bei Behrens, der neben verschiedenen Fabrikbauten auch eine Werksiedlung für die AEG plante.

1923 entwickelte Gropius Haustypen verschiedener Größen, die aus standardisierten Teilen zusammengesetzt werden konnten (Abbildung 440). 1927 errichtete er in der Weißenhofsiedlung in Stuttgart zwei komplett standardisierte und industriell vorgefertigte Einfamilienhäuser (Abbildung 441, 442). Die Grundrisse sind auf einem quadratischen Raster aufgebaut. Die Primärstruktur besteht aus einem Stahlskelett, die Wände außen aus Eternitplatten, einer Korkplatte als Wärmeisolation und einer verputzten Platte als innerer Abschluß. Die Böden bestehen aus Holzbrettern, heruntergehängte Leichtbauplatten als oberer Raumabschluß und Korkplatten als Wärmeisolation auch im Dach.

Diese Bauten hatten nicht nur einen neuen formalen Ausdruck, sie waren auch nicht mehr konventionell gebaut. Die verwendeten Materialien eignen sich für eine industrielle Vorfertigung und das Zusammensetzen der Teile wird weitgehend zu einem Montagebau.

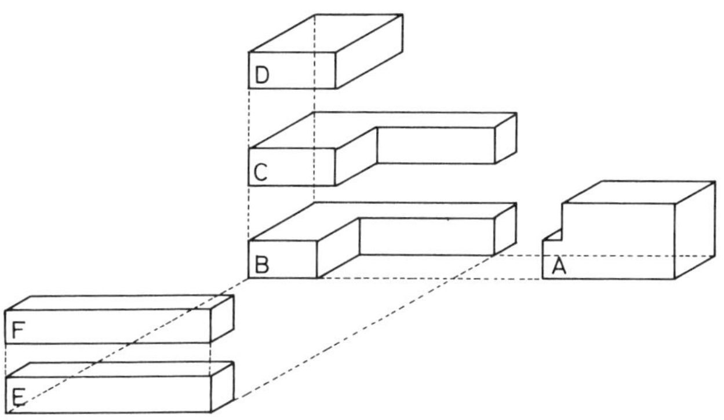

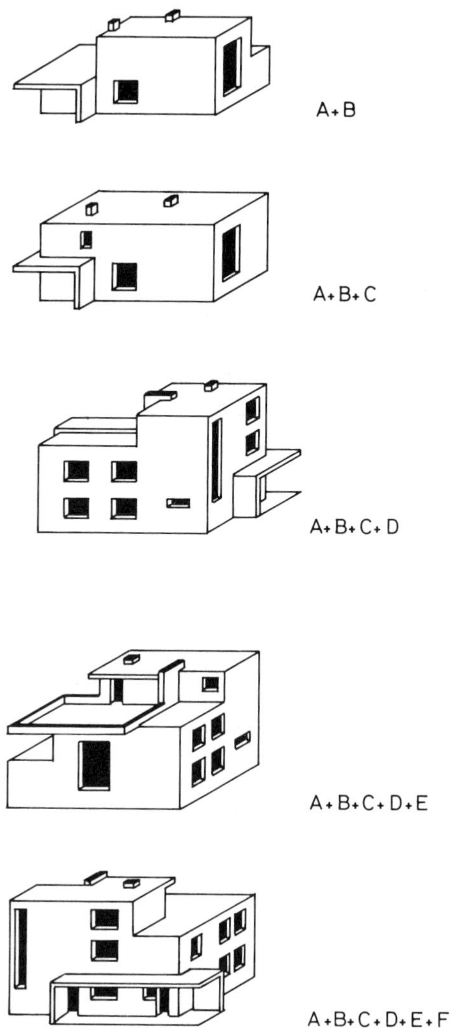

Abb. 440: Walter Gropius, Studie für verschieden große Hausvarianten aus standardisierten Teilen, 1923. (Isometrische Ansicht jeweils von verschiedenen Seiten)

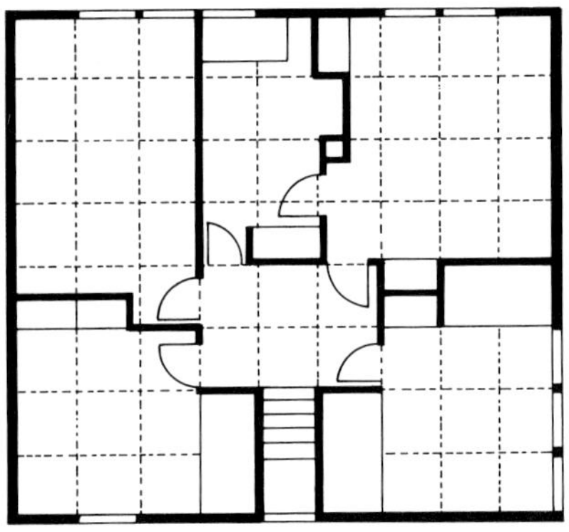

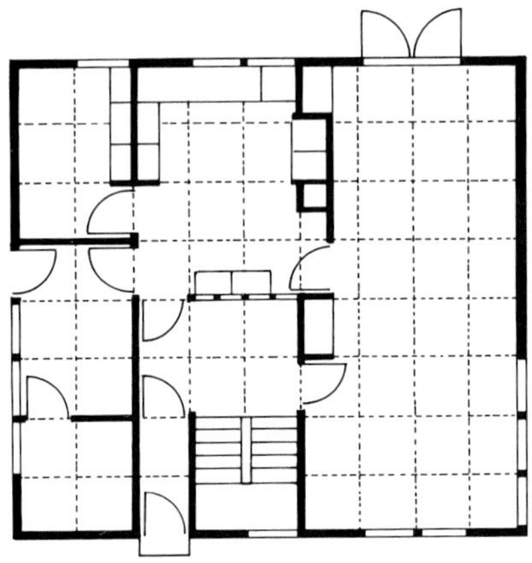

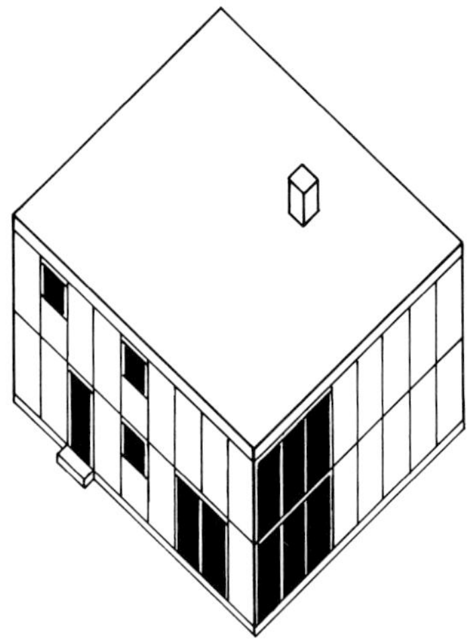

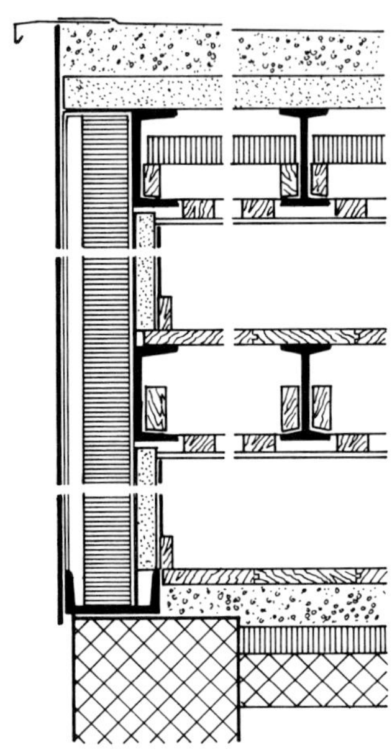

Walter Gropius, Haus Nr. 17, Weißenhofsiedlung, 1927, Stuttgart, BRD:

Abb. 441: Grundriß von Erdgeschoß und Obergeschoß
Abb. 442: Isometrische Ansicht und Vertikalschnitt durch die Außenwand

Die standardisierte Vorfabrikation hat im Vergleich zur konventionellen Ortsbauweise verschiedene Vorteile, aber auch Nachteile. Mit einer industriellen Fertigung kann eine absolute Gleichwertigkeit der Teile erreicht werden. Durch eine vom Standort unabhängige Herstellung wird das Bauen saison- und wetterunabhängig, was wiederum eine bessere Qualität ermöglicht. Die eigentliche Bauzeit wird verkürzt, da mehrere Arbeitsgänge im voraus und gleichzeitig ausgeführt werden können, sie wird reduziert auf die Montagezeit. Ein Bauen mit vorfabrizierten Teilen strebt aus ökonomischen Gründen eine möglichst geringe Anzahl verschiedener Teile an und ist, bedingt durch die Standardisierung, auf ein strenges Ordnungssystem angewiesen. Eine kleine Anzahl verschiedener Teile schränkt aber das Spektrum der formalen und räumlichen Variationsmöglichkeiten ein. Daraus erwächst oft die Kritik, daß ein Bauen mit vorfabrizierten Elementen zwangsweise zu einem monotonen, eintönigen Ausdruck führt. Die je nach geographischer Lage unterschiedlichen klimatischen Anforderungen und die lokal verschiedenen Baugesetze sind Faktoren, die eine Standardisierung und Vorfabrikation im großen Rahmen erschweren würden. Dazu kämen die hohen Transportkosten bei einer zentralen Produktion. Ein weiteres Problem der Vorfabrikation sind die Fugen: je kleiner die Einzelteile, desto größer sind die Variationsmöglichkeiten. Dies bedeutet aber auch eine größere Anzahl Fugen, welche immer potentielle Schwachstellen bilden.

10.7 Industrielles Bauen

Sowohl die Schönheit des Ausdrucks als auch die ökonomischen Vorteile der Industrialisierung der Ingenieurbauten wurden von den Architekten erkannt. Die »Ingenieur-Ästhetik« wurde zu einer der Grundlagen der Moderne. Ein Wechsel von der traditionellen Bauweise zu einem industriellen Bauen blieb aber in den Anfängen stecken. Die Vorfabrikation einiger Bauteile bedeutete vor allem eine Rationalisierung der alten Baumethoden. So werden zum Beispiel Fenster- und Türstürze heute vorgefertigt, um den ständig gleichen Arbeitsgang des Schalens, Armierens, Betonierens und Ausschalens zu vereinfachen und um mit der gleichzeitigen Anfertigung mehrerer Teile Zeit und damit Geld zu sparen. Einer solchen Baurationalisierung sind Grenzen gesetzt, die wahrscheinlich heute schon erreicht sind. Eine weitere Rationalisierung würde eine noch größere Stückzahl und damit eine weitere Reduktion der Typen bedeuten. Die industrielle Fabrikation von Konsumgütern, wie zum Beispiel Autos oder Radiogeräte, bedeutete eine Konzentration der Herstellung auf einige wenige Firmen. Die ständige Fusion von Industriegiganten in vielen Wirtschaftszweigen zeigt, daß dieser Trend noch heute anhält. Bezogen auf die Bauwirtschaft würde eine weitere Rationalisierung bedeuten, daß einige wenige Firmen den ganzen europäischen Markt beliefern müßten. Da der Kostenertrag pro Gewichtseinheit bei tradionellen Bauelementen wesentlich geringer ist als bei einem Auto oder Radiogerät, wäre eine solche Konzentration auf einige wenige Fabriken unrentabel: die Kosteneinsparung, die durch die Rationalisierung erreicht wird, würde durch die hohen Transportkosten wieder verlorengehen. Weiter würden auch die genannten Nachteile, zum Beispiel unterschiedliches Klima, unterschiedliche Baugesetze etc., voll wirksam werden.

Eine Voraussetzung für ein industrielles Bauen ist eine extreme Leichtbauweise. Dies würde sowohl den Trans-

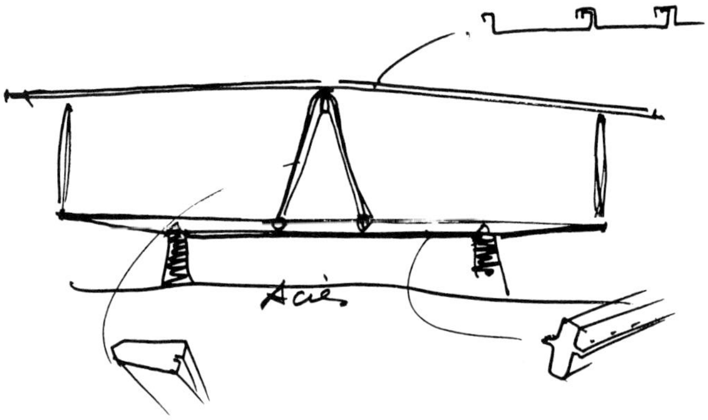

Abb. 443: Jean Prouvé, Skizze für ein industriell vorgefertigtes Haus aus abgekanteten Stahlblechen, ca. 1945

Kisho Kurokawa, Kapsel-Turm, 1972, Tokyo, Japan:
Abb. 444: Gesamtansicht

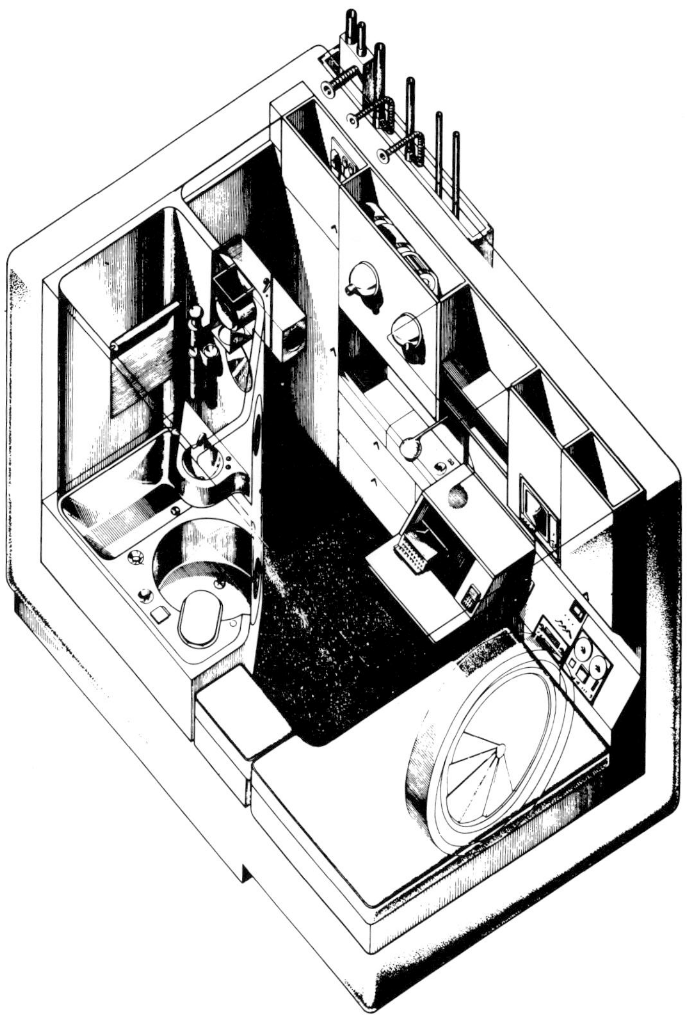

Abb. 445: Isometrische Innenansicht einer Wohnzelle

port wie auch die Montage erleichtern. Eine extreme Leichtbauweise kann hauptsächlich mit zwei Mitteln erreicht werden: mit leichten Baumaterialien und mit speziellen statischen Systemen. Beton und Backstein hätten ausgedient, zugunsten von Baustoffen wie Leichtmetall und Kunststoff. Dann müßten vermehrt statische Systeme angewendet werden, die ein materialsparendes Bauen erlauben: weniger Druck und Biegung, mehr Zug.

Ansätze zu einer solchen Architektur sind schon lange vorhanden. Jean Prouvé verwendete schon Mitte der vierziger Jahre abgekantete Stahlbleche als tragende und stabilisierende Elemente, konstruierte damit Häuser, die mit dem Flugzeug transportiert werden konnten, beliebig erweiterbar waren und von vier Personen in einem Tag ohne Kran vollständig montiert oder demontiert werden konnten (Abbildung 443).

Frei Otto und seine Jünger versuchen, möglichst materialsparende statische Systeme zu entwickeln (Abbildung 161, 173, 275). Auch der Kapsel-Turm von Kisho Kurokawa, 1972 in Tokyo erbaut, zeigt als typischer Vertreter der »Plug-In«-Architektur deutliche Ansätze zu einer neuen Architektur. Wohnzellen, an einem Stück aus leichtem Kunststoff vorgefertigt (Abbildung 445), wurden an einen zentralen Erschließungskern gehängt. Eine Demontage der Zellen beim Wegziehen der Bewohner wäre durchaus denkbar.

Wie bereits gezeigt, bewirkte die Industrialisierung im Ingenieurbau ganz neue Ausdrucksformen. So war der Eiffelturm, verglichen mit anderen Turmbauten, etwas völlig Neues, ja er bedeutete sogar eine neue Einstellung zum Raum (vgl. Kapitel 4.1). Ähnlich würde ein industrialisiertes Bauen unsere gebaute Umwelt, und damit wohl auch die Art ihrer Nutzung, radikal verändern. Eine solche Art des Bauens bedingt ein Umdenken, weg von der traditionellen Vorstellung »my home is my castle«. Raum wird zum Konsumgut, das nach Bedarf erstellt, verändert und wieder demontiert werden kann (vgl. Abbildung 446).

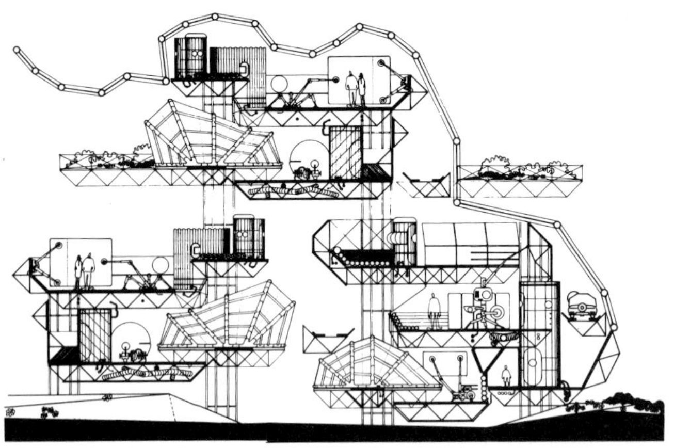

Abb. 446: Archigram, »Control and Choise«, 1967. Industrialisiertes Bauen erzeugt neue Ausdrucksformen der Architektur und neue Arten der Nutzung

Jean Prouvé sagte: »Die einzige Industrie, die nicht funktioniert, ist die Bauindustrie« (28). Sollte sie einmal zum Funktionieren gebracht werden, nämlich dann, wenn die gebaute Umwelt nicht mehr aus manuell gefertigten Einzelteilen besteht, sondern primär eine Sache der industriellen Massenproduktion geworden ist, werden wir einen »Wendepunkt des Bauens« erreicht haben.

Dieses Umdenken muß schrittweise vor sich gehen, traditionelle Vorstellungen müssen neu überdacht, geltende Maßstäbe überprüft werden. So war zum Beispiel die funktionale Trennung von Wand und Dach lange bedingt durch die zur Verfügung stehenden Mittel. Grundsätzlich haben sie beide dieselbe Funktion: sie sind ein Teil der trennenden Hülle zwischen innen und außen. Konsequent umgesetzt wurde diese Tatsache von Norman Foster im »Sainsbury center for the visual arts« (Abbildung 447, 448). Das Gebäude besteht aus einer U-förmig gebogenen Hülle, deren Innenraum an den beiden Stirnseiten von je einer Glaswand abgeschlossen wird. Die gebogene Hülle besteht aus einem Fachwerk als tragende Struktur, in der auch alle Installationen untergebracht sind, und der darüberliegenden Außenhaut aus standardisierten Blech-Sandwichelementen.

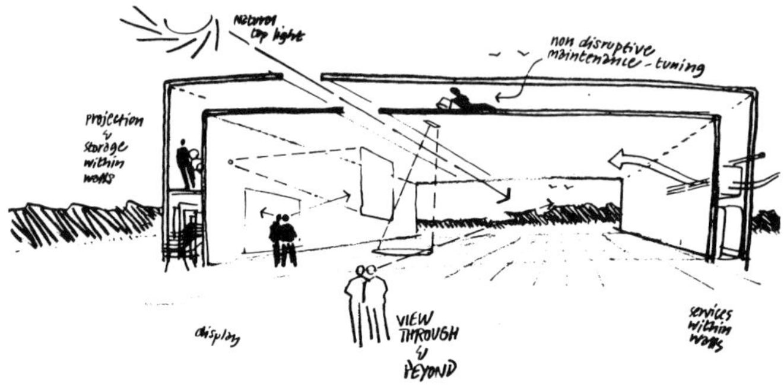

Norman Foster, Sainsbury center for the visual arts, 1978, Norwich, Großbritannien:

Abb. 447: (oben) Funktionsskizze des Architekten
Abb. 448: (unten) Teilschnitt durch die U-förmige Hülle: Tragstruktur mit Installationen und Außenhaut

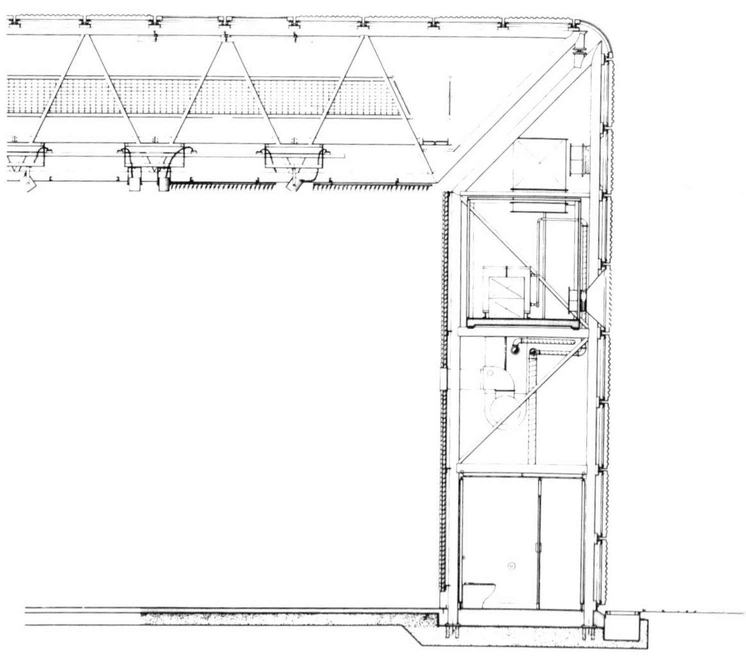

Quellenverzeichnis Kapitel »Teil und Ganzes«

(Jahrzahl in Klammer: Datum der Erstveröffentlichung)

(1) *Moore, Charles:* Place of houses, New York, 1979 (1974), S. 147 (Übersetzung: J. Grütter)

(2) Vitruv, 10 Bücher über Architektur, Darmstadt, 1981 (ca. 30 v. Chr.) S. 45

(3) *Arnheim, Rudolf:* Kunst und Sehen, Berlin, 1978, S. 187 (Originaltitel: Art and Visual Perseption, Berkeley, 1954)

(4) *Wölfflin, Heinrich:* Kunstgeschichtliche Grundbegriffe, Basel, 1984 (1915) S. 147

(5) siehe (4) S. 175

(6) siehe (1) S. 167

(7) *Blaser, Werner:* Hofhaus in China, Basel, 1979, S. 7

(8) *Klotz, Heinrich* und *Cook, John W.:* Architektur im Widerspruch, Zürich, 1974, S. 79 (Originaltitel: Conversations with Architects, New York, 1973)

(9) *Moholy-Nagy, Sibyl:* Die Stadt als Schicksal, München, 1970, S. 96 (Originaltitel: Matrix of Man – An Illustrated History of Urban Environment, New York, 1968)

(10) siehe (9) S. 193

(11) *Thilo, Thomas:* Klassische chinesische Baukunst, Zürich, 1978 (1977) S. 11

(12) siehe (11) S. 171

(13) *Volwahsen, Andreas:* Indien, Fribourg, 1968, S. 45

(14) siehe (4) S. 186

(15) siehe (1) S. 31

(16) *Le Corbusier:* Ausblick auf eine Architektur, Berlin, 1969, S. 94 (Originaltitel: Vers une architecture, Paris, 1923)

(17) *Haller, Fritz:* Totale Stadt, Olten, 1968, S. 10

(18) *Kahn, Louis I.:* Ordnung ist, 1960 (in: Programme und Manifeste zur Architektur des 20. Jahrhunderts, Braunschweig, 1981, S.162)

(19) siehe (11) S. 62

(20) *Vogt, Adolf Max:* Revolutionsarchitektur, Köln, 1974, S. 133

(21) *Birkner, Othmar:* Eiffelturm (in: Archithese 4/1980, S. 50)

(22) *Werner, Ernst:* Der Kristallpalast zu London 1851, Düsseldorf, 1970, S. 29

(23) *Jean, Prouvé:* Vortrag am Kongreß der U.I.A., Delft, 1964 (in: Huber Benedikt, Jean Prouvé, Zürich, 1971, S. 23)

(24) siehe (16) S. 104

(25) siehe (16) S. 105

(26) *Le Corbusier:* CIAM-Erklärung von La Sarraz, 1928 (in: Programme und Manifeste zur Architektur des 20. Jahrhunderts, Braunschweig, 1981, S. 104)

(27) *Hitchcock, Henry-Russel* und *Johnson, Philip:* Der Internationale Stil, Braunschweig, 1985, S. 52 (Originaltitel: The International Style, New York, 1932)

(28) siehe (23) S. 8

Nachweis der Abbildungen

Grütter, Jörg: 1–15, 17–38, 40, 41, 44–61, 63, 65, 66, 70, 71, 77, 80–90, 92–107, 109, 111–118, 120–124, 127–133, 136, 138, 139, 141–148, 150–152, 156–160, 162, 165–167, 171, 172, 174–183, 187, 188, 190–192, 194–211, 213–230, 232–234, 236–240, 242–246, 254, 256–262, 265, 267–270, 272, 274, 276–297, 299, 304, 307–333, 335–353, 355–358, 360–368, 370–381, 384–388, 391–393, 397, 399–422, 424, 426–430, 432, 435, 436, 438–442, 444

Widmer, Andreas: 110, 251, 334
Höschele, Urs: 161, 173, 273, 396
Hoeschele, Peter: 163, 189, 212, 247, 248, 275
Niggli, Christian: 186, 263, 354, 356, 359, 390, 398, 433
Hitz, Roland: 357, 369
Kurz, Daniel: 394

Quellen der Publikationsrechte

16 Katalog: Bridget Riley, Hannover, 1971, S. 32
39 O. Büttner und O. Hampe, Bauwerk–Tragwerk–Tragstruktur, Teufen, 1977, S. 126
42 Katalog: Bridget Rilay, Hannover, 1971, S. 30
43 Große Maler berühmte Bilder, Stuttgart, S. 51
62 Ch. Jencks, Die Sprache der postmodernen Architektur, Stuttgart, 1978, S. 131
64 Atelier 5, Zürich, 1986, S. 156
67 Futagawa, Y.: Frank Lloyd Wright, Tokyo, 1975, S. 96
68 Le Corbusier, Ausblick auf eine Architektur, Berlin, 1969, S. 105
69 Zeitschrift »Detail«, Nr. 4, 1984, S. 404
72, 73, 74 Gunzenhäuser, R.: Maß und Information als ästhetische Kategorien, Baden-Baden, 1977, S. 129, 131
75 Venturi, R.: Lernen von Las Vegas, Braunschweig, 1979, S. 47
76 Pevsner, N.: Europäische Architektur, München, 1967, S. 279
78 Hofstätter, H.: Gotik, Fribourg, 1968, S. 44
79 Klotz, H.: Architektur im Widerspruch, Zürich, 1973, S. 187
91 Watanebe, Y.: Shinto art: Ise and Izumo shrines, New York, 1974, S. 30
108 Drexler, A.: Transformation in modern architecture, New York, 1979, S. 130
119 Vogt, A. M.: Architektur 1940 –1980, Frankfurt, 1980, S. 130
125 Watanebe, Y.: Shinto art: Ise and Izuma shrines, New York, 1974, S. 58
126 Hayakawa, M.: The garden art of Japan, New York, 1974, S. 87
134 Norberg-Schulz, Ch.: Meaning in western architecture, London, 1975, S. 51
135 Moore, Ch.: The place of houses, New York, 1979, S. 120
137 Norberg-Schulz, Ch.: Meaning in western architecture, London, 1975, S. 91
140 Pevsner, N.: Europäische Architektur, München, 1967, S. 27
149 Hofstätter, H.: Gotik, Fribourg, 1968, S. 47
153 Pevsner, N.: Europäische Architektur, München, 1967, S. 228
154 Norberg-Schulz, Ch.: Meaning in western architecture, London, 1975, S. 313
155 Kohlmaier, G.: Das Glashaus, München, 1981, S. 417
164 Klotz, H.:Die Revision der Moderne, München, 1984, S. 180
168 Jencks, Ch.: Die Sprache der postmodernen Architektur, Stuttgart, 1978, S. 109
169 Ackerman, J.: Palladio, Stuttgart, 1980, S. 79
170 Arnheim, R.: Die Dynamik der architektonischen Form, Köln, 1980, S. 235
184 Zeitschrift »Werk, Bauen und Wohnen«, Nr. 10, 1981, S. 20
185 Katalog: Das Museum of modern art zu Gast in Bern, Bern, 1978, S. 97
193 Klotz, H.: Die Revision der Moderne, München, 1984, S. 318
231 Drew, P.: Die dritte Generation, Teufen, 1972, S. 57
235 Temko, A.: Eero Saarinen, Ravensburg, 1964, Abb. 99
241 Thilo, T.: Klassische chinesische Baukunst, Zürich, Abb. 12
249 Rykwert, J.: Ornament ist kein Verbrechen, Köln, 1983, S. 101
250 Scully, V.: American architecture and urbanism, New York, 1971, Abb. 448
252 Giedion, S.: Raum, Zeit, Architektur, Zürich, 1978, S. 413
253 Klotz, H.: Architektur im Widerspruch, Zürich, 1973, S. 173
255 Futagawa, Y.: Global architecture, Tokyo, 1980, S. 249
264 Champigneulle, B.: Geschichte der Architektur, Frankfurt, ?, S. 22
266 Venturi, R.: Komplexität und Widerspruch in der Architektur, Braunschweig, 1978, S. 77
271 Katalog: Der Hang zum Gesamtkunstwerk, Zürich, 1983, S. 333
298 Große Maler berühmte Bilder, Stuttgart, S. 51
300 Katalog: Malerei und Photografie im Dialog, Zürich, 1977, S. 267
301 Lampugnani, V. L.: Architektur unseres Jahrhunderts in Zeichnungen, Stuttgart, 1982, S. 69
302 Zevi, B.: Erich Mendelsohn, Zürich, 1983, S. 29
303 Zevi, B.: Erich Mendelsohn, Zürich, 1983, S. 29
305 Keller, H.: Das alte Europa, Stuttgart, 1983, S. 72
306 Futagawa, Y.: Global Architecture 1970–1980, Tokyo, S. 22
382 Zeitschrift: »Archithese«, Nr. 4, 1980, S. 23
383 Frampton, K.: Die Architektur der Moderne, Stuttgart, 1983, S. 128
389 Pucci, E.: Ganz Rom, Florenz, 1968, S. 32
395 Braunfels, W.: Abendländische Stadtbaukunst, Köln, 1976, S. 295
423 Futagawa, Y.: Global architecture 1970–1980, Tokyo, 1980, S. 206
425 Moore, Ch.: The place of a house, New York, 1974, S. 33
431 Zeitschrift: »Progressive architecture«, Nr. 12, 1984, S. 56
434 Boesiger, W.: Le Corbusier 1910–1929, Zürich, 1974, S. 37
437 Kohlmaier, G.: Das Glashaus, München, 1981, S. 420
443 Huber, B.: Jean Prouvé, Zürich, 1971, S. 28
445 Drew, P.: Die dritte Generation, Teufen, 1972, S. 73
446 Drew, P.: Die dritte Generation, Teufen, 1972, S. 109
447 Futagawa, Y.: Global architecture 1970–1980, Tokyo, 1980, S. 279
448 Futagawa, Y.: Global architecture 1970–1980, Tokyo, 1980, S. 279

Literaturverzeichnis

Ackerman, James S.: Palladio, Stuttgart, 1980
Ackermann, Kurt: Grundlagen für das Entwerfen und Konstruieren, Stuttgart, 1983
Adam, Ernst: Baukunst des Mittelalters, Band 1 + 2, Frankfurt, 1963
Adorno, Theodor W.: Ästhetische Theorie, Frankfurt, 1974
Adler, Leo: Regelmäßigkeit und Gesetzmäßigkeit in der Architektur, in: Zeitschrift für Ästhetik und Kunstwissenschaften, 14/1920
Akiyama, Aisaburo: Shinto and its architecture, Kyoto, 1936
Alexander, Christopher: Ishikawa und Silverstein, A pattern language, New York, 1977
Alexander, Christopher: Houses generated by patterns, Berkeley, 1970
Anderson, Stanford: Louis Kahn in the 1960's, in: Louis Kahn, Tokyo, 1975
Andritzky, Michael: Burckardt, Für eine andere Architektur, Band 1 + 2, Frankfurt, 1981
Arnell, Peter: Bickford, James Stirling, Stuttgart, 1984
Arnheim, Rudolf: Zur Psychologie der Kunst, Wien, 1980
Arnheim, Rudolf: Die Dynamik der architektonischen Form, Köln, 1980
Arnheim, Rudolf: Kunst und sehen, Berlin, 1978
Arnheim, Rudolf: Anschauliches Denken, Köln, 1980
Arnheim, Rudolf: Die Macht der Mitte, Köln, 1983

Bahrdt, H. P.: Moderne Großstadt, Hamburg, 1961
Balla, Peter: Bartenbach, Beleuchtung von Museumsräumen, In Werk, Bauen + Wohnen, 12/1980
Banham, Reyner: Die Revolution der Architektur, Hamburg, 1964
Barret, Cyril: Optical art, London, 1971
Baumann, Rudi: Begrünte Architektur, München, 1983
Bense, Max: Einführung in die informationstheoretische Ästhetik, Hamburg, 1969
Berdini, Paolo: Walter Gropius, Zürich, 1984
Berndt, Heide: Lorenzer und Horn, Architektur als Ideologie, Frankfurt, 1969
Best, Gordon: Orientierung in großen Gebäuden, in: Architekturpsychologie, Düsseldorf, 1973
Beyeler, Ernst: Hohl und Schwander, Skulptur im 20. Jahrhundert, Basel, 1984
Bialostocki, Jan: Stil und Ikonografie, Köln, 1981
Billeter, Erika: Malerei und Photographie im Dialog, Zürich, 1977
Birkner, Othmar: Eiffelturm, in: Archithese 4/1980
Blake, Peter: Form follows fiasco, Boston, 1974
Blaser, Werner: Mies van der Rohe, Zürich, 1972
Blaser, Werner: Mies van der Rohe, Lehre und Schule, Basel, 1977
Blaser, Werner: Elementare Bauformen, Düsseldorf, 1982
Blaser, Werner: Struktur und Textur, Krefeld, 1976
Blaser, Werner: Filigran Architektur, Basel, 1980
Blaser, Werner: China Hofhäuser, Basel, 1979
Blaser, Werner: Chinesische Pavillon Architektur, Teufen, 1974
Boekhoff, Hermann: Paläste–Schlösser–Residenzen, Erlangen, 1983
Boga, Thomas: Carrard, Richard Meier, Zürich, 1982
Boesiger, Willy: Richard Neutra, Band 1–3, Zürich, 1966
Boesiger, Willy: Le Corbusier, Oeuvre Complète, 8 Bände, Zürich, ab 1964
Boesiger, Willy: Le Corbusier, Zürich, 1972
Bollery, Franziska; Hartmann, Bruno: Taut und die Tempel der Industrie, in: Archithese 4/1980
Bollnow, Otto F.: Mensch und Raum, Stuttgart, 1980
Bolzano, Bernard: Untersuchungen zur Grundlegung der Ästhetik, Frankfurt, 1972
Bonta, Pablo J.: Über Interpretation von Architektur, Berlin, 1982
Borsi, Franco: Reihungserscheinungen in der expressionistischen Architektur, in: Das Prinzip der Reihung in der Architektur, Dortmund, 1977
Botta, Mario: La signification de L'environnement construit et naturel, in: Werk, Bauen + Wohnen, 1/1980
Böttger, Walter: Kultur im alten China, Leipzig, 1982

Braghieri, Gianni: Aldo Rossi, Zürich, 1983
Braunfels, Wolfgang: Abendländische Klosterbaukunst, Köln, 1980
Braunfels, Wolfgang: Abendländische Stadtbaukunst, Köln, 1976
Brunner, J. S.: Value and need as organizing factors in perseption, in: Social Psychologie, 42/1947, S. 33–44
Brunner, J. S.; Goodman, T.: Value and need as organizing factors in perseption, in: Social Psychologie, 42/1947, S. 33–44
Bruun, Erik: Popovits, Kaija und Heikki Siren, Helsinki, 1977
Bucher, L.: Kulturhistorische Skizzen, Frankfurt am Main, 1851
Burckardt, Martin H.: Prägt Bauen die Gesellschaft? in: Schweizer Ingenieur und Architekt, 12/1983
Bussagli, Mario: Architektur des Orients, Stuttgart, 1975
Büttner, Oskar; Hampe: Bauwerk–Tragwerk–Tragstruktur, Teufen, 1977

Canival, Jean-Louis de: Ägypten, Fribourg, 1964
Canter, David V.: Sind Benutzer von Gebäuden als Personen oder Gegenstände zu behandeln? in: Architekturpsychologie, Düsseldorf, 1973
Canter, David V.: Mensch und Gebäude – Eine kurzgefaßte Übersicht über die Forschung auf diesem Gebiet, in: Architekturpsychologie, Düsseldorf 1983
Cardinet, J.: Préferences éstetiques et pérsonalité, in: Année Psychologique, 58/1958, S. 45–69
Carver, Norman F.: Form and space in japanese architecture, Tokyo, 1955
Chan-Magomedow, Selim O.: Pioniere der sowjetischen Architektur, Dresden, 1983
Charpentrat, Pierre: Barock, Fribourg, 1964
Ching, Francis, D. K.: Die Kunst der Architekturgestaltung, Wiesbaden, 1983
Chuan, Wen Sun: Der Einfluß des chinesischen Konzeptes auf die moderne Architektur, Stuttgart, 1982
Conrads, Ulrich: Programme und Manifeste zur Architektur des 20. Jahrhunderts, Braunschweig, 1981
Cook, Peter: Archigram, London, 1972
Cook, Peter: Experimental architecture, New York, 1970
Coubier, Heinz: Europäische Stadtplätze, Köln, 1985
Coulin, Claudius: Architekten zeichnen, Stuttgart, 1982
Cousin, V.: Du vrais, du beau et du bien, Paris, 1853
Cramer, Johannes; Gutschow: Bauausstellungen, Stuttgart, 1984

Daucher, Hans: Ästhetische Erziehung als Wissenschaft, Köln, 1979
Dawn, Ades: Dada und Surrealismus, München, 1975
Dean, Andreas O.: Bruno Zevi on modern architecture, New York, 1983
Denvir, Bernard: Fauvismus und Expressionismus, München, 1976
Desideri, Paolo; Positano und Nervi: Pier Luigi Nervi, Zürich, 1982
Dessoir, Max: Die Geschichte der Philosophie, Wiesbaden, 1925
Dethier, Jean: Lehmarchitektur, München, 1982
Domenig, Gaudenz: Tektonik im primitiven Dachbau, Zürich, 1980
Domke, Helmut: Grundlagen konstruktiver Gestaltung, Wiesbaden, 1982
Dörner, D.; Vehrs, W.: Ästhetische Befriedigung und Unbestimmtheitsreduktion, in: Psychological Revue, 37/1975, S. 321–334
Doshi, B. V.: Louis Kahn in Indien, in: Louis Kahn, Tokyo, 1975
Drew, Philip: Frei Otto, Stuttgart, 1976
Drew, Philip: Die dritte Generation, Teufen, 1972
Drexler, Arthur: Transformation in modern architecture, New York, 1979
Drexler, Arthur: Twentieth century engineering, New York, 1969

Eckstein, Hans: Die romanische Architektur: Köln, 1983
Egenter, Nold: Bauform als Zeichen und Symbol, Zürich, 1980
Egli, Ernst: Sinan, Zürich, 1976
Elisseefe, Vadim: Archaelogia Mundi Japan, München, 1973
Engel, Heinrich: The japanese house, Rutland, 1964
Engelhardt, Wolf von: Sinn und Begriff der Symmetrie, in: Studium Generale, Heft 9, Sept, 1953
Eysenck, H. J.: Dimension of Personality, London, 1947

Fanelli, Giovanni: Stijl-Architektur, Stuttgart, 1985
Fechner, Gustav: Elemente der Psychophysik, Leipzig, 1860
Fechner, Gustav: Vorschule der Ästhetik, Leipzig, 1876
Ferrier, Jean-Louis: Entretiens avec Victor Vasarely, Paris, 1969
Fleig, Karl: Alvar Aalto, Band1–3, Zürich, 1970, '71, '78
Frampton, Kenneth: A new wave of japanese architecture, New York, 1978
Frampton, Kenneth: Die Architektur der Moderne, Stuttgart, 1983
Frank, Helmar: Kybernetische Analysen subjektiver Sachverhalte, Quickborn, 1964
Frank, Helmar: Kybernetik und Ästhetik, Hamburg, 1964
Frank, Werner: Die vergeudete Moderne, Stuttgart, 1981
Freixa, Jaume: Josep Li. Sert, Zürich, 1980
Freud, Sigmund: Das Unbehagen in der Kultur, Frankfurt, 1970
Frey, Dagobert: Bausteine zu einer Philosophie der Kunst, Darmstadt, 1976
Frick; Knöll und Neumann: Baukonstruktionslehre, Band 1+2, Stuttgart, 1979
Friebe, Wolfgang: Architektur der Weltausstellungen, Stuttgart, 1983
Frieling, Heinrich: Mensch und Farbe, München, 1977
Friedman, Yona: Une utopie realisée, Paris, 1968
Freckmann, Karl: Proportionen in der Architektur, München, 1965
Fruttiger, Adrian: Der Mensch und sein Zeichen, Paris, 1978
Füeg, Franz: Von Mitteln und Grenzen der Architektur, in: Werk, Bauen+Wohnen, 4/1980
Füeg, Franz: Grundlegendes zur Architektur, in: Werk, Bauen + Wohnen, 7/1981
Futagawa, Yukio: Frank Lloyd Wright, Band 1+2, Tokyo, 1976
Futagawa, Yukio: Louis I. Kahn, Tokyo, 1975
Futagawa, Yukio: Global architecture 1970–1980, Tokyo, 1980
Futagawa, Yukio: Paul Rudolph, Fribourg, 1979
Futagawa, Yukio: Kevin Roche – John Dinkeloo 1962–1975, Fribourg, 1975

Gallet, Michael: Ledoux, Stuttgart, 1983
Geist, Johann F.: Passagen, München, 1979
Geretsegger, Heinz; Peintner: Otto Wagner 1841–1918, Salzburg, 1983
Gertmann, Georg: Einführung in die Geschichte der Architekturtheorie, Darmstadt, 1980
Gibson, James J.: The Perseption of the Visual World, Boston, 1950
Gibson, James J.: Die Sinne und der Prozeß der Wahrnehmung, Bern, 1982
Giedion, Sigfried: Raum–Zeit–Architektur, Zürich, 1976
Giurgola, Romaldo: Louis I. Kahn, Zürich, 1979
Glaeser, Ludwig: The work of Frei Otto, New York, 1972
Goethe, Johann W.: Schriften zur Farbenlehre, in: Naturwissenschaftliche Schriften 1, Zürich, 1964
Goethe, Johann W.: Von deutscher Baukunst, in: Schriften zur Kunst, Zürich, 1965
Goetz, Hermann: Indien, Baden-Baden, 1974
Goldberg, Paul: Wolkenkratzer, Stuttgart, 1984
Gradmann, Erwin: Aufsätze zur Architektur, Basel, 1968
Grandjean, Erwin: Physiologische Arbeitsgestaltung, Thun, 1967
Griffiths, Ian D.: Behagen als Wärmewirkung – eine Verhaltensstudie, in: Architekturpsychologie, Düsseldorf, 1973
Grütter, Jörg: Traditionelle japanische Architektur, in: Bauen + Wohnen, 12/1976
Gubler, Jaques: Viollet-le-Duc, et L' architecture métallique, in: Archithese 4/1980
Gunzenhäuser, Rul: Maß und Information als ästhetische Kategorien, Baden-Baden, 1975
Güse, Ernst-Gerhard: Reliefs – Formprobleme zwischen Malerei und Skulptur, Bern, 1980
Gutschow, Niels; Pieper: Indien, Köln, 1978

Hall, Edward T.: Die Sprache des Raums, Düsseldorf, 1976
Haller, Fritz: Totale Stadt, Band 1+2, Olten, 1968
Hammel, Pietro: Unsere Zukunft: die Stadt, Frankfurt, 1972
Hansmann, Wilfried: Gartenbaukunst der Renaissance und des Barock, Köln, 1983
Hartung, Giselher: Eisenkonstruktionen des 19. Jahrhunderts, München, 1983
Hatje, Gerd: Lexikon der modernen Architektur, München, 1963
Hayakawa, Maso: The garden of art in Japan, New York, 1974
Hegel, Georg F. W.: Einleitung in die Ästhetik, München, 1967
Helfritz, Hans: Südamerika: präkolumbische Hochkulturen, Köln, 1973
Herdeg, Klaus: Formal structure in indian architecture, Ithaca, 1967
Heuser, Karl Chr.: Innenarchitektur und Raumgestaltung, Band 1+2, Wiesbaden, 1976
Heyden, Doris; Genrop: Architektur der Hochkulturen Mittelamerikas, Stuttgart, 1975
Hill, Adrian R.: Sicht und Privatheit, in: Architekturpsychologie, Düsseldorf, 1973
Hirai, Kiyoshi: Feudal architecture of Japan, New York, 1973
Hirschen, Jean: Handbuch der Formen- und Stilkunde, Band 1–3, Fribourg, 1982
Hitchcock, Henry-Russel; Johnson: Der Internationale Stil, Braunschweig, 1985
Hofer, Paul: Markierungen einer anthropomorphen Stadttheorie, in: Werk, Bauen+Wohnen, 3/1982
Hofstätter, Hans: Gotik, Fribourg, 1968
Hornig, Christian: Oscar Niemeyer, München, 1981
Huart, Anabelle d': Ricardo Bofill, Stuttgart, 1985
Hubbard, William: Architektur und Konvention, Braunschweig, 1983
Huber, Benedikt; Steinegger: Jean Prouvé, Zürich, 1971
Hubrich, Hans-Joachim: Hermann Muthesius – Die Schriften, Berlin, 1981

Immoos, Thomas; Halpern: Japan, Köln, 1974
Isaacs, Reginald R.: Walter Gropius, Band 1+2, Berlin, 1983
Itoh, Teiji: Alte Häuser in Japan, Stuttgart, 1984
Itoh, Teiji: Domestic architecture of Japan, New York, 1974

Jacobus, Helmut: Neue Architektur-Darstellung, Stuttgart, 1981
Jacobus, Helmut: Architekturzeichnungen 1968–76, Stuttgart, 1977
Jacobus, John: Die Architektur unserer Zeit zwischen Revolution und Tradition, Stuttgart, 1966
Jencks, Charles: Architecture 2000, New York, 1973
Jencks, Charles: Modern movements in architecture, New York, 1973
Jencks, Charles: Die Sprache der postmodernen Architektur, Stuttgart, 1978
Jencks, Charles: Late modern architecture, London, 1980
Joedicke, Jürgen: Candilis-Josic-Woods, Stuttgart, 1985
Joedicke, Jürgen: Raum und Form in der Architektur, Stuttgart, 1985
Joedicke, Jürgen: Entwerfen mit Hilfe empirischer Gestaltungskriterien, in: Bauen+Wohnen, 9/1974
Joedicke, Jürgen: Der Einfluß der Umgebung beim Erleben von Architektur, in: Bauen+Wohnen, 9/1975
Joedicke, Jürgen; Plath: Die Weißenhofsiedlung, Stuttgart, 1977
Johnson, Philip: Texte zur Architektur, Stuttgart, 1982
Jolley, J. L.: Information Handling, München, 1968
Junghanns, Kurt: Bruno Taut 1880–1938, Berlin, 1983

Kabayashi, Takashi: Nara buddhist art: Todai-ji, New York, 1975
Kaemmerling, Ekkehard: Bildende Kunst als Zeichensystem, Köln, 1979
Kahn, Louis I.: I love beginnings, in: Louis I. Kahn, Tokyo, 1975
Kambartel, Walter: Funktionsbestimmung der Reihung als Minimalordnung: Affirmation und Negation, in: Das Prinzip der Reihung in der Architektur, Dortmund, 1977
Kaschnitz von Weinberg, Guido: Römische Kunst, Band 1–4, Hamburg, 1983
Keim, Jean A.: La tour Eiffel, Paris, 1950
Keller, Harald: Das alte Europa, Stuttgart, 1983
Keller, Rolf: Bauen als Umweltzerstörung, Zürich, 1973
Kemp, Wolfgang: Der Betrachter ist im Bild, Köln, 1985
Kendall Thompson, Elisabeth: Recycling von Gebäuden, Düsseldorf, 1981
Kiemle, Manfred: Ästhetische Probleme der Architektur unter dem Aspekt der Informationsästhetik, Quickborn, 1967
Klee, Paul: Pädagogisches Skizzenbuch, Mainz, 1981
Klee, Paul: Theorie de l'art moderne, Paris, 1971
Kleihues, Josef P.: Vorbemerkungen zum Prinzip Reihung, in: Das Prinzip Reihung in der Architektur, Dortmund, 1977
Klopfer, Paul: Das räumliche Sehen, in: Zeitschrift für Ästhetik und allgemeine Wissenschaften, 13/1919

Klopfer, Paul: Zur Frage der Ästhetik des architektonischen Raumes, in: Zeitschrift für Ästhetik und allgemeine Wissenschaften, 34/1940
Klotz, Heinrich: Die Revision der Moderne, München, 1984
Klotz, Heinrich: O.M. Ungers, Braunschweig, 1985
Klotz, Heinrich: Moderne und Postmoderne, Braunschweig, 1985
Klotz, Heinrich; Cook: Architektur im Widerspruch, Zürich, 1974
Koch-Hillebrecht, Manfred: Die moderne Kunst, Köln, 1983
Koepf, Hans: Bilderwörterbuch der Architektur, Stuttgart, 1968
Koepf, Hans: Struktur und Form, Stuttgart, 1979
Kohlmaier, Georg; von Sartory: Das Glashaus, München, 1981
Koppelkamm, Stefan: Gewächshäuser und Wintergärten im 19. Jahrhundert, Stuttgart, 1981
Kraft, Hartmut: Psychoanalyse, Kunst und Kreativität heute, Köln, 1984
Krautheimer, Richard: Early Christian and Byzantine Architecture, Harmondworth, 1965
Kris, Ernst: Die ästhetische Illusion, Frankfurt, 1977
Kruft, Hanno-Walter: Goethe und die Architektur, in: Neue Zürcher Zeitung, 20.4.82
Kultermann, Udo: Kenzo Tange, Zürich, 1970
Küppers, Harald: Farben Atlas, Köln, 1978

Ladde, Ernst E.: Die engere Umwelt der Wohnung, in: Bauen + Wohnen, 4/1974, S. 152–156
Lan, J. J.-H.: Zum Unterschied zwischen Modellräumen in natürlicher Größe und maßstäblicher Verkleinerung bei der Beurteilung der Beleuchtungsqualität, in: Architekturpsychologie, Düsseldorf, 1979
Lamprecht, Heinz-Otto: Opus Caementitium – Bautechnik der Römer, Düsseldorf, 1984
Lampugnani, Vittorio M.: Architektur unseres Jahrhunderts in Zeichnungen, Stuttgart, 1982
Lauenstein, Lotte: Über räumliche Wirkung von Licht und Schatten, in: Psychologische Forschung, Bd. 22, 1938
Laugner, Johannes: Beobachtungen zum Prinzip Reihung in der Architektur an der Schwelle zum 19. Jh., in: Das Prinzip der Reihung in der Architektur, Dortmund, 1977
Le Corbusier: Feststellungen zu Architektur und Städtebau, Berlin, 1964
Le Corbusier: Ausblick auf eine Architektur, Berlin, 1969
Le Corbusier: Der Modulor, Stuttgart, 1980
Lee, Terence R.: Brauchen wir eine Theorie? in: Architekturpsychologie, Düsseldorf, 1973
Léger, Fernand: Fonction de la peinture, Paris, 1965
Leuenberger, Theodor; Pfenninger und Gredig: Japan: Mensch und Räume, Fribourg, 1974
Lipps, Theodor: Raumästhetik und geometrisch-optische Täuschungen, Leipzig, 1897
Lippart, Lucy R.: Le pop art, Paris, 1969
Litz, Hans: Modulare Maßkoordination, Bern, 1975
Lloyd, Seton; Müller und *Martin:* Architektur der frühen Hochkultu-
Lloyd Wright, Frank: Humane Architektur, Berlin, 1969
Lloyd Wright, Frank: The future of architecture, New York, 1970
ren, Stuttgart, 1975
Loos, Adolf: Ins Leere gesprochen, Wien, 1981
Loos, Adolf: Trotzdem, Wien, 1982
Lorenz, Konrad: Über tierisches und menschliches Verhalten, München, 1965
Lorenzer, Alfred: Architektonische Symbolik und subjektive Struktur, in: Das Prinzip Reihung in der Architektur, Dortmund, 1984
Loyrette, Henry: Gustave Eiffel, Stuttgart, 1985

Mansell, George: Anatomy of architecture, New York, 1979
Maraini, Fasco: Japan patterns of continuity, Tokyo, 1971
Martienssen, Heather: The shapes of structures, London, 1976
Martin, Roland: Griechenland, Fribourg, 1966
Massuda, Tomoya: Japan, Fribourg, 1969
Masters, Robert E. L.; Houston: Psychedelische Kunst, München, 1971
Mendelsohn, Kurt: Das Rätsel der Pyramiden, Frankfurt, 1976
Metelli, Fabio: Zur Theorie der optischen Bewegungswahrnehmung, in: Bericht über den 24. Kongress der deutschen Gesellschaft für Psychologie, S. 85–91, Göttingen, 1965
Metzger, Wolgang: Gesetze des Sehens, Frankfurt, 1975
Meyer-Christen, Wolf: Reihung in der Architektur, ihre ökonomischen Wurzeln, in: Das Prinzip der Reihung in der Architektur, Dortmund, 1977
Meyer Peter: Bilderatlas der europäischen Kulturgeschichte, Zürich, 1969
Mignot, Claude: Architektur des 19. Jahrhunderts, Stuttgart, 1983
Mitscherlich, Alexander: Thesen zur Stadt der Zukunft, Frankfurt, 1971
Mitscherlich, Alexander: Die Unwirklichkeit unserer Städte, Frankfurt, 1978
Mizuno, Seiichi: Asuka buddhist art: horyu-ji, New York, 1974
Moholy-Nagy, Sibyl: Die Stadt als Schicksal, München, 1970
Mokk, Laszlo; Löke: Montagebau in Stahlbeton, Berlin Ost, 1973
Moles, Abraham A.: Informationstheorie und ästhetische Wahrnehmung, Köln, 1971
Moles, Abraham A.: Das Prinzip Reihung als organisatorisches System der Wahrnehmung, in: Das Prinzip der Reihung in der Architektur, Dortmund, 1977
Monro, T.: Evolution in the Art and other Theories of cultural History, Cleveland, 1963
Moore, Charles: The Palace of houses, New York, 1979
Morse, Edwart S.: Japanese houses and their surroundings, Tokyo, 1974
Müller-Wulckow, Walter: Architektur der Zwanziger Jahre in Deutschland, Königstein, 1975
Munsterberg, Hugo: The art of Japan, Rutland,1975
Murotani, Bunji: Architecture and water space, Tokyo, 1981
Muthesius, Stefan: Zur Geschichte des englischen Reihenhauses, in: Das Prinzip der Reihung in der Architektur, Dortmund, 1977

Naito, Akira: Katsura, Fribourg, 1978
Naredi-Rainer, Paul von: Architektur und Harmonie, Köln, 1982
Naredi-Rainer, Paul von: Raster und Modul in der Architektur der italienischen Renaissance, in: Zeitschrift für die Ästhetik und allgemeine Wissenschaft, 23/1978, S. 139–162
Nervi, Piere Luigi: Ästhetics and Technology in buildig, Cambridge, Mass., 1965
Neumann, Eckard: Bauhaus und Bauhäusler, Köln, 1985
Neutra, Richard und Dion: Bauten und die Sinneswelt, Berlin, 1980
Nicolin, Pierluigi: Mario Botta, Stuttgart, 1984
Norberg-Schultz, Christian: Genius Loci, Stuttgart, 1982
Norberg-Schultz, Christian: Meaning in western architecture, London, 1975
Norberg-Schultz, Christian: Barock, Stuttgart, 1985
Norberg-Schultz, Christian: Spätbarock und Rokoko, Stuttgart, 1985

Ohff, Heinz: Galerie der neuen Kunst, Berlin, 1971
Ohff, Heinz: Kunst ist Utopie, Berlin, 1972
Okawa, Naomi: Edo architecture: Katsura and Nikko, New York, 1975
Ooka, Minoru: Tempels of Nara and their art, New York, 1973
Osthaus, Karl E.: Van de Velde, Berlin, 1984
Otto, Frei: Natürliche Konstruktionen, Stuttgart, 1982
Oursel, Raymond: Romanik, Fribourg, 1966

Palladio, Andrea: Die vier Bücher zur Architektur, Zürich, 1983
Panofsky, Erwin: Sinn und Deutung in der bildenden Kunst, Köln, 1978
Payne, Ifan: Pupillenreaktion auf architektonische Reize, in: Architekturpsychologie, Düsseldorf, 1973
Pehnt, Wolfgang: Der Anfang der Bescheidenheit, München, 1983
Perez de Arce, Rodrigo: Urban transformation, in: Architectural Design, 4/1978
Peters, Tom: Die Entwicklung im Großbrückenbau, Zürich, 1981
Pevsner, Nikolaus: Europäische Architektur, München, 1967
Pevsner, Nikolaus: Wegbereiter moderner Formgebung von Morris bis Gropius, Köln, 1983
Picard, Gilbert: Imperium Romanum, Fribourg, 1965
Pirovano, Carlo: Luigi Snozzi, Milano, 1984
Pischel, Gina: Große Kunstgeschichte der Welt, München, 1975
Pochat, Götz: Der Symbolbegriff in der Ästhetik und Kunstwissenschaft, Köln, 1983
Pólya, G.: Über die Analogie der Kristallsymmetrie in der Ebene, in: Zeitschrift für Kristallografie, 60/1924, S. 60

Popper, Frank: Die kinetische Kunst, Köln, 1975
Porphyrios, Demetri: Classicism is not a style, London, 1982
Portoghesi, Paolo: Ausklang der modernen Architektur, Zürich, 1982
Portmann, Adolf: Die Tiergestalt, Basel, 1960
Posener, Julius: Das architektonische Prinzip der Reihung im Zeitalter zwischen Historismus und Funktionalismus, in: Das Prinzip der Reihung in der Architektur, Dortmund, 1977
Posener, Julius: Vom Schönen in der Architektur, in: Baumeister, 47/1950
Prévert, Jaques; Urhausen: Les halles de Paris, München, 1980
Puppi, Lionello: Palladio, Band 1+2, Stuttgart, 1977

Ragon, Michel: Wo leben wir morgen? München, 1967
Rasmussen, Steen E.: Architektur Erlebnis, Stuttgart, 1980
Reden, Sibylle von: Die Megalith-Kulturen, Köln, 1978
Reinle, Adolf: Zeichensprache der Architektur, Zürich, 1976
Richter, Manfred: Einführung in die Farbnetrik, Berlin, 1976
Röhm, Walter: Architektur und Fertigteilbau, Wiesbaden, 1973
Rose, Barbara: American art since 1900, New York, 1973
Rossi, Aldo: Die Architektur der Stadt, Düsseldorf, 1973
Rowe, Collin; Koetter: Collage City, Basel, 1984
Rowe, Collin: Chicago Frame, in: Archithese 4/1980
Rüdiger, Wilhelm: Die gotische Kathedrale, Köln, 1979
Rudofsky, Bernard: Architecture without architects, New York, 1964
Russoli, Franco: Die Malerei der Renaissance, Gütersloh, 1963
Rykwert, Joseph: Ornament ist kein Verbrechen, Köln, 1983

Salokorpi, Asko: Finnische Architektur, Frankfurt, 1970
Sas-Zaloziecky, Wladimir: Die byzantinische Kunst, Frankfurt, 1963
Schauer, Lucie: Stadt und Utopie, Berlin, 1982
Schmid, Thomas; Thesta: Bauen mit Systemen, Zürich, 1969
Schmidt, Hans; Linke und Wessel: Gestaltung und Umgestaltung der Stadt, Berlin Ost, 1969
Schmidt, Siegfried J.: Reihung in bildender Kunst, Literatur und Musik des 20. Jh., in: Das Prinzip der Reihung in der Architektur, Dortmund, 1977
Schmidt-Brümmer, Horst: Alternative Architektur, Köln, 1983
Scholl, Helga: Die Sprache der Farbe in der Architektur, in: Bauen+Wohnen, 10/1975
Schreiber, Ulla: Modelle für ein humaneres Wohnen, Köln,1982
Schuster, Martin; Beisl: Kunst-Psychologie, Köln, 1978
Schuyt, Mike; Elffers und Ferger: Rudolf Steiner und seine Architektur, Köln, 1980
Scully, Vincent: American architecture and urbanism, New York, 1971
Scully, Vincent: Works of Louis Kahn and his method, in: Louis Kahn, Tokyo, 1975
Sedlmayr, Hans: Verluste der Mitte, Frankfurt am Main, 4/1985
Sedlmayr, Hans: Die Revolution der modernen Kunst, Köln, 1985
Sedlmayr, Hans: Zum Wesen des Architektonischen, in: Epoche und Werke, Band 2, Wien, 1977, S. 203–210
Sedlmayr, Hans: Architektur als abbildende Kunst, in: Epoche und Werke, Band 2, Wien, 1977, S. 211–234
Sedlmayr, Hans: Allegorie und Architektur, in: Epoche und Werke, Band 2, Wien 1977, S. 235–248
Sitte, Camillo: Der Städtebau, Braunschweig, 1983
Smith, Peter F.: Architektur und Ästhetik, Stuttgart, 1981
Snozzi, Luigi: Der Ort oder die Suche nach der Stille, in: Archithese, 3/1984
Snozzi, Luigi: Architektur als Formproblem, in: Bauen+Wohnen, 12/1978
Sörgel, Herman: Einführung in die Architektur-Ästhetik, München, 1918
Speiser, Werner: China, Baden-Baden, 1974
Stadler, Michael; Seeger und *Raeithel:* Psychologie der Wahrnehmung, München, 1975
Steinmann, Martin: Die ›einfache‹ und die ›gewöhnliche‹ Architektur, in: Archithese 4/1980
Sterner, Gabriel: Barcelona – Antonio Gaudi, Köln, 1985
Stirlin, Henri: Encyclopedia of world architecture, London, 1983
Stirlin, Henri: Das alte Mexico, Fribourg, 1967
Stirlin, Henri: Maya, Fribourg, 1964
Stirlin, Henri: Architektur des Islams, Zürich, 1979
Stöckli, Hanspeter: Der Stellenwert technischer Anforderungen in der heutigen Architektur, in: Schweizer Ingenieur und Architekt, 24/1981
Straus, E.: Psychologie der menschlichen Welt, Gesammelte Schriften, Berlin 1960
Stringer, Peter: Architekturpsychologie: das Spiel ist das gleiche, in: Architekturpsychologie, Düsseldorf, 1973
Ströker, Elisabeth: Philosophische Untersuchungen zum Raum, Frankfurt, 1977
Suhonen, Pekka: Neue Architektur in Finnland, Helsinki, 1966
Szeemann, Harald: Der Hang zum Gesamtkunstwerk, Aarau, 1983

Tafel, Edgar: Frank Lloyd Wright persönlich, Zürich, 1981
Tafuri, Manfredo, und *Dal Co:* Architektur der Gegenwart, Stuttgart, 1977
Tavel, Hans Chr. von: Die Sprache der Geometrie, Bern 1984
Temko Allan: Eero Saarinen, Ravensburg, 1964
Tempel, Egon: New finnish architecture, London, 1968
Tessenow, Heinrich: Geschriebenes, Braunschweig, 1982
Thiersch, August: Die Proportion in der Architektur, in: Handbuch der Architektur, 4. Teil, Stuttgart, 1904
Thiersch, August: Optische Täuschungen auf dem Gebiete der Architektur, in: Zeitschrift für Bauwesen, 23/1873
Thilo, Thomas: Klassische chinesische Architektur, Zürich, 1978
Traupel, Walter: Schönheit in Wissenschaft und Technik, in: Schweizer Ingenieur und Architekt, 22/1984
Troll, Wilhelm: Das Problem des Schönen, in: Studium Generale, Heft 4/5, Juli 1949

Ungers, Oswald M.: Die Thematisierung der Architektur, Stuttgart, 1983

Vaessen Franz: Bauen mit vorgefertigten Stahlbetonteilen, Wien, 1973
Vasarely, Victor: Notes brutes, Paris, 1972
Venturi, Robert; Scott Brown und *Izenour:* Lernen von Las Vegas, Braunschweig, 1979
Venturi, Robert: Komplexität und Widerspruch in der Architektur, Braunschweig, 1978
Vitruv: Zehn Bücher über Architektur, Darmstadt, 1981
Vogt, Adolf M.: Revolutions Architektur, Köln, 1974
Vogt, Adolf M.: Architektur 1940–1980, Frankfurt, 1980
Vogt, Adolf M.: Karl Friedrich Schinkel – Blick in Griechenlands Blüte, Frankfurt am Main, 1985
Vogt-Göknil, Ulya: Die Moschee, Zürich, 1978
Volk, Waltraud: Karl Friedrich Schinkel, Berlin, 1981
Volwahsen, Andreas: Indien, Fribourg, 1968

Wachsmann, Konrad: Wendepunkt im Bauen, Wiesbaden, 1959
Wagner, Otto: Moderne Architektur, Wien, 1914
Wagner, Otto: Die Baukunst unserer Zeit, Wien, 1979
Walter, David: Störungen durch Eisenbahnlinien in Wohngebieten, in: Architekturpsychologie, Düsseldorf, 1973
Watanabe, Yasutada: Shinto art: Ise and Izumo shrines, New York, 1974
Werner, Ernst: Der Kristallpalast zu London 1851, Düsseldorf, 1970
Weyl, Hermann: Symmetrie, Basel, 1981
Wichmann, Hans: Architektur der Vergänglichkeit, Basel, 1983
Wick, Rainer: Bauhaus-Pädagogik, Köln, 1982
Wick, Rainer: Kunst-Soziologie, Köln, 1979
Wilhelm, Karin: Walter Gropius Industrie Architekt, Braunschweig, 1983
Wingler, Hans M.: Das Bauhaus, Köln, 1975
Wolfe, Tom: From Bauhaus to our house, in: Harper's, 6/1981
Wölflin, Heinrich: Kunstgeschichtliche Grundbegriffe, Basel, 1984
Worbs, Dietrich: Adolf Loos, Berlin, 1983

Yoshida, Tetsuro: Japanische Architektur, Tübingen, 1951
Yoshikawa, Itsuji: Major themes in japanese art, New York, 1976

Zeidler, Eberhard: Die verlorene Dimension, in: Bauen+Wohnen, 7/1978
Zevi, Bruno: Erich Mendelsohn, Zürich, 1983
Zevi, Bruno: Architecture as space, New York, 1974
Zimmermann, Klaus: Konstruktionsentscheidungen bei der Planung mehrgeschossiger Skelettbauten aus Stahlbetonfertigteilen, Wiesbaden, 1973

Kohlhammer

Hans Koepf

Baukunst in fünf Jahrtausenden

9., neu bearbeitete und erweiterte Auflage 1985. 296 Seiten mit 1195 Abbildungen. Kart. DM 46,–
ISBN 3-17-008798-3

„Die seit langem zum anerkannten Standardwerk gewordene ‚Baukunst‘ liegt nun in einer völlig überarbeiteten und erheblich erweiterten Neuauflage vor. Das Buch behandelt die bedeutendsten Werke der Baukunst von den ersten Anfängen bis in die neueste Zeit. Text und Abbildungen sind weitgehend synchronisiert; die Bilder sollen nicht nur die sich aus der Konstruktion entwickelnde Form, sondern auch die fortwährende Weiterentwicklung der Formen bis zu deren Zerfall optisch ablesbar machen. Der Text möchte lediglich kurz und prägnant informieren... Mit der Lektüre dieses Buches kann man nicht nur sein Wissen bereichern, sondern auch Stunden der Erbauung genießen.“

Österr. Dokumentation für Wohnen, Bauen und Planen

Peter P. Schweger / Wolfgang Schneider / Wilhelm Meyer (Hrsg.)

Architekturkonzepte der Gegenwart

Architekten berichten
1983. 228 Seiten mit 289 Abbildungen, davon 32 in Farbe.
Pp. DM 69,–
ISBN 3-17-008115-2

„Dieses Werk will einen Querschnitt geben durch die verwirrende Vielfältigkeit der Architektur heute, und seine Herausgeber hoffen, ein Verständnis für einen ‚ganzheitlichen Architekturbegriff zu gewinnen‘... Wie anderswo wird auch hier, weil Architektur in hohem Maße eine visuelle Angelegenheit ist, neben Texten sehr viel Bildmaterial angeboten. Die neueren Tendenzen innerhalb der Architektur werden also in Wort und Bild aufgenommen und angezeigt, wobei die Abbildungen als sehr gut, die Mischungen aus subjektiver, engagierter Berichterstattung und der Darstellung individueller Werkberichte als vorzüglich gelungen zu bezeichnen sind. Bereits nach erstem Anlesen einiger der 35 Beiträge erkennt der Leser, daß er hier in eine lebhafte Diskussion eingeblendet wird, deren Inhalt, nämlich das ihn umgebende, gebaute Environment, in direktem Bezug zu ihm steht.“ *Universitas*

Verena Dietrich

Architektinnen

Ideen, Projekte, Bauten
1986. 196 Seiten mit 916 Abbildungen, davon 216 in Farbe
Format 21 × 29,7 cm. Kart. DM 59,–
ISBN 3-17-009336-3
Fachbuchreihe Architektur

Neunzig, überwiegend Freie Architektinnen aus Deutschland, Österreich und der Schweiz sind hier mit ihren Ideen, Projekten und Bauten vertreten. Die Persönlichkeiten, die hinter diesen Werken stehen, stellen

sich selbst durch Portrait, Biographie, Angaben zum eigenen Büro sowie durch eine persönliche Stellungnahme vor. Diese Arbeiten sind so unterschiedlich und unkonventionell wie ihre Verfasserinnen selbst; dennoch zeigt die Zusammenschau gemeinsame Gedankengänge.
In einem Essay geht Verena Dietrich, selbst Freie Architektin seit vielen Jahren, dem beruflichen und künstlerischen Selbstverständnis von Architektinnen nach. Sie wertet dabei geschichtliche Entwicklungen und statistische Daten aus und beantwortet viele Fragen zu den beruflichen Hintergründen und Arbeitsbedingungen einer zwar kleinen aber engagierten Berufsgruppe.

Verlag W. Kohlhammer
Stuttgart · Berlin · Köln · Mainz